八幡書店版

友清歓真選集

第三巻

磐山先生 四十二歳(昭和四年秋)

御家族とともに（昭和五年十月）

天命拝受紀念(昭和六年六月九日)

改題改定増補版『神道古義』と同書の前身ともいえる『霊山祕笈』

十《とを》の神《み》訓《をしへ》

—(山上の天啓)—

ひひとのみちをつくしてかみにたのめ

ふふるひにかけてよをきよめる

みみちをわすれてみちをふめ

よよのかはりめのため

いいはさかをまもりきた

むむかしのおほかみたち

ななりませしかみのやま

ややまとをひらきていはとをひらけ

ここのやまかくりよのみやこ

ととこたちのかみのいはくら

昭和二年十一月二十二日未刻

石城山上にて

気玉彦

昭和四年一月二十八日神示

○ひとのきたなきこころをおもふな。ひとのあしきおこなひをせむるな。おのれのあかきこころをみるな。おのれのよきおこなひをひとにしらすな。かみはみてをる。
○ひとをたかくしておのれをみじかくせよ。ひとをさきにしておのれをうしろにせよ。かみはみてをる。
○おのれのいさををひとにしらすこころわくときかみにはなれる。かみはみてをる。
○うべなひかたきことをうべなひ。なしとげかたきことをなしとげ。しのびかたきくるしみをしのべよ。くるしきわけをひとにしらすな。かみはみてをる。
○ちからのかきりをつくせばひとにしらる。ちからのかきりをこしてつくすときかみにしらる。かみはみてをる。
○たかやまにをるものみじかやまにをればみじかやまをたかやまにする。かみはみてをる。

沙麻の野にて

気　玉　彦

宣言

○キリスト教日本国に入りて僅かに三百六十九年
○それ以前の吾等の祖先は総てキリスト教と交渉無し
○仏教日本国に入りて僅かに千三百七十六年
○それ以前の吾等の祖先は総て仏教と交渉無し
○天国も極楽も地獄も総て関する処なし
○それより以前の天皇、皇族、聖賢、英雄、名将、忠臣、義士、孝子、美人、すべてキリスト教
と仏教とに交渉あること無し
○吾等は須らく祖先の信仰に帰り眼界を大にして
神武天皇に帰らざる可らず
天照大御神に帰らざる可らず
○是れ昭和日本国民全員の大自覚たらざる可らず
○この祖先の信仰に帰る道を指さすもの是れ実に我が天行居なり
○天行居の這の大使命遂行の為めに神代以来準備されたる聖地こそ実に我が石城山なり

——昭和三年四月——

天行居信条

一

私どもは天行《かむながら》の道（惟神道）を研究し神典に所謂清明心《あかきこころ》の表現を念願とし修養し努力せんとするものであります

二

天照大御神様は宇宙意識の最高表現であらせられ同時に人格的に儼存し玉ふ活神様であらせられ現幽両界の主宰神様《おやかみさま》であらせられ我が皇室の宗祖であらせられることを敬信いたしまする

三

豊受姫大神様は特に愛育慈養の犠牲的愛の神様であらせられ私ども日常の衣食住等を恵み玉ふ愛の神様であらせられることを敬信いたしまする

四

大国主神様は現幽両界の御規則確立以来、幽界を主宰《しろしめ》す大神様であらせられることを敬信いたしまする人々が出生地《うまれたところ》と現住地《いまをるところ》とに祭祀してある土地々々の産須那《うぶすな》の神様は特に其の土地々々にゆかりある人々を御守護になつて居ることを敬信いたしまする

六

古事記や日本書紀等の古典に伝へてある神々を始め各地に奉祀《おまつり》してある神社の神々は公私とも人々に多大な恩恵《みめぐみ》を被《かが》ふらせ玉ふことを敬信いたしまする

七

日本国民は各自所属宗教の異同を超越して「祖国の神」として以上の神々を崇敬しなければならぬことを確信いたしまする

八

わたくしども同胞は何れも固より宇宙意識の表現であり即ち天神地祇の血統《ながれ》であります、故に悠久無限の先祖を崇め親《むつ》み、悠久無限の子孫を慈《めぐ》み育《はぐ》くむべき大自覚を忘れてはなりませぬ

九

私どもの修養努力の心得かたは要するに神習ふことであります、神習ふとは神の心を心とし神の行ひを行ひとすることであります、神の心とは清明心《あかきこころ》であり愛慈《いつくしみ》の心であり神の行ひとは修理《つくり》固成《かため》弥栄《いやさか》であります、すなはち天行《かむながら》の道の実行であります

十

私どもは人々が死後なほ現世の如く人格的に生活することを原則として確知し、現世の如くに弥栄の道、天行の道に精進し修養努力するものであることを信じて疑ふ余地がありませぬ（原則外の変態現象もあります）

十一

天行《かむながら》の道を行くものは苟くも他人の正しい信仰を妨げるやうな言行があつてはなりませぬ、又た世の中の有らゆる教学《をしへ》のよいところを愛《め》で攝《と》りて魂清《たまきよ》めの資《かて》と致さねばなりませぬ

十二

天行《かむながら》の道を行く者は古人の謂はゆる人事を尽して天命を待つ心がけが大切で、心身の力を尽して各自の本分をつとめると同時に無理なことをせず無駄な煩悶せぬやうに修養することが大切でありまます、又た神は常に見玉ふ故に邪人《けがれびと》の攻撃等にも成るべく弁解せず天命に安んずると共に邪人が反省して善に遷り彼れが神恩感謝の幸福の日の早く来らんことを禱るべきであります

十三

他人の不幸、災難、病苦等に同情することは固より結構なことですが、更らに他人の得意、成功を心から欣び祝福することが神の子として何よりも尊い心がけであります

十四

なるべく陽気に暮らすこと、なるべくのんきにかまへること、なるべく怒らぬこと、なるべく成

り行きにまかせること、なるべく将来《さき》のことを心痛せぬこと、なるべく笑ふこと、なるべく喜ぶこと、なるべく姿勢や言葉を正しくすること、凡そ此等のことは神に格《いた》る道であります

十五

うその笑ひもつゞけて行けばほんとの笑ひとなること、うその喜びもつゞけて行けばほんとの喜びとなること、うその幸福も思ひつゞけて行けばほんとの幸福があらはれてくること、凡そ此等のことは神様の御言葉の中にある宇宙の神祕であります

十六

小善を其の日〳〵つゞけて積み行くこと、むつかしいことはあと廻しにしてもよいこと

十七

なるべく泣かぬこと、なるべくいんきにならぬこと、なるべくむつかしく考へぬこと、なるべくいんきな話をせぬこと、心を痛めるやうなむつかしい問題が起つたときは一と先づ其の問題に蓋《ふた》をして棚に上げておいて忘れ、翌朝になつて棚からおろしてみること

十八

自分よりもよほど年の多い人に対しては父母と思ひ祖父母と思ひなすこと、あまり年のちがはぬ人に対しては兄弟姉妹と思ひなすこと、よほど年の少ない人に対しては子孫と思ひなすこと、誰れに対してもほんとうにさうした感じの起らぬのは自覚の足らぬ証拠と思ひ返し、神の生命にして

人々の生命たる愛の不足のためと思ひ返し、一層修養を励むこと

十九

一ぱいの水も一枚の紙もそまつにせず、ありがたくたいせつにすること、自分々々の持ち前の仕事を喜び楽しみ精出してはげむこと、すぎたことやさきのことを考へず今日只今当面の仕事が直ちに神さびたる光栄の神業《かむわざ》なることを知らぬ人は神を求めて神に格《いた》り得ぬ人であります

二十

天行《かむながら》とは神の道に随ひて自《おのづ》から神の道あることを謂ふ、すなはち「まこと」「清明《さやけ》」「いつくしみ」の弥栄《いやさか》であります、これ即ち日月の道であります

二十一

他人にしんせつをつくしたり善事を施したりすることは他人の知る知らぬにかゝはらず、そのまま自分のためとなるもので太陽を背にして自分の影を追うて走るやうなものであります、影を追うて百メートル走れば自分のからだも百メートル進んで居ります、極めてわかりきつたことで極めてわかりにくい宇宙の秘密でありますが、たゞ斯く信ずるものが其のまま神の寵児でありまする

二十二

わたくしどもの研究は此れを一と口に要約して申しますれば、真の古神道（霊的見地よりせる体験的の神ながらの道）を研究することで、何も新発明の新思想を製造せんとするものでなく、決し

て珍らしい精神運動ではありませぬ、併し人類の進歩、文化の向上を否定するものではないので、つまり新しい履《くつ》をはいて古《いにしへ》の道を踏《ふ》まんとするものに外ならぬのであります

二十三

私どもは天照大御神様の神勅を奉体して顕幽両界を通じて神人相ともに力を協せての大神業を成就せねばならぬ大自覚のもとに億兆一心以て精進を致さねばならぬのでありまする、この大神業の遂行に障碍を及ぼす一切のものを撃破するには荒魂《あらみたま》の発動を必要といたしまする、仁とか愛とかの名義に枯死的解釈を与へて其の枯死的名義に囚はれるが如き卑弱な思想は焼鎌《やきがま》の利鎌《とがま》もて打払ひ、公私大小とも「悪」と戦ふに勇敢なる戦士とならねばなりませぬ、建国時代の父祖の気象の如く雄大壮快な気象を涵養せねばなりませぬぞ

二十四

つねに新鮮、清浄、慈愛、光明の心の中に呼吸すること正月元日の如きを欲しまする、一年間に三百六十五の元日を創作することが我が天行の道を行く同志一統の弥栄《いやさか》の大芸術でありまする

二十五

わたくしどもは太古神代よりの産霊紋理《むすびかため》の神律を信じて疑ひませぬ、中古以来多くの世人によつて使ひ慣れた用語を以て表現すれば善因善果悪因悪果すなはち因縁果報の神律を確く信じ、その光りをもつて毎日の踏み行く道を照らして「善」の修行を人生の至宝と心得、理窟を離れて実地に実

行を積み行くことが其のまゝ天行《かむながら》の道でありまする

二十六

誰れにでも大きな声で話せることならば如何なる問題にても神々の恩頼《みたまのふゆ》を御願ひして少しも恥づることはありませぬ、人事を尽して神助を仰ぐことは神の子たる人々の正しき道であります、神様は敬信者のために大なる災禍を小ならしめ其の遠きものを近よせて普通にみれば災害むらがり起るかと思はれるやうな境地に導かれることもありますが、これ其人が真に浄められつゝ恩寵の境に導かれる幸福の音づれであります、深く広く遠き神の摂理は、視野の短小なる普通の人々の測り知ることが出来ないものであります、神は愛なることを信じて何も彼もカムナガラだと安住するものは平凡なる偉人であります

二十七

神典の天照大御神様と須佐之男神様とのウケヒの章に明記してありますところの「一心清明」は私どもの修養の極致でありまして、そこには一切の名義あることなく善悪もなく是非もなく正邪もなく清明も亦た無き清明でありまするが、併し此の清明心《あかきこころ》を不断相続することは容易なことではありませぬ、ですから只たゞ敬神利生を第一と致すのでありまする、これ平凡なる方便の如くにして実は宇宙の神祕、断じて此外に出でない真理の躬行でありまする

以上

友清歓真選集　第三巻

第三巻 目 次

目次

世界一本と天孫降臨　其一

世界一本と天孫降臨　其五

世界一本と天孫降臨　其六

凡　例

一、本巻には、『神道古義』を収めた。
一、底本には「石城山版」（神道天行居、昭和三十八年一月二十五日初版発行）所収のものを用い、昭和十一年五月十五日および昭和十一年八月五日発行の改題改編改定増補版（第二版、天地二冊）を参照しつつ本文を整定した。
一、本文整定は、原則として次のような基本方針のもとに行った。
・使用漢字は、特別な意味のあるものを除き、すべて新字体とした。ただし、「祕」については磐山先師の御意向に従い、すべて「祕」に統一した。
・明らかな誤植はこれを訂したが、当て字など意味を推考しうる用字、用語は底本のままとした。
・仮名遣い、仮名の清濁は底本のままとした。
・句読点、拗促音は底本のままとした。
・判読の便を勘案し、底本のルビ以外にも適宜新たなルビを旧仮名遣いで付した。
一、本扉の図案は、昭和十一年五月十五日および昭和十一年八月五日発行の改題改編改定増補版『神道古義』の表紙に用いられた霊符で、「文昌中皇生炁品第五、中皇生炁品篆之六」「寿算綿長」と呼ばれている。

神道古義

太古以来の因縁の霊地
石城山と天行居

今上天皇陛下が始めて君臨し給ひしときの詔勅には日新日進といふ文字があるが、これ実に我が昭和日本国民全員の一大信条でなければならぬ。総てに於て日に新たに日に進まんとするもの、吾等が古道を標榜する所以も日新日進の精神を以て古神道を宣揚せんとするに外ならぬので、これを昨年（昭和二年）七月発表の信条第二十二に於て「つまり新らしい履《くつ》をはいて古《いにしへ》の道を踏《ふ》まんとするもの」と明示して居る。日々新又日新といふことが昔からの天行居の面目である。日に〳〵新たにして又た日に新たにするといふのである。日々新又日新といふ文字は上古の支那の王の盤銘に出たものであるが此の精神は支那に於ては周代に亡び、日本国に於ては別様の意義に於て古来一貫、この語を活かして来た。故に支那の昔の王者が日本国の大道を讃嘆した祝言《ほぎごと》であつたかの観を呈するに至つたのである。

——併《しか》し其れは兎《と》にも角《かく》にも、わが天行居の面目は日々新又日新であつて我等が呼吸する空気は常に新鮮で、改過遷善、日々新たに進みつゝあらねばならぬので、自然すべての面目が日々新たにせられ、神示のまにく\新局面が打開されて行くのである。わが天行居の千万世にわたるべき本城と神定められたる聖地も時節到来して新たに全国同志の眼前に出現するに至つた。実にこれ、太古以来因縁の霊地たる周防国の石城山《いはきやま》である。

昨年九月二十八日発行の古道第百六十六号の巻頭には左のやうな記事がある。

時は移り大地《だいち》は廻《めぐ》る。

寝心地《ねごこち》よき初秋の夜の、夢の如き寂寞《じやくまく》の幕《とばり》のうちにも神々《かみがみ》の経綸《けいりん》は厳《おごそ》かに展開《てんかい》されつゝ、わが地の世界の運命《うんめい》は、進むべきところへと何のわだかまりもなく大股《おほまた》に進みつゝあるのである。

疑《うたが》ふものには疑ふがまゝに、信《しん》ずる者には信ずるがまゝに何の躊躇《ちうちよ》もなく、いかなる障碍《しやうがい》の有無《うむ》にも頓着《とんぢやく》なく、この大地は神の巨腕《きよわん》に摑《つか》まれたまゝ、行くべきところまで、平々坦々《へいへいたんたん》と運ばれつゝあるのである。

天下至変《てんかしへん》の中心たる天行居《てんかうきよ》に於ては、微力《びりよく》ながらも神々の経綸《けいりん》の縮図《しゆくづ》を描《ゑが》いて、天行《かむながら》の時に順応《じゆんのう》し、第二の「洪水以前《こうずゐいぜん》」に準備《じゆんび》すべく、第二の「岩戸開《いはとびらき》」に用意すべく、もはや周囲《しうゐ》の人々の顔色《がんしよく》を顧《かへり》みるの暇《いとま》もなく、すべてのものを抛《なげう》ち、すべての能力《ちから》を神にまかせて、裸体《らたい》のまゝで怒濤《どたう》の真ツ只中に抜手《ぬきて》を切つて進むが如く、あらゆる議論《ぎろん》や懐疑《くわいぎ》や研究《けんきう》やを焼き尽《つく》し去つて、いと小さき信念《しんねん》の火を吹きおこしつゝ、尽天尽地《じんてんじんち》の常闇《とこやみ》の世界を駛《か》け抜けるべく、脚は既にスタートを離れた。……やがては其処に、恐《おそ》るべき世界を眺《なが》めねばならぬであらう。それは荒寥《くわうれう》たる洪水以後《こうずゐいご》の野であり山であり川であり街《まち》であり村であらう。黒ずみたる魂《たまし》ひの骸《なきがら》は遙《はる》かの沖に千万億兆《せんまんおくてう》、今は鬼火《きくわ》の燃《も》ゆる力さへなく、全くの滅亡《めつばう》そのものとなりきつたる光景《ありさま》は、あまりにも凄惨《せいさん》なものではないか。……併《しか》しながら憂《うれ》ふることを止《や》めよ、何も彼も総て時だ。看《み》よ、妖雲《えううん》は散じかけたではないか、みる〱うちに拭《ぬぐ》ふが如き蒼穹《あをぞら》、それは曾《かつ》て人の世に未だ見たることなき麗《うる》はしき光りの透《す》き渡《わた》れる空の色ではないか、その麗《うる》はしき光りの包《つつ》む清澄《せいちよう》な大気の中には罪《つみ》も疑《うたが》ひも呪《のろ》ひも芽《め》ばえることができぬではないか。岩《いは》戸《と》はまさに開かれたのだ。人の世終《をは》りて神の世紀《せいき》の黎明《れいめい》の楽《がく》が、どこからともなく聴《きこ》えてくるではないか。看《み》よ、遙《はる》かの空に廓然《くつきり》と浮き出て来たのは富士の神山《しんざん》ではないか。千代田《ちよだ》の城から行幸《いでま》せる吾等が大君《おほきみ》は、金鞍白馬《きんあんはくば》に跨《また》がり玉ひて、生き残《のこ》れる地上万国の同胞《どうはう》を麾《さしまね》き玉ひ、新らしき世紀《せいき》の創造《さうざう》へと導《みちび》きたまふではないか。すべての人々の眸《ひとみ》は愛に輝《かがや》き、あらゆる生物《いきもの》の唇《くちびる》は匂《にほ》やかな微笑《ほほゑ》みをた丶へ、天の星も、緑《みどり》の野の花も、人々の顔までも、かつて想像《さうざう》だも及ばぬ美くしさに瞬《また》けるは、神界《しんかい》廓正《くわくせい》のために現《あら》はれた自然《しぜん》の賜物《たまもの》ではあらうが、何といふ清々《すがすが》しくも崇《たふと》き世界であらうぞ……。

又た同じ号の古道に載つた天行居夜話の中に左の一節が書いてある。

対『私《わたくし》は決して猫《ねこ》もかぶらず、化《ば》けもせず又た神命《しんめい》のまに〱行動《かうどう》したといふわけでは決してありませんのです。それは××山中《さんちう》や或ひは大和《やまと》の△△なぞに於ては異人《いじん》にも会ひ、又た生死の間をも通過しましたし、その他随分変《たずゐぶんへん》なものの仲間《なかま》を漂泊《へうはく》したり致しましたが、いつも履《ふ》むべき道を誠意《せいい》を以て辿《たど》つて来たものと自ら認《みと》めて居るのであります。強ひて申せば昔から与へられたる密封命令《みつぷうめいれい》のまに〱正《しやう》直《ちき》に歩いて来ただけのものであります。たとへてみれば、此処から東方《とうはう》へ五十里あるいて行けといふ命《めい》令書《れいしよ》の通りにあるいて行き、そこで又た密封命令《みつぷうめいれい》を披《ひら》いてみると、今度は其処から八十里ほど東南《とうなん》に進めといふことなので其の通りにしまして、其処で又た中の密封命令《みつぷうめいれい》を開いてみると、そこにある岩を杖《つゑ》で叩《たた》けば穴《あな》があくから其処へ這入《はい》れとありますので其の通りにして、又た其の穴の中で授《さづ》かつた密封命《みつぷうめい》令書《れいしよ》を開いてみると、此の穴を真《ま》ツ直《す》ぐに行けるだけ行くと沢山《たくさん》の宮殿《きうでん》のある明るいところがあるからと……イヤ際限《さいげん》もない馬鹿《ばか》な話ですが、まあ左《さ》ういふやうなもので、あるいて来たことの意義《いぎ》は総《すべ》て後日になつて自知し、又は神示《しんじ》を受けるので、始《はじ》めから計劃《けいくわく》して化《ば》けたり神命《しんめい》を意識《いしき》して猫《ねこ》をかぶつたりしたことは決してありません。今後といへども将来《さき》のことは全く申上げられません……』

又た同じ号の第十二頁面には左のやうな記事がある。

◇海岸の石垣を築くには石垣の裾の前へ沢山の無駄石を捨てます。この無駄石は文字通りの無駄石でありますが、この馬鹿げた無駄石がないと波濤のために石垣が裾を洗はれて崩れます。——天行居としてはこんきよく長年間この無駄石を捨てました。一両年前迄の天行居の一切の行蔵は殆《ほと》んど天行居斎主の佯狂《やうきやう》の足跡であり、同志一統の愚道の努力たる無駄石の蓄積でありました。併《しか》しモウそんなひまつぶしの時代は漸《やうや》く過ぎて、すべてが真剣となつて来ました。もう本統の石垣を築くべく第一石は群魔環視の中に堂々と投ぜられました。あらゆる方面に於て、過渡時代的の方便的行為を一擲《いつてき》して、多年かくされたる神秘の扉は一枚宛開かれて行きます。道場の如きも月々に面目を新たにして、回を重ぬるに連れて次第に幽玄の堂奥へと導き始めたのは其れがためで、山上尚《な》ほ山あることを知られねばなりませぬ。

◇天行居の同志の御方で篤信者は随分沢山居られますし、特に霊的因縁の浅からざる方々も各地に居られますが、いづれも各自現在の立場上、直接に天行居の重要任務にも就いて居られないので、又た未だ其れだけな機関も設備も出来て居りませんので、将来各位の脚下が如何《いか》に展開してくるかは固《もと》より今日より逆睹《げきと》し得る限りでありませぬ。したがつて今日要務に当れるものが格別に神界から選抜されたものといふわけでもないので、すべてのことは神のみ知り給ふところであります。一切が神ながらであります。天行居には金銭の蓄へこそ無けれ、其の神器神宝類は何百万円にも換へられないものが数々ありますが、これは断じて斎主一家の世襲財産ではありませぬ。広き意味に於ていふも狭き意味に於ていふも此れは神々のものであり、また天下の公器であります。私情を以て勝手に動かすことも出来ねば又た誰人の所有物とすることも出来ないものであります。

◇過渡時代は去つたとは申せ、無駄石を捨てる時代が去つただけのもので、まだ石垣を組み始めた時代です。この石垣の上に大砲を据ゑる時代や其の砲火を切る時代は、まだ今日に到来して居るわけではありませぬ。併《しか》し左ういふ時代が、どんな急速力でやつてくるかそれもわかりませぬ。

右様の記事は半年後の今日に於て考へてみても新たなる意義をもつて居るのである。否《いな》、見方によつては今日の天行居の状態のために半年前に書かれてあつたかの観がないでもない。

天行居には神祕なるムスビカタメによつて、太古以来の神界経綸の発動によつて、わが神国日本に特殊な関因を有する重大なる神璽《しんじ》神器類があつて、そのことは従来「古道」紙上にも数回発表してあるが、尚《な》ほ発表して居らぬものも三四あるのである。天行居に於ては古来世上に行はれたる所謂《いはゆる》神示とか天啓とかいふ類のものと異り、すべてが実拠ある表現と符合して来て居るので重大なる天行居の使命には又た其れに関聯《くわんれん》せる重大なる神璽神器等の出現と悉《ことごと》く交渉して降下されてあるのであつて、確乎《かくこ》たる現界の記録の伴うて居るものもあるのである。

然るに左様な重大なものが何処に納まるのであらうか、このまゝ斎主一家のさゝやかなる神殿に永久に鎮まらるゝものとは如何《いか》なる方面から考へても受けとれないことであつた。

その中の或る種の二三のものは、或ひは斎主の家に伝はるものと仮定し得ても、或る種の神璽等は、どうしても将来国家的に奉斎せねばならぬものと誰れの念頭にも浮ぶ結論であつた。けれども其れについては何等の霊示もなくて月日は流れた。敢《あへ》て神慮を伺ひ奉つたときには只《ただ》、「さきでわかる」との意味のみで、斎主もこれには頭を悩ました。それでは只今の神殿を改築して少々なりとも神殿らしいものに致したいと願つたこともあるが其れも御許しが無かつた。然るに昨年（昭和二年）八月になると全国神社の御庭石を集めよとの神示に接して九月の古道以来発表し来つたので、追々に御庭石は集まつて来たが、それを又た何うするのか其れもわからなかつたので、実際当惑した。

昨秋（同年）十月の中旬下旬には斎主は伊勢神宮へ或る報告に参拝した序《つい》でに明治神宮参拝のため東上し

た。東京に於て荒井副斎主や宮崎師範等と数日間会見したときにも、神殿問題の質問には斎主は閉口した。集まりつつある全国神社御庭石の始末もわからなかつた。一同は苦笑する外はなかつたのである。斎主の苦しまぎれの答へは「何度も神示を伺つたけれど明らかなる御示しが無い、いづれにしても富士山に関係あるものと想像せられるから、まあ富士の裾野あたりの適当の地点を踏査してみておいて呉《く》れませんか」といふ随分ばくぜんたる話であつた。それでも荒井副斎主は承知して富士の裾野方面を踏査するといふ約束になつた。けれども荒井氏も其後まだ其の運びに至らぬうちに早くも一大飛報は十一月下旬に天行居から荒井氏の横浜の邸に配達せられた。

昭和二年十一月二十一日午前零時半、斎主は突如として一大霊感に接した。同日午前八時、十時にわたりて一層明確なる啓示を受けて、十年の疑問は一時に決定した。周防の石城山《いはきやま》が即ち其れであつた。意外とも意外、宮市《みやいち》から僅《わづ》か十里ばかりの東方ではないか、それを其日まで夢にも知られなかつた。

翌日（十一月二十二日）斎主は一人で始めて登山。

副斎主荒井道雄氏は飛報に接して同二十七日宮市着、翌二十八日斎主と共に登山。

それ以来の天行居内外の活動は目まぐるしいものであつたことは申す迄もない。

宮市から石城山へ行く途中、汽車の中で荒井氏が取り出した神社巡拝帳（神璽押印）を初めて披見して居た斎主は思はず微笑したのである。それによつてみると去る五月二十六日（昭和二年）に荒井氏は瀬戸内海の国幣大社、大三島の大山祇神社《おほやまつみじんじゃ》に参拝して翌二十七日（日本海々戦記念日）夜宮市に着して旅館から天行居（現鳳凰寮）へ電話をかけられたが其の時刻から突然斎主は帰神《かむがかり》状態による大修祓を受け六月二日にわたる七日七夜に及んだことは昨夏（同年）刊行せる「七月二十五日報文」巻頭明記の如くであるが、大山祇神《おほやまつみのかみ》は神界に於て実は先きがけの神、道びらきの神で一般世間には水軍守護の神となつて居らるゝが、石城山に太古より鎮座の神も大山祇神（目下県社）であり、荒井氏が始めて大三島の大山祇神社参拝の五月二十六日が調べてみると庚申《かうしん》の日に当つて居るが、斎主が始めて石城山へ登つた十一月二十二日が宮中に於ける鎮魂祭の日で又た恰《あた》かも庚申の日に当つて居るのである。（支那流の庚申の俗信や両部神道に於ける其れ等は問題外であるが、正神界と庚申の日にも深き幽契あること何《いづ》れ判《わか》る時節もあらう。）

土佐の吾川郡の奥の手箱山に祭祀してある大山祇神と天行居とも実は或る特別の関係があつて斎主夫人が手箱山の近所の出生といふばかりの因縁ではないが此れも何れ稍《や》や事情を髣髴《はうふつ》せしむる時が到来することもあらう。

大山祇神が水軍の守護神といふ信仰の関係からして、石城山上の県社石城神社の神額も東郷元帥の揮毫《きがう》であつて、将来の世界の大機＝天行居＝日本海軍といふやうな関係も思ひやらるゝといふ取越苦労の同志の人もある程である。大山祇神が神人交通の道びらきの神であることについては古来多くの幽冥に通じた人の言ふところであるが、その一例として宮地常磐翁（常磐翁は息堅磐翁と父子ともに神道家で又た共に幽界に交通し得た人）の事蹟を宮地堅磐翁の手記の中から抄出してみる。（堅磐翁の草稿の一部は昨年（昭和二年）夏の本紙上にも載せ、又た其の神仙界の秘稿の一部分は昨年（昭和二年）八月刊行の寿書外篇第二巻に数篇

だけ収載した）

我父常磐大人三十六歳までは武術を好みて剣術砲術弓術には別《わ》けて其道に達し何れの処にても先生と敬されしに父が砲術の師たりし田所氏或日父を招きて云ひけらく足下神主の家に生れながら神明に仕ふる勤を捨て年来武術を好み其奥義を得んとして砲術は其極に至ると雖《いへど》も我職務に暗きは実に生涯の恥辱なり。我職務を怠りては神明に対し奉り第一の不敬なり足下武術に心を入れて粉骨するが如く神明に奉仕すべしと示諭せられけるにぞ之に感服して三十七歳の正月元日より武術を止め毎夜子刻より起きて（中略）十年を積み漸く大山祇命に拝謁するを得て益々《ますます》魂を凝らし終に海神及諸神に通ずる事をも得又天狗界の者をも使ふ事を得て行く程に畏《かしこ》くも大山祇命の御依頼によりて土佐国吾河郡の高山手箱山といふを開山し大山祇命を鎮祭し奉り（中略）此時より手箱山へは父の我が魂を神法を以て脱し使《つかひ》に遣《つかは》し給ふ事度々にして終に大山祇命の御取持により て少名彦那神に見え奉る事を得て伴はれけるぞ諸の幽界に出入する始めなりける（下略）

石城山は僅《わづ》かに海抜三百五十二メートルの山で、又た格別の奇巌怪石あるなく大樹名木あるなく渓泉の幽趣もなく飛瀑の雄観もなく俗眼を以て一見すれば平々凡々の有りふれた山に過ぎないのである。けれども幽界的には、我国に於ても有数の一大霊地であつて、太古以来かくされたる神仙の祕区の一つである。宮地堅磐翁の「異境備忘録」にも、

現界にて常に行き通ふ山も霊魂の脱して行く時は一の仙界と見え又肉体にて行く時は仙界のあり

としも思はれず、三間ばかりの山の頂も霊魂のみにて行きたる時は百里もあるやうに思はれ小さき祠も数百の宮殿とも思はれ（下略）

と書いて居られるが、肉体で行つても神たちの御都合によつては霊魂のみで行つたと同様の状況に感覚せられることもあるが何分にも神仙界のことは数学の公式を竝《なら》べてみるやうに明確に説明することは到底許されるものではない。同じ書（異境備忘録）の中に又、

現界にて神達に伺ひ奉りたき事どもありて其事を心中に思ひ幽界に入りてみれば其伺ふことも打忘れ又此界に帰りては忽《たちま》ち思ひ出さるゝものなり、されば此度は忘れじと紙に書きつけて彼の界に入るときは其の書きつけを懐中にしながら忘れ又其の書付を不図《ふと》心付きて尋ぬるに其時ばかりは能《よ》く覚え居れども帰りてみれば夢の如くに恍惚として証なきが如くして忘れ、或は現界に訳しがたきも彼の界に入りては自然に解することも多くあり、人間に洩らし難き事件に限り必ず忘るゝなり、又人間に洩らしても咎《とが》めなき事も日を経て忘るゝなり（中略）幽冥界の事を記すに当りては何れの界に入りても帰るや否《いな》や近年は筆記すれども大事なるは書き洩らせる事あり、其の大事のことも書きたるやうに思へども後日見れば大事件は如何《いか》なることか書き落して文句のつゞかぬも多かるを心つきては書き入れもせんと思ふに、これさへ只《ただ》思ふのみにてあるは心地あしくなり頭痛などして書き入るゝことも亦うるさくなり、明日こそ書き入れもいたさめと思ひつゝ、其日になれば又前日の如く、かくして一日二日延び行くまゝに夢の如くなりもて行きて終に忘れ果るなり、

又其忘る、事を知りては幽冥界より帰りたる時に早く大事なる事を書きつけて漏落《もれ》ちたる処はなきかと数十遍も繰返して読み見るに文句も聞ゆるを、翌朝取り出してみれば文句も散乱して木に竹をつぎたる如く我が筆記せしものながら合点の行かぬやうになりて再び書《しょ》せんにも大に労の行くやうに思ひ怠惰の心俄《には》かに起りていかにしても大事をば書きとむることかたし、こは幽冥中にゆるさぬ理《ことは》りのあるなるべし（下略）

ともあるが多少似よりの体験のある人達には相当に首肯し得らる、ところであらうと思ふ。

石城山は太古以来の「神祇を斎ひまつる山」として現界的には伝へられてあるが、幽界に於ては格別の意味に於ける神仙の祕区としてかくされたる霊地である。石城神社参拝案内記（大正七年発行）の中には、

此の山を俗に西の富士と申し伝へて古歌に、

その名さへ西の富士といふ岩城山いはねとしるき山祇《やまつみ》の神

とあり山頂に延喜式の石城神社が鎮座してある。

と書いてあるが、西の富士とは面白《おもしろ》い名である。どう見ても富士山らしくない山を昔から何故西の富士と申し伝へてあるのであらう。俗眼を以てみるならば周防の国にもモスコシ富士山らしい山は幾《いく》らもあるのに、何故に此の山を西の富士と古人は伝へたのであるか。大正十二年刊行の天行林の巻頭には、

阿蘇火《あそひ》は寿《す》と白《まを》さむ

天行居《あめのかりとこ》に

たまちはへませ富士の大神

と記莂《きべつ》してあるのは又、何事を意味するものであらうか。

元禄十年九月十日石原河内の自記といふものには石城山について、

八方に磐石を畳み四方に四窟を構へたる神仙の奇山なり

と書いて居る。八方に磐石を畳みといふのは例の神籠石《かうごいし》のことで、神籠石については専門学者の説が種々に行はれて居るが、吾々には吾々の見解もあるが今此処《ここ》には述べぬ。

要するに石城山麓の天行居の道場（及び神殿等）は今から数旬の後に完成する。石城山上に天行居で建造する神社は明年春から着手せられる筈《はず》である。山上及び山麓の必要なる地点は全部本年一月以来買収して了《しま》つた。石城山頂に神名木台《かなぎだい》が建設せられるのも遠くはあるまい。吾等は未だ多くを語ることを許されて居ない。只《ただ》、以上の簡単なる事実の一端を発表して、あとは時節に連れて、事実をして事実を語らしむるまでのことである。全国各神社御庭石は近々内に全部清められて石城山麓の神殿の床下に仮りに納められ、明年山上の神社が出来るときに山頂に移されて山上の神社の地下の御霊代《みたましろ》の周囲に納まる筈《はず》。

（昭和三年四月廿八日発行古道第百七十二号所載）

神と人とに呼びかける言葉

神道天行居の大使命

昭和三年七月石城山道場修斎会に於ける著者の講演筆記であつて、『山上の天啓』（巻頭参照）の解釈の序論であるが神道天行居の使命の大要が説かれてあるやうであるから此れを読めば誰れにも天行居の大体の面目が明らかに呑《の》み込めるであらうと思ふ。

総《すべ》て神様に就てのこととか、或ひは心霊上の問題とかに就きましては、今日の所謂《いはゆる》科学者が主張しつゝある分類法であるとか、推理法であるとかを以て、又た私共が普通に使用しつゝある言葉を以てしては、到底完全に、これをお話しすることは出来にくいのでありまして、殊《こと》に我が惟《かむながら》神言挙げせぬ国風《くにぶり》の大方針に立つてをるのでありますから、普通の言葉を以て所信を尽すといふことは甚《はなは》だ困難なのであります。若《も》しも、これを言葉に明らかに言ひ現はす事が出来るならば、私共を俟《ま》たずして数百年前、或ひは数千年前に於て吾等の先輩が何かも少し具体的な表現方法に依《よつ》て、我国の真の神道学説が組織せられて、昔からの神伝へといふものが、も少し明らかになつて居るべきでありますが、さういふことは到底行はれないことなのであります。それを知つて居て不可能を或る程度まで可能ならしめんとする訳でありまして、甚《はなは》だ大それた仕事の様でありますが、それも今日の場合、われわれの所信の遂行上とにもかくにもやらなければならない問題でありまして、天行居の従来の出版物に書いてをる処の問題も、その困難なる試みの便宜上の部分的表現であります。所信の至処は語らんとして語り難きもので其れを強ひて対機説法的に言ひ現はさんとするから見方によつては矛盾のやうに見える点も所々に生じてくるのであります。

丁度《ちやうど》、仏蘭西《フランス》の科学者ポアンカレーといふ人が、天文学上では、太陽が動かずにをつて地球が動くものであるといつても、或ひは地球が動くものであつて太陽が動かずに居るといつても差支へはない、唯《ただ》、太陽が動かずに地球が動くと言つた方が数の計算が合ひ易いだけだといつて居りますが、今日の科学といふものが殆《ほと》んど或る仮定に立つて居るといふ事は、以て一般を知るべしであります。で、その仮定に立つた処の学説を以て、即ちあやふやな今日の科学を以て真理の決算を試みんとするのは、これは吾々人類の傲慢、寧《むし》ろ無智に近い企図であると申さなければならぬのであります。吾々の普通のものに対する判断といふものは、五官の働きによる外はないのでありまして、理化学の如きでも、研究方法、応用方法といふものは、私共の目の力、耳の力、鼻の力、味覚触覚によつてその研究上の打算をして居りますので、五官の力を基本としての判断なのであります。この五官といふものは、甚だ頼りの無いものでありまして、又た此の五官の働きが実際上、又た殆んどものになつてゐないといふことは、これは矢張り理化学方面の立場の人も申すことでありますけれども、従来は主として目の力に依《よつ》て物の長さ、広さ、厚さ、其他を知るので、或ひは時を計るにしても、或ひは温度を計るにしても、其他たいていの場合に於て視覚の判断力に依て決定しつゝあるものであります。けれども今日の吾々の今言はんとする理化学的方面だけで申しましても、目の力だけで、他のものも多少は手伝つてをりますけれども、主として目の力が如何《いか》に又た及ばないものであるかといひますと、最近にも金森といふ工学博士が煉瓦の実験に空前の大成功を致しましたのは、これは耳の力を以て、この理化学上の数理的研究をして始めて成功したのであります。従来煉瓦の強度を試験しますには……、私は勿論、門外漢でありまして、煉瓦等を試験する方法も存じては居りませんけれども、煉瓦の強さ、強度といふものを試験するに、従来の方法は大抵吸水量を標準にして目の力に依て試験したもので、完全な試験法が行はれなかつたさうでありますから、大きな建築物を造りましても、大体に於て相当な強度をもつた煉瓦であつても或る一部分に弱い煉瓦が使つてあると建築物の破壊に対して其の弱い部分の煉瓦の抵抗力が標準になつて破壊されるさうでありまして、それが為めに近くは大震災とかいふ様な場合に於きまして、僅《わづ》かな不注意から人類は莫大なる損害を受けて居ります。比較的強い煉瓦で作られた処のものでも非常な損害を受けて居る。処が目を以てしては実際上建築に際して煉瓦の個々に就ての強度試験を完全に行ふことは出来難いことであつて、金森博士が煉瓦の強度を科学的に算出して、それを近頃実地に応用して非常に好成績を得てをるものは耳を以て試験する研究に成功したので、煉瓦を叩いて発する其の音の試験が、眼の科学の及ばざる処を開拓したので、金森博士の言ふ処では、まだ〳〵吾々人類は、五官の働きを僅かばかりしか活用し得ない状態にあるので、将来耳の科学が進んだならば学界に於きましてもどういふ様な、革命ともいふ様な大変動を起してくるかも判らんといふ様なことであります。茲《ここ》に於て吾々が考へさせられますことは、此の目、耳、鼻、口、又た触覚といふ様な五官の力を超越する処の霊覚の威力がも少し真面目に認められる様になつたならば、人類社会は如何《いか》に驚くべき新天地に進出することが出来るか逆睹《げきと》すべからざるものがあらねばならぬと信ずるのであります。尤《もつと》も斯《か》ういふことも既に色々な方面に於て、種々なる人が唱へてをる処でありますが、只今《ただいま》、さういふ様な人々の主張を批判することは避けまして、要するに人類の前途には殆《ほと》んど全くの未知の学術ともいふべきものが……大なる分野が残されて居ます。而《しか》して更らに神様の御上に於ては到底われわれが五官の判断力では説明も出来ぬことが大部分なので、その困難なることを言はんがために只今の御話を持出しましたのであります。

茲に於て、お話を致します事も普通、数学の公式の様な風に一目瞭然として全体を見透される様な、お話が出来るものでもなければ、色々な矛盾のやうに見える点も出てくるのであります。仔細《しさい》に点検せられたならば、これは即ち最前も申上げましたポアンカレーの天文学上に就ての意見のやうなもので、太陽と大地との運動に就ての見方が矛盾して居る様でも実は認識上さしつかへなき大調和があるやうなものでありまして、この石城山にしてみたところで、山とは云ふものの峯があり谷があり登山するにも上りもあれば下りもあつて、それでやはり登山せられるやうなものであります。神の道を研究するには始めから信じて進まなければ真の研究は出来ないので、下り坂があるのを疑うて立ち停《どま》つて居ては登山は出来ないやうなものであります。

他の学問に対する研究は、充分に疑ひ、疑はなければ出来ないのであります、処《ところ》が神の道を研究しようとするには、信じなければ解決がつかないのでありまして、出発点を異にして居るのであります。これは広い意味に於て、心霊問題とはやゝ違ひ、人間の霊魂を主としての研究なら始めから疑ひ抜いて進み、謂はゆる科学的研究が或る程度まで可能でありませう、併《しか》しそれも或る程度迄でありまして他の科学に対するやうな都合には参りません。しかるに神様の道に就てのことは、さういふ訳にはゆかないのであります。神々の御上のことを科学的に研究し尽さんとすることは人類の痩腕では到底これは無謀な企図であります。人霊と神霊とは水と油との如く殆んど懸け離れたものであるかといふと、こゝが申しにくいところで、本来、一体のもので、一体であるが、その働き方からいふと種々なる階段があり、吾々が普通この霊界とか幽界とかいふ未知の世界に対する不可解な心持ち、その測り知れない心もちと同様に、同じ霊界とか神界とか申しても、その階段が異なれば、或る神界から或る神界に対してもそれ位ゐの差が或ひは有り或ひは無いのでありまして、さういふ様な処が普通の学問の見方と立場を異にしてをるのであります。どうしてもこの神様の道、ひいては霊魂の働き、或ひはそれに依《よつ》て或る理解を得たい、或ひは力を得たい、かういふ事は、正しい信念を以て、信じて進まないことには非常な損をしなければならないのであります。信じて進まなければ、見えるべきものも見えず聴えるべきものも聴えないから理解も進まず、研究もおくれる、損をすると申すのでありますます。仮令《たとへ》ば、其処《そこ》に居られる菜食主義の人でありますますまあります青木さん、これは色々な本を読み噛つて菜食流になられたのでなく往年大連市に居住の頃脚気の為めに殆んど死に瀕して、医者から見限られたときナマの野菜や果物ばかり喰《く》つて助かつたので其の所信が非常に深いのでありますが、近来は多少いろ〳〵なものも召上る様でありますが、処が青木さんにとつては菜食といふものは良いには違ひないのでありますが、これをそのまま誰れにでも勧めて必ず青木さんが得られた通りの効果があるとは申されません、成る程良いなといふ信念の無い人に持つて行つたなら効果は尠《すく》ないのであります。今から二十年ばかり前に、石塚式の食養法が流行したことがありますが、それを信ずる人には、それが起死回生の様にも拝《をが》めたでせうが、充分信ぜぬ人には、それほどの良い結果を得るとは限らなかつたやうであります。

処《ところ》が人の信念といふものは容易に変動するものではない、それは私が子供の時に癖づいた事が今日に及んで居る。私は柔《やは》い飯を食べると胃が悪くなる甚《はなは》だ感心しない習慣を有《も》つて居ります。そんな馬鹿げたことはないと如何《いか》に思ひ返してみても、少々こはい位ゐな飯を食べてをれば胃の具合がよろしい、これは少年時代に於て何かの機会に私の頭にこびりついたPhobiaでありまして、無論くだらぬ一種の病的観念でありますす。甚《はなは》だ感心しない信念ではあるが信念の力といふものは実に怖《おそ》ろしいもので僅《わづ》かな信念でもそれが相《あひ》反映して大きな結果を生ずるものであります。

話が横道に外れましたが食物《たべもの》でも良いと信じて食すればよい、よいものをよいと信ぜずして食する人は栄養上から云つても非常の損をする、結局《つまり》神の道を行かんとする者は最初から信念がないといふと如何に努力しても進出力が乏しいのであります。まあ何も彼もムスビカタメに依《よ》るものではあるけれども信念の脚なきものは神祕の山にわけ入ることは六《むつ》かしいのであります。……或る処から或る処までの一の階程《プロセス》に於ては、大いに疑うてみるのもよからう、私と雖《いへど》も随分御神示でも疑つたこともありましたが兎《と》にも角《かく》にも原則として信を以て進まなければならんといふ事を申上げるのであります。

さて先づ何か一つの材料を以て、お話をしませぬと益々《ますます》とりとめがなくなりますから、古道の四月号の巻頭に掲載してあります処の「十の神訓」山上の天啓に就て、今後お話をしようと思ふのであります。此《こ》の山上の天啓に就ては、殆《ほと》んど逐字的に申上げねばならないので、これが天行居将来の綱領《プラットフォーム》になる可きものであり、且《か》つ将来人類社会に対して、重大なる認識を与ふべき枢要なものであると、私は確信して居るものでありまして、従来わたくしは神示類に就ては、絶対に発表を制して来ましたので万一にも神威を冒瀆する様のことがあつてはならない……さういふ事には多少苦い経験を持つてゐる私としては非常に警戒をしてきたのでありますが、この山上の天啓は昨年（昭和二年）の十一月二十二日に始めて石城山に登山致し其時に受けましたもので、それに更らに、本年三月の或る日に此れを天下の同志仲間に発表せよとの御任《みよさし》を受けましたので断然発表しましたのであります。

此れを大体に就てお話を致しますれば、天行居の将来の使命とか何とかいふことに就ての御諒解をも得る訳でありますが、先づ其の本問題に立ち入ります以前に序論ともいふべきものを申上げたいのであります。天行居の使命、宗教学上より観たる天行居の信仰、石城山と天行居との関係等を序論的に少しお話を進めたいと思ふのであります、このことたるや大抵従来古道其他の出版物に書いてある事でありますから、お集まりの方々も略《ほぼ》、御承知のことなので無駄事の様でありますけれども順序上お話して置き度いのであります。

この天行居の使命とも言ふべきものは、大体に於て、これは強ひて分ければ、二つに分れる様に思ふのであります、その一つは現幽両界に於ける岩戸開きの大機に策応する重大なる斎場を造りあげること、及びそれに関する努力といふ様な事が一つのものでありまして、もう一つのものは、真の古神道の宣揚道場として出現を命ぜられたものであります、此の前者は季節的《シーズン》のものでありますが、後者は殆《ほと》んど年月に無交渉な永遠的のものと考へて居るのであります。謂《い》はゆる世の大立替、すなはち世界の岩戸開き云々といふやうなことは昔から、この神界に於て描かれたる経綸《しぐみ》でありまして、種々の場合に於きまして、色々の神示に就て色々の地に於て、色々の時、色々の機関に依《よつ》て、或る程度迄の事が吾々人類の頭上にひらめいて来て居るのでありまして基督教《キリスト》の如きに於きましては、基督教にも色々の教派に異つた見解を有《も》つては居りますが、その一派は基督の再臨といふことを現実的に極めて近き将来に予期して居るので、其他我々と余り遠からざる信念を有する団体は形式こそ異なれ海外にも各地に存在いたすのであります。ロシヤの或る地方に於ても、或ひは印度《インド》の或る部分の人達の間に於ても、又た支那の某方面に於ても、類似の一種の神祕的世界的改造思想とでも申すべき思想が其れ〳〵の予言者の唇より伝はつて半世紀以来殆んど異口同音に団体や個人の運動が無聯絡《れんらく》の間に於て行はれ日本内地にても世間周知の如く明治初年以来、大きな団体でも、二つ三つある様であります。でありまするので、天行居は何故にさういふ風なことに連れて動き出したのであるか、といふと、これは追々話を進めてゆくうちにわかることでありますが……この山上の天啓に就ても、段々とその意味を御了解になることと考へますが……手ツ取り早く申しますと、私共は実は斯《か》ういふ真似をするやうに見える運動に従事するのは好まないので……忌み避けようとして来たのであるが……処《ところ》が、そのことに就ては、私は両三年前迄逃げられるだけ逃げ、頭の上の手から逃げて来たのでありますが遂に時の廻るに連れまして、攫《つか》まれて殆んど自由を失ふ迄に引き据ゑられ、不可抗力に服従して此の運動の具となつて来たのでありますが、これが若《も》しも正しからざる神示であるならば徒《いたづ》らに同志諸君の貴重な時間を妨げたりすることになりますので、私は死を以てしても神示と戦はなければならぬのであるけれども、其の間に実に驚くべき処の非常な使命を自覚するにいたりましたので此の愈々《いよいよ》の自覚たるや、余り古き過去に溯《さかのぼ》つてのことではないのであります。まあ余りかういふことは、言明せられぬ内容をも有して居りますが……ある程度までは追々お話し申上げますけれども、要するに世界の予言に対する応答として、此の天行居は出現したものであることを自覚するに至つたのであります。そのことにつきましては証拠が無ければならないのであります。その証拠を天行居は有して居るのであります。これは時節の切迫するに連れまして而《し》かも余り遠からざる将来に、次第に明瞭になりつゝあるのであります。……世界の岩戸開きとはどういふことを意味するのであらうか、微細に亙《わた》つては、もとより今日より知ることを許されないことでありますが、要するに日本天皇陛下が此の地上の世界に正しく君臨せらるゝことが基調となるのでありまして、其れを外にしては基督の再臨も世界の立替もあるべきことでないので、これは軍事的、または政治的の事業であるのみならず其れが直ちに倫理的の意義をも宗教的の意義をも含んで居るので、吾々はこれを神道上の宗教的立場より見て居るのであります。世の所謂《いはゆる》新思想家は或ひはこれを旧式の愛国者の夢想に過ぎぬといふやうな考へで嘲笑も致しませうが此れは太古より描かれたる神界の経綸《しぐみ》でありまして、それにつきましては、かういふことを或る程度迄知つて居る処の霊界の居住者から現界の因縁ある人々へ送つて居る種々の通信を綜合いたしても相当の結論を生み出すやうになつて居るのであります。然るに此の謂《い》はゆる世界の大洗濯について別に権威者が出現して世界の人類を統御するものの様に視るのは重大なる錯覚でありまして、日本天皇を他にしては断じて実現せられないのであります。その点を強調しなければならないのが、この天行居の使命の一つともなつてをるのでありますす。その世界の岩戸開きといふのはどういふ形式に依《よつ》て運ばれるかといふと、無論其処《そこ》には相当なる動揺がなければならぬ、それは必ずしも、ある思想戦や経済戦やのみで優しく終りをみるべきものではないのでありまして、無論、全人類は如実に鉄火の洗礼を受けなければならないのであり、またひとり戦争のみに限らず、顕界と神界と策応しての大事業でありますから次第に此の地の世界は火と水とによつて浄められなければならないのであります。これはいはば神様の方の仕事に渉《かかは》ることであります。でこの世界の大変事といふものは必ずしも戦争のみを以て済むのではないが、戦争だけの方面からみても未《いま》だ歴史にも曾《かつ》て経験なき大戦争となつて決定的に世界の洗濯が行はれるのであるが日本は必ずしも楽観すべき状況には置かれて居ないのでありまして、我国としては為政者なり軍事当局者なりがそれぞれ空に、陸に、海に適当の施設を為さねばならぬことは勿論でありまして、更らに重大なる仕事として全国の天行居同志の上に命ぜられて居る処の仕事がある、それは一言にて申しますと霊的国防の完成でありまして、日本に於ける霊的国防の参謀本部とも謂ふべきものは、この石城山に確定したのであります。太古以来の御経綸ではありましたでせうけれども、愈々《いよいよ》天照大御神《あまてらすおほみかみ》様の勅許が下つて此れが現界の策応を天行居に命ぜらるゝに至り其の策源の聖地が正式に石城山に確定を見るに至つたのは余り遠き過去ではないと仄聞《そくぶん》いたして居ります。追々とその次第を申上げます考へであります。

第二の真の古神道の宣揚道場と致しましても、これも私共の背負ひきれぬほどの大任であります。私共は、今この微々たる草分けの仕事に使はれて居る処の東西屋の如きものであります。日本天皇をさしおいて世の立替だのキリスト再臨だのと説くは草木言《ものい》ふものであつて、日本天皇と対立すべきやうな聖人まがひのものの出現を条件とする団体の信仰は悉《ことごと》く妖魅《えうみ》に弄ばれて居るのであります。聖者といふ様な人間放れのした者はこの天行居には集まつて来ぬのでありまして吾々の様な凡人が集まつてこの大業を進められるだけ進めねばならぬやうに皮肉にも命ぜられて居るのであります。でありますから尚《な》ほこれは将来に於て相当の、天行居としても、変動もあらうし、相当の迫害もあらう、無論覚悟をして居る処であります。霊的国防の完成といふことに就きましても、日本全国も海外邦人居留地も亦《ま》た非常の危険に陥るところの予感がありますが何れ適当の時機が到達致しましたならば、全国同志中の篤信者に対しましては密封の書面を続々差上げなければならない時が、必ず到来するものであると予《あらかじ》め信じて居るのであります。でこの前に戻つた様でありますが、第二の天行居の使命といひますと、真の古神道の宣揚道場としての出現でありまして、古神道といふ文字は筧《かけひ》博士あたりがよくお使ひになつた文字で数年前には、光栄の著述「神ながらの道」の公刊ともなりましたが不幸にして私共とは見地を異にして居る点が少なくないので、たとへば高天原《たかまのはら》、根の国、底の国の考への如きも筧《かけひ》博士と私共とは見解を異にして居るのであります。其他の方々の申される事は、又た更らに吾々の信念より距離ある様に考へて居るのであります。でこの真の古神道の宣揚といふことに就きましては色々又た具体的に中上げますが、要するに、吾々は祖神の垂示に本づいてこの人の世を神の世にする運動でありまして、総《すべ》ての人々を、天照大御神《あまてらすおほみかみ》に帰らしむる処の道を宣揚するのであります。日本古代の信仰、民族信仰といふ様なものは、世界の何処の国にも、御多分に洩《も》れず行はれた謂《い》はゆる原始宗教といふ比較宗教学の上に取扱はれて居る程度の低いものとする一般学者の意見と吾々は根本的に所見を異にし、私共は我国の古代に於て外国思想も入らざる昔に於て、立派な宗教的信仰の存在を、種々の方面より確信して居るのであります。太古よりの神伝への事実と近頃神界からの実地の報告と其の関係事実と合致して居ることでありまして、われ〲の謂ふところの古神道なるものは殆《ほと》んど理窟を離れた事実そのものに就ての信念で、われ〲は哲学的な思想上の遊戯を宗教的に表現して居るやうな人達とは世界を異にして居るのであります。……が、当面日々の心得として正しき敬神と修善、積徳につとめつゝあるもので、どういふ事が敬神であり、修善であり積徳であるかに就きまして、従来色々の質問を受けた事がありますが、それは追々に中上げることに致しまして、……今から修法する時間になりましたから今日はこれ位に致しまして……とてもかういふ風では序論が大変長くなりますから又何とか手取《てつとり》り早く考へまして、又此の次の日から勉強する事に致しませう。（昭和三年七月十二日午後講演）

エー先日のお話に引続いて、お話を致しますが、この講演中に於て、何か特に感ぜられる様な点はノートへ御控へになられた方が、よくはないかと思ひますのは、成程これを古道紙上に発表は致しますけれども、発表する前には、一寸《ちよつと》私が、原稿を拝見しまして、矢張り削つて捨てなければならぬ処も出来てくる様に思ひますし、特に態《わざ》と書換へなければならぬ処もあらうと思はれますので、それはどういふ訳かと云ひますと、今の古道の読者の中には、色々な方が居られますので、其の、あまり要領を立ち入つて発表することを考慮せねばならぬ点もあらうかと考へるからであります。何分にもまだ時節未到で緊要な問題を公刊物に、御報告する事を躊躇する様な事情から、でありますのでどうしても、総《すべ》て神様の御上のお話は筆伝を避けなければならぬ点がありまして、口伝を尊ぶ必要がありますので、どうも筆伝といふ事は、余り面白《おもしろ》くないのであります。丁度《ちやうど》、我が古代に於きまして御承知の如き語部《かたりべ》といふ家筋がありまして、昔から神伝へを口々に重んじてきたといふ事は、余程御神慮に関係のある事と想像せられるのであります。それは昔、文字が無かつたからといふのは一般学者の通論となつて居りますが、漢字のやうなものこそ応神帝前後からでありませうけれども、確かに或る時代から余程古くから、相当の文字も有して居つた処の民族でありまして、今日、考古学者等が色々、詮索して居りまする古代文字といふ様なものよりも、もつと異つた筋合ひのものがあつたので、多分、崇神天皇様の頃から或る事情によつて其伝を失つたものと想像して居るのであります。無論、私は一部の神道家や国学者等が、昔から云つて居る様な世界の文化といふものは、我が日本民族が親元であるといふ様な頑固《ぐわんこ》な説を持つものではないのであります。けれども我が民族も神代以来或る天真素朴なる文字を有して居たことを信じて居るのであります。民族の文化といふ、大和民族よりも、も少し前に、見方に依《よつ》ては、一層優れたる文化を有する民族が世界の一部にあつた、といふことは承認して差支へないのであります。さういふことが、何も日本は神国であるとか神の宗国であるとかいふことを否定する理由にはならないのであります。日本が神国であるといふ理由は、別に存するのであります。さういふことは、…………………のであります。先づ、この天行居で主張して居りまする処の古神道、……儒教渡来以前、仏教渡来以前、外来思想がこの日本に侵入し得ざりし以前歴史以前に於ける処の大昔からの、天行《かむながら》の道といふものは、私共が唱道してをりまする処の所謂《いはゆる》、古神道で、即ち神ながらの道でありまして、今日の宗教学上よりさういふ風にものを見まするといふと、普通の学者では、殆《ほと》んど一般の学者がさういふ様な事に就ては、余り高尚な、立派な道が太古の我国に存在した様には、無論考へて居ないのであります。元来この世の総《すべ》ての宗教の原始的母胎といふものは所謂、多霊教、或ひは多神教といふ様なものが、世界の随所に芽ばえて、それが民族の風習に連れて段々発達して来ると、一神教的なものになるといふ様に、学者は説いて居るのでありまして、それが純倫理的理智的に発達したものの代表としてキリスト教と仏教を推称して居るのが普通宗教学者の比較宗教学上の通り相場となつて居る様であります、でありまするが、基督《キリスト》教の発達に就て申しましても、基督教は殆んど最初から一神教的であつたやうに其方の人達は申して居ります、又た聖書《バイブル》に立脚する処の信仰としては徹頭徹尾一神教でなければ、基督教は根本から破壊されて了《しま》ふのでありまして、それはモーセの十戒等に見ても、既に明らかな事でありまして、これが破壊されては今日のキリスト教の信仰は成り立たないのでありますけれど実は最初から一神教的ではなかつたのであります。……今日の比較宗教学といふものは、甚《はなは》だ下らないものでありますけれど、併《しか》し彼等の努力はこれを科学的に立証するに至りました。今日に於ては、基督教の如きも、その起原に立ち帰りますといふと、決して一神教でなく多霊教であつたといふ事は、今日の世界の宗教学者の公論となつて居るのであります。それは余り古い事ではない、近年の発見に関する学説であります、キリスト教方面の学者もこれを覆《くつがへ》すだけの論拠を有して居ないのであります。……で、我が天行の太古以来の我神の道といふものは、それならば、その何《いづ》れに属するものなるやといふと申す迄もなく、多神を認める教へでありますが、強ひて一つの言葉を作るならば、正しき組織的多神教又は一元的多神教とでも云ひ得るかと思ふのでありますが、多神教を劣等視して一神教的なものを高等視するのは比較宗教学に於ける勝手な、乱暴な、独断的な分類であつて一切の先入主の思想を洗ひ捨てゝ考へ直さねばならぬ問題だと私は信じて居るのであります。無論見方に依《よつ》ては、この正しき組織的多神教たる我が古神道は一神教的でもあり得るのであります、併しそれは要するに哲学的な一の考察上の方式よりみた場合でありまして、実質は飽《あ》く迄《まで》、正しき組織的多神教であり、又た一元的多神教で、これは宗教学とか哲学とか人間の小智の雑音を離れた天の声で、すべての理窟と無交渉なる大神界の実相であります。今日の比較宗教学に於ける普通の学者が仮定の分類をして居るだけの話が大神界の実相に対して一毫《いちがう》の増減をも及ぼすものではありませぬ。仏教の如きに於きましては、大体に於て一神教的でありますが、今日の大乗仏教といふものは、殆んど宗教といふよりも、寧《むし》ろ哲学とかいふ様なものを多量に含蓄した特殊の科学とでもみるべきもので、人間の智慧の高等なる産物といふだけなものであります。密教に於ける処の曼陀羅《まんだら》のごときは哲学的に一心の荘厳の表現であると同時に釈迦以前の古印度《インド》の神伝を反映して居るもので、印度流の神伝への信仰に立脚して進んで来て居るので多神教的な背景に生育したものであります。

太古に於て神界の消息が変則的ながらも世界各地に洩《も》れて居たのが或ひは土俗の習風に連れて堕落したり低級な邪道に変化したりするのもあつたと同時に謂《い》はゆる人智が進んで人間の智識を以て改造されたり織更へられたりして来たのが今日の所謂《いはゆる》、進歩せる宗教であります。昔から世界各地の民族が有する処の或ひはトーテム崇拝であるとか、種々の呪物の崇拝、或ひは又た生殖器の崇拝であるとか、世界の総《すべ》ての民族が有したものと殆《ほと》んど同様に日本に於ても、さういふ事がある以上、矢張り日本民族の古代信仰も幼稚なもので、論ずるに足らぬと思ふ人もありませうが、それはいはゞ今日の学弊に囚《とら》はれたる処の見方でありまして、生殖器崇拝といふ様なことでも、厳粛にいふならば古代に於ては今日の言葉を以てしては現はしにくい神秘なる高潔なる意義もあつたのであります。唯《た》だ其の形式だけの配列を土俗学者とか考古学者とかいふ人達が今日の人間相応な智識を以て彼れ此れ言つてゐるだけなもので、甚《はなは》だ劣等な信仰の対象であつたかの如く考へて居るだけのものでありまして、これは最も極端なものの一例を採つて、お話したのでありまして、古代に於ての呪物崇拝といふ様な事も、見方に依《よつ》ては、劣等なものにも見えますが、正しき神伝へによるところの神さびたるものも厳存するのであります。同じ人間でも聖人も居れば蛮人も居るやうなもので、其の区別を知らなければならぬのであります。呪物崇拝といふことを、彼れ此れ批評するならば、総《すべ》ての神璽《しんじ》、神宝類といふものは、見方によれば呪物でありまして、畏《おそ》れ多い事でありますが三種の神器の如きも亦《また》さういふ風な解釈をされる様な結果になりますが、決してさういふものでないのでありまして、総てのものには、理と事とあるものでありまして、事がある処には必ず理のあるものでありまして、丁度《ちやうど》、光りと火との関係の如きものでラジオの如きものでも、さういふ器械を設備すれば声が聴えますが、その器械を有しなければ何も聴えないやうなもので、我が正しい神璽、神器等については太古から神伝へに由《よ》つた処の一の神の約束といふものがあるのでありまして、これは決して心霊を虚談する徒《ともがら》の窺《うかが》ひ知るところでなく我等の祖神は理神に非ずして、実神でありまして其の現実の御教へであり現実の道が我が古神道であります。

世人はよく神話と申しまするが、広い意味に於て申しまするならば、我が古代の語り伝へも神話と言へないこともありますまい、神武天皇様より以前の消息は広き意味に於ての神話学上の方から見れば神話として取扱はれても仕方のないことでありませう。広い意味に於て申すならば、台湾には台湾の神話があり、印度には印度の神話があり、波斯《ペルシヤ》には波斯の神話があり、埃及《エジプト》には埃及の神話があり、北欧羅巴《ヨーロツパ》には北欧羅巴の神話があり、ローマにはローマの神話があり、殆んど独立せる別系統の如きものもあれば彼此錯綜して居るやうな内容のものもあり、其の中で最も神話として立派なものを希臘《ギリシヤ》の古伝説とするのでありますが、これとても二千八九百年前に於ける詩人ホメロスの歌などに伝へられて居る位なものでMyths《ミユトス》（神伝）といふものの正確な史実的内容を含蓄して居るものではありません。併《しか》し全然詩人の創作ではなく此の神界の消息の変則的に現はれて居るものもあるのであります、でさういふ意味に於ていふならば、希臘神話のオリユンポスは先づさしあたり今日の石城山でありませう。必ずしも外国の神話であるからといつて、それを根も葉もないことに思ふのは思ふものの妄であります。普通の神話学者でも日本の神伝へを、世界の神話に比較してみると日本の神伝、神話には、大きな特色があるのでありまして、其れは国家的組織的の神話として世界無比のものであることであります。そしてその神伝が或る程度迄は歴史的の根拠も有して居り、又た今日の幽冥に交通するものの見る処、言ふ処と亦《ま》た一致して居るのであります。我国に於て近く明治以来最も確実なる神界出入者のもたらせる消息は実に立派なものでキリストの宮殿の如きも、まだ西洋の盛んな降霊術に於ては格別消息が明らかになつて居ない様でありますが日本に於ては今から四五十年以前に於きまして、もたらされたる報告にも極めて明瞭で現在におけるイエスキリストの宮殿や其れより一層高級の神の宮殿等も詳細に実見した神人の世界の霊界を巡廻しての報告で最も確実なものであります。何《い》れ具体的に発表する決心であります。そして基督《キリスト》の宮よりも立派な宮殿がそこにあるが、其の高い処の神様もエホバといふ様な一神ではないのであります、……、二柱の神がキリストよりも、一層立派な高い宮に鎮まつて居られまして、その神達の外国的な御名もありますが、実は我が古事記に明記してある或る神の二柱であります。（イザナギ、イザナミの神ではありません）さてこの基督教のいひます処の世界創造はエホバといふ神となつて居り、たいていのモノシリは此のエホバを日本で言ふところの天之御中主神《あめのみなかぬしのかみ》と同じものに当るといひますが……これは私の一家言に過ぎないので未《いま》だ天行居の定説とするわけではありませんけれども私はエホバは伊邪那岐《いざなぎ》の神様に当つてゐる様に思ひます。伊邪那岐の神様は伊邪那美《いざなみ》の神様と共に、この世界を造られたる神でありまして日本より比較的近い支那の古伝には淮南子《ゑなんじ》の精神訓に於て、天地未《いま》だあらざりし時に二神があつて天地を経営したとなつて居り、印度《インド》にはイザナ天、イザナ后と伝へて居るやうで……これは明らかに伊邪那岐、伊邪那美の神様の消息を洩れ伝へて居るやうに感ぜられます。基督教に於ける処の世界の造り主である処の一の神といふものはイザナギの神を伝へ、又たサタン思想のあるのは伊邪那美の神の系統に属する処の或る消息を伝へて居るやうであります。次ぎに申して置きますけれども、我が古典の古事記にもせよ、書紀にもせよ、風土記にもせよ、無論今日伝はつて居るものが、完全正確なものでないのでありまして、古き語部《かたりべ》時代にも錯誤が当然あるべきで又た記録が出来てからも、年月の経《た》つに従つて誤りが生じて居るので其の一例を申しまするとイザナギのナギを承諾の諾といふ字を以て伝へて居る如きも実は誤つて居るのでありまして、漢字の読方には厳格な法則があつて諾ではナギといふ音は出ぬので、これは謡の誤りであります。謡は漢音ダウ、呉音ナウで、此の呉音のナウがナギとひゞくのであります。元来上古に於きまして千年前に於きましては正しい学問がありましたのでそれが世が降《くだ》るに連れて無茶苦茶になつて来たので日本の音韻学の如きも正しき伝へは、八九百年来亡びて了《しま》つたやうであります。ナウをナギと訓みます古法の例を申しますと、カウヤマ（香山）をカグヤマとよみ、タウマ（当麻）をタギマとよみ、マウリ（望理）をマガリとよみますやうに入声を除きて平上去の三声は斯《か》ういふ場合必ず加行の濁音にひゞくのが古法であつたので……重大なる神名の文字からして誤つて居るほどでありますから……我が古典にもさがせばあらは相当に出て来ますので、わづかなあらを拾ひあげて重大なる本伝、神伝を否定せんとするは正しい学問の致し方ではありますまい、……イザナミの神のナミも矢張り平田先生あたりの使つて居られる冉といふ字

て居ります、而して恐らく日本の神話にまるで似て居るといふこと

は誤りの様でありまず、併《しか》し吾等は異を樹つることを出来るだけ避けてなるべく世間並みの文字を使用して居るので、……イザナギの神イザナミの神の世界を造られたとか、或ひは島を御産みになつたとかいふことは今日の学問のある方々が鼻のさきに微笑を浮べて聞き流される問題でありまして神が世界を造られたといふ事や、或ひは島をお産みになつたといふことについては俗学の徒《と》が日本にも昔から絶えないのでありまして、二神が次ぎ次ぎに島を発見されたことだとか何だとか云つて居りますが、これは古伝の儘《まま》であつて比喩でもなければ隠語でもないのであります。斯《か》ういふ事に就きましては少し立場が異なりますが、丁度《ちやうど》神が六日で天地万物を造つたといふヤソの創世記も一般の基督《キリスト》教方面の謂《い》はゆる高等神学の先生達も色々のことにつけて議論して居りますけれども、欧米の立派な学者達に依《よ》て、その古伝通り信じて居る団体もあるのであります。この運動が露骨になりましたのは、十年ばかり前、欧洲戦争の始まつた頃、米国の一大学教授がBack to the Bibleといふ小冊子を書いた頃からでありまして其人は最新の所謂《いはゆる》科学の力を以て今日の創世記否定の科学者に対したので地質学であるとか、言語学であるとか、遺伝学であるとか、発生学であるとか所謂今日の華やかなるサイエンスの学塁へ巨砲を放つたものであります。進化論といふ様なものに対しても相当な動揺を与へて英米の学界では今尚《な》ほ盛んに論議されつゝあるやうで、真面目な学者の勢力が殆《ほと》んど二分してバイブル党と非バイブル党とがいがみ合つて居るやうでありますが、斯《か》かる問題が各方面の専門学者の間に真面目に扱はれ出したのであります。以て十九世紀以来多数の学者に依て築き上げられた科学といふものが如何《いか》にアヤフヤなものであるかといふことがわからうと思ひます。これは耶蘇《ヤソ》教方面の話でありますが

……今日の地の世界を日本の正しい神伝に依て我がイザナギ、イザナミの神によつて、造られたものであるといふ事を、謂はゆる合理的に証明する処の人も出て来られなければならない機縁に際会して居るものと私は信ずるのであります。……一口《ひとくち》に神と申しましても色々あるのであります。神とは只《ただ》、上《かみ》といふ義で目上の人、偉い人、高い人といふ様な議論は、もう今日では時勢遅れの考へであらうと思ひます。無論人は天地の神物であり万有中の至霊なるもので紀にも人と書いてカミとよませてあるところもあるほどでありますが、併し人は人であつて神は神であります。人の世界があるやうに神々の世界があります。心外無別法も見方によつてはわるくもないが、徒《いたづ》らに心霊を虚談するナマモノシリに毒せられぬやう注意せられねばなりません。神々のお住ひになつて居る処も色々でありましてそれは一の幻覚的な、特別の主観的存在ではないのでありまして、立派な客観的の存在でありまして、恰《あた》かも日本があり支那がある様なものであります。或る一つの神界の祕図を持《もつ》て来て居りまするが、これは実は今日まで幹部でも副斎主と師範とにお目にかけたのみでありまして、どうかとは思ひますが、記念すべき第一回の道場に参列せられた同志諸君のために明朝二三人づつにわけて別室で副斎主から御覧に入れることに致しませう。この神界の祕図に就きましては何れ幾分は諒解される時節も近づいては居りますが、このたびは種々の御質問なさらない方がよからうと思ひます、実は余り詳しく、お答へする材料も持ち合せて居ないのであります。それに各宮殿の位置から格好、距離、樹木の種類等に至るまで微細に亙《わた》つて、表現してあるのでありまして、かういふやうな事に就ては、今日の一般の学者はもとより、心霊科学といふやうなものをつゝき廻して居る人達の想像も及ばざるものでありまして、余り突ツ込んで、お話も致し兼ねるのでありまして…………………近くは東京の考古学者、吉田氏によつて発掘されつゝあります処の香取神宮附近に於て明らかに我が古代に於ける神様と認められる方々の御陵を発見したやうに新聞紙は報道して居りますが、その考証の当否是非等はしばらく別問題として奇霊《くしび》に大《おほ》座《まし》ますところの神々が、どういふ訳で人間的な遺跡をのこされるのであるか、神達の子孫が普通の人間と異ならぬ状態にあるのはどういふわけであるか、或ひは又た神武天皇様位ゐから殆《ほと》んど人間的な現人神《あらひとがみ》で鵜茅《うがや》葺不合尊《ふきあへずのみこと》から以前位ゐが急に神変不思議な神様だとは受けとれないと思ひ惑ふ人もありませう。………神武天皇様の時代は支那では何々の時代である、埃及《エジプト》辺りはどうか、希臘《ギリシャ》辺りはどうか、印度《インド》辺りはどうか、世界の地上の或る部分には、それよりも以前に於て人間的な文化が相当にあつたではないか……斯《か》ういふやうな疑問に対しては長時間の解説を要するけれど……（此辺速記不明）……民族の文化と神々の出自等には必然的な関係はないのでありまして、……神々には神々の御都合も神界の御経綸もありまして、……我が日本国土は太古以来神仙の祕区として土民は必ずしも高等な文化を有したわけでなく、…………必要の時期迄は維持せしめられ適当の時期に於て或ひは人間として出現せられ或ひは神々として天降られも遊ばされ、基督《キリスト》が十字架につけられて死し、それから数日後に又た出現したといふやうなことも事実であらうと思ひまして、……（速記不明）……御降臨になつて、人間的の行動を遊ばされたのであります。明治九年七月七日肉身のまゝで昇天せられた山中照道先生の如きも普通の父母の家庭で育てられたことでありますが、それが神となつて昇天されたといふやうなことを逆に考へるならば神々が天降られて人間的に生活せられる状況等も相当の理解が得られる筈《はず》でありますが……でこの日本が神国であるといふ事は要するに、今日の地上の文化の程度や歴史と殆んど無交渉で、太古以来の神仙の祕区であるので、広く云へば世界が神国であるけれども日本は神国の中の神国、神の宗国と申すものであります。日本が神国中の神国といふことについて、……には我が民族固有の文化もあつたのでありまして、……支那思想等が入り来る以前に立派な思想も神ながらに存在したのであります。例へば王者たるものが御位を長子にお譲りなるといふやうな事は、日本思想でないといふ人もありますが、我国に於ては古代に於てはさういふ風ではないのでありまして、…………仁徳天皇以前は末子《ばつし》相続であつたのであります。これは独《ひと》り皇室のみならず、一般がさうであつた様でありまず、神武天皇様でも其の前後の時代でも末子相続であつて、末子でない方で皇位に就てをられる方もありますけれど、それは或ひは、御弟の宮様が夭折《えうせつ》とか特殊の事情があつたのであります。……これは畏《おそ》れ多い事ではありますが、天照大御神《あまてらすおほみかみ》様以来のことで（速記不明）それより前の蛭子《ひるこ》の神《かみ》が大神界の正統を継ぎ給はず、後にお生れになつたヒルメの神（天照大御神）が知ろしめし給ふやうに（速記不明）けれども、これは…………色々の…………の事になつて古典では変則的に伝へられて居る様であります。

さて宗教は何を信じても心を清くして、善を行ひ悪に遠ざかりさへすれば良いではないかと斯ういふ風な議論は兎角《とかく》、吾々が聞かされる事でありますけれども、私共の所信によれば其れは一種の哲学的、または倫理的な「人間の考慮」に過ぎざるものであります。さういふ「考へ」の根本に大きな問題があることを忘れてはなりません。それは何であるかといふと、日本が神国であるといふ実際の信仰と日本天皇が天津神の正しき御血筋であるといふ実際の信仰とこの二つのものが、理窟を離れて承認—確信が出来ざる限り、神ながらの正信と認むることが出来ないのであります。その二つの信仰を離れたものは総《すべ》て賛同致し兼ねるのであります。これは善悪是非を超越せる処の問題であつて事実であるから信ずるのであります。井上哲次郎博士といふ官僚学者の見本の様な人がありまするが其人の我が皇室論といふ様なものは、皇室が万世一系であらせらるゝのは、歴代天皇の積徳の然らしむる処であるからと云ひ、人民が天皇を神明の如く尊崇するやうになつたのは歴代天皇の積徳の致すところであると云ふ意味の意見を発表して居るが、斯《か》ういふ議論では我が皇室が今後あまり仁徳をお積みにならぬ場合は、皇室に動揺が来るといふ当然の論理の様に考へます。斯ういふ人達は、実際に於て神といふものは判つてゐない、為めに皇室の真の尊さといふものがわかつて居らぬから斯くの如く、戦慄すべき処の誤ちに陥るのでありまして、如何《いか》に皇室中心といふ様なことや尊皇主義とか申すことを説かれても、根本に於て、我国が神国の中の神国、神の宗国であるといふ事と、我が皇室が天《あま》津《つ》神《かみ》の御正系であるといふことの確信がない以上は、如何なる尊皇論も愛国論も駄目でありまして、斯ういふ誤りを是正せねばならぬところに天行居の重大なる使命があるのであります。日本が神国中の神国であるといふ事と、我が皇室が天津神の正しき御血筋であるといふ事を総ての批判、総ての観念といふものの大土台として其れから割出して考へなければならぬ。これが道の大本であると私は確信して居るのであります。処がつまり、この現人神《あらひとがみ》として世界の王であらせらるべき我が天皇陛下が実際の過去の歴史及び現状に於て……これを世界的に申しますと、世界人類の王者としての実が現はれてゐないのであります。

つまり今日の世界の人類の大部分のものは、親を知らぬ迷ひ児となつて居りますから、この大なる錯誤が形而上形而下一切の総ての誤判を生ずる基《もと》ゐでありまして、今日の世界の総ての正しからざるありさまは玆《ここ》に基因するので……言葉を換へれば我が天皇陛下を世界の王者としての真の光りを事実上、世界万民の上にかゞふらせねば世界の歪《ゆが》みが直らないので……其の実現が近い将来にあることを神悟して、私共が活動を始めたのであります。これは殆《ほと》んど大なる革命の様でありまして多年の……神界の微妙幽玄の摂理によつて正しからざる世界を正しくする運動であります。何と云つても今日世界の実権を握つてゐるものは英米の勢力で、世界の実権を握つてはならない者が世界の実権を握つて居る、この正しからざるものを正しくすることは或ひは革命とも云ひ得るかと思ひます。

世界人類の光栄の府であらせられる我が皇室を、如実に世界の全人類にハッキリと讃仰せしむること、若しこれを革命と言ひ得るならば神と人との現幽両界にわたる大革命であつて、神命のまに〳〵この日本天皇を仰ぎて此の大革命の枢機に参与せんとして集まりつゝあるものが我が神道天行居の同志であります。

神様といふものがわからないのが総ての学者の誤りの起る処でありまして、例へば高天原《たかまのはら》といふ様な問題に就きましても甲論乙駁随分議論の絶えないところでありまして昔も今も神道学者や国学者等のアタマを悩まして居り或ひは太古の高天原、地の高天原は常陸《ひたち》か大和、近江附近か九州の一角か或ひは海外説では南洋方面とか朝鮮或ひは満洲、甚《はなは》だしきに至つてはバビロンあたりまで担《かつ》ぎ出す人もあり、或ひは又これを一心清明のとき即ち高天原なりといふやうな心霊を虚談するモノシリも居る世の中でありますが、この高天原といふものは、実は広い意味があつて先づ古事記の一番最初に書いてある高天原は此の大宇宙で、この大宇宙が高天原《たかまのはら》であるのでありまするが普通高天原といふ場合には、大体に於て二つあるのであります。（速記不明）……申しますれば神界……更らに又た一般から申しますと、太陽の中にある処の神界が高天原で、私共が高天原と申しまするのは普通の場合太陽の神界を指して居るのであります。でありますから、玆《ここ》にはカミロギ、カミロミの神々がお鎮まりになつて居られますから高天原でありまして、従つて、その我が天皇陛下の鎮まり給ふ皇居も高天原であります、さういふ意味に於て昔の皇居のあつた地点、大和や九州の一角を或る時代に於ける地の高天原と言ひ得るのであります。

太陽の如きについて――今日の天文学者が色々と報告して居りますのは要するにウヰルソン山天文台の望遠鏡を通過する程度の智識に過ぎざるものでありまして、太陽神界は清涼にして山河草木みな美しく清《きよ》らけく御殿にせよ何れも吾々の想像も及ばない立派な清浄なるもので……月にも幽界があり、此の地にも神界があり強ひて分ければ、幽界もある。これは肉体を捨てた場合に於て普通の場合には、大抵この地の神界霊界に於て適当なる処に生存を続けるのであります。非常な大功を樹てた人は太陽神界にも昇る方もあり、大悪を行うて居るところの人は月の幽界にも送られるのであります。

天津神《あまつかみ》、国津神《くにつかみ》と申しますやうなことにつきましても或る種の神道学者等は、天津神とは古代の都会人をいひ国津神とは古代の田舎の種族をいふなぞと云つて居りますけれど文字通り天神地祇であつて仙家で天仙地仙といふやうな意味のもので……天神にも種類があるが国津神は一層多種多様で正邪高下一概に申されないのであります。小ざかしき智慧をもつて神祇を軽んじ或ひは無視する今日の学魔といふやからも死後あることを思ふべしであります。平田先生は当時仏教の徒《と》を釈魔と申されましたけれども、私は今日の多くの新思想家とか、何とかいふものを学魔と呼んで居ります。学魔なるものは赤色思想の徒ばかりでないので今日の国学者や神道学者の中にも多いのであります。我国の神々、神界と我が皇室との関係等を大体に於て古典の文字通りに信じ得ざる輩は如何《いか》なる神道学者にせよ、国学者にせよ要するに、それは学魔であります。そんなやからが如何に尊皇論や国粋主義に類する主張をもつて謂《い》はゆる思想善導に資する精神運動を為すにもせよ吾等はこれを学魔と認めるのであります。何故ならばといひますと、これは吾々と違ひまして、学問的地位あり、世間的人格高き人は、社会に対する信用も厚いのであつて、アンナ神道主義の学者でさへ神といふものは斯《か》ういふ風なものだと説くことが、ます〳〵我が国民を神から遠ざからせる結果となるので其れより及ぼす処の弊害といふものは実に非常なものであらうと私は思ふのであります。……この幽界の主宰神といふ様な事に就きましても、大国主神《おほくにぬしのかみ》様が、幽界の主宰神となつて居られるのは如何《いかが》なものであらうと考へる人もありませう。人間帰幽後の総指揮の権を握られる重大なる立場にあらせられる神として、どういふ訳で大国主神が……といふやうな疑問は、正しい信仰の人達でも比較的起り易い疑問であります、これは当面に於ける幽界の主宰神としては大国主神様でありますが、……普通の言葉を以て言へば、其の奥に神皇産《かむみむす》霊神《びのかみ》が控へて居られるのであります。この宇宙の大神界といふものは、大体が大きな二つのカミロギ、カミロミによつて分けて考へれば考へられるので、それが（此辺速記不明）…………天照大御神《あまてらすおほみかみ》の正しき御霊統が皇室であらせられ、そして、その天照大御神《あまてらすおほみかみ》は無論、この地の世界に於て伊勢の内宮に鎮まり居られますが宇宙的には、太陽の高天原《たかまのはら》……太陽の神界の中央の宮殿に鎮まりますのでありまして、これは古代に於ては極めて、ハッキリと認識されて居つたのであります。神武天皇様は戦ひを遊ばされたとき天津神の御子であるから、太陽に向つて、弓を引くのは相応《ふさは》しからずと、太陽を背にして戦はれましたが、戦争に於て陣形なるものは、極めて大切なものでありまして、陣形といふものは他の事情で猥《みだ》りに動かすべきものではないのであるけれど日神の子として太陽に向つて、陣を進めるといふことは、いけないと陣形をお立替になつたといふことは、その御自覚といふものは極めてハッキリしたものでありまして、独《ひと》り神武天皇様のみならず其の時代、古代の我が民族も同様な信念を有して居たので、信仰といふやうなボンヤリした考へでなく正しき神伝へを知つて居つたのであります。それであるから、ヒトといふ言葉も生じて来たので天照大御神の御霊徳によつて普通の動物と懸け離れて奇霊《くしび》なものでありまして古代に於て男を彦、女を姫といふのも日神の日より申すのであります。考古学者なぞといふものは兎角《とかく》我が神伝へにケチをつけたがるものでありますが、日本考古学の草わけをした八木奘三郎氏は『満洲考古学』の巻頭に於て日本民族の特殊の優越的信念を力説し、ヒトといふ語についても大いに気焔《きえん》を吐いて居られるのは甚《はなは》だ愉快に感じました。（昭和三年七月十五日講演）

最も紀念すべき、石城山道場第一回の修斎会も愈々《いよいよ》明日で終りを告げることになりまして、誠に種々なる感慨に打たるゝ次第であります。何分にも天造草創の折柄で設備等も不行届きでありますにも拘《かかは》らず、暑さの砌《みぎ》りを何の御不平も御不満もなく御勉強下さいましたことは、各位の熱誠の現はれでありまして、私共としても非常なる満足をもつて居ります、それで又、明日を以て、この席上の多数のお方と袂《たもと》を別たねばならぬといふことは、無量の惜別の感に堪《た》へない次第であります。がこの石城山にはまだ〳〵申上げるのを憚《はばか》らねばならない種々重大なる因縁があるのでありまして、どうしても全国の同志諸君が一度は必ずこの聖地に親しく結縁せられねばならぬのでありまして、其の第一回に皆様が足跡を印せられたといふ事は、之れ亦《ま》た古き因縁に依《よ》ることでありませうと思ひますが更らに又た諸君が遠からざる将来に於て重ねて此の土地を御訪問になる様なことのあらう事を信じて居ります。皆様の中には近き将来に再び此の土地を訪問するといふ事は、志はあつても事実出来にくい立場に居らる丶方々もありませうけれども、それも奇霊なる便宜の事情が発生しまして、又た重ねて一両年の中に必ず御訪問になる様な都合にならうと思はれます。此の機会に於きまして堅《かた》く〳〵申上げて置き度い事は、此の天行居の道場でやつて居ります音霊《おとたま》法にもせよ鎮魂法にもせよ、その一法に真によく通徹すれば又た以て万法に通ずるのではありますが、辞別《ことわ》けまして十言《とこと》の神呪《かじり》は御帰宅になりましても、どうぞ、撓《たわ》みなく、お続け下さる事を希望するのであります。此の十言の神呪の神祕といふことに就きましては、古道紙上其他に於きましても、多少お話申上げては居るつもりでありますけれど、言は意を尽さずで、尚《な》ほ深い玄妙の奇瑞あるものでありますから……兎角《とかく》、自宅へ帰りますといふと、周囲の人達に気兼ねをしたり致しまして…………この声を出す様な修法は、怠り勝ちに成り易いものでありますけれども、初め四五日、押してやれば必ずやれるものであります。これを続ければ追々、予期せざる処の霊的の獲物があるのであります。一寸《ちよつと》その末端の俗な方面から申しますと、例へば、病気に対する修法の如きも、音霊《おとたま》法の如きは最もよいのでありますが、併《あは》せて、この十言《とこと》の神咒《かじり》をやる事は、非常なる応験《しるし》がある事を確《たしか》めて居るのであります。土地を隔てて、写真なり或ひは其人の持物なりに対して……神殿なら神殿の前、床の間なら床の間に置きまして、又そのことの事情等によつて格別……安静を守る必要のない病人なら場合によつては本人の枕頭に於て行つてもよいのであります。……我が神道の仲間に於て中古以来、種々の秘法らしいものもあり、或ひは唯一神道流の如きに於ては所謂《いはゆる》秘法も色々ありまして其の奥祕ともいふべき……殆《ほと》んど一子相伝といふものも実は挙げて天行居にもありまして……例のソロヘテナラベテなぞといふ祕言なんてものは板本《はんぽん》にもあり世間流布のもので行者まがひのものでも皆な知つて居りますがそんなものでなく玉木正英の直筆の巻物等もありますが、そんなものも余興的にお授けしても良い様なものではありますが……けれども却《かへつ》て迷ひの種となりますから、そんなものなぞは一切見向きもせず、専純に十言の神咒の修法をこんきよく功を急がず、御精修くださるやう切に希望いたす次第であります。……私共が日本全国、否《い》な我が民族の至る処に、この十言の神咒の声を聞くことが出来る様になつたならば、日本が神国としての威力を発揮することも顕著なものとなるのでありまして、……元来この天の徳と、地の徳と相《あひ》反映して、この世の中を維持して居るのでありまして、それは哲学上の理窟でなく事実でありまして、天神と地祇との霊気が交叉して柱となつて居りますので神を幾柱と申すのもそれより出て居るのでありまして、天の神と、地の神との霊徳が相交渉して、恰《あた》かも（此辺速記不明）……といふことに就ては、別の解義もありますけれどもそれは――此の原則より言ひ移したる処の意味合に過ぎないのであります。でこのアマテラスオホミカミの十言の神咒を致すことは、此の宇宙に於ける処の最大、最尊、最貴なる処の大御神《おほみかみ》様に呼び掛ける言葉でありまするが、同時に総《すべ》ての神々に呼びかける言葉であり、又た我が身内の神を呼び醒ます言葉となるのであります。吾々は先日も申しましたやうに、本来神と同質なものでありまするが、それが多年の間、色々面白からぬ罪と穢《けが》れとによつて神様らしからずなつて居るのであります。でさう申………要するに此れも亦《ま》た我が霊性を磨くのに過ぎぬ業ではあるまいか、我が霊性が即ち神で、「我が神」をあらはす手段で、やはり心外無別法だといふやうな邪解に陥つては吾党を離るゝこと千万里で、古来流行性ある斯《か》かる世の中の智識的遊戯に迷ひ込まれてはならないのであります。天照大御神《あまてらすおほみかみ》といふ人格的に存在あらせらるゝ宇宙最尊の神様を讃美し帰命する処の認識が、飽《あ》く迄《まで》、大土台であつて、判然して居なければならないのであります。一面から申しますと、申す迄もなく、地上の一切の生物も、太陽のエネルギーに依《よつ》て生きて居るものでありまして、これは普通の科学からみても肯定しなければならぬところで、この太陽の大いなる霊徳を知《し》ろし召《め》される処の天照大御神様が一切生類の親であります。……太陽そのものが天照大御神でないのであります。太陽は天照大御神様の出現以前からあるものであります。大地の如きは、今日の如き状態でなく、天文学的には瓦斯《ガス》体の濃厚な程度のものか、或ひはも少し進歩したもので、神典に謂《い》はゆるクラゲナスタダヨヘルモノであつたかも知れませぬ。そんならば太陽といふものは、どういふ風にして出来たものであるかといふとイザナギ、イザナミ、以前の神様の霊徳の凝《こ》り固《かたま》りでありますであります。でありまするが故に、天《あめ》譲日天狭霧国譲日国狭霧尊《ゆづるひあめのさぎりくにゆづるひくにのさぎりのみこと》と申すのは天照大御神《あまてらすおほみかみ》様が太陽を知ろし召される以前に於てカムロギ、カムロミの神々が代り〳〵で受持ち、譲り受けて来られたものでそれは悠久なる年代を経て居ることは勿論であります。この天譲日天狭霧国譲日国狭霧尊と申すのは、これは一神を指して申上げて居るのではないのであります。……この宇宙に於ける太陽系の位置といふ事に就きましては、今茲《ここ》で貴重な時間をさいてお話する迄もなく参拾銭か五拾銭かの雑誌の通俗な科学雑誌でも一見せらるれば直ぐにわかることで、さういふ天文学上のくだ〳〵しいことは申上げませぬが天文学上より申しまするならば、この太陽系の宇宙以外に或ひは未成品もあり……種々なる世界があつて、この太陽系の如きは、ものの数にもならぬ様な、これには色々な学者によつての見解もありますが、併《しか》し吾々は此の太陽系の中の生物でありまして三千世界、大宇宙の神である処の天之御中主神《あめのみなかぬしのかみ》様以来の天津神《あまつかみ》——諸《もろもろ》の命《みこと》もちて…………つまり神典にも色々に伝へて居りまする、諸々の悠久なる大いなる処の神様のミコト…………御命令によつて、イザナギ、イザナミの神が其の因縁の一切の神々の代表として国土の修理固成に当らせられて天津日《あまつひ》を知ろし召される処の天照大御神様をお産みになつた次第であります。……それで何時も疑問の種ともなる話ですが……色々な人から天照大御神様が岩戸《いはと》隠れを遊ばされて世の中が闇になつた、といふ事は到底今日の科学が承認しないといふことでありまするけれども、これは、奇霊《くしび》とも奇霊なる神業であつて無論さういふ事実があつたのであります。これは一面から申しましても、未《いま》だ今日の天文学といふものは無論、結論に近づいては居ないもので……（速記不明）……僅《わづ》かに……して居る処でありまして天文学に於きましては、将来どういふ様な発見がないとも限らんのであります。それに就ても数日前海軍機関少将、山崎鶴之助氏から参りました書面の中に、我が或る古典に拠れば七百七万歳に一回一年間だけ太陽が無くなるといふ事があるので、その時には一つの星が現はれてその星の大きさは今日の月の約八分の一の大きさで光りは満月の約十分の一といふ風な伝へでありまして、さういふ様な事に就ては山崎少将は他日或ひは天文学者に依《よつ》て大発見がないとも断言は出来まいといふ様な意味でありましたが、さういふ様な古書の是非虚実は兎《と》も角《かく》もと致しまして今日の天文学は決して結論に近づいたものでないといふことは、今の科学者と雖《いへど》も承認して居るところで、世人が低級な天文学の知識でみだりに古伝を抹殺せんとするのは危険なことであります。吾々が浅薄杜撰《せんぱくずさん》なる処の天体に関する思議を以て妄りに古伝を笑ふといふことは此れは甚《はなは》だ不謹慎な寧《むし》ろ教養なき人々のなすべき態度といはねばならぬと思はれるのであります。元来この吾々の住む世界は日月といふもの、月と日とにつき、非常なる関係があるものでありまして、太陽のエネルギーに依て地上の一切が生き働いて行けるといふことは、これ誰れも認むる処でありますけれども、月などは大したものでない、あんなものは無くとも芸術家が少し淋しがる位ゐなものだと馬鹿にしてる人もありますけれど、これも人類に絶対に必要なる、大切なものでありまして、…………人によると、太陽と月といふものは、距離にもせよ、大きさにもせよ、全然比較にもならぬもので、も少し役に立ちさうな色々な星がある中に、どういふ訳で月と日とを重く見るかと理窟をいふ人もありますが、吾々の実感といふものは、月も日も殆《ほと》んど同じ大きさに見るものでありまして、それが神々の幽玄なる組織であります。太陽はいつも変らざる処の姿を以て現はれて居る、月は或ひは盈《み》ち、或ひは欠けつつ、この大地を廻るといふこの月日の道が道のよつて起る処でありまして、これは天行《かむながら》なる日本思想でありまして神伝へのものであります。大小といふやうな問題は、それは、吾々の感ずる処でありまして、神様の方では太平洋の水も、このコップの水も或ひは同様にも見えなはすので、拳大《こぶしだい》の石の中にも何百里何千里といふ宮観も存在するので、それは吾々が誤れる処の、……必ずしも誤れる処ではない、立場が異なるので、立場が吾々の普通の殆《ほと》んど同じ大きさに感ずる程度に実現されて居るといふことは、神様の大御心といふものは決して（速記不明）……あるとか無いとかいふ余程距離のある大御心の発現であります。総《すべ》て、この我が古伝を、海外思想から得て居るといふ処の学者は……支那思想の入る以前に於て我が古代民族の間には日月についての考へはなかつたかのやうに申しますけれども……支那の典籍が日本に入つて来ましたのは、多分応神天皇の御代或ひはその以前でありますが、支那の典籍を充分に読みこなす者が居なかつたのであります。それから二三百年の間といふものは、殆んどこれを十分に読みこなすことは出来なかつたのであります。その証拠は、敏達天皇の朝に高麗の国から表を献《けん》じた当時朝廷の学者である処の史人《ふびと》が三日間かゝつて尚且《なほか》つ読み得なかつたといふ事がある程でありまして、漸《やうや》く支那典籍が役に立つ様に読み得る様になつたのは推古天皇様の前後で……仏典の如きも支那物より暫《しばら》く遅れてはいりましたけれども、当分は余り、これも読み抜く人は居なかつたのでこれも先づ推古天皇様の頃から理解され出したのであります。さうしますといふと、例へば、我が勅撰の古書として古事記と並び称せられて居る処の日本書紀の如きは殆んど巻頭の方は淮南子《ゑなんじ》天文訓の二十八字丸写しであるといふ様なことは常に聞く処であります。無論この日本書紀の如きは、淮南子許りでなく或ひは後漢書光武紀や文選の中から抜いて三十字も五十字も丸写しを並べたところが所々にあります。でありますから、思ひがけなく滑稽も出来るので欽明天皇様の紀には大水が出て大飢饉で人相喰《あひく》ふといふやうな文章がありますがこれも支那の古典から引張り出した文章で我が古俗といふものは、如何《いか》に飢ゑても人肉を喰ふことはなかつたのであります。書紀の記者が斯《か》ういふ風な態度をとりましたのは当時事情がありましたので（速記不明）……実は書紀の劈頭《へきとう》の国常立といふ文字からして支那の古典より考へ出した文字でありまして……巻頭より巻末に至るまで和光同塵とでもいふべきか、種々なる意味が伏せられて居りますので、これは果して、舎人《とねり》親王様や太安磨《おほのやすまろ》等の筆になつたものか、それとも当時学識ある多数の朝紳の手になつたものかは兎《と》も角《かく》、非常なる学者の仕事で、軽々看過するものや徳川時代以来の国学者等の夢想し得ざる内容のものであります。表面の史実を書きつゝ、余程巧妙に作つてあるから、でありますから……更らに突ツ込んで言ふならば、或る一貫した主義を以て書いてをるのであります。史実を述べつゝ、或る大哲学を書いて居るのでありますが、さういふことは今私は余りこれを詳しく、お話しする自由を有して居りませぬ、又た余り詳しく判つても居りませぬ、……でありまするが、それを以て、直ちに支那の思想によつて、我が古典が作られたものと思ふのは妄でありまして、只《た》だ道具に使つたのでありまして、又た仏典の影響も受けて居るのであります、只《ただ》その（速記不明）その神伝へのものも書紀では実は本文とそれから一書に曰《いは》くといふのが一段下げて書いてあります、一書曰とあるのは古代は註のやうなものであつたといふ学者の説もあります、けれども、さうでないのでありまして書紀の本文は実は表面の辻褄《つじつま》を合せる記事なのでありまして、正しい神伝及び正しい史実といふものは、一字下げた一書に曰《いは》くといふ、一書曰とある方が主となつて居るのであります。元来日本書紀は、もと日本紀といつて居たのであるとの説をなす人もあるけれど、それは、さうではないのであります、あれは書と紀とになつて居るのであります。書と紀とにハツキリ分けて書いてあるのでありまして、本文の方が紀で、一書曰の方が書なのであります、それで日本書紀といふのがやはり正しいのであります。無論わが古典にも多少の杜撰《ずさん》もあり多少の誤謬《ごびう》もあります、これは如何《いか》なる時代にありても免かれないことで、今日の学者が独逸《ドイツ》式の研究方法で所有材料から調べ入つて多くの誤謬も発見しつゝありますが、……(速記不明)……それで古事記にもせよ、書紀にもせよ、其の部分々々の多少の杜撰と多少の誤謬とによつて、大部分のものを捨てる訳には行かないのであります、これは長年月の間伝へ来たつたものは、多くは人間でありますから、人間が伝へて来る間には多少の杜撰、多少の誤謬も混《まじ》つて居るのでありまして、古事記や書紀の編纂当時に於きましてそれは余程苦心せられた事であらうと思ふのであります。兎《と》に角《かく》我が日と月といふものを本とした教へといふものは、天《かむながら》行のものであつて、これは、……一体月と大地との関係について吾等の所信は今日の科学的知識、哲学的知識といふやうなものからみれば、殆《ほと》んど荒唐無稽の説の様に聞えるのでありませうが、追々には、古の神伝に還元せられなければならぬ運命にあるものと私は信じて居るものであります。イザナギ、イザナミの神様が、天津神、諸々の命《みこと》もちて、この国土を造り固められたといふことに就ても或ひは其の御活動を、或ひは、狭い出雲辺りの地域に見たり、宇宙的にみたりするところに甚《はなは》だ矛盾がある様でありますが、実は矛盾もないのであります、元来広狭遠近とかいふやうな事は、神々に於きましては問題にならないのでありまして、其の神さびたる……宇宙的御活動が地の上に歴史的事実となつて、印せられて居ることもあり得る事なのでありまして、神々が国土を修理固成せられ、或ひはその他種々の奇霊《くしび》なる神業《みわざ》といふものは、今日の常識を以てしては中々判断の出来難い事でありまして例を引けば色々ありますが、日本紀には天武天皇様の白鳳十二年の紀には、伊豆の国の西北に当つて三百余丈の島を造られた事がありますが、勅撰の書であつても疑へば疑うてよいけれど疑ふべき反証なくして疑ふのは無知の致すところであります。続日本後紀の仁明天皇様の承和七年九月の紀には、矢《や》張《は》り伊豆の国の海浜でありますが、数百丈の神殿……荘麗目を奪ふ様な建物が沢山に出来た、……その時の光景といふものは詳細なる報告を当時の役人が政府に差出して居るので……（速記不明）……どうも大変なものであつて、これは蜃気楼的な現象ではないのであります、それはその文面を、よく見れば誰れにも受取れるのであります。仮りに百歩を譲つてこれを蜃気楼的の現象と致しました処が、さう云ふ風な様に現世に類例もない処の荘麗美観を極めた処の宮殿其他のものが出現するといふ事実に対しては、相当に考ふべき事であらうと思ふのであります。斯《か》う云ふ風な事は類例を挙げるならば、独《ひと》り日本のみならず、際限もない事でありまして、……世が下るに連れて、人間が次第に俗智を以て神祇を軽んずるやうになりましてからは、神々も奇瑞を示し給はず、只《ただ》あるがまゝに御守護になつて来て居るのでありますが、……今や又た人間生活史の局面が急転して、非常な時機の到達すべき現代に及んで居るものと考へられるのであります。……すべてこれらの奇霊な事実を否定する処の学者と云ふものは天孫邇邇芸尊《ににぎのみこと》の降臨についても又た同様に俗解につとめて居りますので或ひは其の時代には近江の国あたりが高天原《たかまのはら》であつて、邇邇芸尊《ににぎのみこと》が伊勢湾の方から鹿児島湾の方へ天降られたといふのでありますが、あさましき智慧でさかしらに言挙《ことあ》げするものであります。天孫が降臨せられたのは太陽の大神界より御降臨せられて此の日本国の九州の一角へおつき遊ばされたのでありまして、さう云ふ様な事はイヤでも応でも世界の人類が承認せねばならぬ時機が今や目の前に迫つて来て居るのであります。斯《か》う云ふ驚くべき処の時代に生れ合せたさへも驚異であるのに、吾々同志のものは曾《かつ》て思ひがけなき驚くべき処の神界の大いなる使命の渦の中に巻込まれて居るのでありまして、将来この石城山が或る意味に於ける神界の活動上の中心となつて神々が神威を揮《ふる》はれる事になつたのであります。吾々は微力ながらも神界に順応して人間界に於ける其の用意劃策《くわくさく》を進めつゝあるのでありますが、それに就きまして昨日（七月十八日）の午前一時半頃に御示しを大雨中に受けまして急に此の天行神軍といふものを組織することになつたのであります。天行軍といふ様な事は確か大正十三年かの天行新聞（古道前身）紙上に一寸《ちよつと》漠然と予報的に書いて置いたことはありますが其れには格別の深い意味も考へてなかつたのでありますが愈々《いよいよ》此度突急に殆《ほと》んど私共の念頭から消え去つて居た事を……私共は石城山の経営に専念し神道天行居の種々の組織に――忙殺されてゐてまるで記憶を去つて居つた問題でありましたが神々から急に其の大命を拝する事になつたのでありまして、天行軍は文字に書く場合天行神軍と四字に書きこれを口に呼ぶ場合は只《た》だ天行軍と略称せよとのことでありまして、それに就きましては今後大体に於てこの石城山道場で修斎された方々の大部分の人を原則として天行神軍の士官に任命する事になりましたので全国の神道天行居の同志を天行神軍軍人と認むるのでありますが其の中に於て石城山道場で修斎を終へた人を主として天行神軍の士官に任命することになりましたが、いづれ細かい事は後日に於て追々発表いたす所存であります。天行神軍士官は大将より少尉及び准士官迄十級にわけてありますが其の階級といふものは社交上其他一切これを認めないのでありまして大将より准士官に至るまで単に一様に天行神軍士官として認むる事になつて居ります。併《しか》しやはり組織上階級の必要がありますが階級は自然に存するのでありまして……此のところにも早速《さつそく》天行神軍本営といふ看板を掲げる事になりましたので急に諸君のうちで執筆して頂きたいので……尚《な》ほ細かい事は追々人間で分ることは人間で協議もしまた止むを得ぬ重大な事は追々に神示をも仰ぐつもりでありますが、今は只《ただ》、まだ天行神軍を組織せよと云ふだけのお示しを受けた位ゐのことですが、この使命とするところは既に明らかでありまして……天行神軍は敬神尊皇の大義に立つて神道天行居の統制のもとに神祇信仰の威力により家国民人を守護し天壌無窮の皇運を扶翼する事を以て使命の中心とするのであります。それに就きまして天行神軍士官の徽章《きしやう》を作る事になりましたので斯《か》う云ふフトマニの型を作つて其のまん中に天行居の霊章を一つくりぬき紐で首から下げて徽章を胸の中心に当るやうに致すのであります。これをお渡しする時は神殿で祓ひして大前に奏上を経て御送り致しますからこれを粗末に取扱はれてはならないのであります。そしてこの徽章は一様に金属製で階級は全部紐の色を以て区別する事になつて居りまして、准士官が黒、少尉中尉が茶、大尉少佐が緑、中佐大佐を白、少将以上は紫、婦人は階級の区別なく紅の絹紐を以てすることになりました。此の紐は余程意味のあるものでありまして昔から俗な神道者なぞ或ひは祕伝だとか何だとかいふ繦《たすき》がそれでありまして、それについては種々の伝を偽造して勿体《もったい》をつけて居りますが要するに繦といふものは古代の紐に過ぎないものであります。其の事は新撰字鏡には繦は子を負ふ帯でスキといふ音註があります。スキを手にかけるからタスキなので……併《しか》しタスキといふものは太古より神伝へによるものでものでありますから紐も粗末に取扱はれない事にしなければなりませぬ。かういふわけで追々忙しくなりますので今後の天行居には波瀾もあらうと思ひますが、従来の同志の方で中には或る方面からの誘惑により退去される形勢の人もある筈《はず》であります。去るものは逐《お》はず来るものは拒《こば》まずで、無論吾々は神命のまゝに行動するの外はないのであります。斯《か》う云ふ重大なる（速記不明）皆様が格別の意味に於て御自重せられ度《た》いのであります。午後も少しお話を致しますから……。（休憩）

午前に引続きまして簡単に序論だけ済まして置きます。この石城山と天行居との関係とでも云ふ可《べ》き事に就きましては既に其の一部分は去る四月の古道の紙上に発表したやうな次第でありますが、私共が微力ながらも斯ういふ風な具体的運動に急に取りかゝりますこと、即ち使命の自覚とでもいふ可き事は、どういふ点から来てゐるかといふと第一は申す迄もなく神示、天啓、即ち神界のミヨサシで御座います。それが果して正しいものであるか、正しくないものであるか、かういふことについては……古往今来海の内外を問はず——其の正邪、また浅い深い高い低いまた其の正確さの度合とでもいふ可きものに就きましては、実に種々雑多のものでありまして従来天行居で多年やかましく研究を続けて来た事は、要するに斯ういふ風な事を見分ける学問とでも云ひ得れば、学問でありまして、かういふ事に就きましては、相当の苦労を経て来てゐるつもりであります。処がそれに続きまして、神璽《しんじ》すなはち神の御霊代《みたましろ》の件でありまして天行居に斎《いは》ひまつれる如き神さびたる尊貴のものは、世の中に類例の全くないことではありませぬけれども、到底今日に於ては新たに授かるといふことは、到底出来ない処の太古より伝はれる神さびたる申すも畏《おそ》れ多い御霊代が重ね〴〵天行居に御降りになつて……此の神殿にも極めて神祕なる御霊代が二体も三体もおしづまりになつてゐるのであります。かういふ様なものは今日の我々はもとより他の神の道に携《たづさ》はれる処の八九百年前来の諸団体としても到底求めて得られず、俗に申しましても到底どういふ方法を以てしても手に入れる事の出来ないものであります。更らに今一つの使命の自覚の要素ともなつてゐる処のものは、太古以来の正しき神法の神伝であります。世の中に色々の事をいふものがありまして、何の神の神伝へとか或ひは昔からの祕事とか神祕とか称へて居りますけれども実はタイテイ徳川時代以来のものであつて古くとも六百年以来のもので、それは或ひは神道者の偽作ものが大部分で或ひは広き意味に於て神と云へば、神の啓示によるものもあるが、かういふものは全然無価値なものではありませんけれども――吾々がそれを正しい神法なりと認める事は固《もと》より出来ないことであります。でありまするが洵《まこと》に実にこれを思へば私共何等の徳もなく洵にお恥かしき者共が負気《おふけ》なくも太古の神法の相伝を受けて来た、而《し》かも実は僅《わづ》かに二三年来の事であります。太古の愈々《いよいよ》の神さびたる正しき神法の相伝を受けるに至つたといふ事は二三ケ年来の事でありまして、其の以前に於きましては思ひ設けぬものでありまして、本田親徳《ちかあつ》先生が開拓せられたる処を辿り或ひは其他二三の恵まれたる径路に依《よつ》て同志諸君と共に出来るだけ真面目に研究を進めて居つたに過ぎなかつたのであります。か

うい ふ風な事情で、太古の正しい神法といふものは、如何《いか》なる径路に依《よつ》て相伝致したかと申しますと未《いま》だ詳しく申上げる事は出来ませぬ、けれども、今より約四十年許《ばか》り前に紀州から昇天せられたる処の沖楠五郎先生といふ大神人がありまして、此の方は今より二千年前に於て太古の神法を継承せられたる処の倭姫命《やまとひめのみこと》の伝へられた正しき神ながらの神法を伝へられて祕して来られたるものでありまして、これを沖先生より継承せられたる人は堀天竜斎翁といふ先生であります、而《しか》して堀天竜斎翁が神示のまに〳〵一切を挙げて私のやうなものへ伝へられるに至つたのであります。余り古き事は申すも畏《かしこ》し、近く沖先生、堀天竜斎翁の此の世の中に於ける出現といふものは今日の天行居の出現に用意せられたる、神々の御経綸であるといふ事も後に至つて明らかになつて来たのであります。で又た別に非常な尊い神祕な御霊代《みたましろ》が天行居の只今《ただいま》の斎主寮（現鳳凰寮）の方に仮りに御鎮めしてありまして、これは明年（昭和四年）石城山頂に建造する処の日本神社《やまとじんじや》、日本神社と書いてヤマト神社と読みます……その地下の御霊代となります、此の御霊代は太古より伝はつたものではないのであります。

これは太古の神法に依《よつ》て堀天竜斎翁が今より三十年ばかり前、三十七の年から四十才まで一千日間の潔斎に依て修せられたるものでありまして、組み立てずに祕蔵せらる丶こと三十年にして……それを丁度《ちやうど》わたくしが四十才のときに受けつぎましたので、これは実に仲々の大業でありまして、沖先生を以てしても遂に其の機会がなかつたものであります。それを完成せられた堀翁の努力は何とも敬服の外なき偉大なる御苦労で……潔斎の際は粉食の如きも出来ませぬから、風邪《かぜ》に冒されても薬一服服む事も出来ませぬ、また其他に於きましても種々の……極めて厳粛なる作法がありますので千日間の真の潔斎といふものは実に尊敬すべき努力でありましたが、神々の御恩頼《みたまのふゆ》を蒙《かが》ふらせ首尾よく完成せられました。此の御霊代の内容は到底お伝へすることは出来ませんが……この御霊代の斎瓮《いはひべ》の如きものも、他に頼むといふ事は絶対に出来ないものでありまして、其の修法者は、自らかまを築いて焼かなければならない、僅《わづ》かなる枉事《まがごと》があつても出来ないのであります。さう云ふものを沖先生より相伝の法により神々の御導きのまに〳〵造り上げられましたのを天威を畏《おそ》れて組み立てることを憚《はばか》られ、別々の檜《ひのき》の箱に納めて時を待たるゝこと春風秋雨三十年、この御霊代は僅かに今より一年前、昨年の五月に或る神様が、この天竜斎翁へ御示しになつて、天行居に於てお鎮まりになる御因縁である事が分り、そして昨年の五月二十七日に於ける私の身浄めとなり、同時に其時に、堀翁も身浄めを命ぜられましたので…………昨年七月一日の夜、私が相伝の太古神法によつて謹《つつし》んで組み立て只今《ただいま》の斎主寮（現鳳凰寮）の神殿の床下に、厚さ一寸余りの板の大きな檜の箱を造りまして、仮りにお鎮めをして今日に至つて居るのでありますが、これが愈々《いよいよ》明年この石城山頂にお鎮まりになりますると云ふと、神界に於ける処の凡《すべ》ての活動は極めて激しくなつて来るのであります。斯《か》くの如き色々の方面から致しまして、我々は一大使命を自覚しなければならないもう絶体絶命の立場に立たせられて了《しま》つたのであります。それで凡てのものを擲《なげう》つて只《た》だ神命のまに〳〵力の及ぶ限りの事をしなければならぬと云ふ覚悟をきめて諸君の御苦労を煩《わづら》はすに至つた次第であります。或ひは云ふものがありまして、これらの凡てのものを、太古以来の産霊紋理《むすびかため》によらず、……偶然の現象といふ事を以て凡てのものを解決して了《しま》はんとするものもありませう。彼等は我が日本に――三種の神器あることも、また我が皇室が万世一系であらせられることも、或る意味に於ける偶然の現象であると申しまするでありませう。これ皆な草木の物言ふものでありまして、吾々はモハヤそんなものに拘《かか》はつて議論をして居る時間は有《いう》せないのであります。産霊紋理《むすびかため》といふものは、実に奇霊《くしび》なる因縁のものでありまして、近く小さな例を申しますと、此席に上海の方が、三四名居られますが、あの方々が此の道場へお越しになる途次、出雲大社に御参拝になりまして、日御碕神社に御参拝になりまして、其折にあるところで例の竜蛇神を御授かりになつたのでありますが、これなんかも実に奇霊なる産霊紋理によるものでありまして、かう云ふ事も亦偶然だと見るものもありませう。併《しか》し、其の実地にさう云ふ場合に逢着せられた処の上海の方々は、到底誰がこれを偶然と言はうとも、恐らくは世の中の人が悉《ことごと》くなるほどこれは偶然だと言ひましても、誰が何と云はうとも其のクシビなる霊的因縁を確信して居られるでありませう。飽迄《あくまで》偶然々々と言ひ張るものあらば上海あたりから鉄拳がうなりを生じて飛んでくるかもわかりません……併し左《さ》うといふことは、ともかくと致しました処が、我が皇室の三種の神器も万世一系の天津日《あまつひ》嗣《つぎ》といふ様な事をも強ひて、これを偶然の現象であると致しますれば、それはそこに必ず枉事《まがごと》が起らなければならぬ。その枉事たるや、決して其の一人に或ひは二人に現はれるものでなくして、斯《か》う云ふ風な重大なるものは、非常なる此の世の中の罪穢れとなるものでありますが、或ひはそれがどう云ふ方面に神威の発動となるか分りませぬ。……またこの石城山の神籠石《かうごいし》といふ様なものに就きましても、これは北九州にも二三ケ所ありまして、また昨年の秋、石城山といふ事を始めて知つた時にも神籠石のあるといふ位ゐは知つて居りました、けれど併しさう云ふ事なぞは別に問題にもしてゐなかつたのでありますが、最近になりまして神籠石といふものにも、天行居の出現と相当に古へよりの因縁がある事を朧《おぼろ》げながら承知する事に至つたのであります。さう云ふ事も追々明らかにならうと考へるやうになつてきました。要するに、この山を中心として神界の活動が特に明らかになるのでありまして、…………伊勢神宮と出雲大社とが神界の中心的の大府でないと申すのではありません。それはあくまで神界の大いなる都でありまするが、又この石城山といふものは別様の意味に於て……強ひて申しますれば現界的に申しますればドウモ適当なタトへになりませんが、東京は帝都であるが日清戦争の時に広島が大本営になつた様なもので、別様の意味に於て新たなる活動が始まるものでありまして、此の世界の大機に対する神界の御経綸といふ事は色々の方面に現はれるものでありまして、戦争のみを以て事が運ばれるのではありません、けれども併し其の戦争の方面に於ける処の神界の活動は特に此の石城山と密接なる関係があるのでありまして、多分さう云ふ方面に於ける処の参謀総長とでも謂ふべき神様は大山祇神《おほやまつみのかみ》であるか、或ひは経津主神《ふつぬしのかみ》であらうと思ふのでありますが、今日に於ては未《いま》ださう云ふ様な事は決まつて居ない様に拝せられるのであります。で今日に於てはもとより今後に於ても或る時期迄は世の中の多くの霊的団体とでも謂《い》ふやうなものが、未《ま》だ〳〵容易に石城山や天行居のことは或る時期迄は認め得ないのであります。併し天行居が如何《いか》なる使命を有するか追々には分つて来るのでありまして、これは独《ひと》り日本国内に於てのみならず、少し先きになりますといふと海外に於ける神とか心霊とかの研究をしてる連中の方面に於ても段々日本の或る山を中心として神界のアラタカなる活動が始められるといふやうな事がわかつてくるやうになりますので、今日でも実は其のキザシはあらはれかけてきて居るのであります。色々の神懸《かむがかり》的な能力のあるものを歴訪する事を道楽とする方がチヨイ〱ありますが、其の霊媒の能力試験としていつも天行居のことを持ち出してみて其の理解の程度で正邪高下を判断する目安にして居るが多く誤《あやま》たないと云ふ人がありますが、追々斯《か》う云ふ傾向は一層明らかになつて比較的正しい霊ならば天行居の真面目な正しい使命を或る程度迄認める様になるだらうと思ふのであります。……この十の神訓（山上の天啓）を昨年の秋十一月二十二日に戴きましたのはこれは如何《いか》なる神からお示しになつたのであるかと云ふと、大山祇神《おほやまつみのかみ》様でありまするが……元来神懸りといふものは公憑と私憑とあるものでありまして、私憑といふものは其の神様だけの御心でお示しになるものであつて、公憑といふものは神界を代表してお示しになるものであります。この山上の天啓は神界の公けなる使命の伝達でありまして、即ち公憑に属するものであります。追々項目を辿つてこの解義を致しますつもりで……併《しか》しこれ実に至難な事業であります。到底私共に出来る事でないのであります、けれども先づ〱大体の輪廓、極く外面の絲の一筋、二筋、所謂《いはゆる》九牛の一毛から二毛位ゐの処を私のアタマでわかる程度にお話し致さうと存じますので、無論説き誤りもあるだらうと今日から考へて居るのであります。……玆《ここ》に大失態がありまして本来百二十字といふお示しであるが、どうしても百十九字しかないのであります。つまり一字が何処《どこ》かに落ちて居るのであります、後日お伺ひしましたがお示しがないのでありまして、如何に考へても考へ出せないのでありまして、或ひは其の一字に、非常なる祕密があるのではあるまいか、或ひはその一字を種々の処に使つて始めて解釈が明らかになるのか唯今の私としては何とも申上げる事が出来ないのであります。この十の神訓《みをしへ》、即ち此の山上の天啓に就てのお話は到底この七月の会では出来兼ねますので八月の会から始める事に致します。以上を以て大体の序論と致し、まあ序論をまとめた事に御承知を願ひたいのでありますが、茲に石城神社と天行居の関係でありますが、石城神社と天行居は一体どう云ふ関係があるのか、或ひは将来どう云ふ関係に立つものであるか、これに就ては実は私も一種の或る不安を抱いて、昨年の秋以来此の春迄多少の不安のまゝで過して来たのでありますが、本年五月二十一日でありましたか海軍の今村さんと青木さんが来訪された日の午前に始めて御神示がありまして、大いに安心を致したのであります。石城神社の神々といふものは、天行居の活動について万一にも何か御不平があるやうなことはあるまいかと云ふ俗な不安……私もさう云ふ様な不安を持つて居つたのでありますが、五月の二十一日の朝御神示がありまして石城神社の神々は今日の天行居の事ある事を遠き昔より予期せられ、其の為め随分長年月の間、待ちに待ち此の山を守護して来られて、それが為めに吾々の知らない色々のみよさしがあつて（速記不明）天行居の活動が稍《や》や容易となつて居るのも偏《ひと》へに此の石城神社にお鎮まりになつて居られる神々の御力添へ御指図なることがわかりまして、此の石城山の神霊は普通の言葉を以て云ひますれば、天行居の将来に大いなる期待を有《いう》せられ一層の御力添へを下さる御意気込みの様に拝せられたのであります。ドウモそれ迄は私は矢張《やは》り私として山へ登つても何をしても一種の人間的な不安がありまして、無論この山にも大山祇神様ばかりではないので或ひは天行居の経綸に就て何等か御不満でもあらせられる様な神様がありはしないかといふ不安があつたのでありますが、これが本年の五月の二十一日に一掃せられて私は非常の勇気と安心とを得たのであります。斯《か》う云ふ訳で吾々は洵《まこと》に普通の人間に話しては殆《ほと》んど相手にしない様な荒唐無稽といふ様な夢の様なインスピレーションのもとに行動を始めんとして将《まさ》にその今出発点を切らんとして居るのでありまして、吾々はこれが為めには、あらゆる力を以て此の事に当らなければならないのであります。今より六七十年前に於きまして丁度《ちやうど》明治維新に際しまして吾等の先輩は父母妻子を捨てまして一路国難に当りました。それは或る地方の人々だけでなく当時は夫々《それぞれ》立場を異にして居つたのでありますが、皆な其の非常なる時機に面して吾々全国民の先輩といふ先輩は各自の立場より父母妻子を捨てゝ国難に殉じたのであります、今日の時代は其の時代に比べて幾十倍幾百倍に拡大されて居るか分らない洵に恐ろしい処の大きな場合なのでありまして、これを小さくして卑近に見ましても、思想国難とか何とかいふことが政治家の仲間にも叫ばれる時代で……吾々が見る処の事態の重大さはモット〳〵深いものであるのであります。私の少年時代の知人で千葉貴胤といふ人が本年の四月に東京で頭山《とうやま》翁を訪問したとき頭山翁は例の黙々として唯《た》だ一語、神武天皇以来国民が命を捨てゝ働かなければならぬ時は今の時だ、と言はれたさうであるが、頭山翁はどう云ふ訳でさう云ふ意味のことを申されたのであるかは私は知りませぬけれども頭山翁の一言は遉《さす》がに要領を得て居るのでありまして、洵に今日の時代は吾々が非常な決心を以て起たなければならない時代であつて、而《し》かもその顕幽両界に渉《かかは》る極めて微妙なる極めて枢要な機会に吾々同志一般が立たされて居るのであります。……何時も何時も同じ様な事を申しまして……。皆様の健康を祈りまして七月の講演を終る事に致します。（昭和三年七月十九日）

（昭和三年八月廿八日発行古道第百七十五号所載）

神界の実相と天行居

昭和三年八月二十日石城山道場に於ける講演速記

エ、御挨拶は抜きに致しまして直ちにお話し致します。天行居の過去約十年間に於きまする処の遣《や》つて来た事、踏んで来た事と本年以後に於ける処の天行居の使命とか仕事とか申します事には無論連絡はありまするが、劃然《くわくぜん》たるそこに区別を生じて来たのであります。其の理由は既に八月の古道の紙上其他に於きまして、略《ほ》ぼ皆様が御諒解下さつて居られる事と考へて居りまするが、単《ひと》り天行居で唱へて居りまする処の神の道の話に限らずでありますが、凡《すべ》て神様の御上の事或ひは此の神界の消息といふ様な事に就きましては、これを疑へば遂に其処《そこ》には何物も得られなくなつて来るのであります。古人も申して居りまするが如く、誠は天の道であつて、これを誠にするは人の道であります。誠なければ物なしであります。普通の学術とか云ふ様なものに対する処の見方とは其処に自から差別があるのであります。老子も言つて居りまする様に車を数ふれば車無し、一つの車がありまして此処《ここ》が車の心棒のある処の臼である。此処が輪である。此処が矢であると一々これを離して考へて見ますと其処には車を認むる事は出来なくなるのであります。車を数ふれば車無し、其儘《まま》これを受入れる時其人はこれを車として認識する事が出来るのであります。これは恐らくは今日の十九世紀以来の泰西の所謂《いはゆる》進歩したる処の哲学上の考へからみましても、或ひは同様な事であらうかと考へます。研究と申しまする名が付く以上は其処に其の型がなければ研究が出来ない訳でありますけれども、自から此の神の道の研究といふ事は……稍《や》や大それた事柄であるかも知れませぬが、別に適当な言葉が見つかりませんから私共でも古神道の研究と申して居りますけれども、外の学術技芸の研究とか云ふ様な事とは其処に自ら区別のある事でありまして、どこ迄も此の車を別々にとり離して車を認めようとする人は十日経つても十年経つても百年経つても車をみとめ得ることは出来ませぬ。私共の体験より申しましても私共の先輩の貴重な体験の決算書から見ましてもさうなつて居るのであります。それでありますから此の道場に於きまして修業致しますす上にも……疑ふにも疑ひ方があるものであります。概して申しますと片ツ端から言葉尻をとらへて疑ふのは、謂《い》はゞ話の聞き下手と申すものであります。言葉尻を捉へてそして其の自分の勝手な鏡に反影せしめて言葉尻にとらはれた種々の疑ひを生ずる人は甚《はなは》だ不幸なる方でありまして、其辺に就ては各自に、……これは到底言葉でも示されず、はたからどうかうと申す訳には行かない事でありまして、或ひは霊界との産霊紋理《むすびかため》による因縁なので……如何《いか》に天行居の同志たりと雖《いへど》も十人が十人悉《ことごと》く結束して吾々と同じ信仰に入るといふ事は到底不可能であらうと思ふのであります。所詮其処に行きますと孔子も言つて居りまするが、道、同じからざれば相ともに謀らずであります。——所詮さう云ふ人は別々の道を行くより外にないのであります。で私共は今日非常なる大いなる処の使命の自覚が出来ました為めに其の実行に歩を進めつゝ、あるもので種々なる議論を戦はしたり徒《いたづ》らに日を送る事が出来なくなつて来たのであります。此の道場に於きまする処の——修業と申しましても其辺に就ての十分の御諒解がなければならぬ——其の事は古道の四月号にも明らかに発表してありますやうに、さう云ふ点に何等かの御不満がある方は退場して頂かなければならぬのであります。そしてこの道場に於きまする処の修業の心得とでも謂ふべきものは、無論信仰が土台でありまするが、この信仰に熱するの余りに熱狂的に感激するといふ事は歓迎し難い傾向で——無論人には夫々の性質がありまして大いに熱狂的に行く人もあるし——それが必ずしもわるいとも云へず——経過の如何《いかん》によつて別れて来るのでありますけれども、先づ大体に於て焦《あせ》らず、怠らず、みつしりと沈着に修業を進めて行かなければならぬ事であります。此の道場にお集まりになつて居る方に対して、此の道場として最も重きを置いてあるのは此の霊地に結縁せしめる事であります。斯《か》う申しますと昔から世界各地にある種々の宗教団体、信仰団体等が多くさう云ふ風な事を申すものであつて、天行居も亦《また》さういふものを非難しつゝ左《さ》ういふもののひんにならふものであるかの如く考へて居る方も当然あり得る事と思ふのであります。それはさう云ふものと同筋のものであるか、或ひは全然さう云ふものと桁《けた》を異にして居るものであるかと云ふ事はこれまた一朝一夕にしてお話しする事は出来ないのであります。従来の古道紙上其他に於て表明してあるところによつて——分り得る人には分るので——私共が多年かういふことの区別表示に努力しつゝある処でありますあります。此の神の道の修養と云つていゝですか、修業と云ふ言葉を仮りに用ひ修業と申しますならば、……得てして功を急ぎたがるものでこれが非常によくないのであります。功を急ぐ為めに種々の所謂《いはゆる》天魔に魅《み》せられるのであります。これは如何《いか》なる大神の御前に居つても伊勢神宮の神前に於きましても、出雲大社に於きましても……どう云ふ処に於ても憑《ひよう》依《い》するものは憑依するものでありまして、此の御神前に於きましても――実は此の御簾内に於きましても去る五月二十七日の翌日より連続的に種々なる枉物《まがもの》に之加《しか》も強力なる枉物に襲来されたのであります。それは六月の十日に当時居合せた人たちばかりでスツクリ切り祓つて了つたのであります。でありまするが今後と雖《いへど》も如何なる処の如何なる時機に於てよくないものに……偽物に引懸らないとも限らないので、斯ういふことについては皆さんも非常なる慎重な考へを持たれなければならないのであります。併《しか》し原則と致しましてこれは正しき処の指導者に就かずして何これ位ゐの事は自分で――至誠を以てやれない事はない至誠通神といふ事も有る、或ひは又た――誠が有りさへすれば――特殊の道場だの特殊の霊地特殊の指導者がなくてもやれない事はない、……斯う云ふ考へを持つ人が往々にして失敗することで……仏道の方で申しますと云ふと無聞比丘《びく》といふものが居りまして、非常な穎才《えいさい》でありまして、これは正しき師匠に就かずして仏道の経典を縦横に読破しまして、余程の英霊漢であつて自修によつて羅漢の地位までは進みましたが、それより進む間に遂に邪道に陥ちまして、遂に無間地獄に堕ちたといふ事があるのであります。がこれは神道なり仙道に於きましても同様なることでありまして得て斯う云ふ間違ひが起り易いものであります。其処《そこ》に来て居られまする岐阜県の高垣さんの如きも先月一人で岐阜県の山に籠られまして修業をせられた為めに一時非常な危地に陥られまして当時私も少々心配いたしまして幸ひにして神々の御恩《みたまのふゆ》頼を被《かが》ふらせられまして今日此の道場にも恙《つつが》なく来て居られまするが……余程斯う云ふ事は気を付けなければならないのであります。斯《か》ういふことは此処《ここ》に来て居られない方にも随分あるのです。夫れに一番困るのです。さういふことは私の方では絶対に止《よ》して頂く様にと何時も申上げて居りますし又かね〴〵数年前から折ある毎にさう云ふ事は注意して居りますけれども……とかく熱烈なる求道心が燃え出しますといふと多くやりたくなる事であります。が斯う云ふ事は余程注意をしなければならぬ――又た最近の一例で北海道の或る熱心な同志の方がありまして、やはり其の方が山籠りではありませんけれども一寸《ちよつと》した憑霊から只今《ただいま》の処面白《おもしろ》くない経過を辿りつつあるのであります。私共では外の仕事も忙しいし、一と通りの注意も与へて居る以上更らに進んで格別おせつかいをして居るわけにも参らないのであります。要するに眼前の奇霊《くしび》なる奇験を、奇霊なる験《しる》しを求むる心が強いといふと多くの場合枉物《まがもの》に乗ぜられるのであります。余程確《しつ》かりして居る人でもやられることがあるのであります。さればと云つて熱烈なる求道心が悪いと申すのではありません。――無論熱烈なる求道心が必要でありますが――焦《あせ》らず撓《たわ》まず正しく修行しなければなりません、――これは神々の思召しとか、或ひは又た其人の産霊紋理《むすびかため》等によりまして一概には申されぬ事でありますけれども、先づ概して申しますれば何か其人が正しい人で神界で必要とみられるならば――霊覚なり神通力なりを一時附与される事があつても、信念が固まつて、もう大丈夫といふところまで行けば……其人に霊覚が必要でない立場にあるものならば、又た普通の仕事をやつて居る場合に今日の普通の場合には余り必要でない事でありますす場合には一時また止められることもあります。さう云ふ風にして止められて居つて邪霊の乗ずる機会のないものは……必要の時には正しき大神が感格せられるのであります。座席がふさがつて居ては御客様を迎へることが出来ないやうなものです。尤《もつと》もこれは……概して申すのでありまして悉《ことごと》く百人が百人さうであると申すのではないのであります。……で普通の場合此《こ》の神に頼り過ぎる、神に淫すると云ふ心がけはイケない事であります。天行神軍の組織を先月発表致しまして其の組織の大要等を先月十九日に発表致しまして八月の古道紙上に載つて居る通りでありまするが――これは一例として申しますが……あれを発表したのはどう云ふ神示によつたのであるかといふと……唯《た》だ天行神軍を急々組織せよといふ事と、其の使命の大要と任命上の或る暗示《ヒント》を与へられただけであります。随つて任命上の詮衡とか其他の細目等にわたりては何れも私どもの思慮によつたこと勿論で、如斯《かくのごと》きことは申すまでもなく、人間のやるべき仕事でありますから――今日の陸海軍と雖《いへど》も皆な其の任命詮衡等は、人間のやつたことでありますが、さればと云つて多少の情実もありませうが今日の陸海軍の任命は権威のないものでもなく社会的の信用のないものでもありません。何れもムスビカタメによることで、能《あた》ふ限り情実を排して其の詮衡には最も平らけく正しき心を持つて事に当らなければならぬ事は申す迄もない事であります。その詮衡が不正であればあるだけ其の詮衡に当つた人々が罪を神界に負ふ事でありまして、これは只《た》だ一例として申上げました事でありまして、万事正神界に於きましては細かい事迄箸の上げ下げまで世話を焼かれる事は普通の場合無いことであります。さう云ふ細かい事迄彼れ此れ説き立てる霊はどんな立派なことを云つても又どんな に社会を驚かすやうなことをやるものでも必然と妖魅《えうみ》であります。人間と云ふものはさう云ふ粗末なものでないのでありまして、帰幽すれば原則として神位にも列すべきものであります。神の珍《うづ》の御子《みこ》たるものが何も彼《か》も神にたよらんとするのは――口もなく鼻もなく耳もなく手もなく足もなく海鼠《なまこ》の様な人間の考へであります。また其処《そこ》には（速記不明）――これは洵《まこと》に止むを得ざる事で――其の間違ひを尠《すく》なからしめる処の私共の修養なのであります。でこの修養の上に於きましては（不明）――種々の其の枉物《まがもの》に乗ぜられる機会がありますから、余程自ら戒慎する処がなければならない事であります。これは私共の立場からのみ申しますと云ふと余りに独断的であるかの如くに聞えますから立場を異にして居ります処の仏道の方面から申しましても首楞厳経《しゆりやうごんぎやう》に五十の魔境が説いてあります。止観の方面にも色々ありますけれども首楞厳経の巻末にある方が秩序的で詳しくよく書いてあります。これは御承知の如く偽経だとの説もありますが今日のまじめな専門学者はやはりこれは偽経でないといふ事に大体の意見が一致して居るやうであります。何れにせよ少なくとも千数百年前から存在する処の経典であつてそれに書いてある処の内容は立派なもので余程よく書けてあります。無論首楞厳経の巻末に示して居る処の説の如く悉《ことごと》く吾々が共鳴して居るのではないのでありますが、大体に於て実地体験者に非ざれば書けないことで七八分通り共鳴して居るのであります。それを又た皆様が或ひは又た読まれる（速記不明）読み破る処の自信のある人は読んで見られるもよいのでありまして……それにどうもなんですな――本文を読んで此処《ここ》で私共の意見を加へると余程参考になると思ひますが併《しか》し私共は仏教の講義をする柄でもない今其の（此辺不明）五十に分けて――始めはどうも如何《いか》に此の求道心の盛んな人でも僅《わづ》かに此の心理状態に極めて微妙なる処の誤りがあるといふと非常な種々の病的観念の起ることを順序を逐《お》うて細叙し、更らに其の魔境が進んで行つて所謂《いはゆる》今日の多くの世人が認めて神験奇瑞と認めて居る処のものを大部分天魔のなすところと具象的に説き、或ひは暗い処に寝ても身に光明のあるもの、或ひは先きの事を予言して百発百中誤らない、或ひは襖や塀を隔てゝ自在に通過する、またはそまつなものを少し宛《づつ》食して益々《ますます》身体が肥満して強いとか……或ひはさう云ふ普通に奇を好むものはどれか一つだけでもやつてみたいと思ふ様な事でありませうが……それがどう云ふ心理状態の癖に乗ずる如何なる魔の所為であるかを一々具体的に説いて居るのであります。私どもの見地からすれば其の中にも自から正邪の別があつてさう云ふ現象――其の正しいものもありますけれども多くの場合さう云ふものはタイテイよくないものの為すところであります。さういふことをよいことにして其人は進んで行つても幽界に行つて必ず魔界に投じなければならぬのでありますから寒毛卓立する次第なのであります。我が国土の上に於ける魔界でも其の範囲は広く又た複雑なものでありまして、その中の狐や狸でも全国に極めて古い奴が百幾つも居るのでありまして、其の中には一部分は社会にも知られたものもあり大和の源五郎とか天狸老とか云ふものも居つてさう云ふ様な類似のものでも随分大きな宗教的な運動を起したりすることもありますから油断もスキもならない世の中であります。併しながらさう云ふ様なものは長い目でみて居れば百年か二百年かでありまして必ず終りをよくしない、短かいのは五年か十年かで瓦解《ぐわかい》いたします。こんなものを信じますと……それで如何に人格が高潔であつても、如何に其人の行動が五倫の道に適《かな》つて居つても死後必ず魔縁に因つて魔の眷族《けんぞく》とならなければならぬので、仁義道徳の沙汰にあらずして儼然《げんぜん》たる産霊紋理《むすびかため》の神律は免かるゝところなく、これは恰《あた》かも数学の公式で割出される様なもので、人間が勝手に拵《こしら》へた処の仁義道徳で融通のつくやうな問題ではないのであります。それで先づこれから――大体に於て今日申上げんとする処は従来筆にも口にも述べた事のない謂《い》はゞ神界の機密の一端を申上げんとするのであります。それは先づこの神界の実相といふ様なことで……海外に於ても種々の報告が人類社会に齎《もた》らされて居りますけれども、高い神界の正確詳細なことは従来知られて居りません。近来に於ても海の内外を問はず種々の宗教的な団体や交霊術者の仲間等に於て其《そ》れ其《ぞ》れに神界の消息ともいふべきものを伝へて居りますが、さうしたものと天行居で一端を開き示すものと比較になるものであるかならぬものであるか、否《いや》でも応でもハッキリと諸君の頭に這入《はい》らんければならぬ時節が迫つて来たのであります。エヽ続けて話すと少し長くなりますので――少し静かになるべく事情の許す限り詳しくお話しする為に一寸《ちよつと》休憩いたして……続けてお話してもいゝですが……私の方ではナルベク差支への無ささうなところをお話し為《し》ようとするし、皆さんはナルベク差支へのありさうなところを聴かうとせられるし――（笑声）――出来るだけ奮発しまして、なるべく静かにお話しする為めに十分許り一寸休憩させて頂きます。（午後三時五分）

斯《か》う云ふお話をする事は私として余程僭越な話であるけれども、併《しか》し大要は申上ぐべき時節に到達して居りますものと思ひますから申上げます。此の神界、神界と申しましても、此の神界といふものはどう云ふ風になつて居るものであるか、これは大体に於て幽界は縦にも横にも見方によつて八通りに分れて居るので、それが更らに数百千にも分れて居りますので、大体は神名木車《かなぎぐるま》の図が暗示を表はして居ります通りのものであります。これは私共だけの考へでなく、実地に正確に神界に出入された処の先輩達の祕められた処の記録と合致する処なのであります。先づ此の宇宙の根本神界と申しますのは、私共の方で天津真北《あまつまきた》の高天原《たかまのはら》と申して居りまする。平田篤胤《あつたね》先生辺りが頻《しき》りに言つて居られる処の北極紫微宮《しびきゆう》であります。無論北極紫微宮といふ様な文字は支那伝来のものでありますけれども、其の思想は我国から起つて来て居るのであります。この事も孰《いづ》れ詳しく申上げますけれども、日本にも印度《インド》にも亦《また》ヨーロッパ方面にも神界の消息は――部分的に伝流して居るのであります。――殊《こと》に支那は日本国に近く比較的正確な伝があると申すのは伏羲《ふくぎ》と云ふのは実は大国主神《おほくにぬしのかみ》様の奇魂《くしみたま》、幸魂《さちみたま》であるからであります。伏羲から神農、黄帝といふ風になつて居りまして比較的に神界の消息が洩《も》れて居るのでありますが、世が下つて周の起る以前ごろから正伝の神仙道は現界的に殆《ほと》んど亡びて了《しま》つたと云つてもよろしいほどに衰微し、やがて儒学が興《おこ》るに及びまして、此の神仙の古道といふものは異端邪説であるかの如くに見られるに至つたのであります。又た少彦名神《すくなひこなのかみ》も太古に於て支那方面でも大いに努力せられたので其の系統の神々によつて開拓されたる神界の消息も正確に或る人々の間に伝へられて居るのであります。さて此の北極紫微宮が根本神界であるといふ位ゐの事は平田先生や幕末の神道家等が唱へられたものであるけれども甚《はなは》だ漠然たるものでありました。今は茲《ここ》に少しく実地に北極紫微宮の状況の一端をお洩らし致すのでありますが、どうも斯う云ふ事は余り詳しく申されませぬので（中略）――此の神界、北極紫微宮に到着しますには非常に冷たい氷の中よりもまだ冷たいやうなところを経過して参りましても其の神界に到達しました時には三四月位ゐな季候であつて無論海岸もあれば山脈もありどう云ふわけか一部分には沙漠のやうなところもあります。建物も無論荘麗なものであります。其処は日月の光と無交渉なものでありまして晴れたる明月の夜の様な感じのする処でありまして最上の宮殿より三つの電光のやうなものが間断なく照らして居りまして、其の真中《まんなか》の電光は水色に五色を含み、其の左の光は火色でありまして、其の右の光は白色で何れも千里外を照らすといふ事であります。無論其処《そこ》には荘麗なる処の現界の人々の想像も及ばぬ処の種々の宮殿や建物及び橋、或ひは又た其処には其の神界の規則とでも云ふべきものを一つの石に彫り付けた様な碑の様なものも建つて居り、山にも橋にも建物にも名があること勿論でそれも既に詳細に伝へられて居るのであります。日本人からみれば……日本語を解する吾々から見れば日本語の様に解せられ、西洋の言葉を解する人には西洋の言葉のやうな風に橋の名でも山の名でも感得せられる様になつて居るのであります。此処《ここ》は無論天御中主神《あめのみなかぬしのかみ》様始め宇宙の大神様がお鎮まりになつて居る処でありますが――併《しか》し余程吾々が現に住める現界的の趣きもあるのでありまして山を距《へだ》てたる遠方の方に普通の人間が住んで居る様な建物等もあるのでありまして、又た随分人間的な感じのするやうな種々なる事情も存在するのであります。（中略）唯《た》だ其処は不可思議なる宇宙的の高い神々がお鎮まりになつて居るといふばかりでなく、歴史上の人物等も沢山に任官して居られます。又た茲《ここ》には毎年一月一日に此の地の神界の……凡《すべ》ての幽界の代表者とも謂《い》ふべき神々が参朝せられるのでありまして、それは日本の古典に伝へられてある処の神々のみならず西洋の方の神仙や支那や印度《インド》の方の神々とも謂ふべき方々も代表的に参朝せられるのでありまして、荘厳なる参朝の儀式が行はれるのであります。その時には上宮の扉も開かれて何か光り輝いて居りますけれども其の大神様のお姿は拝む事が出来ないのであります。……さて其の次ぎの神界と謂ふべきものは何処《どこ》にあるかと申しますと云ふと太陽神界であります。私共の方で天津日《あまつひ》の高天原《たかまのはら》と称《よ》んで居る処でありまして、茲にも無論天照大御神《あまてらすおほみかみ》様が御中心で尚《な》ほこれに随属せる種々の高貴なる神々がお鎮まりになつて居るのみならず人間界より出でたる方々《かたがた》で其処に勤めて居られる方もあるのであります。これ迄の処は先づ或る程度迄従来の神道家なり或ひは幽冥界の研究者又さう云ふ様な或る諒解を持つて居る人たちも或ひは此れを認め又た或ひは否定して居る人もあるのでありませうが、併《しか》し其の次ぎに申上げます処の此の地の世界に於ける根本神界とも謂ふべきものは全く人類社会に祕せられて居つたものでありまして、これを神仙界の方面から申しますと神集岳と呼び来つて居り、これは私共の方から石城島《しきしま》の神の都と申上げて居りますので、元来敷島のシキと申す言葉は石城と書いて昔はシキとよみましたので、大和の国のシキ郡のシキは磯城と書いてありますが、磯と石とは上古は同音によみ、官幣大社イソノカミノ神宮も石上神宮と書いてあるので……（不明）何故にこれを敷島の神の都と申しますかと云ふと此の神集岳の周囲は山もあれば、砂浜もありますけれど其の海底のぐるりの大土台が巌石《がんせき》だからでありまして、謂はゆる下津岩根であります。……此の神集岳と云ふものは何処にあつてどれ位ゐの大きさのものであるかと云ふと、只今《ただいま》の日本の領域内に存在するものでありますが、これは伊勢神宮とか出雲大社とか謂ふやうに現界的にも認識する事の出来る存在でありませんのです。そんならば一種の幻覚の様に認識せられるものであるかといふと、それは決してさう云ふものでない現実的な存在で種々の証拠がありまして、其処に出入して居る現界人で色んなものを持ち帰つたりして居りますので、普通には神集岳の松の実だけ持ち帰る事が出来る規則ではありますが……其処の松の実は朝鮮の金剛山あたりの松の実などのやうなものでなく、若松の葉の間にあるもので、その松も現界の松と異り葉は短かくして平たいので、その松の実は豆位ゐな大きさで水晶の様に透き通り味は餅に砂糖を附けた様なものであります。これは何回も現界へ持ち帰つて他人にもたべさせた人もあり、其他極めて現実的な存在でありまして、其処の真中にある処の根本のお宮の大きさと云ふものも驚くべきもので、其の真中の根本のお宮のぐるりを取巻いて居る処の塀でありますが、それは約百哩《マイル》四方のものであります。口で百哩と云へば何でもないものでありますが、東京から沼津、静岡近く、静岡は百哩以上ありませうが鉄道は曲つて居りますから実際直線に直すならば東京から静岡、又た其れよりも遠いかもわかりません。……其の中には荘麗目を奪ふ様な神殿が幾つもあるのでありまして、其のかこひの外にも種々なる神殿があり、或ひは色々の階級の神仙の屋敷なり又た普通の俗人の住居も多数にあるのであります。で先づ其の中央の宮殿から周囲の山岳や建物所在地等を計算して想像して見ますと神集岳と云ふものの大きさは少なくとも九州位ゐ、大きければ九州を二つ集めた位ゐあるべき筈《はず》であります。此処《ここ》には無論伊邪那岐神《いざなぎのかみ》様も天照大御神《あまてらすおほみかみ》様もお鎮まりになつて居られますので——伊邪那岐神、天照大御神は太陽神界にお鎮まりでありますけれども、同時に此の地の根本神界に……神集岳の最も高貴な神殿にお鎮まりになつて居られるのであります。それは恰《あた》かも天照大御神様が伊勢神宮にお鎮まりになつて居られまするのと同時に天照大御神様奉斎の各地の神社にも御鎮まりになつて居られまするのと同じやうな道理のものであります。……中略……茲《ここ》にも世界の各国の幽界の代表者とも謂《い》ふべきものが……それに代表の神霊が参集せられることもあるのでありまして（中略）此の神集岳と伊勢神宮や出雲大社とはどう云ふ関係があるかと申しますと、これは又た追々申上げますが、伊勢神宮とも出雲大社とも、無論密接なる関係があるのであります……伊勢には伊勢の神界があり、出雲には出雲の神界があります。日本には沢山の神界がありますが、日本のみならず此の地上の神界の総府とでも申すべき処のものが石城島《しきしま》の神の都、すなはち此の神集岳なのであります。又た一面から申せば出雲大社の方では罰を行はれる処、伊勢の神界の方では賞を行はれる処であります。……この石城島の神の都、神集岳の次位にある神界を八百万《やほよろづ》の神の都と申すので、これを神仙界より申しましては万霊神岳と申して居るのでありまして、其処《そこ》の主宰神は少彦名神《すくなひこなのかみ》様であります。少彦名神様は神集岳の方でも重要な地位を占めて居られますけれど此の万霊神岳の方では伊邪那岐神様の代命として主宰して居られるのであります。（此辺速記不明）——万国の各神界、最も広い意味に於ける——其の中には高級の天狗界等をも含んで居るのでありますが、さう云ふ風な世界万国の神々の代表が集まられて御評議になつて決議されたものは直ちに神集岳の方へ伝達せられ、少彦名神、大国主神《おほくにぬしのかみ》、思兼神《おもひかねのかみ》たちの御覧を経て更らに天照大御神、伊邪那岐大神の御覧を経て、さうして場合によつてはお使を以て天津真北《あまつまきた》の高天原《たかまのはら》すなはち北極紫微宮《しびきゆう》へ送られることもあるさうでありますが大抵の場合天津神《あまつかみ》諸《もろもろ》の代命であらせられる天照大御神が御覧済みになれば大抵の事は北極紫微宮、天津真北の高天原へ上奏せられることはないのであります。この万霊神岳の神々は大体に文武の両方面に受持ちがわけてあるやうでありますが、其の文治方面の神々も従神まで加へれば七十二万何百何十といふ数に達して居られるさうであります。以上申上げましたところが根本神界とでも申すべき処の大なる区別でありまして、此の外に月には月の幽界がありますし又た此の地に属したる処の神界と申しましても神霊界も色々多数ありまするが、此の大地に属する神界は神集岳即ち石城島《しきしま》の神の都の統制下にあらざるものはないのであります。此の神仙界の外に万霊界とでも云ふものが多数にありまして、単《ひと》り日本のみならず海外にもあるのであります。其の中には天狗界と云ふものも多数にあるのであります。日本の天狗界には比較的正しい処の所謂《いはゆる》山人と云ふのがありますが、（此辺速記不明）——少し申す事を憚《はばか》る様な幽界でありますが、此の天狗界を総轄して居られる処の神と云ふものは、これは神代以来の神ではないので神武天皇様の即位二年に入山して道を得られた三柱の神が、……そして天日鷲命の命令によつて天狗界を立てられたもので、此の三柱の（中略）三柱の神に直属して種々なる天狗界を所知食《しろしめし》て居られる神も重要な方々で五柱か六柱居られるのであります。其他又た魔界と云ふものが其の外に極めて多数にあるのであります。……此の魔界のものなど往々にして神仙界等の模型の様なものを人に見せたり致しますので十分の正しき信念のない正しき神々の守護のないものがやられたりすることもあるのであります。多くの神霊のみならず其の中には……居るのであつて、実に多岐多様な有様であります。人間は本来より云へば不生不死のものでありますけれども、さういふ話は姑《しば》らく別として、所謂この死後は如何《いか》なる順序を辿つてそしてどう云ふ処に鎮まるものであるかと申しますと云ふと、これは一概に申し難い事で、……人間の言葉と云ふものは平面的な直線的なものであるから立体的な複雑な認識を表示する事は困難な事でありますが、……先づ日本人としての立場から申しますと云ふと大体に於て原則として産土《うぶすな》神の御世話になりまして、一度出雲の閟宮《ひきゆう》に導かれるのであります。そして此の出雲の閟宮に於きます処の命令により神集岳に送られて此の神集岳の裁断によりまして夫《そ》れ〲

の処に鎮まるのでありまして……或ひは非常な大悪を行つて月の幽界に送られる者もあります。霊魂を消されることもあります。又た月だからと云つて大悪人ばかりの行くところでもなく立派な神界もあるのでありますす。併《しか》し太陽神界や月の幽界に送られる人は稀《まれ》でありまして、大抵は皆な此の地の幽界に夫れ〴〵の極楽的な幽界も地獄的な幽界もあつてそれぞれ命令を受けるので現界へ甦生せしめられることもありまして、これが先づ原則的な（不明）……要するに世界万国の神界、幽界と云ふものは日本の領域内にある処の根本神界に統轄されて居るのであります。……（此辺速記不明）汽車に乗つて居つて汽車が衝突して急死したといふやうな場合、斯《か》う云ふ様な場合には困るのであります。其他また此れに類したものは只今《ただいま》申上げた経過を辿るとは限りません。特に其人が神仙界なり万霊界にムスビカタメが深ければとも角《かく》でありますが、さうでない普通の人は殆《ほと》んど何十年か何百年か所謂遊魂となつて此の地上の幽界を彷徨するのでありますが、かういふものをなるべく安定を得させる為めに神道では神道的に又た仏道では仏道的に、顕界で適当な人が法会なり修法なりして居りますが、（中略）併しながら天網恢々《てんまうくわいくわい》疎《そ》にして漏《もら》さずであつて、さういふ死方《しにかた》をした善人も悪人も凡人も非凡人も時節が廻つて——適当な時機になると云ふと如何なる処に居り、如何なる機会に於ても洩《も》る丶ことなく落つることなく一応此の神集岳に引き寄せられて裁断を受け鎮まるべきところへ鎮まるのであります。……（此辺速記不明）……先きにも申しました様に凡《すべ》て幻覚的の存在でないのでありまして、高級の神界に於きましても紙や塩は現界のものをお用ひになつて居るのであります。——或ひは又た少彦名神《すくなひこなのかみ》を輔佐《ほさ》して居られるところの海神○○様及び△△様の如きは相当に高級の神でありながら人間に親しみのある神で、正しき信仰のある人等には……不純なる信仰を有せぬ人には往々にして御憑《おかか》りになつて御教導を垂れられたり、又は御染筆をくださることなどもあるのでありますから以て其の現実味を察すべしであります。其他斯《か》う云ふ事は低い処の天狗界其他に於ては今更ら私が申す迄もない事でありまして、多数の実例が古来ありますので、斯う云ふ様な事と云ふものは幻覚的な存在でなく実質的な実在でありまして、私共が現界を見る様に同様な確実味のある世界であります。斯う云ふ事はこれだけ申上げただけでは尚《な》ほ十分の信を置けるに足りない人が多からう事は私と雖《いへど》も承知して居るのでありまして、斯う云ふ事は——これを一層詳しく具体的な方法によつて発表する機会は余り遠くないのであります。……（中略）……此頃頻《しき》りに古神道云々と云ふ様な事を揚言されて居る方々もありまするけれども神界の実相が分らずそして太古の神法の所伝を得て居ない人達が古神道を云々すると云ふ事は私共の諒解し得ない処でありまして、人間の俗智を如何《いか》に累積して見た処が、今日の科学を如何に按配して見た処が、それは到底神界の実相なり霊魂の出自、帰着なり或ひは神界と現界との関係に就て全く無用の努力とは申しませぬけれども殆んど不可能に近い処の努力であらうと思ひますが、（中略）しかも私共はそんな事を彼れ此れ云つて居る時代でないのであります。今や唯《た》だ私共は所信に向つて進んで往《ゆ》かなければならない——それが為めに連れがあらうが無からうが、考慮して居られないのであります。元来普通の学問の力を以て神界の事情や人間生死の始末を明らめんとする努力は気の毒な考へちがひであります。古人も言つて居りますが学を為《をさ》むるものは日に益し、道を為むるものは日に損すで、針路が正反対であります。俗智を損して始めて神霊に接し得る事であります。

今日の最新の医学では斯うだとか、今日の心理学ではどうだとか、或ひは低級なる処の交霊術の報告位ゐを分類したり綜合したりして霊界の事情はどうだの斯うだの云ふのは草木にして物言ふものであります。併《しか》しこれを取り違へられてはなりません。私共は今日の学術を軽視するものでもなく、擯斥《ひんせき》するものでもありません。それは自から別個の問題であつて、普通の学術の力を以て神の道を明らめんとすることの妄を言うたまでのものであります。――（中略）――此の次ぎに簡単に一言を致します事は甚《はなは》だ重要な事項でありまして、それは何でありまするかと云ふと石城山に於ける処の天行居《あめのかりとこ》の大使命といふことで大体は七月の会でもお話いたし八月の古道にも発表してはありますが尚《な》ほこれは尽されて居らんのでありまして、祕められた大使命は何であるかと申しますと――神集岳と此の石城山に於ける此の天行居の関係であります。伊勢の神界にせよ出雲の神界にせよ現界的に見まして……現界的にも目標がありまするが、此の地の根本神界、石《し》城島《きしま》の神の都、神集岳の目標がつかない、これは何処《どこ》に存在するのであるかと申しますると、……四国の土佐あたりから昇天すれば西北に向つて二時間位ゐにして達する処でありまして、これを常識的に考へれば、其の速力が鈍ければ瀬戸内海の此の附近の沖合にあたり、速力が速ければ日本海の中で、要するにこれは日本の領域内でありますけれど普通の方法でさがして見たところでわかるものではありません。神界には神界の規則があつて祕せられたるものは飽《あ》くまで祕せられたる存在であります。そこで此の地上の人類が正しく根本神界の統制にまつろひ、正しくこれを拝《をが》む目標として、石城島の神の都すなはち神集岳を現界的に認識せしむるために太古以来の神界の経綸《しぐみ》で描き出されんとして居るのが此の石城山に於ける天行居の使命なのであります。これは非常なる誤解を生じ易い声明でありますが、……同志間に於きましても声明すると云ふ事は大いに考へなければならぬところでありますが——併《しか》し時節が到来して居りまして、人が信じまいが私共は唯《た》だ此の与へられたるプランによつて急がなければならぬ時機に遭遇して居るのであります。……そして此の時節と云ふものがあつて、神界のそれも此の現界と相《あひ》照応して居るのでありまして一月一日に天津真北《あまつまきた》の高天原《たかまのはら》、北極紫微宮《しびきゆう》に神々が参朝せられる其の一月一日も日本の一月一日でありまして、これは日本に於ける陽暦の一月一日であります。或ひは何かの行事に陰暦を用ひられることもありますが今日の場合多くやはり陽暦を以て用ひられて居つて、それが天地の道理に合はうが合ふまいが、四季の気候に格合しようが為《し》まいが事実が左《さ》うなつて居るのであります。神界のことが人間界に照応するのでありまして、丁度《ちやうど》明治四、五年頃に日本の神界では非常な大活動があつて、多くの仏仙界が滅ぼされた事が先輩の幽界出入の秘録に明らかで……（不明）欧洲戦争なり其他凡《すべ》ての事が大抵現界の上にも必ず表現されて来るのであります。（此辺速記不明）凡て此の時節と云ふ事は必ずある事でありまして、七八年来天行居で十月九日を大祭日として居りまして、毎月九日を月次祭として来て居つたのでありますが、これについては先年天行居を脱して他の教会に入られた方から数年前非難攻撃をせられた事があるのであります。此の十月九日は友清が生れた日ではないか、其の自分の誕生日を以て公けの神々の御祭日に当てると云ふのは不敬極まる話だといふのであります。私はそれには一言のお答へもせずに今日に至つたのでありますが、此の十月九日と云ふものは私に関係のある事で無いのでありまして、私には無関係のものでありまして十月九日は神界に於きまして少彦名神《すくなひこなのかみ》が伊邪那岐神《いざなぎのかみ》の代命として多くの部下の神達を指揮して全人類に関する根本記録のやうなものを訂正せられる重大な日で、十月九日から約一ケ月間現界の人類の凡ての行動や、凡ての報告によつて或る決定をせられる重大な時期なのでありまして（中略）極めて重大なる一つの時節でありまして、それから一ケ月たつて十一月八日には多くの幽界に居る処の人霊が、神界に上るべきものは上るのでありまして、……これは毎年のことで、又た其日を俟《ま》たずして神界に入る者もありますが……原則として、明治十九年頃から十一月八日が又た特に重要な日になつて居るのであります。従つて十月九日と云ふものは今日と雖《いへど》も依然として極めて大切なる聖日となつて居るので、私は其日に生れ合せたといふだけな話で、十月九日に生れた人は沢山にあることで、何も私の誕生日に意味のあるわけでも何でもないのであります。……今日は少し調子に乗り過ぎしやべり過《すご》した様でありますから此の位ゐにして置きます。……これから修法を致します。序《つい》でに申上げておきますが只今《ただいま》申上げました神界の消息は決して私の一家言ではないのでありまして明治以来に於ける最も正確なる神界出入者の一人水位大寿真宮地堅磐翁の祕録を主として別に私共の仄知《そくち》せるところと照合して聊《いささ》か其の一端を申述べたに過ぎないのであります。（午後四時二十分、速記者青木信一・西原秀明）

（昭和三年九月廿八日発行古道第百七十六号所載）

我等が信念の基礎

昭和三年九月二十一日石城山道場に於ける講演速記

一々御挨拶申上げなければならぬのでありますが、御挨拶は許して戴きまして直ちに二三の所見を述べさせて頂きます。斯《か》う云ふことを申しまするのは甚《はなは》だ何だかあてつけがましい様でありますけれども、此の九月の修斎会にお集りになりました方々の大部分のお方は実は天行居と致しましては殆《ほと》んど精神的には先づ幹部の方々と云ふ風に諒解させて貰《もら》つて居る様な方々のみでありまして、期せずして同じ月に斯ういふ風にお集りになつたといふことは誠に奇霊《くしび》にも感じて居る所であります。なるほど第一期の七月の会には随分熱心なる同志の方々も居られましたけれども大多数のお方が矢張りシックリした気分の合つて、研究修業に励まれる処のまあ求道上の良心とでも云ふべきものが斯う云ふ風に相《あひ》照し合つてお集りになると云ふことは天行居としては容易ならぬ事でありまして、今後と雖《いへど》も此の九月の会合の様な私共としては非常な感激と満足とを以てお迎へする様なことは余りさう屢々《しばしば》期待することは困難であらうと考へて居る程であります。成程格神会は近く格神講と改めましたが此の同志なるものは格神会始まつて以来恐らく五千人、恐らくそれ以上あるでありませうけれ共、これは中々続かないものでありまして、又た私の遣方《やりかた》にも過渡時代で種々欠陥があつた為め皆様が根気の続かなかつたことも勿論大半私の責任ではありまするけれども引続いて今日迄天行居と直接連絡ある同志の方は極めて尠《すく》ないのであります。機関雑誌の古道の如き毎月少なくとも二千多い時には二千五百、三千位刷つて居りますが、一定に発送するものは只今《ただいま》では千二三百位のものでありまして、あとは特殊の方面に配つたり或ひは保存したりして居るやうな次第でありまして、然し今連絡のある同志としては千人ばかりであるか？　と申しまするとこれは矢張《やは》り二三千はあるだらうと考へて居ります。何故と云ふと家族に色々二三の同志があつたり、近所に居られる友人の所では、やはり経済的問題も伴ふものであるから、古道も別に取つて居られない方があるのでありまして、古道の読者の九割まで位は実は会員なんでありります。で先づ直接連絡のある同志の方は二三千位ゐはあるだらうと思ひまするけれども、実は同志々々と申しまするけれども、なかなか此処にお集りになつて居られまする大部分の方々《かたがた》のやうな方々ばかりでもないのでありまして、さう云ふ微力なる団体なんであります。さう云ふ微力なる団体でありましても実に普通の人には余り正気で受取り難いやうな大きな使命を有して居る団体でありまするので、今後精神的に、つまり内容的のみならず外形的にもお互ひに大いに努力を要する時機に遭遇して居ると考へるのであります。

（どうぞ膝をお楽にして下さい。始終組み直されたり勝手にして戴きませぬと、あとで十分か二十分間修法致しまする其時が痛みまするから）

此の天行居の使命の殆んど全部と云ふものは七月の修斎会及び八月の修斎会に於てお話を致しましたので

其の概要は八月の古道及び九月の古道紙上に載せてありまする通りでありまして之れで殆んど尽されて居るのであります。其外に格別に隠語或ひは反語法を用ひたりしたやうなことは殆《ほと》んどありませぬ。それで此の七月八月に述べましたからつまり古道の八月号と九月号に掲載されました内容をよく御覧下さいまして天行居の使命の全部と云ふものは是れに尽されて居ると云ふことを御了解になつて差支へないのであります。多くの人々にあゝ云ふものを見せましたらば種々の疑問が起りませうが、第一に起るところの疑問は何故に日本国は神の宗国、つまり神国の中の神国であるか、斯《か》う云ふことに就て多くの人が疑問を持たれるであらうと考へられるのでありまするが、それにつきましても既に七月の修斎会及び八月の修斎会に於て略《ほ》ぼ私共の所信は述べてあるつもりでありまするが、此の霊的方面からばかり申しまするといふと之《これ》は信ずる人には信じ得られるけれども、さう云ふことを認め得ない人には、これを信ぜよと云ふことが無理な様であります。で先づ形に現はれたる、総《すべ》ての人の耳目に触れ五官の認識に上り得る所の条件は何であるかと申しまするといふと、日本国が神の宗国たる理由については、先づ第一に有史以来今日に至るまでの世界各民族の興亡変遷の実情を見ればハツキリ判ることなのでありまする。世界の多くの民族の信仰を維持して来た所の宗教又は宗教類似の思想と云ふものは種々あるでありませうけれども、ムスビカタメの神律に依《よ》りまして今日現に此の世界の地上の民族を兎《と》も角《かく》も支配して居る所の有力なるものはと申しまするといふと是れは或ひは仏教或ひはキリスト教或ひは印度《インド》教或ひは回々《フイフイ》教と云ふやうなものでありませうが、凡《およ》そ是等の開祖又は教祖とも云ふべき者、兎も角さういふ宗教、神を背景として起つた所の精神運動の中心人物と云ふ者は当時どう云ふやうな歴史的環境の中に在《あ》つたかと申しまするると、只今《ただいま》から考へるやうなものでなく釈迦にもせよ、キリストにもせよ、其の地上の環境と云ふものは矢張り同じものであります。

彼等の霊覚とか何とか云ふものに就て三世十方を探見すると云ふ様なことは別問題でありますが何《いづ》れも肉体を有したところの人類として神を背景として現はれたるところの中心人物と云ふものは、何れも或る一地方に於けるところの活動に過ぎなかつたのでありまして、これに天啓とでも申しまするか、神の意志を代表せしめるやうな、つまり人物ですね、さう云ふ者及びそれに関聯《くわんれん》せるところの神、是れが果して此の宇宙の造主《つくりぬし》であるか何であるかと云ふことも各宗教で夫《そ》れ〴〵言つて居ることであります。けれども何れも此の人生と云ふものを無視した教義と云ふものは、神の意志といふものではないのでありまするが、各民族を背景として起つて居る所の昔の宗教的な運動の中心人物及びそれに関聯するところの神霊、斯う云ふものは勿論そこの周囲の民族を保護する、国土を保護すると云ふことは勿論大土台とならなければならぬのでありまず。法華経なんかによりましても資生産業と云ふことが承認されて居るのでありまして、此の人生を破壊するやうな或ひは衰亡せしむる様な、若《も》しも神のお示しがあるならばそれは到底正しいものでないことは如何《いか》なる方面からでも論証することが可能であるのであります。然るに其後の現状如何《いかん》と申しまするると云ふと、支那の現状はどうであるか或ひは印度の現状はどうであるか或ひはユダヤ及び其の血族を中心とせるところの国土民族はどうであるか、何れも国亡びて山河ありといふやうな詩的情景を遺《のこ》して居るに過ぎないのでありまして、此の東海の微々たる神道帝国我が日本が永らく殆んど半野蛮のやうに世界からも認められて居つたのでありまするが、最近僅《わづ》かに数十年間に一躍世界に出現してさうして将《まさ》により以上の発展を為さんとしつゝあることは神霊といふことを無視する人々と雖《いへど》も多くの人々が是れを認めて居る事実でありまして、此の日本の民族及び我が国家と云ふものが此の世界人類に何等かの大なる使命を有するものではないかと云ふ事は欧米の方でも往々にして具眼者の考へに上り来つたところでありまして、神界と云ふものは唯《ただ》に一つの独一真神とも云ふべき一の元霊の活動ばかりでなく更らに八百万《やほよろづ》の神々が活動されると云ふことは何れの民族と雖《いへど》も是れを信じて居つたところであります。でまあ普通の言葉を以て言へば昔は何《いづ》れも多神教でありますが、その多神教の現界的の現れとしては自然多くの神社の必要があるのでありまして、神社或ひは是れに類するところの殿堂と云ふやうなものは、もとより我が日本国ばかりでなく、ギリシヤあたりの昔に於きましても相当に立派に行はれて居つたものでありますけれども、然し宇宙の真の神慮の発展につれまして何処《どこ》でも亡ぶべきものは亡び、次第に整理されて段々厳粛に現存するものは厳存するものでありまして今日ギリシヤ、ローマ辺りの昔の多くの神社マガヒのものと云ふものは殆《ほと》んど美術家や文芸家の憧れとして僅かに残骸を遺《のこ》して居るやうなものでありまして、此の日本国の整然たる国家と民族と神社と云ふ様な関係は世界何れの国土にも是れを見ることが能《で》きないのであります。

言葉が少しハツキリしなかつたかも知れませんが要するに此の各国土各民族の古来興亡の足跡と今日の現状と云ふものと、それから国土、民族、神社と云ふ三つのものの関係が益々《ますます》整理されて現存して居る所の此の事実、斯《か》う云ふ此の二つの事実は日本が神の宗国であると云ふことの文字に非ざる文字を以て書かれたる宣言書であります。世界民族に対するところの一大宇宙根本神の一大宣言書であると私は信じて居るのであります。

只今《ただいま》までお話し申上げましたことは七月及び八月の会で申上げましたことの、或ひは言葉が足りなかつたかと思ふ点を補ひまするつもりで申上げましたのであります。今日の一部の新らしい人々は科学的実験実証に立脚したところの信仰と云ふものを要求して居るやうであります。これに関するところの吾々の信念はどうであるかと申しますると、如《かくのごとき》此信仰といふものは正しく此の人類の上に行はれ得られないものであります。何故であるかと申しますると支配者と被支配者の関係を考へるときに自から首肯されることでありまして、太陽は月を照らし得るけれども月は太陽を照らし得るものではないのであります。そんならばといつて天行居は科学的実験実証に立脚したところの信仰と云ふものを排斥するか、無視するかと云ふと決してさうではないのであります。之《これ》を一言に尽すならば、及び得る程度の研究は結構でありますが、それと同時に研究の及ばざるところも否定するのは邪見であります。科学的の研究と申しまするけれども、さう科学的の研究の及び得る程度の研究は洵《まこと》に結構でありまするが、それと同時に科学的研究の及ばざるところを否定するるのは邪見であります。吾々はつまり科学的の実験実証と云ふやうな態度に於けるところの研究の及び得るところのものは勿論之を信ずるのでありますが当然科学的実験実証と云ふやうな意味に於て未《いま》だ発表し得られざるところのものも之を信じ得るところの事柄は之を信じ得るのであります。信ずるのであります。

凡《すべ》て此の神界のことは学術的に公開され得る分野と公開し得られざるところの分野といふものがあるので

ありまして、斯《か》う申しまするど云ふと一部の人は、そんならば電気の如きはどうであるか、電気は昔の多くの民族は之《これ》を恐れたばかりで之を利用する途《みち》は知らなかつた、之を神とし魔の力として見てゐたのであるが科学が発達した為め電気を自由に駆使することが出来て今日の多くの人類生活の文化と云ふものの根柢を為して居るものは電気ではないか、斯《か》う云ふ意味に於て神界のことも出来得るだけ之を研究して、そして此の人生を裨益《ひえき》すると云ふやうな方針こそ望ましいことではないか。斯う云ふ考へを持つ人も当然あると考へますが、之はまだ神と云ふものがどう云ふものであるか、ひいては神と人との関係、神々の経綸《しぐみ》と云ふことが余りに判つてゐない人々の当然考慮するところでありまして……稍《や》や言葉に無理があるかも知れませんが広い意味に於ての神は兎《と》も角《かく》として吾々が拝《をが》むに足るべきところの神、結局《つまり》吾々が崇拝帰命するところの神々と云ふものは、その内容に対して内容的の研究は殆《ほと》んど許されざることであります。

如此《かくのごとき》ところの研究を放棄するが為め或ひはそれが迷信に陥るとか或ひは低級なるところの信仰、低級なるところの宗教的な考へに陥るとか思ふ人は之は余りにも科学カブレのした考へでありまして、今日最も進歩せるところの二大宗教の一と目されてゐるキリスト教の如きに於きましても、其の神と云ふものに就て科学的の考慮と云ふものは許されてないことであらうと私共は門外漢ながら考へてゐるのであります。

科学的実験実証に立脚した信仰と云ふものが其儘《まま》天行居に受入れないことであると同時に其れに種々関《くわん》聯《れん》した思想が又た社会の一部に行はれてゐるのであります。それは最も進歩した合理的宗教と云ふやうなことが云はれて居る。これは単に或る人々の理想であるのみならず我が神道界に於きましてもそれを実行せんとした人がある。つまり最も進歩した合理的な神道説と云ふものを打ちたて、教会まで造つた人もあります。その人は東都に於て二三の著述もありまして昨年名古屋の赤十字病院で帰幽せられた人でありますが、然し斯う云ふことは私共の甚《はなは》だ感服致しかねる態度でありまして、勿論合理的の宗教、最も進歩したところの合理的の宗教と云ふものは製造しようと思ふならば相当の常識を有するならば図書館に一年間も蹕《しやが》んで居たならば誰れにでも出来る事であります、誰れにも出来る事であつて最も進歩した所の合理的宗教といふものの開祖といふものにも成り得るのである、一年間も図書館に籠《こも》つて居れば誰れにも出来ることであります。さう云ふ様な合理的の宗教とか進歩した宗教と云ふ様なものを人智を以て製造すると云ふ計画は恰《あた》かも此頃問題になつて居りまする電気人形を持つて来て自分の家庭の一員とする様な計画でありまして実に愚かなる企図であらうと私共は信じて居ります。天行居の信仰は事実を事実として信ずる信仰であります、事実を事実として信ずる所の信仰と云ふものは一時理論的に説明の出来ないことがあつたり科学的に証明の出来ないことがありましても追々それが説明し得られ立証し得られる様に(これも或る程度まではありますけれ共)なるものでありまして、又さう云ふ様な理窟がどうであらうがあるまいが人間の幼稚なる所の考へを以て之を如何《いか》に按排《あんばい》したり整理したりして見た所でそれは私共の只《た》だ事実として信ずる信仰の前には殆んど無価値なものでありまして、私共が事実を事実として信ずる所の信仰にピツタリ符節を合せたものは理窟の産物であらうが精神科学の産物であらうが何でも之を取入れるに吝《やぶさ》かなるものではないのでありまする。只だ事実を事実として信ずると云へば、つまり具体的に云ふとどういふことであるかと申しますると云ふと、此の神界の状況と云ふ様なことでございましてもこれは今日植物学とか生物学とか或ひは天文学とか地質学とかいふ様なものを研究した結果、神の姿といふものは斯《か》く〳〵のものであらうと云ふことを認める方法に依《よ》る所の信仰でないのでありまして、信ずべき我国の古伝説と、そして此の神界の実状とが一致する点に立てる所の私共の信仰なんであります。それに就きまして七八十年前来西洋の方で盛んに研究され発表されました所のスピリチユアリズムの心霊研究とか心霊科学と云ふ様なものが色々に振り廻されて居りまする、其の七大綱要ですね、これは三十年ばかり前に世界の所謂《いはゆる》心霊科学者の協議に依《よつ》て制定せられて世界に宣言せられたものでありまするが其の七大綱要七大宣言の内容と天行居の所信とはどういふ関係にあるか、斯ういふことも一つ考へて置く必要があらうと思ひます。

此のスピリチユアリズムの七大宣言と云ふものは既に皆様も御承知の如く

第一、ゴツドの共同と云ふことであります、此事は衆生は宇宙大元霊の現れであると云ふことでありま す。

第二は、人間皆同胞と云ふことであります。

第三は、悠久の生命、即ち人間は死後も人格的に生活すると云ふことの主張であります。

第四は、霊魂の交通、詰《つま》り現界と霊界の交通交渉の事実を主張するものであります。

第五は、衆生の恩に対する責任で総《すべ》ての同胞は相愛して行かなければならぬ、感恩的の生活をしなければならぬ責務があると云ふ主張であります。

第六は、万有は永遠に因果関係の支配下にあると云ふ主張であります。

第七は、衆生は流転しつゝ、永遠に向上の途を行くものである、人類のみならずあらゆる霊魂は流転しつつ永遠に向上進歩の途《みち》を辿つて行くものである。

斯う云ふことが其の宣言でありまするが、これは漠然と雅量を以て見まするならば勿論何等反対すべき箇所は無いやうであります。ゴッドの共同と云つた所で一切衆生は宇宙の大元霊の現れであると言ふ親神様とも云ふべき神力の現れであると云ふ様に見る所の考へは之を多くの哲学者でも古来認めて居り、又た東洋思想に於ても之を認めて居り、吾々の祖先も仏教や儒教の渡来前に於て、さう云ふ信念を持つて居たことは古典や古伝に依て明らかなる事実であります。第二の人間皆同胞、これも謂《い》ふまでもなく誰れも反対するものはなからうと思ふ。

第三の悠久の生命、人間は死後も人格的に生活すると云ふことも霊魂論を否定する人や一部の唯物主義の科学者及び之《こ》れに共鳴する所の人々を除く外は認めることで、勿論東洋思想に於ても昔から厳存する事実であります。

第四、これはエンゼルと云ふ様な文字には議論もありませうが要するに現界と霊界の交通交渉は事実に行はれるものであると云ふ思想で、これは昔から東洋にもあつたことで我が古伝説に明記してあることは勿論、仏教に於ても、輪廻《りんね》説まで称《とな》へられて居る、其他総てが斯う云ふ点に立脚して居て珍らしい説ではないのであります。

第五のことも、これも仏教的に云ふならば四恩の一つでありまして昔から東洋にも存在する所の思想又は信仰であります。

第六の万有は永遠に因果関係の支配下にあると云ふことも、これも仏教では勿論、本家の様な顔をして居るが、其他総《すべ》て東洋にもまた東洋以外の方面に於ても古代から相当に信仰されて居つた思想であります。

第七の衆生は流転しつゝ永遠に向上の途を行くと云ふ説も信ずる人もあり然らざる人もあり、洋の東西を問はず一部の思想家に依《よつ》て信ぜられ主張された所の主張であります。

でありますからして、何も事新らしく之《こ》れに向つて駁撃《ばくげき》を加ふる必要もなく又た其儘《まま》概念的には之を承認し得られる事でありますけれ共、之を仔細《しさい》に点検するに至りましては非常な議論が起つて来るのでありまして、第一のゴツドの共同、一切衆生は宇宙の大元霊の現れであると云ふ様なことは、只《ただ》それだけの言葉に対しては勿論吾々と雖《いへど》も何等の異議を有せざる者でありまするけれ共、然し其のゴツドと云ふのは如何《いか》なるものであるかと云ふ様なことになつて来ると云ふと此のスピリチユアリズムの人々が認めらるゝ、又た信じて居る所のもの其儘吾々が之を受入れることには種々なる困難が伴ふことと考へるのであります。我が神道に於て之を天之御中主《あめのみなかぬしのかみ》神様と云ふ風に見るにした所がそれは何か此の宇宙に磅礴《はうはく》する所の一の精気の如きものであるか或ひは手や足や顔を備へられたる所の謂《い》はば先づ人間の様な形をせられたる所の神様であるか、斯《か》う云ふことになつて来ると云ふと茲《ここ》に議論の分るゝ所でありまして、我が神道学者の古来の一部に於きましても、さう云ふ事は常に祕説とか古伝とか云つて随分八釜《やかま》しく云はれたものでありまして或る派の神道説には古事記の上からは天之御中主の神様であるが日本紀の上からは国常立《くにのとこたち》の神様として説いて居りますが、此の国常立の意義は此の国は国土のみならず宇宙間一切のものを意味するので常立と云ふものはそれに一の規律的の根力と云ふものの位ゐすることを言つたものであつて我が古伝説にある色々の神々も要するに此の国常立の御神徳の現れに対して夫《そ》れ〴〵古代民族の信仰を受入れられる程度の神名があるのであると云ふ様な説を為して居る神道家も相当に勢力のあつたものでありまして、斯う云ふことは或ひは哲学的に総てのことを考へる人には受入れられ勝ちの説であります。一切のものが宇宙根本御神徳の現れでないものは一もない、吾々も諸君も草も木も此のコツプも水も……然しさうではありまするけれどもそれと同時に神と云ふものがあり人といふものがある、人にも色々な人があり神にも色々なものがある、其他万有一切さうでありまして、これは只《た》だ或る一の家、一の木、一の霊と云ふ様に形を変へたる現れであるとのみ解すると云ふ説は甚《はなは》だ危険なる所の信仰に陥るのでありまして、我が多くの古典を研究する人も天照《あまてらすおほみかみ》大神様が御生れになつて天上をしろしめされたのであるが其時は天地未《いま》だ遠からずと云ふことでございまして天照大神様も要するに昔の現世の中に御生れになつた偉い方であつて、であるから之を詰《つま》り神として皆で其時に天に上したのであるから其の時代には先づ一般の社会状態民族の総てのものの状態と此の天照大神様を中心とするあの天といふものは余り遠い関係ではなかつたと云ふ様な意味に説いて居る学者が我国にも随分多いことでありまして甚《はなは》だ危険にして又た乱暴なる説でありますので……此のゴツドの共同といふ様な事に就てもそこに仔細なる慎密なる所の用意を以て見なければ往々にしてとんでもない間違ひが起り易いのでありまして此の八百万《やほよろづ》の神々及び神界の実相と云ふ様なことに就きまして充分の信念がありませんと云ふと徒《いたづ》らに哲学的な考へに陥つて、自分こそ正しい説、正説を得て居ると信じつゝ、さう云ふ人が必ず魔道に陥るのでありますから警戒を要するのであります。

神界の実相といふことは、どう云ふことであるかと云ふと、九月号にもほんの大要が述べてありまするが、これ等は随分相当の精神上の準備を持たなければ随分奇怪至極に感ずる人があつて、何だか子供だましの様なお伽噺《とぎばなし》の様に感ずる人がありませうけれ共、之《これ》は動かすことの出来ない事実でありまして相当にそれを立証する所の文献と云ふものは十月末までに発表する考へであります。

それから第二の「人間皆同胞」これは殆《ほと》んど問題はない様であります。

第三の悠久の生命、人間は死後も人格的に生活すると云ふことでありまするが、そこに必然と起つて来ることは再生説と云ふことが必ず人の念頭に浮んで来るものであります。人は死して復《ま》た或ひは再生するか、再生すると云ふ事実があるならばそれはどう云ふ関係を持つものであるか、斯《か》ういふことに就きましても産霊紋理《むすびかため》の神界の奇霊《くしび》なるみはかり事を知りませんと云ふと徒《いたづ》らに想像の議論に陥るので、それに満足する事は到底出来ないのでありまして、最も信ずべき所の或る事実の提示に就て初めてはつきりした信仰がそこに起つて来るのでありまして、斯う云ふ事の為め天行居は今後も亦《ま》た相当の努力を要するのであります。

第四の霊魂の交通とエンゼルの守護、現界と霊界の交通交渉といふ様なことに就きましても何等異議ある所ではありませんけれ共、仔細《しさい》に之を見るときは欧米方面のスピリチユアリズムを奉ずる人々の考へと私共の考へとが悉《ことごと》く一致すると云ふことは困難なことであらうと思ひます。

第五、第六、第七は先づ問題はない様であります。

で要するにです、此のスピリチユアリズムの七大宣言は科学的実験の出来たことでありまして如何《いか》なる思想や科学を以てしても破ることは出来ないものであります。七八十年来の世界の斯ういふ方面の専門の学者が多くの霊媒的素質を有する人を駆使したりして非常な犠牲を払つて論結した所の尊ぶべき一粒よりの真珠の様な収穫物であつて之を破るものはないと云ふ事になつて、我国でも之を信奉する人は殆んどシナイ山の啓示の様に考へて居りますけれ共、私共は此のスピリチユアリズムの七大宣言に対して先づ二つの大きな抗議を有するのであります。其の二つの抗議とは何であるかと申しますると、此の中に『日本国は神の宗国である』と云ふことが少しも認められて居ないことと、も一つは『日本の皇室が天津神《あまつかみ》の直系である』と云ふ事実に於て何等の考慮も払つて居ないことであります、勿論之は過去に於ける所の是等心霊学者の努力としては勿論当然のことでありませうけれ共、此の二つの事柄たるや極めて私共として重大なる抗議でありまして、これは決して私共の御国自慢でもなければ又た或る何等かのものを擁護せんが為めに殊更《ことさ》らに造つた所の考へではないのであります。これは古伝と事実とが一致して居るからであります。例へば日本国は神の宗国であると云ふことに就ては既に古道紙上其他に於て屢次或る程度までの輪廓はお話して居る所でありますが、此の日本皇室が天津神の直系であるといふ事実に就きましても之を古伝の上から立証するのみならず今日霊界の実状から之を立証する事が出来るのでありまする。どういふ風に立証するかと云ふと、死後の生活者で、生前種々の罪を犯したものもありますけれども皇室に対する罪が最も浮ばれない最極刑に処せられる処の事実が現存するのであつて、さういふ様なこと、其他種々の事柄に依《よつ》て立証されるのでありまして、要するに古伝と事実とが一致した所の信仰に基づいて日本国は神の宗国であるといふ事実と、日本皇室が天津《あまつ》神《かみ》の中心の直系であると云ふ事実、此の二大真理を一切の判断の根本とするのが天行居の信条であり、のみならず之《こ》れが地上万人の信条とならなければならぬ運命を有して居るのであります。

もう少し話が残つて居りますが余り長くなる様ですから、午後更らに二三十分間お話したいと思ひますから……一寸《ちよつと》昼食を戴いて参ります。（休憩）

午前に引続きまして簡単にお話を申上げて置きます。

私共の信ずるところの古神道と云ふものは少し言葉が足りないかも知れませんが、我国の古伝に立脚した神道でありまして、我国の古伝と神界の実相との一致点に立てる神道が私共の信ずる古神道であります。ところが今日の古神道を云為する人達の中には全く我が古伝と云ふものを無視して徒《いたづ》らに古神道と云ふ文字を振り廻して居られる方が随分あるやうでありまして、何の意味で古神道と云ふ文字を用ひられるのであるか洵《まこと》に諒解致し兼ねる次第でありまして、正しき古神道と云ふものは正しき古典及び古伝に基づいたところの信仰でなければならぬと思ひます。それは先づ仮りに古事記に依《よ》りましても、イザナギ、イザナミの神様までは只《た》だ御神名が並べてあるだけで、イザナギ、イザナミの神様から初めて神事が伝へられて居るのでありますが、真先きにフトマニのことがあります。それから降《くだ》つて神武天皇様の時代までに或ひは神咒《かじり》とか或ひは帰神、或ひは鎮魂、禁厭等是れに類する神伝への神法と云ふものが存在することが明らかに洩《も》らしてありまするが、斯《か》う云ふやうなことを殆《ほと》んど無視して、さうして歴史とか言語学とか或ひは種々科学的の考慮とか云ふ方面に於て所謂《いはゆる》学術的に取扱はれ得るやうな問題だけを色々に按排《あんばい》し組み立て、さうして以て古神道と云ふことを言はれる方々が随分居られるやうでありますが、これは何《いづ》れも我が根本の神伝へを無視したところの考へ方でありまして、私共は総《すべ》ての学術とか総ての理窟を離れて先づさういふものが正しき古神道であるとは信じないのであります。殊《こと》に祭祀の道と云ふものは神道の根本でありまして祭祀に関するところの神伝への太古神法と云ふものは遺憾乍《なが》ら古事記や書紀或ひは祝詞《のりと》だとか古語拾遺だとか云つたやうな古典の上に其の内容が伝へられて居りませんけれ共、これは最も正しいところのものが今より二千年前に倭《やまと》姫命《ひめのみこと》様の手を経て極めて厳重に一の糸を辿つて今日まで伝へられて来てゐるのであります。さう云ふことが此の天行居に伝はりまして初めて私共は天行居を以て古神道の道場であると云ふことも中外に云ひ得るのであります。

此の現界と幽界との交通と云ふやうなことに就きましてもこれに関聯して四魂説と云ふやうなことも取扱はれるのでありまして……荒魂、和魂、幸魂、奇魂斯《か》う云ふやうな四魂説に就きましても何等古伝に依《よ》るところなくして随分勝手な見解が近来方々に於て伝へられるやうであります。さうして以て古神道と云ふことも云々せられる方もチヨイチヨイ見受けるやうになつて参りまして西洋の方の所謂スピリチユアリズムの人達は大体に此の霊界とでも云ふやうな所を幽界と霊界と云ふ風に大体に分けて居らるゝやうでありまするがこれ等もまだなか〳〵仔細《しさい》なる検討を要すべき問題であります。

欧米に於ける交霊現象で最も多くの興味を以て迎へられつゝあるところの霊魂の物質化と云ふやうなことがですね、霊が現はれて来て殆《ほと》んど吾々の肉体の如きものを現はして種々なることをする、斯《か》う云ふ様なことに就きましても大体の手続きなり何なりは此の交霊術方面の仲間に於ては相当に説明されて居るやうでありまするけれども、これは殆んど其の材料が所謂《いはゆる》西洋流でありまして、斯う云ふことは全世界に亙《わた》つても少し見地を広くして多くの現象、多くの材料を整理して考へませぬと云ふと甚《はなは》だ癖のあるところの解釈となつて来るのでありまして、此の霊界と現界との交渉と云ふものは洵《まこと》に奇霊《くしび》なものでありまして特殊の思想、特殊の信仰、特殊の智識を以て居りまする其の仲間には夫《そ》れに適応したやうな現象しか起らないものでありますす。それでありまするから、此の東洋に於きましては又た東洋流の霊の表現方法があり従つて其等の材料に就きましても研究するにも自から今日の西洋流の心霊科学の遣方《やりかた》と稍《や》や方法を異にしなければならぬ必要にも迫られて居るのでありまして、例へば此の吾々の……と云ふやうなことも東洋に於ては屢次行はれて居るのであります。例へば私は此処《ここ》に居つて同時に宮市に於て人と対話もすれば仕事もする、さう云ふやうな場合其の何《いづ》れかゞ矢張《やは》り普通の身体の状態や精神状態と異つて居るかと云ふと殆んど異ならない場合が随分古来あるのであります。さういふやうなことの実験に就きましては宮地堅磐翁辺りも種々自分の体験上の意見を述べられた記録もありますのでありますが支那の方でも随分にあることでありまして、例へば禅家の方で公案の中にも引いてある有名な話、例の倩女離魂の話の如きはそれですね、今地名や人名は忘れましたけれども、支那の或る所に一人の娘が居つて之れが年頃になつて両親から縁組の相談を受けたところが、それは気に入らないのでありまして、自分が別に想《おも》ふ男と其家を抜けて出て他国に走りまして家庭を造つたのでありますが、其時に其の両親の許《もと》には其娘が殆んど病気の如く或ひは病気でない如く、眠れるが如く醒めたるが如く、一室に寝て居るので両親は非常に心配して種々の手当を尽すけれども格別なこともなくして二年三年と経《た》つて参りますので、一方そこを抜け出たところの娘は自分の思ふ青年と共に他国で家庭を造つて、さうして子供を生みまして、子供が出来たのであるから両親も何とか許して下されるだらうと云ふので郷里へ帰るのでありまするが、さうして郷里へ帰つて我家に到着しますと云ふと其の旅から帰つて来た娘が玄関を上ると同時に奥の寝室から起きて来た娘とが両方から走り寄つて一体になる、斯ういふやうな一の説を材料として此の倩女離魂の話と云ふものは一の公案としてありますが、まあ禅家の方では斯う云ふ説は別の見地から取扱つて居るのでありませうが、兎《と》に角《かく》心霊上の斯やうな事実と云ふものは随分あるのであります。

これは稍や方面が異なりまするけれども神仙道の方から申しまするといふと、人間が一種の修行の方法として霊胎又は玄胎とも云つて居りまするが、それも自ら結成する所の事実があるのであります。これは精《くは》しい事は到底お話し致し兼ねまするけれども、大体を申しますると云ふと、夜一室に閉ぢ籠つて瞑目静座をして特殊の方法を用ひますといふと此の胎内から五つの気が眼前に現はれまして、之れ《これ》が空間にあるところの霊気と天神より来るところの霊気と我が胎内より出でたるところのものと三つが結成しまして、さうして一の体を造るのであります。初めは赤ン坊のやうな形が見えるやうになりますが段々と修行を進めて行くと云ふと次第に大きくなりまして、これが本人の通りの姿となるやうになるのであります。それが次第に明瞭になつて参りまするとふと、眼を開けてもそれが眼前に見えるやうになるのでありまして、それがまだ自分の眼に見えるだけの間はいゝのでありますが、他人が見ても見えるやうになりまするると、もう余程修行には注意を要するので、さうなりまするとふと多くの場合段々本人の方が次第に衰弱をしまして、さうしてすつかり其の霊胎の方に宿替へをして了《しま》ふのであります。さうしますと初めの身体と云ふものは衰弱して普通の言葉では死と言ふ様な現象を生ずるのでありますが、これは仙界に於ける所の尸解《しかい》などと云ふこととは全然異なるのでありまして、さういふ霊胎と云ふものに宿替へを致しまするとふと今度は天地と共に無窮なる不死の体を為すものでありまして多くの神仙道に於て数百年以上を経たる所の神仙と云ふものは殆《ほと》んど皆な実は前の体を捨てゝ霊胎を結成して居るのであります。只《た》だ此の肉体丈《だ》けでは如何《いか》なる方法を以てしても普通二百年以上も長寿を保つと云ふことは甚《はなは》だ困難な関係にありまして明治九年に吉野の仙窟から昇天された処の山中照道先生の如きも実は霊胎なのであります。我が神代以来の多くの神人が悉《ことごと》くさうであるとは云へないのであります。それは奇霊《くしび》なる所の大神様の御上に就ては別のことでありまして倭姫命《やまとひめのみこと》様辺りが肉体としても余程長寿を遊ばされ、肉体の儘《まま》昇天された様な伝へもありますが、これは恐らく霊胎を結成されたのではなく惟神《かむながら》の奇霊なる現象であると思ひますのでありますが、武内宿禰《たけのうちすくね》辺りも三百年余から生きて、そして因幡国から昇天せられたと云ふ様なことは、これは色々の理由からして多分霊胎を結成されたのであらうと信ぜられる理由が色々あるのであります。近くは平田翁に依《よつ》て世の中に紹介された寅吉の如きも既に霊胎を結成して今では前身を捨て、霊胎の方で活動して居る事が宮地翁の神界出入の手録の中にも明記してあります。寅吉の手や足を握つても少しも普通の身体と異つたことがないと言ふ様なことも書いてあります。

欧米方面に於きまする所の霊の物質化と云ふ様な現象は全く一時的のもので比べものになりません低級なる論証でありまして、さう云ふ様な体は殆んど光線に堪へられない極めて薄暗い光線にはよいけれ共、光りを明るくすると、もう崩れて消えて了《しま》ふ様でございますが、此の東洋方面に於ける斯《か》う云ふ風の伝へに依《よ》る所の霊胎と申しまするものは勿論光線に堪へられないとか何とか云ふ様なアヤフヤなものでは決してないのであります。これはほんの一例として東洋には東洋流の見方に依て研究しなければならぬ所の霊的現象があると云ふことを言ふ為めに、ほんの一例として申し述べたのでありまして、斯う云ふ様なことは恐らく今日の西洋流の心霊科学ではまあ研究の及ばない所であらうと存ぜられます。

此の霊胎を結成すると云ふ様なことはどう云ふわけでさう云ふものが出来るのであるかと申しまするとふと最新の科学に於ては電子説の様なものがあつて比較的其方から考へられた方がよく分るかと思ふのでありますが、あらゆるものが此の一元の精気から成り立つて居るものでありまして、それが特殊の方法によつて結成すれば、丁度《ちやうど》夫婦の行事に依りまして子供が生れるが如くに、もう少し不思議なる処の現象を現はすものであります。此の神の気と云ふものは此の大宇宙間に磅礴《はうはく》して居るものでありまして、それと、それから此の人間には人間として受入れて居る所の、元来同質であつても特殊の霊気と云ふものがありまして、専門的には仙道に三魂七魄と言ふ様なことを云つて居りますので、それはまあ我国の伝へでは色々になつて居つて、強ひてそれに引合はすことも出来ぬでもないのでありますが、要するに此の、そんな玄胎を結成する上に於て誰れでも出来るか、又はどういふ事がそれに一番必要であるかと申しますると、原理から言へば誰れにも出来るのでありますけれ共、実際問題としては誰れにでもは却々《なかなか》に出来ないのであります。最も必要なことは何であるかと云ふと清き心、それから正しく神を認めて正しく神を尊崇すると云ふこと、斯《か》う云ふ事が欠けると云ふと此の霊胎の結成と云ふものは絶対に出来ないことに古来申し伝へて来て居るのでありまして、斯う云ふ所あたりが到底科学一点張りで追求の出来ない分野なのであります。或る程度迄此の胎を結成すると云ふことは殆《ほと》んど万人に出来得るのでありまするがそれは矢張《やは》り自分の心が清くないと云ふと、丁度《ちやうど》母親が受胎した時に色々の原因に依《よつ》て枉事《まがごと》が起ることが稀《ま》れにありまする様に、猥《みだ》りに修しますると云ふと、漸《やうや》く結成しかけたものに空に居る種々の枉物が得たり賢《かしこ》しとして感応します、それが為め非常な枉事が起つたりして小にしては身を誤ると云ふ様な結果があるのであります。で霊胎結成と云ふ様なことに就ては祕伝書の如きものは近く発表する考へでありまするけれ共、これなぞは先づ我が同志と雖《いへど》も余りお勧め致し兼ねることで非常な特殊な決心が出来たならば兎《と》も角《かく》でありまするけれ共、先づどなたにでもお勧めするといふことは困難でありまして、さういふ事をせずとも吾々の正しき惟《かむながら》神の道を行くものは生きて居る間に成るべく正しい所の神界の実相をよく知つて、そして之《これ》を信じて、そして之れに基づく所の敬神利生の途《みち》に精進する、さうすれば死と云ふ関門を通過した場合、さう云ふ様な玄胎結成と云ふ様な手数を藉《か》らずして殆んどそれと異ならぬ様な結果が得られるのでありまして、之れが人として先づ十人向きに正しい所の途であると私共は確信して居ります。でありまするが霊胎を結成して其方に転換するといふ事になれば第一多少の如何《いか》なる人にも不安が伴ひ勝ちである所の死と云ふ苦験を味はずして天地と共に悠久に生きることで一面から云へば矢張り結構な事でありまするから古人が正しく残した道を侮《あなど》りて、それを排斥する訳は決してないのであります。

本日はお話は是れ位ゐにしまして、さうしてまだ此の期間中に二回までやつて参ります。此の次ぎに参りました時には成るべく都合して一緒に登山も致したいと考へてゐるのでありまするが……これから短時間修法致します。＝終＝（九月修斎会員、高本文人氏速記）

附　記　右の講演中に一寸《ちよつと》言及してある霊胎のことについては天行居鳳凰寮で刊行された寿書外篇第四巻の中に「霊胎結成口伝書」といふものがありますから特殊の志望者は其れによつて研究せられたい。

（昭和三年十月廿八日古道第百七十七号所載）

神道古義

天行居は世界人類の前に
最大なる問題の提起者として立つ

昭和三年十月二十日石城山道場に於ける講演要旨

めでたき御大典《ごたいてん》の直前におきまして、此の聖地石城山の道場に於て親しく諸君と共に行動をともにすることを得ますることは誠に意義深いことで、神々の御引合せを有難く感謝して居りますところであります。来る十一月十日御大典当日は特に吾が天行居の同志一統のものが身心を清浄にして、心を一つにして十言《とこと》の神咒《かじり》を奉唱いたすことになつて居りまして古道十月号にも発表してありますやうな次第でありますが、申す迄もなく至信に奉唱しなければならぬことで、これは御大典当日に限つたことでなく、いつでも左様《さやう》でありまするが、軽々しき心をもつて十言の神咒を修することは却《かへつ》て大御神の御名を瀆《けが》すことにもなり、小にしては自他ともによろしからぬことになつて参りますので、深く反省し、各自に自重しなければならぬことであります。それに就て想《おも》ひ出す話があります、黒住教祖の黒住宗忠翁《くろずみむねただ》が、まだ社会に知られない頃のこと、旅行先きの旅宿で同職の知人と同じ室に寝て四方山《よもやま》の噺《はなし》の末「時に黒住さん、あなたの奉仕せられる神社の御祭神はどなたでしたかね」と訊《き》きましたが、宗忠翁は其れには答へずに世間噺で紛らさうとして居られました、宗忠翁は田舎の神社ではあるが天照大御神《あまてらすおほみかみ》様を主斎神とする神社の神職でありました、然るに同職の人は頻《しき》りに又た重ねて御祭神をたづねますので、宗忠翁は蒲団《ふとん》から出て衣を改め袴《はかま》を着けて正座されて「拙者の奉仕する神社の御祭神は天照大御神様で御座る」と答へられたといふことであります。まことに左《さ》もあるべきことで、本当に神々の威霊を信ずる者には寝まきのまゝで神名を談ずるといふやうなことは出来ることでないことで、天照大御神様に限らず、他の神々の御上のことでも同様であります。世の中には一種の「神様道楽」とか「信心道楽」とかいふものがあつて、神々を信仰はするが、何となく神になれ過ぎ、自然の結果として往々にして神威を冒瀆するやうなことを見聞いたしますが、まことに思はざるも甚《はなは》だしきものであります。今更ら申す迄もなく、神に対しては徹頭徹尾、忠魂義胆を以て対せねばならないことであります。真に神々の威霊を敬信する者は、おのづからに忠魂義胆を以て神に対するやうになりますので、神我れに格《いた》り我れ神に格る格神唯一の道であります。忠魂義胆を以て神に対するとき、神に狎《な》れるとか、神を軽んずるとかいふ心ばへは起りやうがないのであります。神ながらの道を行くものは人に対しても社会に対しても国家に対しても、おのづからに忠魂義胆を以て接するやうになるのでありますが、ことわけて神々に対しては徹頭徹尾、忠魂義胆でなければならぬのであります。忠魂義胆に非ざれば神も感応せず天地も感動しないのであります。正しき神々は必ず忠魂義胆でなければ感応せられることはありませぬ。忠魂義胆に非ずして感応する神あらば必然それはろくなものではないのであります。狐や狸や又は其の部類のものが神様然として居るものは、忠魂義胆に非ずとも或る方法なり適当の処置をすれば感応も致し相当に俗物を驚かす程の謂《い》はゆる霊験をも現はすのでありますが、さういふものに交渉すれば一時は幸福まがひのものが得られても日に夜に我が霊魂を汚すことになりますので、正神界の摂理によりて早晩その反動の大きな結果に見舞はれねばならないし、たま〴〵生涯その反動の襲来を免かれ得ても帰幽後、魔の眷族《けんぞく》となつて苦しまねばならぬのでありますから、さういふことについては私共が十年来八釜《やかま》しく世人に警戒して来たところであります。――格神唯一の道は忠魂義胆である、忠魂義胆は正しき神道霊学に入るの門にして同時に又た是れ其の堂奥であります。本田先師は霊学は浄心を以て本と為すと唱破せられました。浄心とは我が皇典にある一心清明であります、清明心であります、これを明らかにするを支那の聖人は明徳を明らかにすと申しまして学道の極致といたしました。君子は千里同風であります。ナザレの予言者は、心の浄きものは幸ひ也、その人は天国に入ることを得べければ也《なり》とか申しました。菩提達磨は廓然無聖と一喝して一切の真理も非真理も投げ飛ばして了《しま》ひました。いづれも是れ一心清明の帰命頂礼であります。而《しか》して這《こ》の清明心の正しき発動が忠魂義胆であります。仏者が菩提心と申すのも忠魂義胆の一つの相《すがた》でありませう。故に本田先師が霊学は浄心を以て本と為すと唱破されたのも、私が今、格神唯一の道は忠魂義胆であると申しますのも要するに同じことであります。浄心為本とだけ言つたのでは多くの同志は何だか放逸散漫に流れたがる傾向にありますので、この石城山道場では忠魂義胆といふことを本願と致すのであります。みだりに祕言や祕印のやうなものを貪《むさぼ》り求めるやうな人に限つて、忠魂義胆はお留守の人が多い、いかに太古神法の相伝を受くればとて、忠魂義胆の覚悟なき人は機関車無き急行列車のやうなものであります。石城山道場は忠魂義胆の徹底的養成道場、否《いな》、覚成道場であります。人の心は本来清明なもので、その中に睡つて居る忠魂義胆を呼び覚ましさへすればよい、新たに養ひ育てるのではないから養成に非ずして覚成であります。覚性成道であります。忠魂義胆といつて歯嚙みをして肩を怒らして居れといふのではありません、少婢《せうひ》が主家の赤ん坊を大切にし心から愛し親切に守りをするのも忠魂義胆のあらはれであります。鍬《くは》を手にして耕すものも会社に於てペンを走らすものも、剣を抜いて練兵場に立つ者も、バケツを提げて台所に神聖なる食事の用意をする者も、忠魂義胆のあらはれに非ずして其の任に当るは罪を神明に負ふものであります。――古来多くの孝子節婦義僕の物語には何故に多くの神異霊験を伴ふのでありませうか、父母の重症を千仭《せんじん》の山に祈る孝子や、良人の無実の罪を雪《そそ》がんとして水を寒月の下に浴びる節婦や、主家の挽回のために険を冒して難事業に当る義僕やが、或ひは神祇の霊告を受け、或ひは直接に神の御姿を拝し、或ひは人力の及ばざる奇蹟的便利を蒙《かうむ》ること等枚挙に遑《いとま》あらずでありますが、彼等は何時《いつ》いかなるところで霊学や神術の修行をしたのであるか、彼等は敢《あへ》て修行の経験ある者でもなく神と人との道理に明らかなるところの人物でもない、然るに這の霊験あり這の奇蹟あり這の感応ある所以のものは、実に彼等が忠魂義胆の然らしむるところに非ずして何であるか、苟《いやし》くも我党の学人として志を神の道に有する者、深く省察するところなくして可《か》ならんやであります。「いのりてもしるしなきこそしるしなれ、いのる心に誠なければ」といふ古人の歌もあります。いのる心に誠なければ……誠は天の道にして之《これ》を誠にするは人の道であります。誠は即ち忠魂義胆であります。忠魂義胆は即ち誠であります。天の道に合し人の道に合する忠魂義胆を以てして天も人も動かざるを得んや、天神も地祇も応ぜざるを得んやでありますす。老子は吾言甚《はなは》だ知り易し、甚だ行ひ易し、天下能《よ》く知るなし、能く行ふなしといつて居ります。忠魂義胆これを口にすることはモボやモガでも出来る、併《しか》し真に能くこれを知り、真によくこれを身に体することは、さう容易なことでない。茲《ここ》に於て乎、わが石城山道場に於ては修行の根本方針を忠魂義胆の養成、否《いな》、覚成といふことにおいて居るのであります。これは俄《にわ》か造りの方針でなく、大正十二年刊行の「天行林」の如きでも「忠魂義胆経」と題しても差支へないつもりであり、天行新聞も古道も此の大方針のもとに微誠を披瀝《ひれき》したに過ぎざるものであります。

さて愈々《いよいよ》御大典《ごたいてん》も二旬の後に挙行せらるゝことになりまして、今や山河草木みな光栄に輝くの観がありますが、これは日本民族の上にのみ意義あることではないのであります。実は世界的に重大なる意義ある大典なのであります。けれども時節未到にして内外諸民族が何等知るところなき為め、ひとり日本民族の上に於てのみ意義あることかの如くに見られるのでありますけれども決して左《さ》うではないのであります。一家庭に於て一世一代の重要なる大典を挙げる場合でも、その家庭の赤ン坊なんかは何等知るところなきが如くでありまするが、併《しか》し其の赤ン坊が成長すると其の重大なる意義がわかつてくるのであります。すなはち天に二日無く地に二王無しでありまして、地の王は日本天皇の外に無い、これは決してお国自慢でもなく一種の頑固《ぐわんこ》なる国粋主義からいふのでもなく、現幽両界の実相の上から明らかなる事実でそのことは私共が機会ある毎《ごと》に力説して居ることで皆さんも相当に理解あることと信じて居ります。この事たるや天行居の四大信念の中の一つで、特に最も重要なる大則なのであります。

天行居の四大信念とは何であるか、これも既に何度も申上げて居ることではありまするが、さて改めて天行居の四大信念とは何であるかといふと、一寸《ちよつと》考へられる方があるかも知れませんから、毎月同じやうなことを繰返して述べるやうではありますけれど、改めてハッキリと申上げておきたいと考へます。その第一は

日本は神国の中の神国也

といふことであります。世界万国神国ならざるところはないけれども、その神国の中の親元が我が日本国であると云ふことであります。外国の交霊術及び其れを取巻く多くの尊敬すべき専門学者達の努力も遺憾ながら未《いま》だ斯《か》ういふところまでは眼力が届いて居ないのでありますけれども、追々には現幽ともに次第に事情が明瞭となつて参りますので、シカモ左うした大機は急速力を以て世界人類の前に到来せんとしつゝ、ある機運となつて来て居るのであります。さて次ぎには、

日本天皇は天に於ける神の王の人間世界に於ける表現なり

と云ふことであります。でありますから此度の御大典の如きも世界的に重大なる意義ある大典であると申すのであります。申す迄もなく皇孫は天祖の血脈をうけ給へる御正統の神であらせられます。天祖すなはち天《あま》照大御神《てらすおほみかみ》様は神鏡を皇孫に授け給ひ「この鏡を見まさんことは朕《われ》を見るが如くせよ」と宣《の》り給ひました。天祖を拝み給はんときに御神鏡に向はせ給へば、その御神鏡の中にあらはれ給ふ御姿こそは天祖の血脈正統の神であるから……との御神勅であります。天照大御神様は決して古代民族中の傑出せる一人物でなく、天の神の王であらせられるといふことは天行居で多年嘔心吐血して力説して居るところであります。日本天皇

様が天に於ける神の王の人間世界に於ける表現であると云ふことは古伝に於て然りといふのみならず現幽両界ともに事実が証明するところで、それが更らに追々と真に劃《くわく》時代的に明瞭にならうとして居るのであります。その次ぎには、

石城山は地の神界大都の現世界に於ける表現地なり

と云ふことであります。さきに述べました天行居四大信念中の第一と第二のものは天行居同志に非ずとも上古に於ては我が国民は悉《ことごと》く信じて居たので、否《いな》、其の事実を知つて居たのでありまして、中古以来と雖《いへど》も少数の人達は左様《さやう》に確信して居たのでありまするが、又た今日と雖《いへど》も我が天行居同志に非ざる人でも左様に信じて居られる真の日本人ともいふべき人達も少数ながら居られるのでありますけれども、此の第三の石城山のことになりますといふと、天行居同志の人達と雖も、これを確信して居る人は極めて少数で、半信半疑の人が多数で、又た全然そんなことは信じて居ない人達も少数あります。併《しか》しながら此の第三の信念が本当に受入れられる人が始めて真の天行居同志として許され、この神山を中心とする正神界大都の霊縁に繋がれるわけのものでありますから、同志諸君は此際深く考慮せられて去就を決せられたいのであります。

その次ぎには、

以上の三大事実立証のために神々の経綸は天行居の出現となる

と云ふことであります。第三の石城山に就ての信念が受入れられない人達には無論この第四の天行居に就ての信念も当然受入れられないことであります。先づ今回発行された「古神道秘説」でもよく御覧になつて改

めて深く御研究下さるやう希望する次第であります。この第三と第四との関係は密接なる交渉あるもので、何れも追々と時節に連れて明瞭となつて参ります。日に〳〵新たにして又た日に新たなりで、諸君は常に注意深く天行居の内外に見つめて居られませんと、落伍者にならないとも限りません。天行居はかびのはえた経巻の研究所でもなく、活ける神々の啓示のまに〳〵一切具体的の経綸《しぐみ》進展に連れて動きつゝあるもので雨の降る毎《ごと》に風の吹く毎に面目は新鮮となりつゝあるのであります。とりあへず幹部とでもいふやうな立場に立たせられて居る私共からして、ウツカリすると落伍者になりかけるので、油断なく忠魂義胆の一刀を振りかざして躍進をつゞけなければならないのであります。さて這《こ》の天行居の四大信念――四大真理といふものは恰《あた》かも十字形の如く相関不離の関係にあるものでありますから、よく〳〵心を静めて此の相関不離の四箇の鉄則が信じ得られるか得られないか、深く省察あらんことを切望いたす次第であります。いづれも人類にとりて重要無比なる大事件の提示であります。天行居は世界人類の前に最大なる問題の提起者として立つものであります。

言葉が少し乱暴であるかも知れませんが……有らゆる宗教も哲学も人類の伎巧であります。それは如何《いか》に荘厳であつても、いかに合理的らしく見えても、いかに神秘の光り輝く奥に本尊が見えて居るやうでも、要するにいづれも、人間智識の上に築き上げられた伎巧に過ぎないものであります。人間の伎巧に時代色がついて、神さびて来たものにたよるより外に仕方が無かつたのであります。斯《か》ういふ意味に於て、過去茫々一万年以来の多くの予言者、宗教家、聖賢、思想家、信仰家には充分の敬意を表さなければなりません、彼等の熱烈なる努力によりて過去の人類は安心立命を得、慰安を得、又た甚《はなは》だしき人倫の頽廃に陥ることを相当に防ぎ得たのであります。故に人間智識の伎巧を其のまゝ神わざとして尊崇するも蓋《けだ》し亦《ま》た当然の事でありませう。けれども今や世界の人類は、その各々の霊魂を人間の伎巧に托して安らかに睡ることが出来なくなつて来たのであります。これも亦《また》、おのづからなる時節の到来で、遠大幽玄なる神界摂理のあらはれの一つでありませう。今日の世の中を見まするといふと、何等かの信仰を有するものも有せざるものも、霊魂の帰着するところに確実なる安心を得て居る人は極めて少ないやうであります。然るに比較的のんきさうに生活してゐるのは、古来多くの宗教や哲学になぶられて鈍感になつて居り、悪ずれがして居り、図々しくなつて居るからで、捨鉢《すてばち》的にのんきなのであります。曳《ひ》かれ者の小唄といつたやうな状態であります。無意識的にさうなつて居るので、学問識見のある者も無き者も殆《ほと》んど同様であります。まことに今日の智識の進歩と生活の文化をほこる地上の人類は、精神的に一定の家庭を有せざるさすらひの旅人であります。然るに此時にあたりて東の空には黎明の雲が開けそめて、神界の実相は漸《やうや》く明らかならんとして、茲《ここ》に天行居の出現となつたのであります。神は飽《あ》くまで愛であり、神は遂に吾等を捨て給はざりしことを感謝せねばなりません。

人間は先づ死といふものに就て厳粛に考へなければならないのであります。今日か明日か、一年さきか十年さきか、三十年さきか五十年さきか、一人の異例もなく間違ひなく見舞はれる此の不思議な電報を配達せられたときのことを考へて、万事はそれからの問題であります。人間は何故に此のわかり切つた至重至大な問題に就て、何故に冷淡なのであるか、むかしの或る坊さんの歌に「きのふまで人のことぢやと思うたにおれが死ぬとはこいつたまらぬ」といふのがありますが今頃の文化人たちはそんな歌位ゐで眼はさめませぬ。此頃の世の中では釈迦がかみしもを着て意見しても耳を傾けるやうな人は秋天の星よりも稀《ま》れであります。けれども霊魂の帰着点がわからずして捨鉢的にのんきなのは淋しいことであります。汽車に乗つてトンネルにはいる、一分たつても二分たつても五分たつても汽車はトンネルから出ぬ、つけ景気に鞄《カバン》の中からウヰスキーを出して飲んではしやいで居るやうなものでありますが、併《しか》し十分たつても二十分たつても、汽車が一時間走つても二時間走つてもトンネルから出ることが出来ず、限りも知られぬ暗闇の穴に引きずり込まれてゐるやうなのが今日の人類の生活であります。曳《ひ》かれ者の小唄は淋しい虚栄心のはかない戦慄であります。

我れといふ者の死、父母や祖父母や更らに遠き先祖の人々の死、飜《ひるがへ》つては妻子兄弟姉妹の死といふものに就て先づ真面目に考へてみなければなりません。総《すべ》ての隣人の死といふものに就て考へてみなければなりません。そして朧《おぼ》ろげながらも神界の実相がわかり、帰着点が見きはめがついたならば、遠き祖先の人達のためにも又た後に来る子孫の人たちの為めにも、又た今日地上に生活せる同胞のためにも祈らねばならぬ多くのものを吾々は有して居る筈《はず》であります。為すべき多くの任務があるべき筈であります。現在と過去と未来とを問はず、総ての愛する者、親しき者のために、最善と信ずる努力を惜みてはならないのであります。諸君は帰幽せる親はありませんか、帰幽せる兄弟姉妹はありませんか。帰幽せる子孫はありませんか、帰幽せる友人知人恩人はありませんか、それらの総《すべ》ての愛する者、親しき者は今、いかなるところにいかなる生活を為しつゝあるのでありますか。これらの総《すべ》ての愛する者、親しき者は神界の神律たるムスビカタメによりて、其の因縁によりて諸君が一日も早く真に正しき神界の実相に眼ざめ、正しき信念を確立せんことを如《い》何《か》に千祈万禱して居るのでありませうか。諸君が正しき信仰を深くすればする程、それらの総ての愛する者、親しき者は幽界に於て慰安を得るのみならず具体的に幸福の世界へ段々と導かれて行くことが出来るのでありますこれはムスビカタメの厳《おごそ》かなる神律であります。むかし浮ばれない霊どもが出現して、神祭をして呉《く》れとか経を読んで呉れとかいふことを申しました、それも其の時代としては道理のあることなのでありま す。今や人類長夜の夢醒めんとする空前の時節に当り、太陽出でんとして提灯《ちやうちん》の必要は無くなりました。正しき神界の実相を知り、此処《ここ》に霊魂の帰着点を見つけることは、あまりにも尊く有りがたきことではありませんか。是れ実に自己の霊魂を安らけくして正確なる運送店に托するものであると同時に、多くの総ての、各自因縁の周囲の愛する者、親しき者のために其の総代的に芽出《めで》たき出帆の纜《ともづな》を解くものであります。――諸君は今や斯《か》かる驚くべき時代に当り、驚くべき此の聖地に来て正しき神界に直面しつゝあるものでありますから、忠魂義胆を寤寐《ごび》恆一ならしめ一心不乱に修行を致されなければならないのであります。

吾々は今、何の力によつて生きて居る乎《か》といふことを明らかに知ることを要します。或る人問ふ、君は何故に働くか、答へて曰《いは》く、働かなければ飯が喰《く》へないからだ、問ふ、なぜ飯を喰はねばならぬか、答ふ、飯を喰はねば死ぬるからだ、問ふ、飯を喰へば死なぬか、……飯を喰うても五十年か八十年かで死ななければならぬ人間が、今日何の力によつて生きて居るかを明らかに知ることは極めて切要なる問題であります。実を申せば神々の恩頼無くして人は一日も生き居ること能はざるものであります。これは理窟の上ではどうにか十人が十人わかりやすい問題であるけれども、なかなかわかりにくい問題であります。このコップの水も其処《そこ》の井戸から幾《いく》らでも湧いてくるから私は何の感謝もなく平気で飲みたいだけ飲んで居ります。宮市から汽車で二時間で田布施《たぶせ》へ着きますが、私は汽車賃を払つて乗るので何の感謝もなく平気で乗つて参ります。まことに吾々人類は驕慢なる忘恩者であります。甚《はなは》だしきに於ては神祇に対して無理なる願ひをして其れが自分の思ふ壺にはまらぬと神祇を冒瀆するが如き意志を出没させる人さへも往々にしてあるやうであります。まことに人間は神々の寵児として余りにも甘やかされて来て、今や全く手のつけられない我儘《わがまま》者となつて来たやうであります。毎晩五分間宛《づつ》でも、我れは今、何の力によりて生き居るやといふことを考へてみると、時に本当の忠魂義胆といふものが、ちら〳〵と雲間の片鱗の如くに見えてくることもあるものであります。何分にも私共のやうな未熟者は、大いなる決心を以て自己の精神に鞕《むちう》ち、忠魂義胆をして寤寐恆一ならしめんことを神かけて祈らなければならないのであります。

　過去十年間の天行居と今年からの天行居とは全く世界が異ります。むろん連絡はあるが劃然《くわくぜん》として区別があります。恰《あた》かも山の芋《いも》が鰻《うなぎ》になつたやうなものであります。今日の天行居は決して昨年迄の山の芋ではありません。故に昨年迄の天行居だけに就て知る人たちは山の芋は時が経てば土中にあつて腐つて了《しま》ふ物と見て居られたでありませうが、この山の芋は土中に於て腐り果てず化して鰻となつて谷川の水を泳ぎ始めました。併《しか》し此れは決して天行居の完成されたる姿ではないのであります。又た鰻になつたとは申すものの未だ尻ツ尾の方には山の芋の皮がクツついて居りますから俄《には》かに立派な鰻《うなぎ》となるわけには参らないのであります。この鰻はやがて千尋《せんじん》の淵に入り、風雲に際会すれば竜と化して上天いたします。今日の未成品の鰻から回顧して山の芋時代と世界が異なるが如くに、将来に於て化竜上天の時代は又た今日とは全然別乾坤《けんこん》でありまして、雷火轟《とどろ》き雲霧四海に布くの壮観は今日より想像も及ばざるものであります。

既に毎月重ね〴〵申上げまするが如くに、天行居は世界人類の前に最大なる問題の提起者として立つものであります。然るに未《いま》だ多数の人々の確乎《かくこ》たる信を得る能《あた》はざるは勿論時節未到のためではありますが、一つの理由は首唱者らしく見える私の人物が駄目だからでありまして、これが相当に大きな妨げとなつて居るのであります。私に大なる地位があるか大なる力があるか、又た或ひは万人の師表たるべき人格者であるかならば、まだ多数の人々の信を得ることが容易でありますが神様の経綸《しぐみ》は如何《いか》にも皮肉で、あらゆる点に不適任である私如きものが斯《か》かる偉大なる聖業の草わけ……東西屋の任に当り居りますことが今日の天行居として遺憾千万でありますけれども、これは如何《いかん》とも致し方ありませんので私を輔佐して下さる方々及び一般同志諸君のお力添へによるの外は無いのであります。それに就て想ひ出す噺《はなし》があります、……これは私が子供の時に母から聴いた噺で、私の子供の頃にあつた事件か、それとも其れより以前の出来事かは存じませんが、或る家にコソ泥坊がはいりまして、物かげから容子《やうす》を窺《うかが》つて居りますと、雨戸の節穴《ふしあな》から何か二寸ばかりの光るものがころげ込みまして、それがピヨイ〳〵と飛びつゝやつてくるのを怪しく思つて見て居りますと、それは蛇の首でありました。それがピヨイ〳〵と飛んで行つて湯のあるやくわんの中へ飛び込んで了《しま》つたさうです。をかしいことだと思つてコソ泥坊が見て居ると、奥の寝室から主人が寝ぼけ眼《まなこ》をこすりつゝ起きて来て、咽喉《のど》が乾いたものとみえて其のやくわんの湯を飲まうとするので、容子を見て居たコソ泥坊が黙視するに忍びず自分の立場を考へる余裕もなく、飛び出して、委細の様子を話しましたので、其家の主人は毒死するのを免かれたさうですが、其日の朝、其家の主人が裏の杉垣の手入れをするとき知つてか知らずにか杉垣の中から頭を出して居た蛇の首を杉の葉と共に鋏《はさみ》でつみ落したのださうでして、随分執念深い蛇だつたものと見えます。……私どもが今、石城山の因縁、天行居の使命に就て世界人類の前に呼号して居ることは、神示のまに〳〵重大なものを発見したが為めであつて、自分の立場等を考へる余裕のない場合なのであります。今や世界の人類は神に遠ざかりて彼等の咽喉《のど》は乾《かわ》き切つて居ります。彼等は夢遊病者の如く寝床から抜け出て来て、寝ぼけ眼をこすりつゝやくわんの蓋《ふた》に手をかけようとして居ります。それを飲んだら駄目だぞと呼号する人物を疑ひて其の警告を信ぜず行動するならばその結果は想像するに難《かた》からざるところであります。神様は「よのかはりめのためいはさかをまもりきた」と示して居られます。「ふるひにかけてよをきよめる」と示して居られます。而《し》かも其れに伴ふ総《すべ》ての具体的準備が日一日と面目を改めつゝ運ばれつゝあるのであります。天行居は決して月並な敬神崇祖を布教する団体の仲間ではないのであります。又た正神界経綸《しぐみ》の一端の消息を盗み知れる妖魔《えうま》の集団が正神を装ひて絵に描いた餅を売るものとは根本より異なるもので天行居は真の餅を飢ゑ切つたる人類に与へんとする一万年前来根本神界に於ける神々の始めての出動であります。

明年の春から着手されて明年の秋を以て確実に竣工する石城山上の日本神社《やまとじんじや》が出来上つたならば、いつドウいふ大なる御指図が突発的に下されるかもわからんのでありまして、世界の全人類は今や台所にころがつてるさゞえであります。彼等は漁夫に捕られて魚問屋の手を経《へ》て更らに売られて今や台所にころがつて居るのでありますけれど、まだ海底にでもころがつて居る積りで権利だの義務だのと勝手なことを論議して居るのでありませう。併《しか》し鍋の中に入れられてから気がついたのでは遅からうと存ぜられます。――斯《か》ういふ大事な時機に、その霊的中心地に来て居られる諸君、或ひは諸君によつて伝聞する人々、又は古道紙上等によつて神々の息吹《いぶき》に接し得て、霊魂の眼を醒まさんとする人達はまことに恵まれたる因縁に繋がれて居られるのであります。天行居では此れを産霊紋理《むすびかため》の神律と云つて居ります。まことにくしびなるムスビカタメによるものであります。総《すべ》てが産霊紋理の現はれであります。本日私が三田尻から汽車に乗つて参ります時、停車場に土地のお歴々が沢山に出て居られますので、何事かと存じましたら宮市の天満宮（県社松崎神社）の前社司神本国臣翁（七十六才）が広島へ隠棲せられるのを送る人たちでありました。私は閉戸先生で特殊の仕事があるので一切土地の人達と社交をして居りませんので郷土のことは平生何も存じませんので本日を以て神本さんが立たれることも存じませんでした。私が土地の人達と平生に於て一切交際して居らぬのは決して自ら高ぶつて居るわけではないので、其の土地に居住して居る以上いろ〳〵と土地の厄介《やくかい》になり土地の人達のお世話になることは承知して居りますけれども、やむを得ずして不義理に不義理を重ねて居りますので、田舎といふものは仲々ウルサイものでそのために種々の悪評に包囲されて居る次第であります。そんなわけで土地の産土《うぶすな》の神社の社司たりし神本翁とも本日まで挨拶の機会を得ませんでしたが、本日汽車中で始めて挨拶しました。翁も非常に喜んで呉《く》れました。翁は幸福な人で御夫婦とも健康で七十六才で一本の歯も欠けず生来一度も医薬を用ひたことがないさうで広島にひとりむすこの休職海軍大佐が居られます。宮市の天満宮にも彼れ此れ十年近くも奉仕されたことでありませう。社務所の方へ古道は毎号寄贈して居りましたので天行居のことも大体に理解して居られます。然るに汽車中で色々承《うけたまは》つてみると、翁は十四才の時に此の石城山に居られたので、当時この山上に百五十名ばかりの兵隊が一年半位ゐ籠《こも》つて居たので其の中の一人で、翁の話では鳥尾将軍も当時石城山に来られたことがあるといふので、なつかしさうに種々の事を語られ、私が田布施に近づいて下車しかけるとノートを引きさいて鉛筆で

七十六翁　国臣

世とともにくだち行くこそうたてけれ
わがしきしまのやまとたましひ

と書いて「憤慨にたへんものがありますよ」と云つて私に示された。土地の産土神社の老社司が去られるときに期せずして始めて汽車を同じうし、しかも又た石城山の話を聴かさるゝといふのもムスビカタメの神律、くしびなる因縁であります。諸君と共に此の道場に神界の大事を語ること決して偶然でなく、又た此れを古道紙上等を通じて喜憂を同じうし得る人達とも無論深き幽契の然らしむるところと信じて疑ひません。どうか私共の這《こ》の小さき叫びが、天神地祇の訶護《かご》のもとに弥《い》や広く響《ひび》きわたらんことを神かけて祈り奉る次第で

あります。

（昭和三年十一月廿八日古道第百七十八号所載）

日本《やまと》神社の奉斎に就て

昭和三年十一月二十二日石城山道場に於ける講演要旨

即位礼及び大嘗祭はいとも神さびたる中に芽出《めで》たく清く美しく相《あひ》済みまして此上もなき慶賀の至りであります。これは日本民族が無上の光栄として居るばかりでなく、他民族の識者階級に於ても格別なる敬意を以て迎へ奉つたものでありますので此れは今回の盛典に参列した外国使臣の国際的儀礼を別としてのことでありまして、タトヘバ十一月六日東京御発輦《はつれん》の日のロンドンの新聞が特に社説欄に於て御大典《ごたいてん》を祝福し天皇を神として尊崇する日本国の光栄と日本国民の感激とを礼讃したと伝へらる、が如きが其の一例なのであります。まことに愉快なる事象であります。

けれども「天皇を神として」といふことが如何《いか》なる程度に、如何なる意味に於て解せられて居るのであるかといふと、これはまだ、遺憾ながら私共の信念と格致するものではないやうであります。外国人は姑《しば》らくおきまして、日本人でありましても「神としての天皇」についての理解が不充分であり不徹底である人が大多数なので、その理解を明瞭に徹底せしめなければならないことが天行居の事業中の重要なる一箇条でありますので、この事は過去に於ても再三再四言及して来たところであります。日本の皇室が比較的長い歴史ある世界の名門であるとか、または列聖みな仁徳をつみ給ひしが故に、国民は天皇を仰ぐこと神を仰ぐに異ならずとかいふやうな意味に於て礼讃的称呼として「天皇を神として」仰ぎ奉るといふやうな浅い軽々しい意味のことでなく、恰《あた》かも耶蘇《ヤソ》教徒がゴッドを拝むが如く真宗信者が阿弥陀如来を帰命するが如くに、否《いな》更らに如実なる神霊の具現として、換言すれば天に於ける神の王の人間世界に於ける表現者として「神なる天皇」を仰ぎ奉るので、我等の祖先が万葉集等に於て「大君は神にしませば云々」といふやうな天然純情の発露は、天皇を神に模擬したのでなく、言葉そのまゝの「神なる天皇」を仰ぎ奉る意味なのであります。天皇と雖《いへど》も普通人の如くに生活せられ、普通人の如くに勤勉あらせられ、普通人の如くに衣食遊ばし、普通人の如くに病気に冒され給ふこともあり、或ひは普通人の如くに生物学の研究を遊ばしたりすることを以て「神なる天皇」として仰ぎ奉る心証に明瞭を欠く嫌ひありと思ふものは、神と人との関係を知らぬからであります。現世界に肉体を以て表現し父母の因縁を籍《か》りて出現せられたる神は、いかなる尊貴の神と雖《いへど》も現世界の神律を破らず、飽《あ》くまで現世界的に生活せられなければならぬので、天孫降臨の際に於ても天に於て神祕自在なる大神も地に降りて地的生活に入り普通肉体の人間と交渉せらるゝ場合は原則として普通人間的に生活せられることが宇宙神界の根本規則であります。無論これは原則でありますので異例もあります。この点を深く考へ更らに深く思ふならば、人間といふものの尊貴なることも発悟し、人間そのまゝにして神祕極まるものなることも次第にわかつてくるのでありますけれど、これは有り合せの才智にまかせて悪悟りに悟ると忽《たちま》ち大邪慢の魔道に堕ち神祇をもないがしろにするやうになり地獄の釜《かま》こさぎになるのでありますから危険千万な神道修行途上の親知らず子知らずであります。……けれども天皇には御肉体のまゝにして普通人とは全く異なりたる実質的の霊徳が備はつて居られますので其の一例を申上げますならば（其の実例等公刊物の紙上に発表し難《がた》ければ茲《ここ》に掲載を遠慮す）……斯《か》ういふ次第のもので誠に恐れ入つた次第のものであります。斯ういふわけのものでありますからして、「大君は神にしませば云々」といふことは、たゞ古い言ひ伝へだからとか、道理の上から左様《さやう》であるからとか、神霊の啓示によつてとか、思想善導上の方便にとか、神道哲学の認識上に於てとかそんな机上の思案の問題でなく、実質的な眼前の事実なのであります。……古来世の中の多くの神道学者や又は教祖神道の団体や、其他の敬神家の中には、その信仰する神様に対しては命がけであつても、皇室に対しては普通の人々と何等異ならぬ程度の敬意しか有せず、どうかすると普通の人々ほどの心からの敬愛の念をも有して居ない徒輩《とはい》が居りますが言語道断な話で、その信仰する神様に対する感激を其のまゝ天皇に対し奉りて感じ能《あた》はざる者ならば、タトヒ如何《いか》なる立派な哲学的背景ある信仰でも、いかにクシビなる神徳に包まれた信仰でも、必然邪信であります。是れ「日本天皇は天に於ける神の王の人間世界に於ける表現である」ことを実知せざる邪学の致すところで、これを考へ出すと夜中でも眼が冱《さ》え返つて寝つかれず、吾等微力にして未《いま》だ何等天下に志を行ふ能はざることを深く愧《は》ぢ、今日まで啓導を垂れ玉ひし神祇に対し奉り、又た先輩の威霊に対《こた》ふる能はざること実に恐懼《きようく》の外なき次第であります。

或ひは、皇室敬愛の心と宗教的信仰とは別個の問題だといふ人もありませう。普通の宗教学上の見地からしても此れは一応尤《もつと》もらしく聞えるモノシリの常識であります。これが昔から今日までの世界を挙げての邪信の発生する土台をなす魔説の根本であります。日本国は神国の中の神国であること、日本天皇は天に於ける神の王の人間世界に於ける表現であること、この二つの真理を如実に知らぬところに総《すべ》ての神姦《しんかん》妖怪が智慧の殿堂を築き立てるのであります。此処《ここ》に世界の神話が発生するのであります。此処に有らゆる邪教が正教の面を被つて擡頭《たいとう》するのであります。此処に有らゆる魔神邪魔が人間の智識線を超えた大思想大奇術を弄する余地があるのであります。古来内外の人類が其の為めに惑乱せられるので、知識階級の人ほど一層この邪魔の微笑に魅《み》せられるやうに出来て居るのであります。日本天皇を天に於ける神の王の人間世界に於ける表現であると如実に知るならば、あらゆる宗教的信仰も日本天皇を離れては正しく成り立たないことおのづからなる道理であります。これを離れて成り立つ信仰は神道であつても仏道であつても仙道であつても耶《ヤ》蘇《ソ》道であつても必然邪信であります。時節未到のため外国人は姑《しば》らく責任外に立つて居るが、太古以来のムスビカタメにより生を日本国にうけたるものは賢愚の別なく「神なる天皇」を無視したる信仰に魂《たまし》ひを委《ゆだ》ねては如何《いか》なる道徳的倫理的生活者と雖《いへど》も明らかに邪道に堕せるものたるや勿論、畏《おそ》れても且《か》つ畏れざるべけんやであります。日本天皇は猶太《ユダヤ》の神の如く「妬《ねた》みの主」に非ざるが故に吾等に信教の自由を与へ給ふと雖《いへど》も、吾等の脚はどこへでも歩いて行ける自由あれども危険なところへ歩いて行くことをおのづから避けるが如くに、又た山河森林街区田畑あれども歩くべき道はおのづからに定まれるが如くに、吾等日本国民の正しい信仰の土台もおのづからに定まつて居るのであります。換言すれば「忠君」を土台とせざる信仰は如何なる信仰でも邪信であります。論者或ひは言はん、禅でも日蓮でも耶蘇でも正しい信に立てばおのづからに忠君となるもので忠君は信仰の土台に非ずして結果なりと。クソヲクラへ、これがそも〳〵邪鬼に魅せられたる天下滔々《たうたう》たるモノシリや言句に縛せられたる学魔どもの世まひごとで多くの世人は中古以来斯《か》かる宗教観上の誤れる常識のために根本真如の黒白を見別けることの出来ぬ色盲に罹《かか》つて居るので、今や日本人は只今《ただいま》のところ凡《およ》そ約一万人位ゐを除くの外殆《ほと》んど此の色盲に病んで居るので、斯うした色盲患者を相手にして黒白の道理を説尽せんとする吾等天行居同志の使命も亦《ま》た難《かた》しといふべきであります。が併《しか》し至難にして又た至要なる大使命なのであります。色盲患者を相手に黒白の道理を説くのは丁度《ちやうど》つんぼへ説教するやうなもので、容易にのみこめないのも尤《もつと》も千万な話ではあります。……日本天皇は天に於ける神の王の人間世界に於ける表現であります。天に於ける神の王とは何であるか、即ち宇宙に於ける正神界の主であつて御名を天照大御神《あまてらすおほみかみ》と申上げます。顕幽両界を貫通して三千世界へ光宣せられたる「神の王」の大命は申すも畏《かしこ》し宝祚《はうそ》無窮の神勅であります。これは天照大御神が皇孫瓊々杵尊《ににぎのみこと》へ附属し給ひし伝統の大神言でありまして、太古以来伝はるところの「あまつひつきのみさかりはあめつちときはみなからんものそ」とあつたのを日本書紀の撰者が「宝祚之隆当与天壌無窮者矣」と漢文にうつして書かれたので「葦原千五百秋之瑞穂国是吾子孫可王之地也宜爾皇孫就而治焉」とある前の句と共に大光明を天壌無窮に放てる世界無二の神文であります。徳川末期の神道学者で此の宝祚無窮の神勅を最も重大視して力説せられたのは野之口《ののぐち》翁であります。野之口翁の学説に種々の誤謬《ごびう》ありとするも、只《ただ》この一事の大功は富岳の如く、其の忠魂義胆は赫々《かくかく》として万葉の後にも輝くものであります。翁は曰《いは》く「アマツヒツキハ天皇ノ御位ヲイフ、天ツ日ノ事ヲツギテ四海万方ヲ照シ給フ御位ゾトイフコヽロノ古言ナリ、ミサカリハウヘモナクタカキヲイフ、大御位トアメツチトヒトシクイツマデモサカエテキハミナカランモノゾト未来ヲウケテノタマヘルナリ（中略）天照大神《あまてらすおほみかみ》ハ外国ヲモ後世ヲモ見トホシテノタマヘルナリ……（後略）」まことに其の通りで、今更ら申す迄もなく我が皇室と外国の古来の帝王と称する家筋とは全く性質を異にするもので、外国のは徳川、足利、または上杉、武田、毛利、鍋島といつた風なもので人類史上に於ける物騒な芸術の入選者といふだけのものであります。

自然の結果と致しまして忠君といふ思想も真の忠といふことになると日本国の特産であります。近ごろ西洋の哲学者とか自由思想家とかいふ先生達の「忠の研究」とか何とかいふ書物などは支那の新人と号する者が孔子の国に生れながら「非孝論」を発表して喝采されるのと同じ意味のもので石城山で話題にするには縁遠いものであります。極めて近き将来に地獄へ堕ちて生剝逆剝《いきはぎさかはぎ》の苦を嘗《な》める連中を相手に議論するのはキタナイことであります。

徳川時代の儒者の多くの者は忠といひ孝といふも皆な支那輸入の思想で、日本にはそんなものは太古からあつたわけでないと申します。京大の支那学の権威某博士たちも今尚《な》ほそんな御考へらしく、千年前の日本文化は何も彼も支那輸入のもので、それより以前の謂《い》はゆる文化も出土品の考証等から悉《ことごと》く支那のものだと手軽に片づけ、千六七百年前には殆《ほと》んど日本国といふ統制ある国家の存在をすら疑はんとして居ります。このことについては従来何度も私共の所見を申上げたところでありますが、かくい支那の文字や抹香くさい印度《インド》思想や支那戦国時代前後の物質文化やは如何《いか》にも支那から渡来したもので、それは勿論承認いたしますけれども、神の道、人の道の立つべき根本の精神文化ともいふべきものは天孫降臨以来日本独特のもので、神人一貫の大道たる「忠」の思想も支那は漢時代以後始めて認めらるべき思想で、日本では支那の神農以前の太古に相当する瓊々杵尊《ににぎのみこと》降臨の頃から明らかに確証のある神ながらの思想なのであります。支那にも忠といふ文字こそ古くから使用してありますけれども、これは日本の忠君といふやうな忠の意味と異なり、上級者が下級者を愛することにも忠といふ文字を使つてあるやうな次第で、忠臣は二君に事《つか》へずといふやうな日本流の忠義を声明したのは周末の王蠋を始めとし、まあ少し溯《さかのぼ》つて不食周粟の伯夷叔斉あたりが元祖といへば元祖くらゐのもので、これは堯舜《げうしゆん》以来の王者がアメリカの大統領のやうな出処進退であるから当然の成り行きなので、支那で王道といひ覇道といふも実は何《いづ》れも普通の社会現象に過ぎないもので、天に於ける神の王の正統なる天津日《あまつひ》つきの日本天皇とは全く土台から素性を異にして居るので、タトヒ堯といひ舜といふとも又た文王であれ武王であれ袁正凱《ゑんせいがい》や張作霖を体裁よくしただけのものなので、日本流の真の忠といふ思想の芽ばえることの出来ない畑なので、これは支那だけでなく其他の国でも亦た然《ま》りで、根本から畑が異なるから致し方のないことであります。支那でも後世には顔真卿だの文天祥だの岳飛だの鬼神を哭《な》かしむるやうな忠節の義人出でたりと雖《いへど》も何れも太古からの伝統的思想によるものではなく、支那の太古に於ける忠といふ思想は左伝桓公六年のところに「上思㆑利㆑民忠也」とあるやうに王者が民を利せんと思ふ心を忠といふやうなものでありまして、日本流に忠といへば君主にのみかけていふ意と異なり誰れにでもかけていふ言葉であつたのであります。孔子の如きも仁をいひ孝を説くに於て大聖でありますけれども孔子は決して日本流の忠を言はず又た日本流の忠を行はんとした人ではないので、随分と筋の立たぬ方面の人にさへ仕へんとせられた人であります。

天行居では神の道を行くには忠魂義胆を土台とせよと力説するのでありますが、忠とは平たく云へば「まごころ」であります。国を思ふまごころ、親を思ふまごころ、師を思ふまごころ、夫を思ふまごころ、といふやうなところへ忠といふ文字をあてはめて考へられぬことはありますまい。けれども日本流に厳格に忠といふときは忠君と熟して用ひ来れる如く君主に対する忠を意味します。武門の覇者簇《むらが》り起つて以来全国各地の大小名に対しても其の家来は忠道を励みましたが此れは神代以来の唯一の神王、天皇に対する忠道の枝葉に過ぎざるものであります。これは今日の世に於ても往々にしてあるところの、義僕が主家を思ふまごころを忠といひても咎《とが》めなき如く、又それが天子様を思ふまごころと同根の芽ばえで、換言すれば皇室を思ふまごころの卑近にあらはれたものとも見るべきであるが如くに、今日の忠僕も赤穂四十七の忠臣も倭魂《やまとだましひ》（君を思ふまごころ）のあらはれであると解してよろしいのであります。この心直ちに神を感動せしむるもので正しき神の道の修行は忠魂義胆を以てせねばならぬといふことを申すのであります。天皇を思ふまごころと正しき神を思ふまごころとは同一にして不二なるものであります。此のまごころによらずして感応する神はロクなものでないといふことを常に痛論して学人の邪径に堕ちざるやう厳戒につとめて居るのでありまず。ロクでもない神仏に交渉する者は一時的に幸福に似たものを得ても結局精神的にも物質的にも大破綻を来し其人一人一族の不幸なるのみならず霊界を汚濁《をだく》し人世をも害毒する結果になること是れ亦《ま》た多年力説して居るところであります。不純な信仰に堕ちるほどならば全く信仰無きにしかずと申して居るのであります。

続日本紀巻十七、天平勝宝元年の詔書の中に、大伴佐伯宿禰に下し給へる御言葉のうち、汝多知乃祖止母乃云来久海行婆美豆久屍山行波草牟須屍王乃幣爾去曾死米能杼爾波不死止云来流云々とありまして、このとき大伴家持がよめる長歌は誰れも知る如く万葉集十八巻にある其れで、その中の一節に

大伴《おほとも》の遠つ神祖《かむおや》の、その名をば、大来目主《おほくめぬし》と、おひもちて、つかへしつかさ、海行かば、みづくかばね、山ゆかば、草むすかばね、大皇《おほきみ》の、へにこそしなめ、かへりみは、せじと言立《ことたて》（云々）

とありまして、この「海行かば」の言立《ことたて》は神代より語りつげる尊いものでありまして、大伴氏等の遠つ神祖たる天忍日命《あめのおしひのみこと》の辞立《ことたて》が神さびたる太古より言ひ伝へられたもので大日本神国忠道の厳粛なるステートメントであります。天忍日命は瓊々杵尊《ににぎのみこと》に陪従して天より降られた武神で、大来目部といふ精兵の将であります。（神代紀皇孫降臨の条の一書、及び古語拾遺の同条、又た姓氏録大伴宿禰の条等参照）この天忍日命の海行かばの言立は支那の時代に引合せれば堯舜《げうしゆん》の頃よりも遙かに古いことで神さびたる尊い言ひ伝へで、日本民族の血類たる者が夢にも忘れてはならない言立であります。本居翁の如きも「海にても山にても死なむといふことを、かくいへるは、めでたき古言なり、まことにいとふるく、先祖よりいひ来つることなるべし」と言つて居られます。……本居翁といへば翁の有名な歌に「しきしまのやまと心を人とはゞあさひに匂ふ山さくら花」といふのがありますが、敷島のやまと心とはそんなとりとめのないものでなく、天忍日命の言立

が即ち敷島のやまと心でありまして、本居翁の歌の意のやうな精神は決して日本民族特有のものでなく支那にも印度《インド》にも欧米にもあります、公明正大、らんまんたる匂《にほひ》やかな心地を味ふことは決して日本民族に限つた特権ではありません、敷島のやまと心といふ特殊なものは、世界無比の皇室に本づく忠魂に外ならぬものであります。菅公に倭魂《やまとだましひ》の説ありと伝へらるゝも亦《ま》た実に是れに外ならぬもので、儒仏の排斥に日も尚《な》ほ足らざりし本居翁の此の歌は却《かへつ》て儒仏の思想を反映して居るものかとも見られます。これは翁の一寸《ちよつと》した感ちがひか、又は単に神州清潔の民のらんまんたるこゝろ根を歌にせられたまでのものと解しておいた方がよからうと思ひます。何は兎《と》もあれ、敷島のやまと心といふものは朝日に匂ふ山桜花といふやうな取りとめのない「思無邪」といふ支那哲学の礼讃めきたるものに非ずして、申すも畏《かしこ》し、天津日《あまつひ》つきの神王に対し奉る尽忠の一念に外ならぬもので、天忍日命《あめのおしひのみこと》の言立を以て明瞭千万、塵一つ疑ひ無きことを全日本人の耳の鼓膜が裂けるまでハッキリと申しきかせねばならぬことであります。今更ら申す迄もなく日本神国は神を本とし皇室を本とした国でありまして民を本とした国ではありません。天に於ける神の王の人間世界に於ける表現者無き外国に於ては今日まで民を本として来たことは当然で自然の道理に叶つたことであります。「民を撫する事を本とす」といふことは我国でも上古よりある思想でありますが、直ちに「民を本とする」のではありません。飽《あ》くまで天を本とし天津日つきの天皇を本とするので、毛筋ほども枉《ま》げられぬ宇宙の神律であります。故に日本と外国とは宗教も政治も全く立場が正反対であります。世界の思想は古来高下黒白錯雑して居りますけれど要するに日本は魂系《こんけい》思想、外国は魄系《はくけい》思想、日本は治者道、外国は被治者道であります。世界は一家であり、一家の計を立つるには台所が必要でありますが、台所道具を床の間に積み重ねようとするのが舶来の新思想であります。外国は台所であり日本は床の間であります。深く此際全日本人の、特に知識階級の猛省を促さねばならぬところであります。……「大君のへにこそ死なめ、のどには死なじ、かへりみはせじ」といふ言立は、「神なる天皇」に対する日本民族の有りのまゝの、飾りなき、偽りなきタマシヒの声を天忍日命が代言せられたもので、この代言に異議あるものは神孫たる日本民族の血類といふことは出来ませぬ。この言立は決して武士軍人に限つたものでなく日本民族全員の覚悟で其の立場や職務によつて甲乙あるものではないので、大君のへにこそ死なめといふことは、天津日つきの天皇の御為め、天皇のうべなひ給ふ正しき神道の御ため、天皇の御国の御ためにこそ死なめといふことで、のどには死なじかへりみはせじといふことは、安閑と私利私欲のために生涯を棒に振つてはならぬ、神祇に相《あひ》すまぬ、この忠道のため、正しき奉公のため、何ものもかへりみぬといふ「敷島のやまと心」であります。親の心を心とするのが孝である如く大君の大御心を心とするのが忠であります。日本は神国の中の神国でありまして即ち神の宗国でありまして、天皇は日の御子でありまするが故に天皇の大御心はすべて神祇に本づいて居ります。神武天皇は太古伝来の神法によつて天神を鳥見山に祭り給ひ、明治天皇は「わかくには神のすゑなり神まつるむかしのてふりわするなよゆめ」と御示しになり、今上陛下は即位礼の勅語に「爾有衆、其レ心ヲ協ヘ力ヲ戮セ、私ヲ忘レ公ニ奉ジ、以テ朕ガ志ヲ弼成シ、朕ヲシテ祖宗作述ノ遺烈ヲ揚ゲ、以テ祖宗神霊ノ降鑒ニ対フルコトヲ得セシメヨ」と宣《の》り給ひ、又その首章に於て「朕惟フニ、我カ皇祖皇宗、惟神ノ大道ニ遵ヒ、天業ヲ経綸シ、万世不易ノ丕基ヲ肇メ、一系無窮ノ永祚ヲ伝へ」と吾等に詔《つ》げ給ひました。又た御大礼及び大嘗祭の諸儀いづれもわが神国の由つて立つところを示し給へるもので一として神祇を本とせられぬことはないのであります。然るに今の日本人で理窟を抜きにして如実に、天津《あまつ》日《ひ》つきの天皇の大御心を心として居るものが果して何万人あるでありませうか。光格天皇は「神様の国に生れて神様の道がいやなら外国へ行け」と仰せになりました。天津日つき天皇の大御心を奉じて大君のへにこそ死なめの「やまと心」に一徹するところ、そこに正しき神祇の感応もあるのであります。……これは枝葉の問題でありますが病気直しとか商売繁昌とかいふ卑俗なことなども、これを自身のために祈るにもせよ他人のために祈るにもせよ先づ怖《おそ》れなく疑ひなき境地に立たなければなりませぬ。然るに真に天地に対して怖れ無く疑ひ無き境地に立たんとする者は這《こ》の「敷島のやまと心」に一徹しなければならぬのであります。又た畏《おそ》れ多き事ながら天津日つき天皇を思ふまごころの如何《いかん》によりて、死後の実生活に高下の差、幸不幸のけぢめあることは諸君も既に御承知のことであらうと存じます。それは日本天皇は天に於ける神の王の人間世界に於ける表現者であるが為めであります。天皇をアラヒトガミと大昔《むか》しから伝へて居りますが其の文字通りに素直に信じ得る人は無上の幸福者であります。これは無知の幸福に非ずして「真理を知れる大幸福」であります。ナマナカな智恵で所詮人間の伎巧に過ぎぬ哲学や宗教の言句に縛せられて、惟神《かむながら》の大道を疑ふものは群盲の大象を疑議するやうなものであります。今回の即位礼勅語には第一に「我カ皇祖皇宗惟神ノ大道ニ遵ヒ」と宣り給うてあるのに、尚《な》ほ且《か》つ惟神の大道に遵《したが》はず、まつろはず、疑はんとする者は、それでも日本民族の血類として眠食安きを得る乎、彼等も死後あることを考ふべしであります。わが正しき古神道を辿《たど》らんとする者、正しき惟神の神を行かんとする者は、正しき古伝は素直に受入れることを大利大幸といたします。正しき古神道に本づく実地修行は固《もと》より然りで大粒の丸薬を服《の》むやうに無邪気に素直でなければ大損をいたします、無邪気に素直でなければ何度水を飲んでも水だけ咽喉《のど》を下つても丸薬は何時までも舌の上で泰然として居ります。

私は先日来伊勢大和河内山城の山の中を行脚して居たのでありますが、その要件は中には未《いま》だ申上げられないこともあり或る程度まで申上げて差支へないこともありますが、……一つは伊勢神宮に参拝して御即位に就て祝禱し、天行居の経過を奉告いたしまして、石城山上に於ける日本《やまと》神社造営について神許を得たことであります。日本神社造営のことは今更ら申す迄もなく正神界のみよさしのまにまに運ばれつゝあることで人間の智恵や分別で計画したことではありませんけれども改めて正式に去る十八日大御神《おほみかみ》様の清く美しき御うべなひを蒙《かうむ》りまして、勇気は弥《い》や増し大光明界に立つ思ひで帰らせて頂きました。伊勢に参拝する毎《ごと》に何時も有難いことを拝しますけれども、私は未だ曾て今回の如くあらたかなる御神徳を蒙つたことはありませんのです。まことに光栄と申すよりも寧《むし》ろ畏れ多き次第であります。これを以て日本神社の造営については固よりのこと、神道天行居及び天行神軍の大使命については露ばかりの疑ひもなき最後の大確信を得、澄みわたりたる初夏の大空を仰ぐ如き感を以て、妖鬼《えうき》魔神の大軍に迫らるゝとも寸毫《すんがう》の危懼《きぐ》なき大信念を以て天下の同志諸君と共に愉快に活動し得ることになりました。吾等は只《ただ》、所信の向上の一路に、安らかなる光栄の歩行を進むべく、喜び勇む進軍ラッパの声に包囲されつゝ幸ある業にいそしむことに感謝の言葉を見出し得ないほどの満腹の感激をもつて居ります。

昭和四年を以て石城山上に日本《やまと》神社を建造するといふことは普通の言葉を以て言ひあらはし難《がた》いほど重大神聖な意義のあることでありまして、神道天行居及び天行神軍の一切の使命、一切の事業の形而上的中心をなすものであります。神殿の建築といふやうなことはカタチの上より云へば形而下的事業でありますけれども、一個の礎石も一本の柱も悉《ことごと》く霊的意義のあることで尋常ならぬわけの存することであります。私共の信仰上日本神社の建造は国家的にも民族的にも至重至大の聖業でありまして、更らに赤裸々《せきらら》にいへば、この聖業たるや宇宙の神祇と世界人類が数万年の過去と数万年の未来との間に立つて今日吾等神道天行居同志の手をして闢《ひら》かしめんとする神祕の扉として現幽両界の微妙なる霊機の表現として吾等同志の雙腕に托せられたる大使命であるといふことは、今春来古道紙上所載の記事及び「古神道祕説」等を心読せる同志諸君の之《これ》を確信して居らる丶ところであらうと存じます。約言すれば石城山上に於ける神殿の建造は茫々数万年前来計劃《けいくわく》せられたる宇宙根本神界経綸《しぐみ》の発動であつて、這《こ》の大神業を翼賛せしめんが為めに選ばれたる人々として天行居の同志諸君は現世に出生せられたものであるとも言ひ得ると信ずるのであります。

太古以来因縁の聖地たる石城山上に日本神社を建造するといふことは、一言にして尽せば地の神界大都の表現であります。どういふわけでかと申しますと、それは「古神道祕説」や今春来の古道所載の記事を仔細《しさい》に精読せられるならば、格別魔縁の人の頭脳でない限り必ず相当に理解されねばならない筈《はず》であります。地の神界大都の表現！　地上の人類に取りて此れほど切要にして重大なる事件の発生は曾《かつ》て無いことで、太古に於ける現幽分離の神定め、天孫降臨和光同塵の神策、神武天皇の鳥見山に於ける大神事と応じて、必然の時節に必然に出現する神ながらの摂理の神祕であります。

(1) 日本は神国の中の神国也

(2) 日本天皇は天に於ける神の王の人間世界に於ける表現なり

(3) 石城山は地の神界大都の現世界に於ける表現地なり

(4) 以上の三大事実立証のために神々の経綸は天行居の出現となる

といふ天行居の四大綱領のムスビが昭和四年石城山に於ける日本神社の造営によりて始めて光りを放つに至るので、此の日本神社の地下の御霊代《みたましろ》は（此れより数十行公刊物紙上等に発表を遠慮す）「やまとをひらきていはとをひらけ」と神様は示して居られますが…………（中略）

地の神界大都表現の意義に於ける日本神社造営のかみごとは固《もと》より千万世にわたる永久的のものでありますが、近き将来に於ける世界の大機、ヨモツ平坂の大神変につきましても、この日本神社の造営が重大とも重大なる契機となること勿論であります。この大神変は決して国と国との戦争だけではありませんけれども、世界無前の大戦乱が条件の一つであることは多年微言し且《か》つ明言し来れるところで、それが為めに霊的国防の完成といふことが使命で去る七月には天行神軍の組織発表ともなつたのであります。ところが其れから間もなく八月二十七日にはパリに於て十五ケ国の不戦条約調印となり、其頃の新聞をみますと世界には戦争は殆《ほと》んど絶滅に近づいて永久平和の花が咲いたかの如く列強の有らゆる名誉ある政治家は今や人類は天国の玄関を通過したやうに異口同音に祝福し世界の有力なる新聞紙も同様の論調で人間世界からは一切の武力が取り去られる日が近づいたことを力説したのでありました。まことにお芽出《めで》たいことで、結構なことでありました。国際連盟あり更らに不戦条約の調印を見た人間といふイキモノが眼を細うして喜んだのは尤《もつと》も千万のことでありました。むかし始めて地動説を唱へた科学者が頑冥《ぐわんめい》なる学者や官憲の前で責められ「それでも動く」と言ひ張つて殺されたことがありましたから私共も其際黙つて人並みに眼を細うして喜んだ眼尻のしわの消えぬうちに、不戦条約の本家であり人道と平和の製造所を以て自任して居る米国に於て露骨極まる海軍拡張論がしびれを切らして飛び出て参りました。即ち本月（十一月）十一日の休戦十周年記念祝賀会の席上で大統領クーリツヂ氏によつて火蓋《ひぶた》を切られ、翌十二日には米国海軍省が大巡洋艦主義の新海軍政策を公式に声明するに至りました。クーリツヂ氏の演説の意味では英国が仮想敵であるやうでありますけれども、すべて武士の腰にして居る刀といふものは或る一人だけを斬らん為めに用意されてるやうな不自由なものではないのであります。目前の事実としてハワイ真珠湾に於ける米国近来の行動はそも〳〵何事を意味するものでありませう乎《か》。

近年の米国海軍は太平洋、殊《こと》にハワイを中心として常に大規模なる攻防演習をやつて居ることは世人の周知するところで、去る大正十四年の大演習も随分あつかましい計画で吾々日本国民は少なくとも飯時に糞汲《をわい》屋《や》が来たやうな感じをもちましたが、今春の大演習も同様のもので、要するに日本一国を仮装敵としての計画であつたことは中外の軍事専門家を俟《ま》たずして明白なる事実でありました。ハワイ真珠湾軍港の拡張に次

ぐ拡張は日本一国を仮想敵とせざる限り英国のシンガポールに於ける努力よりも一層理由無きものでありま
す。然るに米国の軍備論者は口を開けば必ず「真珠湾軍港を太平洋上のジブラルターたらしめよ」と絶叫して殆《ほと》んど半狂乱の如くに策動して居るのであります。今日迄に真珠湾軍港に投じた費用は表面五千万ドルといふことになつて居りますが実際は二億ドル以上に達して居るであらうとのことでありますが、米国海軍省は同軍港の機密漏洩を怖《おそ》るゝこと甚《はなは》だしく下院海軍委員会に対してすら充分なる説明を拒《こば》んで来て居るのであります。

ハワイ真珠湾軍港に於ては米国全艦隊を収容し得るやう湾内の大浚渫《しゅんせつ》工事を行ふべく四百五十万ドルの経費を以て只今《ただいま》進行中でありまして、更らに浮揚ドライ、ドックの建造が五百万ドルで計劃《けいくわく》されて居ります。米国海軍として無前の大規模なる此の真珠湾浚渫工事は明年（昭和四年）中に完成される予定であります。又た航空隊の拡張は愈々《いよいよ》急を唱へられハワイ、フオード島の根拠地は目下のところ陸軍航空隊と共同のものでありますが此れを海軍専用のものにして更らに百数十万ドルをかけて強大なる海軍航空根拠地たらしめ飛行機二百台を置く計劃も近く実現の運びとなる予定ださうであります。而《し》かも以上にいふところの如きは何れも表面にあらはれただけのことに過ぎないので、それ以上如何《いか》なる設備や企図があるかは平和と人道との本国の当路者が之を知るところであります。……誤解されてはなりません。私共は平和を愛することに於て人後に落ちるものでなく決して戦争を謳歌するものではないのでありますけれども地球は「それでも動く」のでありますから、神命のまに〳〵天行神軍の組織ともなり、霊的国防の完成といふことを高唱することにもなつたのであります。我国は昔から戦争の度毎《たびごと》に神祇の訶護《かご》を蒙《かうむ》つたことは勿論で、正神界のみならず日蓮や真言や両部や種々なる信仰団体の修法に関しても其れ〴〵に其の系統の霊が感応して活動したことはありますけれども、区々たる勢力を以てして大局に処することは不可能でありますので、時節のめぐり来りて正神界に於ける厳粛なる統制ある活動を必要とすることになりましたのであります。斯《か》かる重責ある天行神軍が其の使命を遂行する上に於ても石城山に於ける日本《やまと》神社の建造といふことが総《すべ》ての活力を提供するものであり、百パーセントの意義を有するものであります。……正神界の消息を仄聞《そくぶん》いたしますと次第に総てのものが整理中で統制から統制へと進ませられつゝあります。神習ひに神習ふべき吾等としては今後一層「統制」といふことが大切であります。これは日本神社の造営に就て同志諸君の協力同行を希望するといふ意味ばかりでいふのでなく、今後すべてのことに就て「統制」といふことが第一であることを深く銘肝して頂きたいと思ふのであります。天行居の同志であつて或る種の精神運動をせられるにしても、天行居といふことに言及せず天行居と全く無連絡な行動は其人の一種の功名心を幾分満足させる以外かくべつの効果あるものではありません。天行居に無関係であつても敬神尊皇といふ趣旨のもとに活動せられることは天行居と精神を同じくすることでありますから悪いことではない、幾分の貢献もないわけではありませんけれども、今日の時勢が如何なる天の時にめぐり合せて居るか、天行居の使命が如何なるものであるかを知る同志であるならば、そんな大風に灰を撒《ま》くやうな努力につくすよりも、その努力を一層有効に一層拡大し一層徹底的ならしむるために天行居の行動に合流して統制ある活動を願ひたいと存ずるのであります。その精神的なると物質的なるとを問はず同志諸君が放出し得る有らゆるエネルギーを「天行居の天行居」のために寄与せられる高潔なる犠牲的良心があつて欲しいと希《ねが》ふ次第であります。さすれば其れは如何《いか》に零細なる「力」であらうとも極めて尊き意義を生じ、正しき神徳が胚胎して大きな結果となり一粒万倍の貢献と化成するのであります。今上天皇即位礼勅語の中の聖句「私ヲ忘レ公ニ奉ジ」の実行が出来ないで、小さき自我の功名心に引きずり廻されて無統制な仕事をするのは今日の時節としては、神々を苦笑せしむるものであります。私を忘れ公に奉ずるの忠魂「敷島のやまと心」の発揮により統制第一といふ標語が総ての同志諸君の共鳴を得るやう神かけて祈つて頂きたいのであります。自我を抛擲して統制に殉ずる心は即ち忠魂で、これ神を動かす「やまと心」であります。神道天行居の大使命は実に之《こ》れによりて達成さる丶事と信じて疑はないのであります。

　仏道の俗信に於ては、一人出家すれば九族まで救済されるといふやうな説が行はれて居るさうでありますが、此れは相当に道理あることで、幾分割引きしても因縁果報の及ぶところ斯くあるべき筈《はず》のものであります。今回の日本神社造営について協力せられる同志諸君の美しき産霊紋理《むすびかため》を思ふとき、私は左《さ》ういふ人たちの道福に対して衷心《ちゆうしん》から敬意を表せざるを得ないのであります。何といつても世の決算期は近づいて参りました。数年前来に於ける全集物刊行の流行の如きも、どうやら忙しいタマシヒの仕事らしく思はれてなりません。「自我の生活のみ」に没頭して世の中はいつまでも斯くの如しと頑張つてる人たちは天行居の所説の如きは鼻のさきで笑つて居らる丶でありませうが、地球は「それでも動く」のであります。

（昭和四年一月廿八日古道第百七十九号所載）

世界一本と天孫降臨（其二）

破れたる古神道の面《マスク》

昭和四年二月二十二日石城山道場に於ける講演要旨

従来あまりに断片的な話をして参りましたから本月から数箇月続けて多少纏《まとま》りのあるやうな意見を述べてみたいと思ひます。「山上の天啓」について逐条研究してみたい希望はありますが、さういふことをお話しいたしますに就ても前以て理解しておいて頂きたいことがありますので、「山上の天啓」を研究する用意としても天行居の所信といふやうなことに就て予《あらかじ》め稍《や》や体系的な智識の必要を感じましたので僣越ではありますが従来の天行居の主張に対して概略ながら学術的体系を与へておく意味で此れからお話し申上げたいと思ふのであります。併《しか》しながら天行居の主張するところは要するに一種の宗教的信念でありますから其れに学術的な体系を与へるといふやうなことは稍や無謀に近き試みであります。又た斯《か》うした試みは利害相伴ふもので、寧《むし》ろ黙つて居た方がよくはないかとも考へられますが、多くの同志諸君は何となく斯ういふ風なことを要求して居られるやうに見受けられますので、拙劣な説明のために却《かへつ》て神威を蔽《おほ》ひ奉るやうなこともありませうけれども兎《と》に角《かく》愚見を申上げることに致します。

魚学の研究に没頭して居られる東京帝大の田中教授は魚類の種類を学問的に類別することの困難等について、遺伝と同時に変化性が起ることなど述べられた時、すべての科学的思考方法にも随分微妙な不安があることを縷述《るじゆつ》せられ「動物学や植物学はエキザクトサイアンスの一つであらうが、それでも色々の点で計算が出来なかつたり又た精密に考へる方が却て間違つて居ると思はるゝことがある、また種類といふことがわかつて居ないし又た種別の標準も充分には定まつて居ないし測定や計算も全然几帳面には出来ないといふ状態にある、然し斯様《かやう》なことはたゞに動物学や植物学ばかりでなく物理学や化学や、事によると数学などにもこれに稍や似た情態があるではないかと思ふ」と云つて居られるが、宗教的信念の如きものに数学的な公式を与へるやうなことの困難なことは今更ら申す迄もありますまい。関山は非常な大学者であつたけれども生涯一冊の著述も遺《のこ》さず、白隠は等身の大著述があるけれども具眼の士は白隠の如きは文字ある俗僧と見て関山の芳躅《はうちよく》を敬慕するが如き亦《ま》た這《こ》の間の消息を側面から物語りつゝあるもので、まことの神の道も「神ながら言挙げせぬ道」で実信実証実行の外なき道でありますので、これに学術的な思考方法を加へるといふことは吾々凡人では甚《はなは》だ困難な事であります。けれども今日の普通の人へ話をするには今日の普通の人の常識とでもいふ程度の有りふれた学術的用語をも使用しなければ不完全ながらも説明の伝達が不便でありますから、やむを得ずして時には学術的な叙述方法をも試みて来たのでありますが、その学術的な叙述方法は「其時の」方便に過ぎざるものたるや勿論で其れが天行居の学説でもなければ私共が主張上の絶対的なドキユメントでもないのであります。一例を挙げて申しますならば大正十二年刊行の「天行林」の第何章かに於て電子のことが書いてありますが、あれなども「其時の」叙述上の或る意味に於ける技術に過ぎないものであることは無論であります。その当時世界の物理学者間に行はれつゝありし電子説を借用しただけのことでありまして私は電子軌道の如きものに疑問をもちまして、さういふ存在を認められない存在でなければ玄子とでもいふべき絶対のものでないといふ意見を発表したことがありましたが、果せるかな最近二三年来其の研究は専門学者の手によつて急速の進歩を遂げまして、昨年の秋に来朝したゾンマーフエルド博士は日独文化協会の講演に於て「今日では電子軌道の如きは考へられず、電子は点や粒子ではなく謂《い》はゞ帯電の雲とでも考へねばならなくなり、論究は全く統計的となり、個々に就ては論じ得られません。その数学的困難は一般相対論と同様なものがあります、今や電子は光の波のやうに取扱はれるのであります」と述べて居られます。月庵法語の中に「我心本来清浄なること青天白日の一点曇りなきが如し、森羅万象一切の有情無情は皆是の光りの転変なり、すべて実体あることなし」と言つてありますが、印度《インド》の仙人が二千年の昔に究明したところと最近の物理学が発見したところと、せんじつむれば赤の他人ではないやうであります。……此れから私どもの信念に本づいて世の成り立ちからのことを概説するつもりでありますが、さういふ話を致しますに就ては勢ひ地質学とか天文学とか民族学とか神話学とかの今日の世の中に有りふれた用語をも借り来つて「其時の」叙述上の方便と致さねばなりますまいが、さういふものは学問の進歩と共に刻々変遷するものでありますから、さういふものが絶対の説明上の基礎に非ざることを呉々《くれぐれ》も諒解しておかれて、私どもが幾分かでも髣髴《はうふつ》せしめんとする説明の目的物が何であるかといふ点に注意を払はるゝやう希望するのであります。

本論に入るに先だちまして、一言しておきたいことがあります。それは先日某氏から近刊の一冊子を送られて私の意見を要求せられたことに就て、簡略ながらお答へをしておきたいと思ふのであります。その書物は小谷部全一郎といふ人の近著「日本及日本国民之起原」と題する本であります。本書の内容は一言にして尽せば日本人の祖先は猶太《ユダヤ》人であるといふことを論証したもので、斯様《かやう》の説を唱へる人は色々あるのでありまして、酒井勝軍といふ人も同じやうなことを説いて居られます。国際人類学協会に関係ある独逸《ドイツ》人のカトリック宣教師シユウイエンテクといふ人の研究は少し筋が異つて居るさうですが、日本に来て以来各神社の祭神系統等を調べて多年研究した結果昨年の三月に一と先づ研究を整理してウヰンナに本部のある国際人類学協会雑誌へ寄せられたといふことを聞きました。この独逸人の研究では世界人類発生の地を中央アジアのパミール高原であるといふ仮定より出発して、日本民族の渡来を四期にわかち、第一次渡来はパミールからシベリヤへ出て沿海州の北からカラフトを通つて東北、関東へ入つたアイヌ族、第二次渡来はアフガニスタンからインド、マレイからオーストラリヤを迂廻南洋から小笠原を経て入り来り、一つは佐渡方面に一つは中国地方に分布した女系本位の民族で月を祀り農を伝へたもので古事記に見ゆる女神はたいてい此のマレイ種族、第三次渡来は第二次と同じ道をジヤワに出で台湾、琉球、九州から朝鮮南部に分布、男系本位の種族、太陽を祀り魚撈《ぎよらう》を伝へたもので天日矛神（アマツカミ）は此の種族でやはりマレイ種族、第四次渡来は中央アジアから北支那朝鮮と道を辿り朝鮮南部に蟠居《ばんきよ》する第三次渡来の民族を避けて朝鮮北部から鬱陵島を通り隠岐に入り山陰、出雲、及び佐渡に分布した武断民族で信仰は人間の英雄、須佐之男尊《すさのをのみこと》、大国主命《おほくにぬしのみこと》は此れと同系日本の神社に最も多く祀られて居る、この女神は弁財天として各地に祀るところ、日本書紀の祇(クニツカミ)は此の民族フイーン、ダツタンと同系の種族といふのでありまして、日本民族は決して黄色人種でなく漢人種の途中混血が無かつたならばアリヤン人種の褐色人種との混血による独特な人種であらうと論じて居られるさうであります。斯《か》ういふ風な調子の研究は今後ますます内外学者の手によつて行はれるであらうと思はれますが、まことに草木物言ふ世の中となつて来たものであります。それで斯様《かやう》な機会に於て私どもの所見を明らかにするために小谷部氏の著書を材料として一言しておきたいと思ふのであります。

小谷部氏は其著「日本及日本国民之起原」の巻頭緒言に於て「惟《おも》ふに国運の進展を謀り激烈なる世界競争場裡に立《たち》て勝者たらんとせば先づ自国の神国たる所以を詳《つまびら》かにし、皇国の尊き由来を知り、各自の愛国心を弥《いや》が上にも強盛ならしむる必要あるべきや論を俟《ま》たず、余不肖を顧みず筆を本書に執りたる微意こゝに存す」と言明して居られます。まことに同感で我等天行居の同志も此点に於て小谷部さんたちと志を同じうするものと言ひ得られるのであります。併《しか》しながら小谷部氏がその著書の中に書いて居られることは、果して日本国の神国たる所以を明らかにし、皇室の尊き所以を知らしめんとするものでありませうか、私は煩雑を厭はず少しく其れを吟味してみたいのであります。

小谷部さんは神代《かみよ》はカミヨ即ち上代《かみよ》なりといふことに出発し神代の神々も普通の人間であるといふのが意見の基調で、これが一切の邪解の出発点を為すものであります。けれども此れは決して小谷部さんだけに対する抗議ではありません。わが古代史の権威といはれて居る久米博士たちを始め、殆《ほと》んど総《すべ》ての学者の意見が大体に於て斯《か》ういふ風なのでありまして、近ごろ神道学者を以て任じて居られる田中義能博士あたりも無論その仲間（天照大御神《あまてらすおほみかみ》も古代に於ける有徳の婦人と云つて居られる）であります。然るに小谷部さんは耶蘇《ヤソ》の神は認めて居られます。換言すれば、猶太《ユダヤ》経典（バイブル）の神は認めて其の信仰の篤いことは書中随処によくあらはれて居ります。此点に於て酒井勝軍氏と同じ畑の人であります。

小谷部氏は米国から帰朝後、北海道へ行つてアイヌ部落の教育に十年ばかり没頭し、いろいろ研究の結果、日本地名の殆んど総ては蝦夷語であつて蝦夷族は西部アジアのエドムの国のエサウ族だと言はれる。日本国の地名に蝦夷語が交つて居ることは事実であらう。併《しか》し小谷部氏が挙げられた多くの地名の対照の大半は、或ひは大部分は決して正当な判断とは受取れない。斯ういふ問題については専門学者の意見の多数が必ずや小谷部氏の説を承認せざるべきは火をみるよりも瞭《あきら》かであるから私如き門外漢が彼れ此れ生意気な意見を述べるにも当るまいと思はれます。明治四十一二年頃、小石川の植物園で小野蘭山の百年祭が執行されたとき、松村任三博士が日本語は支那語の一部であるといふ主張のもとに多くの草木名の類同語を表示説明された時、当日の斎主であつた藤岡好古先生が、それは各国語みな同じ筈《はず》ぢや、発語の形象によるのぢやからといふ意味のことを申されたさうでありますが、人類の智能と感情と意志の表現技術に大差なき限り藤岡翁の意見は通用すべき筈であります。多数の地名や人名や物品名の中から少数の類同語を蒐集《しうしふ》して直ちに両者の間に特殊な関係を発見せんとするのは、先天的に牽強附会趣味を有する性急なる人達の通有性であります。その成立上多くの類同性を必然に含蓄せる神話の如きに対してさへも、今日の欧洲の神話学の大家は甲と乙とが同根のものといふことは容易に肯定することを拒《こば》むやうな傾向を生じつ、あります。(松村任三博士等の語原に関する著述に就ては長井金風氏の如きは最も嘲笑し、大正十年「嗛雅《けんが》」三巻を著はし万丈の気焔を吐きました。)今から二十年ばかり前に佐々木安五郎氏が蒙古から帰り始めて代議士となつた頃読売新聞紙上に「二千九百年前の西域探険日記」を連載して学界に面白い渦を巻き起したことがあります。その内容は穆天子伝《ぼくてんしでん》の近代的研究とでもいふべきもので、周の文王を猶太《ユダヤ》人なりとし黄帝はアブラハムだといふやうな興味ある意見を続出したものでありましたが、酒井勝軍氏や小谷部氏または木村鷹太郎氏、佐々木安五郎氏といふやうなところを一堂に集めて焼酎でも飲ませたら随分面白い意見が出現するであらうと思ひます。

小谷部氏の説によれば、右の蝦夷すなはちエサウ族よりも以前に渡来したものはコ、ロ、ポ、ツ、ク、ルで土蜘蛛《つちぐも》とも云ひ、別名クシ族で又たヱツタとも称したもので其の司長がクシノカミたる少彦名命《すくなひこなのみこと》で此の民族は人種の軋轢《あつれき》に耐へ得ずして出雲民族と分れ、一部は羅摩《かがみ》の船に乗りて常夜《とこよ》国に渡りたりと古事記並びにアイヌの口碑に伝へて居るから今の千島列島及びカムサツカを経て一年中の大部分は夜なるアラスカ地方へ移住したるものと考ふとのことであります。少彦名神については宮地堅磐翁の神界出入手記にも、

少彦那大神は変化無比の神にして伊邪那岐尊《いざなぎのみこと》の代理として大司命左定官にして、常には髪は垂れて腰に至り十二才ばかりの御容貌にて背には太刀を佩《は》き団扇を持ち青色の衣を着給ひ、御腰の左右に巾《はば》六寸ばかり長さ五尺ばかりの平緒の黒白を六筋づつ左右に着け給ふ、また神界にて司命の簿籙《ぼろく》を毎年十月九日より改定し給ふ時は御頭に金色なる簫に似たるものを二つ合せたる如き冠を召し其の中より孔雀の尾

を出し給ひ、左のお手に長さ三尺ばかりの丸き木に白玉三十二貫きたる緒の房の着きたるを持ちたまひ
て霊鏡台に向ひて坐したまへり

ともありまして尊くも畏《かしこ》き大神であらせられますのに、土蜘蛛のヱッタだとは「我国の神国たる所以を詳かにし各自の愛国心を強盛ならしむる」ことを志とせらる、と自称せらる、人の知識として甚《はなは》だ気の毒に感じて居る次第であります。小谷部氏は飽《あ》くまでユダヤ思想の一神教的信仰が骨髄に沁み込んで居る人でありますからエホバが唯一無二の神であつて其の外に神は無い、日本の古伝では天之御中主神《あめのみなかぬしのかみ》がエホバに当るものでイザナギの神も天照大御神《あまてらすおほみかみ》も皆な古代の貴族だといふ意味で「苟《いやし》くも天地の主宰たる天之御中主神と貴人として尊敬すべきものとを混同する莫《な》からんことを望むなり、然らずんば之《これ》を混同する事に因《よ》りて真神にあらぬ所謂《いはゆる》神の数は増々殖えて民心の帰向と信仰の統一を失ひ」と云つて居られる。今更ら申す迄もなく耶蘇《ヤソ》教や仏教の如く哲学的、人為的、理想的の神ならば所謂観念上の発達につれて一神的となり、それが進歩した神観だといふことになるのでありますけれども毎度申上げます通り我国には理神に非ざる実神の実伝があつて其れがために神国とも申すので、神典にも別天神として天之御中主神始め五柱の神を伝へ、次ぎに神世七代の神として国之常立神《くにのとこたちのかみ》以下伊邪那美神《いざなみのかみ》まで十二柱神を伝へ其他沢山の神々が居られます。広き意味に於ては人をカミと伝へたところもあり其他の有機物から無機物までカミと伝へたところもありますけれど其れは別途に思考すべきことで多くの先哲に於て縦説横説されて居るところであります。日本の神は人を宗教的に導くために拵へた神でもなく、人間の信仰の目標として慰安の対象として案出した神でもなく、

人間を離れても儼存する実神であります。故に上古より皇室を始め上下一般に種々の神を斎祀して来て居りますので神国といふ所以も茲《ここ》に存するのであります。所謂《いはゆる》淫祠邪霊の如きは別問題たること勿論、又た随分古くから相当に外国輸入の神もありますが其れも此処《ここ》には混同して語る要なきことであります。或ひは小谷部氏や酒井氏等は、エホバは決して理想神でなく活《い》ける実神だといはれるかも知れんが、それを唯一無二の神と信じて居られるならば日本の神々の御上を彼れ此れ言挙《ことあ》げせられる資格はありません。なぜならばエホバはイスラエル民族の守護神に過ぎざること冷静なる多数の学者の意見の一致するところなるのみならず敬《けい》虔《けん》なる耶蘇《ヤソ》教信者中の学者も亦《ま》た之を否定せぬからであります。

「汝我が面の前に我の外何者をも神とすべからず」と言ふはエホバの神とイスラエルの民との関係に就て言ふ、他の国民が如何《いか》なる神を有する乎《か》は之《これ》を問はないのである、当時何れの国にも神があつた、モアブにはケモスあり、埃及《エジプト》にはラアあり、アッシリアにはアッシユルあり、バビロンにはベルあり、フイニシアにはマルカスがあつた、唯《ただ》汝等イスラエルが我が前に立つ時は我の外何者をも神とすべからずとの意である。（内村鑑三氏）

英国のエドワード、カアペンター氏著「異教と基督《キリスト》教の信条」だの其の類書の多くが精密なる材料と学問的良心によりて論証して居るところは、エホバといふ神が人類の認識に交渉を生じた頃に於ては一地方一民族の一守護神に過ぎざりしもので、それが多くの年月と各種の信仰家の手によつて追々と全世界的な唯一無二的なものに向上せしめられ祭り上げられたものであると云ふ定説に到達して居るところであつて米国で十年も神学の研究をせられたと云ふ小谷部氏や又た同じく米国でユダヤ思想の研究に努力せられたとかいふ酒井氏等の百も承知して居られる筈《はず》であります。……理窟は如何やうにもつけられるであらうが実際問題として、エホバを拝む多くの人達が伊勢神宮に参拝したとき果して如何なる心持ちで礼拝するか満腔の至純なる敬愛を捧げて至信に帰命合掌し得るか、ユダヤ族の野蛮性をシンボライズした紋章で後に露国などの王室の紋章になつたエウユクの巨巌の上に刻まれた両頭鷲にも困難なことでありませう。（ユダヤ地方の遺物に発見せられる菊花章等に就ては私が大正十三年刊行の「闢神霧《へきしんむ》」などに於て説明しておきました。）

小谷部氏は朝敵に同情深くして「惟《おも》ふにエソが叛乱を企て王師に抗したるは所謂狼心狂性の然らしめたものに非ずして多くの場合彼の武内宿禰《たけのうちすくね》が「土地沃壌にして曠し撃て之を取るべきなり」と云ふが如き不法極まれる建言を兵力を以て実施したる結果にして蝦夷に取りては死活の問題」と弁護し「一々説明するに於ては同情の涙に咽《むせ》びて筆を進むる勇気も出でず、嗚呼《ああ》エソ民族は如何なれば斯《か》くも不幸にして悲惨事の絶えざる民族なるぞや、神武天皇の壮挙漸次東方に進むに従ひ蝦夷の主力は江戸を棄《す》て丶更らに東奥に退き」と憤慨せられ、神武天皇も無法なる軍国主義の暴君なるかの如くに論じてあります。畏《おそ》れ多き事ながら、神武天皇を始め奉り、列聖は王化にまつろはざるものをやむを得ずして征討せられたもので、それは国史に極めて明らかなるところであります。武内宿禰の建言中の辞句がたま〳〵穏健を欠く嫌ひあればとて其れは修史家の罪なるやも知れず、仮りに然らずして武内宿禰が斯《か》ういふ意味の建言を致したといふ事実があるにしろ、それを以て列聖の王業を非難せんとするは許すべからざることであります。天神のみよさしによる王土中の王土内に於て王化を奉ぜざるものは必然誅伐を要することで不逞《ふてい》の民族が地からはえぬきの土着民たるとユダヤの氓民《ばうみん》であるとは之《これ》を問はないのであります。或る古書の中に「日本国は怪の国也《なり》理義を以て説かば立たず、日本国は神武の国也文治を以て宗とせば亡ぶ」といふやうな意味のことがあります。この怪といふのは妖怪とかバケモノとかいふ意味でなくアヤシといふので霊異といふ意味であります。猶太《ユダヤ》人の祕密結社イスラエル世界同盟の規約中に「愛国主義の養成所たる軍隊の滅亡を期す」とあるは日本神武国を最後の敵として呪咀するものであります。自由平等博愛解放の美名によりて危険思想、過激思想を唱道するフリーメーソンの策戦組識は極めて微妙なる技巧を有し、表面フリーメーソンの運動に反対して愛国運動を為すが如く装ひて民衆の視線に錯誤を生ぜしめ、知らず識らずの間にユダヤ主義に感化せしめ世界を挙げて悪魔の跳躍に委せんとしつゝあるもの各国に出現しつゝあることは仏国リギヨール博士の警告を俟《ま》つまでもなく知る人ぞ知る世の中でありますから一般読書階級の人達は万事につけて格別なる自重を要する次第であります。

小谷部氏は従来の学者が日本民族の祖先に関する知識の不明瞭なるは「畢竟《ひつきやう》信仰と真理の源泉たる聖書を読まざるの致す所」と言つて居られる。バイブルを読まざる者には日本が神国たる所以もわからないものと見えます。わが天孫民族はアッスリヤ人に攻め亡ぼされたイスラエル民族の逃げて来たものださうでありまして、

其他人名などに於ても彼のイサクは我の伊作に当り、ソロモンは我の多門などに、ポーロは我の何々郎などに酷似することとなり、因《ちなみ》にいふ希伯来《ヘブライ》人の名の下にローを附するは長男といふ義にて次男以下に

ローを附することなきも、我国にては其の意義を喪《うしな》ひ三郎、四郎、五郎などと命名するは当らず、云々（p. 87）

など言つて居られる。まことに以て勇敢なる学説であります。小谷部氏がアイヌに同情して居られるのは、オヤべ氏は熊の子だからオヤがベアーといふ意味でオヤべといふのだといふやうな論理が或ひは学説として取扱はれるやうになるかもわかりません。併《しか》しながら小谷部氏は「著者は……我が日本の基礎民族は……ヘブル選民の正裔《せいえい》なりと主張することを光栄とし」「今日猶太人の策動も畢竟一神を奉ずる自己の神教を以て世界統一を理想とするものなれば之はヘブル民族の世界的理想と称すべし」と力説せられ、「現代の北米合衆国は猶太経典の予言する所謂《いはゆる》約束の地なるが如し」（p. 184）とも言つて居られるから或ひは米国人らしくも思はれ、純粋の日本人かとも疑はれ、私の熊の子説はまちがつてるやうにもあります。何は兎《と》もあれ小谷部氏は自身がユダヤ人の裔なることを固く信じ、エホバ以外のものは神に非ずとの信念を基礎として居られますが、それは我が日本国の古神道の精神と根本に於て相容《あひい》れざるものたることは説明を要せざるところであります。今更ら申す迄もなく上代ユダヤ族の拝《をが》んだエホバの宗教なるものは古代学者の所謂家族宗教でありまして、クーランジユの

即ち其の神々は人類全体の神とされたるに非ず、それは一の大規模なる階級全体の神たりしグラーマや、一国民全体の神たりし汎へレン的ゼウスなどにさへ似たるものに非ざりき、これらの宗教に於ける神は唯《た》だ一家族の礼拝を受けしに止まる、その宗教は純粋に家族的なりき（古代都市第一部第四章）

と論じて居るものに該当するのであります。アブラハムを祖とする或る一族の守護神がエホバであつたことは旧約聖書と近く半世紀間に驚くべき進歩を遂げた古代学とを対照して研究した学者の十中九人までが承認して居るところであります。その古代ユダヤの一族の家庭神だけが神であつて其の外に神を認めぬといふ小谷部氏や酒井勝軍氏あたりが、さういふ基礎観念をもつて我が日本神国の神国たる所以を認めようといふことが正しいか正しくないか、あまりむつかしい判断を要しないか知らんと思ふのであります。

アブラハムの子イサク、イサクの子ヤコブ、そのヤコブが正妻ラケルにも非ず副妻レアにもあらず奴婢のジルバと通じて生んだ子のガドの末が日本に流れついた、そのガドに御の字をつけてミカドといふのだといふ意味のことを小谷部氏は言つて居られる。（此辺の叙述の過程が酒井氏は異る。）其他ユダヤ族と我国の風俗や神祭行事等についての類似点を種々対照して居られるが、そんなものを反駁《はんばく》することは閑人にまかせておきますが、ニツポンといふ国名もユダヤから来たなどといふに至つては博識なる著者の良心を疑はざるを得ません。斯《か》ういふ方面の六《む》つかしい詮索は内藤湖南博士あたりにきけば分る筈《はず》でありますが、実物の今日に伝はつて居るものとして日本に於ける最初の著述たる聖徳太子の法華経義疏の太子御自筆草稿本が先年発見せられ学界では世界的の重宝となつて居りますが、一千三百余年前の其の稿本の写真版を見ますると、巻頭に大委国上宮王云々と明記してあります。若《も》し当時すでにニツポンといふ国号ありとせば、日本文化の樹立に熱烈なる努力を注がれ、海外智識の吸収にも熱心であつたが我が国威の発揚といふことに最も苦心せられた太子が日本国上宮王と書かれない筈はないのであります。種々の生活様式や思想形式の類似を発見する毎《ごと》に或ひは天孫は南洋の蠻族《ばんぞく》の渡来と考へたり、また北方ではバクトリヤン（支那の古典に貊または貉、獏、狛等に作る）の侵入が天孫降臨だと断定したりするやうな説を聴かされる毎にフラ〳〵と参つて了《しま》ふやうではは日本人でなく却《かへつ》て外国の学者が気の毒がるやうになります。かつてカルデヤ神話と我が古事記の比較研究をして多くの類似点あるに驚き天孫民族はヒツチト族でメソポタミヤの奥の高地ハランが高天原《たかまのはら》だといふやうなことまで論証を試みた日本人が去る大正九年の夏、フランスに於て神話学の大家ロアジ教授の批評を求めたとき、ロアジ博士は、

日本神話とセミチツク神話とが共同の起原を有するといふ仮定を立つるには、単に偶然なる言語の接近や、又た他人種の国語を当てはめても同様な結果を得るやうな類似語の存在のみでは駄目だ、其の伝説の上に根本的一致点なかるべからず、バビロンの神話的伝説と創世記の数章とに一致の出発点を承認し、或ひは承認せざるを得ざる理由も亦《ま》た同様だ、即ち両者共に洪水の歴史を有し又た洪水前に就て同一思想の歴史を存す、此外尚《な》ほ移住の伝説あり、然るに余は日本神話中に斯かる事実を少しも発見し得ない、日本の古伝は全体に於てセム人の其れと非常に相違ありと信ず、又た日本民族の祖先等がユウフラテスを出でて全亜細亜《アジア》を通過し、極東にまで達したる移住の記念といふものが少しも存在しない云々

と言つて居られるが真面目な学者の穏健な説であらうと思ひます。似て居るが故に同根のものといふことは学問上承認されないことであります。古代法制を研究するものがギリシヤ、ローマの原始期に家族制度と我国の其れと甚《はなは》だ酷似することを発見して驚いたからとて、法制学者は直ちに彼れと我れとの民族に因果関

係を発見しようと考へるほど浮気ではありますまい。

小谷部氏や酒井氏はユダヤ経典（旧約聖書）の巻頭の五篇（創世記以下モーセの筆になりしと伝ふるもの）を基礎として尊崇し、わが神典古事記を都合よくサシミのツマの如くあしらひつ、技巧を弄して居られるが、モーセといふ人物や其の五大書は実に申せばユダヤ民族中に実在したものではなくカルデヤ或ひはエジプトあたりから失敬して来たものらしいことは多くの専門学者のいふところであります。エリゼ、ルクリユ教授は、

其のドグマと儀式とを有する信仰は彼の太古のアラメヤ又はバビロニヤの所伝と時を同じうして居り、これらの伝説を編輯《へんしふ》したるものがモーセの五書となりたるなり、ジヨシヤ王以前に於ては此の最古の書と称せらるゝ五書に就て諸王及び予言者中一人も之に言及したる者なし、ダビデの詩篇にもソロモンの伝道書にも一語かつて之《こ》れに及ばず、モーセの名すら一も語られ居らず、この大立法家は当時の世すこしも認められず、その存在も疑はる、更らに此の如きユダヤ伝説そのものもカルデヤ及びエジプトの伝説輸入以前に存在せしや疑問なり。（地人論第二巻 p. 102）

と甚《はなは》だ御無礼なことを言つて居られます。併《しか》し私どもはモーセによつて五書が書かれたといふやうなことを否定する必要もないのでありますが、ユダヤ宗教の根本の一大事件たる洪水伝説がバビロン所伝のものであることは疑ふわけに参りません。西暦紀元前二百八十年頃バビロンのベール神宮の神官ベロソスがマケドン王アンチオコスの為めに書いたバビロン史によると、バビロンの始祖はオアネスといふ人面魚体の神で、

その後アローロスといふものが人王第一世として即位、治世三万六千年、次ぎに即位したタクンストロスの時に大洪水があつたが其後三万四千八十年の間に八十六人の王様があつたことになつて各在位期間も随分長年月にわたつて居りますが、此の大洪水のことは西暦紀元前二千年頃アンミサドガ王の頃記述された碑文が発見されて学者の研究材料となつて居りますが、或る神が風雨の神アダドを促して大洪水を起したが水神エアは人類を憐れんでバビロニヤのウトナピシツムを救うたといふことで、これがノアとなつて居るのでありませうが、これに類した伝説は日本に影も形もありません。小谷部氏は日本の祇園祭はシオン祭であつてノアが救はれた記念祭の名残りだといつて居られるが、それは余りに風流に過ぎた推考でありませう。

モーセの十誡なるものはユダヤ教及びユダヤ教の新派たる基督《キリスト》教の根本をなすものでありまして、内村鑑三氏も「キリスト教の根柢は何であるか、福音の本源は何処《どこ》にあるか、答へて曰《いは》くモーセの十誡である」と明言して居られるから私ども門外漢の独断的観察ではあるまいと思ふのでありますが、その大切な十誡に似た何物も伝はつて居らぬ日本国民を以て小谷部酒井両氏等がユダヤ教徒の正裔であるとは大胆なるドグマではありますまいか。而《しか》して此の十誡の根本となるものは彼等の守護神たるエホバのみを信じて他の神を拝んではならぬことになるのであります。四十余年間専心バイブルの研究に没頭して居られる敬虔《けいけん》なるクリスチヤン、内村鑑三氏は曰く、

十誡第二に続きて「我エホバ汝の神は嫉《ねた》む神なれば我をにくむ者に向《むかひ》ては父の罪を子に報いて三四代に及ぼし我を愛し我がいましめを守る者には恩恵を施して千代に至るなり」との語がある、嫉む神とは

如何、之《こ》れ神を嘲《あざけ》る者のしば〳〵我等の前に提出する問題である、然しながら嫉《ねた》むは必ずしも悪しき意味ではない、善き意味に於て嫉みは愛の集中である、何故に嫉むか、余りに強く愛するが故である。斯《か》ういふ思想は我が神国古伝の根本思想に於ては発見せられません。強ひて類似の伝説をたづぬれば磐長《いはなが》姫神《ひめのかみ》の半面にこれをみることが出来るかと思はれる位ゐのもので、更らに強ひて牽強附会的に考へてイザナミの神又は須佐之男神《すさのをのかみ》の或る片影を彼れ此れ言ふものがあらうかと思はれる程度のものであります。専門学者の意見によればエホバの神は元来シナイ地方の守護神であつて、その本質は雷電の神だといふことであります。なるほどエホバの神がシナイ山に於てモーセに十誡を授ける時の光景をみても、

山巓が密雲に閉されしを認めた、而して次第々々に暗黒と密度とを増し、且《か》つ山麓の方へ降り、遂に全山は暗黒と神祕とを以て蔽《おほ》はれた、やがてラッパの如き音が響き、……たちまちにして紫電閃《ひらめ》き迅雷轟《とどろ》き山岳に反響し悽絶なる光景を呈した、「シナイ山すべて煙を出せり、エホバ火の中にありて其の上にくだりたまへばなり、その煙かまどの煙の如く立ちのぼりて山すべて震ふ」（イー・ジー・ホワイト氏）

とありまして如何《いか》にも雷電の神らしく思はれます。そこで我が建御雷神《たけみかづちのかみ》の分魂の活動ではないかといふ人もありますけれど、雷電の神は要するに竜神なること敷田年治翁（明治初年神宮皇学館長たりし人）の野椎考に俟《ま》つ迄もなく明らかなことで、建御雷神とするよりは同じ竜神系の磐長姫神の或る理由による表現だと考へる方がタトヒ牽強附会であるにもせよ幾らか識者をして肯定に近づかしめるやうに存ぜられます。……それは兎《と》も角《かく》として十誡の根本生命たる、拝一神教的思想は神典古事記を始め信用すべき他の我が古典に見

当らず又た我が古代民族の風俗や信仰状態の中に絶対に発見し得られざるところであります。
小谷部氏や酒井氏が我国の三種の神器を以て古代ユダヤ民族の伝説中にある三個の宝器であるかの如く論じて居られるのは最も許し難《がた》き点であります。ユダヤの三個の宝器として伝へられて居るものは、十誡を彫りつけた石板とアロンの杖と霊果マナとでありまして、これについて酒井氏はだいぶん遠慮深く簡単に書いて居られるが小谷部氏は随分力強く説いて居られます。十誡を彫りつけた二枚の石板はイスラエル人の堕落に義憤を発したモーセが此の民族は神との契約を実行する資格なきことを知つて大衆の面前で此れを砕いて了ひました。民が神に対する契約を破つたから神も民に対し其の契約を破り給うたことを表はした(イー、ジー、ホワイト氏「創世時代」)と云ふのでありますから、其時を以てイスラエル人、すなはちユダヤ民族の先祖は完全に神と絶縁したのであります。然るにユダヤ民族の宗教的技巧によつて此の十誡を彫りつけた石板をモウ一ぺん神から授けられたことにもなつて居りまして、これを純金を以て蔽《おほ》ひし櫃《ひつ》の中に納めてあつたのが耶蘇《ヤソ》紀元前六百年頃バビロン王ネブカザルが携へて東に帰りし以来遂に其の行くへがわからなくなつたといふのでありまして、大正八年の秋頃内村鑑三氏が講演せられた筆記には、
ネブカザル王は決して無智蒙昧の人に非ざりしが故に彼は徒《いたづ》らに之《これ》を破壊しなかつたであらう、モーセが神より授けられし十誡の石板は今も尚《な》ほ純金にて蔽《おほ》はれたる櫃の中に在りてメソポタミヤの野の何《ど》処《こ》かに埋没して居るであらう、若《も》し今回の戦争の結果メソポタミヤ地方を占領したる基督《キリスト》教徒の手により て此の貴き遺物の発掘せらるゝ如き事あらば、蓋《けだ》し世界最大の発見であらう。

と述べて居られますが戦争は済んで十年の今日かくべつ内村翁を驚喜せしむる海外電報も来ないやうでありますが、併《しか》し或ひは都合によると日本の何処《どこ》かの山の中からでも発見せられまいものでもありますまいから翁の健康を祈つて居る次第であります。

アロンの杖といふのはモーセの兄で祭司長たるアロンが持つて居る杖で神が天地創造の六日目に造つたといふ来歴ある宝物で、アロンは此の杖を以て多くの奇蹟を行ひました。この杖はサファイヤで造られ約一貫三百目の重量ありとも伝へられ或ひは一尺五寸位ゐな短かい鉄の杖だとも伝へてありますが、実はサファイヤでもなければ鉄でもありません。これは〇〇〇決して猶太《ユダヤ》人の書きものなどに明記されるやうな性質のものではないのであります。――それから霊果マナはモーセの指揮下にあつた大衆が曠野《くわうや》で飢ゑんとした時に天から降つて来た木の実とも米粒ともわからぬものといふので、記念のために壺へ入れておいたのが、後世アロンの杖と共に紛失したといふのであります。小谷部氏は畏《おそ》れ多くも伊勢神宮の神体たる鏡といふのは実は此のマナを入れた甕《かめ》で、カガミは神甕（カンガメ）のことであらうと例の熊子語源学を振り廻して居られますが、いかに言論自由な聖代とは云へ、苟《いやし》くも日本人の血類たらん以上は人面にして畜心の輩と雖《いへど》も夢にも言挙《ことあ》げ出来ない筈《はず》のものではありますまいか、まことに気の毒に存じて居る次第であります。むかし我国の神道は仏教の本地垂迹説のために殆《ほと》んど千年にわたつて毒せられましたが、今後は、ユダヤ教、ヤソ教の本地垂迹説ともいふべき怪説がむらがり起ることがありませう。然るに我が古神道上の真の信念なきため堂々たる大社の宮司などでありながら彼等の怪説に共鳴して居る者もあるとかいふ噂さを聞きましたが、何とも沙汰の限りであります。

小谷部氏はバイブルの中にある神秘的現象は相当承認しながら我が古事記等にある神異を承認しないのでありますゝ。天孫が天上から雲を押しわけて降られたとか又は人間的生活者が其のまゝ肉身を以て上天するといふやうな馬鹿なことは今日誰れも信ずる者はないやうに嘲《あざ》けつて居られます。小谷部氏の著書の巻頭に「不肖なる著者に多年親交を賜はりたる七賢……以上各位の英霊に謹んで本書を捧ぐ」とありまして其の七賢の中に故宮中掌典宮地厳夫大人の名があります。宮地翁の「本朝神仙記伝」を如何《いか》に読まれたでありませうか、「本朝神仙記伝」は宮地翁の全人格の表現ともいふべき著書で、実子宮地威夫氏は其の序文に於て「本記伝は遺稿の中で一番よく纏《まとま》つて居り、前後三十余年間全精力を傾注し、殆んど寝食を忘れて最善の努力と、あらゆる犠牲とを以て編纂しましたもので、謂《い》はば父の心血結晶の稿本であります」と言つて居られ、明治四十三年には華族会館で此の本朝神仙記伝について厳夫翁が講演せられ、機会ある毎《ごと》に親交ある人には談話せられたものでありまして、此書に収められた事実は我国の神人の実伝で肉身を以て上天せるものも多数に挙げられ其他多くの神異現象の実証につとめられ神国の神国たる所以を詳《つまびら》かにする資料の一つたらしめられたものでありますが、（1）小谷部氏が宮地翁に親交ありしとはウソであるか、（2）宮地翁が小谷部氏の人物を看破して其の志を語られざりしものであるか、（3）小谷部氏は宮地翁の心血の結晶たる説を聴くも之《これ》を信ぜず、かくの如き人を親交ある七賢として発表せられたのであるか、以上の三つの中何《うち》れ《いづ》かであるにしても、小谷部氏の人格のために余り愉快なる結論が生れて来ないかと思はれてなりません。

小谷部氏や酒井氏は何故に我が日本神国の神国たる所以を説くに蛮言夷語のバイブルを宗とし、我が日本神国の神伝の書をサシミのツマのやうに取扱はれるのであらうか。バイブルといふ語は元来原語のまゝださうで単に書籍または記録といふ意味で聖書といふ意味はないさうであります。セバスティアン、フランクは「全世界がバイブルを取扱つて居るやうにバイブルを神託と為して、我々はもはや聖霊に相談する要もなければ頼る要もなく、唯バイブルにのみたよればよいかの様にバイブルを取扱ふのは濫用であり且つ偶像崇拝である」と言つて居ります。併《しか》しながら私共は決してバイブルを貴重な古典でないとは思つて居りません。それは易経や法華経や平家物語やコーランが貴重な古典であるといふやうな意味に於てこれを認めて居るのであります。それを猶太《ユダヤ》教徒やクリスチヤンが其の立場からして唯一無二の聖典であると認めるのは無論当然のことでありませう。回々《フィフィ》教徒はコーランを唯一無二の聖典として、「コーランさへ読めば他の何物も読む必要はない、コーランと反するものは真理でないから読む必要はないし又たコーランと同じ意味のものは重複だから読む必要はない」と言つて居りますが、回々教徒がさう信じたからとて何も彼れ此れ抗議を申し出る理由はありません。酒井氏だの小谷部氏だのが猶太経典の信者として或ひはクリスチヤンとしてバイブルを唯一無二の聖典としてエホバの神を唯一無二の神とせらるるのは又た御勝手であつて誰れも彼れ此れいふ筋合のものではないのでありますが、それを以て我が神典の事実を蔽ひ、わが国体の重心となるべき部分に触れ、我が祖国の神祇を冒瀆し、我が皇室の出自に関する国民の信念を攪乱せんとすることは不謹慎といふ程度を越した、不逞の行為なりと私は信ずるのであります。――太古に於てイザナミの神、ヒルコの神、須佐之男神《すさのをのかみ》、大物主神《おほものぬしのかみ》、少彦名神《すくなひこなのかみ》、思兼神《おもひかねのかみ》たちの系統に属する神祇が主としてアジア大陸また殊《こと》に西南アジア及びナイル河流域または多島海方面に活動せられた事実があり、その消息の幾分かゞバイブル等にも影響して居らぬといふのではありません。又た太古に於て同地方と我が極東方面との交通ありし事は支那絹がエジプト方面に行つてる古い記録の発見等によつても明らかなる如く、自然彼我民族の往来や文物や神伝《ミュトス》の反影が絶無であつたといふほど頑固《ぐわんこ》な意見も私共は持ち合せて居らぬのであります。さういふやうな問題については又た改めて愚見を述べてみたいと思ふのであります。要するに私は天孫が如実に押しわけて天降られた此の日本神国に於て、猶太教やヤソ教の本地垂迹説めきたる暗黒なる技巧思想の発生を重大なる不都合と信じて此れを排斥するのであります。

天行居同志の人たちが日々夜々に体験しつゝある神異事実はしばらくあづかりと致しまして、一般人士の稍《や》や注目を惹《ひ》いたかと思はれる近頃の事実談として、一ケ月ばかり前に大阪朝日か毎日に二段抜きのみだしで掲載された神徳記事があります。只今《ただいま》新聞の切抜きを紛失いたしましたが、千葉県か何処かの七十余歳の老紳士が令息の神経病を直さんために伊勢神宮の附近に掘立小屋を造つて三年間日参して祈願をこめ、さしも現代医薬の手を離れたキチガヒが全快して千葉市（？）の信用組合か産業組合かの理事に就職した喜びに神宮へ何千円か献金したといふ記事でありました。これをみて偶然の好結果だと鼻のさきで微笑する人もあらうし又た老人の精神力の活動が影響したのだとする人もありませうが、くしびなる神徳の現れであることは申す迄もないことであります。又た秋田県の同志の方が去る一月五日の東京日日秋田版の切抜きを送つて下さいましたが、それは鯉沼秋田県知事が昨年九月より重症で危篤に陥り絶望を伝へられたことは再三であつたが、医薬も科学も手の尽しやうなきところまで陥り、モハヤ神力にすがるの外なしと知事夫人は令息と共に一心に同地の神社に祈禱したところ奇蹟的に快方に赴き、発病当時昏倒したまゝ動かせなかつた県庁知事室から病褥《びやうじよく》を官邸へ移すとき、枕の下にしつかりさしてあつた神社の護符が見えなくなり、周囲の人たちの驚きの中に段々よくなつて十一月の御大典《ごたいてん》にも参列した喜びに大きな鈴を奉納せられ、おと、ひ（一月三日）も知事さん夫妻が自動車で神社へ参拝したといふ記事で「奉納鯉沼」と刻字のある鈴と、「奉納、秋田県知事鯉沼巌」といふ立札の写真が掲載してありました。嘲《あざ》けるものを嘲けらしめよ、斯《か》ういふ神異事実は随時随処に現存するのであります。念のために申上げておきますが右の記事に関係ある伊勢神宮も秋田の神社も酒井氏や小谷部氏等の唯一の神、エホバの神ではないことであります。

エホバの神を唯一無二の神と信ずる人たちが我国の神祇を神として認めないといふ宣言は正直なる告白でありませう。私はしばらくさういふ方面の人たちの頭脳に干渉することを避けなければなりませんが、返す〴〵も遺憾に思ふのは、猶太教《ユダヤ》やキリスト教の信者でない日本人までが、彼等の「暗黒なる技巧」に共鳴する者あることを目睹《もくと》することであります。甚《はなは》だしきに至つては神社奉仕者までが其れに迷はされて居るといふことを聞いては驚くの外ありません。或ひは富士の古文書なるものの研究で祖神を未開人の渡来かと迷ふ心理と同調の経過で、彼等に神祇といふものが全くわかつて居らぬからであります。つまり神々が天から国土へ降られたといふやうなことや、神人が地上生活の肉身のま丶上天するといふやうな明確なる事実を信ぜぬからであります。何故に信ぜぬか、これは今日の小学校から大学に至るまでの教育方針や多くの新聞雑誌其他出版物が「唯物主義の迷信」に囚《とら》へられて居る為めであります。よくも悪魔が此れほど迄に神祇無視の運動に成功したものであります。今日の学校も多くの新聞雑誌社も、人間を神祇から離れしめようとする悪魔の宗教の教会堂のやうなものでありまして何《いづ》れも非宗教の仮面をかぶれる唯物宗教の伝道会社《ミツショナリーソサイティ》であります。

以上に於て私は語る必要なきことを余りに語り過ぎ、言はねばならぬ主目的のことに言及する機会なくして時間を経過いたしました。その主目的とは何であるかと申しますと、今の所謂《いはゆる》わが古神道なるもののテイタラクであります。古神道といふ言葉を振り廻す団体は色々あるやうでありますが、古神道とは何でありませうか、一言にして尽せば海外思想の混入せぬ古代の神の道でありませう。然るに何処《どこ》に、誰れが其れを説いて居られますか、仏説に神道のキモノを着せたやうなものや、神祇否定の純歴史的信仰を弄して居るものや、わが古代神伝に無関係な手製の哲学に古神道のレツテルをはつて居るものや、いづれも其れは真の古神道でなくして古神道の仮面《マスク》でなくて何でありませう。その中に於て比較的敬意を払ひ得る人として筧《かけひ》博士が居られます。古神道と云へば直ぐに筧博士を想ひ浮べる程に世人は筧先生の数十年間の努力と清高の人格に敬意を表して居ります。博士は去る大正十三年沼津御用邸に於て当時の皇后陛下の御前で四ケ月にわたつて古神道の講演をせられまして、その速記を同博士みづから補修せられたものが「神ながらの道」と題して出版せられ、内務省神社局の発行となつて居りますから、光栄の著述でもあり権威ある出版でもありますので、其の内容について私どもが彼れ此れ非難を申上げることは考慮すべきことでありますけれども、併《しか》し諾冊二神の修理固成の神伝をも哲学的に解説せられ「天地開闢《かいびやく》と申すことを歴史の卑近なる事実を申すやうに思ひ、神様を昔し〳〵其の又昔し御存在になりました人間の如くに考へて骨董品でも吟味する様に取扱ふべきものではございませぬ……歴史的事実としては天地開闢の際の事共を見たる人はない筈《はず》でございます」と述べて居られるのは如何《いかが》なものでありませうか、上古の日本人も今日の私共も諾冊二神の修理固成を歴史的事実として信じて居るのであります。又た天孫降臨の条に於て、「九州なる御祖先は九州中央の高原に居住し給ひ、信仰を本として高き山々に神々を御降し申し云々」と述べて居られまして、天孫ニニギの尊が天上から雲を押しわけて天降られた歴史的事実を否定して居られるやうに解釈されることは最も私共の遺憾と致して居るところであります。わが神典に於ては此の天孫御降臨と云ふことが中心でありまして中臣祓《なかとみのはらへ》の祝詞《のりと》もこの歴史的事実を基礎として出来て居るのであります。要するに私共は尊敬せる筧《かけひ》先生の御説に対しても種々の主要の点に於て同意を表することが出来ないことを明らかにせねばならぬのであります。我国に於ける有らゆる方面の代表的学者は何故に神異を信ずることを恥辱のやうに考へてるのでありませうか。欧米に於ける名誉ある多くの学者がスピリチユアリズムに就ての理解に似たものでも我国の学者が有するやうになるならば、又た幾らか改めて神典を見直す発心を生ずるかもわかりませんが、まことに気の毒千万な次第であります。その点になると欧米の学者は信念あるところは忌憚なく発表して居ります。ちと極端な例のやうでありますがケンブリッヂ大学副校長にして有名なる聖書学者たりしジョン、ライトフット博士の如きは聖書研究の立場から人類は紀元前四千四年十月二十六日午前九時に創造せられたといふ説をさへ唱へました。又た近くは純科学上の立場からバイブルの創世記を立証せんとして圧倒的勢力ある進化論に反対しつゝある多くの学者のあることも世人の知るところで、米国の各大学に於て進化論を講ぜしめないといふのも、資本主義的キリスト教の「黄金の反抗」あるばかりでなく科学上の反抗学説が相当に有力に支持するからであることも亦《ま》た世人の知るところであります。――何は兎《と》もあれ最近二十年来日本に於て唱へられる古神道なるものは何れも手製の古神道の仮面《マスク》でありまして、しかも其の面《マスク》も何れも破れたマスクで何の権威もありません。私共は直ちに古神道の素顔《すがほ》を明らかにするが為めに孤軍奮闘して居るのであります。然り孤軍奮闘であります。どこにも我々を支持する学者も団体もありません。けれども私共は神祇の啓導によつて進み得るのでありますから何の寂寞をも感じません。私共は天孫御降臨の歴史的事実を神典古事記の文面通りに信じ、日本天皇が天に於ける神の王の地に於ける表現なる事実を世界万民の前に立証する日の目前に近づきつゝあることを確信するものであります。

私がこれから「世界一本と天孫降臨」と題して愚意の存するところを申上げたいと思ひます大体の考へは、

一、この宇宙は唯物観的な偶然的な存在であるか、それとも或る支配者の意志による存在であるか

二、或る支配者の意志による存在とするならば此の世界は如何《いか》にして造られたか

三、人類は下等動物の進化したものか、それとも別に神の造れるものか、或ひは又た別に発生の過程があ

るのか

四、日本民族は如何《いか》にして発生したか又は何れより渡来したか

五、わが皇室の直接の起原たる天孫降臨とは如何なる事実を意味するのであるか

六、右の第五の問題と今日の地上の人類社会の関係はどうであるか

七、吾等の生命は何れより来り、吾等は死後いかなる状態に存在するか、それを統制し救済し指導するものは果して何者であるか

八、以上のすべての問題に対して石城山及び天行居は如何なる関係にあるか

と云ふやうなことであります。例によつて気まぐれな私が行き当りばつたりにぞざつな頭でお話しするのでありますから、順序や取扱事項は多少変更するかも知れず又た種々の問題を取捨したり脱線したりするやうにもなりませうが、先づ大体に於て右の方針で話を進めてみたいと思ふのであります。

要するに本日の話の大旨は、エホバに行くものはエホバに行け、天照大御神《あまてらすおほみかみ》に来らんとするものは天照大御神に来れといふことになるので、エホバを奉じつゝ天照大御神を神として拝まんとする輩は良心の破産者であるか然らずんば或る企図より出発せる暗黒なる技術者であるといふことを断言するにあるのであります。

（昭和四年三月廿八日古道第百八十一号所載）

世界一本と天孫降臨（基二）

天行居の出現が
正神界の意志たる理由

昭和四年四月二十二日石城山道場に於ける講演要旨

日本《やまと》神社奉斎の準備につきましては、極めて順調に、極めてくしびに進行しつゝありまして其の状況は皆さんが実聞実見せられつゝある通りであります。これは宇宙正神界の一大盛典たる此の神業に対して直接協賛の誠意を披瀝《ひれき》せられた九百余名の同志諸君の忠魂義胆の結晶が放つ光りではありますが、正神界の公的事業たる此の大神業に対して特に神祇が訶護《かご》指導を垂れ玉ふことを多量に計算しなければ考へ得られない眼前の活《い》ける事実であります。たゞ此れだけの事実に対して考へても、此の世の中の事象といふものが、尊く高き支配者の意志によつて動かされつゝあるものであることを何人が否定し得るでありませうか。我等天行居の同志たるものは愈々《いよいよ》ます〳〵信を篤うし志を固くして将来に於ける光栄の重荷を負担するの覚悟を要する次第であります。「世界一本と天孫降臨」といふ題目に就て話を進めますには、順序正しく最初から順次に説明を試みることにすると、甚《はなは》だ固苦《かたくる》しい話になりたがる傾向がありますから終りの方から話してみたり途中の問題から考へてみたりして色々と臨機に搗《つ》きまぜて、なるべく平易に一般向きのするやうにお話し致したいと思ふのであります。本日は其の結論の方の部分に入るべき考慮の一端について少しばかり愚見を述べておくことに致します。従来に於ても折にふれては論及したこともありますけれど、本日は天行居の出現が正神界大経綸の発動たる理由について、改めて私どもの愚意の存するところを申上げてみたいと存じます。昔から言葉は意を尽さずと申して居りますが、殊《こと》に問題が問題でありますから、満足に解説の出来る筈《はず》の問題ではないのでありますけれども、世の中には古来種々の神道的団体または其れに類似の予言者めいたものや救世主ぶつたものを取巻く集団が出没して居るのでありますから、わが天行居は其れらのものにくらべてタトヒ外形には似よりの点があるにしても其の内容、実質に於て雲泥の差があり、ひとり卓然として雲表に屹立《きつりつ》するものであるといふ理由の一部分を、今日の場合として差支へない程度に於て不完全ながら説明しておきたいと思ひます。大体に於て五箇条にわけてお話しすることが出来るかと思ふのでありますが、

第一は我が神道天行居の中心生命とも申すべき御霊代《みたましろ》であります。仏教の或る教派やキリスト教の如きに於ては、神祇の御霊代といふやうなことは余り重く考へないし、又たキリスト教的知識の畑に芽ばえた世界の宗教学とか比較宗教学とかいふ学問上から云へば神祇の御霊代といふものは高等宗教の必要条件とはなつて居らぬのでありますが、併《しか》しそれは何れも根柢を誤れる思想に結実した誤れる見解であつて、宇宙の真理といふものは人間の勝手な思案によつて動揺するものでもなく消長するものでもないのであります。伊勢神宮を始め古き尊き正しき神宮神社には必ず古き尊き御霊代があるのでありまして、(三輪の大神神社《おほみわじんじや》の如き特例もあるにはありますが)原則より云へば御霊代ありての神宮神社であります。人が住居して始めて家庭

といふものがある、人が居らねば家屋ありとも家庭は無いやうなものであります。日本国には神伝の三種の神器といふ神祕なものがあります。三種の神器ありて始めて日本国があるのであります。三種の神器は即ち日本国の御霊代で、三種の神器と皇室との御関係は恰《あた》かも御夫婦の如きもので日本国といふ家屋の中に皇室と三種の神器とありて始めて日本国の家庭があるのであります。いかなる国にも神祇はあるが特に日本国を神国中の神国といふ理由は此処《ここ》に存するのであります。宇宙正神界の大神祕たる三種の神器が我が皇室に伝はり我が日本国に伝はれるは神ながらの約束による産霊紋理《むすびかため》の然らしむるところで、何者の権力を以てしても枉《ま》ぐることの出来ぬ宇宙神律の至厳至正なる公式の答案で、その活《い》ける大事実が万巻の経典にも幾万倍勝れ抜けたる天啓……文字に非ざる文字を以て書かれたる神さびたる天啓であります。すべて正しき因縁ありてをさまるべきところへをさまるのであります。ムスビカタメによつて帰着すべきところへ帰着するのであります。伊勢神宮の御霊代が皇室を出でまして、倭姫命《やまとひめのみこと》が奉仕せられ、神示のまに〳〵各地を経られて最後に五十《い》鈴《すず》の川上に鎮まり給へるも神ながらの時節因縁ありて然ることでありまして、これを各地の神田等を寄附させる経済上の或る政策に出でたる如く此頃の大学教授は論じて居りますが、草木モノ言ふ世の中であります。……わが天行居には古く正しき尊き大神の御霊代が鎮まつて居られます。その中で天照大御《あまてらすおほみ》神《かみ》様の神璽《しんじ》や丹波元伊勢の豊受姫大神《とようけひめのおほかみ》様の御霊代のことについては、幾分か「古神道祕説」の中にも洩らしてある通りでありますが、尚《な》ほ其の外にも神さびたる神器がありますが、いづれも此等の申すも畏《かしこ》き神璽神宝は、さがし求めて得られるものでなく、百万金を奉るとも黄金の犠牲で拝戴の出来るわけのものでもなく、極めてくしびなる因縁によりて御集まりになられたものでありまして、神代以来のムスビカタメによる時節因縁で、まことに申すも畏《かしこ》き次第のものであります。伊勢神宮、熱田神宮及び其他の名社大社は姑《しば》らく別問題と致しまして、謂《い》はゆる神道十三派なるものを始め、古来の我が神道的団体のいかなるものにも、斯様《かやう》に尊き古き御霊代《みたましろ》を奉斎するところが何処にありますか。たゞ此れだけの事実を以てしても神命のまに〳〵斯《か》かる尊貴なる神璽《しんじ》を中心として出動したる天行居が、他の怪しき神憑《かむがか》りや、理窟で製造した神道的集団と根本的に其の性質を異にし、正しき神界の使命を帯べるものなることを立証して余りあるものと信ずるのでありますが、更らに今秋を以て石城山上に斎き鎮めまするところの日本《やまと》神社の地下の御霊代の大神秘に就ては其の雲間の片鱗ともいふべきものは古道紙上に於ても述べておきましたが、まことに神さびたる次第のものであります。この正しき太古神法による地下の御霊代が鎮まられたところは、伊勢内宮の御鎮座地二ケ所、伊勢外宮の御鎮座地二ケ所の外には此の地上に絶無であつたらうと愚考いたします。伊勢に於ては何しろ約二千年前及び一千五百年前のことでありますから、畏《おそ》れ多き申しやうではありますが、今日に於て其の地下の御霊代を発掘して拝観しようとしても其れは不可能なことで大部分は素焼の土器や生土《なまつち》でつくられたもので（この外の神実《かむざね》となるべきもの等言語することを得ず）ありますから、普通の言葉を以て云へば今日では大概其処《そこ》の土となつて居られるわけでありまして、又た其れで結構なのでありまして、其処が即ち永久の霊地なので、其の上に心の御柱を立て、其の上に御神殿が二十年毎に立つのでありまして、神さびたりとも神さびたる次第のものであります。心の御柱を立てる作法や其の周囲の土器に神供を盛る行事等は、どうにか斯うにか其筋の学者や祠官等の家にも伝はつて居り世間の写本類にも散見して居りまして、それだけのことは両宮以外に於ても行はれて居るところもあるやうでありまして、世人は其れを見て地下の御霊代と誤り心得て居るかのやうでありますが、太古以来の地下の御霊代の神法は、神国伝来の祕事で、これを伝へられた神人は今から四十年ばかり前に上天せられた沖楠五郎先生であり、沖先生の所伝によりて一千日の大行により此れを完成せられたのが堀天竜斎先生であります。堀先生の生涯の殆《ほと》んど全精力は此の三年余の大行に集中せられたもので、堀先生は其れだけの大使命完成のために此の世に生を享《う》けられたともみるべき人であります。然るに其れを組み立てるばかりにして別々の檜の箱に納めて時を待たる丶こと実に三十年、漸《やうや》く一昨年（昭和二年）の五月になつて始めて其れが天行居へ鎮まられるものであることが堀先生みづから神示を受けられて明瞭となつたので、私は無論それまで此の地下の御霊代のことに就ては何事も知らなかつたものであります。そのおかげで私は其の時すなはち昭和二年五月二十七日から半死半生の目に逢つて七日間の大修祓を受け、○○○○○○○○○○○○○○○○○○○○○○○○○○○○○○○○○○○○、四十二度二分の高熱で千年の臭垢を焼き尽し、それから一ケ月の後、太古神法による大潔斎と神祇の訶護《かご》によつて、沖先生の神法衣を着てまがことなく此の大神祕の御霊代の組み立てをすませました。けれども其れが何処《どこ》に御鎮まりになるのかわからないものですから厚さ一寸余の檜の大きな御樋代《みひしろ》の中に納め、仮りに今日の天行居斎主寮（現鳳凰寮）の神床下に奉安して時節を待つうちに、同年十一月の神示で石城山といふことが明瞭となり、その前後以来の消息は大体に於て皆さんが既に御承知の通りであります。斯ういふわけで正しき太古神法による地下の御霊代《みたましろ》の御鎮まりの霊地は世界広しと雖《いへど》も伊勢の両宮と今年秋からの石城山といふことになるので、太古以来今日の此の事あるまで縷々《るる》として一と筋の糸が絶ゆることなく引かれて来て此処に発現するといふ驚くべき活ける事実は、神界の大経綸の微妙さ讃嘆の外なきと同時に、天行居が正神界の意志によつて出現したものであるといふことの明証であると信じて居ります。

第二は太古神法の相伝といふことであります。世の中にザラにあるところの種々の霊術とか神法とかいふものならば、それを相伝したからとて只《ただ》それだけな話で、大小高下正邪とも只それだけな話でありますが、太古神法による御霊代の大神祕と不離の関係ある神法が沖楠五郎先生によつて完全に天行居へ伝へられてあることが、神の道に於ては絶対的の権威であるといふことを私は徹頭徹尾確信して居るのであります。天行居の道びらきをして下さいました神道霊学の偉人本田親徳《ちかあつ》先生所伝のものを以てさへも、私は之《これ》を太古神法なりとは申しませぬ。本田先生所伝の鎮魂法や帰神法は正しいものであり、世の類似の蕪陋《ぶろう》なる諸伝に比して小異ある如くにして実は大差あり、これを古伝の神法なりといふことは言ひ得られることでありますけれども、併《しか》し真の太古神法といふものは更らに一層具象的、神祕的なもので神と人との間の契約的なもので絶対唯一無二の神法が宇宙間に存在するものなることを一昨年来始めて知り、私の古い頭脳は大鉄槌で木ツ葉微塵に打ち砕かれて了《しま》つたのであります。併しながら誤解されてはなりませぬ。私は今日に於て決して本田先生所伝の神法を軽んじては居りませぬので、否《いな》、沖先生所伝の真の太古神法の相伝を受けて以来、本田先生所伝の神法は益々《ますます》正しく見え、一層神々しく感ぜられるやうになりましたので、本田先生は依然として今日と雖も我が天行居のかくれたる学師でもあり又た事実上いよ〳〵ます〳〵天行居のためにも御苦労して下さつて居るのであります。又た一般修行上には本田先生所伝のものが最も適当でありまして、沖先生所伝のものは、神代以来の祕事祕伝のみで、或る程度のものを除くの外はみだりに伝へることは愚か語ることさへも不自由なのであります。……世の中には昔から神代以来の神事を伝へたといふものが沢山にありまして、両部神道系または唯一神道系のものが大部分で、又た其れらに属せないやうな体裁のものもありますが、其の道に於て少しく苦労したおぼえのある具眼者からみれば大抵似たり寄つたりのもので、殊《こと》に禁厭に類する神法の如きは悉《ことごと》く皆な徳川時代以降、すこし古いところでも五六百年来のもので取るに足らないものが大部分であります。或ひは大国主神《おほくにぬしのかみ》、少彦名神《すくなひこなのかみ》の所伝で何十代前からの家伝だなどといふものも随所にありますが、いづれも近世に於ける産物で、その出自の系統等もたいていきまつたもので一言にして言へば取るに足らないもので、そんなものにくらぶれば百年前または二百年前位ゐの神道家が神憑《かむがか》りによつて始めた禁厭法などの方が却《かへつ》て神験があるやうであります、併しどんな術にもせよ幾分かの応験はあることもあり無いこともありますので、私が取るに足らないといふのは、正しき古伝の神法に非ずといふ意味で申すのであります。禁厭法以外の中古以降所伝の神法に就て相当の所伝を得て居る人は私の見るところでは今日の日本国に於て十人に足らないのでありまして、それも何れも神道団体関係者でもなく神職でもなく神道学者でもない普通の人、農業に従事する人や医者や職人の家に伝はつて居るのでありますが、故あつて私はタイテイ其の諸家に伝ふる奥の奥の伝まで承知して居りますけれども、それも我が太古神法よりみれば太陽の前の蛍火の如きものに過ぎないものであります。併《しか》し太陽の前の蛍火とは云へ、若《も》し其の一法でも今日の気の抜けたビールのやうな神道団体や野心ある神道家の手にでも渡つたならば、すさまじき大宣伝が行はれることでありませうが、神界の摂理は微妙なもので、全く世の中に知られない人の手に伝はり、その相伝者は何《いづ》れも神威を畏《おそ》れて家族にも語らない位ゐでありますから其の村の人達さへも誰れ一人知る者なしといふやうな状態であります。又た種々の神法について古い写本や巻物で流伝せるものもありますが、そんなものも十中の八九といひたいが実は百中の九十九まで駄目なものであります。元来読書や机上の研究によつてそんなものを得ようとするのが蟲のよすぎる話で、まことの神祕といふものは絶対に書きものなどに残すことを許されないものなのであります。又たムスビカタメによらずしては如何《いか》に努力してもまことの神法に結縁する機会へ接近することは出来ないことであります。いま茲《ここ》に一人の求道者ありてふところに百万金を用意し三十年の歳月を費やして全国の山の奥から谷の庭まで行脚し、あらゆる古い神職神官の家つゞきの者や神道行者めきたるものをさがしあるいたからとて、又た如何なる祕庫をさがして神書を漁り求めたからとて、結局骨折損のくたびれ儲《まう》けに終るの外はありますまい。私は邪慳勝他の念に駆られて、いたづらに他の長をおさへ他の美を蔽《おほ》はんとするものではありませぬ。斯《か》ういふことに就て私が少しばかり眼が見えるわけは、時節因縁によつて神祇の啓導を受けた為めと先輩の偉大なる努力集積の結晶を労せずして研究することを許された為めとであります。――地上に於て絶対唯一無二なる太古神法を沖楠五郎先生の所伝により完全に天行居へ拝領して居りますといふ大事実は、天行居が正神界の意志によつて出現したものであるといふ証拠の一つであると私は信じて居ります。

第三は此の石城山のくしびなる因縁、それから伊勢神宮始め名社大社の祭神から格別なる守護指導を受けつゝある事実に就て深く考へさせられます。石城山と天行居との関係に就ては古道紙上等に於て愚意の一端を述べさせて貰《もら》つて居りますから、ほゞ御承知の事と存じますが、尚《な》ほ進んで申上げたいこともありますが今しばらく時期を待たせて頂きたう御座います。それから石城山に於ける天行居の行動については、伊勢神宮始め二三の古来有名なる名社大社から誠に有りがたい御守護御指導を受けつゝありまして、そのたびに私どもは一層の勇気を振ひ起すことでありますが、天行居の行動が正神界のおぼしめしに叶はぬものであるならば斯様《かやう》の御訶護《かご》を蒙《かうむ》る筈《はず》は無いと思ひます。泥坊が伊勢神宮へ祈願をこめても却《かへつ》て神罰を蒙るであらうと思ひます。いかなる御守護御指導を受けつゝあるか、其の内容を具体的に申上げられないのは遺憾でありますが、……稍《や》や神機を洩《も》らすの恐れがあるかも知れませんが……実は石城山に於ける天行居の行動を決する上に於て○○○○○○○○○○○○○、○○○○○○○○○○○○○○○○○○○、○○、○○○であります。伊勢神宮または他の古来有名なる二三の名社大社の祭神から格別なる訶護を受けつゝある天行居は正しからざるものであるか、否乎《いなか》。

明治天皇御製

石城島のやまとしまねのをしへ草神代のたねののこるなりけり

第四には、天行居の信仰及び主張が正神界の大精神を発揮して居ることであります。多くの神道的集団の発生過程を冷静に学問的に研究するならば、その多くのものは広い意味に於ける謂《い》はゆる神憑《かむがか》りに端を発するのでありますが、その霊言にもせよ「お筆先」にもせよ、その内容を厳正に審査すると、よいこともあるが如何《いかが》はしい素質を含んで居るのが多いのであります。それが段々繁昌して財政的基礎が出来るに連れて種々の有識階級の人が入り込み、人間が神の言葉を削正して追々と世間から非難されさうな点をかくして了《しま》ふのが普通であります。又た左《さ》うでなくして最初から理窟でこね固めた神道説を振り廻したり中古以来の神道説をコンデンスして店を張つたりしたものもあるが、それは何れも生命のないもので只《た》だ其の関係者等の愚かなる識見に自己催眠的な不満足な満足を与へるに過ぎないものであります。天行居は始め宗教的な団体として発生したものでなく、又た宗教的団体たらしめんことを期待したものでなく、神道的立場から霊学を研究し、さうした方面から皇道の精華を中外に宣揚せんとする同志の集りに過ぎなかつたものでありました。換言すれば近世の神道的宗教運動の状況に対して好感を有せず興味を有せず希望を有せず、まして其れらのものに類似した運動を起さうといふやうなことは考へ得る事情は毫末《がうまつ》もあり得なかつたのであります。純然たる学問的良心によつて微力ながらも神道的思想運動を目的としたものに過ぎなかつたことは大正十二三年以前の天行居の総《すべ》ての出版物や印刷物が極めて明瞭に告白して居る通りであります。それが時節のめぐるに連れ、意外とも意外、太古以来の正神界の経綸《しぐみ》によつて天行居が重大なる使命を負ふにいたるものであることが朧《おぼ》ろげながらわかりかけたのが大正十四年前後からで、のツぴきならぬ大神業の負担者としての天行居を白日の下に見出したのは、わづかに昭和二年のことであり、さうした経過の自然的環境等については既に皆さんが大体御承知の通りであります。かくの如き純白なる歴史をもつ天行居の信仰、主張は何であるかといふと、要するところ

（イ）神様を敬ひ

（ロ）天子様を尊び

（ハ）心を清くして

（ニ）善を行ふこと

に約することが出来ます。心を清くして善を行ふこと、これはどんな宗教でも思想団体でも協調の出来る条目ではありますが、天行居に於ては飽《あ》くまで其れを現実の正神界の摂理のもとに認めるところに特色があるのであります。天子様を尊ぶといふことについては天行居の信念は最も光彩を放ち、日本天皇を天に於ける神の王の人間世界に於ける表現なりと知つて之《これ》を信ずる点に於て、これだけでも天行居出現の理由は立派に存在するのであります。神様を敬ふといふことは如何《いか》なる神道団体でも無論それが土台ではありますが、神様とは何であるか、いかなるものが神様と尊称し得らるゝ神であるか、神界の実相はどうであるか、斯うした重大なる問題に就て、天行居ほど正しき理解と信念とを有する団体は他に絶無であることを私は公言して憚《はばか》らぬものであります。天行居出現の根柢は此処《ここ》にあること勿論であります。斯《か》うした大問題に就て只今《ただいま》

の天行居が有する知識は極めて僅《わづ》かでありますが、その僅かなものが極めて尊いものなのであります。私見を逞《たくま》しうして古人の遺業を紊《みだ》るものは昔も今も絶えないもので、或ひは名を怪しき言霊《ことたま》学に借り、古事記や書紀や大祓祝詞《おほはらへののりと》に対して奇怪なる解釈を施し、以て得々たる人達もありますが、天行居では神典や古伝は、多くの場合そのまゝに、素直に正面から拝読し敢《あへ》て異を樹つることを為さないのであります。それで以て前人未到の境地を拓き、神代の実消息に直面せしめつゝあるのでありまして、総《すべ》ての点からみて、又どういふ点からみても天行居の信仰及び主張は正神界の大精神を直截に発揮しつゝあるものと信ぜざるを得ませぬ。昨年の夏に組織せられた天行神軍の如きも今日までのところ格別の御沙汰も拝して居りませぬけれども、今年の秋日本《やまと》神社の大事が済みましてから、恐らくは明年の夏ころからは又た正神界の意志による新たなる行動を開始するやうなことになるかも知れんと愚考して居ります。天行居には勿体ない救世主的な人物もなく開祖教祖といふやうなものに相当する人物もなく、普通の凡人の集りでありますが、これも正しき神界の正しき摂理によるものと信じて居ります。天行居の教主は五十《い》鈴《すず》の川上に鎮まり玉ふ御方であり天行居の盟主と仰ぎ奉るは千代田城の奥深くおはしまします御方であることも毎々力説して居る通りであります。天行居の信仰及び主張は正か邪か、ひねくれた考へや或る種の動機による猜疑、嫉妬の眼から見ても之《これ》を正に非ずと言ひ枉《ま》げることは許されないことでありませう。天行居の信念を非難するものに対して私は其の良心の存在を疑はざるを得ないのであります。

第五は正神界に於て相当に祕せらるべき理由ある文書記録等が続々として天行居に集まりつゝある事実で

ありまして其の一部分は既に皆さんが御承知の通りであります。偶然といふ言葉で何も彼も片づけて了《しま》へば其れ迄のものでありますけれども、現界の一切の存在に就て神界または幽界の生活者が如何《いか》なる交渉を有するかを知れる人達ならば、誰れにしても斯ういふ事実によつても正神界と天行居との因縁を否定するわけには参るまいと存じます。本田親徳《ちかあつ》翁の尊き研究四十年の結論は、現幽両界の交渉は正は正と相倚り邪は邪と相結ぶといふことでありまして、欧米に於けるスピリチユアリズムの八十年の努力の帳尻《ちやうじり》も亦《ま》た同様の計算となつて居るのでありまして、どうやら其れが真理らしく見えます。

私は以上の五箇条の事実を以て、天行居の出現は正神界の意志によるものたることを確信するものでありますす。私一人の立場から云へば別に一つの更らに重大なる一箇条の信念がありますが其れは謂《い》はゞ私一箇の主観的な性質のものでありますからして、他人の批判を要求するわけには行かないのであります。又た右に挙げた五箇条の中で、(一)御霊代《みたましろ》に就てのこと、(二)太古神法相伝のこと、(三)石城山の因縁及び名社大社祭神の御訶護《かご》のこと等につきましては、私の説明の言葉が足りないのは充分承知でありまして、モット詳しく話せば一層私共の主張を有力ならしめることは知つて居りますが、それは今日の場合まだ遠慮しなければならないことで、又た永久に唇を開けない部分のこともありまして、此の程度の話で信じ得られない方々に対してまでも「信じて下さい」と要求する考へは私共は持ち合せて居ないのであります。もつとも今しばらくの将来になると新たなる神威の発動によつて、今日わたくし共の言ふところを割引き無しに信じ得ない人達も急に信ぜずには居れないやうになられますかもわかりませんが、その時になつて信じたのでは其の人たちの甚《はなは》だしき損失であります。しかし其れも産霊紋理《むすびかため》の然らしむるところならば、やむを得ざる遺憾でありませう。また絶対的に魔縁のある人ならばタトヒ其人が俗眼からみて如何《いか》に人格高潔の人でも博学多才の人でも尽忠報国の念に燃えて居られるやうに見える方でも、到底まことの正神界の意志による言葉は耳に入るものではないのであります。——要するに私は以上に挙げた五つの事実によつて、天行居の出現、使命、行動を正しきものと信じ、善なるものと信じ、真なるものと信じ、正神界大経綸の発動に本づくものなりと信じ、且つ今日の地上に於ける此の種の集団中に於て最も正しきもの、中心的なるものと確信して居るものであります。

仄聞《そくぶん》するところによれば、わが同志の人たちの中に、非難を受くべき或る種の欠点ある人があるからさういふものに関係する神は正神に非ずと宣伝につとめられる人が東京方面にあるさうでありますが、……それは或る動機による非難運動で歯牙《しが》にかくるに足らないことではありますが、随分奇妙な論理もあつたものと思ひます。仏教徒の中にもキリスト教徒の中にも種々の人が居られますが其れを以て直ちに仏教なりキリスト教なりの正邪を論断するのは滑稽でありませう。大蔵省の官吏が鈴木辨蔵を殺したからとて大蔵省が殺人犯者の巣窟であるとは言へない筈《はず》であります。天照大御神《あまてらすおほみかみ》の鎮座まします日本国にも随分不都合な人物が時々あらはれますが、それを以て天照大御神様を邪神だと申す者もありますまい。官国幣社の古い神社に上古以来奉仕した神職神官等の中には、キリスト教的な倫理観からみて甲の上の人とは申されにくい人が多数あります。古記録によつて上古に溯《さかのぼ》れば溯るほど一層さういふ点はあるやうでありますが、それを以て直ちに其の御社の祭神の正邪を問ふは通用せぬ見解であります。わが天行居多数の同志が悉《ことごと》く釈迦、孔子、キリストへしんにゆうをかけたやうな人ばかりではありませぬ。かく申す私を始めとして身心ともに欠陥だらけの凡物であります。天行居の同志が釈迦、孔子、キリストからつり銭を取るやうな人たちばかりであるならば、天行居出現の理由も幾分か減殺されるわけであらうかとさへも考へられます。神は愛であります。神は神の愛を以て神に来る総《すべ》てのものを浄めずにはおかれませぬ。天行居出現の理由の幾分は其処《そこ》になければならぬ筈であります。天行居の神様は同志の家族の病気を直してやつたり福徳を授けられたりすることのみを本願とせられるやうなケチくさい神様ではありませぬ。神に来る者を浄めて之《これ》を根本から救済せられるところに正しき高貴の神祇としての崇高偉大なる神徳があるのであります。故に過去に於ていかなる経歴を有する人たちと雖《いへど》も真に神を信じて神様の前に来る時、偉大なる神の愛は総て神に来るものを均等の機会に立たしめられます。神の愛に感激するものは愈々《いよいよ》ます〱反省して魂《たまし》ひの汚れを洗ひ清め日に〱新たに又た日に新たにして善に遷《うつ》るやう心がけざるを得なくなります。其のすがすがしさ、美はしさ、よろこばしさ、偉大なる神の愛に感激した人たちのみの知る境地であります。惟《おも》ふに今後一般的に同志諸君の上にも又た個人々々の精神上にも大小幾回かの清潔法が行はれるであらうと思はれます。それは神の摂理による試煉と悪魔の誘惑とによるもので、それらの危機に臨みて固く信念の動揺を防ぎ、正しき神々の前に最後の信任の担当者として残るの覚悟を要するのであります。

　天行居でやつて居ることも一面からみれば人間的な事業であること勿論であります。でありますから其の事業の運用の上に立法的方面も行政的方面もあり、又た今日の時代が貨幣経済の時代であるから総《すべ》ての行動に対して数字的な事情が伴ふことも当然のことであります。そして其の立法的方面、行政的方面、経済的方面の諸種の施設や制度やは追々に時節に連れて理想に近いものとなつて行かねばならぬので、急に馬上少年的な夢を実行することは責任の局に当る人々に多少の思慮ある以上出来ないことであります。古人も「治を求むること甚《はなは》だ急なるは乱を召くの道なり」と云つて居ります。十日かゝる病気を一日で全快せしめようと企図するものは名医とは申されませぬ。眼前の卑近な実例から言へば、このたび道場規則を改正して修斎費を撤廃いたしましたが、理想を言へば序《つい》でに宿舎費なども撤廃し更らに食費の如きも本部の負担としてモツト御馳走を出すやうに致したいし、序でに会員諸君の往復旅費も道場で負担致したいし、せつかくのことに序でに紀念品として羽二重《はぶたえ》の一疋やプラチナの指輪の一本宛《づつ》位ゐはお土産として差上げたいのはやま〳〵でありますけれども、なか〳〵急には其の運びには参りかねるかと思はれます。併《しか》し羽二重一疋やプラチナの指輪どころか、背負ひ切れない程の御神徳を戴いて帰られる不都合な人たちも随分ありますからお土産や紀念品は皆さんの心次第、この山は宝来山でありますから宝は無尽蔵、いくらお持ち帰りになつても私共はビク〳〵致しませぬのです。……格神講の如きも此れに加入するに物質上の条件がありますが、理想としては此等の関門も撤廃し得られるやうに局面を移動せしめるやう努力は致す考へでありますが、急には実現しさうにもありませぬ。考運閲暦の如きも数字上の条件をモツト緩和したい希望はありますが此れも当分現状で進んで行くの外はあるまいと思はれます。角を矯《た》めんとして牛を殺しては一切の活動を停止せしめるどころか一切の機関を破壊することになりますから、時節に連れて堅実に漸進的に追々と改むべきものは改めて行き、以て局面に善処するやう心がくべきものと存ずるのであります。とは申すものの天行居内外の経済的事情の如きは何時突発的に偉大なるエネルギーを生ずるかもわかりませんので、さうなれば有らゆるケチ臭い問題は一週間内に解決して左《さ》うい方面の懸案は即座に一掃し得らるゝ筈《はず》であります。……経済的問題を離れて他の立法的方面や行政的方面に就ても色々御意見を有《い》せらるゝ方がありませうが、これも急激なる変革は私共は好みませんので、万事穏健に平凡に、いつ改めたともわからぬうちにおのづから改まつて行くやうに局面を導きたい方針でありますから、此点も併《あは》せて此際御諒解を得たいと思ふのであります。いかに神わざとは言ひながら総ての人々に洩れなく同様の満足を与へるといふことは困難なことでありまして、仏者も縁無き衆生は度し難しと申して居ります。キリストは此点に於て一層拒絶的であつたやうであります。天行居のやりかたも鰯《いわし》網を曳くやうなものでありまして、いわしあみといふものはどんな大きな鰯でも自由に抜けて出られる大きな荒い目の網でありますが、その網を急速力で引きますから沢山の鰯をすくふことが出来るので無論網から洩れて抜け出して行くのもありますが、それを防ぐやうな細い目の網では海水の圧力の関係で急速に網を曳くことが出来ず多くの鰯をすくふことが出来ないのであります。或ひは又た立派な同志の方でも一時何かの誤解で天行居を遠ざかられる様な方もあり得る事と覚悟して居ります。

天行居の神様は人の病気を直してやつたり福徳を授くると云ふやうなことのみを本願とせらるゝ神様ではないと申しましたが、さういふ風な御神徳をお授けにならぬといふ意味で申したのでないこと勿論でありますから誤解のないやうに一言しておきます。これは私が彼れ此れ説明するを要せずして多年の事実が雄弁に立証して居るところで、まことの心を以て祈願を申し出でた人たちが如何《いか》に多くの奇蹟的神徳を戴いて居るかは天行居に山積せる同志諸君の報告や礼状で明白なことで、先年までは其の一部分を印刷して魚雁集として発表したこともありますが、其後次第に種々の霊験を蒙《かうむ》る人が多数になつて、天行居ではモウ尋常普通の当然の事となつて来たのでありますから殊更《ことさ》らに手数を煩《わづら》はして輯録《しふろく》する程の必要も認めず、又た同志諸君の私信を発表することも遠慮しなければならぬので魚雁集はやめましたが、さういふことは誠の心を以て天行居の大神様を拝まれる同志諸君が現に日々夜々に体験せられつゝあるところで、昨年の秋この道場で修斎せられた大阪の小西純造氏からのハガキが私が読みかけてゐた書籍の中にはさんであつたのを先刻発見しましたから読んで見ます。

（前略）今回非常な神の御力により驚くべき神助を得ましたので余りの喜ばしさに至らぬ筆を持たして頂きます、去る四月一日午前六時頃、私の店の倉庫に近火あり、しかも風下にあたり危険極り無しとの報知がありました、私は自宅に就寝中でありましたが霊感により報知を待たずして近火を知り、店にかけつけました、そして一心に大神の御加護を祈念いたしました処、早速お聞き届け願ひ、直ちに風の方向が変り無事との報知がありました、早速御礼状さし上ぐべきところ（後略）

これに類する書面は天行居には殆《ほと》んど毎日の如く到着いたします。先日或る人から、其れほど神験あらたかなる神様ならば、いかなる難病者も天行居の神様に祈願すれば全快するかといふ質問を受けました。この人は天行居の神様にお願ひすれば千年でも万年でも死なぬかといふ考へを前提として斯様《かやう》な質問をせられたのでありませうが、アインシユタインでも一寸《ちよつと》考へつかないやうなことを考へる頭の持主らしく思はれまして、私は静かなる微笑を催しました。今更ら更《あらた》めて申す迄もなく人には天の正命といふものがありまして老若強弱に拘《かか》はらないものであります。原則として天の正命は如何《いかん》とも致すことが出来ないので、稀《ま》れに特に半年なり三年なり十年なり二十年なり寿命を延ばして頂く場合も絶無ではありませんが、それも実は当人の産霊紋理《むすびかため》によることで稀有のことであります。そんならば直らぬ病気は神様にお願ひしても直らぬ、直る病気は神様へお願ひせずとも直るといふ結論になりはせぬかと思ふ人もありませう。これは又た話の聞き下手といふものであります。人はムスビカタメによる天の正命に支配されるものでありますけれど、そのムスビカタメなるものは自己または関係者がつねに之《これ》を創造しつゝあるものであります。神様に祈願するといふことも、それによつてそれだけな産霊紋理をつくることになるので其れが全生命、全運命に影響を与へることになるのであります。「直るものは直る、直らぬものは直らぬ」といふ主義を偏屈に強調すれば、医者にかゝる必要もないといふことになります。天行居ではつねに病気の時は医者にかゝれ、それと同時に神様にお願ひせよと力説して居ります。医者にかゝることも神様にお願ひすることも人事を尽す正当の要件であります。人事を尽して天命をまつといふことが総ての場合に於ける天行居の信条であります。又た正しき神祇に祈念すれば、若《も》し天の正命で帰幽しても其の因縁――ムスビカタメによつて正神界の守護指導のもとに当人は幸福なる行程に入ることが出来ますので、現幽不二で現界も死後の世界も同じ一枚の切符で乗つてる汽車の旅で、生前の信念や修養努力がそのまゝ死後に連続するのであります。故に病人のために神界へ祈念努力して、それが謂はゆる不結果に終つても、決して其の祈念努力が無意義に消え去るものでなく、実は九死に一生を得させた場合と同じ霊的意義あるもので、誠に有りがたい尊いことであります。「あれだけ神様にお願ひしておいたのに女房は死んぢやつた、タガのゆるんだ神様め」と思ふやうな人は、まるで神人の関係、現幽の道理のわからない人間で、問題にならないのであります。又た「重病人がありますが恢《くわいふく》復することが出来ませうか其れとも所詮駄目でせうか、実は色々都合がありますので」といふやうなことを問はれる人がありますが、どんな都合があるのか知りませんが、これは愚問といふよりも邪問といふものです。特別の例もないではないが原則として生死のことは神界の祕事で、殊《こと》に死といふことは神界の忌み言葉となつてる程でありまして、斯《か》ういふことは正神界に於ては原則として伺《うかが》ふべきことでないのであります。或る人が病気になつた、それで其の全快を神様に祈念するにしても、それが必ず直るとか、必ず死ぬるとかいふことが予《あらかじ》めわかつて居ては、まごころを以て至誠を尽して祈念することは出来ない筈《はず》であります。畏《おそ》れ多きことではありますが、尊貴の方々が御不例の時に其の御快方を祈念する場合も同様でありまして、至誠を尽して最後の瞬間まで祈念しなければならないのであります。病人が家族であるにもせよ友人にもせよ、とても駄目だがマア祈願してやらうとか、ほつといても必ず直るのだがマア修法してやらうとか云ふ心もちが微塵でもあつては、ほんとうの忠魂義胆で神祇を感応せしむることは出来ないのであります。さればと云つて、それでは生死が危ぶまれるやうな重態でなければ神祇に祈るべきものでないかといふと左《さ》うではありませぬ。それほどの重態でなくても、なるべく早く快《よ》くなるやう、なるべく悪化しないやう、なるべく悩みが軽くて済むやう祈念するのは正当なことであります。只《た》だ神祇に対する至誠心にスキの生ずる事情を招くなといふ意味であります。お産の時でも難産の予兆がなくても安きが上にも安かれと祈るのは正しいことであります。その他旅行の安泰とか財運の正当なる守護などを祈る心もちも亦《ま》た同様のことで、まごころを以て人事を尽さなければならぬのであります。世の中の多くの人は、病気の時に医薬の手を尽しさへすれば其れで人事を尽したと考へて居るやうでありますが実に是れ聡明なる愚蒙であります。朝改暮変の学説によつて間断なく動揺変化しつゝある医薬の術が、神秘極まる人間の生命を托するに如何《いか》なる程度まで信頼の出来るものであるかは多少の眼力ある人の皆な知るところであります。その医家の診断と処置との及ばざるところを正神界の神祇に祈願してこそ始めて人事を尽したといふことが言ひ得らるゝのであります。一昨年の春、ロシア学士院会員パウロフ博士の研究室に居るスペランスキー博士は長い間の実験の結果、身体の組織ををかす病気は常に神経中枢に宿つて居るとの結論に達したと報ぜられました。其の主張の要点は、肺臓、咽喉、腹部などの各機関に障碍《しやうがい》が起るのは先づ神経が病に犯され、これが外部にあらはれるものに過ぎないのであるから、総《すべ》ての病気の治療法は先づ神経組織及び脳に向つて考慮せられねばならぬといふにあるのであります。このスペランスキー博士の発見は総ての病気を治療する方法に一新紀元を劃《くわく》すべく又た今日まで不治の難症とせられてゐたものに対しても新たに其の療法が発見せらるるであらうといはれて居ると伝へられて居ります。東洋では二千年も前に「百病は気より生ず」と喝破して居ります。（素問曰、百病生於気也）気より生ずるものは気を以て消滅すべきこと当然で、原則として如何《いか》なる難症も神気これに感応せば春の雪が朝日に照らされたやうに消えて行くのが当然、さう行かぬのがまちがひであるべき筈《はず》であります。大学病院を始め、あらゆる医家には特に正しき神祇を祭祀して朝夕その関係患者のために其の係りの医師が神の如き愛を以て祈願しなければ駄目だと私は思つて居るのであります、かくして始めて新らしい科学の恩恵による薬も術も其の効を十倍百倍ならしめるであらうと信ずるのであります。——病気にも色々あつて或ひは神罰を蒙《かうむ》れるものもあり他のクダラヌ憑霊のためにやられる場合もあり純然たる生理的原因によることもあり特に神の摂理によるみそぎによることもあり、それ等のものが二つなり三つなり錯綜して現象することもありますが、併《しか》し如何なる霊的原因による病気でも既に病気となつた以上は生理上の故障を起して居るのであるから直接の対策として医師を煩はすべきは当然で同時に神祇に祈念しなければならぬのであります。

種々の欲望を正神の前に祈るべきものではあるまい、心だにまことの道に叶ひなば祈らずとても神や守らむといふ心もちがよいではないかと言ふ人がありませう。一応は御尤《ごもつと》もの説でありますけれど、これは神人交渉の実際消息に就て総《すべ》ての場合に正当な意見とはならないのであります。昔時キリストは多くの人々が我儘《わがまま》勝手なことを祈るのを見て強く此れを叱斥し、只《ただ》みこゝろの天になるが如くに地にもならせたまへと祈れと訓《をし》へましたが、それも其の場合としてキリストの指導ぶりは結構でありますが、それを以て或る特定の問題に就て格別なる正しい祈りを否定したものと見るのは不当であらうと存じます。併《しか》しキリスト教のことは私にはわかりませんが、我が神の道に於ては正しい祈りならば何事に就て祈つても差支へないのみか、その祈りによつて信念も増し、それが直ちに正しい神道上の修行ともなるのであります。昔或る盲人が九州から旅行して播州明石まで行つた時に人丸《ひとまる》神社へ参拝し、ほのぼのとまことあかしの神ならばひとめはみせよ人丸の塚と詠んだ時不思議にも眼が開いたがひとめ見えただけで又た直ぐ元の通りに見えなくなつた、そこで其の盲人は考へ直して、ほのぼのとまことあかしの神ならばわれにも見せよ人丸の塚と詠んだら眼が開いた、その喜びに杖を其処へ樹て丶九州へ帰つたとかいふ伝説があつて世人の周知するところであります。これは誰れかの拵《こしら》へ話か、それとも左《さ》うした事実があつたのかは別問題として、これは有り得る消息を伝へた説話であります。わが神道に於ても祝詞《のりと》に深甚の考慮を払ふのは其処の意味があるのでありまして、祝詞でなく普通の言葉で至信に神祇へ祈願する時でも其の言葉によく注意し、落つることなく洩《も》る丶ことなく間違ひのないやう注意されたいのであります。普通の人が神祇へ祈願するのは祝詞を作製するに及ばぬことで、普通の言葉で、まごころをこめて至信に思ふことを素直に申上げればよいので、其の心もちは現界に於て皇族方の御前に出て申上げる様な気構へで居れば先づ間違ひは少ないやうであります。往々にして神祇の愛に狃《な》れて神前に於ける挙動言語の軽々しい人がありますが畏《おそ》るべきことで、皇族方の御前にある様な心もちを決して忘れてはならないのであります。

神前で祈願することも直ちに其れが立派な修行であると申しましたが、正神界に於ては修行そのものが尊いのであります。修行によつて或る物を得るといふことは第二の問題であつて修行そのものが尊いことをよく腹に入れられなければなりませぬ。神前で何事かを祈念するにしても汚れた心では駄目なこと申す迄もありませんが、汚れなき心を以て祈る、その心は即ち神の心で、「神としての我れ」が神に祈念するから感応があるのであります。天行居の総《すべ》ての修行も「神たる我れ」が神としての修行をするのでありますから修行そのものが尊いのであります。修行の第一歩からして尊い神行なのであります。それによつて霊眼が開けたの、霊耳通になつたのといふことは天行居では第二の別問題なのであります。然るに多くの人は、始めから尊い神としての修行なることを知らず、修行そのものが尊いことを知らずに、恰《あた》かも乞食が玄関先きに立つて憐れみを乞ふやうな気分の人があります。長く玄関先きに立つてゐたら女中が残飯でも持《もつ》て来て呉《く》れるか書生が出て来て追ツ払ふか、それのみに気を取られて修行をして居る人がありますが此れを乞食根性と申すのであります。人間はそんな下劣なものではありませぬ、殊《こと》にくしびなるムスビカタメにより時節因縁ありて天行居に結縁し正しき古伝の神法を修する人は、そも〱の第一歩からして神としての修行をして居るので、修行そのものが尊いのであります。実際必要な時機が来たら何時でも神々の摂理の下に神通は開けるのでありまして、人が神に憑《かか》るのでなく神が人に憑られるのでありますから、いらぬ心配は御無用であります。又た朝夕神拝をして居たり修行をして居たりすれば神通の自覚はなくとも神の摂理で道俗ともに万事よい方に導かれて行くのでありまして其れが無奇の大神通なのであります。正しき神法の修行は目前の得不得に拘《かか》はらぬもので、幼稚園の運動会の如く負けても勝つても褒美を貰《もら》ふのであります。眼前に奇怪なる現象がなければ神徳を戴いた感じのない人はオゾンパイプでなければ清浄な空気は吸うたことがないやうに思つてる人たちであります。病気について祈願しても何か奇怪な現象があれば少々経過は悪くても喜び、何の奇もなく良好の経過に導かれる場合は別段ありがたいとも思はぬやうな人があるのは甚《はなは》だ遺憾に存ぜられるのであります。かくべつの事情がなければ奇異の現象を示されないのが寧ろ正神界の通則なのであります。天行居は決して奇怪をてらひ、奇怪を売り物にする団体ではないのであります。今更ら申す迄もなく正神界に於ては、人間の正当なる能力行使を尊重せられます。却《かへつ》てそれを妨げるやうなことは特別の場合を除くの外、絶対に致されませぬのであります。今日は誰れが来るとか、又は来訪者の用向きを前以て委《くは》しく知つて居るとかいふ流儀の一種の霊媒はタイテイ各都市に少なくとも一人位ゐ居りまして何処の府県にも十数人位ゐは居るものでありますが其の大部分の関係霊は何れも正神界に無交渉のもので、邪霊と酷評して差支へなきものが九割以上を占めて居るのであります。電報一本の労、ハガキ一枚の手数でわかることまで正神界では世話は焼かれませぬ。正神界に於ては普通の問題は何等の奇怪なく冥々の間に守護指導せられ、人間をして人事を尽さしめられ、重大問題に就てはくしびなる啓導を垂れられ、或ひは大神威力の発動ともなるのであります。吾党の学人は正邪の弁別について公正なる知見を持することを要するのであります。要するに人生の秩序を破壊するやうなものにはろくなものはないのであります。（此処《ここ》には原則として一般的の原理に就てお話して居るのでありまして特別の事例あることは此の問題に限らずであります。）

お互ひ人間同志の中におきましても信といふものによつて繋がれます。相信相愛によつて人間の生活も人間の生活らしくなるのであります。明治天皇様の勅語にも朋友相信と示して居られます。神と人との感応道交も亦《ま》た信の一字に徹することによりて成就するのであります。世の中には、何か霊験あらたかな神ときけば直ぐ其処《そこ》へ参拝したり、一寸《ちよつと》霊通者があれば直ちに其人の前に叩頭《こうとう》したり、恰《あた》かも売笑婦の如く、乞食の如く、千人の唇に接吻を求め、百家の飯に憐れみを乞ふ様な恥づべき腐つた根性を反省し得ず、節操も信念もなくして霊界の遍路者として迷ひあるく人があります。正神界の神祇がさうした魂《たまし》ひに感応せられるものかどうか考へてみる迄もないことであります。静かに研究して一たび信ずれば疑はず左右に気を取られず、あせらず、こんきよく、一心に正しき神拝なり修行なりをつゞけて敢《あへ》て或る物を求めざる人にして始めて真の或る物も得られ、或る物以上の意外千万な光栄ある或る物も得られる時節が到来するのであります。たとひ万巻の書を読破し千人の霊媒に就て交渉するとも、精神に節操なく一所懸命の信なく、心の汚れの洗濯に努むることなくして、正神界に通ぜんことを思ふ輩は砂をむして飯となさんとするものであります。世の中には節操もなく唯一無二の信なく心に汚濁ありて霊界に通じ種々奇怪の術を行ふ者が多数あります。これ何れも其の奉ずるところ表面は神であれ仏であれ実はクダラヌ邪霊に感応する徒で、魂ひの洗濯を迂遠《うゑん》と思ひ性急に奇験を求むるの徒が同気相引いて流れ込む下水溝であります。昔も今も又た海の内外を問はず霊怪現象の関係者の九割九分は殆《ほと》んど此の手のもので、それにも高下大小強弱巧拙の差はありますが何れも正神界からは気の毒に見そなはして居られるもので、まことに古今同慨であります。そんな不正なる霊物に交渉するものは或ひは一時は何かの便宜を得るやうでも結局に於て終りをよくしないのでありまして、たとへば邪霊に交渉して金儲《まう》けをしても愈々《いよいよ》の場合に微塵骨灰にたたきのめされるか、どうやら財福を維持するものは家族に妖病者その他の凶変を生ずるもので、邪霊に感合して病気に就ての祈願をする結果も同様であります。

或ひはそんなことを目的とせず俗人を驚かすやうな術そのものを楽むの徒も亦《ま》た同様で、しかも此等の輩の死後は必ず魔縁に引かれて暗い生活者の群れに入らざるを得ませぬ。因果の法則は厳として現幽両界を通じての神律でありまして魔縁を結ぶの徒が魔道に堕するのは免かれんとして免かれるべき道がないのであります。我が同志諸君の中に若《も》し多少でも誤つた考へが出没したかと自覚された人は、勇敢に改心して、身を飜《ひるが》へして忽《たちま》ちに天行居の信条主張に正しく目醒められねばなりませぬ。あやまちては改むるにしかず、あやまつて居たわいと気づけば、其の瞬間に正神界の恩寵は復活し、母の膝に顔を埋めて心行くばかり甘い泣《きふ》哭《こく》にひたるやうに、春の霞の如き神寵に感激することが出来る筈《はず》であります。なぜならば神は愛でありますからであります。神の愛は何者よりも強き力であるからであります。私はいつも斎主寮の神前に坐して順次に全国の同志諸君の霊魂をノツクして其の応答が必ずしも私をして満足せしむるものでないことを発見する毎《ごと》に、十年来の努力の其《はなは》だ不徹底なることを嘆き、思ふやうに自分の考へを陳《の》べる技術を有せざる自己の無能を歯がゆく思ひ、且《か》つ我が不徳を悲しまざるを得ないのであります。

皆さんは此の道場に於て神拝をしたり修行をしたりせられる時、決して人を相手とせずして只だ神様を相手にして自分の魂ひの満足するやうにせられねばなりませぬ。あの人があれ位ゐな拝みかたをして居るから自分もこれ位ゐでよからうと人を比較せられるには及ばぬことであります。他の人はどういふ神法を心得て居るかわからぬ、簡略なやうでも深い信を以て神祇に接する術を受けて居るかもわからぬと思ひ、万事さういふ考へで、人は人、我れは我れ、たゞ我が誠を尽して、わが魂ひの満足するやう心がけられたいのであります。ムスビカタメの神律はカミロギ、カミロミの神の神徳で宇宙の大法則でありまして、魔縁に繋がるものが魔道に堕すると同様に、正神界に結縁せられる人は生前死後を通じて正神界の光明裡に呼吸するのでありますから、皆さんは因縁あつて此の尊き正神界の霊地石城山に親しまれる神寵を感謝せられると同時に、この尊き十日間を有意義の上にも有意義ならしむるやう深く決意せられんことを希望にたへないのであります。

尚《な》ほ一言しておきたいことは、天行居は何等の臭《くさ》みのないのが多くの具眼者からみられた特色の一つであります。これは我が同志諸君のひいき目ばかりでなく、他の方面の識者階級の人達からも左様《さやう》に認められて来て居るのであります。然るにも拘《かか》はらず、謂《い》はゆるみたまの因縁とでも申すわけか、ひがんだ眼を以て天行居をみる人が同志と名のつく人の中にも往々出現するやうであります。天行居は真言宗臭いとか天台臭いとか禅学臭いとか、又は天理教臭いとか黒住教臭いとか大社教臭いとか、或ひは本居平田の流れの中で特に其の非学問的方面に囚《とら》はれたものだとか唯一神道系の何物かを奉ずるらしいとか周易を神道に習合するの徒だとか其の人たちの鼻の都合によつて色々の嗅ぎわけが出来るものらしいのでありますが、更らに其の奇抜なところになりますと天行居は耶蘇《ヤソ》臭いといふ人もあるといふから、あいた口がふさがらないのであります。元来天行居の同志の約九割以上は神道以外の畑から出て来られた人でありますから多数の同志の中には今尚《な》ほ仏教に好意を有せられる人も耶蘇教に同情を抱かるゝ人もあるのであります。然るに其の人たちの中で従来私に抗議的な書面を寄せられた人の中には、天行居は各自所属宗教の異同を超越して祖国の神としての記紀等に伝へてある神祇を尊崇せよと力説し、他人の正しい信仰を妨げるやうな言行があつてはならぬ、世の中の有らゆる教学《をしへ》のよいところを愛《め》で摂《と》りて魂清《たまきよ》めの資《かて》と致さねばならぬと主張され、いかにもその見地が雄大公正で尊貴なる正神界の襟度《きんど》であるやうで、其の点に特に敬意を払ひつゝあるものであるが、どうも天行居のものを読んでみるとさうばかりも受取りかねる点がある、支那や印度《インド》の古代思想に対しては随分寛大で同情的であるやうにも見えるが、耶蘇教に対してのみ他人扱ひをせられる嫌ひがあり極端に言へば耶蘇教攻撃の精神が一貫して居るやうに見えるが、これは甚《はなは》だ吾々の遺憾とするところである云々

と云ふ意味のことを申込んで居られます。私は気がつかないのであるが左《さ》う言はれてみると、冷静に第三者的な見地から考へてみて、なるほどキリスト教系の人たちからみられるとそんな感じがするかも知れんと思つて居るのでありますが、そこへ天行居は耶蘇臭いといふ人があるといふ話なので、実は少し安心を致したやうな次第であります。いかなる点が耶蘇臭いといふのでありませうか、天行居では神は愛だといふことを言ふから其れがナザレの予言者でなければ言へないこととでも思つて居られるのでありませうか。そのことに就てはかつて「天行居夜話」の中でも説明したつもりでありますが、古代印度の大思想、否《い》な世界の大思想たる仏教も其のエッセンスは慈悲の二字に帰しますが、慈悲といふも愛といふもモノは同じ、支那で仁といふも何うやら赤の他人でもないらしいのであります。併《しか》しさういふことは兎《と》もあれ角《かく》もあれ、我が皇国の神典たる古事記、書紀等を正面から活読すれば、要するに神は愛であるといふ大精神に帰着するのみならず

我が祖国の神祇の直接の啓示が又た神は愛であるといふことに帰着するのであります。故に天行居では神は愛であると述べ、且《か》つ我が多数の同志が神は愛なることを実地に日々夜々に体験しつゝあるところであります。天行居の信念主張に他の何物が似て居らうが居るまいが其れは吾等の関知するところでないのであります。或ひは又た天行居の「十《とを》の神訓《みをしへ》」をキリスト教(ユダヤ教)の十戒と似て居るといふ人があるやうに仄《そく》聞《ぶん》しますが、いよ〳〵以て私共は其の人たちの鼻の都合を諒解することが出来ませぬ。仏教の十戒と耶蘇《ヤソ》の十戒となら或る程度まで似て居るとも云へるかも知れぬ。いづれも殺生するなとか嘘言を吐くなとか一から十までが宗教的教訓、倫理的教訓であるからであります。しかも其の両者も甲が乙を真似たわけでもなく乙が甲を模倣したわけでもありますまい。然るに天行居の「十の神訓」なるものは「ひとのみちをつくしてかみにたのめ」とありますのと「みちをわすれてみちをふめ」とありますのとが、或ひは宗教的教訓、倫理的教訓とでも言へるかも知れませぬが、あとの八条目は「いはさかをまもりきた」だの「このやまかくりよのみやこ」だの、いづれも歴史的啓示の如きもので、何等の宗教的教訓をも倫理的教訓をも含んで居らぬやうであります。若《も》しも天行居の「十の神訓」とモーセの十戒とを似て居るといふものあらば、烏と鷺も似て居るし提灯《ちやうちん》と釣鐘も似てゐるし月とすつぽんも似て居ります。或ひは十ケ条にわけてあるのが似て居るといふ形式観かも知らぬが、ヒフミヨイムナヤコトの神言は神代以来日本国に正伝するもので、神典にも明証あること万人の周知するところであります。或ひは又た天行神軍の組織が救世軍に似て居るといふ非難かも知れぬが日蓮主義者の団体に国柱軍あり真宗にも済世軍があります。形式上似たところがあつても必ずしも後者が前者の真似ではありませぬ。世界の人類は各所住地の交通開けざる時代から似寄りの形式の文化を有した実例は一々列挙するに遑《いとま》なきところで、三四千年前の日本国の神祇祭祀の形式が五六千年前のバビロンや埃及《エジプト》の神祇祭祀の形式に類同の点があるからといつても、日本の古風が外国の古俗の真似をしたといふわけのものでもないのであります。仮りに百歩を譲つて天行神軍の形式が救世軍の組織に似て居るとしたところで、それを以て天行居の信仰または主張が耶蘇臭いといふことは鼻の健全な人の感じ得ざる筋のものたること改めてくど〳〵しく申す迄もないことであります。天行居の大精神、大本領のどこが耶蘇臭いのであるか、正面から指示して頂いたら私共の参考になるかも知れませぬが、形式上の枝葉の問題を捉へての揚げ足取り的非難は股間に一物を垂れたる男子の恥づべきところであります。吾々は古代日本人の信仰を復活せしむるために努力しつゝあるものでありますが、古典の辞句だけを使用し古代に実在した文化だけによつて生きんとするものではありませぬ。今上陛下のみことのりにも垂示し玉ひし如く「日新日進」のはつらつたる清新の気を以て努力せんとするもので天行居の信条第二十二「新らしく履《くつ》をはいて古の道を踏まんとするもの」であります。古代に活版印刷が無かつたからとて西洋輸入の印刷術を天行居の事業遂行上使用せぬといふやうな考へは吾々は持ち合せて居りませぬので、苟《いやし》くも現代人を相手として私共の信念を説かんとする上に於ては事情の許す限り現代人の趣味知識に交渉しつゝ、努力しつゝあるもので、モーセであれキリストであれポウロであれトルストイであれタゴールであれ何でも彼でも其時の便宜上の小手先《こてさき》の道具に使ふこともありませう。いかに仏教嫌ひの人でも仏教から来た多数の辞句や世俗の慣用語を使用せずしては今日の日本人の日常の談話も出来なくなりますが、それを以てアノ人は仏教臭いといふ人あらば其れも亦《ま》た風流な話であります。私どもは古事記や書紀や万葉やの中に使用されただけの辞句を以て談話し、食物を木の葉や土器に盛つて食ひ、電灯もつけず、汽車にも乗らず、時計も見ず、髪を長くして働かねば正しい神様の御機嫌を損ずるものとは考へて居りませぬ。天行居はわが祖国の神々の大精神に本づきて出来るだけ働きよき組織、なるたけ便利な制度を採用して微力を尽したいといふ人たちの集りであります。明治天皇様は西洋の軍隊制度を採用せられて鉛を変じて黄金とせられて天下無雙の立派な日本軍隊を出現せしめられました。制度や組織上の範を西洋に取りたるの理由を以て「陛下の軍隊」の神聖は微塵も汚されるものではありませぬ。私は天行神軍の将来を祝福し、神のまに〳〵将来わが神国に於ける霊的国防の中堅として光輝ある歴史を編成するであらうことを絶対の確信を以て予言するものであります。

天行居の大精神、大本領といふやうなものとは全く無関係な他のつまらぬ俗事に関して、或ひは幹部の人達のやりかたなどに不平を抱いたりせられた人が、ひがんだ考へから段々と何も彼も自己催眠的な幻影に囚《とら》はれて我れを苦しめ、他の人は何とも思はぬことを自分で種々妄想して不快な種子を培養し、それに花が咲き実を結ぶやうになると、普通の心理学でも説明が出来るやうに次第々々に天行居の何も彼もが不快に見え出すやうになり、立派な信念を有した模範的な同志の方でも遂に天行居を一時遠ざかられるやうなことも有り得ることで、さうなると今後は其の遠ざかる理由を後から創作して、天行居の信仰とか教義とでもいふやうなことに不平があるやうに言ひ枉《ま》げられるやうになるもので、斯《か》うした心理的過程に苦悩する人は他の信仰的団体にも古来続出せることでありますが、まことに遺憾な次第であります。

天行神軍に関してはよく問題が起ると見えまして、少尉とか中尉とかいふのは武官の称呼であつて、これは天皇陛下の大権に基づく以外任命の出来ない筈《はず》ではあるまいかといふ人があります。これは好意的に穏当に質問せられましたのですが一応御尤《ごもつと》もなお考へであります。併《しか》し天行神軍では其の軍規にも明示せる如く其の使命や本領とするところも全く普通の軍隊の類《たぐ》ひとは似てもつかないもので、又た天行神軍少尉とか天行神軍准士官とか天行神軍の四字を冠して称呼することは軍規にも明記してあります通りで、便宜上略称することもありますが、それは差支へあるまいと存ぜられます。救世軍の如きに於て単にブース大将とか山室少将とかいふ称呼も世界的に其のまゝ通用し、我国に於ても社会的にも其のまゝ認められて居ります。キリスト教の畑のものは不都合はないが神道の畑のものは不都合といふやうな道理は成り立つまいと思はれます。救世軍の士官で其の資格によつて皇室の御沙汰を蒙《かうむ》つたものさへあるのでありますから、その辺のことは余り六つかしく考へるに及ばないことかと存じて居ります。要するに天行神軍少尉とか天行神軍中尉とかの称呼は他の神道団体に於て中教正だの少教正だのいふのに相当すること勿論であります。

本日の話は枝から枝へわたりましたが二時間近くになりましたから此の辺で切り上げて短時間修法を致します。……今日の世の中は西も東も正神を装ふ群魔の世界で、又た信仰上の浮浪人の中には、わづかな自己の識見に禍ひせられて出来そこねの学魔の陣笠となり、スピリチユアリズムが何うだの、精神分析学では斯うだのと、日の暮れるのも知らずに淋しき曠野《くわうや》にさまよひ行く人の群れもありますから種々の魔類に心を引かるゝことなく一定不動のまごころを以て、正神界の意志によりて出現せる明証ある天行居の信仰に力強く立脚し、天地に恥ぢざる正大の気を以て此の神山に清き足跡を印せられんことを切望いたします。道に入ることは難く、悪魔のジヤズに聞きとれて信を失ひて坂からすべり落ちることは容易でありますから、くしき勝縁ありて正しき此の神の道に結縁せられた人たちは、信仰上の節操を汚されることなく、正しき神祇の前に、霊魂の童貞を死守するの大覚悟あらんことを祈る次第であります。

（昭和四年五月廿八日古道第百八十三号所載）

世界一本と天孫降臨（其三）

「ますみ」の「むすび」

昭和四年五月二十三日石城山道場に於ける講演要旨

むかし黒岩周六といふ人が天人論といふ本を書きました時その巻頭に於て「余は学者に非ず、説明する能《あた》はず、主張するなり」と云うて居りますが、併《しか》し黒岩さんが天人論を書かれました当時の態度は何と云つても哲学者としての又は哲学者に擬したる態度でありました。然るに私どもは学者にも非ず学者たらんとする者にも非ざるは勿論、飽《あ》くまで一個の神道人としての信仰者に過ぎざるものであり、又た信仰者たることを以て満足し光栄とし理想として居るものでありますので、その語るところも要するに私どもの信仰を語るに過ぎざるものであります。黒岩さんは六《む》つかしい学説ばかりを取扱ひつゝ「余は学者に非ず、説明する能はず、主張するなり」と申しましたが、私どもの談話は学問的な分野に触れることがあつても、黒岩さんあたりの立場とは異なつて、一層ハツキリした意味に於て、学術的説明に非ずして私どもの信仰の主張に過ぎざるものでありますから、この点は総《すべ》ての場合によく諒解しておいて頂きたいと思ふのであります。私どもの信仰の輪廓に対して或る程度の学術的体系を与へるやうに話すといふ意味も、すべてを単なる学術として取扱はんとする意味ではないこと勿論であります。

この宇宙の創始、根本といふやうな問題につきましても天文学とか地質学とか生物学とかいふやうな方面からは如何《いか》なる程度まで人智が到達して居るか、それらに就ては書店の店頭で瞥見《べつけん》せられてもわかる問題なので柄《がら》にもない私どもが此の山の中で其の受売的な講釈をして皆さんの貴重な時間を蹂躙《じゆうりん》するにも当らないことではありますが、併《しか》し話を進める都合上それらのものにも簡単に接触する場合もありませう。けれども今日はさういふ方面に触れずして、直ちに端的に私どもの所信に就て愚見を述べてみたいと思ひますが、便宜上神典古事記の巻頭の明文によつて話した方が安全のやうです。古事記のよみかたは学者によつて色々の説がありますが、私は私の所信によつて拝読することに致します。

アメツチノハジメノトキ、高天原《たかまのはら》ニナリマセル神《かみ》ノ名《みな》ハ、天之御中主神《あめのみなかぬしのかみ》、次《つぎ》ニ高御産巣日神《たかみむすびのかみ》、次《つぎ》ニ神《かみ》産巣日神《むすびのかみ》、コノ三柱《みはしら》ノ神《かみ》ハ、竝独神成坐《みなひとりがみなりまし》テ、隠身《かくりみ》ヲ治《しろし》メシキ

アメツチノハジメノトキは天地初発之時と書いてあり、其のため古来いろ〳〵の議論がありますが、これは要するに「世の始め」とか「世界の始め」とかいふ意味に外ならぬのであります、高天原はタカマノハラとよみます。わざ〳〵其の下に天を阿麻とよめと古訓が註記して伝へてあるからタカアマハラとよまなければならぬと主張する人があり、タカアマハラの六言を一言宛《づつ》むつかしく解釈して奇怪なる説を立てる人たちもありますけれど阿麻と古訓があるのは高天原をタカメノハラとよませぬための注意で、タカマノハラとよむのが正当と信じます。「成《なり》マセル神」は「生《なり》マセル神」の意ではありますが、併し普通の意味における発。

生といふのと異なり、いつからナリマセルといふことなしに、おのづからに、始めの始めの始めから成りませるといふ意味であります。高天原といふのは天津神《あまつかみ》たちのましますの神界を申すので、北極神界をも太陽神界をも申すは固《もと》より、天上にある色々の神界を申すと同時に広い意味に於ては茫々たる大宇宙を申す場合もあります。天之御中主神、これは宇宙根本の神様でありますから、俗にいへば宇宙精神とでもいへば稍《や》や其の神徳の一面を言ひ現はし得るかと考へられますが、併し宇宙精神を神格化したものが天之御中主神であるといふやうに、普通のモノシリが解するやうに解釈すれば、いかにも学術的で、謂《い》はゆる知識階級の人たちを承諾せしめやすいので、多くの神道学者の御意見も要するに左《さ》うなのでありますが、これは飛んでもない邪解で、天之御中主神様は、そんな眼も鼻もない霊気とでも言つたやうなものでなく、一柱の神として人格的に厳存し給ふ至霊至妙の大神で、天津真北《あまつまきた》の高天原、すなはち北極紫微宮《しびきゅう》の中央の宮殿に大坐《おほまし》ます神様であります。この大神の御神徳は人類は固より森羅万象、世の中の一切のものに表現して居りますので、この机も此のコップも此の水も此の鉢の草花も此の友清といふ人間も天之御中主神様の神徳の表現とみることは差支へないのでありますが、そんならばと云つて此のコップが天之御中主神だ、この友清は天之御中主神だ、この机も此の机を造つた大工さんも同じものだといふ風になれば、「悟つたつもりの迷ひ」で、世の中のモノシリの大部分は此の病気に罹《かか》つて居りまして、しかも随分な重態に陥つて居るやうであります。天之御中主神といふ御名を以て称へ奉るやう神伝へになつて居ります意味は、「アメノ」は単なる美称尊称でなく、この大神の場合に於ては、「大宇宙の」といふやうな意味が濃厚に含まれてあることは、無邪気に神典を拝読すれば誰れにもわからねばならぬ筈《はず》であります。「御中《みなか》」といふことも単に中心といふやうな意味でなく、中心だけの意味でなく、「総《すべ》てを統一せる中心」といふ意味であります。でありますから「中心より統制せる総て」といふ意味があります。「ヌシ」といふのは多くの先輩も言へる如く「ノウシ」の約《つづま》れる語で、之《ノ》大人《ウシ》といふ意味で、宇宙を主宰《うしはき》ませる大神といふ意味であります。或る神道教会を創設せられ又た「日本語源」等二三の著書もあつて中央の学界にも幾分か名を知られて居られる○○○○氏の歌の中に「あめのみなかのぬしのかみ」といふ様な言葉がありますが、みなかのぬしといふやうな言葉は日本にはない筈だと思ひます。みなかのといへば「うしのかみ」とつゞかねばなりますまい。天之御中主神《あめのみなかぬしのかみ》はアメノミナカノヌシノカミではなくアメノミナカヌシノカミであります。斯《か》ういふことは微細なことのやうで大切なことでありますから、御神名の称へかた等は充分御注意下さるやう希望したいのであります。

高御産巣日神《たかみむすびのかみ》、高も御も尊称で産霊神《むすびのかみ》すなはち結びの神で、神産巣日神《かみむすびのかみ》も同じやうな意味、神御産巣日神《かみみむすびのかみ》とあるべきを同言の重なるを省いてあるので此の例は古典に沢山あります。古語拾遺には高皇産霊神《たかみむすびのかみ》を神留《かみろ》伎命《ぎのみこと》、神皇産霊神《かみむすびのかみ》を神留弥命《かみろみのみこと》と称へて居りますが、要するに男系祖神女系祖神として仰き奉つても差支へないことであります。本田親徳《ちかあつ》翁の道之大原には神光これを高皇産霊神といひ神温これを神皇産霊神といふと云ふやうなことが書いてあつたかと思ひますが、それも神徳の一面を申されたので、さういふ意味に於て音霊《おとたま》と数霊《かずたま》とも解し得られるので、二神の神徳は生成力ではありますが、併《しか》し某博士の註釈の様に二神を生成力の神格化せるものといふのは邪解で、二神ありて此のムスビカタメの生成力が宇宙間に充ち満ちて行《めぐ》りつゝあるのであります。私の体中を周行して居る血液が停止すれば世間的に云へば友清といふものは無くなります。そんならば血液の周行を人格化したものが友清かといふと、さうではありませんので、友清といふものがあつて友清といふものの体内に血液が行《めぐ》つて居るのであります。此の二柱のミムスビの神は、天之御中主神と倶に北極紫微宮《しびきゆう》に大坐《おほまし》ますので、天之御中主神と同一神ではありませぬ。天之御中主神の神徳の発動を陰陽両面からみて仮りに此の二柱の神を認識するといふやうな意味のことをいふ学者が多いやうでありますが、古伝としても事実としても其れは大変な間違ひであります。神典には明らかに此三《このみ》柱神《はしらのかみ》者《は》竝《みな》独神成《ひとりがみなり》坐《まし》而《て》……と記してあり、安万侶《やすまろ》の上奏文にも参神作造化之首と明記してあり、わが古代の日本人は明確に三柱の神として仰ぎ奉り、しかも其れは尊き神伝へのものであるのに、誰れの許しを受けて一つの宇宙神の作用を仮称したやうに曲弁するのでありませうか、古代日本人の信仰と近世ヨーロッパ人の哲学とを習合しなければならぬ理由が私どもには何うしてもわからないのであります。それも此頃の学者の勝手な哲学的遊戯としてならば御随意でありますけれど、我国の最高学府の講座を領して神典の講義をする人たちが斯ういふ風では我が神国の健康上甚《はなは》だ遺憾に禁《た》へない次第であります。……「隠身」をミミヲカクシタマヒキとよむ人又はカクリミニマシキとよむ人が昔も今も多いのでありますが、此処《ここ》は私は敷田年治翁の説をめでたく思ひ、釈紀に引ける大倭本紀によつて隠身の上に治の字の脱漏したものと信じ、隠身《かくりみ》ヲ治《しろし》メシキとよみます。敷田翁も言はれた如く隠身とは幽事《かみごと》でありまして造化三神は北極紫微宮に大坐《おほまし》まして宇宙間の幽事を治《しろし》めし給ふのであります。造化三神は明らかに三柱の別々の神であると申しましたがミムスビノ神二柱が天之《あめの》御《み》中主神《なかぬしのかみ》と全く無交渉なる別個の存在だといふのでないこと勿論で、宇宙一切のものが天之御中主神の神徳の表現である以上ミムスビの神二柱が天之御中主神の表現であることは申す迄もないことで友清とか荒井とか宮崎とかいふものは何れも天之御中主神の神徳の現れではあるが、併《しか》し友清といふものと荒井といふものと宮崎といふものとは別々の人間だといふやうな意味を考へられゝば何うやら造化三神の別々の神であるといふ意味も髣髴《はうふつ》せしめることが出来ようかと考へられます。同じ神性の現れでありますから、人間も又た皆なムスビの神なりとも云へないことはないのであります。然らばと云つて高皇産霊神《たかみむすびのかみ》もオレも同じものだ、あたまを下げて拝む理由がないと思ふのは大きな取りちがひで、古伝は誠に正しいものでこの区別を明らかにするために二神はミムスビの神と称へて居ります。普通の人間はムスビの神とは称し得られてもミムスビの神とは称し得られませぬ。尤《もつと》も古人もミムスビの神を略称してムスビの神またはムスブの神と称へた例はあります。拾遺集に、「君みればむすぶの神ぞうらめしきつれなき人を何つくりけむ」とあるやうな例は他にもあります。わが古伝によれば人間らしい人間は誰れでもミコトであります。併《しか》しスメラミコトは地上たゞ御一人に限る称へでありますやうに、わが正しき古伝は正しき神伝へでありますが故に、その辺の区別は極めて正しく明らかなのであります。けれども、ミムスビの大神を単にムスブの神と略称したからとて、その大精神に於て責むべきことではありませぬ。

　天之御中主神の御神徳は只《ただ》、至清至明なものであります。至清至明なものは我々の認識にあづかりませぬが、ミムスビの神の生成力が働いて始めて山は高く水は長く柳は緑に花は紅に紋理が表現して参ります。けれども其の紋理も本来至清至明なもので認識にあづからない性質のものなのであります。山は高きがまゝに、水は長きがまゝに、柳は緑なるがまゝに、花は紅なるがまゝに、森羅万象そのまゝに、あるがまゝに至清至明なのであります。私は此の辺でヤコブ、ベーメの神智学を引いて話したいが、又た飛んでもない誤解を受けるのも誤解する人に対して気の毒でありますから差控へておきますが、欧洲の神智学の永遠の根本問題、また印度《インド》思想の根本問題であり、否《いな》、悠久なる太古から今日に至るまでの有らゆる人類の最高最深最奥なる大問題に就て、わが神伝は極めて簡明に示して神ながら言挙げせぬまゝに一切を説尽してあるのであります。それは何であるかといふと此の高皇産霊神、神皇産霊神のムスビといふ言霊であります。ムスビの言はマスミと同言なのであります。マスミの鏡のことをマソヒの鏡（増霊鏡）とも申します。ムスビの神徳による森羅万象一切の紋理は、そのまゝ至清至明なマスミであるので、又たマスミのまゝのムスビなのであります。私は大正十二年の夏の朝、神啓によつて此の言霊《ことたま》の真面目に相見したとき、身も魂《たまし》ひも消えて了《しま》つたと思ふほど嬉しく、「天行林」か何かの端へ「前庭に糸瓜《へちま》を植ゑて天下を看破した」と書いておきました。仏教では此処のところを「一切の法は因縁生にして畢竟《ひつきやう》空なり」と申して居りますが、そんな理窟で固めた手間のかゝる説明では此処の神祕を説明することは六《む》つかしいのであります。マスミと云へば其のまゝムスビであり、ムスビといへば其のまゝマスミである神ながらの教への有難さ、美しさ、偉大さ、真実さ、完全さ、げに我が石城島《しきしま》のやまとの国は言霊の幸《さき》はふ国、言霊のたすくる国、古人我れを欺《あざむ》かずと、覚えず識らず帽子もかぶらずに家を出て何処《どこ》を何うあるいたか日の暮れる頃に漸《やうや》く門前に帰つて居りました。併《しか》し此の

「ますみのむすび」「むすびのますみ」といふことは、誰れにでもわかるやうで実はなかなかわかりにくいことなので、哲学に染指したり野狐禅になぶられたりした人ほど早合点のために却《かへつ》てわかりにくいのでありまして、随分と浅解誤解に陥りやすいのでありますから「うんさうか」では駄目で、少々苦労せられる値打ちのある問題であります。無論千年以来の神道学者だの国学者だのいふ閑人の夢にもみたことのない世界であります。

自然現象も人事現象も、喜怒哀楽に至るまで一切の森羅万象産霊紋理《むすびかため》が其のまゝ至清至明なマスミであることを本当に識るときは煩悶だのパン悶だのいふバケモノは即座に消滅して日は三竿《みさを》、気の利かぬ化物も求むるも得難しでありますが、此の辺のところで魔誤つくと道義を無視する畜生に堕落します。太燈国師も其れが気の毒さに、仏祖不伝の妙道を胸間に掛在せずんば忽《たちま》ち因果を撥無し真風地に堕つ皆な是れ邪魔の種族と啖呵《たんか》を切つて居ります。仏祖不伝の妙道とは何であるか、謂《い》はゆる大修行底と深信因果の一致を指すのでありますが、因果はムスビカタメの理法を説いたものであります。此のムスビカタメなるものが神ながらなる宇宙の理法であつて、しかも其れは実にミムスビの二神の神徳であることがわが国だけに正伝して居るのであります。因果とは何であるか。これを仏者に問へば結局哲学的な空論となつて了《しま》ひます。因果を掌《し》り給ふ二神の厳存を知らぬから口頭ではどんなことを言つて居つても腹の底では因果を撥無する様になりますので、古来の禅坊主で余ほどタチのよいのでないと滔々《たうたう》として魔道に堕して居るのは其のためでありまして百丈山の野狐は随所にウジヨ〳〵して居るのであります。日本国は神国なりといふことを実知することが道の大本であるといふムスビカタメの道理のわからないやうな先生では、いかに悟りが豊かでも道骨が出来て居ても畢竟《ひつきやう》邪魔の種族であります。マスミ即ムスビではありますけれども、タカミマスミノ神、カミマスミノ神と言はずして、高皇産霊神《たかみむすびのかみ》、神皇産霊神《かみむすびのかみ》と称《とな》へ奉るやうに伝へられてあるところに深き道理が存するので、正神界に於ては現実を尊び日本国に於ては神習ひて現実を尊ぶのであります。寂滅為楽でなく生成化育、弥栄《いやさか》の精神を以て現実の経営努力を尊ぶところに正神界の大理想があるのであります。理想の聖者を空中に夢想せず、天に於ける神の王の人間世界に於ける表現たる日本天皇陛下を地上唯一無二の現実のスメラミコトと仰ぎ奉り、吾等人類は各自に其の神性を自覚して美しく清く正しきミコトたらんことを期し、みづから現実のミコトを以て任じ天地に愧《は》づるなからんことを誓ひて修養努力するところに誠の神の道が存するのであります。今から千年ばかり前の詔書には中今《なかいま》といふ文字を用ひてあるところが沢山ありますが、これは現実の弥栄の大精神を能《よ》く簡明強力に言ひ表はしてあるものと拝せられます。この事については文学博士山田孝雄氏が明治四十三年に書かれた小冊子に力説してあります。

　中今とは何ぞ、現実の世界をば観じて「中」にありとなす、「中」とは何ぞ、之《これ》を歴史的に見れば悠久の過去と永遠の未来とを連絡せる中心点なり、之を道徳的にみれば、人世を発展の中途にありとし、過去を顧みて徒《いたづら》に悲まず、将来を夢みて漫《みだり》に放浪せざる穏健なる思想を含む、中今と観ずるが故に進歩に努力す、中今と観ずるが故に満足せず、中今と観ずるが故に失望せず、中今と観ずるが故に志気旺盛にして活動これによりて生ず、中今の人生観は進歩的なり、現世的なり、実際的なり、改善的なり、努力的なり、向上主義なり、発展主義なり、小成に安んぜざるなり、理想を将来にかくるなり、万世一系の皇統もこれより必然的に生じ来るべきなり、天壌無窮の皇運も亦《また》必然的に之《これ》より演繹《えんえき》し来るべきなり、現実の世界はいつも過去と未来との連鎖にして発達の過程に立てりと観ずるやこれ実に永遠無窮に進歩を希《ねが》ふことにあらずや、吾はかくの如く偉大壮麗なる人生観の一千年の古に言明せられたるを見て、快極りていふ処を知らず、これ実に近世の一大思潮たる改善的人生観に適合するものなり、吾はこの人生観が、日本民族の根本思想なることを信じて疑はざるなり、云々

この山田先生の御意見の中で、万世一系と天壌無窮に就ての一節を除くの外は大賛成であります。これは毎度申しますやうに畏《おそ》れ多きことながら皇統に就ては世の学者の意見と私共は信ずる処を異にして居りますので、いかなる思想が有らうがあるまいが、それには拘はらずして、絶対的に皇統は万世一系、絶対的に皇運は天壌無窮の神定めでありまして、天に於ける神の王たる天照《あまてらす》大御神《おほみかみ》様の神勅によるも明らかなることで、わが皇典の中で、天孫降臨の条と竝《なら》びて極めて重大なる眼目たる天祖の神勅が疑はれるやうでは、日本人として信ずべきものは世の中に絶無たるべきは議論を要せざるところでありますが、多くの学者から天行居が苦笑せられる点も亦《ま》た此の辺にあるのであります。それは玆《ここ》には言はぬことにして、山田先生の力説せられる如く此の「中今《なかいま》」の言葉は、わが神ながらの大思想を明白直截に表現してあるやうに思はれます。ムスビカタメ弥栄《いやさか》の大精神が一語の中に芽出たくも言ひ表はされてあることをしみじみと噛《か》みしめてみると、山田先生同様「快極りていふ処を知らず」であります。天行居で古道を宣揚するにあたりても、「新らしき履《くつ》を

はいて古への道を行くもの」として居り、日に日に新たにして又た日に新たにせんことを機会ある毎《ごと》に言うて居ります。今上陛下詔書にも「日新日進」とお示しになつて居りまして「中今」の理想のお示しと拝せられます。数年前に私の心おぼえまでに書いておいた歌があります。実は歌といふものにはなつて居りませぬけれども、仮りに三十一文字を連ねて書きとめておいたものの中から一二を引出しておきます。

ますかゝみむすひのかけをやとせともむすひのかけもますみなりけり

くもるへきかゝみならねはかみよよりますみかゝみといひつたへけり

あなさやけますみかゝみをいつくこそかみなからなるをしへなりけれ

やまかはもひともくさきもなりいてしますみかゝみにうつるむすひそ

ひとはみなむすひのかみそいつくしくきよくたゝしくむすひかためよ

たからともかむたからともかみほきてまそひかゝみをいつけかみとも

かしこねのさとりにいりてかしこねをすつれはもとのかしこねのかみ

これらの歌につきましては、いや歌ではありませぬが、この三十一文字の雑記帳につきましては相当の説明を要しますので、説明つきでなければ、通用せぬところに歌でない証拠もあるわけでありますが、これは何れ又た折にふれては追々と他日の機会に申上げてみたいと考へて居ります。

マスミのムスビでありムスビのマスミであります。悲しい時も悲しくはないぞ泣くなといふやうな悟りではないのであります。泣きたければ泣くべし、泣くまゝのマスミであります。笑ふ時には笑ふまゝのマスミであります。マスミのまゝのムスビは空なものに非ざる現実で其のムスビの現実を尊びます。現実に執着することが迷ひではないのであります。忠魂義胆の大執着を要します。その大執着のまゝに至清至明の真澄《ますみ》なのであります。大御神様と須佐之男神様《すさのをのかみ》とのウケヒの条に伝へられたる清明心《あかきこころ》が至清至明の真澄なのであります。そのマスミのまゝのムスビでありますからムスビの現実界が尊いのであります。現幽不二といふ言葉は固《もと》よりこんなところへ用ふべきものではありませぬけれども、併《しか》し又た用例に拘泥せず此処に考へ合せて用ひても道理は通ずるやうであります。天行居では敬神利生といふことを申します。これは西郷南洲翁の敬天愛人の語とも通用するやうでありますが、敬神といひ利生といふも産霊紋理《むすびかため》の現実に立脚して之《これ》を言ふのであります。たゞ真澄といふ観念だけでは敬神といふ念は起りやうがありませぬ。木仏を焚いて尻をあぶり、金仏を売つて女郎買ひする程度の悟りは日本思想と申し難いのであります。利生といふのは人類同胞のみならず有らゆる生類に対する正しき愛の作用を意味するので、換言すれば万物を慈愛して其の性を遂げしめんとするのであります。敢《あへ》て愛生といはずして利生といふ所以のものは盲目的な無智な愛を言ふのでないからで必要に応じては之を殺すこともあります。米を煮て食するのも米を殺すのでありますが是れ米に対する利生で其の性を遂げしめるのであります。正しき理由によりては戦争をも辞せず人類をさへも之を殺して敢て天地に疑ふところがないのであります。併《しか》し多くの場合、日常の場合、普通に天行居で利生を説くのは、日々夜々の善行をいふので、小善と雖《いへど》も心がけて此れを実行するやうに奨めて居るのであります。善因善果が産霊紋理の神律であることは毎度いふ通りでありまして、自他ともにヨリ清くヨリ美しくヨリ正しくヨり善くするやうに心がけ努力するのが神ながらの弥栄《いやさか》の大精神であります。けれども真に神恩に感激し国恩に感奮するものは、善果を期待して善因を積むやうな拙《つたな》き心事ではない筈《はず》でありまして、古人も「君子ノ善ヲ為スヤ冀《ねが》フ所有テ之ヲ為スニ非ズ、其ノ不善ヲ為サザルヤ畏《おそ》ル、所有テ為サヾルニ非ザルナリ」と云つて居ります。古人に対して赤面しないやうに反省する必要があります。「其ノ義ヲ正シウシテ其ノ利ヲ謀ラズ、其ノ道ヲ明ラカニシテ其ノ功ヲ計ラズ」とも云つて居ります。「人はみなむすびの神ぞ美しく清く正しくむすびかためよ」であります。然らざるものはミムスビの神への反逆となります。造化三神はじめイザナギの神様以前の一切の正神界の威徳を代表して立ち給へる天に於ける神の王、天照大御神《あまてらすおほみかみ》様への反逆となります。神へ反逆するものの行きつくところは滅亡であります。天行居で利生といふのはつまり一切の生類を利することで、一切の生類を利することが産霊の神徳で、これが神の道であります。

人は皆なムスビの神でありますから自ら常に大機の上に立てるものであります。如何《いか》に為すべき乎《か》といふことは原則としてムスビの神たる人間みづからが考慮し決定すべきものなのであります。古人も「卜は以て疑を決す、疑はざれば何ぞ卜せん」と言つて居ります。（左伝云、卜以決疑、不疑何卜。）此処《ここ》に卜といふのはせまい意味に於けるウラナヒのことでなく、種々の方法によつて神示を仰ぐことを意味して居るのであります。一身上の方針等について、将来どうしたら宜《よろ》しいかといふやうなことを漠然と正神界に問ふべきものではないので、これはムスビの神たる自己の神性を汚し、同時に神性の本源とも申すべき神々を汚し奉ることになるのであります。人は石や瓦で製造した人形ではないのであります。よく考えて自己の誠から出た考案が二三にわかれて人智で決しかねる場合、その中《うち》の何れにすべきかを神示に問ふことは正しいことでありますが、「さて私はどうしませう」といふやうな漠然たる態度は其時すでにムスビの神たる人間の神性を汚して居るので神示を仰ぐべき資格を欠亡して居るのであります。世間ザラにあるところの稲荷おろしまがひのものや売卜者の前に坐して、「私はどんな商売をしたらよろしいか」と問ふやうな人は狐や狸や下等な竜神や天狗や無責任な人霊のために左右される霊魂の盲目者で、まるで神の子たる自覚なき卑陋《ひろう》な人間であります。売卜者が行き当りばつたりに握り出す筮竹《ぜいちく》の数で、自己の人格を没却して売卜者の命令に服従するやうな人間には到底ほんとうの神の道といふものは諒解し得られない性質のものであります。人は各自に神祕極まる至霊至妙のもので、みづから常に大機の上に立てるものであります。産霊《むすび》の神であります。「産霊の神たる我れ」なるものを本当に識ることが重大なる一切の先決問題であります。古への達人は「吾言甚《はなは》だ知り易し、甚だ行ひ易し、天下能《よ》く知るなし、能く行ふなし」と云つて居りますが、「むすびの神なる我れ」が本当にわかれば迷夢は一時に覚破されねばならぬ筈《はず》です。以て一所懸命の信を以て神界の守護を念じつつ力行して疑はざるものを吾党の人とするのであります。

人はマスミのムスビにより、産霊紋理《むすびかため》の神徳によりて各自に別々の世界を感得するものでありまして、人は各自に自己の世界を創造しつゝ、あるものとも云へないことはないのであります。これは現幽両界を通じて言ひ得られることであります。同じ人間仲間でも同じ山をみても川をみても其の感得するところは同一ではありませぬが、さらに神仙の境界に入れば又た格段の相違あるものであります。吾々が地球の遠き過去の歴史を顧《かへり》みて気温の高下等の関係からみても、到底生物らしい生物の生活が困難だと思ふ場合でも、神仙界では春風駘蕩《たいとう》、千紫万紅の楽園であつたことも有り得た筈《はず》であります。世の中の多くのモノシリと云ふものは「神も人ありての神だ、人が神を神として認識するところに神があるのだ、人無きところには神もあるべき筈がないのだ」と論じたがります。哲学とやら申すものを専攻してあたまが真理でギツシリつまつてる人達は大抵斯《か》ういふ風なことを言ふ勇気を持ち合せて居られますが、人間の居らぬところにも神あることは申す迄もなく「親も子ありての親だ、子が親を親として認識するところに親があるのだ、子なきところには親もあるべき筈がないのだ」と言つてみたところで親は子を生まぬうちから存在して居るのであります。神祇の境界をみだりに推し測ることは、畏《おそ》れ多きことでありますから差控へますが、人間よりも遙かに下等なもの境界、禽獣蟲魚《きんじうちゆうぎよ》の世界を考へてみてもわかることで、人間が最も不潔なものとして居る物でも犬は上等の犬でも決して不潔と感ぜず、時には其の物を食することさへもあるので、魚族のためには水は空気の如く、空気は水の如く、彼等を空中に出せば吾々が水中に入りし如くに苦痛を感じます。すべて皆それ〴〵の産霊紋理による所感によるところの別々の世界を感得するものであります。この世界は枯木寒巌の如きものでなく万物みな活きて働き合ひ、働きかけつゝ、あるもので瞬時も停止の状態なく、一身上のことにもせよ一社会の現象にもせよ、一国土一世界の問題にもせよ、すべての予定が其の属性にいたるまで寸分の増減なく変化なく遅速なく進行するといふわけのものではありませぬので、然らずとせば神も人も枯木寒巌同様のものので、すべての考慮も努力も全く無意義となるわけでありますが、決してさやうなものではないのであります。神といふ神も皆むすびの神でありますが人といふ人も皆むすびの神であり、有らゆる事情が因となり縁となり、くしびなる産霊紋理《むすびかため》が織り出されつゝありますので、この神ながらなる道理のわからぬ人達の前に予言めきたることを語るに就ては余程の考慮を要するものであります。予言的素質を多量に含む天行居の宣言に就て軽率なる人達の誤解が起りやすいことも当然のことではありますが、或る種の問題に就てのみ何等かの期待を有し、洗つてみれば其人の利害の打算より出発せる其の期待のみを条件として天行居の奉ずるところを信仰するといふやうな傾向の同志の方は、未《いま》だ以て私どもの真の道友とは申上げ難《がた》いのであります。前月の講演に於て、おぼつかないながらも天行居の出現が正神界の意志たる理由は説明したつもりでありますが、あの講演筆記を繰返してよく味読せられて、正面から正しい信仰の人となつて頂きたいことが私ども満腹の希望なのであります。天行居の出現が正神界の意志に出るものかどう乎《か》、これを承認するならば誰しも之《これ》を正面から無条件で信仰せられねばならぬ筈《はず》、また天行居の出現が正神界の意志によるものとは認め難いと思ふ人に対して私どもは何等の期待をも有して居らぬことを玆《ここ》に明言しておきます。（中略）

人は皆、本来むすびの神でありますから念々刻々天下至変の中心に立てるものであります。であります故に霊通とか神通とかによりて得たる予知が必ずしも紋切型に一分一厘の変化もなく遅速なく応現するとは限らないものであります。一昨年刊行した「烏八臼」の中に収載した楊貞復の決科要語でもよく読まれたならば幽政の事情も関係者の念々刻々のムスビカタメによつて変化出没するものであることが合点が参らねばならぬ筈であります。玆《ここ》に一人の男子ありて向う一年間の自分の健康状態について神示を仰ぎ、健康無事なりとのお示しを受けてよい気になり、段々と図に乗つて夜ふかしをする朝寝をする飲食の節度を破るに至らばどうでありませう。必ず病気を起すは当然で、その時に「神示もあてにならぬ」といふかも知れませぬが、世間には幾《いく》らか神の道をたづね心霊問題等の研究に相当の造詣《ざうけい》ある人でも、これに似寄りの邪見を抱く人が随分あります。なにがしと云へる人物は信用出来る人物かどうかを神示に伺ふと致しまする。その時に当の人物が信用出来る人物だとのお示しを受けた場合、その人物を信用することは当然でありますけれど、その当の人物が其れからの年月を経るまゝに何等かの動機から不良の考へを起すやうになる場合もあり得ることであります。その時になつて往年受けたところの神示は誤謬《ごびう》であつたと思ふ人もあるかも知れませぬが、それは神示の誤りでなく時の変化につれて時々神示を仰ぐことを怠つた不注意のいたすところなのであります。かくの如き個人関係の問題ならば単純でありますが、それが一社会一国土に関するやうな問題になりますと、その問題に交渉するところの因となり縁となる現幽両界の産霊の活動は極めて複雑なものとなり、高いところからの大神の摂理によつて一瞬の間に出没遅速大小変化の活機がムスビ出されるものなのであります。故に如何《いか》なる人も公私大小とも常に大機の上に立てるもので、油断なく修養努力せねばならぬので、それが弥《いや》栄《さか》の精神、「中今《なかいま》」の精神なのであります。日本国が世界を統一して清潔安寧幸福の世界を出現せしむることは太古よりの神さだめではありますが、世、汚隆無きに非ず、畏《おそ》れ多くも即位御大礼の費用さへも御不自由であらせられた時代さへもあつたのであります。神と人とが協力して邪神邪人の妨害と戦ひつゝ天祖神勅の実現に努力を要するの意義も茲《ここ》に存するのでありまして、国民の大部分がダンスホールで停電を嬉しがるやうになつたならば日本国の大使命を実現する機会も近づき難くなるのであります。人は常に反省して油断なく、慢心を起さず、念々刻々修養努力を要することを忘れてはならぬのであります。

人はムスビカタメの神徳によりて各自に別々の世界を感得するものなることは、いつも申して居ることでありますが、高き神界の消息は申すも畏《かしこ》し、先づ普通の幽界の消息の如きも、古今東西に伝へられて居るところのものは其の霊媒なり関係者なりの産霊紋理《むすびかため》による程度の感得に過ぎざるもので、それらは決して虚偽の存在ではないが、それだけが絶対的の真理ではないのであります。近ごろ某婦人雑誌に霊界通信が載つて居るが、アレはどういふものかとの質問が頻々でありますのでうるさいけれど数日前一寸《ちよつと》読みかけてみましたが、これは全くの小説で恐らくは雑誌社の販売政策上の秘芸であらうと思はれますが併《しか》しこんなものは固《もと》より問題外と致しまして、多くの日本人に比較的広く知られて居る幽冥界の消息なるものは、仏教に属するものと、欧米のスピリチユアリズムの報告中、邦訳の出来てる数十種のものが広く読まれて居るらしいのでありますが、それらのものも其れだけが絶対の真理ではないのでありまして、或ひは路傍の草花の如きも見る〳〵うちに変化するとか、摘んでも摘んでも又た其処《そこ》に花が咲いてるとか、家を崩しても直ぐに又た其処に元の通りの家が出来てるとか、便利なやうな、たよりないやうな、幻影のやうな世界の気分が現はれて居りますが、それは其人たちだけの感得する低級な世界で、決して幽界の生活はそんな不確実な存在でなく善悪ともに大体に於て現界同様の確実味ある存在なのであります。この現世界も達観すれば変化生滅極まりなき世界で、私が居住せる田舎町、宮市の如きも子供の時分からのことを回顧すれば、まるで別世界かと思ふほど家屋も道路も総《すべ》ての生活様式も変化して居りますので、その程度の不確実な存在といふのならば、幽界の生活も不確実な存在と云ひ得られぬこともないが、普通の吾々の感情なり用語なりから云へば、幽界の生活も大体に於て現界同様の確実な存在なのでありますから、いたづらに心霊を虚談するの徒に汚されることなく神界幽界現界の実生活、此のマスミのムスビなる尊重すべき意義ある生活を認識して、正しき神道人として顕幽不二の修養努力に精進しなければならぬのであります。

ますみのむすび、むすびのますみの神祕を発見してから早くも六年の歳月は流れました。本居宣長翁は、すべて新たなる説を出すは、いと大事なり、いくたびもかへさひおもひて、よくたしかなるよりどころをとらへ、いづくまでも行きとほりて、たがふ処なく、うごくまじきにあらずば、たやすくは出すまじきわざなり。そのときには、うけばりてよしと思ふも、ほどへて後に、いま一たびよく思へば、なほわろかりけりと、我ながらだに思ひならるゝことの多きぞかし。

と言つて居られますが、この「ますみのむすび」は私としては其後充分の検査ずみのつもりであります。

（昭和四年六月廿八日古道第百八十四号所載）

ビロウ樹の葉蔭

世界一本と天孫降臨（其四）

昭和四年七月二十五日石城山道場に於ける講演要旨

今年の秋は皇室の御慶事、伊勢の御遷宮祭、石城山に於ける日本《やまと》神社の鎮斎といふ芽出《めで》たいことが続きますので、昨年の秋の御大典に引きつゞいて誠に慶賀の至りであります。どうぞ皆様も枉事《まがごと》なく総《すべ》ての次第が清く美しく進行いたしますやうに日夜御祈念下さいますやう私ども満腹の希望であります。

本月は天行居の憲範といふものが制定発布せられまして、其の為め全国同志の間に大きなセンセーシヨンを捲《ま》き起しまして、各方面から感激に溢れた書面が殺到いたしました。併《しか》し感激も結構で御座いますが、どうぞ此れは克《よ》く冷静に研究して頂きたいのでありまして、各自に充分の理解が出来て寸毫《すんがう》の不審の点のないやうに致しておきたいと思ふのであります。先日の幹部会に於ても色々研究してみたのでありますが、たとへば第十一条第十二条に規定された事項は、

第十一条　宗主其ノ地位ヲ退カントスル時ハ後継宗主候補者トシテ宗主ノ家族親族ニ非サル者ヲ指定シ聯合協議会ノ協賛ニ依《よ》リ後継宗主ヲ立ツ

第十二条　前条ニ依ル宗主ノ指定ニ対シ聯合協議会ハ其ノ協賛ヲ保留シテ宗主ノ再考ヲ促スコトヲ得

宗主再ヒ同一ノ指定ヲ為シタル時聯合協議会ハ重ネテ宗主ノ再考ヲ促スコトヲ得ス

とありますが、若《も》しも議会が宗主の指定に対して協賛を与へない場合はどうなるかといふやうな疑問を生ずるかとも考へられ得るかと思ふのでありますが、此の条文の精神の存するところは、宗主の指定権の絶対的であることを明らかにしてありますので、此の問題に限り議会は協賛を拒《こば》むことは出来ないのであります。議会が宗主の再考を促す場合は宗主が指定しなかつた人物を候補者として挙げて宗主の参考に資することもありませうが、此の場合宗主は議会の意見を正当と認めたならば先きに指定した候補者を取消して議会が参考のために挙げた候補者を指定するかも分りませぬが、宗主が先きに指定した人物が矢張り適当と信ずる場合は議会の意見に動かさるゝことなくして依然として先きに指定した人物を再び指定するでありませうが、此の場合に於ては議会は直ちに協賛を致さねばなりませぬので、次ぎの第十三条に依る場合の外、議会は後継宗主を推挙決定する権能はないのでありまして第五十九条に規定した事項も此の問題に対しては自然没交渉なのであります。然らば議会が後継宗主を信任しない場合は何うかといふと、それは又た別個の問題でありまして、合法的手段によつて後継宗主または其の支持者の深甚なる考慮を要求する方法は幾《いく》らもありますので、それはモハヤ法律的な問題でなく政治的な問題であります。事実上一般同志多数者の信任無きものが宗主の地位に居ることは不可能でありますから其点は百年後と雖《いへど》も心配は不必要と信じて居ります。併し斯《か》ういふ風に考へてみると憲範も逐条なかなか研究を要し、不審の点は条文の起草者に其の精神の存するところを質《ただ》しておかれたく、さうすれば其の質疑に応じて起草者の考へを公表して置きたいと思ひますから、……どうぞ憲範の研究には此際特に皆様の御協力を願ひたいと思ふのであります。

世界一本と天孫降臨といふ題目のもとに話を進めて行かねばなりませぬが、今日も又た少々横道へ這入《はい》つて行くつもりであります。併《しか》し横道へ這入つたり出たりする間に本道の話も少し宛《づつ》進ませるやうには心がけて居るつもりであります。私が唇を開けば大抵よそ様の攻撃か天行居の自慢をするやうに聞えるだらうと思ひますが、私としては正直な話をすれば自然とさうなるのであります。なぜならばその実、よそ様の言はるゝことに間違ひが多く天行居の主張することや為すことが正しいと信ずるからであります。白いものを白いと言ひ、黒いものを黒いといふ以上、不器用な私には婉曲な叙述上の技巧が出来ないので致しかたないのであります。私の本願としては一切よそ様の言ふこと為すことには関係せずして只《ただ》、天行居の主張だけを堂々と述べておきたいのでありますが、同志の一部の人たちが色々のものに引ツ懸つて信念を動揺させる危険がある場合、知らぬ顔も出来かねますので、ヒンは悪いけれども已《や》むを得ずして他所様《よそさま》の言挙《ことあ》げの誤れることを指示しなければなりませぬし、又た左《さ》うすることが同時に天行居の所信を色々の方面から反省する機会ともなりますので、悪口は友清の持病だと悪口を言ふ人もあるさうでありますが、まあどうせ此れは不治症でありませうから本日も少々又た持病の発作が起りましても已むを得ない次第とあきらめて居ります。

先日或る人から「聖徳太子古憲法明弁」といふ一冊子を送られましたが、不精者で又た多忙な私は読むことが出来なかつたのでありますが、数日前一寸瞥見《ちよつとべつけん》する機会を得ました。著者は松尾清明と云ふ人で本多日生さんの門人らしく日蓮主義とかの雑誌か何かをやつてる人の様です。巻頭には聖徳太子が仏衣を着けて法華経を講ぜられる絵や本多日生僧正、佐藤鉄太郎海軍中将等の序文があるので、すべての空気は判《わか》つて居りますので、こんなものは打棄て丶置いてもよいとは思ひましたが、六盟館で発行して居り一般的に相当の数の読者があるかも知れんとも思はれまするし中には国家のためにも神の道のためにも重大な不都合な点がありますので、其の害毒を想ふの余り、一言しておく気になつたのであります。

これは例の偽書として有名なる先代旧事本紀（一名大成経）の中にある五憲法を講釈したものであります。大成経が偽書か偽書でないかは既に相当に論議され研究されて居るところでありますが、この松尾清明と云ふ人たちは大いに弁護につとめて、本居翁あたりを罵倒して居られます。

本居は勤王論を鼓吹したる功あれ共、皇国の根本の国宝たる大成経を否定し、後来の学者をして進路を誤らしめたる罪は徳川幕府の禁版の罪悪よりも重く、不忠の名は倶《とも》に千歳の後までも消ゆることなかるべし。

と明記して居られます。仏魔のために魂《たまし》ひを汚されて神道家を攻撃した人は多いが、国家の忠臣たる山室山神社の祭神、本居宣長先生を不忠漢と云つたものは近ごろまで曾《かつ》て無かつたやうでありますが、松尾と云ふ人は敢《あへ》て本居先生を不忠漢と明記して居られます。木内重四郎氏が此の松尾といふ人物を白鳥博士に紹介した名刺に「同君は国学と仏典とに通じたる人」と書いてあり、その名刺を何のためかわざ〳〵凸版にして書中に刷り込んであるのを見ると松尾といふ人物は自分でも其れを承認して自信を有する人であらうと思はれますが、其れ程の人物が、本居先生を不忠漢と罵倒するのであるから相当の理由もあるのかも知れませんが、若《も》しも本居先生が不忠漢で無かつたならば、国家の忠臣を不忠漢と呼ぶ者は、呼ぶ者自身が不忠漢なることを明言することになるのであります。

松尾といふ人は其の巻頭に於て「古事記は古意に契《かな》ひたれど稗田阿礼《ひえだのあれ》の一家言なり」と書いて居られるが、勅撰の国典を阿礼の一家言なりとは神州清潔の民の言ふべきことではありますまい。この人物は例の古来俗儒等の口吻を学びて古事記の序文を後人の偽作だと言ひ汚さんとするのでありませう。古事記の序文は実は序文ではなくして当時の上表文なのであります。其の上表文を巻頭に入れて写し伝へて居る間に、あれを序文と書き加へたのでありまして、決して後人の偽作ではないのであります。其の上表文に依《よっ》て古事記が勅撰の国典たることは極めて明らかなことであります。古事記は書紀の草稿として先づ完成せられて雲上に献納《けんなふ》せられたもので、その神代巻は事実の脱漏もありますが言ひ過ぎや間違ひの点が少なく、神界の実相とよく符合して居りまして、神典として尊重すべきものであります。神武天皇様以降のことは書紀の方がよろしいのであります。古事記は微臣の一家言でなく正しい神伝の書で勅撰の国典として書紀と共に日本国の二大宝典なのであります。併《しか》し人間の事業でありますから記紀にも事実相違の訛伝《くわでん》も混入して居り又た相当重要の事項で脱漏して居るものもありますので、古語拾遺や風土記や祝詞《のりと》や其他の古記を参照する必要も無論ありますし、例の十巻旧事紀（大成経に非ず）なども一概に偽書として排斥すべきものでなく「つゞれの錦」とも云ふべきもので重要な古伝も混雑して居るのであります。大成経の如きも澄音が書き上げる時には相当の古文書も材料にしたらしく、その中には参考とすべき古伝も混入して居らぬとも限らず、さういふものを研究する人物の存在も無意義とは存じませぬが、大成経の如き全体として仏意によつて書き上げられた蕪穢《ぶわい》なものを皇国根本の国宝として淫信し、古事記を軽視するといふやうでは神の道のためにも国家のためにも大害を生ずるに至るのであります。其の理由の一端を次ぎに申上げます。松尾といふ者は、

伊勢の外宮の主神を豊受姫神《とようけひめのかみ》なりといふ偏見謬論を「さき竹の弁」に大びら切つて迷論せるが彼の盛名に迷ふもの皆これをうたがはず。

と本居先生を攻撃し「大問題、伊勢外宮の主神と大成経」と云ふ一章を設けて外宮の祭神を論議し、

幾《いく》ら貴く云つても御食津神《みけつかみ》は御食津神に相違はない、御食津神を左程に高天原《たかまのはら》に於て他の尊貴なる諸神を差しおいて貴く祭り給うたる証拠を見出し得ぬ、天照大神《あまてらすおほみかみ》が左程に貴く祭り給ふ神は御食津神でなくても外に幾らでもお在りなさる筈《はず》だ、要するに外宮の主神は月夜見尊《つくよみのみこと》である。御食津神としたのは誤りである。

と断定して居られます。それは大成経に伊勢には三宮があつたと伝へ、五十《いそ》宮には日神天照大神、豊食《とよけ》宮には月神月誦《つきよみ》大神、菟道《うぢの》宮には星神瓊々杵尊《ににぎのみこと》として居るからであります。日月星を三位とした仏意による哲学的技巧で我が皇国の上代に全く類型のない思想であります。神界の実相とも合致しないのであります。今更ら申す迄もなく外宮の主神は豊受姫神（保食神《うけもちのかみ》、大宜都比売神《おほげつひめのかみ》、御饌都神《みけつかみ》、食稲魂神《うがのみたまのかみ》いづれも同神）であらせられます。（ダキニや狐を祭つたイナリと全然別であることは勿論。）そして豊受姫神は実は須佐《すさ》

之《の》男尊《をのみこと》のサキミタマなのでありまして須佐之男尊と月夜見尊《つくよみのみこと》は固《もと》より同神であらせられます。書紀では保食神《うけもちのかみ》が月夜見尊に殺され玉ひ、古事記では大宜都比売神《おほげつひめのかみ》が須佐之男尊に殺され給ひしやうに伝へてありますが何れも或る神祕の事実を斯様《かやう》に伝へてありますので、須佐之男命が青山を枯山に泣きからし給ひ海河を泣き乾したまひしと云ふのも実は此の地上のことでなく月球のことを申すのであります。豊受姫神は須佐之男神の霊性の美しい方面から化生された神で、愛の女神であります。天照大御神《あまてらすおほみかみ》が日徳火徳天徳を代表し給ふに対して月徳水徳地徳を代表し給ふ尊貴の神であらせられます。水は一切生類の食物の根本で食物の最も精なるものは稲でありまして豊受姫神は水の精であつて又た稲の精で、二十一二歳に拝せられる美くしい女神であらせられますが其の御本体は○○であリまして、内宮と外宮との千木《ちぎ》の異なるところに宇宙の神祕が繋つて居るのでありますが、それは到底申上げることは出来ないのであります。御饌都神《みけつかみ》と申すのは換言すれば食物の精霊とも云ふべきで、決して膳部神《かしはでのかみ》ではありませぬ。外宮の主神が豊受姫大神であらせられるといふことは先輩の所説に盲従するわけでなく、吾等は丹波の元伊勢宮の地下の御霊代《みたましろ》を直接に拝して居るからで、月球の形にタスキカケのあとがあり多数の小さき穴の中に稲の実があつて、現にこの神殿に奉斎されて居る次第は既に先年詳説した通りであります。（天行居発行「古神道祕説」参照）古来外宮の主神に就ては天之《あめの》御中主神《みなかぬしのかみ》であらうとか国常立尊《くにのとこたちのみこと》であるとか種々の異説が行はれて居りますが、いづれも草木モノ言ふものであります。いかなる学説や文献が出現しても、まことの御神体を拝んで居る私どもには疑はうにも疑ふことが出来ないのであります。何故に男神の分魂が女神に化生されたかと云ふと、元来天照大神は女神なれども陽徳の御方であり須佐之男神は男神なれども陰徳の御方であらせられるからであります。故にウケヒの段に於て大御神は五男神を化生せられ須佐之男神は三女神を化生せられたのであります。書紀によれば須佐之男神は暴悪一方の神様のやうに見えますけれど、この神は暴悪勇武な方面と美くしい愛情の二方面があるのでありまして天照大御神が最も愛せられた御方でありまして他の群神達の観察の及ばない奥深い神性を具《そな》へて居られますので、此の地上に於ては、近くは山陰道方面や朝鮮、遠くは只今《ただいま》のアラビア沙漠方面に於ても活動せられたので、現にアラビア沙漠の中の大神仙界にも須佐之男神の立派な宮殿が存するのであります。現界では飲み水もない不毛の地であつても神仙界では草木繁茂して花咲き鳥歌ひ清流には軽舟も浮び多数の宮殿があるのであります。

　大成経では伊勢には元来三大宮があつて其の一たる菟道宮《うぢのみや》は星神ニニギの尊が主神であると伝へて、この頃の大成経の研究者たちは其れを色々と力説して居られるのでありますが、ホノニニギノミコトと記紀に伝へてある頭字の「ホ」の字に思ひついて星といふ字を以て来て脚色したのは大成経記者の拙劣なる技巧であります。星（ホシ）は火（ホ）石（シ）でありまして、これをホの一言につゞめることは古語の語格に於てゆるされないことであります。ニニギはニギ（和）の畳まれた語でニギニギの約されたもの、（ホ）は美称尊称であります。（ホ）の音は穂《ほ》、秀《ほ》、火《ほ》で、それから語脈が活動するので、星をホの一言であらはすことは出来ませぬので、聖徳太子のやうな絶世の智者が、そんなことを御存知ないことはありませぬので無論後世仏徒の手に成つたもので澄音の創作でないまでも決して正しい古伝ではないのであります。大成経によれば其の星は暁星《あけぼし》を意味し俗に暁の明星といふのでありませうが、馬鹿げた話であります。畏《おそ》れ多きことながら、ニニギノミコトは正系の天孫で皇室の宗祖であらせられます。世々の皇孫尊《すめみこのみこと》は、天照大御神《あまてらすおほみかみ》の霊徳を継承したまひ地上万類に君臨し給ふ御方であらせられます、それだのに天孫ニニギノミコト様を、暁星の神だとは何事である乎《か》。太陽が太陽系世界を遍照するが如く、天孫ニニギノミコトは天照大御神の日徳を承けて我が日本国土の只今《ただいま》の九州の地に降臨あらせ給ひし御方でありまして、それから世々の皇孫尊が弥継々《いやつぎつぎ》に天照大御神の日徳を承けつぎ給ひて地上に降臨ましますので、そこに日本国があり、日章旗を国旗として東海に卓立するので、日本といふ国号や日章旗の起源は、さのみ古きものでないにしろ、神ながらに今日かくの如くになつて居るのでありまして、日本は星の国でもなく月の国でもなく日の国であり、我がスメラミコトは日神天照大御神を代表して億兆に臨み給ふのであります。天孫ニニギノミコトを星神だと伝へる大成経を「皇国根本の国宝」と称し、勅撰の大典古事記を微臣の一家言だと言ひ落し、皇国の忠臣で天皇から従三位を贈られたまひし県社山室山神社の神霊を不忠漢と罵るところのマガモノ松尾清明なる者を日本人の一員として有することを私は深く愧《は》づるものであります。畏れ多きことながら日神の御血統たる我が皇室が、実は左うでなくて星神の血統だといふやうな思想が、少しでも此の仏徒等の手で伝へられ拡がることになれば由々《ゆゆ》しき凶事で、ゆるすことは出来ないのであります。神武天皇様が、吾れは日神の御子として日に向ひて戦ふこと良《ふさ》はらずと仰せられたことは昭々として皇典に明記されてあるところでありまして、代々の皇孫尊が日神の正しき御血統たることは古伝によるも眼前の事実によるも神界の実消息によるも一致合符して寸《すん》毫《がう》の疑ひなきところであります。大成経を奉ずるの奴輩は其れでも我が皇室を星神の御子孫と言ひ張らむとするのである乎《か》。彼等は先づ此の大問題に明答して後、申すべき筋あらば申し開きをするがよいのでありま す。

近ごろ又た天行神軍士官〇〇氏から小冊子を送つて来られました。明道会長医学博士岸一太氏著「神道之批判」といふ本であります。私が新刊書は滅多に読まない人間であることを知つてる〇〇氏は別にハガキで第二編第三章だけ読んで見よと私の時間をたすけるつもりで注意して来られましたので一見しました。なるほど読んで見ますると不都合な本で、此のまゝにしておくと正しき神の道のためにも君国のためにもマガコトを生ずるだらうと思はれる箇所が随分ありまするので、すこし私の卑見を述べておきたいと思ひます。聞くところによれば、岸博士は本職は耳鼻咽喉科のお医者さんださうですが、頭のよい御方で冶金《やきん》学等にも通ぜられ砂鉄製煉法の発明あるのみならず赤羽飛行場の創設者として我国の航空事業に貢献せられ、其他種々の機械を発明して国家のために尽された方で、我国の社会を飾るに足るべき名誉ある紳士であります。さういふ方の事業に邪魔になるやうなことは申したくないのでありますけれども問題が問題であつてみれば、さう遠慮ばかりも致して居れないのであります。岸さんは十年ばかり前から心霊問題に興味を持たるゝやうになられ、それから神道の研究に没頭されたらしいのでありますが、一昨年の秋頃から明道霊児なるものの出現によつて明道会といふものも組織されたらしいのでありますが、明道霊児といふのは二十年ばかり前に朝鮮で帰幽した七歳の或る女児の霊魂だとか云ふのださうですが、それが所謂《いはゆる》スピリチユアリズムで直接談話と称する方法により、幽界の消息を岸さんに通告するので、岸さんは其の明道霊児なるものを通じて平田篤胤先生の霊や其他の神霊に通ぜられるといふことであるらしいのでありますが、このたびの岸さんの著書を読んでみると平田先生の霊と云ふのは大嘘《おほうそ》の皮であること明白でありますが、岸さんは其の平田先生を本物の平田先生と信じて居られるらしいのであります。その霊児を通じて得られたる知識と或る古文書とが岸さんの神道上の考慮の経緯を成して居るやうでありますが、その古文書のことは諸所に書いて居られるが何故か其れを明らかに云つて居られませんが、岸さんの所論の前後から察すれば、例の三輪義熙氏等によつて研究されつゝある富士古文書であるらしいのであります。併《しか》し岸さんは明らかに其れと言つて居られませぬから、富士古文書に関する私共の考へを述べることは他日の機会に譲ることに致しまして、岸さんの近著「神道の批判」なる小冊子の上に明記されたる点だけに就て申上げることに致します。

記紀に載録せられて居る我国の神代の諸神は今日吾人日本民族としての立場からしては之《これ》を三種別に区別することが出来る、即ち

一、第一先住民族として此の葦原中国《あしはらのなかつくに》に棲息せる民族が祖神として崇敬すべき諸神

二、第二先住民族が祖神として崇敬すべき諸神

三、日本民族が其祖神として崇敬すべき諸神

大和民族の直接の祖神即ち天照大神《あまてらすおほみかみ》以降の神々のみでなく夫れ以前の先住民族の崇祀してゐた神祇を以て信仰の本尊として居るものが甚《はなは》だ多いのである、否殆《いなほと》んど総《すべ》ての宗派神道は此の種の神を主神として祭祀して居るのである。

吾人の祖神を崇信するの信仰であるが故に我国土に於ける先住民族の祖神までも崇祀するの要なきものである、此の意味を徹底せしむることが明道会の使命である（p 12―15）

岸さんが斯様《かやう》な神祇の分類法を用ひらる丶ことは私が今年の春、古道紙上へ発表した「破れたる古神道の面《マスク》」の中に述べておいた様な思想に中毒して居られるが為めで、天照大御神より以前の神を祭祀するの要無しと云ふやうなことになりますので、伊邪那岐神《いざなぎのかみ》を祭ることも不必要といふことになる邪見であります。

天照皇大神は実に大和民族の大祖神である、併《しか》し是亦《ま》た民族直接の祖神ではない――天孫邇々芸尊《ににぎのみこと》以前の神々で直接我が大和民族同化の事に関与せられない神々は、吾人大和民族と直接に交渉のある神ではない唯《ただ》日本帝国と関係のある神である、故に此等の神は吾人民族の一員が之を祭祀しても直接に何の交渉もないから更らに祈願しても感合がない（p 219）

とは何といふ暴言でありませう。天照皇大神も民族直接の祖神でないとは何事であるか、大和民族と直接の交渉がないとは何事でありまする乎《か》。之を祭祀しても直接に何の交渉もないから更らに感合がないとは何の意味でありまする乎。伊勢神宮に於ける今日の制度も大部分を抹殺せんとする暴言であります。わが日本民族の伊勢神宮に対する名状しがたき美くしい神祕な心を、岸博士は何故に引き離さうとするのでありませうか。

岸さんの意見から云へば神宮から大麻を頒布さる、ことも無意義となり、崇信者が神楽を奉奏するのも何の事か判らなくなります。日本民族の伊勢神宮崇信を打破することが明道会の目的ならば、それは赤色的耶蘇教徒の言行よりも一層危険なものであつて岸博士の明道会なるものは邪道会であると云はれても弁明は出来なくなるでありませう。伊勢神宮または各地の天照大御神《あまてらすおほみかみ》を主神とする神社に祈願してくしびなる神徳を蒙《かうむ》れる日本人は古来幾百万人あるか現に今日に於ても弥益々《いやますます》に霊験を蒙りつゝある活《い》ける事実は少なくとも正しい日本人の多数者が此れを確認せるところで今更ら斯様《かやう》のことを申すにも当らない程の常識的な眼前の事実であります。それだのに天照大御神様に祈願しても直接の交渉がないから感合が無いとは不可思議至極な意見で、斯《か》かる邪見を発表せしめる霊が正しいものか何うか説明する迄もないことであります。

聞くところによれば岸博士の明道会では各人の氏神奉斎をさせることが結局の目的で、其の明道霊児なるものの指示によつて各人に因縁ある氏神を奉斎させるのださうでありますが、明道会で売出すところの氏神でなければ祈願しても応験が無いといふやうなことを力強く吹聴するために古来皇室国家国民が斎《いつ》き祭れる尊貴なる諸神の神徳を蔽《おほ》ひ奉らんとする如き運動を岸博士の様な社会的信用ある紳士が為さるといふことは返すぐゝも遺憾に禁《た》へない次第であります。明道会でやつてる氏神奉斎なるものは往年大本《おほもと》教が各人の守護神なるものを発売して奉斎せしめたものと同じ手口《てぐち》であります。

堂々たる神社にして邪神の鎮まるものがあり、或は仏魔の占居するものがある（p 181）

我国の神祇の中には太古より四魂具足の真神霊でない神等が、今猶《な》ほ大なる結構の神社として奉斎され

て居るものが沢山ある――太古より邪神を奉祀したる神社が我国に今猶ほ連綿として国民の信仰を受けつゞいてゐる（p 208）

これによつてみると「太古より」の「堂々たる神社」に邪神の祭つてあるのが「沢山ある」と云ふことであるから、たいてい今日の官国幣社でありませうが、我国の官国幣社に邪神を斎祀した神社が沢山あるといふことを力説せられると云ふことは岸博士の責任ある説明を煩《わづら》はしたいものであります。仏魔が占居する神社と云はるゝのは或ひは男山八幡宮の如きを意味するのかも知れませんが、成る程男山八幡宮の如きは僧侶が宇佐から御分霊を受けて来て建立した神社で長年間仏道式の祭式を以て奉仕した神社でありますが、併《しか》し其れは時勢の罪とも云ふべきもので、今日の男山八幡宮の神霊は無論高貴な神霊であらせられます。印度《インド》の下等の邪鬼であるダキニを祭れば、たとひ神道の人が神道式に祭つても本尊はヤハリ印度の邪鬼であると同じ道理のものなのであります。我国の名社大社の中に邪神を祭つた神社が沢山あると申さるゝが、此の「神道之批判」全巻を通読して前後から考へ及ぼしてみると出雲大社の如きも其の中に意味して居らるゝやうで、大国主神《おほくにぬしのかみ》を邪神の主宰者のやうに書いて居らるゝところも諸所に散見しますが、沢山あると云はるゝのであるから沢山あるのでありませうが、どういふ大社が邪神なのか明らかに示して頂きたいと思ひます。これは実に我が日本民族の敬神思想に重大なる不安を及ぼすことであります。併し茲《ここ》に私どもの所見を申上げるならば、今更ら改めて云ふ迄もなく我国の官国幣社に祭祀せる主神は、その神霊系統の如何《いかん》に拘《かか》はらず、いづれも国家社会を守護遊ばされ民人を幸《さちは》ひ給ふ正神ばかりであること勿論の儀であります。祭神中に社伝や記録の上から申して分明を欠く神社もないではありませぬけれど、それは又た別個に考慮さるべき問題であります。

岸博士の意見を生み出すところの一つの材料となつてる「貴重なる記録」（p 21）なるものは恐らくは例の富士古文書か又は其れに類するものでありませう。それとも又た上記（ウヘツフミ）の原本の如きものか、或ひは神別紀の如き偽書に魂《たまし》ひを抜かれて居らるゝ様に考へられます。さうした岸さんの意識が明道霊児なる邪霊に反影して、其処から斯様《かやう》な危険思想が白昼のバケモノの様にあらはれ出づるのでありませう。「我明道会は昭和三年三月一日平田先生の霊界からの指導によりて設立せられたるものである」と云つて居らるるが其れは明道霊児と岸さんの意識によつて創作されたる平田先生で、神界に居らるゝ本物の平田先生の何等関知さるゝことではないのであります。多少正しい審神《さには》上の心得のあるものであつたならば、此の「神道の批判」を一見しただけで其れ位ゐのことは誰れでも直ちに看破の出来るものであります。

古来我国の国学者、神道学者にして神霊の本質を知らんとし又幽冥界の実情を明かにして惟神《かむながら》の大道を闡明《せんめい》せんとせしものは決して尠《すくな》くはなかつたのである。然れども不幸にして今日まで真の神霊界と交通し得たるものは未《いま》だ曾《かつ》てなかつたのである、吾人が今日霊界に於て師事して居る平田篤胤《あつたね》先生の如き、生前大に此方面に努力せられ、彼の寅吉物語の如きは神霊界との交通産物として其消息を公にせられたものである、然れども今日吾人の観る処によれば此等は真神霊界の消息にあらずして神仙界の消息であつたのである（p 182）

と大きく出て居られるけれど、それは神仙界の消息ではなくタチのよい天狗界（山人界とも云ふ）の消息で、平田先生も決して生前に之《これ》を高き神霊界との交通産物として公にせられたことはありませぬ。平田先生も其れ位ゐな識見のない方ではなく、寅吉物語の如きは山人界の消息として認めて居られたに過ぎぬことは平田先生の書かれたものを一読したものが誰れでも知つて居ることなのであります。岸博士は神仙界といふものを下等の霊界の様に考へて居られますが、神界と云ふも神祇界といふも神霊界といふも神仙界といふも同じことで、その中に高下の階級があるだけのことなのであります。万葉三、不尽山の歌には日本之山跡国《ひのもとのやまとのくに》とあり続後紀十九の長歌にも日本乃耶馬台能国《ひのもとのやまとのくに》とありますが、ヒノモトノヤマトノクニと云つてもダイニツポンテイコクと云つてもジヤツパンと云つても同じものを指してるのと同じ意味のものであります。単に仙人界とでも云ふのなら其れは余り高級ならざる霊界と云へないこともないが、……又後漢の張道陵が創始した道教を奉ずるものを神仙家と称呼するやうな局限されたものを意味するのならば、そんなものを神仙界と云ふのならば兎《と》も角《かく》でありますが、広い意味で普通の人の感覚に映ずる神仙界といふ称呼は神界そのものを指して居るのであります。俗に聴えるかも知れませんが日本国が世界に於ける神仙の本家で即ち神祇の本国なのであります。岸さんは「今日まで真の神霊界と交通し得たるものは未だ曾てなかつた」と放言せられますけれど、明道霊児といふ卑しき人霊を通じて岸さんが始めて真の神霊界に交通せられたといふやうなことは、岸さんの名誉のためにも遠慮せられた方が穏当であらうと考へます。古来真の神霊界に交通し得た人は日本人だけでも何万人あるか、少なくとも何万といふ数に達して居ります。さうした人達は此れを一切他人に洩《も》らさないのが原則で、又た洩らさうにも神秘なる不可抗力によつて洩らし得られないのが原則なのでありますが、それでも特別の事情によつて部分的に多少世間に洩《も》れたのが随分あります。私が住んで居る家から東方七八丁のところに県社佐波神社と云ふ御社があります。これは千七百年ばかり前に神功皇后が自ら斎主となつて天照大御神《あまてらすおほみかみ》様達を祭祀せられた御宮で、それは朝鮮からの御帰途でありまして、朝鮮へ向はせ給ふ以前に皇后が自ら神主となつて神懸《かむがか》りせられた時、交通し給ひし神達を御帰途お祭りになつたのでありましたので、カンガカリノ宮と称へて居たのが何時しかカナキリノ宮と訛伝《くわでん》せられ、金切宮の文字を当てられるやうになり、朝鮮は西方に当り易や五行の上から金位に当るので金切宮と称へると云ふやうに附会されて来ましたが、先年金切宮を佐波神社と改称せられて今日に及んで居ります。岸博士の意見から論ずれば此の神功皇后の交通せられたのも真の神霊界ではなかつたわけでありますが、恐ろしいことであります。和気の清磨が宇佐で神託を受けられた時には、神が姿を現はし給ひて人が人に物を言ふやうに御言葉を賜はつたのでありますが、これ等も岸さんからみれば清磨が真の神霊界に通じたのではなかつたことになるのでありませう。古道に連載しつゝある「神判記実」は明治の初年に伊勢で刊行されたものでありますが、あの中にも神界に交通し得た記事が沢山にありますが其れ等も皆な岸さんからみれば真の神霊界に通じたものでなくて、岸さんが宇宙開闢《かいびやく》以来始めて真の神界に交通せられたわけになるのでありませう。まことに以て風流なことであります。

由来我が神典と称せられる古事記、日本紀には天地創造に関しては記載せらるゝ処はないのである、唯《ただ》日本国の開闢日本民族の起源について記載せられて居るのみである――天御中主神《あめのみなかぬしのかみ》以前に宇宙創造天地開闢の為めには既に頗《すこぶ》る多数の神々が存在して居られた――要するに我国記紀には決して宇宙創造に関する記事は記録せられて居らぬのである（p 185―186）

記紀に宇宙創造に関する記事があるかないかは理窟を離れて正直に一読すれば誰れにもわかることであります。紀の巻頭六十五字中の三十六字が淮南子《ゑなんじ》天文訓の全文だからと云ふやうな問題は先哲も既に縦横に論じて居ることで、今くど〳〵しく申上げる必要もありますまい。記紀は明らかに天地初発の実情からして伝へて居ること勿論であります。天之御中主神より以前に沢山の神名を並べることは富士古文書などを淫読した人のやりさうなことであります。此際私は記紀の価値に就て又た一言しておきたいと思ひます。近ごろの学風では段々と古事記や書紀を軽んずる傾向となりつゝあるやうでありますが誠に慨嘆の至りであります。我国の古伝の編輯《へんしふ》に就ては履仲天皇秋八月の紀などにも見えては居りますが、やはり推古朝に天皇紀国紀等が出来たのが信用すべき記録の伝ふるところでは先づ最初の公撰であつたとするの外はありますまいが此れは大部分焼けたことになつて居り、允恭天皇様の時に帝紀等が出来たと云ふけれども此れも伝はらず、元明天皇和銅五年に古事記が出来、元正天皇養老四年に日本書紀が出来ました。でありまするからして天皇紀国紀等が焼けたのであるから古事記や書紀の材料となつたものは甚《はなは》だ不安心なものだと云ふ人があります。併《しか》し何時の時代でも人間の考へは大概同じもので、その当時の事情を想像してみてもわかることで、重要な国典が蝦夷の兵災に罹《かか》つて焼失したと云つても、そのやうな重要な書類は二三の複本のやうなものが何処《どこ》かに在つたであらうことは極めて当然な想像であります。併し複本無かりしとするも聖徳太子や馬子が主となつて撰録したところの多数の材料は其れ〴〵因縁の家筋に伝はつて居るべきことは否定することの出来ない推想であると信じます。さういふものによつて出来たのが記紀でありますから其の材料の大部分は焼けたものと同一のものであつたことは明らかであります。況《いは》んや朝廷の威力と当時の重臣や学者等が有らゆる便宜と努力を注いだこと明らかなる記紀の権威は、何と云つても我が国典の首たるもので、又た其の記事が現界に残されたる多くの事実と一致し又た其の記事の大部分が神界の実相と合符するのでありますから、記紀の権威を疑はうにも疑ひやうがないのであります。富士古文書の記事等も種々の発掘物と符合したりして相当の参考となるべきものを混入しては居りませうが、少し極端に言へば大部分は何等かの事実による創作であります。富士古文書にある秦の徐福に関係ある消息等は或る程度まで承認出来ますが其れは別個の問題であります。数年前から流行してる大衆文芸なるものの我が幕末頃の空気を取扱つた小説にも多少の史実は交ぜ合してありますので、それでなければ読者としても作者としても興味がないからであります。斯《か》うした心理は昔も今も人間の通有性であります。富士古文書の記事が描写せる太古の世界は神界の実相と合致して居る点が稀少であります。又た現界に残されたる事実とも合つて居りませぬ。その一例を申しまするならば、富士古文書には三種の神器の前に七品の神宝があつたことを伝へ、それは石劔だとか砂金だとかを挙げて居りますが、これは姑《しば》らく論外として、三種の神器は全部須佐之男命《すさのをのみこと》から天照大御神《あまてらすおほみかみ》に奉られたものとなつて居り、その製作の状況等が詳記せられて居りますが、仮りに之《これ》を認めるとしても、八阪瓊曲玉《やさかにのまがたま》を宝司の御霊と

称し、

宝司の御霊は金を鍛ふること二十一名、蓬萊山高地火の峰の形を製作し月輪の形を銀にて製作しませる上に安置して……

とありますが、畏《おそ》れ多きことながら、私共が仄聞《そくぶん》するところによれば禁中にましますす神器の形状等と全然一致して居りませぬ。尚《な》ほ言ひたいこともありますが少し憚《はばか》る点もありますから此の問題には彼れ此れ言挙《ことあ》げすることを差控へます。たゞ富士古文書とか上記《うへつふみ》のやうな伝へは異伝と云ふよりも寧《むし》ろ古人の創作だといふことを主張することを明らかにしておきます。富士古文書の研究に就ては近年また多数の学者や名士が協賛して相当の運動を起す予定だとかの噂さも聞きましたが、閑人の多い世の中であります。岸博士は、

我国には宇宙――世界の創造の記事については記紀の外に尚《なほ》神代より伝はり来れる記録が完全に存在して居る筈《はず》であるのである、然るに之《こ》れあるを知らずして人間の浅薄なる智識を以て日本民族――日本国の発達史を以て世界の発達史であると誤解したるものは舎人《とねり》親王並に太朝臣等であつて、此の人々に依《よ》つて作られた日本紀の記事が益《ますます》後世古事記の解釈を誤るの原因となつて居る（p 190）

毛色の変つた支那学の権威長井金風は先祖代々紀伝を以て家に名づけた家柄に生れた男であるにも拘《かか》はらず唇を開けば我が神道を罵倒したのでありますが、先年下関の山陽ホテルで私と三日間激論した時、書紀の筆者舎人親王を以て上代に於ける日本の聖人と歎美し、書紀は普通の学者では書けない天工鬼作だと云つて居ました。国学の四大人など云ふものは勿論、古来各派の記紀の学者も皆な盲目だと罵倒し、支那の古学をや

る間に端無《はしな》くも書紀の偉大なることを発見したと云つて其の理由も盛んに説明しましたが、曾《かつ》て人を褒《ほ》めたことのない金風が激賞嗟嘆しておかざる舎人親王も岸さんにかゝつちやあ「浅薄なる知識」の持主となられるわけでありますが、併《しか》し岸さんの頭脳にも私としては多少の疑ひがないでもないのです。なぜならば、前には「紀には天地創造に関しては記載せらるゝ処はない」と明記しておいて茲《ここ》では「日本の発達史を以て世界の発達史であると誤解したものは舎人親王《とねり》」と書いて居られるが、自分の議論を自分でブチこはすことは一種の謙遜とでも申すのかも知りませんが、全巻を通じて此れに類似した思考方法が沢山に並べてあるので小冊子ながら実に読みづらく、直截に書いてあるやうで難解で、こんなものを一見するにも遂に殆《ほと》んど半日犠牲にして了《しま》ひました。天照大御神《あまてらすおほみかみ》と日本民族との関係の如きも色々に解せられるやうに御説明に統一がありませんので読むのに骨が折れます。

　高天原《たかまのはら》とは決して或る一局部的地点を指して名づけたものでないのである、何れの国何れの地帯に於ても一定の高地帯をば高天原と云ふのである——我記紀の所謂《いはゆる》高天原は我日本国土にある高天原を云ふのである（p 187）

天地開闢《かいびやく》以来始めて真の神霊界に通じたと自称せらるゝ岸さんの高天原説は、中学校の子供にもよくわかり又たマルキシズムの無神論者も反対は致しますまい。高天原に就ては天行居で多年説明して居り、それを実証する神界の実消息も多きに苦しむほどあるのでありますから茲にはくど／＼しく申しませぬ。富士古文書などの説で行けば此の岸さんの意見は成り立ちますが、方面を換へて科学的に言語学上から御研究になりましても此の高天原説は御訂正にならなければならない筈《はず》だと思ひます。神霊とか神界とか神道とかを考へる上に於て其の土台となるべき高天原の考へが、此の程度のものでありますからして、岸さんの神霊観が板につかないのも尤《もつと》もな次第であります。

黄泉《よみ》の国とは総《すべ》ての霊界を総称して云ふのである、換言すれば霊魂の世界を云ふのである、即ち記紀に於ける黄泉国とは大和民族の生活をして居る国土の上にある霊界を総称して黄泉の国と云ふのである（p 191）

今や先生（平田先生）は神霊界よりして吾人に「よみ」とは黄泉と書けと誨《おし》へられて居るのである（p 189）

抑《そもそ》も黄泉の国と名づけられたる霊界には現時の我国には左の四種の霊の世界が存在して居るのである。

一、神　霊　界

二、神　仙　界

三、妖　魅《えうみ》　界

四、仏　魔　界

神霊界とは現時の我が日本民族の祖先の神霊である所謂《いはゆる》奇荒和幸の四魂を具足せる神霊及人霊の浄化して神霊界に入つたものより成立して居る霊界を云ふのであつて、此の霊界を統治せらるゝ大神は天照大神であつて以下諸神によつて指導経営せられて居る（p 192）

如何《いか》にニセモノの平田先生の啓導であるからと云つても、岸博士のやうな相当の思慮ある方が、それを直ちに承認せられると云ふに至つては岸さんの海の如き度量に敬服するの外はありませぬ。「善人」といふのが多分岸さんのやうな御方であらうと思はれます。

ヨミ（黄泉）といふ語はヤミ（暗）の原語でありまして暗黒を意味しヨミノクニ又はヨモツクニ（黄泉国）と云ふのは暗黒なる霊界と云ふことで、実際は暗黒なる霊界と朧夜《おぼろよ》のやうな薄明りの霊界とを総称するところに相当し、下等の霊界なのであります。黄泉といふ文字がよいとわざ〳〵平田先生の御啓示ださうですが、黄泉といふ文字も支那で地下の黄色の水が流れて居ると想像さるゝ下等の霊界を指すのであります。地球が出来て以来種々の時代に発生して居た奇怪なる動物の霊や又は人類出現の直前に居た殆《ほと》んど形体の人類に似た高級動物の霊等が主として威張つて居る霊界でありまして人間が此の地上で活動する様になつてからは人霊で此の下等霊界へ落ちて居るものも沢山にありますので、此の地球の極陰の気が凝《こ》つて化生した女王が此の黄泉国の主でありまして、固《もと》より天照大御神《あまてらすおほみかみ》ではありませぬ。この黄泉国に相当する霊界は此の地の大神霊界の下級にもあれば月球にも存在します。月球にも黄泉国に相当する下級霊界と立派な神界とがあります。ヨモツシコメ（泉津醜女）ヨモツヒサメ（泉津日狭女）ヨモツヘクヒ（黄泉戸喫）いづれも美しい光明世界を想像することを許さぬ文字であります。伊邪那岐神《いざなぎのかみ》が御禊《みそぎ》し給ふのも黄泉の穢悪《けがれ》を祓ひ玉ふので、吾々が便所から出て来て手を洗ひますのと同じことで、神社に参拝して退下するときに手を洗ふものはありさうに思へませぬ。祝詞《のりと》の根の国底の国とあるのも黄泉といふ支那の文字と同じやうな意味であります。この根の国底の国で罪悪を消滅せらる丶神が速佐須良姫神《はやさすらひめのかみ》であります。この下等の霊界を神霊界の一切だと明道霊児や岸博士が信じて居らる丶ことが根本の誤謬であります。理窟や議論を離れてヨミといふ言葉を試みに多数の人に聴かしてどんな感じを起すか審査して御覧になつてもわかることであります。ヨミといふ言葉はヤミといふ言葉と同様に多数の日本人に暗い感じ、不愉快な感じ、けがらはしい感じ、なつかしめない感じ、罪悪の感じ、恐怖の感じを起さしめます。そんなところに高貴の正神や人霊の浄化して神霊界に入つたものの居らるべき筈《はず》がないのであります。用語の差だから何うでもよいではないか黄泉国と云つても大神霊界と云つても同一物を指したものと解しておけばよいではないかと思ふ人があるかも知れませぬが、決して然らずであります。黄泉国と云ふのは地獄といふのと同じ意味であります。地獄と云つても神界と云つても用語の差のみと云ふやうなことは断じて許されないことであります。黄泉国を天照大御神が統治せられるといふやうなことは天照大御神は黄泉神《よもつかみ》だと言ひ落すことになるので今の天子様も黄泉神の系統といふことになるので不都合極まる邪説であります。平田先生と名乗る霊が特にヨミといふ文字は黄泉と書けと示されたと云ひ、地下幽鬼の界を意味する黄泉の文字を特に是認したヨモツ国が畏《かしこ》くも天祖天照大御神の知ろしめし給ふ神界であると云ふやうなヒガコトを何故に岸博士ともあらう人が信じて宣伝せられるのであるか、岸博士が名誉ある紳士であるだけに其の影響するところも想像せらる丶ので私は甚《はなは》だしく遺憾にたへないのであります。黄泉といふ文字は隠公元年の左伝及び史記鄭世家に出てるのが始めらしく「天玄地黄、泉在地中故言黄泉」などの註があつて地下幽鬼の世界を申すのであります。穢《けが》れは黄泉より起つたもので又た黄泉に返して消すことになるのが我が正しき古伝で大神界のくしびなる摂理であります。其の穢れを消される主神が速佐須良姫神であります。又た我国の大神霊界が四種に分れて居ると云ふことも出鱈目《でたらめ》で、事実は大体に八つの段階があり其れが又た平面的にも立体的にも幾百千に分れて居るので（外国の霊界も大体に於て同様）ありまして黄泉国《よもつくに》に相当するのは八段階の最下級と其の次ぎとの二段階に相当して居るのであります。斯《か》うした下級霊界の消息は其れより少し上等の霊界の消息と共に欧米のスピリチユアリズムの連中によつても相当に研究されて居るのであります。岸さんは

大和民族は現世に於ては勿論死後に於ても大国主命《おほくにぬしのみこと》即ち出雲大社の幽界の大神の司配には属せぬ（p 203）

大国主命は決して我大和民族の死後の霊魂の主宰はして居られないのである、幽界に於て重要の神事に従事しては居らる丶が人霊には関係ないのである（p 196）

と云つて居らる丶かと思へば

大国主命は先住民族の霊魂と之《こ》れに関係ある神霊を統治するの神事を管掌せられた訳であつたのである（p 199）

と云つて居られるし又、

大国主命は今も昔も変らず全世界の神仙界及妖魅《えうみ》界を管理遊ばされて居るに相違はなく（p 207）

と云つて居られるし支那の外交文書みたいに同じ命題に幾つもの結論まがひのものが喰《く》ツついて居るやうで

ありまして岸さんの車がかりの兵法には孫子十三篇では割出せない神祕なところがありますやうで、みだりに批評することは恐れ多い事の様ではありますが斯様《かやう》な出鱈目《でたらめ》な論断が世人の信用篤き紳士によつて行はれると云ふことは人類の正しき知識の上に甚《はなは》だ遺憾なことでありますから先年来何度も述べたことではありますが又た茲《ここ》で簡単に一言しておきたいと在じます。

大国主神は全世界の神仙界を直接に管理せられる方ではありませぬ。支那には支那、西洋には西洋に其れ〴〵太古以来の因縁によつて管理遊ばす神が居られます。西洋（西方アジアを含む）の神仙界は須佐之男神《すさのをのかみ》、思兼神《おもひかねのかみ》及び少彦名神《すくなひこなのかみ》の系統に属する神が管理して居られます。又た大国主神が直接に知ろしめすところの出雲の大社に相当する神界は明らかに多くの日本人の死後の司配をして居られます。いろ〳〵の事情により例外もありますが原則として日本国土に関係因縁深き人間の死後は其の土地の産土神《うぶすな》又は其の使神に連れられて一応出雲大社に相当する幽府へ参ります。或ひは産土神の諒解のもとに其人の特に信仰した神または其の使神が連れられて大国主神の幽府へ参られることもあります。そこの幽府で一応の調べがあつて罰を受けるものもあり或ひは直ちに伊勢の大神界へ送られて賞を受けるものもありますが、やがて原則として更らに此の地の神界の大都たる石城島《しきしま》の神国（神集岳）へ送られて最後の審判を受け、それから其れ〴〵の適当のところへ行つて新らしいライフに入ります。けれども正しい神界の事情に無智であるか或ひは他の何等かの事情によつて、多くの人の死後の霊は此処《ここ》に述べた経過について全く記憶のない霊が多数であります。われ〳〵が母の体を離れてから、いかなる産婆の世話になつたか誰れが名をつけてくれたか三十日か五十日経《た》つて産土神社へ参拝した時に誰れと同道したか少しも記憶にないやうなものであります。そして多くの霊が新世界に於て自我に目醒める頃には、平凡な霊は多くの場合生前の事情と同じやうな状境にあるので、中には当分の間は自分の死んだことさへ御存知ない先生もあるのでありまして、やがて霊界の知識が豊かになるに連れて向上して行くのが正則でありますが、稀《ま》れには次第に堕落するのもあり、或ひは神の摂理によつて現界へ再生せしめられるのもあり、甚《はなは》だしく悪いことをして悔悟しなかつたものや神に背いたもので黄泉《よもつ》国《くに》へ栄転する先生もあり、甚だしきに至つては月球の黄泉国へ投げ込まれる念入りなのも稀れにはあります。諸外国に於ける其の国人の死後の霊が辿る道筋は必ずしも今日までのところ日本の其れとは事情を同一にして居らず其の国々其の民族々々の歴史信仰習俗等によつて異なります。同じ人類であつて生死といふやうな通有的な大事件に伴ふ事情は一様でなければならぬと思ふのは概念的な考へ方による錯誤で、幽界の事情は要するに現界の事情と合せ鏡のやうなものなので、各国各民族の死後の生活の直接背景は区々様々でありま す。そして死後の生活に就ての人間の正しい知識が普遍するに連れて異国異民族の間にも死後の生活背景の事情が普遍的となつて行くのであります。日本天皇は全世界に君臨せられねばならぬ御方でありますが、まだ其処まで現幽両界が発達して居りませぬが、これは近く急激に局面が展開されて神代以来の大約束が成就せらるゝのでありまして、其れに連れて大国主神《おほくにぬしのかみ》が人類の死後通過すべき第一関の主宰神たるべき神代以来の約束も成就せねばならぬのであります。日本人だからと云つても必ずしも日本国土直接の神界霊界に居るものとは限りませぬので一例を言へば聖徳太子の如き御帰幽後直ちに仏仙界に入られ後に支那の神仙界に転籍せられて今日に及んで居られるやうな方もあります。また支那の神仙界と云つても地方的にも段階的にも思想的にも色々存在するのであります。諸外国亦《ま》た然りであります。日本の神仙界も各地に色々にあります。そこで神界の消息をもたらすものも其の報告必ずしも一から十まで一致するわけのものでなく、同じ神仙界に出入した人でも甲の人と乙の人とでは所感を異にするのは、くしびなる理由が存在するのであります。けれども地上各国の種々の霊界が日本国の神集岳に統制せられて居るのでありまして、私共の感ずるところでは神集岳は先づ四国位ゐの大きさであるやうに感ぜられますが無論これは現界的に考慮することの許されない地域であります。併《しか》し悠久なる過去に於て確かに現界的に存在した地域であります。この現在の日本国土も太古以来種々の変遷を致して居りますので、たとへば九州の如きも今は一と塊《かたま》りの土地でありますが大昔《おほむかし》は二つの島であつたことは地質学者が確実なる論拠によつて立証して居る程でありますが、併《しか》し今日の科学の及ばないヨリ以上の変遷が各地に行はれたであらうことは学問上からでも想像し得られるのであります。

神集岳は天照大御神《あまてらすおほみかみ》様が伊邪那岐尊《いざなぎのみこと》の代命として知ろしめし、大国主神や少彦名神《すくなひこなのかみ》や其他の高貴の神達も居られます。この地上神界第一の大都たる神集岳よりも高級の神界と云へば太陽神界で、此処も天照大御神様が知ろしめして居られます。それより上の神界としては大宇宙の根本神界たる天津真北《あまつまきた》の高天原《たかまのはら》たる所謂《いはゆる》北極紫微宮《しびきゆう》であります。岸さんのところでは平田先生が生前に北極紫微宮高天原説を唱へられたのは誤謬《ごびう》であつたと云はれるけれど、実は其れは平田先生の驚くべき功績で、幽の帰神に非ずんば誰れか之《これ》をあきらめ得べきと思はる、程で、北極紫微宮の神界の光景等は許さるべき範囲に於て天行居発行「古神道祕説」の附録に詳記してあります。無論その宮殿や諸設備の名称等は出入者の霊魂の状態に依《よっ》て所感は異なりますので、水位霊寿真の手記が兎角《とかく》に仙道臭いからと云つて其の名称を軽んじて其の実状を軽視せられてはならないのであります。私どもが従来感得したことや先輩の所伝が水位霊寿真の手記に一致して居り其れが又た我国の権威ある神典所伝の消息と大体に一致して居るのでありまして之《これ》を疑へば世の中に信ずべき何物も無くなるのであります。私どもの感得せるところの如きも其れが水位先生の手記を見てから後ならば何とか普通の心理学上の説明によつて否定し得られないこともありますまいが、水位先生の手記の存在等は夢にも知らない時の感得と後日手に入れた記録とが大体に於て万事符を合したやうになつて居りますから何の躊躇もなく充分の信念と責任とを以て発表したのであります。

日本国土の上にも種々の仏仙界もありますが其れを直ちに妖魅《えうみ》界のやうに言ひ落すのは穏当でありませぬ。深く仏法に帰依した人は死後産土《うぶすな》神が接近せられることが出来ずして仏仙界の使ひの者に導かれて相当の処へ住むやうになるものもあります。併《しか》し正しい神威発揚の時代に入らんとしつ、ある今日の時代に於ては、仏仙界は段々影がうすくなりつ、あるのであります。仏仙界と云つても其の中でも正邪高下雑多でありますが、宇宙神界の大経綸によつて、其の中のタチのよいのは印度《インド》や支那の神仙界や日本の神仙界に帰化し、タチのよくないのは天狗界や黄泉国《よもつくに》へ転入して段々と仏仙界は消滅解散に近づきつ、あるやうでありまして、その空気が現界にも現はれて各本山の管長が追々と還俗したり又は本山の綱紀が紊乱《びんらん》し始めて来たのであります。すべて現幽両界は合せ鏡のやうなもので、達人は天津橋上に杜鵑《ほととぎす》を聴いて時勢の遷《うつ》ることを知るのであります。併《しか》し深く仏道を研究して煩悶解脱の一方法として工夫した人たちでも其れが元来神仙の応化身であつたり又は現人神《あらひとがみ》にます天皇へ精忠であつたりした場合、神界の高いところに入られた御方もあります。菅公や楠公が其の例であります。近来バテレン系統の神仙界も何うやら仏仙界同様次第に影がうすくなつて来たやうであります。

言ふ者は知らず知る者は言はずと古人も申しました。知る者は畏《おそ》るとも申します、畏れて言はないのであります。言はうとしても言ひ得られないのであります。けれども其れでは「導きの手段」が尽されませぬから便宜上の手段として大神霊界の組織について一面からの見方について簡単に申上げることに致します。この宇宙の大神霊界といふものは大体に於て八つに区分されて居りまして其れが又た平面的にも立体的にも幾百千にわかれて人々の業感により其の感得するところに異別があるやうになつて居りますので、或る段階の霊界に行くとか生れるとか云ふことも、その霊界の生活を感得することでありまして、私共が今この現界の生活も斯《か》くの如くに吾々の産霊紋理《むすびかため》によつて感得して居るので、同じく日本国土の昭和四年の七月二十五日の現界も各人によつて其の感得するところ決して同一ではないのであります。一切生類は念々刻々自己及び周囲の生活を創造しつゝあるものと云ふことをも言ひ得られるのであります。併し其れが直ちに幾多の階級の霊界の客観的実在を否定すると云ふ意味でないことも勿論御承知おきを願ひたいのであります。この大神霊界の大様を強ひて図表的に描き出すならば、

天津神国	上	（一界）
	中	（二界）
	下	（三界）
国津神国	上	（四界）
	中	（五界）
	下	（六界）
黄泉国	根国	（七界）
	底国	（八界）

となるのでありまして、八界は暗黒界、七界は稍《や》や光明のある世界で何れも仏教で云ふ地獄に相当するのであります。六界は此の現界に相当するところで善悪邪正の混雑した霊界でありまして、人間死後の生活者は、やはり此の六界が最も繁昌して居るのであります。併《しか》し此の六界も縦にも横にも多数の段階もあれば光景も異なるのでありまして、現界の今日の吾々の生活に於ても、その感得するところ種々雑多で、アインシユタインが新学説を発表する毎《ごと》に世界各地幾百の学者が色々の批評を致しますが、其時彼れは静かに不審さうな顔を擡《もた》げて「わたくしの学説のわかる人は世界に十人位ゐしかない筈《はず》だが……？」と言ふさうですが、アインシユタインの現に生活しつゝある精神世界とアフリカの土人の精神生活とは天地の差があるでありませう。それ程でなくても真に芸術に精進しつゝある人たちの精神生活と衣食住と粗雑な性慾の外に希望も興味もない多くの人たちの精神生活とは、まるで世界が異なるものでありませう。物質的に言つてみても貴族富豪の生活世界と極貧者の生活世界とは、これが同じ地上の世界とは思へない程の相違があるでありませうが、この第六界だけの霊の世界も其の様に、否《い》な其れ以上に段階も類別もあるのであります。欧米のスピリチユア

リズムの人たちの中には、全体の霊界を大体に三つに分けて、幽界霊界神界といふ風にみる流儀もありますが、それは第七八界が幽界の世界ではありますが先づ此れは別として、此の第六界を幽界と霊界とにわけて居りますので、第五界以上の霊界を大雑把《おほざつぱ》に神界とみて居りますので、さうした見方も悪いことではないのであります。又たスピリチユアリズムの人たちの中には幽界を五つに区分したり七つに区分したりして居る人もあるやうですが、何れも右に図示したものに就て云へば六界以下の状況を取扱つて居るのであります。

併し此の六界は吾々に取《とつ》て最も興味ある世界でありまして神の摂理によつて現界へ更生する者も最も此の界が多いのであります。併し或る事情によつて随分第三界、四界、五界の神界から一時人間世界へ出現を命ぜられるものも少数ではありますが、随分あるのでありまして、さうした神達は……さうした人達は、現界に於ては平凡に普通の人間の如き能力を有《いう》するのみで平凡に修養し生活し努力するので、肉体を棄《す》てるまで我れの何者たることに気づかないのが神界の掟でありまして、それが普通の過程でありますが、併し稀《ま》れに自分が或る神仙の応化身なることを自覚し、高級の神界に於て生活中何等かの失態か何かあつて一時人間界へ罪のあがなひの為めに下されて居ることや、又は或る使命のために人間界に出現して居ることを、明らかに知つて居らるゝ方もあるのであります。が併し其れは稀有《けう》の変則であります。併し高いところからの神の摂理によつて、神仙の応化身たることを自覚せず気の利かぬ顔をして人間並みに働いてる人たちも、大小公私とも産霊紋理《むすびかため》によりまして、相当の因縁ある地位なり神業、霊地、神物、神法等に結縁するに至るもので、たいてい茄子《なす》は茄子の蔓《つる》に生るもので、あらそへないものなのであります。……少し畏《おそ》れ多いことを申すやうでありますけれども、婦人の身を以て地方の名門に生れ出でられ、成長遊ばしてから或ひは皇后に立たせられ、或ひは皇族の妃殿下に成らせられるやうな方は、たいてい高貴なる女神の応化身であらせられますので、御自身には其の様なことは御自覚のないのが神界の掟であります。他の問題の話で申しましても、世の中には兎角《とかく》に他の人の幸運をそねむ人がありますが、それこそ浅ましい滑稽でありまして、誰れしも心を清らかにして神様を敬ひ天子様を尊み、修善積徳に心がけさへすれば、帰幽後は相当の神界に入ることが出来、人間界へ舞ひ戻るにしても其れだけな果報を得ること断じて疑ふの余地なきことであります。

第一界は天津真北《あまつまきた》の高天原《たかまのはら》すなはち北極紫微宮《しびきゆう》に相当する神界、第二界は太陽神界、第三界は月球の神界及び其れに準ずる天上の神界であります。第四界は地の神界の最高級で石城島《しきしま》の神国すなはち神集岳に相当するものであり、第五界の神界は日本のみならず世界各国の地の神界の高級なところであります。誤解を避ける為めに申上げておかなければならないのでありますが、高級の神界に生活するものが悉《ことごと》く下級の神界に生活する者よりも高級であるといふわけではないのであります。たとへば県庁よりも内務省の方が高級の役所ではあるが、県庁にも高等官が居り内務省にも判任の属やら臨時の雇員筆生小使給仕も居るのと同様であります。又た神位の上より申すならば第四神界（国津神《くにつかみ》上級）は第三神界（天津神《あまつかみ》下級）よりも高いのであります。せまき意味に於ける神仙道の如き畑から云ふならば、地仙が向上して天仙となるのでありますが、神位の上から云へば此の意味に於ける天仙の多くは第五神界に相当するものが多く、天仙の下等のものは第六界の中の上等の霊界居住者と地位の匹敵するものがあります。仏道に於ける諸天の如きも実は此のせ、まき意味に於ける天仙の部類に属するものであります。イエスキリストの如きは西洋の神仙界に宮殿がありますが第五神界に相当する地位に在るのであります。又た高級の神達になりますと各界に其れ〴〵の宮殿がありまして変現応化の御自在なること吾々凡人の測り知る事の出来ないものであります。

　第六界の上等のところに相当する霊界や第五界に相当する神仙界は地上到るところ極めて多数で、日本国土に属する其れだけでも大小高下数千箇所に達して居りまして、地球面全体にあるものは驚くべき数に上つて居ります。もつとも其れ〴〵の類同によつて其の数十箇所または数百箇所を取締まるところの代表的神仙界があり、其の代表的神都を更らに第四界の神集岳の大神都によつて統制されて居るのであります。此の第四神界の中心たる神集岳は第二神界及び第一神界と直接の交渉ある世界的の大神都なのであります。第三神界は寧ろ第四神界よりも下位のものであること既に一言したる通りであります。其の世界的大神都たる神集岳と我が石城山との関係に就ては昨年来機会ある毎《ごと》に説明しつゝあるところでありますから今日は其の事は差控へておきます。

　重ねて申上げておきますが、以上に略説したところは説明の便宜上斯《か》ういふ風に話した方が多くの人にわかり易からうと思ひまして俗説して居るのでありますから、神界とは斯くの如きものなりと云ふ風に、これに拘泥して神々の御上のことを彼れ此れ申されまするとは往々にして飛んでもない間違つたことにならぬとも限りませんから、それは呉《く》れ〴〵も注意して頂かねばならぬのであります。併《しか》し簡単に図表的に説き示さんとするには、以上の如き形式によつてお話しするの外に方法がないのであります。又た以上に略叙せることは決して仮説ではありませぬ、仮説ではありませぬけれども、以上の如くに型《かた》にはめたやうに話すことが便宜上の手段で、完全な説明方法でないといふことだけ承知しておいて頂けば其れで宜《よろ》しいのであります。実を云へば話すことも説明することも出来ないものなのであります。神々に心やすだてして苟《いやし》くも神威を冒瀆するが如きことなきやう戒慎すべきことであります。

昨今の暑さは格別ですが夜に入れば誰れでも屋外に出てみたく、いかに浜口内閣が渋い顔をしても自然と銀座あたりはステッキガールの仕事もあるわけでありませうが、天を仰げば佐渡に横たふ天の川が雄大なる沈黙を投げかけて居ります。その中に光る星の中には何万光年と数へ切れない程の遠いところにあるものもあり、其の大きさも太陽の幾万倍もあるのが沢山にあります。又た大きな望遠鏡が出来れば出来るほど、宇宙は拡大せられて行くわけですが、その考慮を絶した大世界の主宰者が天津《あまつ》真北《まきた》の高天原《たかまのはら》の宮殿にましますので、天之御《あめのみ》中主神《なかぬしのかみ》であります。此の大神始め諸々の大神のみこともちて太陽神界を知ろしめし給ふ御方が天照《あまてらす》大御神《おほみかみ》で天に於ける神の王であります。その人間世界に於ける表現が天子様であります。天照大御神様は太陽神界を知ろしめすと同時に此の地の根本神界たる神集岳を知ろしめし、同時に伊勢神宮始め大御神を斎《いは》ひ祀れる各神社にましますのであります。太陽及び月球以外の天体にも神仙界があるところもありますが、それは何れも太陽神界の統制下にあるものであります。この太陽系世界が大宇宙の中心でないといふ学説もあり、別に存在する大宇宙の中心に向けて此の太陽系世界が不断の行進をつゞけつゝあるといふ説もありますが、併《しか》し其れは直ちに大宇宙の統制者の所在を論ずる題目ではなく、おのづから別個の問題であります。

大国主命《おほくにぬしのみこと》は我が日本民族の死後の霊魂を主宰されるものでないといふことは我が明道会に於て始めて闡《せん》明《めい》せられたる処であると、岸さんは百九十六頁に書いて居られますが、大国主神が我国の幽界の主宰神でないといふやうなことは昔から主張した人は多いので決して明道会の創見でも何でもありませぬ。明治初年神宮皇学館長たりし敷田年治先生の如きも別の見地から其れを言はれた一人であります。しかし其れはあやまちでありました。やはり日本民族は原則として死後の第一関として大国主神の幽府を通過しなければならないのであります。その意味に於て大国主神を幽界の主宰神と申すのであります。併し非業の死を遂げたものや恨みを抱いて死んだもの、又は何等かの事情によつて導きの神を得ず或る年代を経過する迄其の生前因縁の地上等をさまようたりする霊もあり、そのうちに物識りの邪霊に捉へられて誤れる啓導を受け、全く神界の統制に入らずして正神界の統制を攪乱せんとする無法者も随分居るのでありまして、そんな霊が兎角《とかく》に正神を装うて人間界に交渉を求めたがるもので、そんな奴は無論大国主神の幽府の規定等も知る道理がないのであります。現界に於てもバクチは出来ないことに法律で禁じてありますけれどバクチを打つ奴が何万人か何十万人か居るやうなもので、神霊界の事情も余り概念的に考へられると間違ひが起るのであります。日本国内ではバクチは出来ないといふことは事実でありますけれど、やはりバクチを打つものも居りますので、神界でも規則にはづれた現象もあるのであります。その二三の現象を綜合して直ちに規則の存在を認めないといふやうな考へ方は当を得てゐないのであります。岸さんは高天原《たかまのはら》に於ても天照大神《あまてらすおほみかみ》以前に於て幾多の大なる神威神徳を具《そな》へ給ふ神は沢山あつたのであるが真の四魂具足の真神霊は天照大神以後に生れ坐したのである、此等の四魂具足せざる神霊をば大国主命《おほくにぬしのみこと》が管理遊ばす次第であつて（p 205）

世界人種の内で黄色人種は世界の国土創造の場合には最も初発に造られたものである、併《しか》し四魂の霊魂を有する黄色人種である吾等大和民族は人類創造史の上より観察すれば最も新しく造られたものである、即ち大和民族の祖神である四魂具足の大神霊は天照皇大神で在らせらるゝのであつて、それ以前には四魂具足の神は無かつたのである（p 193）

我国の神祇の中には太古より四魂具足の真神霊でない神等が、今猶《な》ほ大なる結構の神社として奉斎されて居るものが沢山ある――故に太古から邪神を奉祀したる神社が我国に今猶ほ連綿として国民の信仰を受けつゞいて居る（p 208）

と明記して居られますが、岸さんが此の「神道之批判」一巻の中に盛られた方針は四魂具足せざる神は邪神であると云ふにあります。そして四魂具足の神は天照大御神様以後であると云ふに在ります。つまり天之御《あめのみ》中主神《なかぬしのかみ》も高皇産霊神《たかみむすびのかみ》も伊邪那岐神《いざなぎのかみ》も皆な邪神であると云ふことになるのであります。即ち天照大御神も邪神の御子であると云ふことになるのであります。でありますから代々の皇孫尊様も……イヤ畏《おそ》れ多くて仮りにも斯様《かやう》なことは私共日本民族の血類には申せる次第のことでないのであります。岸博士は私が茲《ここ》に指摘した事実を訂正抹殺せられざる限り、岸博士の明道会なるものは明らかなる邪道会であります。四魂具足の神は天照大御神様より後に生れましたる神に限るので其の以前の神達は皆な四魂具足せざる神と断言し、四魂具足せざる神は邪神なりと明言せる岸博士は、私が今指摘した重大問題に関して紳士として責任ある説明をせられねばなるまいと思ひます。

岸博士の意見によれば、今日の日本民族だけが原則として四魂を具足するものといふことになります。原則として外国人は皆な四魂に欠くるところある不具者であるといふことになります。釈迦も孔子もソクラテスもカントも沙翁《シェークスピア》もリンカーンもアインシユタインもエヂソンも本月一日からシカゴ大学の総長になられた三十歳の青年ハッチンス先生も何れも皆な四魂具足せざる精神上の不具者で、日本人なら車夫馬丁は固《もと》より下駄の歯直しに至るまで四魂を具足して居るわけでありませうが、なんだか其れでは四魂具足も有りがたすぎて感涙にむせびさうな気が致します。本書「神道之批判」の巻頭には著者みづから四魂具足の四字を題字してありますが、自分の著書へ自分で題字する程な無邪気な岸さんの説としても、これはチト風流に過ぎた御説ではないかと危ぶまれます。私共の考へでは日本人も諸外国人も同様に原則として四魂具足せるものと存じて居るのであります。併《しか》し岸さんの四魂説と私共のそれとは土台から認識方法が異なるかも知れませんから話の混同を避ける為め茲には申さないことに致します。岸さんは、

終りに臨んで尚《なほ》次篇に於ては現在我国に流布せられたる神道宗派について其の一般を記述して置いたが読者は幸に之《こ》れと上述せる真神道とを比較研究して、其の何れも皆邪神崇拝の余流であることに注意せられむことを望む（p 217）

と書いて神道（神道本局）、黒住教、大社教を始め十四教派の祭神等を列記して居られますが其の中には成るほど邪神崇拝と言はれても私どもとしても賛成するのも交つては居りますが、併《しか》し神道（本局）や黒住教や大社教が何故に邪神崇拝の余流でありませうか。黒住教の如きは天照大御神《あまてらすおほみかみ》が主祭神で外に八百万神《やほよろづのかみ》及教祖宗忠を祭ると岸さんも書いて居られますが其れがイケナイと云ふのでせうか、教義も別に悪いところはない様に思ひますが岸さんが天照皇大神を民族直接の祖神ではない（神道之批判第二百十九頁）といふ論拠からして邪神崇拝と呼ばるゝのでありませう。又た神道（本局）の如きも岸さんのために手もなく邪教にせられて了《しま》つたやうですが、神道本局に属する百幾十の教会は別問題として、神道（本局）そのものが何故に邪神崇拝の余流なのでありませう。神道（本局）の淵源は明治初期帝国政府の手によつて出現したもので幟仁親王が勅裁によつて総裁の地位に立たれたこともあつたのでありますが、勅裁によつて皇族が総裁になられたものでも邪神崇拝の余流だと放言する岸さんは今日厳粛に反省する必要がありませう。誰れでも話をしたり物を書いたりする間には言は意を尽さずで言葉が足りなかつたりして不都合な箇所を生ずることもありますので其れを咎《とが》めるのは宜《よろ》しくありませんが、岸さんは其の神観の上に重大なる誤謬《ごびう》がある為めに此の一小冊子に書かれたところも、要所は殆《ほと》んど悉《ことごと》く不都合で不敬不忠の言葉に満ちて居ることを遺憾と致すのであります。それと云ふのもつまり明道霊児なる低級なる邪霊の言ふことを過信せられた結果であります。たとひ霊媒の肉体を通過して来るものでも又は空中発声に類するものでも或ひは或る種の機械に憑《かか》つて音声なり文字なりの現はれるものでも、其の形式方法は何等審神《さには》上の条件になるものではありませぬ。要は其の憑現する霊の正邪高下如何《いかん》に存するのであります。或る人が岸さんのところで霊児を通じて自分の亡祖父との交通を試みたら自分と祖父との外に誰れも知らぬ問題までも如実に持ち出して祖父の伝言を呈したから其の真実性を疑ふことが出来なくなつたと云ふ人もあるさうですが、人が笑ひます、そんなことは一寸《ちよつと》した狐でも立派にやつてのけます。欧米のスピリチユアリズムでもそんなナマやさしい審霊方法で参つて了《しま》ふやうなあまいのは当節居りませぬ。又た少し気の利いた邪霊ならば古典其他の学術上の問題でも相当に手際よく片づけます。其の霊を取り囲む座の中に岸博士のやうな相当の素養のある方が居られると一層手際よく参ります、たとへば古典上の或る問題に就ても岸さんが三つだけの知識を持つて居らる丶場合その憑りつけの霊は其れによつて七つも八つもの知識を提供し得るもので其れは列座の人達を感心敬服させずにはおきませぬが其の間に重大なる誤謬が胚胎されてくるのです。種々の神名を名乗るところの伝言者は固《もと》より平田先生と名乗るものも明道霊児の祕芸または其の仲間との芝居であります。岸さんが今日主張せらる丶要点の大部分は悉《ことごと》く平田先生の生前の主張努力と正反対であることは固より岸さんのよく御存知のやうですが、今日岸さんが主張せらる丶ことが仮りに真実でありとすれば、平田先生は生前の事業努力からみて許すべからざる神界の賊でありますが、そのやうなものが何うして正神界に入ることが出来ませう。さういふ点から考へられてもおのづから判る筈《はず》だと存じます。併《しか》し真の平田先生の生前の主張は多少の説き誤られた点も無論ありますが要旨大旨はめでたい立派な御説で、目下正神界の某方面で御活動になつて居られるので御心配には及ばないのであります。

岸さんの明道会では明道霊児を通じて各人の氏神を製造して奉祀せしめることが主要事業であるが今日までのところ其の費用等も一切岸さんの自弁で適当の時期まで一切寄附金類を受けないから感心だと云ふ人もあるさうでありますが、種々の事業に関係して鉅富《きよふ》を積んで居らるゝ岸さんが、霊児製氏神の売出しに就て御披露のため当分の間実物見本として無代進呈をせらるゝと云ふことは、格別悪いことでもなく格別善いことでもあるまいと存ぜられます。伊勢神宮で大神楽を奏上するにも初穂料何十円といふ規程がありますが其れも当然のことであらうと思ひます。むかし九州から無学の炭砿屋の金持ちが沢山な黄金をバラ撒《ま》いて代議士となり始めて東京へ着いた時「イマチヤクタンシタ」といふ電報を郷里の有志へ打つて着炭代議士として却《かへつ》て有名になつた人でありますが、犬養だの尾崎だの云ふ連中は選挙の度毎《たびごと》に世話人や運動員が腹を痛めますが、着炭の美名は持ち合せて居ないやうであります。私は決して岸さんの神道を着炭神道と云ふものではありませんが、世人が色々のことを言はない間に反省せられて、もつと正しい道によつて神道のためにも君国のためにも御尽力を願ひたいと思ふものであります。

今年の春の講演で「破れたる古神道の面《マスク》」と題して小谷部全一郎氏の新著「日本及日本国民之起原」を攻撃しました時に刺身《さしみ》の妻《つま》のやうな役を持たされた酒井勝軍氏は、其後だいぶ宗旨を改められて日本七分猶太《ユダヤ》三分位ゐなところまで漕《こ》ぎつけられたさうで誠に結構なことであると喜んで居ります。象山が吉田松陰に訓《をし》へて「士は過なきを尚《とふと》ばず、善く過を改むるを尊しとす、善く過を償《つぐな》ふを尊しとす、国家多事の際克《よ》く為し難きを為し善く立て難き功を立て過を償ふを大なる人と云ふ」とか云つたさうですが此れは至言であると思ひます。松尾清明と云ふ人でも岸博士でも志は君国に在るものと思ひます。恰《あた》かも医師が人を救はんとして診断を誤り手術の必要なき者を手術して病勢を悪化せしめたと云ふやうな状況に居らるゝだけのことであらうと存じます。男らしく其の非を改められて正しい判断により正しい方法によつて御尽力を願ひたいものと蔭ながら祈つて居ります。我れの非を改むるに吝《やぶさ》かであつてはなりませぬ。昔の哲人は易経に於て悔と吝とが吉凶の岐るゝところなることを縦説横説して居ります。曾《かつ》て支那の何とか云ふ政治家は王様の供をして釣り遊びに行つた時、立派な器に入れてあつたのではありませうが弁当と間違へて魚の餌を喰《く》ひかけましたので、横から人が其れとなく注意したけれど、負け惜《をし》みの強い人で黙つてムシヤムシヤ喰ひつくしたと云ふことであります。王様が其れを知られて他日大事を誤るであらうと云はれたが果して失敗したと云ふことでありました。政治でも何でも如何《いか》なる道でも、道を為《をさ》めんとするものに負け惜みは禁物であります。たとひ自分の弟子の進言であつても又た三尺の童子の云ふことであつても其れが道理だと気がついたら採用するだけの正義心と雅量がお互ひにも欲しいものであります。

何しろ四十何度と云ふ此の暑さで、宮市から此の道場へ参りまする途中、汽車の窓から海の見える限り海の方へ心が吸ひとられて行きます。美しい海面を眺めて居りますと、恍惚となります途端にビロウ樹の葉蔭涼しい絵のやうな小島が出現して参ります。それは大正七年の夏、数旬にわたつて親しみの深い日向の青島であります。私は其頃或る動機から発心して過去のヒガコトを悔い改め身心ともに御禊《みそぎ》するために其の附近の海岸に居りました。夜が明けると海水に飛び込みまして水行《みそぎ》を致しまして太平洋上から日の出かけるのを待《まつ》て息長《おきなが》の法を修します。それからぶら〳〵歩いて青島へ参ります。青島神社へ参拝してから海に面したビロウ樹の葉蔭で岩に腰かけて静かな波の音を聴きます。この島は周囲一マイルにも足らぬ小島でありますが、ビロウ樹を始め珍奇な多種類の南洋植物が神代ながらに繁茂して居て、植物学上からは日本の国宝に指定されてもよい島なのであります。しかも古事記の中の最も美しい場面「赤玉は緒さへ光れど」の鴨つく島の伝説を有する島なのであります、そのビロウ樹の葉蔭に波の音を聴きつゝ私は幸ひにも復活更生することを許されました。

世の中には志を君国に存し全く名利を離れて努力しつゝある種々の人達がありますが併《しか》し根本の出発点をあやまれるが為めに其の知識なり努力なりが却《かへつ》て君国を害するものであることを知らずに居られる人達も随分あるやうであります。そして其の非なる所以を自ら発見するか又は他から注意せられた場合勇敢に其の非を改めることを為さずして、つまらぬ感情の行懸り等に引摺《ひきず》られて益々《ますます》不鮮明な世界に迷ひ込む人たちもあるやうでありますが、私は何故に左《さ》うした人達が「日に新たにして又た日に新たに」非を改めて正道に進まないかを怪しみます。イザナギイザナミの神様が神業の第一歩に於てあやまられ直ちに非を改められた伝へを克《よ》く肝《きも》に銘ずべきであります。又た伊邪那伎尊《いざなぎのみこと》が誤つて黄泉《よみ》の汚れに触れ給ひし時、何も彼も脱ぎ棄《す》てられて御禊《みそぎ》せられ其の為めに天照大御神《あまてらすおほみかみ》様のやうな神徳六合に光徹する大神を生み出でたまひし伝へを克く噛《か》みしめて反省すべきであります。何も彼も脱ぎ棄てる英断が良心の要求に依《よつ》て直ちに出来ないやうな人は魔縁のある人であります。つまらぬ知識も汚れた財産も行懸りの感情や見得も脱ぎ棄てゝ良心の命ずる家に安心して大の字になつて寝ることは純潔なる勇気を持つ神州清潔の民に本来ゆるされたる特権なのであります。天照大御神様の御神鏡も始めのは出来が不完全で二度目のが立派に出来上つたと伝へられます。つねに非を改めつつ向上進歩を期する中今（ナカイマ）の思想が日本思想であります、日に本づく神ながらの思想であります。私は今こんなことを松尾清明といふ人や岸博士にあてつけて申すのではありませぬ。吾等同志日々夜々の脚跟《きやくこん》下の活問題でひとごとではないのであります。機会はつねにあります。ビロウ樹の葉蔭に限つたわけのものではないのであります。

（昭和四年八月廿八日古道第百八十六号所載）

世界一本と天孫降臨（其五）

神と人との　Life cycle

昭和四年九月二十四日石城山道場に於ける講演要旨

前回は我が記紀には天地創造、世の成り立ちと云ふやうなことに就ては何等の記述は無いと云ふ岸博士の邪見を否定しておきましたが、今日は是等の問題に関する私共の意見を簡略ながら少し具体的に申上げておきたいと思ふのであります。神代の巻に於ては私は主として古事記を尊重することにして居りますので、本日も古事記を基礎として愚見を述べてみたいと存じますが、先づ斯《か》うした大問題に就ての外国の所伝を一瞥《いちべつ》しておくのも順序の一つかと考へられます。

印度《インド》では――仮りに仏教の倶舎《くしゃ》論に依《よ》る――私共が生活して居る世界も栄枯盛衰あるものとし発生、成長、繁栄、衰退、消滅を何回も繰返すものとして居るやうでありまして、先づ前世界が亡びてから新らしい世界が芽《め》生《ば》えかける迄の空々寂々たる期間を空劫と云つて其の時間が二十増減の長時間にわたるといふのであります。人寿八万四千才の時から百年毎《ごと》に一才を減ずる割合で進行して人寿十才になるまでを一減といひ、それから又た百年毎に一才を増して元の八万四千才になるのを一増といふのださうで二十増減といへば随分大きな数字となるやうであります。その空々寂々たる無名無物の存在の中に先づ大風が起る、その風の厚さは十六億丈、その風速は絶対力で電気のやうに疾速だといふから例によつて印度の話は大がかりなものでありますの。その風を持界風と名づけてあります。その次ぎには美しい黄金色の雲が現はれて其の雲の広さは殆《ほと》んど無限で三千世界を包み、その雲から大雨が沛然《はいぜん》として降りつゞけるといふのです。この時には持界風はやんで居りますから降つた雨は流れ散ることなく次第に溜《たま》つて其の深さ十一億丈といふ大きな池のやうになり、その水が次第に凝つて金剛界すなはち三千大千世界が出来上るのださうであります。細かい順序を更らに詳密に述べてありますが茲《ここ》には不必要ですから申上げませぬ。……世界が出来てから更らに長い年月を経た後に二禅光音天の天人たちが果報が尽きて人間界に堕生する、それが此の地上に於ける人類の起原といふことになるやうであります。この印度古伝の天地創造説は今日の謂《い》はゆる進歩した科学眼からみれば固《もと》よりお伽《とぎ》噺《ばなし》のやうなもので、誰れよりも先きに今日の多くの仏教学者や仏教徒が此れを一笑に附し去つて居るのでありますが、併《しか》し私共としては実は笑へないものなのであります。固より其の大摑《おほづか》みな数字や順序の次第や名称やは、そのまゝ考慮し難いものではありますが、霞を隔てゝ遠山をみるやうな心持ちで一瞥にこれを概観するとき、たしかに相当の神仙の示現せる処を根本として印度古代の霊覚者や思想家が編成したものとみるべきであつて、換言すれば真理の訛伝《くわでん》せるものとも言ひ得らるゝであらうと思ふのであります。

支那の道教では天地未《いま》だ開けず陰陽なほ混沌たるときに大宇宙の精気の神化したものを元始天尊（玉皇上帝とも云ふ）と申し、それから長い時間を経て大地が始めて成り大元玉女が化生したので、元始天尊は玉京山に在つて玉女と気を通じ精を結んで天皇氏が始めて生れ、やがて地皇氏人皇氏が生れ、次第に伏羲《ふくぎ》、神農、黄帝が出づるに及んで国土開発せられたと伝へて居ります。この元始天尊は三清に化身し給ふので、第一は無形天尊（天宝君）で清微天の玉清宮に住せられ、第二は無始天尊（霊宝君）で禹余天の上清宮に住せられ、第三は梵形天尊（神宝君）で大赤天の大清宮に住せられ、右三天の起原は相距《あひへだた》ること各四十一億万年だと伝へて居ります。……支那上古の宇宙開闢《かいびやく》説は尚《な》ほ色々所伝がありますが多くの世人がよく知るところでありますから茲《ここ》には略しますが、併《しか》し支那上古のそれも何れも霞を隔てゝ遠山をみるやうに一瞥《いちべつ》に概観すれば、笑へないものであります。元来世界は一本でありますから、いかなる民族の所伝にも多少の真理は含まれて居なければならない筈《はず》であります。

キリスト教の方では手ツ取り早いのです。神は六日の間にこの世界を創造せられたことになつて居ります。人間の始めのアダムは土の塵を以て神が造られた、併し男だけでは仕様がないのでアダムが寝てる間に神はアダムのあばら骨を取つて最初の女性エバを造られたといふのであります。これで賑《にぎ》やかにはなりましたが、併し又一面からみれば太古以来世の中の男といふ男が、このあばら骨の為めにどれ位ゐ苦労するか分らないのであります。……この猶太《ユダヤ》の所伝も実は笑へないのです。神が世界を六日にして造られたといふことや、人間を土の塵から化生せしめられたといふやうなことは、実は此頃のキリスト教神学などでは手のつけられないものなのであります。

独逸《ドイツ》の若い教育家グローテフフエンド、英国のペルシヤ駐在武官ローリンソン等に依《よつ》て例の楔形文字の按読に成功して以来、アッシリア、バビロニア方面の古文明研究は驚くべき勢ひで発達し、ペルシヤ湾に流れ込む二大河チグリス、ユウフラテス流域が世界文明の揺籃の地らしく考へられ出して以来、斯《か》ういふ方面の上古の所伝こそ世界の本家本元だと惚《ほ》れ込む性急な学者が多くなり、我国でも二十年ばかり前から斯ういふ方面の研究について意見を発表された人々も随分あり至極結構なことでありますが、近年は又た少々油が乗り過ぎて我が皇室の起原も高天原《たかまのはら》もキツト此の方面だときめてかゝる人達が多く、つまり天孫民族なるものは斯ういふ方面から渡来したものであるとの結論に急がんとしつゝある人達の意見が相当に行はれるのでありますが私共の意見は固《もと》より其等と一致するわけのものではないのであります。世界の創造、人類の出自、文化の派脈等について私共はどういふ信念を有して居るのであるか、それを此の機会に先づ大雑把《おほざつぱ》に申上げておきたいと思ふのであります。さうして後に又、追々と各論にわたつて行く機会を得たいと考へるのであります。

生物学では生活環《ライフサイクル》といふ言葉がありまして、多くの生物が卵から進歩して次第に発育成長して親となつて卵を産み、再び元の基点に戻つては進む循環的な現象を意味するのでありますが、天文学上でも其のまゝ通用の出来る言葉であると科学者たちは申します。つまり此の太陽系世界も何れは老衰して何等かの過程によつて破壊して了《しま》ひ、それから又た悠久なる時間に連れて星雲のやうなものから段々発達して新たなる太陽系世界を造り上げ、かくして栄枯生滅を繰返しつゝ歩行するものだと想像して居る学者が多いやうでありますが、それは私共に於ても大体に異存はないのであります。太陽系の創成といふことについてはラプラースの星雲説の外にダーウヰンの潮汐進化説だの流星説だの微惑星説だのバレルの小惑星説だの言ふものが色々に専門学者の机上に跳ね返り、更らにゼーンスやゼフレーの意見が重宝がられたりしてゐるやうですが、そんなものを細密に考へてみるほどの恵まれた時間を持ち合せて居ませんが、何れにせよ星辰界に於けるLife《ライフ》 cycle《サイクル》を肯定する想像は学問的に許され得るやうであります。斯《か》ういふ悠久遠大なる経倫《しぐみ》について天之御中《あめのみなか》主神《ぬしのかみ》やタカミムスビ、カミムスビの神達が如何《いか》なる意図を有せらるゝのか、それを考へてみようとすることは不可能なことであります。これは地上万人みな古今同嘆でありまして、耶蘇《ヤソ》の経典にも「汝神の深きことを究むるを得んや、最大権威者を完全に究むることを得んや、その高きことは天の如し、汝何を為し得んや、その深きことは黄泉《よみ》の如し、汝何を知り得んや」（百十一ノ七、八）と書いて居ります。科学の力によつても又た科学を超越した或る方法によつても、それを知らうとすることは所詮許されないことなのであります。私共は神典による古伝と神祇の啓示とに本づいて、考へ得る限りを考へて、それで満足することも安心することも出来るものであります。わが神国日本に伝へられたる正しき古伝によれば、

別天神
- 天之御中主神《あめのみなかぬしのかみ》
- 高皇産霊神《たかみむすびのかみ》
- 神皇産霊神《かみむすびのかみ》
- 宇麻志阿斯訶備比古遅神《うましあしかびひこぢのかみ》
- 天之常立神《あめのとこたちのかみ》

神世七代

(1) 国之常立神《くにのとこたちのかみ》

(2) 豊雲野神《とよくもぬのかみ》

(3) 宇比地邇神《うひぢにのかみ》
須比智邇神《すひぢにのかみ》

(4) 角杙神《つぬくひのかみ》
活杙神《いくくひのかみ》

(5) 意富斗能地神《おほとのぢのかみ》
大斗乃弁神《おほとのべのかみ》

(6) 淤母陀琉神《おもたるのかみ》
阿夜訶志古泥神《あやかしこねのかみ》

(7) 伊邪那岐神《いざなぎのかみ》
伊邪那美神《いざなみのかみ》

となって居ります。天之御中主神、高皇産霊神、神皇産霊神すなはち謂《い》はゆる造化三神のことにつきましては先月おぼつかなくも少々申し述べておきましたから……本日は其れから次ぎ〳〵の神たちにつきまして簡単に一言しておくことにします。

宇麻志阿志訶備比古遅神は植物から化生した神だとか何だとかの説をなすものもありますが、植物どころか此の大地が形成されざる遠き太古、太陽系創生の時の大神にまして、葦牙《あしかび》のやうな萠騰《もえあが》る物によつて成りませる神といふのは、葦の芽の切口のやうな渦巻めきたる形容によつて燃え上りしものに成り出で給ひし神といふことで、天文学に謂《い》はゆる渦巻星雲の如き形状の或る運動によりて化生し給へる大神で、このことに就ては古伝の神祕がありますけれども、それを申すわけには参りかねますが、実は太古神法の一つも此の事に本づいて居るのであります。実は一切の生物が此の原理によつて発生しつゝあるので、電子運動の如きも科学上における一つの仮説ではあるが此の原理を髣髴《はうふつ》せしめるものであります。斯《か》くして成りませる此の大神は火を本体とせらるゝもので、俗解すれば吾等が仰ぎみるところの太陽の本質を体とせらるゝ大神であられます。

天之常立神《あめのとこたちのかみ》、この神様は俗解すれば天の霊気、天の風気を神徳とせらるゝ大神でありまして、天気の神と申上げてもよいかと存じます。この神様の為めに太陽も不断に燃え輝くのでありまして、太陽のみならず総て天界の霊気、風気を神徳とせらるゝ大神で、宇麻志阿斯訶備比古遅神《うましあしかびひこぢのかみ》を天質を徳とせらるゝ神と申上げることが出来るならば天之常立神は天気を徳とせらるゝ神と申上げることが出来るやうであります。トコタチといふ言葉は直ちに「地の霊神」といふ意味だと主張せらるゝ学者もありますが、さうばかりに解することは無理であり且《か》つ神界の実相と合致することが出来ませぬ。以上の五柱の神様を別天神《ことあまつかみ》と古事記に伝へて居りますのは此の地の世界の根本も出来ない以前からの神々だからであります。

次ぎに国之常立神《くにのとこたちのかみ》、これは天之常立神の天気に対して地気の神であります。地の霊気、地の風気を神徳とせらるゝ大神で、地の根本の霊神と申してもよいと存ぜられます。この神様の出現は約一億万年前であると想定することが学問上からも稍《や》や可能であります。無論まだ今日のやうな地球は形成されて居らぬ時代なのであります。
豊雲野神《とよくもぬのかみ》、この神様は宇麻志阿斯訶備比古遅神が天質を徳とせらる、に対して地の質を徳とせらる、大神と申上げることが出来ると思ふのであります。トヨ（豊）は美称でありヌ（野）は敬称でありませうが、クモは此の大地がまだ地質期に入らず宇宙期の時代であつたから雲のかたまりのやうな存在であつたからでありませう。豊組野尊として伝へたのもありますが、地質となるべきものが組み立てられる時代を意味するやうにも解せられます。

普通の学者は此の世界の創生発達を三大期にわけて、宇宙期、地質期、現在期として居りまして、螺旋状星雲から分化創生に働きつづけ、まだ地殻といふものも出来て居ない時代、原始的な空気に取巻かれた大きな瓦斯《ガス》状態のボールのやうな時代を宇宙期と申します。それから運動の弛緩其他の作用によつて冷却が加はるに連れて地殻が形成せられ水蒸気の沈澱によつて水界が出来、岩石の生成堆積が行はれ、やがて生物が発生して次第に発達して稍や人類の姿態に似た高等生物の活動する迄を地質期と云ひ、人類出現以来を現在期と云つてるやうでありますが、豊雲野神様までの時代はまだ宇宙期で、次ぎの宇比地邇神《うひぢにのかみ》からが漸《やうや》く地質期に入るのであります。

宇比地邇神、ウは上の意、ヒヂは水土即ち泥、ニ又はネは尊称といふ風にみるのが一般学者の間に通用しさうでありますが、ウキヒヂ（浮土）の略だとする説が正しいやうに私は思ひます。

須比智邇神《すひぢにのかみ》、これはウキヒヂに対してスヒヂ（沈土）でありませう。和玉篇に下の字をスソともソコとも注して居り、衣の裾《すそ》も下衣《すそ》でありませうから語源は同じだといふ学者の説に賛成しておきます。地質学に就て多少の知識のある人には、この辺の消息は余ほど興味ある神伝へであらうと存じます。

角杙神《つのくひのかみ》、活杙神《いくくひのかみ》、この神様は約三千万年前に於て原始生物発生以来、次第に動物が発生して種々なる生活を為す長い期間を知ろしめした大神でありませう。ツヌもイクも美称でクヒは樹下水の意味だといふやうな説もありますが、同情しかねます。

意《お》富《ほ》斗《と》能《の》地神《ぢのかみ》、大《おほ》斗《と》乃《の》弁神《べのかみ》、これは要するに大地といふ概念を神格化したものだらうと主張する人もありますが、それでは何のことか分らなくなります。オホは美称でトノは殿、すなはち家屋であります。紀に大《おほ》戸《と》摩《ま》彦尊《ひこのみこと》、大《おほ》戸《と》摩《ま》姫尊《ひめのみこと》ともありますが、戸摩は苫《とま》で古代家屋用材でありますが、家屋を仮りて直ちにhome（家庭）を意味するので、この時代は恐らく後期古石器時代でなくてはなりますまい。すなはち人類出現時代、今から二万年乃至《ないし》三万年ばかりの昔でありませう。

斯《か》く言へば直ちに噴飯する人もありませう。初発の原始人類は約五十万年前の直立猿人で、それ以来の彼等の発達進化の道程は今日の学問上すでに世人の常識といつてもいゝ程に確実な記録が大学の研究室に山積されて居るではないかと云ふでありませう。第四氷河期（約五万年前）以前に於て相当に優良な初期古石器を使用した生物を何と思ふか、とあごを突き出す人もありませう。

神示に基づいて考へますのに、神々が此の地の世界を経綸《しぐみ》せらるるについては、驚く可き忍耐を以て漸進的に指導せられたのでありまして、地球の進化発達に連れて追々と其の環境に適当なる生物を発生せしめられたのでありまして、人類出現前には人類に近い形態を有する高等生物が、相当に人間に似た生活をするまでになつて来たのであります。二十万年前と推定せられるハイデルベルグ人とか或ひは五万年乃至十万年と考へられるピルトダウン人とか其後に現はれたネアンデルタール人などいふものは発掘した骨格に就て専門学者が研究した結果でも何れも言語中枢も発達して居らず人間の祖先ではないのであります。今から二万五千年乃至三万年位ゐ前になりますと地球上の温度は何回目かの上昇を始め謂《い》はゆる第四氷河期は終りをつげ現今の世界と大差なき気候状態となりましたので、始めて此の地上に於ける人間の祖先らしいものがあらはれて来たので、その中の劣等なものがクロマニヨン人だのブリユン人だのグリマルヂー人だのに相当するのであります。でありますからクロマニヨン人はネアンデルタール人と同時に接近して其の遺跡を存して居るにも拘《かか》はらず決して混血して居なかつたといふ学者が多いのでありますが、当然混血しなければならない筈《はず》のものが混血してゐないといふ学問上の不思議な謎を残して居るのであります。世人が今日普通に用ふる言葉の「人種」なるものは生物学上にいふ所の「種」ではなくして「変種」といふものなのであります。異なる「変種」に属するものは混血し得るが異なる「種」に属するものは混血し得ないといふのが生物学に於ける原理で、異なる「種」に属するものは混血し得たとしても生殖の能力がないから絶滅することになつて居るのであります。

然らば其の地上に於ける人間の祖先なるものは何物から進化したのであるか、柿の木の股からでも生れたのかと、せゝら笑ふ人が多いでありませうが、一言にしていへば天より下つたのであります。このことを言へば世の中の物識りも物識らずも「モウ沢山だ」と逃げて了《しま》ひますが、生物学や人類学や地質学や考古学が如何《いか》に発達しても、最後には必ず此の人祖天来説の前に低頭しなければならなくなるので、地上の人類はイヤでも応でも其の見本を如実に目前にみる日が近づきつゝあるのであります。地上に於ける人間の祖先は必ずしもアダム、エバの両人だけではありませぬ。適当の時期に神の摂理によつて、数千、数万の天上の生活者が地上に下生を命ぜられました。印度《インド》の古伝に於て天人の果報が尽きて地上に下生したのが人間の始めといふのは太古に於ける事実の訛伝《くわでん》したものであります。新聞も雑誌も学校も有らゆる書籍も、人間はアメーバのやうなものから進化したやうに訓《をし》へ、子供の時から其れを信じ切つて居りますから、私の話は誰れでも肯定しがたいでありませうが、人類は白紙になつて一切の学問上の仮説をぬぎ捨て、根本から考へ直さなければならない時節に直面して居るのであります。

古事記によれば、イザナギイザナミの神様以前に於ては僅《わづ》かに十七柱の神名が並べてあるのみでありますが、神祇及び天仙は幾千幾万も居られ、その従者けんぞくのやうな天上生活者も多数に居られます。その多くは今日の太陽系が成り立つ前の、つまり前世界からの存在者でありまして、幾百億万年とも知れぬ悠久なる過去から神と人との生活環《ライフサイクル》が無限の軌道を進行しつゝあるのであります。高皇産霊神《たかみむすびのかみ》の御子が千五百座おはしますといふことが神典にありますが、それは幾千も多数にといふ意味で、又た他の大神たちにも同様に多数の御子や其の使神従者けんぞくがあるのでありまして、色々複雑なる産霊紋理《むすびかため》によつて今の地の世界の二三万年前に下生を命ぜられた天上生活者も相当に多数で、又た必ずしも一時に下らず随時随所に下つたのであります。併《しか》し其の中でも稍《や》高等なものは人寿尽くるも遺骨遺品など残さず地上生活の物質的遺跡も無いのでありますが、劣等なものは殆《ほと》んど現今の普通の人間生活の如き手続きを遺《のこ》したのであります。天上生活者の下生といふことは此の場合に於て私の言ふ天上の意味は広く、霊界生活者と云つた方がよいかと思ふ程で海神や山神の領域からも人間界へ出動を命ぜられたのであります。併《しか》し兎《と》にも角《かく》にも天上生活者ともあるべきものがタトヒ其の中の劣等のものであるにもせよ今日からみれば確かに野蛮な生活をしたもので又たクロマニヨンだのグリマルヂーだのいふものも彼等が残した骨格から研究すれば余り智能の発達した人間とは思はれないが、どういふわけかと申しますと、その時代々々に連れて周囲の環境に適した無理のない体力精神力を賦与されて出現するもので、すべてのものに神ながらの順序調節があるのであります。蛙でも毛蟲でも其の生活環境につれて色も形も異なるやうに幽玄偉大にして綿密周到なる神々の大経綸を吾々俗人の小智を以て彼れ是れ批評せんとするのは少々自惚《うぬぼ》れが強すぎるやうであります。霊界生活者が或る手続きを経ずして直接に人間界へ下生するといふことを怪しむ人もあるかも知れませんが、人間が肉身のまゝで直接に上天したりする多くの事実を逆に考へられてもわかることで、さういふやうなことは天行居では毎々実例をあげて力説して来て居るところであります。人間から肉体を以て直接に上天することは先づ特別の場合であつて誰れでもといふわけには参りませんが、併し天上生活者が人間界へ下生することは神々の許諾さへあれば容易なことで、われ〳〵が金持ちにならうとすることは六《む》つかしいが貧乏にならうと思へば直ぐ容易になれるやうなものであります。さて天孫ニニギの尊の御降臨も其の時ごろかといふとさうではありませんのです。これは其れから余ほど時代が流れて、人間生活の様式が発達して御降臨を必要とする時節が到来してからで、御降臨の時代は今より僅《わづ》かに五千年乃至《ないし》一万年前であると私どもは確信して居ります。無論バビロニア方面からでもなく満洲方面からでもなく、天上の大神界から天照大御神《あまてらすおほみかみ》様のみよさしによつて天の八重《やへ》雲《ぐも》を押しわけて現今の日本の南九州の地に天降られたのであります。今から凡《およ》そ一万年前頃からは如何《いか》に高貴の方であつても地上生活をせられる以上は大体に原則として現今の普通人の如くに生活し生死の手続きも生活様式も普通地上人間生活の神ながらの規則通りとなつて、特別の場合の外一切くしびなことはなくなつたのであります。そして此の何の奇もなき普通人間生活が、実は徹底くしび極まるものなのであります。胸に手をやつて「あばら骨」を押へて考へてみる迄もないことであります。

わが日本民族は如何にして形成されたものであらう、いかなる系図を有《いう》するものでありませうか。日本国土に湧き出でた特別な人種と云ひたいが、世界は一本でありまして、つまらぬ事で力《りき》み返るのは愚かなことであります。達観すれば世界万国の人間は皆な天来の祖先に出でたものであり、誰れひとりとして神の子に非ざるものはないのであります。多くの学者たちの研究によれば、アイヌ族や朝鮮族やマレイ族などの混合したものであらうと申して居ります。それは何れも学問上相当の主張の根拠を有して居るのでありますが、わからないのは其の中に交つて特に光つてゐる一筋の糸、天孫民族の出自であります。南九州の或る地点にポツリと現はれて中国に延び近畿に入り日本民族の根幹となつた此の天孫民族なるものの系統は昔から八釜《やかま》しい問題でありまして、羅山などは支那人だと云ひ、ケンペルはバビロン族だと説き、近ごろも斯様《かやう》な説を担《かつ》ぎ廻る人は種切れとならないのでありますが、多くの真面目な学者達の意見の中の有力なものは、印度《インド》アリアン系説であります。印度アリアンは地中海人種と北方人種との混血したもので、印度及び印度支那方面から渡来したものであらうと想像するのでありますが、何の確証もないのであります。とにかく色々な種族が混淆《こんかう》して神ながらに今日の日本民族を組成して居りますので、外国人は「日本人ほど面貌の種々雑多で一定の型を見出しにくい人種は他に無い」と申すさうであります。つまり朝鮮、マレイ、アイヌ及び天孫民族が混和統一されて今日の日本民族を組み上げて居るので、各人に系統上の自覚なきまでに至妙の混和が神ながらに遂げられて居りますので、今さら別《わ》け隔ての出来るものでもなく只だ一体に光輝ある日本民族としての、くしびなる存在であります。人種学上の定説から云つても、人種は単純なものよりも混血の著しいものが優秀な素質を有すると申しますから其の点から云つても日本民族は理想的な混血人種であります。さて其の天孫人種なるものは何処《どこ》から来たかといふと、印度アリアンでもなく支那人でもなくスメル族でもなく、文字通り天上の神都よりニニギの尊を奉じて下れる神々及び其の従者たちであります。天上の神たちが地に下りて人間生活に交はり給ふといふことは此時ばかりでなく、諸外国にも色々の神たちが下つて人間生活に交渉せられたことは太古に於ては随時随所にあるのでありまして、これは最初に天上生活者が下生して地上人類の祖先となつたといふ話とは別個の問題でありますから注意せられたいのであります。併《しか》し天上の中央神界から正式に天孫を奉じて、……すなはち地の王たる神を奉じて団体的に天下られたことはニニギの尊御一行の天降りに限ることで、それが大地創生以来の因縁の地たる日本国に天降られ、日本民族は此《こ》の霊地日本国土に生活する産霊紋理《むすびかため》によつて神ながらの混血人種ながらに絶類の神種として許さる丶光栄の民族を結成し、日神の正統にして歴代のアラヒトカミにましますスメラミコトを奉戴し、全世界に対して其の重大な使命を実現せんとする大きな舞台面に乗り出さうとするところまで、神々の力作による権威ある脚本の筋書が、くりひろげられて来つ丶あるのであります。世界は一本であつて人祖は悉《ことごと》く天来であります。人間文化の先後を争ふ如きは愚かなことで、九州や四国の早く出来る米が総《すべ》て上等で東北地方の遅く出来る稲が悉く下等だといふわけのものでもないのであります。日本国の尊いわけは日神のみよさしによつて天孫が日本国土に天降られ、日神の神勅通りに万世一系のスメラミコトが天日の如くに君臨し給ふが為めであり、何故に天孫が日本国土に天降られたかといふと宇宙創生以来の神定めによる産霊紋理によるもので本来この日本国土が地に於ける神の宗国であり、人類出現以前からの神仙の祕区であり、世界の神祇の毎年集合せられたところであるからでありまして、石城山が「とこたちのかみのいはくら」といふのも神籠石《かうごいし》などに関係なき遠き太古からの神さびたる因縁なのであります。朝鮮に生を享《う》けたるものも台湾に於ける土着の人もムスビカタメによつて日本国民となれば何の差別もなき神種中の神種であります。殊《こと》に朝鮮などは太古からの特に密接なる親族関係、いや全くの同一家族なのであります。日本国の神仙界に於て現に我が日本国のために大活躍をせられつ丶ある川丹大霊寿真の如きも朝鮮出身なのであります。せまき意味に於ていふ日本の神祇界も太古以来支那や印度《インド》の神仙界とは特に親しい交渉がありますので、又た神祇は其の守り給ふ国土の住民と密接な関係があるのでありますから、徹底的に云へば世界万民みな神の前に同一の機会に立てるものとも言ひ得られるのであります。その中に於て日本国が神国の中の神国たるわけをよく腹に入れ、日本天皇が天に於ける神の王の地に於ける表現なることを徹悃徹髄理解し確信することが肝要なので、天行居は其のために活動しつゝあるのであります。

淤母陀琉神《おもたるのかみ》、阿夜訶志古泥神《あやかしこねのかみ》、この神様の時代は約一万年以前と考へることが穏当だと信じます。オモタルノ神様を紀には面足尊と書いてありますので、これから以前の神々は面貌形態いまだ整はざりしものとの説をなす学者が古来多く、本居先生あたりも左《さ》うでありますが、私どもとしては「オモ」は礼儀のことであらうと思ひます。礼をオモと訓《よ》まして書いてある例は源氏物語、竹取物語、十訓抄などに沢山あります。アヤカシコネのアヤは嘆息の声で、ヤ（弥）の上にアの接頭語をつけたので、アヤにかしこきなどいふ場合のアヤであります。カシコは恐惶《かしこ》で紀には惶根と書いて居ります。すなはち敬礼の出づるところ本づくところであります。ネは親愛の敬称であります。

二三万年前に於て人類は出現したが、何分にも天造草昧のときで、その時代は高等なる野獣と伍《ご》して生活を争はねばならぬので人間らしい生活は出来ず、骨格や精神力も其の時代相当にミムスビノ神がくまり与へられたのでありますが、人類の地に於ける生存様式も段々進歩してきて、オモタル、カシコネの神様の頃になつて漸《やうや》くに人間の生活も人間の生活らしくなつて来たので、今日のラヂオを使用しトーキーを喝采する人間でも礼儀をわきまへない者は厳格なる意味に於て神の前に於て人としての資格のないものであります。

伊邪那岐神《いざなぎのかみ》、伊邪那美神《いざなみのかみ》、この二柱の神様の御名は少なくとも日本人には甚《はなは》だ親しみのある御名でありますが、オモタル、カシコネの神の後の時代になつて出現せられたといふわけではないのであります。ウヒヂニノ神からアヤカシコネノ神までの八柱の神は実はイザナギ、イザナミ二神が悠久なる時代々々に於ける表現の神徳を称へまつれる御名なのであります。換言すればウヒヂニノ神からイザナミの神までの十柱の神が、直ちにイザナギ、イザナミ二神なのであります。タダヨヘルクニヲ修理固成し給うたといふのは、或る政治的の御行動を技巧的に伝へたのでなく、実際に此の大地が宇宙期から地質期となる際からの神秘な偉大にして悠久な御神功を如実に伝へたのであります。古事記の二神島生みの条に只今《ただいま》の日本列島だけのことが書いてあつて、世界各国のことがないのは、上古の日本民族に理解し得られる程度に神伝へとなつたもので、吾々に対して今日の望遠鏡も及ばない遠方の世界の消息に就て神様が何事も示されないのと同じことで、それは御示しになつても無駄なことであり且《か》つ理解の出来ないことであるからであります。天照《あまてらす》大御神《おほみかみ》様が此の国土は吾が子孫の王たるべき国だと仰せになつたことに就ても、それは世界万国を指されたものでなくて今日の日本国だけの意味だといふ学者が多いのも古典を活読する眼力がないからのことであります。天祖神勅にある豊葦原の瑞穂国なるものは、只今の日本国土であると同時に地上万国を意味するものなのであります。天日の全地球面を照らすが如く日本天皇のみいづは地上万国の上に光被されなければならぬので、それまでは此の地の世界は未完成なのであります。いつも申しますやうに神ながらの正しき古伝を言葉や文字で伝へるとなれば、その叙述の表現上おのづから前後の順序を生ずるので、写真や絵画のやうに一時に全面をみることは出来ませんので神代巻に伝へられたことを記事の順序通りに年代を追うて普通の歴史をよむやうに解しようとするとわからなくなるのであります。写真や絵画をみるやうに神代巻は一時に一瞥《いちべつ》して直感しなければならないのであります。又た稗田《ひえだ》の阿礼《あれ》が諳誦するところの勅語旧辞にも幾分の訛伝《くわでん》や脱漏もあり得ることでありませうから、神代巻の一字一句が全部系統的に合理的に理解されなければ、これを世界第一の正しい神伝として信ずるわけに行かぬといふ人たちは別に何か他の聡明な方法によつてバベルの塔の建造に努力せられるのも結構なことで御座いませう。

　イザナギ、イザナミといふ御神名を神聖君主を意味するイザノアギ、イザノアミであらうと考へる学者もありますが、それも相当に学問的根拠ある説で一概に排斥は致しませんけれど、どうも定説としてうけがふことは六《むつ》かしいやうに思ひます。伊邪《いざ》は書紀の口決に誘語（イザナフコト）とあるのが先づ無難なやうであります。この二神は国土を修理固成し一切蒼生を誘発振起したまひし大神であらせられますから其の御名を負はせ奉りしものと考へる方が穏健であらうと存じます。いたづらに新奇を衒《てら》ひ恒径を辿らない学者の説を採用するには余程の検討を要するのであります。上古に於てはイザナギノ神は皇室の血統上の祖神として認められて居なかつたといふことを主張する学者たちは、淡路の伊佐奈岐神社（神名帳、只今の官幣大社伊弉諾神社）が貞観元年まで無位勲八等であつたことによつても証せられると言はれますが、何故にそんな不徹底な論理によつて神典に明記されたところを紊らんとするのか、不可解なことであります。天照大御神様でさへも日本民族直接の祖神に非ずと主張する岸一太博士のやうな恐ろしい人も出てくる世の中でありますから、社会に信用ある紳士らしい顔をした人たちが中央の学塁に拠つて勝手なヒガコトを並べて居りますので、近く二十年来刊行された神道に関する出版物または上古史に関する出版物の大部分は秦の始皇を九原より起して焼き棄てなければ国土の汚れは祓へないのであります。

併《しか》し憂ふることはありますまい、何も彼も天の時で、天地間に神霊なくば兎《と》も角《かく》、神霊あらば今日の有らゆる混濁と顚倒と錯誤との世界を此の儘《まま》に放任せらるゝわけはありませぬ。天地間には時節の神律が厳然として存在いたします。宇宙万有の霊的元素の数たる三千三百二十一年（天行林参照、神名木車《かなぎぐるま》）の三倍……九千九百六十三年……約一万年前に地上の人類が人間らしい生活を始めた真の人間世界の紀元から帳尻となつて来て居るのであります。小さな車は二年と四ケ月で一周します、その三倍の七年を経過すると人体の細胞も一新するとか申します、その生理学説は変動することがあつても二年四ケ月及び七年で神人の交渉が一つのサイクルを形成して居ることは昔も今も変りはありませぬ。諸君が真に入信せられて修法に努力せられるならば必ず二年と四ケ月経過すると相当の所得がなければならぬのであります。その三倍の七年まじめにやつて面目を一新することが出来ぬ人は、到底この世に於て眼睛換却の日は得難いのであります。一昨年の七月一日に組み立てた地下の御霊代《みたましろ》は其後に曾《かつ》て思ひ設けぬ神示のまに〳〵行動するうちに、石城山の発見となり日本《やまと》神社の運びとなり、二年四ケ月経つて来月は此の石城の神山に御鎮まりになることとなつたのであります。諸君も真に発信決意することが出来るならば其の決意の日より二年四ケ月の後に確実なる期待を以て一心不乱の精進をやられたいと思ひます。中の車は三十六年と其の六倍二百十六年で一週するのであります。三十六は六の自乗で、又た神名木車の四立四分を除いた七十二が火と水の二つにわかれた数で、支那の仙道でも三十六といふ数霊《かずたま》は大切なものとなつて居ります。東洋的な古臭い迷信だと思ふモノシリやモノシラズはブリユクナーの気候周期説を如何《いか》に取扱はんとするのでありませうか。地球上の気候が約三十六年を一期として転廻するといふブリユクナーの学説は西紀一八九〇年に発表された当時は学界の注意を惹《ひ》くこと微少でありましたが後にクラッフ其他の学者に支持さるゝに及んで大いに有力となりました。エール大学のハッチングトン教授はブリユクナーの原理に立脚して精密に研究し、地球は一万年内外を一期として、気候が循環するものであることを発表し、其の大周期の中に二百年位ゐの中周期と三十五年位ゐの中周期とあることを確かめ、気候が人心に影響して歴史上の大事件に直接関係あることをも論証して居ります。神を嘲《あざ》けるものも不完全な学説が横文字で書いてあると沈黙して了《しま》ひます。併《しか》し理窟は如何《いか》にも取扱はれるでありませう。神を嘲ける今日の科学は果して何時まで其の得意の嘲笑をつゞけ得る乎《か》。夜は永久の夜ではありませぬ、刻々として黎明に近づきつゝあるのであります。夜のヴエールが取去られた日に、悪鬼は尚《な》ほ踊りつゞけることが出来ませうか。妻は夫にそむき、子は親を売り、兄弟相訴へ、神を認めず、人は動物の進化せるものと思ひ、倫理の価値を疑ひ、日本天皇が天に於ける神の王の地に於ける表現なることを肯《うけが》はず、衣食住に神恩を感ぜず、政治も教育も宗教も売僧《まいす》の空念仏の如き現代世界の人類は、その時、夜の明け行く時、何を以て神々の前に生存の権利を主張し得るでありませうか。

今の世の中は、神を嘲けり、神威を冒瀆するために悪魔が人類に憑依《ひょうい》して努力する高潮に達せる時代であります。歴史家は歴史学上より神を嘲けり、考古学者は考古学上より神を嘲けり、土俗学者は土俗学上より神を嘲けり、文芸家は文芸作品の中に神を嘲けり、法律家は法律を通して神を嘲けり、科学者は自然科学の威力を過信して神を笑ひ、医家は迷信の二字を以て神徳を遮《さへぎ》り、心霊学徒は低級な人霊や妖魅《えうみ》の作用に眩惑して高貴の神を拝むものを罵《ののし》り、神道家の多くは邪神邪霊に交渉して紫を以て朱を奪ひ、一般人はカフエーに於てダンスホールに於て神祇を嘲けり、神に出でたる者が神を離れて生活するやうに自惚《うぬぼ》れ、神威の冒瀆に殆《ほと》んど全人類総がかりで狂ひ闘ひつゝあるのであります。この魂《たまし》ひの破産者たる大群集の中に、神の偉大なる愛の手は動き出さんとしつゝあるのであります。「光りは石城山より」夜の明けるのに、もう間はありません。

日本国土が神の宗国でありますから、世界の有らゆるものの精華が日本国土に引きつけられて神ながらに集中してくるのであります。仏教は世界の大思想でありますが、印度《インド》に於て成長し支那に於て花を開き日本に到着して実を結んだと云はれて居ります。支那の儒教の如きも支那に亡びて日本に生き、日本に於ける儒教は一千有余年間にわたつて格別なる光彩を放ちました。バビロン方面に花を開いた思想も其の思想に伴ふ或る品物と共に日本に流れ込んだこともあり得るだらうと思はれます。併《しか》し左《さ》ういふ品物が日本の或る地方に密《ひそ》かに伝へられる間には色々の訛伝《くわでん》が故意に或ひは不用意に混入することも有り勝ちで、さうした方面の研究に従事する人は格別細心の考慮を必要と致しますので、本末を顚倒してはならないのであります。日本の儒教が支那から来たものであるからと云つて我が皇室の出自が支那方面であるといふわけでもなく、仏教が日本で結実したからと云つて天孫民族の祖先が印度に発生したといふ論理が成り立たないと同じやうに、バビロン方面の昔の宝物まがひのものや其れに伴ふ記録が富山県赤池神明の地にかくされてゐたといふやうなことが将来多少の問題となる日が来ましても、それを以て天孫民族がチグリス、ユウフラテス河畔に育《はぐ》くまれたものといふことは性急なる妄断で、そのことに就ては今年の春も「破れたる古神道の面《マスク》」と題した講演の中に聊《いささ》か弁明しておいた通りであります。南北朝のときに北朝へは偽器（三種の神器）を授《さづ》くと史上にも明記されてゐて、まことの神器は今尚《な》ほ某方面にかくされてゐるといふやうなことを言ふ人もありますけれど、これは由々《ゆゆ》しき大事で、甚《はなは》だ人心を不安に導く訛伝であります。――斯《か》ういふことは吾々如き微臣が彼れ是れ申すべきことではありませんが、禁中にある神器は断じて神代以来の正統のものであります。（御鏡は伊勢神宮に、御劒は熱田神宮に神代以来の神さびたる奉斎で、賢所《かしこどころ》にまします御鏡と禁中の御劒は御名代《みなしろ》の神器にましますこと世人周知の通りで、御名代の神器と雖《いへど》も神威あらたかにましますこと古来の確実なる記録にも明記されたる通りでありまして、ヤサカニノマガタマは神代ながらのものであります。）近来はバビロンを宗源とする神道説が次第に擡頭《たいとう》する形勢でありまして、堂々たる官社の宮司でありながら大山積神《おほやまつみのかみ》も海神ヤーの転訛《てんくわ》神だなぞと大胆なる意見を公表してる人さへ出て来ました。全く草木モノイフ世の中であります。

日本《やまと》神社鎮座祭に関する準備を目前に控へまして、其他種々の仕事に取りまかれて居ります折柄で、いつもながら甚《はなは》だ粗雑な話で自分だけ解つてゐても皆さんには要領を得がたいかとも思ひますが、本日は此れ位ゐなところで切り上げておきます。本日は話の筋書の紙片を作成する時間もなかつた為めに甚だ乱雑な話となりまして恐縮であります。

（昭和四年十月廿八日古道第百八十八号所載）

世界一本と天孫降臨（其六）

国家起源論の根本誤謬

私どもは国家のためには命を捨てることを惜《を》しまず又た国家の法律に束縛されることを少しも不当と感じないが、何故に国家といふものは其のやうな権威のあるものであるか、其の国家の起源は如何《いか》なる手続きに取扱はれて来たものであるか、昔から種々の学説が行はれて居りますが、何れも私どもの所信と格合したもののないことは誠に重大なる遺憾とするところであります。ひツくるめて言へば人間は下等動物から進化して来たものであつて或る権力者または或る不合理な権力の意志によつて今日の国家形体を成就したものであるといふ多くの学説が一般の社会通念となりつつあるやうでありますが、それでは「君国の為めに」といふ吾々の一切根本の思想の土台は単に旧式な或る幻想に過ぎざるものであることになり天行居の主張、使命は骨抜きになるわけでありますが、斯《か》ういふ問題に就ては将来天行居の信念に共鳴する専門学徒の出現を待つて吾々の代弁者となつて頂かねばならぬのであります。けれども其れを待つのが実に待ち遠く且《か》つ待ちづらい昨今の世相でありますので、斯ういふ問題に専門的知識のない私として甚《はなは》だ大胆にして且つ滑稽な武者振りではありますが、私どもの考へてをる大体の輪廓だけでも此際申上げておきたいのであります。

今日までの世の中に行はれて来た国家起源論とでもいふ学説には大ざツぱに分けて云へば、社会契約説、道徳説、宗教説、法律説、階級闘争説の五つにわけることが出来るやうであります。先づ其の所説の概要を申上げておきます。

社会契約説、国家といふものが成り立つのは各個人の合意によるもので、国家の存在は此の意味に於て正当であると説く一派で其の学説は古くギリシヤの昔からあるのであります。後世になつてルソーにより高調せられ今日でも相当の勢力を有《いう》してをるらしい模様であります。

道徳説、人間は生れながらにして集団的道徳性を有してをるもので必然的に国家を形成するものであり、人間は国家といふ秩序ある型の中で生活することによつてのみ人間としての生活の目的を表現し得るもので、国家を離れて生活らしい生活の出来るものは神様か禽獣《きんじう》かであると説く一派で、これも起源は古くギリシヤの昔にあつてプラトーンやアリストテレス等によつて体系づけられ近世に至つてフイヒテの良心説やヘーゲルの哲学的国家観も其の流れで、今日と雖《いへど》もヘーゲリズムは存在の地盤を持ち合せてをるのであります。

宗教説、これは今日殆《ほと》んど学問的に認められて居らずカトリック教の一派が其の政策の基礎をこれに求めて居るだけであります。我が神道学者または神道教会に於て表面やゝ此の方面を担任して居るかと見えるものでも其の学問的論拠は雑駁《ざつぱく》不徹底で統紀あることなく何等学問的指導原理を有せずして寧《むし》ろ社会契約説や道徳説に類した主張に部分的合流せるやの観あり、国家の起源といふ重大問題に触れることを忌避《きひ》し「神話は神話として尊重すべきもの」といふ位ゐな程度で、其日ぐらし次第ぼそりの思想を抱いて不安な信仰に呼吸して居る状態であります。

法律説、これも相当に古い歴史を有し、家長権説や所有権説から論結されたものでありますが、この法律説を完成したのはイエリネックであります。その学説は一と口に言ひつくし難《がた》いが社会主義学説やヘーゲリズムから多量の示唆を受けて居るらしいことは確かで「社会があれば其処《そこ》に組織と組織の動力たる強制力とが存在する、その組織内の各個人が其れに服従するのは要するに法律的組織であり法律的強制力だからである、法律は原則として正義である、その組織内の各個人に法律的信念があれば直ちに国家を承認する合法的信念が胚胎する、国家そのものが正当な存在である理由は此点にある」といふのが要旨であります。

階級闘争説、これは近く二三十年来最も勢力ある説で、しかも今日も日々夜々に恰《あた》かも悪性の伝染病がひろがるやうにひろがり行きつゝあるのでありまして一般人から信仰的に拝《をが》まれてるのは其の中心人物マルクスとエンゲルスの二人であります。御本尊マルクスは西暦一八一八年プロシヤに生れ、ボン大学、ベルリン大学で法律、哲学、歴史を修め、卒業後新聞記者となりライン紙の主筆時代土地問題に就て革命的論議を闘はしてる頃より経済学の研究を始め、巴里《パリ》に移り一八四四年始めてエンゲルスの訪問を受け後に同道して英国へも旅行し、一八四五年共産主義者同盟に加盟、その翌年共産党宣言発表「万国の労働者団結せよ」といふ非国家主義の毒語を八十年後の今日の全世界に放送し、一八六四年国際労働者協会をロンドンに創立しその指導者となり、資本論第一巻は一八六七年の刊行、一八八三年を以て（今より四十七年前）死し、資本論第二巻は其の翌々年エンゲルスの校訂で世に出で、其の第三巻は一八九四年出版、第四巻たるべき余剰価値学説史はカウツキイの校訂を以て一九〇五年に印刷されました。

階級闘争説の云ふところによれば、人間は畜生同様の野蠻時代から次第に発達して来たものであつて、性慾生活の如きも始めは近親間と雖《いへど》も全く何の倫序もなき無茶苦茶であつたが、やがて親子間のことを遠慮するやうになつて同胞結婚から族外群婚時代に入り、最後に怪しげな一夫一婦まがひの制が発生するに至つた。族外婚の発生は氏族の起源をなすものであつて斯《か》うなつてくると同一氏族内に於ける結婚が不都合と認められる為め其の相手のものを他の氏族に求めるやうになり、氏族を単位とした社会が出来、それに連れて種族連合とか民族とかの考へも湧《わ》いてくる。ところが一夫一婦の制が段々と組織だつて行くに従ひ母系主義はおのづから消えて父系主義が正しいものと見られるやうになり、自然の勢ひとして氏族制度は崩れるやうになつた。それは主として経済上の理由によるものであつて、一夫一婦制のもとに於ては他氏族から嫁を貰《もら》ふ場合その婦女の財産は夫の氏族の財産に移されて了《しま》ふから各氏族は其の財産を失ふまい為めに同氏族内に於ける婚姻を利益とするやうになるからである。それに又た父系主義の尊重は氏族に於ける役職の世襲制をみるやうになり貴族のやうなものが出来てくる。さうすると貴族は其の地位を維持する為めに富力を蓄蔵する必要に迫られ此処《ここ》に上等階級が下等階級のものを搾《しぼ》り取る組織が生れてくる、其れが即ち国家の起源である。つまり経済事情の変移に連れて社会に階級を生み出すやうになり各階級は闘争を繰返して行くうちに強力な階級が其の闘争の愚なること無益なことを悟り、何か普通の社会より飛び離れて高いところの地位に在るかの如き権威といふものを創作し、その権威を以て社会内面の衝突を秩序と称するものの中に監禁するので、それが国家の起源だといふのがマルクス一派の主張であります。マルクスの本家相続人を以て任じてをるレーニンだのカウツキイだのいふ人達は固《もと》よりのこと、修正派マルキストとして知られたベルンスタインもギルド社会学のラツセルも国家起源論の基礎を此処において居るのであります。医学博士であり哲学博士であり又た社会学者であるオツペンハイマーの如きも歴史家マイヤースの如きも皆な此の派の宗旨の人で、階級闘争説に基づく国家起源論は現代に於ける謂《い》はゆる思想階級の王座を占むるものらしく思はれます。斯うした世界的風潮に感染した今日の日本人中の思想的中堅を成す読書層の人々に対して「君国の為めに」といふ言葉が食卓のペーパーの模様ほどにも注意を惹《ひ》かないことは実に当然のことで、しかも主として我国の読書層に対して呼びかけつゝある天行居の立場の困難なことは並大抵のものではないのであります。一人の同志を得るために費す努力は他の団体が百人を得るためにする其れにも当り、しかも一人を得れば一方に一人を失ふの状況のもとに、全国戦線の同志諸君が不撓不屈の奮闘をして居られることを思へば、私共は思はず合掌せざるを得ないのであります。

今更ら申すまでもなく、地上の国家は天上の国家の移されたものであります。それも或る哲学的な概念によつて其れを認めるのでなく具象的な確然たる歴史的事実なのであります。それには正系のものと傍系のものとあるのでありまして、正系のものは固《もと》より唯一無二でありますが傍系のものは地点を異にし時代を異にして此の地上に沢山あるのであります。諸外国に沢山な傍系国家の天降りがあるのみならず（それは国家といふ程の形態を具備して居らぬものもあつたにしても）又た此の日本にもあつたのであります。神武天皇様がお越しになる前の大和に於ける国家の如きも其の一つなのであります。厳格に云へば天上国家の天降りの正系たる瓊々杵尊《ににぎのみこと》様を中心としたものだけが此の地上に於ける国家の開闢《かいびやく》でありますが、其の以前からして世界各地に可なりの高等文化を有する国家は随所に存在したのでありまして、ひろき意味に於て云へば皆な何れも文字通りの天孫人種であること従来いろ〳〵の方面から反覆して申上げてをる通りであります。此の事実を認めざる国家起源論は何《い》れも学者の俗智による創作に過ぎざるもので、何千頁にわたる規則正しい議論が並べてあつてもつまり「六《む》かしい嘘」に過ぎざるものであります。社会契約説は例の「万人に対する万人の闘争」といふホツブスの言葉を真理と誤認して其処《そこ》から十露盤《そろばん》を弾いたものでありますが、太古時代に於て万人が万人に対して闘争したといふやうな信用すべき学問上の証拠はありませぬ。最近に於ける太古学の進むにつれて種々の発掘物等から研究の結果は寧《むし》ろ其の反対の事実を立証する材料が多いのであります。又た道徳説の如きも、人間本来の道徳的要求によつて国家が生れたと云ひますが、人間の道徳的要求が如何《いか》なる過程と手続きとによつて国家を創造したかといふことは説明されて居ないのでありますから架空な体裁の好い想像に過ぎぬものであります。法律説に於て社会現象としての国家と法的現象としての国家とを二つに見ながら総《すべ》てを法的現象として取扱はうとするのは学者といふもののアタマの良さを技巧的に説明するだけのものであります。

其処《そこ》になつてくるとマルクス、エンゲルスによつて科学的に体系づけられた階級闘争説に於ける国家起源論は兎《と》にも角《かく》にも確実な科学的論拠によつて古代国家の研究に手を入れようとしただけあつて如何《いか》にも万人に肯定を要求する魅力に富んでをります。併《しか》しながら彼等の材料は陳腐であり其の取扱ひ方は当を得て居るものと言へないのであります。彼等は旧式な進化論による人類の起源から考へ起したところに既に根本的の誤謬《ごびう》があるのでありまして、この大地に湧《わ》いた蟲《むし》から段々発達して猿まがひの動物となり其れから野蠻人に進級し母系主義の家庭が出来、それから氏族が発達して国家めきたるものが案出せられ、それから支配階級の政治組織たる国家が出来上つたやうに申しますけれども、それを証拠立てるために使用した材料は、モルガンのアメリカインヂアン研究と十九世紀前期の視野のせまい学者の手になつたヨーロッパ原史なのでありまして、彼等が視力の届く古代社会は今日の進んだ研究からみれば頗《すこぶ》る年代の新らしいもので、しかもエンゲルスが随所に引合ひに出すホーマー時代は母系主義の証跡なく明らかに父系主義であり、王朝前のエジプト、バビロン、スメールの如きも決して母系主義ではなかつたのであります。彼等は階級闘争が人類進化の主たる原動力であつたと論じますけれど其れも誤りで、そのことは彼等の仲間にも気のつく学者がありました。クロポトキンの相互扶助論に於ても人類の進歩は階級闘争よりも寧《むし》ろ其の協調、連帯によりて促進されたことが明らかに感得されるやうになつて居るのであります。又た彼等の虎の巻たる唯物史観の根本思想は経済的の条件が人類社会の総ての条件を決定する要素であると説くのでありまして、彼等の国家起源論に於ても此れが極めて重要な役割を受持つのでありますが、原始人の生活をたゞ衣食だけの生活と見た誤りは近く半世期間に驚くべき発達を遂げた太古学の実証的研究が此れを多数の資料に基づいて指摘して居るところであります。又た宗教や神法的行事や伝統尊崇思想やが逆に経済を決定するといふ歴史的事実、近代資本主義の宗教的起源もマックス、ウエーバアの研究によつて近ごろ学界に堅実な地位を開拓したのであります。支那及び印度《インド》に於ける古代より今日に至る経済組織を研究して其の経済現象が宗教、神法的行事、伝統主義等によつて推移進化して来たことを証明し、又た欧米に於ける近代資本主義の起源発達に対して密接に交渉した新教の影響を詳述して居ります。マルキストが今日も尚《な》ほ頑冥《ぐわんめい》に担《かつ》ぎ廻るところの唯物史観に基づく経済動力論は、迷信的にこれに帰命する善男善女のみ護符の如き効能があるだけで学問的には甚《はなは》だしく影のうすくなつたものであります。

各方面に於ける国家起源論は何《いづ》れも旧式の進化論を背景として居る点では一致して居るやうでありますが、十年前来毎々申上げます通り此れが土台から近代人の耳目を愚にして居るのであります。たとへば人類は謂《い》はゆる類人猿のやうなものから進化して群をなして狩猟に従事し、その次ぎには野獣を馴らして牧畜に移り、それより後に一定の土地に住居して農業を営むやうになり其処《そこ》に国家が萠芽したと順序立てる彼等の見方は如何《いか》にも自然的なやうではありますが、斯《か》ういふ考へは西洋人の頭に先祖代々深く刻みつけられた旧約聖書が先入主となつて居るからで、その西洋人の全体的迷信に培養されたダーウイニズムを何等無省察に受け入れて居るのが明治時代以来の日本の学問で、それが余りにも大仕掛けなる為め誰れも其れを疑はないのでありますす。近く支那の古代に就て考へてもわかることで、殷は大約六百年で滅びまして周が之《こ》れに代りましたが、普通の学者は新らしい農業生活の周が古い狩猟生活の殷をほろぼしたやうに云ひますけれど左《さ》うではないのであります。殷代の史料として信頼し得べきものは殷墟から出て来た発掘物を第一としなければなりませんが、上虞羅氏の「殷虚書契考釈」等によつて公平に研究するならば殷は農業文化を宗としたことが明らかであります。（狩猟に関する遺物が最も多数ではあるが此れは別の理由による。）そして此れをほろぼした周こそ野蠻的な狩猟本位生活族であつたのでありまして武力に於ては狩猟族の方が農業族よりも強かつたのであります。周が殷に代つて天下を取るや極めて巧妙に殷の文化を取り入れ農業に努力したのでありまして豳風《ひんぷう》七月の詩にしても周頌の臣工噫嘻等の詩にしても農業奨励の意味の多い其の深意を裏面から考察してもわかることで周は征服者としての虚栄心から農業の文化の模倣を周本来の固有のものであつたやうに装うたものでありまして司馬遷などの知るところでないのであります。仁を以て不仁に代る天下敵無しとか、一度戎衣《じゆうい》して天下大いに定まるとかの名文句は只《た》だ名文句として有難いもので其れが直ちに殷周革命の歴史的解釈に何の役目をつとめるわけのものでもないのであります。黄河下流の流域に住み農業本位の文化を有《いう》した殷人は其の上流地方たる西方戎狄《じゆうてき》の間に崛起《くつき》した狩猟本位生活族たる周人のためにほろぼされたのであります。氷河直後とも云ふべきアナウ時代の生活振りを専門学者が出土品に就て研究した結果に於ても牧畜よりも農業の方が早く営まれて居るのであります。スメール族、ミノアン、クリート族、ヒツチツト族も他の蠻民に逐《お》はれて山間に逃げ込んで以来其の文化も甚《はなは》だしく衰退して遂には野蠻人になつて了《しま》ひました。この地上の人間生活の様式は進歩するばかりでなく退歩もするのであります。それは必ずしも闘争の結果に限らず天候や地変や宗教や経済関係や種々の事情によつて退歩も致します。日本といふ国のまん中辺にある或る村では僅《わづ》か数ケ月前に全村電灯を廃止して石油ランプに逆戻りしたことなど諸君が新聞紙によつて御承知の筈《はず》であります。学術の如きも左《さ》うでありまして、たとへば支那は上古に立派な固有の周孔の学術を有したのでありますが魏晋以後仏教が印度《インド》から入つて来た為めに（当時は仏教と云つても権教だけ）支那の学術といふものは毒せられて荒れ果て、了《しま》つたのであります。更らに遡《さかのぼ》つて云へば周孔の儒学が湧《わ》いた為めに神仙微妙の道は隠れて了つたのであります。支那の神仙道が戦国時代以来発生したやうに云ふのは普通の俗学の徒が今も昔も口走るところでありますが決して左うでなく、これを支那式に述べるならば天地開闢《てんちかいびやく》して上皇太一あり、而《しか》して後に元始天王太元聖母出で、此に陰陽始めて分れて天皇氏地皇氏興り、神仙微妙の道こゝに萠《きざ》し、伏羲《ふくぎ》神農黄帝に至つて益々《ますます》盛んにして玄経すでに成つたのでありますが、下つて夏后氏の世、人狡にしてこの道を道とせずこの教を教とせず夏后氏亡びて玄経すでに隠れ大道こゝに廃り、擬聖しきりに出でて百氏の説行はれ大道を視《み》ること異端の如く神仙を見ること妖魅《えうみ》の如くになつたのであります。サー、ウキリアム、ドーソンは一切万物は其のまゝ放置せば退化すと断定しベートソンは進化は性質の新附加によるよりも其の損失によつて行はると云ひましたが、ダーウイニズムばかりを拝んでる今日の信仰心の強い学者たちは容易に退化といふことに耳を傾けないだけの節操を持ち合せて居ります。彼等はダーウイン流の進化論を恰《あた》かも数学のQ・E・Dの如くに信じ切つて居り、その信仰のもとに今日の日本の小学から大学までの教科系統も組織されて居るのであります。巴比倫《バビロン》のニムロデ、バースだの埃及《エジプト》のスフヰンクスだのピラミツドだのを築造した太古の人々の数学、化学、力学、機械工学の法則は猿の子孫の仕事として妥当なものと見られて居るのでありませう。太古の未開人がやりさうなことであります。手近なところでは先づ奈良の大仏でもモウ三つ四つ拵《こしら》へて海外からの遊覧客を招く工夫でもすれば幾《いく》らか不景気よけの禁厭にもなりさうなのに気の利かぬ人の多い世の中であります。

世界は一本でありまして地上の人類みな天来民族であります。そのことは「神と人とのライフサイクル」其他に於て従来屢説《るせつ》せる通りであります。文明は遺伝でありまして厳格に云へば人類生活には何一つ創造といふことはあり得ないのであります。創造の如く見えるものも実は一種の霊感によつて曾《かつ》て存在せしものを今日に移し現はすに過ぎざるものであります。天上の正統国家が瓊々杵尊《ににぎのみこと》を中心として地上（今日の日本島帝国の九州）に移される以前からして此の地上には各地に種々の高等文化を有した人間の集団は沢山に存在したので、それらも皆な夫れより以前に天降つた神族の血統に出でたものでありまして、本来世界一本なのでありますから地上各方面の文化の形態も符節を合する如きものは沢山にあつたのであります。旧臘《きうらう》東京の某氏から頂戴した一つの壺がありますが、高さ五六寸で少し平たい形をして左右に紐《ひも》をつけるやうに出来て居りまして学者は提壺といつてるさうでありますが、この品は大和国葛城郡の〇〇〇〇〇から寛政二年五月五日に発掘したものであり、少なくとも二千数百年前のものでありますが、これに酷似したものが外国にもあるのであります。支那三代土器の雙環壺といふもの及び埃及王朝以前遺物ゲベリイン発見土器の中にも同意匠によるものがあつて現に京都大学文学部陳列館に保管してあるのであります。少し趣きを異にしたものでは太宰府の徴古館にも謂はゆる鉤耳付提瓶、環耳付提瓶が陳列してあります。これらは比較的時代も新らしいものではありますが、モツト遡《さかのぼ》つて神代の遺品といふものに就ては我が同志中に於てさへも不徹底な考へをもつて居られる人が多少あるやうでありますから此の機会に序《つい》でに一言しておきますが、大体に於て云へば神代の遺品といふものの中には二種ありますので、その一は神武天皇様よりも前の時代に於て此の地上に於て製作されたものであり他の一は天上の神界の品を地上に移されたものであります。此の地上で吾等の祖先が製作したものであつても其れが御物であつたとか神祇御用の斎器であつたとかいふものは天上神界将来のものと同様に尊いものでありまして苟《いやし》くも此れを軽んずるやうなことがあつてはならないもので、それどころか神武天皇様以来に於ける其れも亦《ま》た同様で、単に儀礼的に貴いものといふだけでなく、くしびなる霊威あるもので、その事実は国史の上にも昭々たるところであります。又た天上神界将来の品が古代に於ける此の地上の人間の手になつたものと殆《ほと》んど同意匠同趣向同性質のものであることを如何《いかが》はしく思ふ人もあるやうでありますが、是れ誠に当然のことであります。人間は猿の子孫でなく神祇の変形したものに過ぎず又た神界と現界とは合せ鏡のやうなもので、天上神界の品が地上に移される時は其の時代の地上文化相応のものとなつてあらはれるのであります。現界の品を神界へ運んでも神界の品を現界へ移動しても霊妙なる法則のもとに変化が行はれるのであります。が、それは変化しないとも見ても差支へはないのでありますす。これは普通の人には稍《や》や理解しにくい点であるかも知れませんが、……少し卑俗なたとへで言つてみれば、神界に居られる御方に対して現界から飲食物を提供する場合の如き、清潔に調理して誠意を以て供膳すれば、そのまゝ神界へ届くものでありますが、それにも霊妙な法則が行はれるのでありまして、神界では単に其の誠意を汲《く》みとるといふやうなことでなく、実質的に刺身は刺身、蜜柑《みかん》は蜜柑、餅は餅、酒は酒で現界で供へた品が其のまゝ届くのであります。されぱと云つて現界の品が消えるわけではありませんが、其の現界の品は霊的には消滅して居りまして、味も風味も栄養分も変質せず存在して居りますけれど霊的には消滅して居ります。ですから甲の神殿に供へた洗米や酒を乙の神殿に供へるのは儀礼上ゆるすべからざる非礼であるのみならず実質的に無意味なのであります。直会の場合等に於て撤饌物を吾々が頂戴するのは神様のお残りを戴くわけでもなく又た神様がきこしめし給ひしかすをいたゞくわけでもなく、真心を以て恭《うやうや》しく神祇の御気を蒙《かうむ》る次第なのであります。神界の消息や神人の関係を考へる場合いつも種々の謬想《びうそう》の雲に包囲されやすいのは人間といふものの尊とさを忘れるからであります。神祇も人間も本来同質のものであり人間の生活、文化、思想といふものは甚《はなは》だ尊貴なものであることの自覚がないために、人間味ある神界の消息を聞くと直ぐに疑念を生ずる人があります。神界にも種々の階段があるけれども概念的に云へば神界も人間界も万事同様の生活形態であると考へた方が間違ひが少ないのであります。天上神界将来の或る器物が素朴で恰《あた》かも文化程度の幼稚な時代の人間の手に製作されたやうに見受けられる場合があつても、其の品が神界へ運ばれると極めて精緻《せいち》な意匠になつた光り輝く立派なものとなるので、神界の器物が現界へ運ばれる場合は其の現界の事情に適応したやうに表現されるので、そこには到れり尽せりの神慮による霊妙極まる法則が行はれるのであります。太古に於ける天上神界将来の品物でも其れが現界に於ては朴素拙真なものに見えたり又は精巧なる意匠と高級な化学的操作を経《へ》たものの如く見えたりするものとあります。われ〳〵が神饌物を大前にさゝげ奉つた時に、一合か二合の酒が神界では五升にも一斗にも化現し、その風味も舌ざはりも似てもつかぬ芳醇美妙なものとなり其他の御供物も亦た然《ま》りでありますが其の霊妙な法則を逆に考察すれば天上神界のものが地上の現界へ将来された場合の有様を稍《や》や首肯し得られるであらうと思ひます。神社に武器や神馬（それが生きた馬でなく木造や絵画であつても）が沢山にあれば其の神社の幽境には必ず精鋭完全なる武器や神馬が沢山に用意されてある実状を拝観いたしますのが普通でありますが、さういふ事実からしても天孫降臨前後の種々の消息を考慮し得られる筈《はず》であります。物品が神界と現界とを移動しても殆《ほと》んど何等の霊的変化を見ないものは紙と塩とか或る特殊の神器類とか又は特に神界の思召《おぼしめし》によつた場合のものに限られて居るのであります。欧米流の交霊術では火災等に逢つて現界で姿を消したものが其のまゝ幽界に存在するやうに口走りますけれど其れは低い霊界の夢のやうな或る状態に在《あ》る生活者等の感覚に過ぎざるもので、現界に姿のある品が直ちに霊界にも存在する場合は沢山にあります。又た彼等が口走るやうな霊界の居住者は青いキモノが欲しいと思へば青いキモノが何時ともなく身に着いてをり黒い洋服が欲しいと思へば其処にそれが現はれてくるといふやうなことも、神界の摂理を未《いま》だ正確に感受することの出来ぬ立場にある霊界居住者の非現実的な生活意識に過ぎざるもので、神界にも高級な神様ばかりでなく普通の俗人とも云ふべきものが沢山に居住して居て大工も左官も織物も醸造も何も彼もやつてるのであります。神祇が霊妙な作用によつて種々のものを随意に化現し給ふことは勿論ありますけれど、極めて尊貴高大なる神徳の大神の或る意図によるものは別として、化現によつて種々のものを創作されたものは原則として一時的の現象であります。現界の品が神界に運ばれたり神界の器物が現界に移されたりする時の霊妙な変化は創作ではないのでありまして変化であります。たとへば原料と加工品との如き関係が極めて精緻《せいち》霊妙な法則によつて出入してをるのであります。太古神法による神祇の御分霊とか御守り符とかいふものが幽玄な意義を有し神霊感応の必然的契機となつてをるわけも此処《ここ》にあるのであります。むかしの大神達が劔や玉や鏡を造らしめられたり織物や農作を為さしめられたりしたといふやうな伝へごとをみて、霊妙な神様がそんな手数のかゝることをさせ給ふものか、みんな上代の地上の貴族の行跡を神話化して伝へたものだと考へるのは神界の実消息の少しもわかつてをらぬ俗智のモノシリぶつたものの言ふことであります。神様と人間との差は遠きが如くにして近いのであります。人間と犬との差の如きものでないのであります。太古に於ける天来の人間の或る種のものは宗教的にも謂《い》はゆる高等な考慮があつたのでありますが種々の事情から思想的にも一時退化したのであります。近ごろの太古学の研究から云つても幽玄崇高な宗教的行事の後に種々の臭気あるデモン思想が発生したのでありまして一般の宗教学者が見てをるところと反対な事実が出土品の実証的研究によつて指摘されつゝあるのであります。「神の道そのまゝ人の道なれば人の道ふむ人は神なり」といふ歌は私が大正九年に発行した神仙霊典の末尾に書いておいたので今日の同志の約半数の人々が知つて居らるゝところでありますが、人間は神祇の変形したものでありますから常に「人は神なり」との大自覚を失はず、志操を高尚にしなければならぬのであります。下等動物から進化したものといふ大迷信が抜け切らぬ人は、人間五倫の道も無意義であり、明治天皇様の一大霊感的大詔たる教育勅語も腹の底から体信の出来る筈《はず》はありませぬ。ダーウイニズムを奉ずる日本現代の教育当事者が教育勅語を徹底的に体信せんとすることは水と油を交《ま》ぜんとするもので、このこと実に日本国の重大問題の第一位にあるものと私は痛感しております。（教育勅語の草稿は大帝みづから御執筆遊ばされたものでないにしても左右のものが聖慮を体して謹記し奉つたものであり其れが大帝の大御心の結晶であることは明治天皇御製を拝誦して赫々《かくかく》明瞭であります。大帝の御製は教育勅語の御註解とも拝せられるのであります。）諸君、皆さんは今一度深夜独座「我れは神か、下等動物の子孫か」といふことを切々密々に反省せられ「神なり」との御覚悟が出来たら、そろそろ「神としての生活」に眼醒めて頂かねばならぬのであります。神祇が貴下に対して第一に要求して居らるゝことは何事であるかを貴下はハツキリ知つて居られますか。それは只《た》だ「神としての生活に眼醒めよ」であります。道俗公私一切の貴下の問題は其処から算出されなければ正当な回答は断じて得られないのであります。神としての自覚あるものと神性否定者との大戦争は既に立体的には開始されて居り、更らに平面的に開戦の日が息づまるばかりに切迫して来てをるのであります。神としての生活といふことは決して毎日潔斎して居れとか卑俗な問題に交渉するなとかいふやうな馬鹿げたことでないことは「古神道秘説」「霊山秘笈」等御精読の人たちの百も合点の筈《はず》であります。

同じ品物でありながら神界と現界とで其の細胞組織のやうなものからして根本的に変化するといふことに就て疑ひをもつ人があるかも知れませんが、卑近なことでわかりよく言ふならば、現界に居る或る人間が肉体のまゝで神仙界や天狗界へ連れ行かれた場合、数年を経て現界へ戻された時には数年前着て行つた衣服の如きものが其のまゝで少しもよごれも弱りもせぬ事実等に就て考へてみられるのも一方法であります。然らば其の霊妙な力は何者の力によるのかといふと、天狗の力でもなく或る神仙の力でもなく其の根本は矢張《やは》りタカミムスビ、カミムスビの神力なのであります。「年毎《ごと》に咲くや吉野の山桜木を割りてみよ花のありかを」古人の歌で急に考へ込むまでもなく、人間は日常神秘極まる生活をして居るけれど其れに気がつかず、一寸《ちよつと》した神霊に関する話をすれば直ぐに迷信だの非科学的だのと云ひたがるのであります。私の意志によつて今この拙《つたな》い文章が綴《つづ》られ、それをあなたが遠いところで読んで居られるといふ一寸したことさへも、よく考へてみると何だか気が遠くなりさうなほどの大神変なのでありますけれど、人は四六時中神秘の中にありて其れをあやしまないまでのものであります。先達てのことでありますが、拙宅の三歳の女児に対して「モウぢきに正月が来ますよ」と云ふと「お正月は今どこに居るの」と反問して私を困らせましたが、私どもが神界の消息に対すると色々の疑問が起ります。神様も随分お困りになる場合もあるであらうと存じます。お正月が何処《どこ》に居るか禅坊主でない私には一寸返答に困りますが併《しか》し私が「お正月がぢきにくる」と云つたことはウソではないのであります。三つの女の子は父の言葉を信じました。そして彼れは間違ひなくお正月を迎へたのであります。彼れの父は説明し得なかつたけれども其の言葉は真実でありました。

世界の人間は皆な天来民族でありまして其の文明の起源といふものは天上にあるのであります。生物学に於て生命は其の以前に存在せし生命よりのみ来るものであるが如くに、文明も悉《ことごと》く遺伝でありまして無文明から文明は発生し得ないのであります。旧式の進化論者が云ふやうに下等動物から次第に発達してアインシユタインにはならないのであります。又た唯物史観で如何《いか》やうに巧妙な論理を使用したからとて物質の最後的単位（電子とでも何とでも呼べ）の複合が有らゆる物質であるならば何《いづ》れも皆な同様の状態のもとに同様の動静をみるべき筈《はず》であるのに、さうならないのはタカミムスビ、カミムスビの神の意志、摂理によるものであるからであります。ワイズマン及びメンデルの法則によつて生物の厳格なる意義に於ける新種は他の異れる種より変化発生し得るものでないことが証明せられましたが、神の意図を離れて此の世の中に創造され得るものは絶無であります。地上の正統国家も地上一君も古人によつて創作されたものでなく大神界の意図による天上の遺伝に外ならないものであります。吾等の生活力の全部であるところのエネルギーが太陽から来るごとく一切のものが天来のものであります。エネルギーは他の手段方法によつて創造し得られないことを知りながら神を認めない唯物史観は、池の金魚が其処《そこ》に落ちてくる麩《ふ》を偶然の産物と見て居るのと同じことであります。麩を投げてくれる人は池のそばで笑つてみて居るのであります。

この世の中には国家よりも社会が先きに存在したといふ学説が一般人の常識のやうになつてる今日に於て天行居の所説は影がうすいと云ふものがあるかも知れんが、一体社会とは何か、社会の語義からして専門学者の間に今も尚《な》ほ八釜《やかま》しいものであるが、七面倒臭いことは好事家にまかせるとして、とにかく社会と国家との関係に就ての各方面の学説を分類してみると（1）国家は全体社会である（2）国家は派生社会である（3）国家は社会ではない（4）国家は全体社会であることもあればさうでないこともある。この四つに分れるやうであります。地上に於ける人間の起源からして先月は支那で五十万年前と推定される人類最古の骨が発見されて人間起源十万年説をケシ飛ばしたといふ物すさまじき世の中のことでありますから原始社会の研究に於ける学者の議論は気象台の天気予報と同じ程度に知識を誇る人間社会の風流な芸術でありますが、天上の正統国家が瓊々杵尊《ににぎのみこと》を中心として地上に移された時代及び其の以前に於ては世界各地に国家めきたるものや又た其れほどでもない人間の集団や種々のものが雑然と存在したまでのことで、天行居で云ふところの(1)日本国は地上唯一の正統国家なり(2)大日本天皇は地上一君としての大神界の意志による表現にあらせられるといふことに何の影響も受くべき筋合のものでないのであります。社会主義者や無政府主義者が、国家は社会から生れたものだが社会と国家とは全然反対の観念だと啖呵《たんか》を切るのは、彼等が勝手に優勝階級が劣敗階級を圧迫する状態、階級闘争の状態を国家といふものなりと概念づけた議論で、椿の花の腐つたのを見て「椿の花は腐つた花なり」と言ふやうなもので、本来椿の花が腐つた花ではないのであります。又た近く数十年来の驚くべき太古学の飛躍によつて上古原始社会が発掘物の実証的研究で冷静公平に描き出されたところによれば、上古の社会は協調和同の社会であつて階級闘争といふやうなことは異常の特例に過ぎざるものであります。

要するに旧式な進化論の思想で今日の世界が出来て居り、吾々も子供の時から其の空気の中で育つて来たのでありますから、物の見方が根本から誤つてをる場合が多いのでありまして、宗教思想の如きでも無神時代からマジック時代に入り更らに進化して漸《やうや》く宗教時代に入つたといふ風にみるフレーザー流の考へが尤《もつと》もらしく世間を通用して居るのでありますけれど、出土品の上から見ても旧石器時代からして立派な葬式が行はれ来世（死後の生活）を信じた特種の様式が儼存《げんぞん》することは学界の認むるところであり、呪物崇拝にしても同一民族の間に於ても上古の方が却《かへつ》て迷信的臭味の少ないことは埃及《エジプト》のオシリスへ奉納した珍妙な物体よりも第一王朝時代のスレート製の神札類の方が上品であり高等の宗教心理を表現するものであり、又たミノアのグリフイス等に於ても斯《か》ういふ風な見解が許されるさうであります。海外の事例で云へば女神崇拝生殖器崇拝と農業とは密接な関係があることを承認しつゝ一方では農業が後代の発生のやうに説く論理上の矛盾の解決が出来ず、又た出土品を時代順に並べて研究すれば生産崇拝が堕落して生殖器崇拝となつたことをも言ひ得られるのであります。又た倫理方面から云つても母系主義から父系主義に進化したといふやうなことは学問上不正確極まる仮定に過ぎざるもので(1)子供が父母いづれに属するかといふ問題(2)親の財産を男女いづれの子が相続するかといふ問題(3)親の職業地位を男女何れの子が継承するかといふ問題の如きが、古代に於て如何《いか》に考慮されたかといふことを混雑して簡単な結論を求めようとすることは大胆な仕事であります。婚姻制度に就ても(1)動物同様無茶苦茶な時代から(2)乱婚（雑婚）に移り其れから一群の男性が一群の女性と結ぶところの(3)群婚となり、その中から二つの習俗が発達して(4)同一氏族間の婚姻制と同族結婚を忌《い》むものとにわかれ(5)母系主義から一妻多夫となり(6)父権が尊重せられるやうになつて一夫多妻となり(7)宗教道徳が進んで遂に一夫一婦制となつたといふやうな段階も古代学的には少しも証明せられて居らぬのであります。天上国家の地上移転に就ては其の先駆者たりし人類との接触上過渡時代の倫序混乱も多少あつたであらうし其れが相当長期にわたるために種々の習俗をも発生したでありませうが「無倫理」

から「倫理」が発生したのでなく、原則として倫理も天上からの遺伝であります。近頃の新らしい人と言ふ階級の人間が旧道徳を破壊して忠孝信義を無視した生活に移りつゝあるのは人智の進歩でなく人間本来の霊性の破綻でありまして「曾《かつ》て在りしが如くに自由ならん」と誤解して居るやうでありますが実は幾千万年の昔にも「曾て無かりし堕落」に陥らんとしつゝあるものであります。しかも此の風潮は今や地上人類の八割以上の心臓に喰《く》ひ入つたやうで今後は加速度に滔々《たうたう》として伝染し世界の悪魔の王が凱歌をあげる日が迫らうとして居り、天行居の同志たる肩書ある人々さへも或ひは半数位ゐは知らず識らず其の病毒に多少とも冒されて居られるらしいのでありますから、天行居同志中の健全分子たる自覚ある人々は此際ふんどしを締め直した上にも締め直して、「最大の忍耐を以て油断なく世界の形勢推移に準備されつゝある正神界の祕策」に応答する覚悟がなくてはならぬのであります。

話が又た舞ひ戻るやうでありますが、マルキストの云ふ社会階級概念も実は不明瞭なものであります。働かずとも生活の出来る階級がブルジヨアであつて働かなくては食つて行けぬ階級がプロレタリヤだといふのも正確な区別とは申されませぬ。天行居の同志で北海道にＫ氏といふ八十余才の独身の老人が居られますが、むかし初等教育に従事されたことがあつて年間二百円ばかりの恩給で何もせずに生活して居られますが、此の人もブルジヨアと云ふことになるのでありませう。先達て或る来客（天行居の同志ではありません）が頻《しき》りに社会階級の話をせられますから「私はドツチの階級でせう」と問ひましたら客は躊躇なく「あなたは無論ブルでさあ」と答へました。私は「それでも私は一種の精神労働者で働かずには生活し得られない無産者で若《も》し数ケ月にわたつて病床に横たはるやうなことでもあれば忽《たちま》ち生活費に窮するのですが……」と申しますと客は何だか変な苦笑をして一寸《ちよつと》考へて居ましたが「イヤ其れでもブルジヨアです」と申しました。何だか理由のない判決を受けたやうな気が致しました。斯《か》ういふ問題は労農露西亜《ロシア》に於ては実際に重要な問題だつたのでありましたが結局明瞭な区別が出来ずして実際に資本家の地位を占め又は或る特権を有する富人であつても共産党を支持したものはプロレタリヤと見なされ、工場労働者であつても共産党に反対したものはブルジヨアとせられたのであります。これはマルキストの社会階級に関する概念の甚《はなは》だ漠然として雲を攫《つか》むやうなものであることを露国の実際政策に於て表明したものであります。社会階級の概念に就ては今日の社会学に於ても実は未《いま》だ定説を得て居ないもので或る学者の如きは三十二の定義を挙げて居るほどであります。

世間では社会主義と云ふ言葉で何も彼も片づけて了《しま》ひますけれど、単に生産手段の私有廃止を主張する社会主義と、労働結果の私有をも併《あは》せて之《これ》を廃止せんとする共産主義と、土地の私有のみを廃して資本の私有は之を維持しようとする農業社会主義と、一切の法的秩序を廃して個人の自由を最大限度に強めんとする無政府主義と、生産手段原則的維持のもとに於て或る特殊の事業に対してのみ私的企業を公共企業に移さんとする国家社会主義とは相互に歩調を同じうするものでなく寧《むし》ろ根本精神を正反対の立場に置いて居るものもあるのであります。たとへば社会主義は生産に関する支配権を全然社会に与へることにより個人の自由を極度に制限せんとするものでありますが無政府主義は個人の自由を最大限度に拡張せんとするもので、其の根本精神に於て氷炭相容《あひい》れざるものであります。さて此等の個々の主張に対する批評を加へることは話が益々《ますます》枝葉にわたる嫌ひがあるから本日は避けておきますが、これらのものに対する私共の考へは従来発表した多年の意見を綜合せられゝば明瞭な解答が得られる筈《はず》であります。たゞ此際念のために一言しておきたいことは神々の意志は人間の財産私有に対して如何《いか》なる態度にあるかといふことであります。最初のキリスト教団の人々が各自の所有物を相互に分配し合つて以来共産生活が神の意志に合したものと考へる観念がキリスト教を奉ぜざるものまでも支配して欧米に於ける多くの社会思想家の脳髄の奥深く信仰的の暗示を与へて居るやうであり、近くは我国に於ける神道団体の或る種の如きも不明瞭ながら此れに類した観念を其の信仰上の基礎として居るやうでありますが、正神界の思召《おぼしめし》は人間の私有財産制社会を承認して居られるのであります。私有財産制は天上生活以来の正しき遺伝の一つなのであります、私有財産は認められて居りますが其れと同時に財産に関する道徳的認識が自然的に高まるやうに神祇の意志は働きつゝあるのであります。換言すれば不必要なる蓄財や不道不徳なる財産使用は意義を失ふもので却《かへつ》て霊性に曇《くも》りを生ずるたよりとなるものであるといふまでのことで、財産に関する道徳的認識の高い人には強大なる貯蓄も至極結構なことであらうと思ひます。私自身の立場から云つても私は決して富を嫌ひ貧を求めて貧乏なのではありません、私の貧乏なのは実は已《や》むを得ずして貧乏なので、事情が許せば余計にはいらないが少々富裕でありたいと考へることもあるほどでありますが、人間には天縁といふものがありまして私は財産を積むことの出来ぬムスビカタメのもとに生れて居ることを承知して居りますから金銭のために睡眠不足になるほどの熱心家でもないと云ふまでです。初期キリスト教の人々の間にも法制的に共産主義が認められたのではあるまいと存じます。隣人愛の精神から所有権を有意義に行使せよとす丶めただけのものらしく聖書通読の上からは判断せられますが、もし果して左《さ》うであるならば其点では今日の天行居同志の信念とも合致して居るやうに思はれます。われ〳〵の此の信念は我が皇典の精読と神祇の啓示と列聖勅語（特に明治大帝の教育に関する大詔）とによりて結晶したもので天行居同志中の健全分子を以て任ずる人たちが力行して惑はざるところであります。このごろの新思想に呼吸したつもりの人々は生存権といふことを八釜《やかま》しく申しますが、人間に生存「権」はあり得ないことであると同時に、厳格に言へば人間に私有財産「権」もあり得ないことで、私有財産制は神々の愛によつて此れを認められて居るといふまでのものであります。正確な言葉を以て言ふならば、世界の富は神のものであり人間社会の富は天に於ける神の王の人間世界に於ける表現たる大日本天皇のものであります。このことが地上一切人に確知される日まで社会問題は解決いたしませぬ。つまり天孫降臨の事実が世界一切人の意識に肯定される日が即ち天関打開の日であります。人間最初の財産所有状態はどうであつたかと云ふことに就て歴史家や人類学者の多くは家族共有制であつたと云ひ、経済学者や法律学者の多くは所有の観念は無かつたと云ひ、社会主義学者は社会共有制だつたと云ひ、ローザの如きは人類創生以来私有制度が確立して居たと云ひますが、要するに財産は世の中のために神様がムスビカタメによつて富人に委託されたものでありますから富人は此れを善用する義務を負ふものであること勿論であります。併《しか》しながら神々の意志は決して悪平等主義でありません、千山万水差別は宇宙の大文章でありまして神仙界の地位装束等にも種々の階段区別があるやうに人間社会にも富めるものと富まざるものとあるべきことは当然であります。守銭奴なるものが卑《いや》しいならば攻銭奴なるものも卑しいのであります。要は富境に富処し貧境に貧処し、分を考へてみだれざることが人間の正しい道であります、貧乏人が金持ちの真似をするのが誤つてると同時に富者が殊《こと》更《さ》らに貧者の真似をすることも誤つて居ります。近年華族の或者や富人の或者が、大衆に媚《こ》びるつもりか知らんが色々な貧乏の真似をすることが流行するやうでありますが、心事の卑怯陋劣唾棄すべきであります。貧乏の真似が致したいならば何も彼も投げ出してホンモノの素寒貧《すかんぴん》になるが可《よ》いのであります。されば云つて俗悪な成金どもが大衆の迷惑をも無視して此れ見よがしに贅沢極まる振舞をする如きは問題外で批評の限りでないのであります。

マルクスによれば国家は決して社会に課せられたる権力ではなく道徳的観念の表現でもなく経済的動機から生じたものと論じられて居り、彼れの衣鉢《いはつ》を受けたエンゲルスは「近代国家は本質的に資本家の機関なり、故に国家は支配階級の利益を代表するが故に国家の手によつて社会的改革を期待することは不可能なり、この改革は現に抑圧されつゝある労働階級それ自身の手によつて遂行せられざる可《べか》らず」と云つてをります。マルキストの世界観国家観は根本より誤れる仮定の上に築き上げられたものでありますが、それは今かれこれ詮議立てせぬことにしても彼等の信念が実現されたならば果して世の中は善き社会となり多数の人々が幸福になり得るかと云ふと、人類は小なるものを得て大なるものを失ひ、大なる釜を得て其の中に入れる米の欠乏をみるが如き結果となることは、彼等の論理の起点に大きな誤算がある為め必然の成行きと思はれます。

マルクスの学説と露国のボルシエヴイズムとは其の内容に於て趣きを異にする点もありますが、露国の指導者等は、マルクス、エンゲルスに本づける改革が労農露国に於て実現せられたと宣言してをります。けれども今日の露国が羨《うらや》ましい状態にあらざるは勿論未来に於ても昔の帝政時代よりも幸福と平和とが露国居住民の多数の頭上に訪れることは期待されさうには見受けられませぬ。併《しか》し外国のことを頭痛に病む必要はないが、われわれの国家には無論不向きであります。如何《いか》なる学説にも良いところがあるやうに部分的にみればマルキシズムにも良いところがありませう。実際政策の上に参考とすべき事項もありませう。けれども大体に於て悪魔思想であります。マルキシズムでは人間社会の一切が経済的環境によつて決定されることを強く主張する結果として道徳及び宗教を無意味なものとして排斥してをります。斯《か》うした思想が世界の一切を呑《の》みつくした場合の世界を想像して其処《そこ》に人間の真の平和幸福を求めんとする人々は既に悪魔の手先きとなつてをるものでなくて何でありませう。マルキシズムの前には忠も孝も無意義のものであります。彼等は物質の外には人生には価値あるもの無しとしてをるのであります。又た彼等は絶対的自由すなはち無拘束な自由を求め同時に無差別平等を要求するのでありますが、これは神の経綸に対する反逆であります。神の道はタカミムスビ、カミムスビの道で即ち「むすび」の道が神の道であり、神ながらの道は差別道であります。君は君たり臣は臣たり親は親たり子は子たり先輩は先輩たり後輩は後輩たり、柳は緑に花は紅に、山は高く水は長く、女は女らしく男は男らしく、貴族は貴族らしく平民は平民らしく、おのも〳〵ムスビカタメの厳然たる神律のまに〳〵千紫万紅の模様が其のまゝ神の道であり、そこに発奮も努力も修養も向上もあるのであります。神の道は「ますみのむすび」であり「むすびのますみ」ではありますが入りてはマスミとなり出でてはムスビとなるのが人天一貫の玄理で、マスミに立ちてムスビをみる哲学的思索に遊戯せずムスビに立ちてマスミを覚悟する活《い》きた道が神道であり人道であります。我が神ながらの道は味噌《みそ》も糞《くそ》も一、、、、しよくだにする道ではありませぬ。味噌は味噌たり糞は糞たりとするのが真の神の道であります。

尊きものは尊く卑《いや》しきものは卑しとするのが神の道であります。この差別道なかりせば人間と鳥獣との区別もつかなくなります。犬は千円もする名犬でも糞をみて不潔だとは思ひませぬ。いや烏に反哺の孝あり鳩に三枝の礼ありと云ふから鳥獣の仲間にも気の利いたところでは幾分の差別道が行はれて居るかもわかりませんのです。其他マルキシズムの反権威主義、反伝統主義の如き、何れも魔道の哲学思想に出でたものであります。天行居は同志に対して差別的待遇をする傾向があるといふやうなことを耳にすることがありますが、われ〳〵は四海と春風に座し天下と明月を分つといふスローガンを持して居るほどで未《いま》だ曾《かつ》て同志諸君に対して殊更《ことさ》らに差別的待遇をした覚えはありませんが、併《しか》し悪平等主義でないことは多年機会ある毎《ごと》に申上げてをる通りで、時流におもねり悪平等づらをすることは宗旨ちがひであります。或る神霊の啓示によれば（これは高貴の大神ではあらせられぬけれど正神界の或る確実な使神）マルクスは此の地上で殆《ほと》んど十指にも届《とどか》せらる、ほどの或る妖霊《えうれい》に憑依《ひようい》されて居たものでありますが、大学卒業当時の彼れはヘーゲル風の観念論者であつたさうでありますから其の悪魔の親方と取引を始めたのは後にフオイエルバツハへ私淑して以来のことであらうと思はれます。ちやうど今から八九十年ばかり前で、正神界に於ても邪霊界に於ても、特に人間界へ交渉を開始せられた大きな舞台面の幕が切つて落された頃でありまして、欧米のスピリチユアリズムも其頃からぼつ〳〵口走り始めたのであります。マルクスを駆使した邪霊の系統に属する大小陣笠の妖霊は今日では日本だけでも幾十万を以て数ふるほど来て居る筈《はず》で大学教授や役人の中にも相当な御得意先きが繁昌してるやうであります。有力な新聞雑誌記者、政治家は固《もと》よりのこと田舎の小学校の先生でも近ごろは相当に好い顔の取引先きがあるやうであります。先日某理学博士の「普通教育に於ける生物学」と題する小論文を一見しましたが、其の結論めいたところに、

生物学を基礎として人性、社会等に対する穏健なる批判力を養ふことは最も大切なことではないかと考へる、健全なる性の知識、健全なる婦人問題の解釈、栄養の問題等々種々の大問題は、しつかりした生物学的基礎の上から論じなければウソであると思ふ、我々が此等に関する色々の論著を読んでみてもいつも思ふことは、論者は人間が一種の動物であることを忘れて居るやうに思ふことである。食物摂取呼吸排泄等種々平常何とも思はずに看過して居るが人間が動物であることを忘れての議論は甚《はなは》だ基礎の弱いものであらうと思ふ、今尚《な》ほ進化の道程にあり、今後進歩するか衰へるかは別問題としても其の動きつゝある状態を無視して居るやうに思はれる、云々

と述べて居られます。これは斯《か》ういふ方面の学者の代表的意見ともみるべきもので、珍らしい意見でも何でもないのでありますが、「動物としての人間」が研究されて、それによつて生理、栄養、性の問題等が或る部分だけ合理的に考慮されるかも知れんといふ問題は我慢が出来るとしても、それによつて「神の変形たる

人間」の生活現象の一切に対して定義を求めようとすることは、金魚の泳ぎ具合を研究して鷹の飛びかたを規則づけようとするやうなものであります。人間と猿との差は絶対的の差でありまして、猿と犬との差、または猿と猫との差の如きものでないのであります。約二三万年前と推定されるクロマニヨン人やグリマルヂー人、十数万年前と考へられる謂《い》はゆる曙人（ピルトダウン）更らに古いところのネアンデルタールと云《いふ》やうなものが如何《いか》なるわけのものなるかは、嘗《かつ》て「神と人とのライフサイクル」に於ても言及しておいたところでありますから今日は申しませんが、人間は決してゴリラや黒猩《くろしやうじやう》々の進化したものでなく悉《ことごと》く天来のものでありまして、神祇の変形せるものであります。それが地上生活の環境や其他の事情によつて退化したものもあると云ふまでのことなのであります。近頃の教養ある人士に対して「あなたは猿の子孫ですよ」と云へば「無論さ」といふやうな顔をしておこりもしませんが「あなたは神の変形したものですよ」と云はうものなら「馬鹿にするない、おれだつて少しは本も読んでるよ」と機嫌を悪く致しませう。イヤどうも困つた世の中になつて来たものであります。

さて我が天孫瓊々杵尊《ににぎのみこと》は何れの地点に御降臨になつたものでありませうか。普通の学者は高天原《たかまのはら》からの御降臨といふことをつまり支那の北部地方からとか朝鮮からとか南洋からとか遠くはバビロン方面からとかの渡来の如くに解して居るのでありますが其の然らざることは従来機会ある毎《ごと》に力説してをるところでありまして、無論それは文字通り天上の神界から御降臨になつたのでありますが、その御降臨の地点は何処《どこ》でありませうか、常陸とか江州とか伊勢とか大和とか今の福岡県地方だとか色々の説がありますが、有力なのは昔も今も霧島山と日向の西臼杵郡高千穂地方とであります。私の愚見を述べるに先だつて便宜上左に宮崎県史蹟調査委員の調書の一節を抄出しておきます。霧島山と臼杵のチホ郷と喧嘩させるつもりではありませんが、言ふだけのことは言はせておいてから仲直りをさせたいと思ふのであります。

高千穂と降臨の伝説

譲国の神議折衝其の終結を告ぐるや、天孫彦火瓊々杵尊《ひこほのににぎのみこと》、国土経営の大命を承けて、筑紫日向の高千穂の久士布流岳に天降り給ふ。記紀之《これ》れを伝へて既に千二百余年、日月悠久記事亦《また》詳しからず。其の所《いは》謂《ゆる》高千穂の地が、果して現時に於ける日向の何れの地点なるべきかに関しては、既に夙《はや》く異説を生じ、甚《はなはだ》しきは遠く其の神蹟を筑前地方に設定せんとする者すら之《こ》れあるに至れり。然れども事の県外に属するものは、最早学界の問題より除却せられ、西臼杵郡高千穂町附近と、日隅の国境なる霧島山との二箇所が、其の最も有力なる伝説地として保留せられつゝあるを見る。而《しか》して両地各々之れが徴証の拠るべきあり、論争固《もと》より其の理あるを知ると雖《いへども》、現下学界の斉《ひと》しく認むる所は、前者即ち西臼杵郡説を以て真の伝説地なりとするに一定したるものゝ如し。左に其の事由の梗概《かうがい》を述べんとす。

霧島山説

霧島山を以て降臨の地なりとするは、蓋《けだ》し塵袋所引の風土記の文に起る。

皇祖褒能忍耆命《ほのににぎのみこと》日向国噌唹《そお》郡高茅穂槵生峰《たかちほくしふるのたけ》にあまくだりまして是より薩摩国閼駞郡竹屋村にうつり玉ひて云々塵袋は弘安の頃の作と称せらるゝのみ何人の作なるを知らず。而かも其の載する所《し》の風土記なるものは、其の文体に於て、其の内容に於て、彼の元明朝徴命の風土記にあらず、中世以後に於ける偽作の書なるは既《すで》に定説あり。噴火山霧島を以て霊異の浄境なりと信じたりし行者輩の俗作に出でたりと認むべく、随て降臨の神蹟を徴するに足るべきなし。仮りに之れを以て奈良朝当時の古風土記なりとせんも、所謂《いはゆる》噌唹郡を日向より割きて、他の三郡と共に、大隅国を独立せしめたるは、和銅六年四月にして、風土記調製の命に先んずる一箇月なり。然らば即ち、風土記調製の当時は、言ふまでもなく、噌唹郡は大隅の域内にして、当然大隅国云々と記せざるべからず。何を誤てか日向国と言はむ。更に一歩を譲りて、事の神代に属するが故に、漠然分立以前の日向国を冠したりしに過ぎずと解せんか、宜《よろ》しく蘇の「高千穂峰」と書かざるべからず。豈《あに》特に郡名を用ふる事をせんや。豈又特に「噌唹《そお》」の二字を以てするを要せんや。殊《こと》に其の当時の作たる日本紀及延喜式には神代三陵の所在を記するに、特に日向の文字を以てして、明かに三国分置後の国名を区別したり。而かも此の風土記のみ事実に分国以前の総名を冠したりしは其の理果して如何《いかが》。更に又事神代に関するが為の故に特に噌唹郡にのみ日向の文字を冠せしめながら、一方には同じく古代日向の域内なりし薩摩のみは、明かに分国以後の国名を用ひたりしは如何。矛盾錯誤何の辞か能《よ》く之れを弁せんとする。要するに地理の実際に暗き、中央人士の作ならむには、或は之れを寛仮すべけむ。苟《いやしく》も官令の下に、地方官が直接謹撰せる風土記に在《あり》て、安ぞ其の治下に属する国郡の行政区域を錯誤せる事を承認するを得んや。此の風土記なるもの、信ずべからざる又以て知るべきなり。

源平盛衰記俊寛成経等移鬼界島事の条下日向より薩摩に下る記事に左の文あり。

庄内に朝倉野といふ所に一つの峯高く聳《そび》えて煙絶えせぬ所あり日本最初之《の》峯霧島の岳と号す。

最初の峰とは、之《こ》れを降臨の峰と解すべきに似たり。然る時は更に「高千穂峰とも称す」等の文字なかるべからず。而《し》かも其の之れに及ばずして、単に霧島岳と記せるは、当時未《いま》だ高千穂の称呼なく、所謂《いはゆる》霧島の高千穂説は、実に盛衰記以後の仮作に出づるを証するものにあらずや。唯《ただ》此の山が霊異視せられし事の、近代にあらざるは之れを認めざるべからざるのみ。未だ遽《には》かに降臨の意を寓すべきにあらざるなり。其他宇佐託宣集に

人皇第一主神日本磐余彦《かむやまといはれひこ》（神武天皇）御年十四歳之《の》時昇帝釈宮受執印鎰還来日州帝国城蘇於《たいしやくきうにのぼりいんいつをうけとりてにつしうていこくにかへりきたりそおにきづく》

とあるは、神武帝天上より、此の峰に還幸せられたるを語るものにして、固《もと》より直に降臨の地なりと称するものにあらず。単に此の山を以て神蹟なりと信じたりし当時の思想を伝ふるに過ぎざるなり。

霧島山に天逆鉾《あまのさかほこ》あり。諸神の伝説は何等天孫の降臨と交渉ある事なし。祖神の遺棄せられたる逆鉾の所在地を慕ひて、天孫此の地に降り給ひけむと信ずるが如きは、稚気《ちき》寧《むし》ろ憐むべきのみ。鉾の製作亦《また》固より神代のものにあらず。霧島登山の行者に依《よ》つて遺されたる三叉鉾の断片にして、又逆に立てたるものにあらざるは既に定説あり。深く論ずるに足らざるなり。其の霧島の名の滄海《さうかい》を探り玉ひしより起ると称するもの亦《また》好笑柄といふべし。古事記伝に左の文あり。

東なる峰殊《こと》に高くして鉾峰といふ頂に神代の逆矛とてたてり詣づる者これを拝む語り伝へて云く伊邪《いざ》

那岐《なぎ》伊邪那美《いざなみ》ノ命《みこと》天ノ浮橋の上より霧の海を見下し賜ふに島の如く見ゆるものあるを天ノ沼矛を以てかきさぐり其処《そこ》に天降り賜ひて其矛を逆様に下し給へるなり霧島山といふも此の由なりと云なるは此の邇々芸命《ににぎのみこと》の御古事を彼の二柱の神の御事に混へて伝へひがめたるなるべし

槵触《くしふる》又槵日《くしび》の名を奇火降《くしびふる》、奇火《くしび》等と称して（古事記伝には霊異《くしび》とせり）霧島山に附会せんとするが如きは現今学界の一顧に値せざる処、天孫の高貴を以て、猛火噴炎の危境に降臨まし〳〵きとは、常識の判断尚且《なほか》つ容《い》れざる所、寧《むし》ろ滑稽を超越したる悲惨の解釈と謂《い》ふべきのみ。其の霧島、韓国《からくに》の二山を以て、所謂「高千穂の二上峰《ふたかみのたけ》」に擬するが如き亦《また》偶然の好附会たり。

神名式に、日向国諸県郡霧島神社あり。承和年間官社に列し、天安二年従五位上より従四位下に進む。論者之れを以て朝廷尊崇の厚き所以を降臨の事由に附会せんとすと雖《いへども》、一方西臼杵郡なる高智《たかち》保《ほ》皇神《あめかみ》に従四位上を授けられ、霧島と高千穂とは当時既に明かに区別せられ、而《し》かも位更に一階を越えたるを如何《いか》に解せんとかする。

以上要するに、霧島を以て高千穂峰なりとするは塵袋所引風土記逸文と、附近に噌唹の地名あると、日本最初の峰と、神武帝還幸の記事と、槵触の意義と、天逆鉾の現在等に、其の徴証を置くものにして、其の然らざる事理前記の如し。事由既に斯《か》くの如くにして尚且つ霧島説の有力なる所以《ゆゑん》のものは、薩藩士白尾国柱、後醍院真柱、山田清安、伊地知季知等の説に基づき、本居宣長其著古事記伝に之れを採用し、平田篤胤《あつたね》亦古史伝を著して師説を承け、書紀通証（飯田武郷）以下相伝へて遂に此説を大成するに至れるに因す。

（山田清安伊地知と共に神迹を捜りて霧島山に登り清水に越ゆる所案内者の此地を「ムナソヒ」と呼ぶと言ひしを聞き及んで和歌を作れりと云ふ事通証にあり、蓋《けだ》し紀の一書に「膂肉《そししの》胸副《むなそひ》国《くに》自《を》頓丘覓《ひたをから》国行去《くにまぎとほる》」云々とある其の胸副《むなそひ》を言ふものにして果して其の地名あるを知らず）

而《しか》して、本居翁自身亦《また》深く疑ふ所あり。両説何れをも之《こ》れを捨つるに忍びず、遂に西臼杵の高千穂より、更に諸県郡の高千穂に移り給ひしなるべしとの窮説に出づるの已《や》むなきに至れり。思ふに翁の霧島説は、続紀の文中延暦七年七月霧島噴火の記事に、大隅国贈於郡曽乃峰とあるに深く拠る所あるが如し。然れども、翁は不幸にして、臼杵郡の隣接地たる「阿蘇《あそ》」の「蘇」に対して注意する事の余りに薄く、殆《ほとん》ど其の之れを閑却し去りたるを遺憾とす、霧島附近の地名「襲《そ》」にのみ拘泥して、先入主となれるの陋《ろう》見《けん》を脱し得ざりしは地理の実際を検せざる机上の考察として、深く翁の為に惜《を》まざるを得ざるなり。左に記伝所載の記事を掲ぐ。尚《な》ほ霧島山附近は神蹟に関する伝説を有するに拘《かかは》らず一も遺物の存在するものなきを遺憾とす。

（上略）かゝれば、臼杵郡なる高千穂山も、諸県郡なる霧島山も、共に古書にも見え、現に凡ならざる処なるを（然るに此の二つの山を混《まじ》へて一ツの如く云説はいとおぼろかにして委《くはし》くも考へざるひがことなり）皇孫の命の天降坐し御跡は、何れならむさだめがたし。其故はまづ書紀の高千穂と、槵《くし》日二上《ひふたかみ》とをば異山として、高千穂は臼杵郡なるを其とし、槵日二上《くしび》は霧島山とする時は、二処共に其御跡なりと云《いふ》べけれど風土記に臼杵郡なるを高千穂二上ノ峰とあれば、二上も臼杵郡なる方と聞えたるを、又書紀には襲之《その》高千穂峰《たかちほのたけ》とある襲は、大隅なる地名なれば、此は高千穂と云も霧島山の方とこそ聞ゆれ。然るに又臼杵郡なる高千穂をも今時二上山と云て、まことに此も中央に二峰ありて、然云べき山なりと国人語れり。又二神明神と云もあり。槵日村槵触ケ岳など云名もありとぞ。然る名どもは後世につけたるも知りがたければ証としがたけれども、風土記にしも二上ノ峰《たけ》とあり、凡そ風土記は正しく其国にして、古き伝説を記せる物なるに、此臼杵郡なるをのみ記して、霧島の方をば記さぬを思へば、霧島は非《しからざ》るが如くなれども、古への風土記どもは、たゞ書紀釈と仙覚が万葉抄など、に往々引けるのみこそ遺《のこ》りたれ、全きは伝はらざれば、其全書には霧島山の事も記したりけむを、彼書どもには其をば引漏《ひきもら》せるも知りがたし。霧島の方も正しく峰二有て二上なり。凡て古へに二上山と云るは皆峰二ある山なり。又風土記には稲穂の古事も臼杵郡なる方に記せれど、是はた今の現に霧島山にのこれり。又神代の地名多く大隅薩摩にあり。彼此を以て思へば霧島山も必《かならず》神代の御跡と聞え、又臼杵郡なるも古書どもに見えて、今も正しく高千穂と云てまがひなく、信《まこと》に直ならざる地と聞ゆれば、かにかくに何れと一方には決めがたくなむ云々

上略　つら〳〵思ふに神代の御典に高千穂峰《たかちほのたけ》とあるは二処にて同名にて、かの臼杵郡なるも又霧島山も共に其山なるべし。其は皇孫命初て天降坐し時先づ二の内の一方の高千穂峰に下著賜ひて、それより今一方の高千穂に移幸しなるべし。其の次序は何れが先何れが後なりけむ。知るべきにあらざれど

も、終に笠沙の御崎に留り賜へりし路次《みちすじ》を以て思へば、初めに先づ降著賜ひしは臼杵郡なる高千穂山にて、其より霧島山に遷り坐して、さて其山を下りて、空国《むなくに》を行去《とほり》て、笠沙御崎には到り坐しゝなるべし。かゝれば神代の高千穂と云し山は此二処なりけむを、此も彼も同じ名なりしから、古へより混ひて一つの山のごと語り伝へ来て、此記にも書紀にも然記されたるなるべし。さて然《しか》二処共に同じ名をしも負たりしも所以《ゆゑ》ありたることなるべし云々

窮迫疑訝以て見るべし。尚《なほ》翁は神代三陵の所在地並に笠狭埼高千穂の宮等を悉《ことごと》く薩隅の地に設定せり。前記白尾国柱等の所説を採用して、別に実地の蹈査《たうさ》研究を経《へ》るに至らざりし事実に前述の如し。

西臼杵郡高千穂説

此の説徴証頗《すこぶ》る旧《ふる》し、卜部懐賢（一に兼方と書す、後嵯峨、後深草朝の人）が著はせる釈日本紀に左記日向風土記を載せたり。

臼杵《うすき》郡内《ごほりのうち》知《ち》鋪郷《ほのさと》ハ天津《あまつ》彦火瓊々杵尊《ひこほのににぎのみこと》離天磐座《あめのいはくらをはなれ》排天八重雲《あめのやへくもをおしひらきて》稜威之道別道別《いつのちわきにちわきて》而天降於日向之《ひむかのたかちほのふたか》高千穂二上峰《みのたけにあもりましき》時《ときに》天冥寞昼夜不別《そらくらくよるひるわかたず》人物失道《ひとものみちをうしなひ》物色難別《もののいろわかちがたし》於茲《ここに》有土蜘蛛《つちぐもあり》名《なを》曰大鉗小鉗《おほはしこはしといふ》二人《ふたり》奏《まをして》曰《まをさく》皇孫尊《すめみまのみこと》以尊《たふときをもて》御手《みてづから》抜稲《いね》千穂《ちほをぬきて》為籾《もみとして》投散四方《よもになげちらせば》得開晴《はるることをえむ》于時《ときに》如大鉗等所奏《おほはしたちのまをすところのごと》搓千稲穂《ちいなほをもみて》為籾《もみとして》投散《なげちらせば》即《すなはち》天開《そらはれて》月日照光《つきひてりかがやく》因《よりて》曰高千穂二上峰《たかちほのふたかみのたけといふ》後人改号知鋪《のちのひとあらためてちほとなづく》

と、此の風土記は又鎌倉時代の万葉学者仙覚の万葉抄にも引用せられて、当時に現存せし真正の古風土記なり。彼の塵袋引く所とは、其の文体に於て内容に於て全然別物なるを認むべし。

（仙覚は土御門朝の建仁二年を以て生れ、亀山天皇の文永十年七十一歳にして死す。寛元四年鎌倉比企谷新釈迦堂僧坊に在て、万葉集に訓点なかりしもの百五十二首に新点を加へたり。続古今集成るに及びて、所作の和歌入選す。著はす所万葉集註釈三十巻あり。一に仙覚抄と云ふ、万葉二十大伴家持喩族歌「比左加多能安麻能刀比良伎多加知保乃多気爾阿毛理之《ひさかたのあまのとひらきたかちほのたけにあもりし》」云々の長歌を註解するに当りて前記風土記の文を引用したるなり）

斯《か》くて此の風土記の記事は、編纂当時即ち奈良朝初期に於て、既に夙《はや》く、朝野の間に認められ、高千穂地方が明かに降臨の古伝説地として信ぜられしを証するに足れり。然るに本居翁は其の因《とら》はれたる霧島説を弁護すべく

古への風土記どもはたゞ書紀釈と仙覚が万葉抄などに往々引けるのみこそ遺《のこ》りたれ。全きは伝はらざれば、其全書には霧島山の事も記したりけむを彼書どもには、其をば引漏せるも知りがたしと述べられたり。言ふまでもなく伝はらざるものは見るに由なし、而《し》かも其の全伝の完備せざる事は、偶々《たまたま》以て霧島山の為めに無上の僥倖《げうかう》にして、其の派の論者が窃《ひそか》に歓喜する所なるにあらざるか。天安二年霧島神社が従四位下に叙せらるゝや、高千穂皇神《あめかみ》は更に一階を越えて従四位上を授けられ、明かに霧島と高千穂と別物なる事前記の如く当時未《いま》だ霧島に高千穂の名を存せず、而《しか》して延喜式内社となりしに拘《かかは》らず、後者が其の之《こ》れに漏れたる所以のものは、当時国司の申請精《くは》しからず、地僻遠にして、中央との交渉其の便を欠くに依《よ》るものあるべく、神代の三陵すら、尚且《なほか》つ陵戸なく、所在も亦《また》不明なりし

実情に在《あ》り。高千穂皇神の式内に上らざる深く怪しむに足るものなし。随て霧島社が式内なるの理由を、降臨の神蹟に附会せむとするは固《もと》より当らざるの甚《はなはだ》しきものと言はざるべからず。高千穂が知鋪《ちほ》となれるものは、国郡郷名漢字二字を用ふべしといふ、和銅の制に従へるものにして和名抄知保郷あり。高千穂知鋪知保智尾皆同一地の称呼に外ならざるなり。

千穂の名風土記に「稲千穂を抜きて籾となし」より起れりとすれども「千」は多数「穂」は秀《ほ》にして高峻の意にあらざるか。然る時は層巒乱峙能《よ》く現今の高千穂地方を髣髴《はうふつ》すべし。

高千穂峰一に襲《そ》の高千穂峰、高千穂の槵触峰《くしふるたけ》、高千穂の添峰《そほりたけ》、高千穂二上峰《たかちほのふたかみたけ》とも称す、襲は釈日本紀に山襲重の義となす襲字に拘泥せるが如しと雖《いへども》、尚《なほ》当らざるにあらず。襲或は背《そ》にして、背平《そびら》即ち山の背面《そとも》を言ふにあらざるか、隣接地に阿蘇あり。亦《また》以て考ふべし。槵触は久士《くし》（君主）（布流《ふる》）城と解すべく、又朝鮮の高山に亀旨邑《くしふる》あり。君主の居処若《も》しくは韓土の山名を移せるものと解すべしと称せらる。今三田井に槵触峰あり。其中腹に神社あるもの即ち往時の官社高千穂皇神《あめかみ》なりと伝へらる。又祖母岳の西に九重野あり。其北に久住村、久住川、九重山あり、郡名にも玖珠《くす》あり。蓋《けだ》し槵触の地広汎《くわうはん》にして国界往時分明ならず。以上の地名は何れも久士布流《くしふる》の遺名を各所に存するものと認むべく、随て槵触は現今の高千穂地方一帯を総称せるものなりと信ずべきなり。之《こ》れを奇火降《くしびふる》と解して、降臨の地を霧島山に擬せむとせば、隣県にも亦阿蘇山の今尚盛んに奇火《くしび》を降らしつゝあるをも考へざるべからず。

添峰《そほりたけ》は今祖母岳に依《よ》つて其の遺名を存せり。海抜五千八百尺、雄姿堂々四隣を圧し、群峰悉《ことごと》く其の脚底に雌伏す。蓋し降臨遊行の好標的たるを失はず、其の西麓五ケ所村に郷村添利《そほり》山神社《やまじんじや》あり。今祖母岳神社と改む。ソホリは朝鮮語のソラブル、ソウル若くは素盞嗚命《すさのをのみこと》の往来し給ひけむ曽尸茂梨《そしもり》と同語にして、郡邑を意味す。随て高千穂の添峰《そほりたけ》とは君上の都する場所の意なり。後世嫗岳《うばたけ》と呼ぶは祖母の文字と豊玉媛命《とよたまひめのみこと》（神武天皇の御祖母君）を祀るといふに依つて仮説せるものにしてソボの本称本義を忘れたるに出づるのみ。

二上峰は押方村に在《あ》り。頂上分れて二となる。高さ三千二百六十四尺。山容の奇にして高秀なる附近の群丘を代表するに足る。古史伝に二上《ふたかみ》は二上《のぼ》りにあらざるかと言へれど、或は二頭《かみ》の意にあらざるか。山麓に二神《ふたかみ》神社あり。蓋し上《かみ》の音を神《かみ》に通じ、軈《やが》て之れを諾冊二神の伝説に附会せるに出づ。要するに前記の諸名は何れも広く高千穂を指せるものにして、所謂《いはゆる》天孫降臨の古伝説地たるを語るものなり。

此の他石器の豊富なる県内第一。以て先住民族群聚の遺跡を示すと共に、多数横穴の存在と其の遺物の発見とは、相関聯《あひくわんれん》して天孫民族降臨の実証を徴するに余あり。降臨以前に於ける径路の如きは肥後の阿蘇地方豊後直入郡其の何れよりするも、先づ跡を此の地に留めて土族討伐の功を収め、更に転じて五箇瀬川を東海岸に下り、所謂吾田の長屋の笠狭碕に進み給ひしと解すべく、斯《か》くて我が光輝ある肇国の皇謨《くわうぼ》は実に其の始源を此の地に発せしや更に疑を容るべきにあらざるなり。

西臼杵郡内の史蹟には、降臨以前の伝説頗《すこぶ》る多し。惟《おも》ふに、此の地方が太古の神蹟たるに考へ、更に益々《ますます》霊貴神ならしめむとする好事者の仮作は、偶々《たまたま》以て真の降臨古伝説地たることすら一般の否定する所となるは頗《すこぶ》る遺憾なりとす。延宝三年九月橘三喜三田井に来り附近の史蹟名勝を訪ふや、槵触峰神代川等の名をあげて高天原《たかまのはら》四聖王子峰並に槵触神社に及ばず。蓋《けだ》し当時未《いま》だ斯《か》かる地名の存在せざりしを示すものにあらざるか。

斯《か》くて、天上一切の地名事物を挙げて悉《ことごと》く之《こ》れを附近に設定し、恬《てん》として憚《はばか》らざるが如き、寧《むし》ろ其の大胆に驚かざるを得ざるなり。然りと雖《いへど》も、一郷相率《あひひき》ゐて新開の地に移住するに当り、特に故郷の地名を新来の地に命じ、永く恋郷の情を記念するは往々にして見る所、神代の事固《もと》より人事を以て律すべきにあらずと雖、蓋《けだ》し亦《また》之れに類するものにして、郷土を慕ふの至情は天上祖国の名を移して之れを新住の地に仮設せられたるものなりとせば、頗《すこぶ》る好意の解釈として仮作者亦当《まさ》に地下に首肯すべきを信ずるなり。要するに後人の仮作は之れを厭ふべしと雖、之れあるが為の故に、直に以て、降臨の古伝説をも併《あは》せ否認せんとするは深く戒めざるべからざるなり。

右は宮崎県当局の責任ある報文でありますが大体に於て従来の学説に本づく判断としては穏健妥当の意見のやうに思ひます。私は十数年前に霧島山附近に居たことがありますので感情の上より云へば霧島山には大いに同情を有するものでありますが、併《しか》し飯田武郷先生のやうに霧島山を天孫降臨地と決定して臼杵のチホ地方を土台から否定する説には賛同いたしかねるのであります。さればと云つて神武以前の宮城と霧島地方が全然無関係だとは考へ得られない或るものをも感じて居りますので、本居先生の苦しい説の後塵を拝するやうでありますが臼杵地方から霧島山方面にも移られ更らに其の附近の海岸にも移られたものと考へます。

宮城の位地を御一代毎《ごと》に変更されることは上古の風でありましたが殊《こと》に神武以前の神代の御足跡に就ては一層広く其の意味を解すべき理由があるのであります。然らば天孫は天上神界から直ちに現今の西臼杵郡の二上山か、或ひは高千穂附近に御降臨になつたかと云ふと私は左《さ》うも考へ得ないのであります。私は此の問題に就ては多年ひそかに打消すことの出来ぬ確信を有して居たのでありますが、それを近ごろ最後的に決定する機会に到着したのであります。それは何であるかと云ふと、天孫天津彦彦火瓊々杵尊《あまつひこひこほのににぎのみこと》は実に阿蘇山に御降臨になつたもので、それから現今の西臼杵郡へ御下りになつたものと主張することであります。それに就ては先づ阿蘇山の地理の大概から一言する必要があるのであります。

阿蘇山は火山としての標式の整斉なること海内随一で又た旧火口の広大なること実に世界第一なりと専門学者から折紙をつけられてをるのであります。肥後豊後の両国に跨《また》がり裾野は東西十二里九丁、南北十一里半、面積約百四十余方里、九州の大河と称するものは多く其の源を此の山に発して居ります。阿蘇山は遠き太古に於ては駿河の富士山よりも高き雄大なる火山であつたのが中央陥没消失して周囲三十里にわたる大火口をつくり、其の火口の中に再び噴出して出来たのが只今《ただいま》の根子岳、高岳、中岳、烏帽子岳、杵島岳（往生岳）でありまして、普通に阿蘇山といふのは此の五岳でありますが、地理学上から云ふ阿蘇大火山は此の五岳を取巻いてる外輪山をも併せて称呼するのであります。阿蘇山の地形を想像するには一つの大きな盆と思へばわかりやすいのであります。盆の縁が即ち外輪山で其の中が陥落して其の中に浮島の如く再び五岳が噴出したのでありまして円形に張り切つた大女陰のやうな形式であります。外輪山の内部全体が旧火口なのでありまして面積約二十七方里、爪哇《ジャワ》島のガングランゲールよりも大きく実に世界第一と称せられて居るのであります。火と天上神界との霊的交渉は今多く語ることを欲しませんが、悠久の太古に於て九州の中央に恰《あた》かも地の女王の如く屹立《きつりつ》した一万五千尺内外の高峰が霊火を吐いて居た光景を想像してみただけでも、無神論者に非ざる限り其処《そこ》に何等かの大きな意味を想像することが出来る筈《はず》だと思ふのであります。山容も現在の外輪山や裾野の関係から推算して恰かも駿河の富士山の如き円錐状の森厳なものであつたらうと云はれて居ります。併《しか》しながら其の大阿蘇が雄大壮厳な旧態を存して居た時代に天孫が降臨されたと申すのではありませぬ。天孫が天降り給ひし頃は固《もと》より大体に於て今日の形状となつた後のことでありますが、しかし旧火口原は今日の如く人類の居住し得るところに非ずして中央に五岳を浮べた一大沼湖であつたことは地学上から証明されて居るばかりか、神武以後健磐竜命が治水事業に成功された伝説等からも考へ得られることであります。この大火口原は何万年かの前には火の海であり其れから後の時代に湖水となり、やがて今日の如く十数個の学校を有するほどの町村が出来たのであります。天孫御降臨の時代は恐らく此の火口原は水鳥や魚介の世界であつたでありませうが、天孫は東部の外輪山の高原に天降られたものと確信して居ります。その辺数里の間は今日でも茫々たる雄大な高原でありまして九重山《くぢうさん》（久住山）祖母岳《そぼたけ》と相対し、見はても知らぬ緩漫な所謂《いはゆる》ローリングプレイン（波状原野）が際涯もなく続いて波野ケ原と命名されて居ります。私は去る一月六日、ひとり此の高原の上に立つて居りましたが、折柄陽春の如き暖かさで濃霧が立ちこめ崇厳な感慨に包まれたことでありました。（本年一月六日の午前何時何十分とかに阿蘇山を中心として九州に空前の大地震が起るといふ風説が新聞紙上に載つて居ましたが、私は特に其の日時を択《えら》んで行つたわけではありませんけれど丁度《ちやうど》そんな都合になつたのであります。）思ふにアソのアは接頭語で「ソ」の山であります。神代紀には天孫が日向の「ソ」の高千穂に天降りましたと伝へ、景行紀に「ソ」の国及び「ソ」の武媛《たけひめ》などあります。ソはスの転音で居住を意味するので住居の意味が直ちにそこに居住の種族の意味ともなりますのでクマソはスサノヲの神の系統の神族でありまして決して蛮族の称呼でなく元来高貴なる神種で大山祇神の系統に属する上下の神たちも皆クマソで、クマは神稲と書いてクマシネとよむ如くクマソは神族中の神族であります。須佐之男神《すさのをのかみ》は朝鮮に天降られて其の一族の神々は北陸山陰山陽方面から九州方面へかけて悠久の時代の交渉がありましたので朝鮮の古語が直ちに我が神代遺蹟の地名等と通ずる例も沢山にあるのであります。さういふ事実の多いのを見て或る種の学者は高天原《たかまのはら》の神達は大陸を経て朝鮮から渡来せられたもののやうに俗解して居るのであります。天孫は必ず大地の霊火による浮橋から天降られねばならぬものでアソ大火山が昔の富士山であります。フジはフチの音便でありましてフ（火）チ（霊）なので神火の霊山は皆な富士山なのであります。アソは天津神《あまつかみ》のアメノカリトコと云ふ意味に外ならぬのであります。紀に「槵日《くしび》ノ二上《ふたかみ》ノ天ノ浮橋《うきはし》ヨリ浮渚《うきしま》在　平処《りたひら》ニ立タシテ」とあるクシビも霊火《くしび》であります。今日は阿蘇五岳の中で中岳だけが活動して居りますが天孫御降臨の時代は恐らく根子岳と高岳とが噴火して居たものであらうと思はれます。西巌殿寺宝物の絵図をみると中岳は噴火せず高岳だけが火を吐いて居りますが根子岳にも古い噴火の痕跡がありますから恐らくは此の二峰から二上の名が出たのではないかと思はれます。高さから云つても此の二峰が一番高く今日活動せる中岳の如きは四千三百尺しかないのであります。浮渚在平処といふところを記には「天浮《あまのうき》橋《はし》に宇岐士摩理蘇理多多斯弖《うきじまりそりたたして》」とありまして記伝には「地の堅まらずして浮て泥《ひぢ》の如くなるを云ふ」と解してありますが、火山灰の堆積した当時の状況を目前にみるが如くであります。蘇理多多斯弖《そりたたして》は古来何のことだかわからないことになつて居りますが、これは天孫の御一行が天降られた当分は直ちに地上を歩行し給はずして地上数尺のところに居られたことを伝へたものに相違ないのであります。明治九年七月七日に吉野の仙窟より肉身のまゝ上天された山中照道先生を迎へに天降られる数百の神仙たちも何れも地上数尺のところでとゞまられ、着陸せられなかつたことを河野久氏が目睹《もくと》して居ります。紀には天孫を降し給ふとき高皇産《たかみむす》霊尊《びのみこと》が瓊々杵尊《ににぎのみこと》を真床追衾《まとこおふすま》を以て覆ひて降されたと明記してありますが活火山を目標に天降し給ふ場合の御用意として如何《いか》にも御尤《ごもつと》もの次第と拝察し奉るのであります。これを天孫が寒地を経《へ》て御渡来になつた証処のやうに多くの学者は説きひがめて得たりとして居るのであります。釈紀私記に今世大神宮以下諸《こんせいだいじんぐういかしよ》社《しやの》神体《しんたい》奉覆御衾《おふすまをおほひたてまつるは》是《これ》其《その》縁耳《えんのみ》とあるは恐らく太古神法の正伝を洩《も》れ伝へたものかと存ぜられます。天孫の御名を紀に称へ奉つて天津彦火瓊々杵尊《あまつひこほのににぎのみこと》と申上げてをり、記には天津日子番能邇邇芸命《あまつひこほのににぎのみこと》と申上げてをりますが、御名の意味は何となくヨミアゲてみても霊火に御因縁のましますことが直覚せられます。或ひは稲の穂の赤らめるを意味すると伝へ、或ひは和々《にぎにぎ》の約《つづま》りであると伝へ、いづれも穏かな説に受取れますが併《しか》し言霊《ことたま》の幸はふところ、たしかに霊火にちなめる御神号なることは吾々の直覚を打消すだけの材料が見つかりませぬ。古来或る一派の神道説の中に天孫の御名は「火《ほ》」「瓊々《にに》」「杵《ぎ》」の三つより成り、火の徳は明にして神鏡を意味し、瓊の徳は仁にして神璽《しんじ》を意味し、杵の徳は勇にして神劔を意味し三徳三器を御名の中に称へ含めたのは古人の神智に出づる用意であると伝へて居りますのも一概に牽強附会の説として棄《す》て難《がた》いものと私は思ひますが、いづれにしても霊火に御ちなみある神号なることは打消すことが出来まいと思ひます。高千穂のクシフル岳《たけ》といふのも高霊火《たかちほ》の霊火降岳《くしふるたけ》であつて其の附近の久住山《くぢうさん》のある久住地方も其の意味でありカシハラ亦《ま》た同義で後には皇居所在の地名として通用するに至つたもので、これに対して朝鮮の古語を云々するは恐らく影響の論でありませう。

見れば見るほど思へば思ふほど大阿蘇の地形はまがひもなき一大女陰であります。其の上部は東方にあたり天孫降臨の波野ケ原のある方で下部即ち会陰は西方で戸下温泉のあるあたり、火口原の左右の平野（阿蘇谷と南郷谷）を流れてくる白川と黒川の合流するところ、其処《そこ》には資本金二千六百万円、一千六百の従業員を動かして居る熊本電灯の立野発電所があり落差八百四十二呎《フイート》を有する五条の大鉄管が怪物の如く行人の眼を驚かしますが、いかさま際疾《きはど》いところでありまして、大分行の汽車も此処《ここ》では気息奄々としてスイッチバツクして辛《から》うじて運転して居ります。わが皇典には伊邪那美神《いざなみのかみ》が火神カグヅチを生みませる為め陰《ほと》を焼かれ給うたとありますが、この神伝へは確かに太古に於ける大阿蘇の爆発に応ずるものと思はれます。阿蘇噴火が神話に反映したといふやうな俗説を立てるのでありません。天地の活《かつ》消息と神さびたる太古の神人の史的事実とは必ず感応し併発するものであり照応するものなることを言ふのであります。今日に於てさへも其のことは往々にしてあり得るのであります。又た近き将来に於て大いに其のことがあるのであります。ホトありま（女陰）といふ語は秀処《ほと》であると同時に火処《ほと》または火扉《ほと》であると思はれますが、ホソ（臍）また同義であります。そこで陽神伊邪那岐神様《いざなぎのかみ》が激怒せられたといふのも御尤《ごもつと》も千万な次第と畏《おそ》れながら拝察し奉るのであります。伊邪那岐神様は純真無雑の熱烈な愛の反撥作用でカグヅチノ神を斬られましたので赤霧六合に満ち天地晦瞑となつたと伝へられて居ります。併《しか》し其れが為めに多数の霊異の神祇が生れ給ひしこと、高く尊きカミロギカミロミの大神達の神祕極まる摂理によるものでありませう。大阿蘇のホト（女陰）なるに対して太古に於ては石城山はホソ（臍）であつたと信ぜられます。臍が母体とのつなぎめである如く石城山は天上神界と大地の神界のつなぎめであり、地上だけで云へば天神族の本地九州と地祇族の本地出雲とのつなぎめであつたのであります。太古に於て此の石城山が地上最大の神聖なる斎場であつたことも当然なことであります。帝都が大震火のミソギを受けた大正十二年に刊行された「天行林」の巻頭に「阿蘇火《あそび》は寿《す》と申さむあめのかりとこにたまちはへませ不死の大神」と云ふイミウタが発表されたら其れにヒントを得て大本教《おほもと》が阿蘇地方へ別院とか出張所とかを急設したさうでありますが御苦労なことで、アソの高千穂は今日では東京が其れであります。高千穂は一地方の固有名詞ではないので、皇居が高千穂宮で皇居の地が高千穂であります。霊火より起源して皇都をタカチホと称するやうになつたのであります。序《つい》でに言つておきますが和名抄に肥後阿蘇郡知保郷が明記されてありまして今日の日向西臼杵郡高千穂あたりばかりが上古に於ても唯一無二の高千穂ではなかつたのであります。併《しか》しながら私は天孫御一行の主力は阿蘇山波野ケ原から恐らくは只《ただ》今《いま》の西臼杵の高千穂方面へ御下りになつたものであり其れから年月を経て霧島山方面から更らに海岸へも御移りになつたであらうと信じます。霧島山も火山であるのみならず山容雄偉で何彼《なにか》につけて目標になりやすい霊山であります。現に霧島山にも神仙境があり阿蘇山にもあります。阿蘇の方は今日噴火をして居る中岳は仏仙境でありまして東の根子岳に神仙境があります。神仙界で赤山と称して居るのが其れであります。（現界の俗称でも阿蘇山を赤膚山または雲生山と呼んで居ります。）西臼杵郡に於ける天岩戸の遺蹟等は固《もと》より「写し」の一種で全国到るところにあるのでありますが、併し神さびたる古い歴史を有するものと存じます。天岩戸《あまのいはと》に関することは総《すべ》て天上神界に於けることで此の地上の消息ではないのであります。天照大御神《あまてらすおほみかみ》が天津御祖神諸々のみこともちて（直接には高皇産霊神《たかみむすびのかみ》及び伊邪那岐神《いざなぎのかみ》のみよさしにて）此の地上から――石城山から――御上天になつてから後の天上の消息を地上の消息と思ひちがひをすると何も彼もわからなくなります。すべて太古に於ける天上神界と地の神界との公式の往来は天上より下り給ふときは火気の柱によりて阿蘇へ下り給ひ、天上へ上り給ふときは水気の柱によりて石城山から上り給ひしものでありますが、須佐《すさ》之男神《のをのかみ》が天上神界から朝鮮へ下り給ひし折も恐らくは阿蘇へ下り給うてから朝鮮へ向はれたことが省略されて伝へられてあるのではないかと思ひます。尤《もつと》もアレは場合が場合であつたから直接朝鮮の土地へ下られたのかもわかりません。宗像三女神が天降られたのも阿蘇火の柱により其れから筑紫水沼（今の筑後三潴《みづま》郡《こほり》地方）の方へ御移りになつたのであります。現行の地図から云へば肥後の北部菊池郡（和名抄にヤマト郷あり）附近から筑後山門《やまと》郡方面一帯の地及び久住山附近から日向西臼杵方面等は天孫御降臨以前から数々の先駆の降臨神族や土民（土民と云つても固《もと》より其の本は天来である）の比較的密集して居たところであつたのであります。さればと云つて其の地方にあつた耶馬台国が高天原《たかまのはら》だといふのではありませんが第二義的の意味に於ては……其の時代の地上の首都といふ意味に於ては其の地方も高天原であつたと言ひ得るのであります。耶馬台国と云へば直ぐに卑弥呼《ひみこ》女王を考へ、ヒミコを神功皇后に当てるはまだしもとして更らに高貴の大神に擬する説の如きは取るに足らないこと今更ら云ふまでもなく先輩に縦横の研究が発表されてをるところであります。卑弥呼女王は恐らく開化崇神朝以前数代あり其の祖は神八井耳命の後裔《こうえい》で太古神法の相伝者の一人であつたと思ひます。魏志には卑弥呼女王が独身の御方で鬼道を事とし能《よ》く衆を惑はすといふやうなことを書いて居りますが、当時の支那人にはそんな風に見えたのかもわかりません。耶馬台国に就ては大和説、熊襲説、肥後山門説、筑後山門説等があり、吉田東伍、久米邦武、内藤虎次郎、木村鷹太郎、藤井甚太郎、橋本増吉、高橋健自、太田亮、山田孝雄、笠井新也、中山太郎氏等の甲論乙駁の議論が相当に世間を賑《にぎ》はし普通のガクモンと申すものからは相当に研究し抜かれて居りますから今日は左《さ》ういふ問題には触れずにおきます。併《しか》し当時の大和朝廷との関係等に就て後日少々愚見を述べさせて頂きたいと考へてをります。

今日の学者の大部分は表面に言ふと言はぬとは兎《と》も角《かく》として腹の底では大抵みな応神仁徳朝以前を神話伝説時代として神武天皇も架空の人物の如く考へて居るほどでありまして、まことにガクモンと申すものの恐ろしさをしみ〴〵と思はせられます。彼等は天照大御神《あまてらすおほみかみ》と須佐之男神《すさのをのかみ》の御消息を神功皇后と或る天皇との関係の脚色されたものと考へたり、神武天皇御東征のことは応神天皇のそれであると思案したり、日本武尊やクマソタケルのことも史実に非ずと考証したりしたがることによつてアタマのよさを誇り合つて居るのでありますから私どものみる「日本国」と彼等の考へる「日本国」とは恐らく異なつた存在であらうと思はれるのであります。神仙界の活《い》きた実相の一部分でも彼等に知らせることが出来たならば、神武天皇以前の神祇の今日現前の活《かつ》消息により彼等の「新研究」なるものは忽然として消え去るのでありますけれど、所謂《いはゆる》無縁の衆生は度し難しであります。然るに彼等学者の鬼面におどされて多くの官国幣社の宮司や神道家の大部分までが今日ではひそかに彼等の「知識」を奉じて居るのでありますから、よくも斯《か》くまで世の中が腐つたものと慄然《りつぜん》たらざるを得ないのであります。斯《か》ういふ方面のみから云つても今日の日本が一大危機に押迫られたことがわからねばなりますまい。明治天皇御製、「わか国は神のすゑなり神まつるむかしのてふりわするなよゆめ。」かしこしともかしこし。

私は本年一月元日石城山麓に於ける本部の祭典に奉仕し、翌二日は鳳凰寮に於ける種々の神事に従ひ、その翌三日は午前三時ごろ夢破れて眠りならず、この稿の或る部分に就て最後の責任感を満足せしむべく急に九州旅行を思ひ立ちました。顧みれば九州の土は殆《ほと》んど十年ばかり一歩も踏まず当分も旅行の予定がないので昨年十二月十六日には長女を連れて太宰府天満宮へ日帰りで参拝したのでありますが、それから半月後、突然思ひ立つて九州中央山岳部を踏査すべく夜の明けるのを待ちかねて愚妻へ旅費の工面を命じ、午前九時五分三田尻駅発列車で九州の旅へ向ひました。鞄《カバン》の中には肌着の着替さへなく、からうた二三巻と地図数葉、香合の中に数粒の香、愛刀一本といふ不用意千万なひとり旅、寒村荒駅に雨露をしのぎつゝ、一月八日の夜、孤剣飄然と帰寮いたしましたが阿蘇山附近をあるいてる頃は頻《しき》りに平野国臣の「わが胸のもゆる思ひにくらぶれば烟《けむ》りはうすし桜しま山」の歌が頭上を往来し、あれを思ひこれを想ひ暗然として阿蘇の噴烟を仰ぐことしば〳〵でありました。

先史時代に於ける我が日本国土に居住して居た人間の区別をする学問も、あまりに種別に囚《とら》はれ過ぎた為め、追々に「六《む》つかしいウソ」が構成されて居るやうに思はれます。たとへばアイヌ種族と蝦夷種族の区別の如きが其れでありますが、其の「六つかしいウソ」は近ごろ金田一氏の研究によつて姿をかくし、本州に住んで居たアイヌが蝦夷であり、北海道に残つた蝦夷がアイヌであつて両者の差は人種的の差でないことが明らかになりました。又た人骨を発掘して其の体質的研究を進めて居る長谷部博士あたりの仕事は尊敬すべき確実な事業でありますが、斯《か》ういふ方面からの報告によると、我が国土に於ける石器時代居住のものは今日に於ける意味のアイヌや所謂《いはゆる》天孫人種の出現前に日本の大部分を占めて居た人種で、これが九州四国本州に繁殖するには数万年の長日月を経たものと推測され、この種族は北方に於て他種族と混血してアイヌを生じ南方に於て他種族と混血して今日の日本人種を生じたものと考へられて居るやうでありますが、其の最古の種族といふものも皆な是れ世界一本で天来の神祇の変形して退化したものであります。又た縄紋式土器や弥生式土器や祝部土器によつて区別し直ちに此れを使用した集団の相違を以て人種的相違を意味するものの如く解した従来の学説も同情致しかねるのであります。私はソツシユールの言語学により人間の血族性と其の言語の共通性とには何等必然の関係無しといふ主張に共鳴しましたが、土器紋様の区別位ゐで此れを使用した人間の人種的区別を考へることなどは最も危険なる判断であらうと思ひます。古墳の形式や種々の発掘物等の上から云へば日向あたりのものと北九州のものとを比べても色々の区別がありますが、それも或る第二義的の文化系統を語るに過ぎざるもので、人種的な決定に資するものでないのであります。

日向の山奥から阿蘇方面を歩いて帰りがけに筑後ゾヤマ（女山）の神籠石《かうごいし》などを訪問しました。北九州には今日まで知られて居る神籠石は数個所ありますが其の中で女山のものが代表的のやうであり、天照大御神様《あまてらすおほみかみ》が此の山に居られたやうに云ふ人さへあるのであります。石城山も五峰を神籠石が囲んで居りますが女山も亦《ま》た五峰を巻いて居るのでありまして延長約千五百間と推定されて居ります。その中で現に露出せる列石は約三百二十間、掘り去つたあとのあるところが約三百六十間で其余は推定であります。所謂《いはゆる》水門の設計等も総《すべ》て石城山のそれと同様でありますが、直感的にみて万事が石城山のそれよりも数等劣つて居ります。第一に山の高さが百メートルあるかなしの低い山で石城山の三分の一しかありませんので何等崇厳の気がありませぬ。併《しか》し此処《ここ》も上古に於ける一つの神聖な斎場であつたらうことは申す迄もないのであります。神籠石を土塁または木柵の基礎とみて上古貴族の城跡のやうに云ふ学者もありますが、その説に反対して神籠石は世界的に類例のあるストンサークルの大規模のもので飽《あ》くまで宗教的の意味のものと主張する人も――鳥居博士の如き――あるのであります。始めて神籠石を築いた年代はわかりませんが余ほど新らしいものとみて二千年ばかりの昔で、古ければ更らに甚《はなは》だしく古い時代、むろん先史時代のものと思ひますが、石城山が地の神界大都といふ意味は私どもの考へとしては今日までのところ神籠石とは関係ないのでありまして、神籠石が比較的新らしいものであるならば其れは太古の太古からの大斎場へ後世に工事を加へる機会のあつたものであらうと思つてる位ゐなことであります。石城山のあるクマゲ（熊毛）といふ地名は古いものでありますが、大隅の熊毛、能登の熊木、紀伊や出雲の熊野とも関係ある地名で、クマは神族中の神族を意味する言葉であります。クマゲは恐らく神饌《くまげ》で神を祭ることを意味するものでありませう。神米をクマシネとよみ略して単にクマとも云つた古例もあります。又た神米《くましね》を以てする太卜《ふとまに》の一種をクマウラと云つてをります。権中納言俊忠卿集に占恋「ねぎがとるそのくましねに思ふことみつてふ数をたのむばかりぞ」とありますが、神前に供へた米を一とつまみハネ上げて掌《て》に受けとり其の数で占ふ法で、三粒を大吉とし一粒五粒七粒九粒を吉とし二粒四粒六粒八粒を凶とし十粒以上の場合は九払ひにして数へる法であります。後世になつて複雑な易理を以て判断するものも出て来たやうでありますが其れは古意を得てをらぬのであります。地名や神籠石は兎《と》もあれ角《かく》もあれ、石城山は畏《おそ》れ多くも正神界を代表して大山祇神より示された「むかしの大神たちなりませし神の山」であり又た「この山かくりよのみやこ」「とこたちの神のいはくら」であり又た臍《ほそ》の山であります。そんなことが我が神典の何処《どこ》に書いてあるかと云ふと何処にも書いてはありません。古事記でも書紀でも祝詞《のりと》でも風土記でも大切な神祕は殆《ほと》んど皆な削り去つて伝へてあるのでありまして大祓詞《おほはらへのことば》の結末の語句が伝はつた如きは異例であります。人間の罪悪を瀬織津姫神《せをりつひめのかみ》が海洋へ持ち出でたまひ、速開都姫神が其れを呑《の》みたまひ、気吹戸主神《いぶきどぬしのかみ》が吹き放ちたまひ速佐須良姫神《はやさすらひめのかみ》が其れを解消し給ふといふやうなことを何等かの寓話と思つたり又はお伽噺《とぎばなし》の神話化したものと考へたり或ひは天地間の或る自然現象を芸術的に描写したものと曲解したり古来各方面の学者が俗智を闘《たたか》はして居りますけれど、これは神界の大神祕の一部が洩《も》れ伝はつたので尊くも又た神さびたる真伝でありまして、大祓祝詞の尊いことも種々の霊験あることも実は此の結末の数句があるからであります。高貴の神々の中にも御本体は竜体の御方があるといふやうなことも普通の人にはわかりにくいことでありますが、一大火竜たるカグヅチノ神が竜形の神の大祖で其れから其の系統の多数の神祇が蕃息されたことも、理窟ぬきの事実なのであります。

ダーウイニズム、マルキシズム、それらにつれて描き出された今日の神道観、国家観、政治、教育、あらゆる社会の世相を考へてみるとき、吾等の脚下は火の海となります。天行居の存在は乱臣賊子のおそるゝところでありませう。微力なる吾等が此の間に立つて上には神界皇天の大使命にこたへ奉らんとし、下には来るべき幾千億万子孫のために正しき道を開かんとする戦ひは、かなり手ごたへのある仕事のやうに思はれます。天行居は本年から有らゆる意味に於て一層艱難《かんなん》なる行程に入り、同志一統は道俗公私とも一大試煉の時期に入ることでありませう。われ〳〵は一層天行居の統制を重んじ、相警《いまし》めて不動一貫の信念に居り、力行して惑はざらむことを要するのであります。

私は昨年秋十月三日から九日の午前まで石城山上に籠《こも》つてをりました。その間毎夜の種々の霊異に就ては到底語ることを許されないのでありますが、その中に話しても差支へないと思ふ少々風変りの事件を一つ、……それは参籠第五夜のことでありました。私は毎夜の如く宵の口から寝て十二時過ぎに起き出で、二時過ぎまで山上を歩いて居ましたが、そろ〳〵疲労を感じて山上の事務所へ帰るべく日本《やまと》神社を一周して防風塀の半ばまで来たとき、事務所の方に当つて突然大きな美しい声で「孤軍 眥《まなじり》を決す石城山」と只《た》だ一声だけ私の耳をつんざく如く鋭く聞えて来ました。私は急ぎ足で防風塀の下を出ました。そこは日本神社御屋敷地の東南角で事務所から坂路を登りつめたところ、その辺一帯は雙眸《さうぼう》の中に収まります。折から中秋の明月は蟻の這《は》ふのもわかるほどに冱《さ》えわたり、蟲の音は雨の如く其処《そこ》らに何の人の気はひもありませぬ。まして参籠中夜間は絶対に本部の人たちも登山せられぬやう申渡してありますので、人間の吟声とは思ひませんけれど「何者だ」と一喝して見ました。すると直ぐ私の頭上でこんどは重々しい威厳のある声で「無言」と大音声が起りましたので振り仰ぐと、等身大の瓦斯《ガス》体のやうなものに無数の光りの線の如きものが交錯して居るやうなものが私の頭上七八尺のところから悠々と西北方の空へ消えて行きました。私は参籠中丁度《ちやうど》よい機会であるから序《つい》でに無言の行をやつて居たのでありますが「何者だ」とやつたのは大失態でありました。それにしても「孤軍皆を決す石城山」とは何のことか、七絶の結句のやうに思はれるが……など考へながら事務所へ帰りました。

その意味は未《いま》だにわかりませんけれど、かくべつな意味があるのでなく、われ〳〵が非常なる決意を要することを諷《ふう》せられたのであらうと解釈して居ります。神界経綸のテキストが読めない吾々としては、神示のまに〳〵歩一歩ひらかれ行く道を進むのみであります。大正十年に出版された「霊学筌蹄」の中の夢感と題した神諭によりて算《かぞ》ふれば大正十三年ごろには天之岩戸《あまのいはと》も開けそめることかと考へて居ました。果して其の前年大正十二年九月一日には帝都の大修祓があり、甲子の翌年大正十四年には、畏《かしこ》くも天照大御神《あまてらすおほみかみ》の大《おほ》稜威《みいづ》を成させ給ふ神の御出現を仰ぎ奉りながら、今日にいたるも尚《な》ほ未だ天地ひらけず水火の気の戸ざせるかと夢むること、われらの悩みなるのみか日本国の悩みであり世界の悩みであります。さるにても世界の悩みを一身にうけ給ひて、立たせ給へる神の御姿の気高くもまた尊きことよ。恐懼。恐懼。「ひめこもよおちのも、のきあしろうつかはとのたまもあしけあらけよ」

（昭和六年一月廿八日古道第二百一号所載）

藐姑射神山

八月九日か十日（昭和四年）であつたと思ふ。八月十八日に手箱山へ登れとの神示を拝した。これには少々驚きもしたが困りもした。「この暑さに……困つたなあ」と思つた。甚《はなは》だ相済まぬわけで、恐懼の至りであるけれども、併《しか》し修養の至らない私としては、その当時の私の欺《あざむ》かざる心の状態としては、そんな感じがしたのであつた。

× × ×

いづれ秋にでもなつたならば一度は手箱山へ登らなければならぬことは前以て諒解して居たのである。その用向きは手箱山と石城山へ天の浮橋を架けることが一つと、十月二十三日の夜の神事に用ふる或る品を頂戴してくることが一つであつた。けれども其れは九月になつて少し涼しくなつてから、荒井氏か宮崎氏かを私の代理として御苦労願ふ胸算用をしてゐたのであつたが、突然の神示で私自身が行かなければならなくなつた。日清戦争以来とか云ふ今年の暑さ、私の地方では三四十日も雨らしい雨のない暑さに……。いや愚痴を申すわけではないが、正直なところ「困つたなあどうも……」と思つたことは思つた。

×　×　×

私は少年時代から心臓が弱いので山登りは大禁物なのである。石城山のやうな千尺内外の下駄で登れるやうな山は問題ではないが三四千尺以上の山になると相当に考へなければならぬので、その為めに私は山が好きでありながら昔から高い山には登つたことがないのである。霧島や英彦山のやうなものには登つたこともあるが、いづれも四千尺内外で便利もよろしいのであるが、六千百何十尺かある手箱山へ肉体を持つて行くことは私としては常識的にも考へものである。六千尺と云つたところで石城山を六つ合せた位ゐのものに過ぎない、富士山の半分しかない山が何だ……とも思ひ返してもみるが、併《しか》し富士の如きは登山設備も行き届いて居り道路も上等で或る程度までは乗物も利用出来るのだが、手箱は石槌と相並《あひ》んで四国の嶮山だ。おまけに山麓に人家もなく、どうしても往復十四五里は徒歩しなければならぬ、しかも其の往復道路も平坦なところは僅《わづ》かに二割しかないので山麓までの道も実は山又た山の裾を越え或ひは渓谷を徒渉するので、なまけものの私としては無論難行苦行だ。霧島などは山麓まで自動車が行き又た其処《そこ》に立派な旅館もある。英彦山だつて山の中腹に数軒の旅館があるから其処で一泊して登山すれば何でもないし、近年は一層便利になつたといふ話であるが、手箱山は土佐と伊予の国境に密集せる連山群峰に取りかこまれた交通不便の山で、霧島や英彦山に一合の汗が出るならば手箱には一升も二升も汗を絞らねば登れぬ山だ。「この暑さに……困つたなあどうも」と申訳けのない愚痴が唇のさきに浮び出したのも御ゆるしを願はなければならないのだ。それに私が行くとなれば、こんどは任務が任務であるから山頂に達する迄の途中に於て、群魔に包囲されることも覚悟しなければならぬ。私としては肉体的にも霊的にも冒険である。いのちがけなのだ。

×　×　×

もとより神示によりて行動するのであるから危険はあるまい、格別なる御守護を蒙《かうむ》るであらうことは信じて居る。けれども「守護はあるが気をつけて行け」といふやうな意味の神示が多少気がかりでないこともない。「守護はするが」でなく「守護はあるが」では向うへ行つてからは手箱山の神が守護せられるのであらうか、「気をつけて行け」とは、気をつけなければ随分危険がないこともないのであらうか。……どうも一抹の不安の気が頭上に漂うて居るやうでもある。重ねて神示を仰がうか……、それも非礼だ。

×　×　×

私は決して十人並み以上に肉体の生命を惜《をし》むものではない。生死といふ問題に就ての覚悟は屁の字なりにも出来かけて居るつもりである。殊《こと》に天行居の中心的地位に居るからには、各派の赤色団体から睨《にら》まれて居ることも百も承知で、門を出れば七人の敵ありといふ位ゐの不安は掃除が出来て居る積りである。私は天地の間に立ちて懼《おそ》るゝこと無きものである。易に謂《い》はゆる独立して懼れざるものである。家庭のものにも万一の場合のことは克《よ》く言ひ聞かしてある。天行居の方も憲範があるから何とかして天下同志の力によつて神明の訶護《かご》の下にやつて行けるであらうと確信して居る。野心もなく資産もなき私には何一つ気にかゝることはない。

けれども慾を云へば何とかして天行居に眼鼻がつくまでは肉体のある間に微力を尽しておきたい。死後は必ず私の霊は石城山に鎮まり、天かけり国かけりして君国のために天行居の神業を翼賛する大誓願であることと勿論であるが、併《しか》し肉体のある間に於て過去に於ける言責を相当に実現せしめておきたい――と斯《か》う考へる。殊に眼前に迫つた日本《やまと》神社鎮斎の大神事には是非とも肉体をもつて奉仕させて頂きたいと念願して居る。……「気がかり」めが此処《ここ》に発生して来たのだ。

×　　×　　×

秋の神事に就ての準備も色々忙しいけれど八月十八日登山とすれば十五六日頃には出発しなければならない。どうすることも出来ないところへ押しつけられて来た。十三日には本部を訪問するやうに、かねてから通知しておいたが、私としては別様の意味に於て訪問することになつて了《しま》つた。十三日には天行居に新たに出来た神楽部の人達に面会することが予定された目的であつたが、こんどは私としては手箱山登山に就て本部神前に奏上することが主たる目的になつて了つた。

本部の人達にも私の手箱山行きは一切当日は語らないことに決心した。事前に多くの人達の耳に入れた為めに神界の御都合の妨碍《ばうがい》となつたことが随分あるので、その都度相当に苦《にが》い経験を嘗《な》めさせられて来たので、やむを得ず祕密主義を執ることにして、荒井宮崎両氏だけには翌日手紙で申上げる事にして、十三日は何も語らぬことにした。

×　　×　　×

十三日は七歳の長女を連れて本部神殿に参拝し手箱山行きのことに就て奏上した。

天行居神楽部の雅楽を始めて拝聴したが、奉仕の人達の熱誠と態度の純潔とは、聴く人の魂《たまし》ひに神々しい悦《よろこ》びのいぶきを吹き込まずにはおかなかつた。私としては予想以上に満足した。奉仕の人達がそれを習得される頃の精神的苦労は固《もと》より、いろ〳〵の意味に於て人の知らぬ犠牲も払つて居られるであらうと思はれた。

久々で多数の人達と食卓を共にした。丁度《ちやうど》昨年の八月十三日は宮崎氏の方と私の方と同日に女児が生れたので、けふは其の誕生日にも当るわけだつた。私は無頓着だつたが、さういふ意味でか宮崎夫人は格別に心を尽されたやうであつた。老松庵からも一同へおすしを振舞はれたので食卓は賑《にぎ》はつた。誰れの顔をみても皆な神仙郷《とこよのくに》の客の如く、瑞気は和《なご》やかに前庭の松籟《しようらい》のさゝやきに連れて夢幻的な歓びの祕曲を奏するかと異《あや》しまれた。

或ひは肉体をもつて諸君と共に食卓につくのはこれが永久の訣別ではないかと思ひ浮んだとき酒が咽喉《のど》につまつた。「馬鹿な……まさか」と思ひ返して、一同の顔をみると其の時は森田氏が伊勢へ参拝して来山した旅行中の珍談について同行の渡辺力君や正野君等から逆襲を受けてる最中で、一同の朗らかな哄笑《こうせう》の波が私の心頭に浮いたサクラメントの妄想を忽《たちま》ち洗ひ流して呉《く》れた。

×　×　×

いよ〳〵十五日の深夜に宮市の草庵を出発した。子供たちはよく睡つてゐた。老妻と婢とが門前に送つた。

×　×　×

手箱山は「古神道祕説」巻末の附録、水位霊寿真の手記の中にも書かれてある山で、多くの同志諸君がよく承知して居られる山であるが、実は手箱山は藐姑射《はこや》の神山なのである。荘子内篇、逍遙遊には「藐姑射の山、神人有て居る、肌膚氷雪の若く、淖約処子の若《ごと》し、五穀を食せず、風を吸ひ露を飲み、霊気に乗じ飛竜を御し、四海の外に遊ぶ」なぞと書いてあり、列子にも出て居る。これは根も葉もなき想像上の創作的物件でなくして、ハコヤの山の神仙郷のことが古代の神人によつて支那に伝へられて居たので、それを種として荘子や列子の記者が八割も九割も想像を逞《たくま》しうして、おのれの哲学的思索を述べる方便としたのである。

それが万葉時代となつては支那から逆輸入された思想となつて詩人の第六感を煽《あふ》り立てたものだ。

心乎《こころを》之《し》。無何有乃郷爾《むかうのさとに》。置而有者《おきてあらば》。藐姑射能山乎《はこやのやまを》。見末久知香谿務《みまくちかけむ》。

作主未詳《よみひとしらず》とあるのも面白いが、「心をし無何有の郷におきてあらば藐姑射の山を見まく近けむ」といふ意味は、……無何有の郷といふのは此れも荘子の中に出てゐるので要するに鎮魂した一心清明の状態を云ふので、まじめに音霊《おとたま》法でも十言神咒《とことのかじり》でも修して居れば、やがて至霊の仙境をも眼前にみることが出来るので、それも決して遠い将来ではないぞ、骨折れ骨折れと云ふ意味なのだ。

それから少し時代が流れて来てからは、天子様が大御位を譲らせ給ひて後に居り給ふところを仙洞と申上げ、それを藐姑射の山と祝《ほ》ぎ申すやうにもなつた。千載集に

動きなき猶《な》ほ万代ぞたのむべき藐姑射の山の峰の松風

百千たび浦島が子は帰るともはこやの山はときはなるべし

などある。

ハコヤの神山は元来ハコノヤマなのであつて、ハコは無論箱を意味するのであるが、ハコといふ古語はハケ（葉笥）から転じて来たのである。太古に於て食物を木の葉に盛つたところから起つて来た語で、恰《あた》かも天照大御神《あまてらすおほみかみ》様が豊受姫神《とようけひめのかみ》様を重く祭らせ給ふが如く「食」といふものは極めて神聖なものとされて居たので、神聖と幸福と平安との理想郷がハコヤの山なのであつた。高貴の神仙の大都をハコヤの山と申すやうになつた。

手箱山も石城山もハコヤの山なのである。手箱山は神仙に因《ちな》んで浦島子の伝説を仮り、箱山といふ上に手の字をつけてしまつた。イハキヤマのイは古語の定格として不定冠詞である。ヤサカをイヤサカと云ひ、照らすをイテラスといふやうなものなのだ。

イ—ハキヤ—マ
テ—ハコヤ—マ

いづれもハコヤの神山である。天城山と書いてアマギヤマとよむから石城山もイハギヤマであらう。ギはゴと通ずることは、和魂をニギミタマと云ひ、毛の和物をケノニゴモノと云ふやうな例でよくわかる。イハキヤマはイハギヤマでありイハゴヤマでありハコヤマであり藐姑射《はこや》の神山なのである。

石城山といふ名称は神籠石《かうごいし》から呼び始めたのかも知れんが、それにしても言霊《ことたま》の幸はふところである。そのわけのわからぬ人には何を話しても私の話は牽強附会に聞えるであらう。

併《しか》し名義上の詮索は博雅の君子にゆづるとして、実質上の問題として、手箱山も石城山も神山藐姑射である。これは私の信念だ。信じない人は信じないのもよからう。

×　×　×

×　×　×

汽車の中では寝るほどの時間もなく十六日午前二時ごろに柳井へ着いた。自動車で波止場へ出たが夜の明けるまでには三時間もある。たいくつ千万だ。四時出帆といふことに聞いてゐたが其れは間違ひで五時、しかも大抵五時半位ゐになるといふからウンザリせざるを得ぬ。

汽船が来たときには夜は明け切つて、すがすがしい朝風が海面を這《は》うてゐた。

汽船と云つたところで百三十噸《トン》のオモチヤのやうな船だ。それが伊予の三津ケ浜へ直航すれば三時間ばかりで行けるのだが、御叮嚀《ごていねい》に大島の各港十ケ所ばかりの客を拾うて行くから七時間ばかりかゝる。船の中では機関の音が激しいのと、どこから乗つたかおしやべりの細君が温順らしい亭主を相手にのべつに雄弁を揮《ふる》ふので、ちつとも睡れない。一睡もせずに三津ケ浜へ上陸したのは午前十一時を過ぎて居た。日はかん〳〵照りつける。

オートバイのやうな小さい汚《きたな》い自動車で松山へ駈《か》けさせた。途中で何度か投げ飛ばされさうだつた。松山から直ぐに土佐行きの自動車に乗り込む。これから又た五時間ほど自動車で揺られるので、決して気の利いた旅行ではない。

二千尺とかいふ三坂峠の頂上を自動車で越えるとき下界を見おろすと壮快であるが気味も悪い。気味が悪いといふのは道路の曲折が頻繁で急であるからだ。「これで滅多に事故はないのか」と運転手へきいてみると「ないこともありません」と云ふ。冗談ではない。

×　×　×

三坂峠を越えて、やがて仁淀川の上流に沿うて、その断崖に連れて曲りくねつた小さな道路を自動車は猿のやうに伝《つと》うて下つて行く。折から道路の修繕工事中で、せまい道路へ石の切り屑が積まれたり高いところから落した岩が磊々《らいらい》として横たはつてゐたりして、運転手も骨を折るが、乗つてる方も気苦労する。

途中から細い雨。

仁淀川の上流の激流奔湍は絶景である。変化無尽だ。秋は一層おもしろいだらう。

×　×　×

昨夜一睡も出来ないのと終日間断なき身体の激動の為めと暑さとのために、からだは綿の如く疲れたが、移り行く渓谷の奇勝に眼だけは忙しい。

日の暮れに近い頃、やうやく川口といふところへ着いた。詳しく云へば高知県吾川郡大崎村字川口であらう。そこで自動車を又た乗り替へて又た一里半ほど左の山の中へ這入《はい》つて行つて山間の小部落へ着く、池川といふところだ。これから先きは自動車は固《もと》より人力車もない。テクるより他に方法はないのである。

雨は烟《けむり》のやうに降りつゞく、日は蒼然として暮れる。

きいてみると此の附近ではモウ一週間ばかり降りみ降らずみ梅雨《つゆ》のやうで洗濯物が乾かぬので閉口だとこぼしてゐる。「おらが国の方では三四十日も降らぬので困つてるのに勿体ないことを云ふ奴等だ」

× × ×

十七日は登山準備。この山の中で懐中電灯を売つてる店があつたのは不思議だつた。

相変らず降つたり照つたり。

大きな音響に夢を破られたのは十八日の午前二時ごろであつたらう。大雷雨だ。

手箱山は渓谷を伝《つと》うて登るので水量が増加すると登山厳禁といふ話を思ひ出した。しかも神示は是非とも八月十八日に登れとある。

考へたつて仕方はない。万事は夜が明けてからのことだ。今は少しでも余計に熟睡することが唯一の聰明な方法だ。そこで又たグッスリと寝込む。

少々寝過ごして起きてみると、雨雲低迷して又た降つて来さうだ。併《しか》し時々照りさうにもある。

天狗のやうな顔をした五十歳ばかりの頑丈《ぐわんじやう》な案内者が来た。「登れるだらうか、この天気では……」ときいてみると「まあ行けるまで行つてみるかノーシ」と土佐言葉で心細いことをいふ。

天神地祇に祈つて疑ふところなく出発することにした。何も彼も天の命だ。

× × ×

池川から二里位ゐは平坦だが其れからは蜀の桟道。みやこびとにましまさば先づ此処《ここ》らあたりでへたばり給ひさうな羊腸の小径だ。

やはり仁淀川の支流……或ひは本流だらうが其の上流へ〳〵と溯《さかのぼ》つて行くのであるが、風景は絶佳だ。いや絶奇絶妙とでもいつた方が適当であらう。左右の山々には大小無数の瀑布が落下する。渓谷には何万貫あるか家のやうな巨岩が千姿万態で送迎する。その間を激流が轟々《がうがう》として渦を巻きつゝ、矢の如く馳《はせ》り、巨岩にぶツかつては百尺ばかりの噴烟となつて天に飛ぶ。

案内者と話をするときには、つんぼと話をするやうに大きな声をせねば轟々たる水声のために聴きとることが出来ぬ。

球磨川は曾游《そいう》のところだ、筑後川も舟で下つたことがある。しかしこの手箱山下数里の間の仁淀川上流の神工鬼作にくらべては問題にならぬ。保津川や木曾川も寄りつけたものでない。阿波の大ぼけ小ぼけも岩の色が駄目で両岸の山勢が平凡で水の色も青いは青いけれど真の清冽と云へず石の姿態が皆な一律で俗物の眺めるところだ。仁淀川の上流は神仙の賞する所だ。

×　×　×

仁淀川上流の水の色は清浄そのものであつて、それが激流奔湍となつて雪と散り玉と砕けるときでも、蒼々万古の深淵となつたところでも、青くも白くも真からの清浄だ。そして此の大渓谷にころがつてる幾千万の巨岩の色が実に浄潔で、一点の塵念をとゞむることをゆるさない。そしてその巨岩の形容が奇を極めて一々みな独立した偉大なる芸術品である。それに左右の山勢が耶馬渓や妙義山のやうで、特筆すべきは大小幾百の瀑布の壮観だ。日本にこんなに滝の多いところがあらうとは話をきいただけでは法螺《ほら》と思ふであらう。まるで滝の展覧会である。それも天女が白布を晒《さ》らすやうな女性的なのは少なくて、豪放な男性的なのが多い。たいてい五十尺百尺位ゐで幅も相当に広い。私が登つたときには夜来の大雷雨のため水量が増加してゐて一層の壮観を極めたのではあらうけれど、この附近の山には水が多く、いかなる日でりでも水量は当日の半分位ゐはあるとのことであつた。

手箱山に登るには水筒の必要なきことを一言しておきたい。私は宮市を出発する前に水筒の掃除をさせておいたのだが、どうしたのか鞄《カバン》に入れ忘れた。が、それは必要なかつた。山頂まで水は到るところにある。

× × ×

手箱山に登るのは土佐の吾川郡《あがはぐん》からするのが普通で、それには小川村の方から行くのと富岡村から登るのと二途ある。小川村は老妻の郷里であるが私はまだ展墓にも行く機会を得ない。こんども富岡村の管内をあるいて行つたわけであるが、これが手箱山の正しい玄関口であるらしい。伊予の方面からするならば石槌を経て手箱の裏山から登らねばならぬのであらう。

× × ×

ぱら〳〵と降つては又た照りつける。猿が二三十匹も連れだつて出てくるのによく逢ふさうだが今日は一向にお目にかゝれない。

× × ×

大きな渓流を徒渉しなければならぬところへ出て行つた。こゝには近いうちに橋を架けることになつてるさうである。昨夜の雨で水量が増加してるので、この激流をわたるのは一寸躊躇《ちよつと》したくなる。水流の中央を睨《にら》んで水流の速力を封じておいて、そろ〳〵わたりかけたが、生れて始めて履《は》いた地下足袋の裏のゴムが新らしいので、石の上が辷《すべ》りさうでたまらない。辷つて押し流されゝば二三間下の滝壺に投げ込まれるわけなんだ。

どうやらまん中辺まで行つたところ水が深くなつて其の圧力のために忽《たちま》ち脚を踏み辷らしてしまつた。その瞬間全身は激流の中に没してゐたが、それから四五尺ある向うの岩へ都合よく這《は》ひ上つた。うしろを振り向いてみると、十貫目ばかりの荷物を背負ひ金剛杖をついた天狗のやうな案内者が「あぶなかつたノーシ」と云ふ。

腰につけてゐた小さな籠の中に重要書類があつた。渓谷をわたり終つて一番にそれを出してみると、すこしもぬれてゐないので安心した。どうせ途中で一度は水行《みそぎ》をさせられるものと覚悟はしてゐたが、これくらゐのことで御かんべんを願ひたいものだと思つた。

何にしても足を辷らせて四つ這ひになるなんざあ、見られたざまではない。

×　　×　　×

断崖に沿うた山路を下りたり上つたりして午後一時ごろ大滝といふところへ着いた。これが手箱の直接の山麓で、これからは急勾配の登りばかりだ。

大滝は名の如く大滝で、百雷は不断に轟《とどろ》き其の附近は濛々《もうもう》たる水烟のために包まれてゐて、世にも稀《ま》れなる神秘境である。

こゝのことは都合があつて書くことが出来ない。水位先生の師、川丹大霊寿真が何度も来られたところである。

× × ×

ひるめしを頂戴したりして休んだから大滝を出発したのは彼れ此れ午後二時ごろであつたらう。これからさきも到るところに大きな瀑布があつて其れが渓谷へ集まつて流れる。渓谷と云つても急勾配だから滝といつた方が適当の形容であらう。その滝に沿うて登るのであるから鯉のやうなものである。轟々《がうがう》といふ大きな水声が相変らず続いて居るので、やはり格別の大声を発しなければ談話が出来ない。終日轟々たる大音響に包まれて歩いて居るので何だか気が変になるやうである。

渓流の左右から枝の渓流が奔出して落ちて来る。四五丁行けば必ずある。それを徒渉しなければならぬので、登山者が雨のために水量が増加して下山が出来ず、途中の巌窟に露宿して飢餓に迫ることが毎年のやうにあるさうで、案内者は余分に米を背負うて居る。山が荒れ出すと危険で登ることも下ることも出来ないと云ふ。此の山中の気候は急変するので、予想がつかないさうだ。

稍《や》や渓流を遠ざかつて登るところは態笹のやうなものが腰まで呑《の》んで居るから何を踏むかわからない。全くのめくら滅法であるいて行くのである。毒蛇は殆《ほと》んど居らぬさうだから安心ではあるけれど、大きな長い奴は随所にぞろ〳〵して居て行動が緩漫だから一層気持ちが悪い。……二度や三度は踏んだやうな気持ちもするが、何だつたか分らぬ。登るに連れて頭から玉のやうな汗が流れて眼もくらむばかりだから、何を踏んでも、そんなものにまで深く考へを労する余裕がない。嚙《か》みつくなら嚙みつけ勝手にしろと云つた気持ちだ。ヤケクソに近い勇気なのであらう。

×　　×　　×

いくら登つても〳〵大きな滝があらはれてくる。大きな滝があるといふことは山頂が遠い証拠だから早く滝が小さくなればよいがと馬鹿なことを考へたりする。それにしても此の山は満山みな滝だ。滝のしぶきと高山特有の雲霧のために何も彼もぬれてゐる。

それにこの日は時々ぱら〳〵と雨がやつてくるから全身ずぶぬれだ。やがて照りつけられるかと思ふと又た降つてくる。御叮嚀《ていねい》に雷も鳴つてゐる。轟々《がうがう》たる滝の音にまぎれて気がつかなかつたが、時々雷鳴がある。登るにつれて横の方で鳴り出し、やがて下の方で鳴り出した。雷が下の方で鳴つてるのだから落ちる心配はないが、あがつて来なければいゝがと考へてみたりする。

休息から休息までの時間が次第に短かくなる。勾配は次第に急になる。気息えん〳〵だ。

十八日に登山して修法するときは美しい晴天であるやうに神示を受けて来たのであるが、これではとても晴天になる見込みはない。何か神様の御気にめさぬ点があるのであらうか。途中食物の潔斎はせずに来たが、それは旅行中むづかしいことなので、そのために十六日から荒井宮崎両氏が私に代つて潔斎して下さつて居られる筈《はず》だ。
と考へながら、あへぎ〳〵登つてゐると、樹林の間から荒井氏の顔があらはれてきた。どうしたのか三尺四方もある大きな顔にあらはれて来たが、例の温顔に落ちついた微笑を浮べて「存外この御山は骨が折れますなあ」と声をかけられて消えた。それから私の後ろを宮崎氏がついて来られる気はひがするので何度も後ろをふり返つてみたが姿は見えぬ。宮崎氏が私の腰を掌《て》で突き上げられるやうで、勾配の急なところは身体が前かゞみにならねばならぬのに逆にそり身になるのである。

考へてみれば、その時分は荒井氏が本部神殿で、宮崎氏が石城神社で、このたびのことについて祈念修法して居られる刻限なのだ。こんなに屁古垂《へこた》れた光景を荒井氏や宮崎氏の霊眼で見られちや男ぶりがさがるぞと思つて急に元気を出して気張つてみるが、さてなかなか。

× × ×

地図でみると手箱山は筒上山（筒城山）と手箱山と二つにわけて書いてあるが実は一つの山なのである。峰が矢筈《やはず》になつてゐて高い方が筒上山、低い方が手箱山と書いてあるが、鎖のかゝつてるのも筒上山で、その上が神域なのである。換言すれば筒上山が即ち手箱山なのである。地図では筒上山一八五九米《メートル》、手箱山一八〇七米となつて居る。そこから眼の前に屹立《きつりつ》する石槌は少し高く一九二一米となつてゐる。

× × ×

神祇の訶護《かご》と道友の協力修法とのおかげで、登山の出来ない身体の持主も、えんやらやつと山頂に達することが出来た。

と云つても此処《ここ》は愈々《いよいよ》の山頂から六丁ほど下のくぼになつてる数百坪の平地で、そこにさゝやかな方六尺の拝殿と、登山者休泊のための小屋がある。この不思議な一区劃《くくわく》の入り口には自然のまゝの石門があつて如何《いか》にも或るところへ参入した気になるのである。

二三尺位ゐの美くしい笹が一面に生えて、すが〳〵しい別世界だ。

けれども小屋の中をのぞいてみた時には、いさゝか閉口した。何しろ湿気のために、すべてのものがじめ〳〵して居り、土間の上に丸太を並べて其の上に板を敷くのだが、その板もかび臭い。土間の一角で案内者は勢ひよく火を焚《た》いた、その烟《けむり》と火熱とのためにどうやら気持ちがよくなつた。

毎年七月一日から十日間ばかりの期間はお山開きと称して石槌参りを目的とする白衣の両部式の行者が何千人か登山するので、この小屋にも設備が出来て、小屋のあるじも居るから万事便宜ださうであるが、しかしそんな時には、ざわ〳〵して落ちついた気分にはなれまい。石槌の方にはお山開きの期間外でも夏期中は相当に登山者があるさうであるが、この手箱は右の期間外の登山者は極めて少ないらしい。私は十八日に登山して十九日に下山したが其の上下の途中一人の登山者にも逢はなかつた。もつともこんな天候の時に険を冒して登る者がなかつたのかも知れないが私としてはウルサクなくてよかつた。

×　×　×

案内者は四五十間離れたところの笹原の中をさがし廻つてゐる。かくしておいた鍋をさがしてるのだ。鍋がなくては飯がたけないこと勿論。

午後六時だ、日が暮れるのも直《す》ぐだ。私は休息してゐる時間はない。暗くならぬ間に為さねばならぬ大任がある。案内者の荷物の中から急いで私の新らしい白衣を取出し、新らしい木綿を折つて鉢巻して、神器を携へて山頂に向つた。その間に案内者は飯をたいたり茶をわかしたりして呉《く》れる筈《はず》。

× × ×

やがて鉄の鎖にとりかゝる。案内者や山麓の人たちは七十五尋《ひろ》とも云ひ七十尋ともいふが、水位先生の手記には三十六尋と書いてある。三十六尋にしても一尋五尺として百八十尺だ。それが殆《ほと》んど真ツ直ぐにぶらさがつてゐる。

英彦山の鎖などは、短かい鎖が諸所にあるので、何でもないが、この御山のは一本の鎖が直線に断崖に垂下してゐるので比較にはならぬ。鎖と云つても大きな鉄の棒を継ぎ合せたものなので、英彦山あたりのやうな軽い握りよい鎖でない。

短かい補助鎖が別に一本ある。

× × ×

夢みる心地のうちに、くろがねを伝うて愈々《いよいよ》頂上に登り切つた時の心もちは、私にもわからない不思議な気もちであつた。

山頂は只《ただ》、清浄そのものである。やはり一面の美くしい笹原で奈良のわかくさ山のやうなやはらかみがある。多年風雪に洗はれた五葉松も二三株ある。他には何の木もない。

たいていの高い山の上は、きたない石の破片のやうなものがごた〱してるだけだが、この御山の上は、さすがに清浄で且《か》つ美くしい。

× × ×

私が霊だけで来たときには此の山頂のつゝじは五色の花をつけてゐた。（後刻案内者にきいてみたら花は皆な小さな白い花ばかりだと云ふ。）

この御山にくる途中の三坂峠や大滝や又この山頂は、実は私としては初対面ではない。けれども肉体をもつて来たのは今回が始めで、何も彼も勝手が違ふ。

× × ×

山頂には極めて小さな神社《ほこら》が十三ある。左から巡るならば第一に八重山住神、第二は猿田彦神、第三に豊受姫神、第四に大山咋神、第五に天照大御神、第六に天満宮、第七に大市姫神と岩長姫神、第八は三神社と云つて大国主神、少彦名神、事代主神、第九大綿積神、第十は大山祇神で当山の主神、社殿も稍《や》や大きく、一番奥で一番高い地点にある。それから右にあともどりして第十一に木花咲耶姫神、第十二に火具土神、第十三は常磐堅磐神社、これは天之御中主神《あめのみなかぬしのかみ》が祭つてあるとの俗伝だが、……まあさういふことにして置かう。

以上は顕界だけの話であること勿論であつて、神仙界の大都たるこの神山の消息は、俗人の耳目でわかる様なものでない。

× × ×

私が一番高い地点にある大山祇神社に礼拝して、この神山の最高所に突ッ立つた時、それはモウ午後六時半頃であつたであらう。天を仰げば不思議や一点の雲もなく晴れわたり、青い宝玉のやうに澄み透り、万籟《ばんらい》みなやみて声なく、高山の上でありながら微風だもなく静まり返り、天地いまだ開けざる太古の太古かとあやしまれる神さびた無名の存在の中に、遙かに遠く老鶯《らうあう》の音を聴くのみであつた。うぐひすは五六丁も下の方で鳴いてるのであらうが、手にとるやうに聴える。

更らに驚くべき美しい神さびた壮厳の存在が私に直面せることを発見した。それは西の空、まさに没せんとする大きな太陽が、まばゆい光りの少しもない真紅の玉となつて私の魂《たまし》ひを見つめてゐることだ。あまりにも尊きありさまを伏し拝み、ふと東を振り向くと、これは又た如何《いか》に、まんまるい陰暦十四日の月が、研ぎ澄ました明鏡の如くに出たばかりのところだ。

脚下には連山群峰が静かなる雲海の中に夢のやうな夕靄に化粧されて名状しがたき大画幅となつて、すごいほどの美と森厳の魅惑が、私一人を取りまいてるやうである。

その中に、その時に、この霊山の頂に於て東西に日月を拝しながら、世にも尊き神器を奉じて佇立《ちよりつ》した白衣の一人は、時を移さず此の神山と石城山とに天の浮橋をかける神法を修した。昭和四年八月十八日酉刻。

× × ×

あら尊《とふ》とや、石城山の方から神楽が聴えて来た。伶員《れいいん》は二十人位ゐらしく、楽音は次第に近く明瞭となつて、恐ろしいまでに近づいて来て、わづかに五六間さきに聴えるやうになつてはたと止んだ。（当日天行居神楽部で午後三時から四時頃まで石城山上で奏楽した。伶員は僅《わづ》かに四人であつた。）

×　　×　　×

我れに帰れば急に寒くなつた。刻々に暮れて行く高山の上だから寒いわけだ。

かささぎのわたせる橋におく霜のしろきをみれば夜ぞ更けにける

といふ家持の歌を思ひ出す。まだ日が暮れたばかりで夜は更《ふ》けないが急に寒さを感じて来た。

夜やさむき衣やうすきかささぎのゆきあひのまより霜やおくらむ

といふ古歌も胸に浮んで来る。鵲《かささぎ》の橋は大内の御橋をもいふが、実は神仙界のふることである。それが色々に人間界にも洩《も》れて訛伝《くわでん》して、たなばたの星の恋にも歌はれ、かさゝぎが羽を並べて天の浮橋を架けて天の川を渡すなどいふ面白い物語ともなつたが、かさゝぎ橋といふものは左様《さやう》なわけのものではない。これは神仙界の祕事に属することだ。

×　　×　　×

日は愈々《いよいよ》暮れてしまつた。鉄の鎖を伝うてくだる時には脚場《あしば》がわからぬので閉口した。半ばくだり得た頃から全く弱つて了《しま》つた。断崖を蔽《おほ》うた木の葉のために、あはい月の光りも全く駄目だ。脚の下が二尺ばかり丸く明るくなつた。誰れかゞ懐中電灯で照らして呉《く》れるやうだつた。懐中電灯は下の小屋の荷物の中にある。

ありがたいと思つた。自分がつまらぬ人間だから何から何まで御手数をかけてすまないとも思つた。併《しか》し嬉しかつた。

すら〳〵とくだつて来た。

小屋に戻つて焚火《たきび》に手をかざした時は安心したせゐか急に甚《はなは》だしい疲労を感じた。ぬれた地下足袋をぬぐ勇気さへもなかつた。

案内者は三合位ゐ入りさうな薄汚《うすぎたな》い油徳利みたいなものを取出して茶碗についで私に呉《く》れた。何であらう、登山者の疲労を医する薬草を煎《せん》じたのか、それとも甘茶か麦湯のさましたのかな、と思ひながら鼻に近づけてみると酒のやうな匂ひがする。

ぐツと飲んでみると、いや其のうまいこと、灘の銘醸といへどもこれには及ばぬ。此の附近の山村などにあるべき酒でない。

「ばけやがつたな、この野郎、ほんとうの案内者を何処《どこ》へ連れて行つた」きつと天狗の化けものに相違ないと思つて榾火のあかりでよくよくみると、相も変らず案内者は無表情な顔をして、なた豆烟管《まめギセル》で鬼ころしを吹かしてゐる。

これは此の山村で一升一円位ゐな安酒であらう。それを其時は日本一の芳醇のやうに感じたのだ。

× × ×

夜は次第に更《ふ》けた。案内者のいふところによると数十年間この山に登るが、今夜のやうに静かな晩はないと云ふ。

たき火であたゝまつて外に出てみると月は澄みわたつて、この山上を又なき清浄なものにみせる。連山群峰も安らけき睡りに入つてゐる。

案内者も熟睡したか、大きないびきが聴えてくる。

×　　×　　×

この夜のことについては、何ごとも永久に唇をひらくことは出来ぬ。筆さきにあらはすことも出来ぬ。

×　　×　　×

十九日の朝、かりそめの食事をして下山の第一歩を踏み出したときは七時頃であつた。又た曇つてばら〳〵と降つて来た。

小屋のあるところから三丁ばかり下つたとき、私の頭上を奇妙な鳥が二羽飛び廻つてゐる。鳩よりも少し小さいかと思はれた。腹の毛は白く脊《せ》は黒いが、黒い中に二三長い白い羽が交つてるやうだ。くちばしは鋭い。みたことのない鳥だ。くちばしと脚が赤ければ神仙界の鳥だが……と心をとめて見たが黒かつた。私の頭上を五六回飛び廻つて直ぐに山上の方へ飛び去つた。

何といふ鳥だらう……と思ふや否《いな》や、黄金色の平仮名の活字体の文字で「こまからす」とあらはれた。こまからす……?、そんな鳥の名があるだらうかと独語すると、六七間さきの谷間から十人位ゐな婦人の笑声が起つた。高貴な姫のやうな気高い美《うる》はしい声ではあつたが、何となく嘲笑のやうに私の心に響いた。

なんだか馬鹿にされたやうな気がしたから急いで下山した。途中少しも休まずに九時過ぎには大滝に着いた。

大滝は立ち去りかぬるところだが、うしろ髪ひかるゝ心地で更らに下山に急いだ。

× × ×

宮市へ帰つた晩にしらべてみると、こまからすといふのはかさゝぎのことだつた。

× × ×

午後になつて諸所で休んだので池川へ着いたのは午後五時ごろだつた。

池川へ着く半里手前まであるいたとき始めて県道へ出る。そこの川原の中に土俵を造つたり天幕を張つたり桟敷《さじき》をこしらへたりしてるから何事かときいてみると、今春来工事中であつた富岡橋が出来上つたから明日（八月二十日）落成式を挙行するので角力《すまう》やら大踊りやらがあるのだとのことであつた。橋を架けにきて山を下れば橋の出来た祝ひだといふのだから悪い気持ちはしなかつた。

× × ×

翌二十日は朝五時起床、六時に自動車で西佐川へ向けて出発した。やはり仁淀川の沿線だが仁淀川の下流は平々凡々、何の奇もなき風景だ。

途中の家毎《ごと》に国旗を立て小学生徒など堵列《とれつ》して居る中を駛走《しそう》する。きいてみると侍従武官がお通りになる直前だつた。

西佐川から珍らしくも汽車で高知へ行き、高知では駅前で二十分間休息したのみで直ちに自動車で阿波の池田へ向けて突ツ走つた。泥坊が逃げ廻るやうに忙しい。

自動車で四五時間愚弄せられて阿波の池田の直ぐ手前の白池《はくち》といふところで他の自動車に乗り替へて伊予の川之江へ出た。そこで汽車に乗つて今治へ着いたのが夜の八時半、宿へ着いたのは九時。

翌二十一日は午前四時起床、五時出帆の船で大三島へ渡つて大山祇神社へ参拝、尾之道港へ上陸したのが午後二時五十五分。尾之道駅を三時二分発の急行列車へ車夫を叱《しか》り飛ばしながら馳《は》せつけ、その夜八時に三田尻駅へ着くと、一家けんぞくの者共がプラットホームへ天下太平な顔を並べてゐた。

×　×　×

翌二十二日、るす中の手紙の整理など。

二十三日、なつかしき石城山へ登つた。しかし当日は都合があつて田布施《たぶせ》より一つ西の岩田で下車、塩田口から登山、本部の人たちには誰れにも知らせず引返した。

二十五日、久々で道場訪問。

×　×　×

二十七日には日本《やまと》神社正殿の上棟祭が行はれたが一切を副斎主、修典長へまかしておいた。私は斎主寮（現鳳凰寮）で神事を執行した。

九月一日に私が登山した時にきけば、二十七日夜七時すぎ、上棟祭の終る頃、手箱山の方から一万燭光位ゐな光り物が静かに飛んで来て石城山上で消えたさうで、居合せた八月の修斎会員たちの大部分の人が其れを見たとのことであつた。

× × ×

二十九日、道友井口寅次氏から送られた神物が御到着になつた。これは天之御柱神《あめのみはしらのかみ》の御霊代《みたましろ》、今から約五百年前兵火に罹《かか》つて炎上した某神社の神儀たる神鏡で、長く地中に埋没してゐたものを猿田彦神の神託にて発見したもので井口家に伝来したものであるが、突然井口氏の発意によつて私の方へ送らるゝことになつたもので、これは当分斎主寮で清めの古神法等を執行の上、来る十一月から本部の神殿へ鎮《しづ》まらるゝ事になるもので既に相当の神示を受けて居る。

ハシラ（柱）もハシ（橋、箸）も本来同一語であることは多くの古言学者のいふところである。石城山へ天之浮橋《あめのうきはし》の架かつた折に此の神鏡がお出ましになつたことも偶然ではない。

実は此の天之御柱神の御霊代は天行居へ是非ともお鎮まりにならなければならぬもので、その事については追々と又た機会のある毎《ごと》に多少発表しても差支へなからうかと思つてゐる。

× × ×

三十日の午後、この隣村の岩畑と云ふところに住む老紳士が突然来訪せられた。菖蒲《しやうぶ》の名花を昔から作つてる人で、百五十種ばかりの中から七種だけ抜いて植ゑてみてはどうかと持つて来られたのである。花にはそれ〴〵古雅な名の札がついてゐるが、七種の中の一つが「藐姑射山《はこやさん》」。

地の神界大都たる石城山は、一層の威霊を増すことになつた。石城山へ登れば手箱山へ登つたも同じことになつた。手箱山の神たちばかりでなく、各地の神域の神たち、殆《ほと》んど正神界のあらゆる天神地祇たちが来格感応せらるゝ、神山石城山は尊くも亦《また》くしびの御山である。

その霊山に何の苦労もなく、下駄ばきで登れることを沁々《しみじみ》ありがたく感謝する。

神は人類に対して決して苦痛を求めらるゝものでない。われらは空気を吸ひ、水を飲むやうな気安さで、らく〳〵と石城山に登り、かぎりなき御神徳を蒙《かうむ》ることが出来る。あまりにも大いなる神の愛のために、讃《ほ》むべき言葉もない。

×　×　×

つまらぬ小道を求める者は、正しい神の大道をあるくとき却《かへつ》て物足りなく感ずるであらう。近くして大なるものを軽んじ、遠くして小なるものを求める勿《なか》れ。をさなごは母の乳房を軽んじて、世界に何を求めんとするか。

×　×　×

神に近づくものは神に狃《な》れやすい。厳粛に神を畏《おそ》れ尊め。神の恩寵におごりて神に狃れるな。神に狃れるのは神に遠ざかるのだ。

×　×　×

いつまでも〳〵至純の心で神を畏れ尊むことの出来る人は、つねに神と偕《とも》に生活することが出来るのだ。

手箱山へ行つてから十日間ばかり、夢に夢みる心地で過ぎ去つた。何事をも為し得ないのである。ぼうッとなつて頭脳《あたま》が役に立たない。この記事も断片的で何を書いたのかわからぬ。読み返してみる元気もない。これではならぬ。忙しい用事が山積して居るではないか。明日あたりからでも、しつかりしなくてはならぬ。神よ、守りたまへ。

×　　　×　　　×

茲《ここ》に擱筆《かくひつ》したところへ高知市の某氏から私信が来た。その一節に、

去る七月初旬から中旬にかけて約十日間程毎日雷鳴あり、本月（八月）十八、十九両日も大雷雨で落雷数ケ所に及び、（云々）

とある。この人は私が十八日に登山して十九日に下山したことは無論知られない。

——昭和四年九月二日、宮市の無方庵にて——

（昭和四年九月廿八日古道第百八十七号所載）

神道古義

渦巻く群魔叫喚の中
静かに岩戸の前に立つ

人間世界に於ても神祇界に於ても極めて重大なる区劃《くくわく》の一線を引くべき昭和五年の春を迎へんとするに当り、昨今所懐の一端を述べて同志諸君に告げ、相《あひ》いましむるところあり相覚悟するところあらんと欲する次第であります。

先づ第一に石城山上日本《やまと》神社御鎮座祭が前後の諸儀ともに、くしびなる御守護のもとにめでたく完了いたしましたことを諸君と共によろこびます。今から顧《かへり》みると実は無謀に近いほどの冒険を色々の方面に於て経過して来たのであります。財政計画から御造営竣工期日等が普通の眼からみて不安そのものでありましたことは固《もと》より、神事執行の上に於ては更らに百倍万倍の危険を冒して来たのでありまして、すべてが不可能に近きことを極めて好都合に、恐ろしくなるほどの好調子のもとに実行して来たのであります。神明の訶護《かご》は申す迄もありませんが、全国同志の気合がピツタリと合つたからであります。直接霊地へ御苦労になられて奉仕せられた人のみならず全国津々浦々の同志諸君の至誠と真情とが凝り固《かた》まつて、この至難の大業が完成されたのであります。……中には又た臨時奉仕者を以て組織された委員会が、少々やり過ごした気味があり船頭多くして船を山へ上げるの嫌ひがあるかのやうに申された人もあるとか聞きましたが、もと〳〵御船代を山上に供奉するのでありますから船頭さんが多くて結構だつたのであります。又た委員会が殆《ほと》んど不眠不休で連日連夜戦場の如き状態で努力したればこそ、どうにか神示の期日にそむかずして諸儀を運ばし得たのであることは、当時の実情を目睹《もくと》した人たちの総《すべ》てが、必ず諒承せられたことであらうと私は信じ切つてをります。併《しか》し何も彼も神ながらでありました。

日本神社の地下の御霊代《みたましろ》及び殿上の神儀に就ては幾分従来古道紙上等に於て申述べたこともありますので本日は何も申上げませんが、日本神社の主斎神は天照大御神《あまてらすおほみかみ》様を中心として天地八百万神《やほよろづのかみ》で大坐《ま》しますのでありますから念のために其れだけ明言しておきます。十一月十二日の御鎮座祭の時の祝詞《のりと》の中に主斎の神々の御神名を奉誦いたし其れは多数の参列者、奉拝者が聴いて居られたのでありましたけれど、その祝詞は故あつて公開することを禁ぜられましたから、今日斯《か》ういふことを申上げておくのであります。……日本神社の御鎮座祭諸儀の神事に就きましては其の法式に於て太古神伝に則《のつと》りたるもの多きのみならず諸儀の一器一物にも容易ならぬ重大な意義の含まれたものが多かつたのでありまして、数旬にわたる滞山の奉仕者達の中には其の或る神物の消息の一部分位ゐは仄《ほの》かに洩《も》れたのを知つて居られる方もあつたやうでありますが、大部分は神祕を洩らすことを畏《おそ》れて、どなたにも申上げずして、黙々として恐れ惶《かしこ》みつゝ奉仕して来たのでありまして、これは恐らく永久に神さびたるまゝに石城山の神籠石《かうごいし》の御垣内に祕められて再び人間界に洩《も》る、機会はあるまいかと存じてをりますが、それで結構だと思ひます。何も彼も発表すれば天行居の宣伝には至つて好都合かも知れませんけれど、さういふことは到底許されないことであらうと思はれます。

併《しか》しながら斯《か》ういふ芽出《めで》たい機会に於て何か其の中の一つ位ゐは親愛なる同志諸君に承知しておいて頂きたいといふやうな人情が湧然として胸に浮いてくることもあります。それで先づ比較的差支へ無ささうなところを一つ位ゐお話しておいても、かくべつのお咎《とが》めを受けるやうなことはあるまいかと考へまして、斎《いみ》の御太刀のことでも少々申上げておくことに致しませう。

十月二十三日夜、日本《やまと》神社御正殿直下の斎窟《いはくら》に於て、地下大神璽《しんじ》の側に斎の御太刀を鎮斎しなければならぬので（別に御斎物《おいみもの》もありますけれど）それが何故か甚《はなは》だしく私の気にかゝつて仕様がなかつたのでありますす。外のことは其れ〳〵尊き神器神物が数年前来次第に御集まりになつてをりましたけれども、この斎の御太刀だけがドウも私の心に「これだ」といふ感じを与へるものがありませんでした。これは日本神社御造営の計画を発表した当時から私の胸を去来する問題で、そのために夜半から夢が破れて払暁まで寝つかれなかつた夜もあつたやうに記憶いたしてをります。その神事を僅《わづ》かに一ケ月の後に控へた九月になつても未解決の問題として私の頭脳《あたま》を占領して居ました。実は八月に手箱山へ登つたときにも多分序《つい》でに斎の御太刀も授かるだらうと期待して居たのでありましたが別の神器を授かりました。（これも地下大神璽の側に鎮斎してあります、それは雲気を帯びた淡碧色の玉でありまして……それ以上は申上げられません）そこで私はやむを得ずして私が所蔵して居る雙刄劔《もろはのけん》の中のどれか一口《ひとふり》を清めて斎の御太刀にする外はあるまいと考へましたが、どうも其れが気が進みませんので全く閉口して了《しま》ひました。そのうちに日は暮れ夜は明け大神事の日は次第に迫つて参ります。ところが十月の上旬になつて東京の井口寅次氏から突如として吉報が飛来しました。その日の朝、神前で拝をして居るとき一大神啓に接し、朝飯の箸も落ちつかず待つてゐるとやがて郵便が来ました。数通の郵便物の中から光つてゐる一通を取上げて神前に行つて開封しました。それは木製の霊劔を天行居へ奉納したいといふ通知でありました。身体を浄めて後刻改めて正式に神示を仰げば、果然それこそ斎の御太刀として日本神社の斎窟に鎮斎さるべきもので、神々の御満足は申す迄もなく遠き昔からの神界の御経綸によるものなることが明らかになつたので、其夜は私は大の字になつて熟睡しました。

この神劔について差支へなからんと思ふ程度に少々蕪言《ぶげん》を陳《の》べさせて貰《もら》ひます。明治七年八月のことでありますが、官幣大社石上神宮の宮司菅政友氏が社内禁足の地に神劔が埋蔵されて居るとの霊感を得て古典に考へ古老に詢《と》ひて教部省へ具状し、許可を得て発掘すると果して神劔と勾玉とを発見したので、直ちに明治天皇の叡覧に供し奉り、勅裁を仰ぎて神劔はあらためて畏《かしこ》くも石上神宮御神体として奉斎せらる丶ことになりました。明治天皇様は其のことを非常におよろこびになりまして、時の皇后宮太夫香川敬三氏に命ぜられて木を以てこれと形状寸法一切御同体のものを模造あそばされ禁中の宝庫深く今日に至るまで奉斎してある筈《はず》であります。然るに仔細《しさい》あつて其時の押形一葉が井口家に伝はり、井口氏分家の神像彫刻家井口木痴翁が或る神社の神木を以て形状寸法一切御同体のものを謹刻し、井口家一門の魔除けとして奉斎してゐられたものであります。けれども斯《か》かる尊くも神祕なものを一民家に奉斎するは畏《おそ》れ多いといふので、親族御相談の上、天行居へ奉納したいと申出られたのであります。

今さら申す迄もなく、この布都御魂《ふつのみたま》の神劔は武甕雷神《たけみかづちのかみ》の譲国交渉の時より平国横刀《くにむけのみたち》として神威宇内に赫《かく》現《げん》し、神武天皇御東征の際紀国《きのくに》より大和に進まるべく熊野に着御のときには、皇軍が邪神《あやしきかみ》に悩まされたので武甕雷神が布都御魂の神劔を天から降して天皇に奉られたので皇軍の怪しき病災は洗ふが如くに去り軍気大いに振ひて、平国《くにむけ》の大業を完成あそばされたと国史に明記してありまして、神武天皇様は深く神劔の霊威を尊ばれまして、可美真手命《うましまでのみこと》をして殿内に斎祀せしめられ、崇神天皇の御代に至つて神威を瀆《けが》さんことを恐れ給ひ石上に神宮を造つて斎《いつ》き祀らせられたのであります。その天劔が明治天皇の七年に三たび出現し、日本は日清日露の大機にぶツつかつて世界的に進出しました。その神劔が今や石上神宮と禁中と石城山との三ところに鎮斎された次第であります。石上神宮では特に毎年十一月二十二日鎮魂祭を行はるゝのでありますが、昭和二年の十一月二十二日こそは天行居と石城山とが繋《つな》がれた日で、所謂《いはゆる》山上の天啓の記念日であります。

石上神宮の近所に本部を有する天理教は、その開祖に大和の古狸が憑依《ひょうい》したのが起源のやうに一般に知られて居るやうでありますが、天行神軍中尉鈴木友二郎氏の話によれば、もと石上神宮々司で現に青島神社の宮司をして居られる人の意見によると、あれは石上神宮に仕へてゐたけんぞくの霊が天理教開祖に憑依したのであるとのことであります。一説として掲げておきます。

井口氏の郷里越後の総鎮守たる国幣中社弥彦神社の御祭神が此の神劔と最も関係深き高倉下命《たかくらじのみこと》（後に天《あめの》

香具山命《かごやまのみこと》と称せらる）にましまして、その越後出生の井口氏が、この神国の重大事たる此度の神事に際して、この神劔を奉献せられたといふのも、何だか偶然とは思はれぬやうな気がいたします。あまり牽強附会のやうであるかも知れませんが、私が大正十二年の春始めて大和の香久山を訪問し、山麓の天香山神社に拝をして居るとき、私の携帯してゐた或る神物が、真二つに割れたことなども考へさせられます。（天香山神社の御祭神については別に考へもあるが其れは今此処《ここ》には話す必要はありませんが、カグヤマは古来カゴヤマとよむ例が多い、カゴヤマなら神籠石《かうごいし》でめぐらされた太古以来の斎場石城山こそ地上に於てはカゴヤマの本家でありませう。元来アメノカグヤマなるものは天上の神山で、神代史にしば〳〵見る如く神事に深き由縁ある霊山であります。因《ちな》みに天香具山命すなはち高倉下命は天照大御神《あまてらすおほみかみ》様の玄孫にあたり尾張氏の遠祖であります、その尾張国に天村雲劔《あめのむらくものつるぎ》を祀つた熱田神宮が所在するのも、くしびな言霊《ことたま》のさきはふところでありませう。）

　東京からは井口氏の代理として花岡氏が捧持して来られましたが、支部長の須長氏、東京朝日新聞の松村氏、鉄道省の生方氏及び礒田翁が同行せられ、五人みな出発前から潔斎せられ汽車中も神劔を網棚の上に載せるなどいふことなく長途を昼夜とも五人交代で謹厳に捧持せられて宮市の斎主寮（現鳳凰寮）まで到着せられたので私は誠に感激せしめられました。十月十八日の夜、御樋代を宮市から石城山麓の本部へ供奉するまでに僅《わづ》かに数日をあますのみでありました。それから俄《には》かに尾州檜で神劔の御箱を造りましたが其時にも奇妙なことがありましたが小さな事件ですから申しますまい。十八日の夜の奉遷の時には夜の十二時ごろ行列が徳山の町にさしかゝる時或る事変に出会しましたが、これも実は神劔の威徳によることで、案外にも大きな意義のあるものであることが漸《やうや》く近日になつてわかりましたやうなことで、何とも畏《おそ》れ多いことでありました。十月二十三日の夜石城山上の斎窟《いはくら》の中で、御樋代の側に斎《いみ》の御太刀を鎮めようとする時、神劔は奇瑞をあらはせられ、カチ〳〵と音して三たび浮き上られましたので、私は榊葉を以て御箱を包んだ素絹の上から押へつけ或る神語を黙誦しつゝ、漸く御鎮りを願つたやうな次第でありました。

以上は斎の御太刀鎮斎までの次第のあらましを表面から述べたのでありますが、地下大神璽《しんじ》に関することなどは申すもかしこし、其他すべてのものが斯《か》ういふ風な、容易ならざる神界の御指図によつて運ばれたのでありまして、めでたく茲《ここ》に日本《やまと》神社の御鎮座に関する諸儀は完了いたしたのであります。併《しか》しながら此れで天行居使命の一部が完成せられたのではないのでありまして、これによつて天行居の本筋の使命が発動するのでありまして、今日までの天行居は、準備の其の又た準備位ゐのものに過ぎないのであること勿論であります。そんならば、これから発動するところの天行居の使命なるものは如何《いか》なることである乎《か》、それは事新らしく申す迄もなく、其の大概は同志諸君の既に御承知のことでありますけれども、この際念のため更に一言しておくのも無駄ごとでないかと存じます。

天行居の使命の一つは、従来機会ある毎《ごと》に説明を試みた通り地の神界の中央大都たる神集岳の顕界に於ける斎庭《ゆには》として石城山の経営を完成し、以て世界人類の生死流転に関する信仰の帰趨《きすう》を明確ならしむるにあるのであります。宇宙大神界に於ける神集岳の地位については従来屢《る》説《せつ》せるところでありますから今細かく申すことを避けますが、要するに此の世界には仏教流の霊界もキリスト教流の霊界も沢山にあり其他にも沢山にあつて大小高下正邪さまぐ〵に存在いたしますけれども、大宇宙に於ける地の神界中央大都すなはち地球に属する一切神界の根本組織の中央執行機関ともいふべきところが、神集岳であります。けれども其れは顕界的の存在でないから総《すべ》ての人類の耳目に其の存在を認識せしむることが六《むつ》かしい為めに、何千年、恐らくは何万年以前からの神界の経綸《しぐみ》によつて、神集岳の顕界に於ける斎庭として石城山を地上人類のために提供せられたので、それが愈々《いよいよ》その運びとなるべき時節がめぐり来て、二年前からの天行居の正面的な舞台面の活動となつたのであります。それならば石城山神界なるものは伊勢神宮を中心とする神界や出雲大社を中心とする神界と如何なる関係にあるかといふと、これも相当に説明して来たつもりではありますが、決して対抗的な存在でなく、密接なる直接な関係なのでありまして、それは伊勢神宮中心の神界と太陽神界とが対抗的なものでなく又た太陽神界と北天最高神界とが決して対抗的なものでないが如く、又た天照大御神《あまてらすおほみかみ》様を主斎神とする神社は全国に沢山にあり、必ずしも伊勢から勧請したものでなく創建年代も極めて古い神社もあるが、それが決して伊勢神宮と対抗的な存在でないが如くに、その本末とか何とかいふやうなことを考へてみるやうな関係ではないのであります。伊勢神宮は申す迄もなく我が皇室、国家、国民の敬仰崇拝の中心であり、天行居でも事ある毎《ごと》に伊勢神宮へ祈念し報告奏上しつゝある事は同志諸君周知の事実であります。天行居によつてひらかれる石城山の神界は地上全人類信仰の整理の為めの神々の経綸に出でたるものでありますます。天行居はアメノカリトコとよみ、天神地祇の来往集合あらせられるところで、そこにおのづからに他の神社神宮等とは異なつた意義があるのであります。さういふことは彼れ此れ抽象的な議論をする必要なく追々と事実が事実を説明し、いやでも応でも地上人類に「これでもわからぬか」といふ眼がくらむやうな事実によつて説明せられる日が到来するのであります。東京支部の同志荻島氏といふ人から先日よこされた私信の一節に、

今度偶然（ウヘツフミ）を見ました処、実際石城山は神界の祕区であることが一層明かになりました、勿論先生も一度すこし古道で其の一端を御発表になりましたが、従四位大友能直大人の著上記《うへつふみ》第二巻二頁の第十二綴二行目の処に「ウカヤフキアヘスの尊様の御祖先の神様が長門のクマゲの郡に臨幸せられた時、国守クマスケが行宮を造つて御迎へ申したので一ケ年の間其処に駐輦せられた」と述べて居られ……数行置きまして、「穴門別足彦命行宮を守る此の処をアナトと云ふ、」此の処を考察するに穴門とは前記の「周防の熊毛郡の南に長島あり郡中に神代あり又東に大島あり古代より神々の愛護するところなり云々」石城山の神護石《かうごいし》は行宮の跡ではないでせうか……

と云ふやうなことが書いてありました。上記は或る種の神代文字で書かれた記録を九州の人が飜訳して明治の初年に出版したのが世に出た始めでありませうが、私は実は余り感心いたしませんので、先年卒読したときにも何の興味もなく、今回荻島氏から申越されたやうな記事があつたか何うかさへも全く記憶にないのでありますが、併《しか》し今、斯《か》ういふ風に注意されてみますと、上記の中にも幾分は正しい古伝が混入して居たかも知れんといふ程度に考へさせられます。併し石城山に於ける天行宮の経営は直接の神示に基づく行動であ

りまして、今日までのところ、神籠石《かうごいし》などに何の交渉をも考慮しては居らぬのであります。そんなことは何うでも宜《よろ》しいと思つて居ります。尤《もつと》も将来に於て大いに考へ直す必要を感ずるやうな啓示に触れるかもわかりませんけれど、今日までのところでは左様《さやう》な問題には私どもは何の考へも有つてをらぬのであります。石城山に於ける総《すべ》ての伝説や歴史的事実を離れて、私どもは神示のまに〳〵地上に於ける神界大都の表現なることを確信し、これを世界の人類に紹介するに必要なる施設に努力せんとするものでありまして、同時にまことの神の道を明らかにし、人間生死来往の実相を事情許す限り明瞭に同胞へ認識せしめ、日本国が神国の中の神国たる所以《ゆゑん》、日本天皇様が天に於ける神の王の地に於ける表現にましますことをハッキリ地上人類に覚悟せしむる為めに、必要なる行動を進めて参らねばならぬのでありまして、これが石城山に於ける天行居の根本使命の一つであります。

天行居の今一つの大使命は何であるかと申しますと、それは換言すれば天行神軍の使命なのであります。この大使命は只今《ただいま》申上げました天行居の根本使命から当然論理的に結論され得るところのもので、全く別様のものではないのでありますが、認識の取扱ひを整理するために、仮りに二つにわけて話して来ましたから、天行神軍の使命は別様の、附録的の使命のやうに考へられる人もあるかのやうでありますけれど、さうではなく、この二つの使命は人間の二本の手の如きもので、手は二本あつて始めて完全に手の働きを成し遂げるやうなものであります。

それでは天行神軍の使命とは何であるかと申しますと、天行神軍軍規第三条に、天行神軍ハ敬神尊皇ノ大義ニ立チ神道天行居ノ統制ノモトニ神祇信仰ノ威力ヲ以テ家国民人ノ守護ニ任ジ天壌無窮ノ皇運ヲ扶翼スルコトヲ使命ノ中心トス

とあるのを反覆吟味して戴《いただ》きたいのであります。「敬神尊皇」といふ文句は誰れも唱へ来つたところでありますけれど、それが本統に徹底的信念でなければならぬので「天行居ノ統制ノモトニ」といふことが特記されてあるのでありまして、敬神尊皇といふことが天行居に於て特別の根拠と熱と光りとを有して居ることを自信するからであります。「神祇信仰ノ威力ヲ以テ家国民人ノ守護ニ任」ずといふことも、天行居としては特別の確信と方法とを有して居る大覚悟があるからであります。「天壌無窮ノ皇運ヲ扶翼スル」といふことも、何故にそれを扶翼しなければならぬか、何故に命がけで其れに当らねばならぬか、その意味が天行居では徹魂徹髄かくべつなものたる大確信があるからであります。それについては世界の現状と天行居の立場に就て一考しなければならぬのであります。

世界の現状と天行居の立場といふやうな大きな問題を解説しようとするならば、一大冊子を成すでありませうから、玆《ここ》にはホンの其の索引の一部分について申上げる外はありませんが、……要するに現世界は有らゆる意味に於て行き詰つて居り、普通人の常識から遠くかゝけ離れた異常なる方法による一大打開が行はれなければならぬといふことは世界中の識見ある人々の期せずして一致した結論となつて来て居るのであります。（極めて少数の楽観的な見方をして居る人もありますが）……それは必ずしも霊的な、又は宗教的な方面からの意見であるのみならず、民族、労資、軍備、教育、芸術、医学……あらゆる方面から観測せられつゝ、あるところでありまして、人類の実生活から湧《わ》き出た国家的な、社会的な悩みであります。世界的な重症であります。表面或ひは華やかな文化に酔へるが如く見える世界も、実は危篤に陥つた病人の夢幻的な妄想に過ぎないのであります。一面からみれば時代を反映する文学が最も能《よ》く世相を語るものでありますが、いろ〳〵の意味に於て末期的な傾向の濃厚な此頃の文学が健康なものか不健康なものか改めて検討するまでもないことであらうと思ひます。斯《か》ういふ風な問題は門外漢の私どもが彼れ此れ云ふまでもなく、多くの同志諸君が一層詳しく御承知の筈《はず》でありますから敢《あへ》て多くを語りませんが、先日或る人から雑誌の切抜きを送つて来られましたからお目にかけます。

二百年前の『をのこ草紙』といふ書物に、二百年後の現代を掌《たなごころ》を指すが如くに予言してゐる、左《さ》の如し。

『今より五代二百五十年を経て、世の様変り果てなむ。切支丹の法いよ〳〵盛になつて、空を飛ぶ人も現はれなむ。地を潜《もぐ》る人も出で来べし。風雨を駈り、雷電を役する者もあらん。死したるを起す術も成りなん。

さるまゝに、人の心漸《やうや》く悪くなり行て、恐ろしき世の相を見つべし。妻は夫に従はず、男は髪長く色青白く、瘦《やせ》細りて戦の場などに出で立つこと難きに至らん。女は髪短く色赤黒く、袂なき衣も着淫り狂ひて、父母をも夫をも其の子をも顧《かへりみ》ぬ者多からん。万《よろ》づ南蛮の風をまねびて、忠孝節義は固《もと》より仁も義も軽んぜられぬべし。

斯《か》くていよ〳〵衰へ行きぬる其の果に、地、水、火、風の大なる災起りて、世の人、十が五は亡び、異国の軍《いく》さへ攻め来りなむ。

此の時、神の如き大君、世に出で給ひ、人民悔い改めてこれに従ひ、世の中、再び正しきに帰らなん。

其の間、世の人狂ひ苦しむこと百年に及ぶべし云々』

「をのこ草紙」といふ原本は私は未《いま》だ見たことがありませんのですから、誰れの著述か存じませんが、なるほど大体によく予言してあるやうであります。兎《と》に角《かく》現代世界は「滅亡」に直面して居るのでありまして、急角度の方向転換を為さゞる限り、人類の努力の大半が無意義な、又は有害なる行動となつて人類そのものへ報《むく》いられんとしつゝあるのであります。全人類を乗せた船が、一大暗礁へ向けて行進しつゝあるのでありますｏ人類が生活せる家庭や事務室の照明は年一年と光度を増しつゝありますけれど、実は全人類今や黒漫々たる長期の暗夜をさすらひつゝあるもので、岩戸は未だ開かれて居らぬのであります。恰《あた》かも灯火を消した寝室の中で、夢に明るい道を辿《たど》つて居るやうなものに過ぎないので、夢が破れると真ッ暗であります。室内の電灯十六燭を五十燭にしてみても、更らに百燭にしてみても、それは恰かも熱病患者が水を飲むやうなもので無意義な努力であります。今や地上の有らゆる宗教は権威を失ひ、人類は挙《こぞ》つて真の安心を得ず、他力にせよ自力にせよ安心立命を得たりと号するものも殆《ほと》んど悉《ことごと》くが無理に或る仮定を基礎として安心立命に似たものを摑《つか》んで居るのに過ぎないのであります。人倫は紊《みだ》れに紊れ、社会の綱紀は辛《から》うじて法律と軍隊の力によつて表面維持せられつゝあるに過ぎないので、「法律」が「神」に代りて人間を支配する世界を正当なものと錯覚して怪しまぬまでに全人類は浅間《あさま》しい堕落を加速度につゞけつゝあるのでありまして、人間生活の道徳的レベル、否《い》な真の人間的レベルは今や氷点以下に下りつゝあるのであります。……此の時に於て世界に神といふもの無くば兎《と》も角《かく》、人類及び人類世界を摂理し守護する神ありとせば、これを放任黙過せる、筈《はず》があり得ないのでありまして、茲《ここ》に全人類が急角度の方向転換を行はなければならぬ一大場面、すなはち世界の大機が数学的な確実性あるプランによつて目前に近接して参つたのであります。斯ういふことは近くは天理教や大本《おほもと》教や又は耶蘇《ヤソ》教の一派でも口走つて居るのでありますが、実は世界中の有らゆる神通的能力ある団体なり個人なりが異口同音に唱道して来たところでありまして、どこが本家だの本元だのといふケチ臭い排他的な問題ではないのであります。然るに色々の意味に於て余り感心致しにくい団体が唱道したことであるから、斯ういふ問題について多くの世人は一種の不快と軽侮とを感ずる習性に囚《とら》はれて、天行居が正しき神示に本づいて此の世界的大運動の霊的総動員を地の神界の大府たる石城山から号令するに当りても、尚《な》ほ且《か》つ「又か」といふ程度で受取りたがる傾向あることも一応尤《もつと》もな次第ではあります。併《しか》し今や、出づべきものが出づべき時節が来て出で来つたことを、承認せねばならぬ日が、刻々と迫りつゝあるのでありります。世界の全人類が、まぶしき光りに一時昏倒する程の岩戸開《いはとびら》きの日が近づきつゝあるのであります。天行神軍の重大なる使命も其処《そこ》に繋《つなが》つて居ること勿論であります。

然らば其の大機の時節は何時来る乎《か》といふと、実は何時来るかどころか約半世紀ばかり前から其の大機に入つて、世界も日本も其の大機中を行進しつゝあるのでありますが、特に此の昭和五年の午の年から次ぎの午の年までの十三年間が天行居としては極めて重大なる意義のある時期なのであります。併《しか》し其れに就《つい》ては他日又た詳説する機会の到来を信じますから本日は其れに触れずにおきますが、しばらく天行居の主張信念を離れて、単なる一日本人としての世界の歩みに感応すべき重大な時期に直面して居るといふ考へに就て一言しておきたいと思ひます。それは今から三月前に行はれた伊勢神宮の御遷宮に関しての考へであります。今年から向う二十年間は神宮は西の御屋敷に大坐《ま》しますのでありますが、その期間に日本国が非常なる飛躍を遂げねばならぬことになつて居るのであります。西に在るときには既に東に向ひ給ふキザシを含まれてあるのでありましてその期間に日本国が大活動を致すのであります。東の御屋敷に大坐しますときは西に向ふキザシを含み、その期間は日本の準備時代、または低徊《ていくわい》時代、または煩悶時代なのであります。過去の二十年間の日本が其れであつたのであります。その以前の西の御屋敷に遷《うつ》らせ奉りし時代すなはち明治四十三年から以前の二十年間は日本の大飛躍時代で、日清日露の大役を経《へ》て日本が世界的に進出した時代なのであります。その以前の東の御屋敷の二十年間すなはち明治初年から明治二十二年頃迄の間の日本は、準備時代低徊時代であつたのであります。その以前の西の御屋敷の二十年間すなはち幕末から明治の初年にかけては王政維新の大活動が行はれたのであります。……かくの如くに過去にさかのぼりて総《すべ》て此の通りだと申すのではありませんが、神々の太古からなる経綸《しぐみ》による世界の大きな時節がめぐり来て、凡そ一世紀前から抜き差しならぬ神界の御規則通りに世の中が動き出して来たのでありまして、今年から向う二十年間の西の御屋敷時代に於ける日本が、愈々《いよいよ》最後の切り札を投げつけて乾坤一擲《けんこんいつてき》の捨身の大活動をやつて、この地球へ眼鼻をつけねばならぬ大詰の幕となつて来たので、太古以来の一切の決算期が何の誇張も割引もなく正札通りに到来せんとして居るのであります。……天行居では昭和五年の午年から次ぎの午年迄の十三年間を岩戸開《いはとびら》きの大機として居りますが、何れにしても大差はありません。神々の経綸といふものを荒唐不稽の夢物語とする人達といへども、今日の世界の現状と日本の立場を考へたならば、身を挺して此の世界的受難時代に当つて自ら起《た》つて為すべきことを為さねばならぬ筈《はず》であります。神々が眠つて居られるならば人間の方から働きかけて神々の眠りを覚《さ》まさねばならぬ筈であります。誤れる「冷静」や「聰明」を小さき自我を守る楯として、神を見まいとし、底の抜けた袋に我利的な安心をつめ込みつゝある良心の逃避者たちは、何のために人間の面《マスク》を被り、何の自ら許すところあつて日本国民なりと称し天皇陛下の臣民なりと傲語し得る乎《か》。私は左《さ》うした冷静な、聰明な人たちに、自己を偽らずに厳粛に、五分間だけでも白紙になつて静思して頂きたいと考へます。

経済国難、思想国難といふやうなことは、普通の日本の政治家達や経世家、新聞雑誌記者諸君の口からさへも聞かされる言葉でありますが、彼等は此れを結局どうしようといふのか、いかなる成案があるのか、火事を見つけて火事だ〳〵と騒ぎ廻るだけで確信ある消火器は持ち合せて居らぬではありませんか。併《しか》し今はマダ風がないからよいが、一たび風が起るならば火事はこんなものではない筈であります。……軍備問題にしたところで、世界一流の政治家達の努力も一種の滑稽なる悲劇であります。一にも平和、二にも平和、平和の声は今や列国紳士諸君の毎朝の「お早う」といふ挨拶同様の普遍性を帯びて来ました。自由の国に自由の声無しと申しますが、極度の脅威の下にある世界の、悲しき「お早う」であります。決闘する二人の紳士があつて、二尺の劔を一尺に短かくする相談が出来ても、危険率は同様であります。今日の讃美すべき世界の平和状態は、下手《へた》しやうぎの角《かく》が威張つてるやうなもので、一たび角の頭へ歩《ふ》をつけられるが最後、忽《たちま》ち大騒動を勃発するやうに巧妙に仕組まれてあることを誰れが否定する権利がありませうぞ。

世界の大機なるものは国と国との戦争のみが主題となるものではありません、思想運動や社会運動が全人類に毒ガスを放送します。天災地変も大小ともに手伝ひます、種々の病気も流行します、人間の多くは神経衰弱となり、やがては発狂の大流行時代も出現いたします、併《しか》し何といつても国と国との戦争が、決定的な采配《さいはい》を振ります、その結果として畏《かしこ》くも日本天皇の大御光りが地上隈《くま》なく遍照いたし、そして新世界が生れます。けれども其の新世界も必ずしも耶蘇《ヤソ》教や天理教や大本《おほもと》教で云つてるやうなお伽噺《とぎばなし》的なものでなく、モツト普通の常識的に考慮さるべき世界であります。もつとも其の前後には幾多の神秘的現象も全人類を見舞ひますが人間の世界はやはり人間の世界であります。政治組織、経済組織、社会組織、教育制度等百般のことが是正されても所詮人間的な世界であります。又た其の是正の大事業は急には運ばず長年月にわたりて多数の人類の尊敬すべき努力の集積によるもので、神は決して人間の働くべき範囲に立ち入らるゝものではないのであります。同じく世界の大機をいふと雖《いへど》も、天行居が世の迷信的集団と劃然《くわくぜん》類を異にし、正しき神示に本づき、堅実なる警告を全人類に向つて提供せねばならぬ責任は、まことに重大であります。

日本国が近き将来に於て強敵を相手に戦端を開くのやむなき場合に立ち至りし時、そもく天行神軍は如《い》何《か》なる活動を為すのである乎《か》。われらは固《もと》より日本国の陸海軍を尊敬し、信頼します。霊的国防の完成を標《へう》榜《ばう》せる天行神軍は先づ第一に我国の陸海軍の武運を天神地祇に禱《いの》る大修法を行ひます、それも大風に灰を撒《ま》くやうな、とりとめのない気休め的な祈禱修法でなく、組織的に、具体的な、特別な方法によります。更らに其れ以上に為すべきことは追々時節の進展につれて、天行神軍士官に方法を授けます、それらの詳細にわたつては未《いま》だ何事をも申上げ兼ねますけれど、不必要な時に不必要なことを申さないだけのものであります。天行神軍は必ずしも戦時に於て働くのみならず平時に於ても重大なる使命があります、それは天行神軍々規第三条に明記せるところを克《よ》く考へられゝば諒解さるべき筈《はず》であります。

人間といふものは誰れでも真実に志を発しさへすれば如何なる大事でもやれるものなので、そこに人間といふものの偉大な、かくされた能力があるのであります。オルレアンの少女の如きも其の一例であります。それは今から五百年前、フランスのロートリンゲルの境に近いドンルミーといふ小さな荒村に生れた百姓娘ジヤンダークのことであります。彼女は格別な教育もない普通の田舎娘でありましたが非常に信仰心の強い、まことに美くしい心の娘でありました。その頃フランスは百年戦争の最中で、全土は殆《ほと》んど英軍に蹂躪《じうりん》され、勝ち誇つたイギリスの軍隊はフランスの町といふ町、村といふ村を荒らし廻つて残忍の限りをつくして居ました。この祖国の危急をみて美しい血を湧《わ》かしたのが田舎娘のジヤンダークであります。彼女は忠魂義胆に徹し一所懸命に祈念して居るうち忽《たちま》ち軍神に感応することが出来て、抜く可《べか》らざる自覚を生じ、フランス軍隊の指揮を願ひ出でましたが、固《もと》より当局者は其の狂態を嘲笑して受付けませんでした。併し余りにも熱心な彼女の態度に動かされた士官があつて試みに小部隊の指揮をさせてみますと、不思議な立派な成績を挙げましたので、遂に大軍の号令をさせることになつたのであります。花の如き十八才の少女が敗残のフランス軍隊に号令して英国の大兵を疾風枯葉を掃《はら》ふが如く駆逐した奇蹟的な壮観は此れを想像してみるだに愉快なことであります。……私は今多くを語ることを欲しません、私は天行神軍の神聖なる使命を尊敬し、全国の天行神軍士官及び将来わが石城山神族の群れに投ずる運命にある多数の未知の人々の健康を祈り、無量の興味と信念とを以て、来るべき「あるもの」を期待しつゝあるのであります。……先年或る人が或る総理大臣に「十三日までは大石笑はれる」といふ川柳一句を贈つたことがありますが、まじめに現代の日本人の責任を考へない人たちからは、しばらく笑はせておくの外はありますまい。併《しか》し笑ふにも口が歪《ゆが》んで笑へないやうになる日が、必ず到来して参るのであります。人間として今の世の中に生を享《う》けた意味を真面目に考へるならば、「一時のがれ」の卑怯な振舞をして其の責任の地位から逃避することは許されない筈《はず》であります。良心を「逃避」より呼び戻して、吾等の同志は手に手を繋《つな》いで岩戸の前に立たなければならぬのであります。群魔渦巻く重囲の中に、神を念じて静かに世界の岩戸の前に立ち、日本天皇の御名と栄光とによりて、新世界建立のために命がけで働かねばならぬことは、各自が委託された太古以来の先祖代々の霊からの密封命令であり、又た将来につながる無限の子孫同胞に対する必然の最大の義務なのであります。それが神々より命ぜられたる諸君の絶対の使命であります。小さき自我を守る為めに勝手な論理を自ら組み立てゝ自らの良心を欺《あざむ》き、責任の地位より逃避して、安全地帯から天行居の活動を見物しようといふやうな蟲のよい考へは、直ちに是れ神を冒瀆するもので、先祖に対する不孝これより大なるはありません。いかに先祖の墓を立派にしても先祖は九原の底に泣き、腑甲斐《ふがひ》なき子孫の陋劣《ろうれつ》なる心事を歯がゆく思ふでありませう。又た其の安全地帯の如くに打算してゐる立場は「聴明なる誤算」であります。古人も「死を必《ひつ》するものは必ず生き、生を幸《さいはひ》するものは必ず死す」と喝破して今日の日本人を叱りつけて居ります。天照大御神《あまてらすおほみかみ》様の国に生れた人間は、天照大御神様に顔を向けて恥かしくないやうに致さねばならぬのであります。太陽に照らされることを恥ぢて、巨富と科学の知識とを以て地の底に都を築造して住まんとする、聴明なる万人は、一切の生活力のスヰツチが神々の指頭にあることを知られないのでありませう乎《か》。……「海行かばみづくかばね、山ゆかば草むすかばね、大君の、へにこそしなめ」天之押日命《あめのおしひのみこと》の言立《ことたて》が神の道の根本であり、宗教を超越した日本国の宗教であり、是れ死する道に非ずして是れ実に生くるの道であります。世間の大衆は今や多年悪魔の囁《ささや》きに慣れて判断力を失ひ、死道と生道とを取りちがへて、自己及び自己の家族を守るの道を思ひつゝ、自己及び自己の家族を滅亡せしむる道に疾走しつゝあるのであります。上士は一決して一切了す、真に決意し得るものが始めて「わかつた」のでありまして、真に決意し得ざるものは如何《いか》に口頭の弁に雄なりとも少しも「わかつた」のでないのであります……天行居の出現によつて大恐慌を来した世界の群魔は、今後ます〳〵天行居の神業進行を妨げんとするのでありませうが、この際たのむところは只《ただ》、神祇の訶護《かご》啓導と同志中の同志諸君の心からなる援助であります。これあればこそ私は群魔重囲の中に於ても、心静かに岩戸の前に立つことが出来るのであります。

天行居が神祇の委託による大業を進めるに就て不足を感じて居るものは今日に於ては無論まだ沢山にあるのでありますが、第一に不足を感じて居りますのは人であります。同志の数の足りないことであります。現在の数の二倍や三倍では使命を果すことは困難なのでありまして、何を措《を》いても先づ同志の増加運動が今後の天行居の一切の先決問題であり最も意義ある事業なのであります。「量よりも質」ではありますが、併《しか》し何と云つても数が多くなれば、自然よい人も多くなられるわけでありまして、少なくとも天行神軍士官の数が（実際の時に役に立つ士官の数が……）三千三百二十一名位ゐは無ければ霊的国防の網を張る上に遺憾無しとは申し難いのであります。（神名木車《かなぎぐるま》参照）

天行居では数霊《かずたま》といふことを頻《しき》りに八釜《やかま》しく云ひますが、数が少なくては何事も出来ないのでありまして、少し問題が横道に入るかとも思ひますが、十言《とこと》の神咒《かじり》を修唱するにも、なるべく人員の多い方がよろしいのであります。人員が多ければ、恰《あた》かも蠟燭《らふそく》の灯を沢山に並べ立てるやうなもので、相照《あひ》らし合ひて一本々々の光りも一層あかるくなるのと同じことであります。欧米流の交霊会などでは立会者の数が数名なり十数名なり適度の数を可として多過ぎても成績が悪いことになつて居りますが、正しい古神道の修法中、神咒の如く多人数で行ふことを良しとするものは、人数が多いだけがよいのであります。名古屋支部あたりが卒先して神咒奉唱会なるものを組織し、支部の会合と離れて一般人の参加を希望してやつてるのは誠によいことでありまます。全国の学校や軍隊を始め、津々浦々で神咒の声が聴えるやうになれば、それが直ちに神霊界に感応して、そればかりでも世界の岩戸は開けるのであります。天行居の広告や宣伝を離れて、日本国民としてやつて頂きたいのでありまして、将来「神咒は此処《ここ》が本場だ」といふやうなものが各所に出現しても差支へないことで、天行居はケチ臭い考へは持ち合せてゐないのであります。どんな団体がやつてくれてもよろしいのであります。いかなる方法や機関によつてゞもよいから、アマテラスオホミカミの言霊《ことたま》が地上に行きわたりさへすればよいのであります。神咒の霊徳の広大無辺なことは、体験者にして始めて知ることで、道俗公私大小一切の問題にまで驚くべき神徳を蒙《かうむ》りつゝ、ある人が沢山に居られます。また此れは日本国民のみならず地上人類すべてが奉唱すべきものでありますけれども先づ、手近なところから、日本人と名のつく人達から力行して戴《いただ》きたいのであります。……話が転々するやうですが、東京牛込区余丁町の小学校では、数年前に校庭の一隅に小さな神社を建て、天照大御神《あまてらすおほみかみ》様を奉祀し、生徒が毎朝登校の時と帰宅する時に必ず「お辞儀」をさせることになつたさうでありますが、誠に結構なことだと思ひます。所謂《いはゆる》思想善導といふやうなことにも百の説法よりも此の方が如何《いか》に有効かわかりません。斯《か》ういふことは文部省が指導して然るべきものと思ひますが、全国各地の有志が奮起して各町村で自発的にやるのもよろしからうと考へます。斯ういふ風にして生徒に神咒でも奉唱させることにすれば、更らに其の効果を百倍にも万倍にもすることが出来ませう。

将来同志が増加するにつきまして一層痛切に考へさせられることは統制といふことであります。天行居も天行神軍も統制が紊《みだ》れると、甚《はなは》だしく其の機能を喪失し、その結果は存在の理由が怪しくなることさへも有り得るだらうと考へられます。併し統制に従ふといふことは、或る意味で、或る程度までの服従を意味することになるのでありますから、わがまゝな人は其の為め一種の精神上の苦痛を感じ、往々にして反抗的な気分が湧《わ》きたがるものでありますが、そこを忍耐するのが最も意義ある修養であらうと信じます。天行居も其時々のムスビカタメによつて其時々の機関なり当事者なりが存在しますが、大体に於て同志諸君は其れを援助して頂かねばならぬのであります。それは最善の機関なり制度なりでなくとも、我慢していたゞかねばならぬのであります。世界も日本も天行居も、今が決して完成せられた理想の状態でなく、理想に近づく為めの「中今《なかいま》」の時代なのであります。それを理想の尺度を以て律しようとすると其処《そこ》に無理が生じて参ります、それは却《かへつ》てよくないことになるのであります。最善を言はず次善に立脚しつゝ追々に最善へと進むやうに心がけねばならぬのであります。天行居も人間の集団でありますから何事も人間的に考慮し処置しなければ現実の統制が出来ません、神様が何とかせられるだらうと不都合なことも其のまゝにしておくことは神を瀆すものであります。神界と雖《いへど》も人間界的な規律は厳重に存在するので賞罰の如きも極めて露骨明瞭であります。天行居は単なる信仰団体でもなく単なる修養団体でもなく、君国の為めに生きた仕事をせねばならぬので人間的な統制上の規律は一層厳重に尊重実行しなければならぬのであります。この点は特に同志諸君の格別なる御諒解を得ておきたいと考へます。

天行居の経営上の内情に就て多少心配して居られる方があるやうでありますが、無論目下相当苦しい立場にはありますが、併《しか》し必ず此の難局は打開して行くつもりであります。そして節約第一でやつては行きますが、当面必要に迫られ居る最小限度の緊切なる施設は着々実現を期して居ります。……節約といふことは誠に奥床しい尊い徳であります。申すも畏《かしこ》きことではありますが、明治天皇様は御製の原稿は必ず反古紙の裏にお書きになつたと漏《も》れ承《うけたまは》つてをります。さうした盛徳が凝《こ》り固まつて明治時代の汪洋たる国運が開けたものとさへ考へられます。天子様が御歌の原稿を御書き遊ばす紙位ゐは、いくらお用ひになつてもならぬでも、国家経済の上に何の関係があるかと思ふやうな人は、神人の関係のわからぬ、天地の道理のわからぬ、下司《げす》の考へであります。たとひ一枚の紙と雖《いへど》も一椀の水と雖も、それを大切にし其れを活《い》かして其の性を遂げしめることの徳は直ちに三千世界へ張りわたるものなのであります。畏《おそ》れ多いことでありますが、明治天皇様の左《さ》うしたお心持ちは、おそらく節約の範を臣下に示すとか、又は徳を天に積むとかのお考へではあるまいと想像いたします。たゞ何となく勿体《もったい》ないことを遊ばすことがお嫌ひで、反古の裏に執筆遊ばすことによつて言ふべからざる大御心の御安らかさと御満足とを感じられたことでありませう、と私は想像いたしてをります。なぜ私が斯様《かやう》のことを申すかといふと、私のやうな、はしたない者でさへも、どうやら其れに似たかと思はれるやうな体験をもつて居りますので、かしこきことながら代々木の神の大御心をさへも其の雲間の片鱗を伺ひ奉つたかと思ふまゝに、畏れ多き事とは存じながら井蛙の管見を申上げたのでありますす。それは昔から私に「こより」をよる癖のあることであります。私は万事に節約を守る徳のある人間でなく、恥かしい浪費者の一人でありますけれど、たゞ一つ紙捻《こより》をよる癖がありまして、沢山にくる手紙の中からこよりにするに適した紙があると必ず其れでこよりをよります。こよりを作りますときに私は精神が統一してよい考への浮ぶ習慣があるのであります。こよりは書類を綴つたり色々と役に立ちます。無くなりかけた頃にはこよりに適した紙質の手紙が到着します。竹村忠次郎氏の手紙の如きは多年こよりになつてるのでありますます。単に経済とか不経済とかいふ点から云へば、或ひは私に取つて此れは不経済なことであるかもわかりません。こよりを作る時間で、もつと有意義なことをした方が天行居の為めにもなり、こよりの代りにピンでも使つた方が利益でありませうが、これは経済とか不経済とかを超越した問題であつて、強ひて言へば私の趣味とでもいふべきものかとも思ひます。私がこよりをよります時の心持ちは節約とか何とかの理由も目的も何もないのでありまして、私の方へ着する手紙は処理済み次第皆な大きな箱へ入れておき、それが一ぱいになると焼かせて居るのでありますが、こよりにするにいゝ紙質の手紙があると、処理ずみの後でも其れを箱へ投げ込むのが何となく勿体《もつたい》ない気がして、それをこよりにすることによつて私の心が安らぐだけのことであります。……私のこよりの話は何だか意味のないことになりさうですから取消しておきますが、とにかく節約といふことは奥床しい尊い徳であります。今日の天行居では節約しようにも此れ以上節約の出来かぬる迄に万事切りつめて居りますが、数年後財力の豊富になつた場合に心の緩まぬやう努めたいものと考へて居ります。その時になつて言ふと丸い言葉も角《かど》が立ちますから、あらかじめ今日から自他ともに警戒しておきたいと思ふのであります。天地間の財物を浪費するといふことが神に対する反逆行為の重大なものの一つだと私は信じます。

これからさき同志の数が増加いたしますに就て一層注意を要することは、慢心といふことであります。無ささうに見えても案外誰れでも持ち合せてをるものは色気と慢心であります。神道に於ては殊《こと》に此の慢心といふことが大禁物であります。神ながらの道を行く者の最大の危険物なのであります。大正九年に発行しました「神仙霊典」の巻末の道歌とも何ともつかぬものの中に、

わが心たかぶる時はよこ四魔《しま》の国に入るなりわれは知らずも

といふのがありますが、日々夜々反省すべきは我が心のたかぶりであります。心がたかぶると正神は守護感応の出来ない深き幽契があるのであります。正神の手が離れる瞬間にマガモノと感応するもので、間髪をいれず鏡花水月であります。神ながらの道の修行とは何ぞや、慢心根絶の修行なり、と云つてもよいかと思はれるほどであります。これは私自身幾百千回の苦い経験を得て居りますから、或る種の人々の歩行が危くて見て居られないのであります。すべて人々の大小の失敗が其の原因を必ず此処《ここ》に発せることを発見する毎《ごと》に慄然として恐ろしくなります。「しまつた」と気がついたら負け惜《を》みの気を出さずに、いさぎよく反省悔悟すれば又た即刻正神界の愛の光りが魂《たまし》ひを抱擁いたします。自己を弁護するに聡明な人ほど神に遠ざかります。いかに雄弁達識で神の道を説いても、表面の操行が如何《いか》に謹厳謙遜であつても、その信念が如何に熱烈であつても、胸底のどこかに慢心の影がさして居れば、決然是れ魔物で、三文の価値もないもので、やがて周囲のものを誤ることにもなるので、恐れても恐るべきは慢心であります。慢心といふことにかけては、私も相当に先輩らしい資格があると信じますので、反覆切言の労を厭《いと》はぬのであります。実は今日と雖《いへど》も尚《な》ほ日々夜々油断の出来ない私の境界なのでありますから、真に諸君が私を愛せらるゝならば、お気のつかれた時は、こツぴどく私の頭へ痛棒を加へて頂きたいので、之《これ》は此の機会に於て特に内証で皆さんにお願ひ

しておきます。

人間といふものは誠に不自由なもので、ぜいたくにも眼が二つもありますけれど、惜しいことには二つとも外へ向いてついてをりますので、人のアラは能《よ》く見えますけれど自分のアラは見えません。それで人の世話は頻《しき》りに焼きたいのでありますが、高いところから神様が御覧になれば、随分滑稽なもので、をかしからうと思ひます。古人は「悪を嫌ふを善ぢやと思ふ、嫌ふ心が悪ぢやもの」と申してをりますが、たいてい其の通りのやうであります。……自分のアラを見つけてため直す道具の一つに、天行居の信条二十七ケ条があります。まじめに信条を味読する人は幾分或る危険を避けることが出来るのであります。ところが信条を読むのに一つの秘伝ともいふべき心得があるのです。それは何であるかといふと、同志会合の席上に於ても家庭の小集会に於ても、信条を捧読するのに人に聴かせる気もちで朗読すると必ず失敗するのであります。誰れも居らぬところで自分自身だけの為めに読む気持ちで読まぬと駄目《だめ》なのであります。まして席上の誰れかにアテつけるやうな気もちで読めば、その声は如何《いか》に澄み透るとも、その音霊《おとたま》は濁り、満座の人々を毒することになります。実に徹悃自分自身のために読む気もちで捧読すれば、その声は如何にしやがれ声でもだみ声でも、その音霊は澄み透り、自他ともに神の恩寵を蒙《かうむ》ることが出来るのであります。神言赫々《かくかく》、人間の勝手な道具に使用されるやうな生《なま》やさしいものではないのであります。一見すれば平々凡々の言葉でありますが、二十七ケ条一字一句人間の道徳と知慧との一切を織り成せる天衣無縫の大曼荼羅なのであります。

天行居は学術の府でもなく、万能の人間の集まつてるところでもありません。普通の凡人が集まつてるところであります。故に専門的に世間の学者と議論を闘《たたか》はすやうなところではないのであります。序論と結論とを神から示され、これを信じて力行して惑はざる者の集まりつ、あるところであります。序論と結論との中間の各論を吾々凡人の力によつて誤謬《こびう》なく解説しようとすることは無理なことでもあり、それで万人悉《ことごと》くを承服せしむることは出来ないことであります。それは今日の世人の知識が進んで居るからでなく、その反対の状態にあるからであります。本月(昭和四年十二月)上旬の某新聞に次ぎのやうな記事があります。

【ニユーヨーク本社特電六日発】ウヰーン大学の精神病学神経学教授ヴオネコノモ博士はニユーヨーク州立精神病院の科学研究会の席上新しい大脳と新しい精神能力を持つ超人の出現を予言し「人間の頭脳は絶えず進化しつ、あるから、いつかは必ず世界のすべての人々がアインシユタイン教授と同じ程度の働きの頭脳の持主となる日がやつて来る」と述べた、ヴオネコノモ氏はギリシヤ人で精神病学の権威であり右の説は現在の人類の頭脳と頭蓋骨の構成や前世紀の人類の頭脳能力や下等動物の頭脳発達の研究にその根拠をもつてゐる、この会合に出席した他の科学者達は「もしヴオネコノモ説が真実のものならすべての人が自由に飛ぶことが出来、またアインシユタイン原理をやす〳〵理解できる位の第六感を持ち得る時代を想像することが可能である」と語つた、なほヴオネコノモ氏はまた頭脳を百七の違つた部分に分離することが出来るともいつてゐる。

アインシユタイン原理は多数の科学者に本統に理解されて居なくても其の原理の価値は承認され居る如く、天行居のことも物理学の公式のやうに解説されなくても承認し得る人は承認し得るので其れが信仰といふものであります。併《しか》し相当の将来になつたならば、アインシユタイン原理が多数の人に容易に理解され得る予想の如く、天行居のことも多くの人類に容易に理解される日が来るであらうことも予想し得られるのでありますしかもそれは案外速《すみや》かに到来する日であります。

話が前後いたしますが、天行神軍士官任命のことに就て序《つい》でに一言しておきたいと思ひます。士官の任命を悉《ことごと》く神示によるものと解して居られる方があるさうでありますが決して左《さ》うではないのであります。天行神軍々規第七条を御覧になれば明瞭なことでありますが、私共が粗雑な頭脳《あたま》で不完全な機関を経て銓衡《せんかう》してをりますので、妥当を欠く点は多からうと思ひます。けれども求めて不妥当な銓衡をして居るのでなく、今日の場合としてはやむを得ずして、換言すれば吾等の能力及ばずして妥当を欠ぐのでありまして、追々と年月の進むにつれて妥当を得るやうに按排されて行くのであります。すべてのことに於て天行居は「中今《なかいま》」の時代であつて未《いま》だ理想的な状態に到達して居らぬものであるといふことを常に腹に入れておいて頂かぬと、皆さんから無理な註文が出てくるやうになるのであります。士官の任命は悉く神示を煩《わづら》はしたものでないと申しましたが、中には神示からヒントを得て任命して居るものもあります。併《しか》し大部分は左うでないのでありますす。又た私共が銓衡するに当りましても、多少の手加減は致して居ります。それは決して情実的な意味に於ける手加減でなく、私共として別に考へるところがあつて、正当と思ふ階級よりも低く任命の手続きをして居る方が沢山に居られます。誤解を防ぐために明言しておきますが、正当と思惟する階級より高く任命して居る人は断じて一名もありませぬ、それは私が責任を負ふところであります。又た当然相当の高級の士官に任命すべき同志の方でも、全く銓衡の手続きを差控へてをる方もあります。それは其人の立場なり何なりを考慮してのことであります。或ひは将来適当の時期が到来すると、神示によつて総《すべ》ての士官の任命が改められるやうなことがあるかも知れませんが、それは其時のことであつて、今日から其れを考慮する必要はないことであります。帝国陸海軍の士官にせよ神示によつて任命されるわけではないけれど権威あるものであることを疑ふ人はありますまい。今日は今日としてのムスビカタメによりて、天行神軍の士官も存在するのでありまして、しかも其れが追々に妥当な状況に近づきつゝあることを諒とせられて、万事に統制第一といふことを考への基礎にせられ、斯《か》ういふ方面の問題に就ても暫《しばら》くの間私共の思慮に信頼しておいて貰《もら》ひたいと思ふのであります。何も彼《か》も其時々々の産霊紋理《むすびかため》によるもので、話の意味は少し異なりますけれど、……少尉中尉大尉少佐中佐大佐といふやうな制度称呼も古くから日本人の頭にあつたわけではありません。大将中将少将といふ称呼は昔からありましたけれど、大佐以下の制度は昔から存在したのではなく、嘉永二年頃に沢三伯（実は高野長英）が幕府の目を忍んで飜訳した「三兵《さんぺい》答古知幾《タクチーキ》」に書いたのが始めてであります。高野長英は例の天保十年に蘭学者の所謂《いはゆる》「蠻社《ばんしや》の厄」といふことがあつて獄中の人となり弘化二年まで伝馬町の牢に入れられて居たのでありますが、牢屋の火事の時に姿をかくして容貌を変じて沢三伯と名乗り青山百人町に隠れて居て書いた本であります。併し其れから間もなく幕府の役人に嗅ぎ出されて嘉永三年に屋敷を取りまかれた時再び獄中の辱《はづか》しめを受くることを不快として自殺しました。長英の述懐の詩「学術西域ヲ究メ、心胸五洲ヲ呑ム、看《み》ヨ吾ガ業成リテ後、海内余風ヲ仰ガン」といふのがありますが、彼れの人物を懐《おも》ひ彼れの詩を誦すれば男性的な暗涙を催さしめます。……「三兵答古知幾」は歩兵騎兵砲兵の操練の術を論じた書で、大佐中佐少佐大尉中尉少尉といふ文字も長英の創案に出でたのであります。長英は政府の命令で書いたのでなく、否《い》な彼れは当時国家の罪人として逃走中の仕事でありますけれど、彼れの創案に出でた称呼が其のまゝ現に我が陸海軍に於ても使用され、その文字そのまゝをキリスト教の救世軍までが使用して居るのでありますが、……長英が創案した頃の称呼の文字に何等の権威が無かつたのも其時のムスビカタメの然らしむるところであり、今日それが権威あるは又た今日のムスビカタメであります。天行神軍の士官制度や任命方法に対して今日兎角《とかく》の議論を有する人達も、時日の経過に連れて「成るほど」と卓を打つて微笑せらるゝ日が必ず到来することを私は今日に於て確言いたしておきます。

時節が次第に切迫するに連れて、切に私が皆様に御勧め致したいと思ふことは、とにも角《かく》にも万難を排して奮発して出て来て石城山の土を踏まれよといふことであります。ひとり書斎の中で天行居の出版物を読んで居たのでは何もわかりは致しません。霊地でも人間同志でも器物でも、実地に直面する効といふものは偉大なものであります。或る一個の茶器を理解する為めに千頁の書籍を読むことも必要ではありますが、併《しか》し実地に其の茶器を手にして見た人と、見ない人とでは理解の度合ひの差が問題になりますまい。畑の水練は格別の役に立つものではありません。大学の講義にしたところで、理工科だの医科だのいふものは別として、文科とか法科とかいふものは通信教授でも相当の成績が挙げられるべき理窟でありますけれど、やはり駄目で、たとひぐうたらな教授の万年ノートを写すだけでも、教室で直接に先生の謦咳《けいがい》を受けた方が十倍も百倍も力がつくのを何の為めと考へられますか。教育は要するに感化であり、感化は要するに霊化であります。若《も》し然らずとせば大学の経費を半減して図書館の施設に努力した方が教育行政上有効でありませうけれど、さうは参らないのであります。昔から識者が言ふ如く、偉人に接すれば接しただけで大効がある、談話を交換せずとも一寸《ちよつと》面貌に親接しただけで生涯の得力莫大なりといふのは誇張の言ではありますまい。偉人でなくても普通の学校の十人並《な》みな先生に接しても、其時は気づかずとも案外に大きな功徳が生涯を通じてあるものであります。音曲の稽古をするにしたところで、譜本や蓄音機やラヂオで一年間勉強するよりも、一夕名人と膝を交へて其の肉声を咫尺の間に聴いた方が、どれだけ生涯の修行上霊験があるかわかりません。まして神祇に近づき霊山に親しむといふことは、それらの問題と比較することの出来ない意義の存することであります。しかも一度よりは二度、二度よりは三度と、数を重ねて石城山を訪問せられることによりて、諸君は無量の神徳を蒙《かうむ》られるものであること、敢《あへ》て今更ら私から事新らしく申す迄もないことではありますが、しみ〲と近来私は二三道友の喜ばしき経過をみるにつけても此のことを痛感するのであります。

例によつて甚《はなは》だ蕪雑《ぶざつ》な話になりましたが、以上に述べましたところの私の精神の存するところを善意に汲《く》み取られて、天行居の輪廓を一層正しく認識して頂き、「天行居は天行居の天行居なり」といふ天行居の原則についても徹底理解せられて、今此の記事を読まれる貴下が、只今《ただいま》の私の心持ちと同一不離の気持ちで、今一度この一篇を反覆味読して下さることを切望いたします。

（昭和五年一月廿八日古道第百九十号所載）

神道古義

無方斎閑話（上）

みやいちの無方庵を無方斎と改称したので其の披露といふわけでもないが斯《か》うした標題のもとに二三の閑談を試みたい。いつも息づまるやうな緊張した話ばかりでなく、たまには方面をかへて肩のこらぬもの、軽い気分で取扱ふに都合の好いやうな漫談的なものを発表するのも江湖同志諸君との親みの上にも悪くないやうに思ふ。

太古神法による修行をするにも朝夕の神拝にも又は随時何事かを神祇へ祈念する場合にも、どうも其の気分にすきが有り過ぎる人が多いやうに思ふ。むつかしい哲学的な考へかたなど抜きにして実際に誰れにでもわかるこつでありながら、其の至簡至易の大神祕が、わかつてるやうでわかつて居ない人が多いやうに見受けられる。力んだり息を詰めたり汗を出したり奇声を発したりして祈念なさいといふのではないが、なぜモツト一ぱい〱の信をもつて祈念することが出来ないのであらうか。これまで十年来相当にくどいほど言つてることであるが、なぜ私のいふことを其のまゝに受入れて実行する人が少ないのであらうか。それは余りに六《むつ》かしく考へ過ごして居られるのではなからうかと思はれる。「あの人たちが祈念せられゝば神界へも能《よ》く通達するであらうが自分のやうな未熟なものが祈念しても果して実際に神祇へ通徹するかどうかわかつたものでない、が併《しか》しマア祈念はする」と云つた風な考への人が案外に多くはないだらうかと思はれてならぬ。

信じて応があるかないか、祈念して応験があるかないかといふことが多くの人の問題になつてるやうであるが、これは全然問題にならない問題なのである。なぜならば「信」が其のまゝ「応」なのだからである。感応の有無を疑ふ心あらば感応はない、信がないからである、信あれば其れが直ちに応である以上信なければ応ある筈なしだ。天行居は第一に先づ「正しい信念を養ふこと」に有らゆる方面から努力する立て前であるのは其れが為めである。信＝応すなはち信則応といふことを徹底的に考へて貰《もら》ひたい。

たとへば此処《ここ》に、祓串《はらへぐし》へ祓戸《はらへど》の神を迎へるにしても、まさか神様がわざ／＼此の祓串へ降憑されもすまいけれど祭式の儀礼でもあり形式だけ叮嚀《ていねい》にすればよからうといふやうなことでは何のことかわからなくなる。とにかく祓串で祓へばサツパリするといふ位ゐなことでは其れは真の祓ひでなくて祓ひの真似に過ぎない。真似でも真似だけな功徳はあるが其れでは祓ひになつて居らぬ。まがつものが根本的に祓はれては居らぬのである。今更らいふまでもなく真心を以て祈念すれば祓串には祓戸の神が必ず其の都度現実に降憑し給ふのである。それは特殊の神法とか術とかによることでなく、至誠を以てすれば誰れが其任に当つても必ず神霊が来格されるのである。それが為めに祓串が重くなるとか捧持せる手に霊動を感じ来るとか、神光を目《もく》睹《と》するとか周囲の神殿がきしむ音が起るとか神衣のきぬずれが聴えるとか稀《ま》れには神様の御姿を拝するとかいふやうなことの有る無しに関せず其の都度必ず神霊が来格感応せられるのである。正神界では不必要な場合にまで何時も奇瑞を示されるわけのものではない。玉串《たまぐし》を捧げるときも同じことで玉串には自己の霊魂をこめて捧げるものであるが其のとき神様の霊徳も玉串に感応あるもので玉串は神と人とを貫き合一せしむるもので霊串《たまぐし》なのである。手の奇結《くしむすび》、（俗に印と云ふ）も亦《ま》た同じ意味のものだ。

祓串や玉串の場合のみならず、すべて神拝、修法、祈念のとき真心さへあれば必ず感応がある。あの人だから出来る自分などには六《む》つかしいと思ふのが大病だ。この病見を木《こ》ツ葉《ぱ》微塵に打破して、生れ変つた気で水でもかぶつて一心不乱に神様を拝んでみられよ、祈つてみられよ、必ず感応現前に自ら身ぶるひするほど感激すること歓真の首を賭けて保証しておく。何を苦しんで何時までも愚図々々して煮え切らないのか、くだらぬ理窟や研究に日を暮らし、四国参りが味噌《みそ》を盗んだやうに毎年々々同じところを行つたり来たりして結局どうするつもりなのか、彼れも人なり我れも人なり、けし粒ほどの信あれば誰れにも直ぐ出来ることで、万巻の書を読むよりも千日の修行よりも摩訶《まか》不思議の大功徳のあることを、何故に遠慮してる人が多いのでせうか。老子は「吾が言知り易く行ひ易し、よく知る無し、よく行ふ無し」と喝破したが古今同慨だ。知らずに居られるのならば知らせる方法もあるが、知り抜いて居てやらない人が多いのだから手が着けられない。そんならば求めて居られぬのかと思ふと、熱心に求めて居られるのだから、愈々《いよいよ》呆《あき》れて了《しま》ふ。

「信心そのまゝの神徳」といふ言葉でも、三日ばかりひまある毎《ごと》に唱へて居られたら、すこし本調子の自覚が生じてくるであらう。読書百ぺん意おのづから通ずといふのと同じ戦略だ。易経には、天のたすくるところは順であり人のたすくるところは信であると書いてあるが、信は人がたすくるのみならず神祇も天地もたすくるもので、たすけねばならぬもので、たすけざるを得ざるもので、裁判所から支払命令がくると必ず支払はねばならぬやうに、人が信を発すると天地も神祇も感応を拒むことが出来ないものなのである。信念感応の波動は甚《はなは》だしく迅速なもので、エーテルの波動数に算出可能なものとせばラヂウム線のやうなものか、それ以上の恐ろしい数字を並べねば標記すべからざるもので、実際問題としては人間の頭脳《あたま》に速力として考慮し得られない程のものである。人間が本当に信を発すれば天地も神祇も感応を拒むことが出来ぬといふことは天地開闢《かいびやく》以来天行居で始めて言ひ出したことであるかも知れんが、古伝でなければ真理でないといふ規則はない、真理は新らしくても古くても真理だ。これは天地神祇の唯一の弱点で最大の弱点とも言ひ得られないことはない。瀆神的な言葉といふこと勿《なか》れ、この神祕なる一大弱点あればこそ、天も天たり地も地たり神霊も神霊たり得るのだ。その神祕なる弱点が直ちに威徳である。神も天地も貧乏ではない、受けるものでなく、施すものである。施すことが本来の性質で本領で事業で使命で目的で又た楽《たのし》みなのだ。諸君は遠慮は要らぬから施しを受けるがよい。親は子を愛する、親の愛を受けるやうに仕向けることが子が親を愛することにもなるのだ。今の世の中は、親が暖かい乳房を張り切らして追ひまはしてるのに、子供がすき腹を抱へて逃げ廻つてる状態だ。……村の富豪は其の土蔵の中の米が弱点でもあり威徳でもある、学校の増築、村道の修繕、やれ何だ彼《かん》だと役場や青年会から無心に行く、弱点があるからチビ〳〵出すが其れが又た威徳なのだ。天地神祇は村の富豪のやうにケチ臭くないから、いつも上機嫌、ふとツ腹のものだ。遠慮無要。

天地神祇の唯一の、最大の弱点を見つけて諸君に密告した以上、諸君は久貧一時に富むもので、今後は景気よく無心を吹きかけるがよからうと思ふ。全国の天行居同志中には今後一人の貧乏人も居なくなるわけで、先づ此れ位ゐ景気の好い話は、たんとあるまい。

至人ハ空洞ニシテ無象、万物我ガ造ルトコロニ非ザル無シ、万物ヲ会シテ自己トナスモノハ其レ唯《た》ダ聖人乎《か》、仏アリ人アリ賢アリ聖アリト雖《いへど》モ格別ニシテ皆ナ同一性一体ナリ

これは肇論の中の一句で、石頭大師は此語を読んで大悟したちふ話だ。元来天地と我れと一体、万物と我れと同根なること「天行林」その他で屢説《るせつ》して居る如くで、天地神祇が人間の無心を拒《こば》むことが出来ぬのは、わかりすぎた問題である。信則応といふことが、腹に入らねばならぬ筈《はず》だ。「信心そのまゝの神徳」である。応験があるの無いのと他人扱ひするのが間違ひの骨頂である。むかしの名賢は、天地の間は感と応とのみと折紙をつけた。（程子曰《いはく》、天地之間感与応而已）この一句では而已の二字が字眼といふもので、それを強く見ねば古人の語を味ふことは出来ぬ。天地の間は感と応とのみで、外に何もないといふ意味なのだ、感あれば必ず応あり、応なき感は無い、応なき信はない。信則応であり「信心そのまゝの神徳」である。神様に祈念して応験があるかないかといふことは、祈念する心に信があるかないかといふ問題に過ぎぬ。信無き祈念は祈念に非ざるが故に、祈念して応験無かりしといふものは古来一人として宇宙間に存在しない筈だ。否《いな》、祈念といふことが直ちに応験なのだ、感応はラヂウム線より高速度だから人間の思惟上その先後を区別する

ことは出来ない問題である。光りのあるところに闇はないが、ラヂウム線のエーテル波動は光りの波動よりも遙かに高速度である。信則応といふことは、光りの来るところに闇無しといふよりも遙かに不可分的のものだ。

「信心そのまゝの神徳」である。

天地神祇の弱点をさがし出して来たから、無心を吹きかけよと云つても、誤解されてはならぬのである。美しい女神が落されたかんざしを拾つて、それを腹掛の中からつまみ出して、拳固《げんこ》で鼻をこすつて尻をまくつて啖呵《たんか》を切るやうな紋切形の図を夢想してにやりとしてるやうでは地獄へ入ること箭《や》の如しだ。神様へ無心を申上げるには其の道を以てしなければならぬ。山上の天啓の第一に示された「人の道をつくして神にたのめ」とあるのを本としなければならぬ。又た実際問題として、どんな病気でも神様にたのめば直ぐ全快するかといふと左《さ》うでない、子供が甘い餅菓子をねだつても聡明なる愛の母親が糖分の少ないビスケットを与へることもあるやうに、又たビスケットも与へないこともあるやうに、至大なる聡明の愛の神の悠遠周密な摂理は、われわれ人間に解らないことが多い、さうした問題の有らゆる場合に就ては従来縦説横説して居るところで、天行居的常識ある人たちの熟知して居らるゝ処であるから今日は云はぬ。

感応といふことを易では沢山咸の卦で説いて居るが、いや六十四卦みな感応の二字を説尽したものであるが、神人合一といふやうな場合の其れは中孚䷼が能《よ》く示してをる。中孚は兌☱が上下から向き合つてる象で、兌は口唇であつて接吻の卦である。余念の交るすきもなく至誠純一の象、世の中の甘いも辛《から》いも知り抜いた道楽者の神化老成した古への聖人まがひのものが神憑《かむがか》りで発明したものだ。それも場末のカフエーに散らばつてるグラスのやうに誰《だ》れの唇にでも間に合ふやうな融通性に富んだものは問題外で……たとへば新婚第一夜の其れの如きアウンの呼吸の白熱したものが此の中孚の象である。誠に以てめでたき極みである。䷼中孚は即ち大離の象で○加藤清正の紋のやうに中が虚で、中心無我の象である。新婚第一夜の草木も眠る丑みつ頃の物すごき或る場合の瞬間の如く至純に洗煉せられた感激そのもので、人も無く我れも無く天も無く地も無き打成一片の境地である、それが「信」の見本みたいなものであるから老人諸君は静かに昔のことを考へ出してみられるが可《よ》い。修行も神拝も祈念も其のこつで行かなければいけない。それが「まこと」であり「やまとだましひ」なのである。道は近きにありとも云ひ、百姓日用して知らずとも云ふ、神さびたりとも神さびたり。

明治天皇御製

事しあらは火にも水にも入りなむと思ふかやかてやまとたましひ

くろかねのまと射《い》し人もあるものを貫き通せ大和たましひ

とき遅きたかひはあれと貫かぬことなきものはまことなりけり

右の御製の中の「とき遅きたかひはあれと」とある御言葉を特に反覆して拝誦して頂きたい。神の摂理によつて或ることの応験の早いこともあり遅いこともあるが貫かぬことなきものは誠であつて、遅かれ早かれ必ず貫徹する。それが待ち切れずに中途で業《ごふ》を煮やす人が多いのは人間世界に於ける最大の浪費であり、人類の最大の愚だ。孟子は「至誠にして動かざるものは未《いま》だ曾《かつ》て之《こ》れ有らざるなり」と言うた。至誠でも動かぬものがたまにはあるのならば、孟子ほどの賢哲が、こんな嘘は言はぬ。至誠で動かぬものは絶対に無いから、この金言を人類社会へのこして行つたのだ。只《ただ》この孟子の一語だけでも本当に之《これ》を信じて手に入れゝば、もう其れで沢山、生涯受用無尽である。七歳の少年にもわかることで百歳の老翁でも本当に此れを手に入れることが六《む》づかしいのは何故である乎《か》、曰《いは》く、「汝が信ぜぬからだ」唯《ただ》それだけのことである。キリストが水を渡つて向こうの舟へ行つた。弟子達へも「あとへついてこい」と云つたから水上歩行をやりかけたが二三歩で土左衛門になりかけた。キリストは叱咤して「汝等信仰うすき者よ」と怒鳴つた。外に何の神秘もない、只《た》だ是れ信の有無の問題だ。

むかし〳〵或るところに正直な青年が居た。その村の藪《やぶ》医者が何処《どこ》かの座談で一杯機嫌に出鱈目《でたらめ》な仙術の話をして、酔に乗じて自分が仙術の達人のやうなことを云つたのを正直者の青年が聞いて、弟子入りを申込んだ、竹庵氏は何と思つたか承知して三年働いたら教へてやらうと云つた。青年は喜び勇んで働いた。三年たつと竹庵氏はモウ三年働いたら教へてやらうと云つた。青年は薪を取つたり水を汲んだり薬草の手入れの手伝ひしたり骨身惜《を》まず又た三年働いた。たちの悪い竹庵氏はモウ三年働いたらと云つた。青年は不平なく又た三年間忠実に働いた。九年間ロハ奉公させた竹庵氏は此の上又とも言ひかねて、よし教へてやらう、と裏山へ連れて行つて青年を高い松の木に登らせ、竹庵氏は下から扇を開いてさしづをしながら、「そこから手も足も放して空中へ飛べ」と言ひ放つた。青年が落ちて大怪我をしたら膏薬でもやつて、仙術修行は思ひ止まらせる気であつたらう。ところが、正直な青年は松の枝から足を離し手を離すが否《いな》や、ふわ〳〵と空中を踏んで昇天しつゝ何度も頭をさげて、地上に居る竹庵氏へ礼を陳《の》べて、やがて見えなくなつた。目色を変へて腰をぬかした竹庵氏は、ゐざりながら山から降りたといふ噺《はなし》である。めでたし〳〵。

これは児童のための炉辺の昔噺《むかしばなし》であらうけれど、この短かい噺の中から、深長な意味を看取されなければならぬ。「信心そのまゝの神徳」である。理窟は駄目《だめ》だ。信は一ぱい一ぱいでなければならぬ、「併《しか》し」とか「それでも」とか混《まじ》りものがあつては信ではない。まことではない。禅学の悟りなどいふものも、つまり信に徹する迄のものなのだ。坊主が金剛経をよむのを立ち聞きして応無所住而生其心の一句でサッサと大悟した失敬な人間も居る。誰れが聞いても大麦小麦二升五升とは聴えぬけれど、正しく聴いても正しく信ぜぬからだ。仏法の奥義は「一切の法は因縁生にしてつまり空だ」と云ふ一語の外には断じて無い。あとは言葉を換へ、叙述の形式を代へただけのものである。二十年も三十年も座禅して、つまり其れを正しく信じて天地三世に一疑無きに至つた時が安悟りの卒業免状が貰《もら》へる時なんだが、始めに聞いたとき其のまゝ信じさへすれば、それで済んで世の中にも世の外にも気にかゝるものはない筈《はず》だのに、古来邪師が職業的かけひきから不経済なことをやらせるのである。

信の力ほど恐ろしいものはない。そのことは古来あらゆる方面から説きつくされてるのだが、それを本当に信受し、それを本当に活用する人が不思議なほど少数である。あまりに平凡で解り切つたことなので、其れが為めに却《かへつ》て聞いても〳〵解らないのである。多くの求道者も相当に心がけて熱心に努力するが、きはどいところ迄行つて其の一歩のところで何うしても踏み込み得ない為めに其のこつが手に入らない人が多いのは如何《いか》にも残念だが、こればかりは横から見てゐてもどうすることも出来ぬ。当人も残念がつて汗を絞るけれど、どうもピタリと行かない。まあ時節を待ち神祇の訶護《かご》啓発を願つておくの外ないといふことになる。其のうまく行かないわけが何処《どこ》にあるかといふと、詳しく条件を並べ立てられないこともないが、つまり思ひ切りが悪くて態度が絶対的でないからだと言へる。かしこすぎて神にまかせ切ることが出来ないからだとも考へられる。はだかに虱《しらみ》無し、俗智や無要の疑惑を棄《す》てゝ、素ツぱだかで神に抱きつく気合が出てこぬからだ。千仭《せんじん》の巌頭から神を信じて捨身で飛び込む決心がつかぬからだ。金持ちの隠居が売笑婦を弄するやうなすきだらけの態度がいけないのである。無一文で絶世の佳人を口説き落すほどの絶対的な蛮勇に近いほどの熱誠が欠けてゐるからである。そんな人に限つて理窟が上手で物識りだが、結局百識ありて一得なく光陰むなしくわたるの徒である。現代は普通の言葉で云へば人智が長足の進歩を遂げつゝある時代であるが其れに反比例して人間の信力が弱められつゝある時代である。故に現代に於て如何なる方面に於ても成功せんとする志ある人は、時代の弱点を看破して特に信念を篤くすることに心がけられねば損だ。私は今決して倫理道徳の説教をするのでない、社会国家の利害、諸君当面の損得の虎の巻を話してをるのである。信即応といふことを克《よ》く腹に入れて、これを死蔵せず事毎《ごと》に道俗ともに活用して行く、さうすると次第に宇宙の祕密が手に入つてくる、さうして次第に道俗ともに偉大なる自己の発見ができるのである。此れは決してハシゴ悟りの亜流でなく修行の正路である。人と話しても腹に信のある人は低い声でやさしく話しても人を動かし得る、腹に信のない人は卓を打ち声を励まして弁論しても一時物理学的に人に衝動を与へ得ても人を動かす生命が存続しない。人間の言葉には皆な相《すがた》があるもので、其のスガタ（相）が信心の乏しい人のは早く崩解する。言葉に体がある如く潜める言葉ともいふべき人間の考へ、思ひにも微妙なる体があるのである。その体は絶対的に無形なものではないので、それだから仏者も「以意生形」といひ又た神仙道でも玄胎結成等の妙術が行はれるのである。思想にも言語にも体があるから邪想邪語は邪体を結成し、その邪体は、宇宙間游行の邪霊と同気相引いて感合し其の邪体は人を害し我れを害するもので、身体強健意志頑丈《ぐわんじやう》な人は一見して其の影響を受けないやうでも潜伏病的に受けて居り、死後は赤裸々《せきらら》に決算書を突きつけられるので厳然たる宇宙の数学的な公正な神律を免かれ得る者は一人もないのである。大悟徹底すれば因果に落ちずと迷信する勿《なか》れ、因果くらますことを得ず、それ位ゐのことは百丈山の野狐でさへも身に覚えがある筈《はず》だ。無神論者も霊魂論者も、信ずるも信ぜぬも逃げ場のない場面なのである。であるから清く、正しく、善き、美くしき、明るき、強き思想、言語が其の反対の影響を及ぼすことも亦《ま》た同じ寸法なのである。故に万人みな各自の世界を創造しつゝあるもので、念々刻々誰れも彼れも大機の上に立ちつゝあるものである。せめて一日一回は、風呂あがりのサッパリした時にでも、大祓祝詞《おほはらへののりと》なり十言神咒《とことのかじり》なり至信に奉誦して、大祓祝詞に身も心も成り切つて了《しま》ひ、十言神咒に霊肉合体しなければならぬ。毎日つゞけて行けば数霊《かずたま》の神秘、すなはち「数を重ぬる秘密」によつて、いつかは必ず深夜の太陽を仰ぎ、賓主一時に新たなるを知るに至るのだ。

言葉や思想に姿があるといふことは、これを人間の知識で学問的に立証することは今日の場合困難であらう。けれども人間の耳が聴き得る音度に制限があつて、或る波動数以下の低音も又た或る波動数以上の高音も聴き得られないが如く、人間の視力にも制限があつて神から許された範囲内の光度のものしか認識することが出来ないのである。普通の人間の五官の機能といふものは可《か》なり御芽出《おめで》たいもので、この頃の科学者の議論の中には金魚が瓦礫《ぐわれき》と宝石との区別を知らず犬が糞便をきたないと知らぬやうな程度のものがあつて鼻もちのならぬ場合もあるやうだ。或る明るさ以上の明るさを人間は暗いと感ずる、人間が明るいと思つてる状況が神界からみて暗いこともある。光度の関係のみならず正しき知識に於ても左《さ》うで、人間は俗智の承認する道理を超越した道理は否定する癖があつて、古来理外の理といふ言葉も実は学問的には寧《むし》ろ嘲笑的に取扱はれて居る。人間が折紙をつけた真理といふものには神界からみても真理もあらうが真理でないものもある。だから神界からみて真の真理であつても人間界の今日の知識で所謂《いはゆる》科学的に証明しがたいものは、妙理として存在を容認しなければ人間は堕落を免がれない。私の話しかたがそざつなために私の言ふところが其のまゝ御座敷へ出せないならば、皆さんは各自に此れを所謂学問的に形式づけて体裁よく組織してみて安心納得せられゝば其れで結構。

いつも申すことですが私は決して科学を侮辱せんとするものでなく、科学を尊敬するものであつて、神界の妙理なるものを人類社会へ宣布する上に於ても科学者の努力が大切な役割を負担せることは固《もと》より承認してをる。只《た》だ神界の妙理を科学が否定せんとする場合にのみ、人類社会の真の幸福のために又た「真の真理たる妙理」を人類生活の光明として擁護する為めに科学に対して抗議するだけのことである。

玄胎のことを一寸《ちよつと》言つたから序《つい》でに玄胎の話を少しばかり附け加へておきたい。玄胎のことは一昨年（昭和三年）の夏、石城山道場で少しばかり話し、昨年刊行の「寿書」外篇第四巻の中に其れに関する水位先生の遺稿を収載し、又た本年（昭和五年）一月の修斎会席上で稍《や》や具体的に話したが、このことについては案外にも注意してる同志が多いらしいので、この機会に又た少々蛇足を附加して置くことにする。

玄胎（霊胎とも天胎とも云ふ）とは何であるかといふと、神仙道に於て正しい修行の結果、わが身の精気を凝結せしめて肉体に似た一つの体を修理固成し、それに我が霊魂を乗り移らせて現界にも幽界にも百千里の遠きにも活動させることで、仙道で謂《い》はゆる身外に身を生ずるものである、（さうでなくて此の肉体そのまゝを長年月の間に追々と修行の効によつて玄胎に化成する方法もあるが其れは今混雑を避けて玆《ここ》には云はぬ）わが国の太古にあつた神法の一種で大国主神《おほくにぬしのかみ》が御自身の玄胎と問答されたことも記録に片鱗をとゞめてをるが、其伝は却《かへつ》て支那の仙道に於て保存されて来て居る。併《しか》し我国でも近世に於ても又た最近に於ても玄胎結成に成功した人は現に色々あるのであつて、これは信念の篤《あつ》い人ならば大抵の人に実行し得られるものである。玄胎結成に成功すると自然と神祇に接見する機会も多くなつて神界の規則が少し宛《づつ》わかつてくるので、さうすると滅多に其事を人に語らず殊《こと》に人の前で見せもの式なことは厳に戒められてをり且《か》つ帰幽の状態も多くは平々凡々に尸解《しかい》するから家族の者さへも知らないことが多い。本来から云へば玄胎が結成して年月を積んで殆《ほと》んど肉体まがひのものが出没自在になるやうになると、追々と肉体が衰へて、それから山にでも入れば相当の年月を経て肉体は終に風か煙のやうに自然的に消散し、霊魂は完全に玄胎に宿替へして水に入るも火に入るも自在で天地と共に悠久なる大仙身を成就することになつて居る。けれども左《さ》うした実例は近世では少ないので、多くは普通人のやうな病気をして普通人のやうな死にかたをするのが普通であるから他人にはわからないので、医者も何等かの病名を附して死亡診断書を書くのである。本人も大抵の場合其人本来のムスビカタメによつて病気で苦しみもするし、或ひは苦しまない者もあるが、肉体が生活機能を断絶するや否《いな》や其の霊魂は完全に玄胎に宿替へして大仙身を成就して自在に顕幽両界に出入し得るのである。（神界の統制を脱することは出来ぬけれども。）玄胎結成をやらない人が帰幽しても一種の霊体を具備して主観的にも他観的にも肉体的な個性を保有するけれど、玄胎のものとの区別は色々あるので、たとへば現界の光線中へ其体のまゝで出現することは普通人の死後の霊は不可能であるが玄胎の先生は平気で出入するから汽車に乗込んでも他の乗客と同様の存在なのである。従つて現界の事物を直接に動かすことも出来るので、真に顕幽出入神通自在なのである。玄胎結成をやらなかつた人でも、死後に追々と機会と便宜とを得て改めて其れに類する修行をして殆《ほと》んど玄胎のやうなものを結成することも出来るさうであるが、それにしても玄胎結成の大体の話位ゐは現界生存中に心得て居た方が特別の便利があることは確実なことで、それが因縁となつて帰幽後に又た相当の神仙からリードせられるからである。ムスビカタメ（産霊紋理）の奇霊《くしび》なる神律ほど恐ろしいものはない、一寸《ちよつと》したことが因縁となるのだから交友も読書も其他万事よほど気をつけられなければいけない。正しき霊地に結縁せよと八釜《やかま》しくいふのは左うしたこともあるからである。現界に於て君国のために大功績のあつたやうな人は、帰幽後に於て適当の時期に神界高等政策の発動によつて玄胎同様の作用を兼ねた霊妙な体の保有者となることも出来るさうであるが、われ〳〵には一寸《ちよつと》期待されさうにもないことだ。

欧米の心霊現象に於て霊魂の物質化はエクトプラズムによつて化出されるといふことになつてをる。それはそれとして其れだけな学説として認めてゐゝと思ふが、玄胎はさういふものと異なるので、玄胎は光線によつて崩解するやうなものではない。又た玄胎は原則として其人の正しき修行によつて結成されるもので、偶発的に霊媒質の人へ憑依《ひようい》発現する邪霊の一時的な芸ではない。欧米の交霊現象で相当に光線の影響に対抗し得た霊魂物質化の事例もあるが、いづれも甚《はなは》だしき局限的の現象に過ぎない。又た彼等の間には人間の死後の状態に就て、肉体を棄《す》てたものは幽体の保有者となり（例外もあるが）其れが更らに浄化向上の域に達すると幽体を棄てゝ今度は霊体の保有者となるといふやうな説を行ふものも散見するが、その分類方法は完全な決定的のものでなく、此処《ここ》に話す玄胎のことに交渉して考へられることは徒《いたづ》らに思慮の錯雑を招くだけのことである。

欧米の心霊現象の大部分は殆《ほと》んど低級なる邪霊の悪戯《いたづら》に過ぎぬといふことを私は十年前来機会ある毎《ごと》に説いてをる。それに就て彼等に心酔せる人達が私を評する言葉は紋切形で、「研究が足りない」「ひとりよがり」「頭が古い」「態度が非学術的だ」と云ふやうなことです。半世紀以上にわたつて立派な紳士や代表的な科学者の精緻《せいち》なる苦心研究の結果に成る純然たる科学的文献に対して、私が何故に同情を欠いだ見方をして居るか、それは此の「無方斎閑話」の続稿として次号の本紙上に発表することにしてある。私どもの言ふことも心を平らかにして一度は静かに考へてみられることも損ではあるまい。次号の続稿には日本神国とか日本皇室とかの特殊の問題には言及せぬ、御満足の行くやうに専ら心霊現象の法則と実例とに憑《かか》り、欧米に於ける心霊現象が何故に低級なる邪霊の仕業なるかを証明する積りである。

玄胎を結成して居る人は、現界にをるときに使魂法を行ふにしても、玄胎を結成して居ない人とは格段の相違がある。その一例として昔から面白い実話があつて宮地厳夫翁の「本朝神仙記伝」にも引証してあつたやうに思ふが、簡単に申上げる。宋の神宗皇帝の時代に張柏端（字平叔、号紫陽）といふ仙人が居た。劉海蟾の弟子だが学識もあり立派な人で此人の遺著として有名な「悟真篇」を一読してみても人となりが解《わか》るやうな気がする。その頃入定して神通に達した禅僧が居て或る日柏端と一室に対座して共に鎮魂状態に入り神を飛ばして揚州の瓊花《けいくわ》を見物に出かけることにしたが、柏端が行つてみると僧は一と足早く到着して居た。そこで柏端は僧と共に悠々観賞したあとで、記念のために両人で一枝宛《づつ》折り取つて持ち帰ることを約束して引揚げた。やがて室内では両人とも欠伸《あくび》と共に常態に帰り、僧は袖の中をさがしても花瓣《くわべん》一とひらも無かつたが、柏端の袖の中から取出した一枝は揚州で折り取つたまゝ少しも損せずに現品があつた。あとで柏端は自分の弟子達へ其のわけを話して聞かせたと伝へられるが、柏端は玄胎を結成して居たからであります。（結成せる玄胎にも指導神の系統と修行の程度で種々の段階はあるけれども玆《ここ》には省く。）

玄胎そのものは霊魂ではない、自身の五臓の精気で凝結した霊妙の体であつて、それへ我がサキミタマ（分魂）を入れて百千里の遠きへも飛ばすので、その時わが本体は睡れる如き状態にあるものもあるが平生と殆んど異ならず来客と談論したり又は本人と其の分身たる玄胎の先生と対談したりすることもある。その道に達した人は一体のみならず多数の玄胎を化出して其れ〴〵の自在な活動をさせることも出来ると聞いたが其の実地の場合の模様は私は知つてをらぬ。その時に唱へる祕言等は心得てをるがそれだけでは多数に分体することは行へない。玄胎結成の修行をすると始めは夢の如く煙の如く、或ひは現はれ、或ひは消え、一種の妄想か幻覚かと危ぶまれるが、それを押して慎密に根気よくやつてると段々と形体が濃厚確実なものとなつて行き、眼を開いてもハツキリ見えるやうになり、自分の意志によつて出没自在となり、更らに進んで行くと、玄胎が第三者の人の眼（普通の肉眼）でもハツキリ見えるやうになるが、さうなると余《よ》ほど注意して自重し、みだりに人の眼に触れないやうに密室内で修行せねばならぬ。禅家で弄する倩女離魂の話の如きは其の娘が修行して玄胎を結成し得たのでなく、徹天徹地思ひつめたる結果、変態的に玄胎を化出し、本人は数年間夢うつゝの如く両親の家に寝て居て、化出の娘が相思の青年と逃げ出し数年同棲して子供まで生んだのである。此頃の提唱坊主どもの歯の立つ問題でないのである。その玄胎娘の皮肉や髪や衣服や骨盤や子宮やが突発的にどうして出来たかといふことは、多くの欧米の権威ある科学者によつて証明されたエクトプラズムの作用のことを考へ合せられても幾分か肯定の出来さうなことなのだ。天の妙理として祭り上げなくても科学上の真理として証明された問題で、斯《か》ういふ点に於て、かうした場合に於て欧米心霊学徒の貢献は偉大なものと言ひ得られる。その材料が味噌《みそ》と思はれたものも実は糞《くそ》であつても其の作用のプロセスに対して学問的な道理を発見し得たことは彼等心霊学徒が人生へ対する尊むべき寄与であると許すことが出来る。（エクトプラズムに就ての学説は今日と雖《いへど》も彼等の間に必ずしも総《すべ》てが一致してをるとも云へず又た将来むろん相当に訂正さるべき日がくることを期待せられるけれど其れは別個の問題である。)

玄胎結成の方法は実は色々あるので、修行者の機縁によつて適当の方法を選ぶが宜《よろ》しく、寿書外篇第二巻に収載した「神仙霊感使魂法訣」等も充分参照して考へられるがよい。要するに或る方法によつて眼前数尺のところへ我が五臟の精気を放出凝結せしめ其れへ天之御中主神《あめのみなかぬしのかみ》、高皇産霊神《たかみむすびのかみ》、神皇産霊神《かみむすびのかみ》の分魂降下を祈念して霊胎結成を感想するのであるが、詳しいことは其人を得ずして語ることは許されないことで、まして書きものにして発表することは神仙の厳戒するところだから話せと云はれても矢鱈《やたら》に話せるわけのものでもない。又た或る方法によつて臍下丹田《せいかたんでん》に霊胎結成を感想すれば、年月を積み行くに連れて丹田に宿つた子供が成長し、やがて体外に出入するやうになり、遂には本人と同等の体軀面貌を具備するやうになるのであるが、これは普通に世人が丹田として知つて居る下丹田のみならず中丹田からも上丹田からも出入し、両眼からも出入させる方法があつて、必ずしも五臟神の精気に成る五人の子供が段々成長して一体になるといふことにも限らずして両眼から出入するのは大抵二人の男女で、それが修行が進むにつれて、本人が男性ならば男性に、女性ならば女性に一体に成り切つて了《しま》ふのである。本人が男性であつて女性の玄胎が完成し得られるものならば、それと同棲して衣服の世話でもさせれば気心も合ひ万事面倒でなく好都合のやうにも思へるけれど、たとひ神仙の境地に近づいても多少の不自由はあるもので、あまり便利過ぎないところに神の摂理があるものと見える。……「古神道祕説」の表紙画は、感想範七十二図の中の一つで、それに対する修行方法は大体に於て天行居の格神講の伝書の中にある「魂布禰」の術のやうにするので、五色のうちの何なりとも光る玉をみるのが初歩で、やがては其の図に心を注いで五臓神の精気の化したる五童を結合せしめるのであるが、マアべら〳〵と図に乗つて饒舌《しやべ》り過ごさぬことに為《し》よう。軽信の徒の前に何を言つてみたところで、罪を神仙に負ふだけの話だ。……男が子を生む話を怪まれる必要はない、元来そも〳〵男といふものは女の変化したものなのだ、そこを旧約では反語法で女が男のあばら骨から製造せられたやうに皮肉つてるのだ。尚《な》ほ此の玄胎のことについては別に大いに素晴らしい話もあるけれど、天行居としては言ひたくないことだから申さぬ。古人は「理ありとも事に益《えき》なければ君子言はず」と言つた、これが私の信条だからである。

　春やむかし二十年ばかり以前のことだから相当に古い話だ。刑法でも二十年たてば無期懲役でも時効にかゝるさうだから、今更ら山の神から叱られる心配もあるまいから話すが、妙な女に引ツかゝつたことがある。四月の下旬か五月の上旬頃だつたと思ふが、私は紀州の山の中を徒歩旅行してゐた。馬鹿に霞が深く立ちこめた日で、わづか二三丁さきの山の裾もぼかしたやうな日だつた。どこからともなく出現した婦人と三時間ばかり道づれになつたが、その婦人のいでたちが振《ふ》るツて居る。銘仙縞の袷《あはせ》の裾を短かくからげて小さな風呂敷包みを肩にかけ、その風呂敷包みの紐《ひも》に八寸ばかりの短かい祓串《はらへぐし》みたいなものを突ツ込み、黒い男物の洋傘を杖にして居た。顔は日にやけてるが愛嬌のある顔だちで無造作に櫛巻きにした髪の豊かであつたことは今でもハツキリ記憶にある。年の頃は二十才位ゐにも見えるし三十才位ゐかとも思へないこともないえたいの知れない御面相だつた。別に荷物らしいものがないから着のみ着のまゝだらうが肌着なども何《い》時洗濯《つ》したものか、花見虱《しらみ》も……と考へて成るべく離れてあるいた。言葉は上品でなく山陰の、鳥取あたりのやうな音調で、一見旧知の如く無遠慮に間断なく話しかけるので聊《いささ》か気味わるく感ずる位ゐであつた。話の模様では那智あたりを巡遊して来た田舎廻りの女祈禱師らしかつたが、さうでもないらしく思はれる点もないこともなかつた。とゞのつまりが風呂敷包みの中の本が重くて困るし自分には読めもしないから買つてくれといふ問題だ。私も其時は切りつめた旅費であるいてるので余裕は更らにないのだが、僅《わづ》かなことで拒《こば》むのも調子抜けがしたので、何の本か、易か禁厭か兎《と》に角《かく》見せよといふと、さきに金を受取つてから其れから見せてやると飽《あ》くまで人を喰《く》つた話、「馬鹿野郎」と一喝して斥《しりぞ》けようかとも思つたが、神社参拝の途次でもあつたし忍耐して二円か三円かの金を彼れに渡した。風呂敷包みの中から笑ひながら出して私に呉《く》れた五六冊のものは何でもない有りふれた仙書だつた。黄陽子の内外金丹集だの問答丹髄経だの瓊宮五帝内視法だので、別に一冊のうすい写本と其の写本の口伝を書いた巻物が一巻とであつた。「師匠から貰《もら》つて長年間持ちあるいて居たのだから駄賃だけでも五円や十円の値打ちはあるよ、モツト奮発すればいいのにお前さんはしぶいよ、安いもんだ」と言ふやうなことを言つて、やがて丁字形になつた道路の分岐点で別れてしまつた。半丁ばかり行つて振り向いてみると、人ツ子ひとりもゐない晩春の紀州路は、夢のやうな霞に包まれて、それらしい姿も見えない。珍らしいことでもないがその夜に旅宿で紙入をしらべてみると、彼の女に渡した金が其のまゝあつた。

その写本といふのは玄胎のことを書いたものだが、拙い大きな字で六七枚のそまつな紙に書いた短かい文章で、これと殆《ほと》んど同文のものが世間に二三散らばつてることを後になつて発見した。強ひて秘密にする程のものでもないから此処《ここ》に其の全文を御目にかける。

夫レ神仙ノ学、上ハ黄帝ノ時ニ見《あら》ハレ、伝テ老子尹喜ニ及ビ、降テ秦漢唐宋ニ至ルニ及テ其道愈《いよいよ》盛ニシテ以テ今日ニ至ル、故ニ其ノ経書ニ於テモ黄老ニ出ル者甚《はなは》ダ少シト雖《いへど》モ爾来其説愈多ク終ニ一千六百ノ傍門ヲ見ルニ至レリ、顧ミルニ上世其道ヲ究尽シ偏セズ倚セズ其正道ヲ得テ所謂《いはゆる》後世ノ宗旨タル者ハ其レ殆《ほとん》ド唐ノ呂純陽歟《か》、然レドモ浅学好道ノ輩或ハ其書ヲ読ムモ其意ニ通ジ難ク又博学好道ノ士ト雖モ時ニ或ハ其ノ微旨ヲ窺ヒ難キモノアリ殊《こと》ニ其ノ経書ト雖モ亦未《またいま》ダ説キ著ハサヾル者アリ故ニ後世道ヲ好テ却《かへり》テ道ニ死スル者有ンコトヲ恐レ此ニ隠祕ヲ闡発《せんぱつ》シテ篤信好道ノ士ニ伝フ然レドモ是レ神仙ノ口伝密訣、仙骨無《な》ンバ妄リニ伝フルコト勿《なか》レ、文字ノ平易ヲ以テ卒忽ニ失スル勿レ、文字ノ平易ナルハ浅学好道ノ士ヲシテ至道ハ繁《しげ》カラズ神仙求メ得ベキコトヲ明了セシメンガ為ナリ若《も》シ之《これ》ニ違背セバ恐ラクハ玄律ノ譴責《けんせき》ヲ蒙《かうむ》ラン

仙経甚ダ多シト雖モ其説殆ド枝葉ノミ、其根基至テ簡ニシテ至テ明、至テ要ニシテ至テ祕、故ニ好道ノ士若《も》シ此根基ヲ行ハヾ枝葉ハ坐《ゐ》ナガラ致スベキノミ、而《しか》シテ仙経多クハ祕シテ之ヲ著ハサズ、只《ただ》多クハ他ノ小法ヲ説ク、蓋《けだ》シ其道禅法ニ似テ観想ニ係ル、故ニ道蔵ニ曰《いはく》、感想之祕術五百年一出伝好道仙官至人伝之歃血而盟委質為約云々ト蓋《けだ》シ略言スレバ聖胎ノ出ル即チ一心ノ凝結ニ在ルノミ故ニ神仙ノ道ハ心魂ヲ凝結セシムルニ在リ心魂既ニ能《よ》ク凝結スル時ハ肉体終ニ散消ス於此不老不死神変万化ノ道極ル之

ヲ神仙ト云フ也、而テ其ノ心魂ヲシテ凝結セシムルノ行法仙経ニ於テハ鉛汞竜虎沐浴火候等其説累々トシテ目ニ充《み》チ耳ニ塞《ふさが》ルト雖モ如《かくのごとく》此煩ハシキヲ要セザル也、只克《よ》ク極メテ精神ヲ鎮静シ心魂ヲ安正シ昼夜慾心ヲ去リ貪心ヲ断チ心妄念無ク眼神外ニ馳スルコトナク耳聞ク所無ク鼻嗅《か》ク所無ク俗ヲ離レテ静所ニツクヲ良シトス、而テ常ニ力ヲ臍下丹田《せいかたんでん》ニ入レ専ラ嬰児此処《ここ》ニ存在スルコトヲ観想ス、観想シテ止マズンバ終ニ従テ嬰児ヲ結出ス、既ニ嬰児結スルトキハ或ハ目ヨリ或ハ耳ヨリ或ハ鼻ヨリ躍然トシテ出入ス、如此シテ嬰児堅結スルトキハ能《よ》ク変化ス於《ここにおいて》此去来我意ニ従フ可《べ》シ以上即チ是レ神仙口伝密訣、仙経多シト雖モ此祕法ヲ泄漏スル者少シ、猶《なほ》疑フアラバ去テ仙経ヲ見ル可シ、然ルヲ我レ既ニ之ヲ明記ス、好道ノ士幸ヒニ此伝ヲ得バ須《すべか》ラク祕重シテ宝持セヨ矣

これに続けて二三の仙法が附記してあるが玄胎のことに関係ないから省《はぶ》く。何だ他愛もないことと思ふ人は、思ふ人が其れだけの人なのである。「ウンさうか」と早合点は大禁物、斯《か》うした問題に興味をもつ人の中に、博識先生が多くて、「ウンそれは斯く〳〵の原理だよ」と何も彼も手軽く片づけて了《しま》ふ。だから九分九厘まで行つて其の奥が手に入らないのである。何も彼も理窟倒れになつて終るのみで結局何の得るところもなく老い込んで行くのである。まじめな敬虔《けいけん》な「信」があつて、人は人、我れは我れ、わき見をせずに進む節操ある求道者が結局いつの間にか神仙の啓導を受けるやうになつて洞中の風光を目睹《もくと》し得るに至るもので、一寸《ちよつと》した試煉に会つて忽《たちま》ち信仰をぐらつかせて自分の良心を欺《あざむ》く勝手な理窟を並べ立てるやうなことでは、柳に飛びつく蛙にも劣る話だ。神仙の道を正しく辿らんとする人は折角のことに本腰でやつてもらひたいも

のだ。いかにテムポの早い今の世の中でも、道を為《をさ》むるものは気が短かくてはいけない。おろたへずに奇を求めずにあせらず根気よく撓《たわ》みなく、春日へ屁古をついだやうに気長く、まッ直ぐに歩いて行くことが肝要で、「正神の守護のもとに」といふことが第一条件なことも忘れてはならぬ。何も彼も与奪の権は要するに正神界の帷幕に出づるからである。

私を罵倒しながら本を売りつけて行つた女は其後は夢にも出てこないが、右に転載した書きものの中に呂純陽のことが書いてあるが、呂純陽は成るほど仙人の見本見たいな人であつたらしい。彼れが修行中にも千年後の求道者を警《いまし》めるに足るやうな佳話が沢山ある。純陽は号で本名は呂巌、字は洞賓、唐の蒲州永楽県の人だ。詞賦文章にすぐれてゐたが酒は好物であつた。神仙道のことは少年時代から研究もし修行もしてゐて多少の得力もあつたけれど、いよ〳〵彼れが堂に入つたのは終南山の雲房といふ神仙に会見してから後のことである。師の雲房は純陽の精神をためす為めに前後十回の試験をした。それは何れも大抵の人間がぐらつきさうな難問題ばかりであつた。此頃の多くの青年みたいに、自身の僅《わづ》かな生活上の理由や感情の行きちがひ位ゐで、忽ち掌《てのひら》をかへすやうな非道義の言行をなし、自分で自分の良心をくらますために都合の好い論理を組み立て、偽りの安心をして偽りの正義に立ち、同類を引いて自他共に魔道に堕ちて行きつゝ、強ひて正義の面をかぶるやうな者とは世界を異にする求道者が昔は多かつた。信義節操といふものが生命にも換へられない尊いものであることは昔も今も変りはないが、この至大至高至粋なる人間の宝を、よごれた足袋と同様に考へる人間が何うして正しい神祇の道を奉ずることが出来よう。信義節操を軽んずる心は魔の心であつて、魔の心から発する言行は如何《いか》に表面論理的で美しく正しく飾られてあつても悉《ことごと》く魔行である。唯物史観に立脚せる現世界の新思想なるものが要するに信義節操打破の呼号で周到なる大悪魔の経綸に出づるもので、それは今や決して所謂《いはゆる》左傾種族の信条たるばかりでなく有らゆる方面の人達の心臓に知らず識らずの間に巣喰《すく》ひつゝある微妙の病毒であるから、特に正しい神祇の道を奉ぜんとするものは一層の注意反省を要し、これは少し怪しいと気がついたら行きがかりの感情などに弱々しく引きずられず、やまと心を振り立てゝ断乎《だんこ》として正道へ立ち帰ることを忘れてはならぬ。呂純陽が修行中には幾多の難関に見舞はれた。モウ忍耐が出来ない師匠の雲房へ反抗して神仙道の廓清《くわくせい》派気取りで自分だけに都合のいゝ純陽宗でも開店しようかと惑ふべき危険な閃光《せんくわう》が何度か彼れを取り巻いたが、さすがは呂純陽、窮して乱せず、周囲の煽動《せんどう》にも乗らず死すとも信義節操を破らずとの誓ひを立てゝ忍ぶべからざる苦みを忍びつゝ人生の最難局に処しつゝ霜辛雪苦して時を待つたが、節操を苦守した誠は天に通じて真に神通自在の身となりて顕幽両界のために大なる功徳を積み、終に尊き天仙の列に入り得たのであつた。

純陽が受けた試験は経済上の迫害やら深刻なる精神上の危惧やら徹底的な生活上の不安やらで、いづれも身の毛もよだつやうな事件ばかりであつたが、その中に風変りなのが一つあつた。それは彼れが山中の茅屋に独居せるとき妙麗の美人が山路に迷うて宿をもとめ、夜が更けると、それとなく純陽に発心させるやうな嬌態を演じて三日三晩滞在したが、純陽は志を守つて動かなかつた。それも実は師の雲房のさしがねでやつたことではあるが元気旺盛な純陽のためには相当の苦手《にがて》であつただらうと思ふ。昔の哲人も、災ひは天より降らず婦人より生ずといふやうなことを云つてをるが、これは簡単卑近な問題で何でもないことのやうで実は有らゆる場合に考慮さるべき宇宙の祕密だと云つて可《よ》い。諸君自身に幸ひに体験がないとしても親族や友人や知人の身の上をよく考へ合せてみられると、普通あまり気のつかないことであるが実に怖《おそ》ろしいことであることがわかるであらうと思ふ。人間といふものが男も女も生れながらにして各自に一つ宛兇器《づつきようき》を携帯してをるのであるから、これを雑居せしめておくことがそも〱危険極まる政策ではあるが、さりとて別々の檻《をり》へ入れておくわけにも行かないし、多分神様としても此れが永久の悩みであらせられることであらう。しかし女といふものがこんにやく玉のやうに悪の固《かた》まりだといふわけではない、善悪とか正邪とかいふ秤にかけるならば男も女も同じやうなものであらうと思ふ。仏道では女人悪人といふ四字が何時《いつ》でも熟語になつてるが、女の怨みといふものは恐ろしいもので此頃の若い女は御釈迦様に尻を向けてバテレンを拝むやうになつた。キリストは生涯独身であつたために世界中の女の微妙な或る心理作用で女には受けのいゝたちなんだから無理もないが、お釈迦様も女子仏性ありといふ位ゐなことは言はれたらうけれど如是我聞の記者等が書き落したのであらう。如才のない日本の坊さんたちから何れ其のうち訂正される筈《はず》だから仏教は第二版が出るのを待つがよからう。そんなことは兎《と》も角《かく》として、女が男に働きかける交渉に往々にしてマガコトの起ることは、伊邪那岐《いざなぎ》伊邪那美《いざなみ》の神様以来のことで、今更らどうすることも出来ず、馬鹿でも困るし、賢《かし》こけりや牛の値に影響するし……これは同志中の男子諸君だけへ内証の話で、先づ此れ位ゐのところでやめぬと失言問題を起されても気の利かぬ話だ。……男女の交渉が悪いことはない。わが国は神世以来兎《と》に角《かく》その何では夜の明けぬ国とも云ふし、むつかしく云へば森羅万象みな陰陽の調節によるのであるが、それだけに至大なる注意と節制と倫理的規則を要するといふので、労農ロシア式の両性観は無論人道に非ずして獣道である。話が逆もどりするが、日本近世の禅坊主の中にも呂純陽の話と酷似した実話があつて、其の坊さんは夜中炉辺へ行つて焼こてで自分の物に荒療治をやりかけたので、一夜の宿を求めた美人が飛んで行つて謝罪したといふことであるが此頃の坊さん達は「同業の中にもあんな馬鹿な奴があるから世間から馬鹿にされるんだ」と力《りき》んで居られる。千金方には「男は女無かる可《べか》らず、女は男無かるべからず」云々と説き、仙道に於ても房中法の如きについては著述も馬に喰《く》はせるほどあるのであるが、世の中を益するよりも害する方が多いから普通人は読んではならぬ。男子四十以上になれば誰れにでも永久的に性の抑制といふことは出来る筈だ。志を高尚にして精神を君国の問題、神仙の道に集中すれば、おのづからに是れ無用の長物である。或る老人八十にして勇壮なり、人その祕訣を問ふ、曰《いは》く「我れに神祕の妙薬あり、五十年の独睡丸を服む」と、其の老人は三十にして妻に死別し、それ以来浄潔な生活をつゞけて来た人である。……今日は大阪の同志〇〇〇氏〇〇〇〇氏から粟田口近江守忠綱の一刀を贈つて来られた。精神を静めて斯《か》ういふものを見入つてをると、焼こての如き閑家具に要は無い。刀剣の手入れをしてをる時には色々な問題の苦労も洗はれたやうに忘れて了《しま》ふ。古人が誠をこめて打つた刀といふものは徳のあるもので、新刀でも筋のいゝものの前には、おのづからに一種の感応道交を感ずる。神仙界でも宝器の中に必ず刀剣があることも道理のあることで、決して人を斬るためのものでなく、おのづからに神武不殺の徳が神仙の威徳を表徴するのである。

天地の間は感と応とのみであるから、其の感応の対象を選択することに注意しなければならぬ。人間と人間とでは感応が一層密接だから格別な注意を要する。人をも毒するが人からも毒せられる、人をも浄めるが人からも浄められる。殊《こと》に宗教的または其れに類似する団体の中心人物の如きは、其人が特に霊感的である場合一層その集団の人々のために精気を放出するから、それを常に回収し調節するやうに工夫しなければ、第一に肉体の障碍《しやうがい》を受けてやり切れない。同志中に病人が多い時には矢張《やはり》其の影響を受けるし、同志中に煩悶者が多いと自然と心が暗くなり、清明快活な人が多い時には又た別人のやうに壮快になるので、それを横からみて複数人格の所有者だとか「お天気屋さん」だとか言はれるやうになる。そこで一を守つて身心ともに影響を受けまいとすると、相当の工夫を要する。仕事の忙しい時には自分の一身のことなんか工夫してゐられないから、ウツカリするとやられて了《しま》ふ。大小深浅の差こそあれ此れは如何なる立場の如何なる人にもあることだが、それに気がついてるやうで案外に皆な無頓着なのだ。併《しか》し一般社会はマアそれで可《よ》いのかも知れん。かげ膳を据《す》ゑるといふやうなことも無論たれがやつても真心さへあれば誰れに対しても必ず或る程度まで感応するもので、信実の心をこめてすれば千里の遠きに居る友人のために、浄几の上に毎日コツプ一ぱいの水を供へてやつても必ず感応する。自分の思念にもスガタ（相）があるのだから善き姿を造つて人類相互に善き感応を組織するやうにつとめねばならぬ。相手の人に知らせずとも第一に神が知つてをられ、天地が知つてをり自分の心が知つてをる。いつかは相手の人に通達しない筈《はず》がないのだ。否《い》な感応はラヂウム線よりも速疾だから即座に必ず感応通達してをるけれど相手の人が自覚し得ないことがあるといふ迄のことだ。つまりが帰幽後には顔々相照らして一切の思念がハッキリとわかる。コップの水どころか、思ひが凝れば千里を離れて性の提供まで出来るのだから感応の作用ほど恐ろしいものはない。人を怨むといふことが最も悪いことだが殊に自身の方が不正当でありながら勝手な理窟で人を怨む者は早晩かならず魔のけんぞくとなつて顕幽ともに恐ろしい冥罰を受ける。それは私自身が過去二十年間実地に見聞しただけの事実でも余《あま》りに明確に立証されてをる。

玄胎のことについて万一誤解する人があると厄介だから識神のことを一言しておかねばなるまい。古記録に散見するところを綜合してみると、安倍晴明は識神（式神とも職神とも書く）を能《よ》く使ひ又た他の術者が化出した識神を随意に与奪したやうである。或る日晴明のところへ播州から一人の老僧が尋ねて行き、陰陽道の弟子入りをたのみ込んだ。其時その老僧は二人の童子を伴に連れて居たが、晴明は此の老人たゞ者に非ずと見て取り、伴に連れてる二人の少年も識神なりと看破して手を袖に入れて印を結びて咒し、さりげなき顔にて、いづれ又た日を改めて来訪あれと体裁よく玄関払ひを喰《く》はした。老僧は門を出て一二丁行つて頻《しき》りに周囲を見廻し二人の童子の居なくなつたのに驚いて引返し、晴明の前に今度は心から叮嚀《ていねい》に頭を下げて、どうぞ童子を返して下されと云ふ。晴明は「これは心得ぬことを仰せらるゝものかな、拙者が何故に人様の伴の人をかくすべきや」と空嘯《うそぶ》いた。老僧は愈々《いよいよ》謝罪して、さう仰せられずにどうぞ返して下されと嘆願する。そこで晴明は、他の人ならば兎《と》も角《かく》も、この晴明をためさんことは少し困難なるべしと言ひて、手を袖に入れて咒を解くや、二人の少年は門から走り込んで来たので、老僧は其れを連れて逃げ出したと伝へられる。晴明は平生みづから十二神将を使ひ、晴明の奥さんが其の十二神将の顔に怖れて困るので、用事のない時は十二神将を一条橋下に封じ込み、用事のあるたびに呼び寄せて駆使したとあるが、その姿が第三者にも見え、白昼でも崩壊しないのだから欧米心霊家がエクトプラズムで化出したやうなものよりもちが良いし且《か》つ一層実用的だ。出定笑語には「安倍晴明は式神を使ひ、それで不思議を見せたとありますが、その式神といふは死人の霊を使ふことと見える、斯様《かやう》のわざするやから、むかしは僧どもはもとより、外にも多くありました、そのうち法師のしざまがにくいでござる」と書いてをられるが、式神と呼び得らるゝ範囲は相当に広く、それには色々のものが居り、殆《ほと》んど普通の人間と見わけのつかない存在者もあれば、さうでなく普通人の肉眼では或ひは見え或ひは見えざるものや、又た奇怪なる霊物やがあつて、相当に上下の段階もあるので、その大部分が邪法でも其の総《すべ》てを邪法といふのは無理解な判断である。古歌には、「しきのかみ」ともあるが、この式神といふ言葉が甚《はなは》だ不鮮明な広い意味を有《も》つてることをわきまへて居らぬと、余りに同情のない批判に陥ることがある。名門の紳士であり政府の高級官吏であり（従四位、天文博士）又た其の交友関係等から見てもであるが、私は又た或る別の方面から考へて、晴明の術を邪術と断定することは出来ないのである。むしろ当時流行の邪術邪法に対する取締者審判者制裁者としても晴明の存在は朝廷のためにも政府のためにも必要であつたと私は認めてをる。又た彼れが支那へ行つたといふのも嘘の皮で賀茂忠行及び其子保憲の学統を承けたことは大日本史所記の如くであり、又た其母が狐だなんていふ説は無論俗説取るに足らないのである。しからば晴明は玄胎に就て如何《いか》なる立場にあるかといふと、無関係だと私は思ふ。彼れの術に化出されるタチの良い式神、高級式神と雖《いへど》も其れは彼れの玄胎ではない。それは全然別系統の別の術によるものである。晴明は支那流の陰陽道の極意を究め、一面に於て我が太古神法の一部分を何ういふ系統によつてか相伝してをることを私は或るところで確かに突きとめて居るので、私はひそかに舌を巻いたこともあつた。けれども彼れは玄胎結成といふことに就ては何等の考へが無かつたであらうと私は信じてをる。とにかく私の親愛なる友人諸君が、玄胎と式神とを同じものの様に誤解されてはならぬといふことを附言するために、こんな話をしたのである。序《つい》でに言つておくが、我国の古典に散見するイキスダマ（伊岐須太万）といふものは又た別な劣等なものだ、和名鈔には窮鬼の文字を当てちよるが、窮鬼にも二た通りあつて、所謂《いはゆる》貧乏神といふ妖精と、有りふれた怨霊との二種で、我国にイキスダマと呼んでるのは大抵の場合に於て怨霊のことで、幽体を有する邪霊なのである。おちくぼ物語、源氏物語葵巻などにあるのが其れだ。そんなえげつないものを神聖なる玄胎の問題と混同されてはならぬ。近代科学の産物たるアメリカあたりの人造人間と玄胎とくらべて考へる程の風流人もあるまいから、そんな問題にまで世話を焼く必要は無からう。

新聞をみてゐると、迷信打破といふやうな文字が一月頃の雑誌の広告に毎年の如く並んで居るが、それは至つて結構なことで大体に於て我々に於ても異存はないのであるが、併《しか》し人間が医薬を妄信するの害を説くあまり、医薬そのものを排斥するやうなことは、角《つの》をためて牛を殺すよりも無分別なことである如く、それに類する意見が恥《はづ》かしげもなく毎年顔を出してるのは遺憾な事である。

斯《か》ういふ方面に努力する学者は、迷信の大部分のものの根源は要するに陰陽五行説であつて其の起源を探つて一向に其れが無価値であることを明らめれば、おのづから迷信の大部分が消滅するものと見てをられる。そこで斯ういふ方面の代表的意見として、新城新蔵博士の「東洋天文学史研究」「こよみと天文」、飯島忠夫博士の「支那暦法起原考」などを通覧し、又た京大関係の支那学会の機関雑誌等も多年一瞥《いちべつ》して来たのであるが、こんきよく仮説が整理されてあるといふ以外に、五行説の起源に対しても格別な御意見もなかつたやうに記憶してをる。根本問題として古文書に証拠がなければ思想の存在をも否定するといふ理由は学問的に肯定し得られないことである。文献なり又は出土品の器物の中に、五行思想の存在を反映するものがないからと言つても、それが五行思想の存在を否定する積極的理由にはならないのである。人智の発達につれて、天の五星等が認められるやうになつてから、五行思想が威張《いば》り出したやうな考へ方も勝手な議論であり、又た昨年「神と人とのライフサイクル」と題した講演のときにも少し話したやうに思ふが、われ〳〵人類は超越せる指導者にみちびかれつゝ、数万年の地上生活を経《へ》て来たので、造化三神のイブリが神ながらに宇宙の五気となつたもので、五元の神の実在することも正しい古伝にあるのみならず神界の実相を実地に目睹すればわかることで理窟ぬきの問題である。けれども其れは科学者の前に話したとて只《た》だ勇敢な荒唐不稽談と一笑し去られるだけのことであらうから、今それは言はぬが、百歩を譲つて普通の支那学者や天文学者等が言はるゝ如く五行説が二千年前なり三千年前に未開人中の智者によつて発明された規則に過ぎないと仮定したところで、二千年又は三千年前よりこのかた東洋人の大多数が五行説に支配された事実を否定する者は一人も居るまい。然るに過去茫々数千年間にわたる幾百千万人の五行説に支配せられた霊魂が、其の子孫の世界たる現界の東洋人に緊密強大なる感応を及ぼしつ、あることを何の理由によつて否定することが出来るのであるか。それが迷信であれ正信であれ善であれ悪であれ感応の事実は動かせないことなのである。普通の心理学上の予期作用とか恐怖観念とか潜在意識とかの結果でなくて、当事者が全く無関係の状況におかれてある場合にも、五行説に基づく感応が容赦なく実現するのを何故に見まいとするのであるか。私は実はクダ〳〵しい吉凶だの方位だのいふことが嫌ひで、少年時代から無方道人とか無方庵とか号して来たほどであるけれど、事実は事実として認めなければ致し方がないのである。で其の感応の事実を無理に否定して臭い物へ蓋《ふた》をするやうなことをするよりも、その感応の事実を認めて、追々に其の弊害を除去する方法を研究して対策を講じ、五行説に駆使されずに逆に此れを駆使するやうにし、又た名実ともに全くの迷信たる丙午《ひのへうま》の女の説の如きを次第に削除消滅せしめるやうに努力したいものだと考へてをるのである。或る都市で建築業をやつてる某工学士の話に、どんな新らしい知識階級の人でも、その住宅設計を依頼してくる場合に家相のことを云はぬ人は十人に一人位ゐしかないとのことで、しかも其れは大抵内密の条件であつて、落成式の祝宴に友人を招いて気焔《きえん》を吐く時には「家相なんぞは迷信だが、併《しか》し此の家はおのづから家相の上からも悪くないさうだ」なぞととぼけてる人が多いさうであるが、これが恐らく、偽りなき今日の社会相であらう。これは新らしい知識階級の話なので、以て一般を推して今日の日本人の実生活と五行関係を知る事が出来ると思ふ。新らしい上にも新らしい新城新蔵博士のやうな人は多く居られないのである。

とにかく五行だの陰陽だのいふ言葉が、さながら無智無学の表徴のやうに誰れも考へてをるのだから表面そんな言葉は今日の社交語から葬られて居るやうであるが、無霊魂論者なら兎《と》も角《かく》も滑稽なのは心霊学徒だとか霊魂論者だとかを以て任じてをる人達でも五行説めきたることは一切みとめまいとする傾向のあることである。それは欧米の心霊現象に五行説が滅多に見参せぬから、そんなものはおくびにも出してはならぬと体裁を繕《つく》らうて居るのであらうが、民族性と心霊現象の関係、現界と霊界との交渉が如何《いか》なるものか其辺は十分承知してをりながらのことであるから、明らかに思慮が矛盾してるか、心臓が二つあるかであらう。

序《つい》でに一言しておきたいのは、古来周易を講ずる学者の中に、五行説を排斥する人が案外に多いことである。詳しい議論は略するが、易は災祥の応を説いたものである。これなくば所謂乾坤《いはゆるけんこん》息むにちかしで以て易のみるべき無しである。その災祥の応を説くこと直接には三代の古礼に発するもので、礼記の月令をみよ、逸周書と淮南子《ゑなんじ》の時訓をみよ、月令は周公の作にして決して呂氏の私に作りたるものでないことは蔡仲郎最もよく之《これ》を知り馬融、賈逵同論であつて鄭玄の知るところでないのだ。月令や時訓が五気五行の神律を述べたものに過ぎぬことも今更ら言ふ迄もあるまい。中古以来の俗学に迷はさるゝことなかれ。このこと大正十二年十一月十一、二日、下関の山陽ホテルに於て長井金風と徹宵暢論、今や彼れ去つて地獄に墜ちたるは惜《をし》むべし。金風の書いたものの中に左の一節があるのは世人の知るところだ。

余前年、仏国の一学士と約し相講明するところあり、これもと科学的にも哲学的にも言ふべきもの甚《はなは》だ多し、書未《いま》だ成らず、災祥の説信ずべからずば科学に何か有らん、古への人は言を設くる約に過ぐるに似てその実は甚だ備はれり、文王周公は数学に長じ物理学に精《くは》し、その物を見るや周詳にして、その論思は必ず帰納的にして、縝密《しんみつ》を極む、しかして其の言に出づるや約にして、しかして物に像る、皆今人の思議するところにあらず、易は電磁学に根基して、もと物理学的に考察せり云々。

こんなことを私が言つたからとて、私は決して此頃の、九星だの易だの家相だのを街頭に弄する聖人君子の徒の尻押しをする考へは毛頭持ち合せてをらぬのだから徳川期以来の俗書に出入する先生と話のウマは合はないし又た今時そんなひまもない。先達ても或る人から遁甲のことを聞かれたけれど左様《さやう》な問題に就ての私の話は、すこし世間と異なるのだから簡単に話したのでは解らないから一切返辞しなかつた。真の学問といふものは正しき伝を尚《とふと》ぶので、普通の書きものを精出して読んでみたところで、たいした獲物があるわけのものでもないのだ。何と云つても遁甲学では、恐れ多いことを申すやうだが天武天皇様が一等星の如く光つてをられるやうである。潜竜体元洊雷応期の徳を以ち給ひて古事記を阿礼《あれ》に口授し給ひたる人皇四十代天武天皇が天授の聖智を以て遁甲の学に暁通せられ且《か》つ御親《みづか》ら実占を遊ばされたことは日本書紀を始め権威ある古典に明記せられてあるところである。壬申の乱に就ては俗学と我等と所見を異にしてをるが今それは申さぬ。元来上古には式占と云つて六壬、太乙、雷公、遁甲の四種の占法を総称したので、その内太乙式雷公式は朝廷にのみ用ひて民間の私学を禁じ、犯す者は律に当て丶処分せられる制度であつた。併《しか》し此の四種の式占は何れも遁甲学を本とするところの遁甲占法に外ならぬのである。式占の式といふ字は実は栻《ちよく》といふ字から転じて来たのだが面倒だからそんな話は略しておく。遁甲は又た奇門とも云つて、この法に占術と隠形術の二種があり、隠形術は支那では孫権の陰陽遁甲順化七鬼役使大変化五行運転訣の如きが正しいものとせられてをるが日本には伝はらない。推古朝に百済《くだら》の僧観勒が来朝して貢献した遁甲学も占法に属するものだ。式神は式占を訶護《かご》する東洋流の神、神と云つても余り高級ならざる霊神であつて、併《しか》し決して邪神ではないのだが、それは其術を知る者の頤使《いし》に従ふものである。それを後世一般の游魂邪鬼の類を駆使する現象と混同して了《しま》つて識神として正邪上下の審査無しにブラツクマジツクとしてみるやうになつたが、それは無智無識の致すところで、この頃の狐憑《がか》りや狸憑りを神憑《かむがか》りと混同してるやうなものだ。この点に於て私は晴明のために弁護することを不快としないのである。遁甲に就ては支那でも日本でも古来沢山の俗書が横行してをるので、写本類で祕書とか何とか勿体《もつたい》ぶつたものも象が汗するほど沢山にあるのだが、殆《ほと》んど悉《ことごと》くが蕪陋《ぶろう》みるべからざるもので、多田鳴鳳輩の愚書を獲《え》て得々たる連中などの夢にも知らぬところのものだ。くしびなる天縁によりて遁甲に就ては少年のころ神祕の正書二函を授かり、寝食を忘れて此れに参することを幾星霜、神祇の幽賛冥助によつて漸《やうや》くにして稍《や》や自在を得るに至つたのは僅《わず》かに二三年前来のことだ。天武天皇の遁甲学は完全に無方斎に於て崇祕し居るところで、世の陋者と倶《とも》に語りがたいのである。それでも世の中には別にどんなものがあるかも知れんと思うて、昔は随分百里を遠しとせず借覧に出かけたり、相当に苦労もしたり馬鹿もみたり金も使つたりしたが、参考になるほどのものさへ曾《かつ》て一も無かつたので十年前来は一切そんな馬鹿な努力もせず何処《どこ》にどんな祕書があると聞いても気にかゝらなくなつて了《しま》つた。世の遁甲を語る者と席を同じうすることを好まないのは、冠を弾じ衣を振ふ所以《ゆゑん》である。

世の中は何も彼も玉石混同してをるのだから其の玉石を見分けるやうになる迄が一《ひ》と苦労なのである。先年或る大学の法科の助教授が来談したときの話に、大学を卒業しただけでは何の力もあるものでなく漸くにして筋の良い書籍の所在がわかるだけのもので、ほんとうの研究は其後の努力によるのですと云つて居たが、何の学問でも筋の正しい研究の対象物を発見する迄の修行が骨が折れるので、玉石を見わけるだけの見識が出来れば屁《へ》の字なりにも一人前だ。神仙道に用ふる霊符のことなどに就て考へてみると一層この感を深うするのである。いや霊符のことばかりでなく元来神仙道そのものが世の中に理解されてをらぬので、支那学専攻の学者たちにもまるで解《わか》つて居ないのに驚くのである。その理由は他にもあらうが、第一には最初から神仙の存在を否定してかゝつてる仕事なのだから三浦環女史が貞操の研究をするやうなものであつて彼等に其の研究を委するのは犬に糞《くそ》をことづけるやうなものである。第二には神仙道の著述に偽書が多く、普通の学者には真偽の区別が困難で且《か》つ真書の中にも沢山の後人の偽筆がまじり、偽書の中にも真伝が織り込まれ、真書も大切のところは特に書き落してをり（それが神仙道の法則である）且《か》つ隠語が多いからで、先年も東京の有名な書店から仙道の修養法を説いた本が刊行されたが果して滑稽な、けんたうちがひのものであつた。雲笈《うんきふ》や道蔵にも色々の異本があつて、その中の珍書について又た其の中でも真偽を見わけつゝ、神仙の啓導のまに〳〵研究すれば、読む研究も悪いとは言はぬが、神仙無縁の学者には困難なことだ。支那のもので佳本秘笈《ひきふ》の類は推古天皇様の時代に百済国から琳聖太子が持《も》つて来られて周防の多々良浜から上陸せられて此の処に居られたことが古記にあつて許されて写したものもある。多々良浜といふのは此の無方斎から東方僅かに数丁のところで、昔は其処《そこ》まで海が入込んで居たので今日と雖《いへど》も其のまゝ地名の多々良を称し其処に在る毛利公爵邸も此の附近の人達は現に多々良邸と呼んでをる。近ごろでは大和の法隆寺に玉女隠微や墨子枕中五行記の佳《よ》いものがあり京都の某寺に霊宝五岳真形図の異巻で筋のいゝものがあつたさうだが今日では所在不明らしい。筑前に雲笈道蔵の異本や淮南鴻宝万畢術記が隠されて居た。支那では兵火で焼かれたり神仙にかくされたりして碌《ろく》なものは残つてをらぬ。先年上海で改版した道蔵の如きも俗悪なもので、あの大部なものを御苦労千万な話である。やはり日本国が神仙の祕区だから、結局は不完全ながらも日本国土内に筋のいゝものは祕蔵されてゐるのである。支那の神仙道で男子の登仙得道する者を掌《つかさど》り給ふのは東王公であるが、東王公とは木公とも東王父とも太昊伏羲《たいかうふくぎ》氏とも扶桑太帝とも大真東王父とも太帝君とも泰帝とも燧人《すいじん》氏とも庖羲《はうぎ》氏とも呼んで日本の或る高貴の大神が支那上古の民を化導された時の神徳を後世から尊称してをるので又た太玄生符を掌り給ふ少童君は太乙小子とも泰乙元君とも東華方諸青童君とも青君とも泰一小子とも東華大神とも上相大司命とも東海少童君とも云つて少彦名神《すくなひこなのかみ》のことであり印度《インド》では梵天子とも童子天とも鳩摩羅天とも輪阿天とも小阿天とも加童天とも呼んでをるのだ。霊符の如きも筋の佳いものは現界では不完全ながらもやはり日本国土にかくされてをるだけであるのもくしびなことである。欧米人の研究も盛んなもので、仙道や霊符に関する著述や報告も沢山にあるが、それは日本の普通の学者と殆《ほと》んど同じ態度で又た同じ材料によつてるので何れも人足の学問で、その中の代表的なものは、マクス、ミユラー氏東洋聖典中のレッグ氏訳述に係《かか》るものなどであらう。霊符といふやうなものは正しい点法格法によらなければ何の効験もないものである。然るに板本は勿論写本でも其の正しいものは極めて稀《ま》れで、故意にか知らずしてか大切なところが少し宛《つづ》みな書き洩《も》らしてあつたり変化させたりしてあるのが百中の九十九迄だ。徳川期に出版されたものなどは無論駄目だし明治になつてからも大阪辺で坊主まがひのものが霊符集のやうなものを出版し大正年代に入つても其れに似たやうなものをヤハリ大阪あたりで出版したものもあるが、そんな俗悪なものは固《もと》より問題外である。その他に写本で行はれてるのも随分あるが蕪陋《ぶろう》みるべからざるものばかりである。その中で筋のよいのは明治の初年長谷川延年（式部、万比等、韜光斎《たうくわうさい》、楓洞逸人とも云ふ）といふ人の研究位ゐなものであらう。三条右大臣の旧臣で大阪松屋町あたりに住んで居た人で明治十七八年頃八十余歳で帰幽した人で、此人の遺稿中めぼしいものだけは大抵私が所蔵してをる。霊符も中世以後よいかげんな方士まがひのもの創案になつたものが極めて多く日本でも御多分に洩《も》れず修験道の人たちなどが怪しい神憑《かむがか》りで感得したものなどが雑然混然として伝はつてをるので、きたなくて手がつけられないものが大部分だ。今日の支那の坊間に行はれつゝあるものも其の通りで、朝鮮だつてさうである。朝鮮総督府が調査した民間信仰中の霊符に関する報告書等も一瞥《いちべつ》したが、こんなものでも浮游の邪霊でも感合して多少の験をあらはすのかと思ふと、なるほど朝鮮だなと感心させられる。有名な五岳真形図の如きも佳《よ》いものは今日では先づ中外に見当らないといつて差支へない。「霊学筌蹄」の表紙にあるやうな略図は多数の変体があつて中外に乱在するが、そんなものは無論なんの神験もあるものではない。朱墨併写の複雑な本当の五岳図でも大切なところが大抵まちがつて拵《こしら》へてあるのも用意周到なものだ。井上文学士が五岳真形図の研究をした結果、山岳旅行家の鳥瞰図だとやつてのけたのも勇ましい。琳聖太子が肥後国八代郡の白木山神宮に将来して後に板に彫つたのだと俗称する霊符曼荼羅も格別なものではない。又た伊勢の多気即赤城峰霊符山の霊符神（これは玄武神のことだらう）は聖徳太子一刀三礼の像で国司北畠中納言が特に帰依して居たが天正の兵乱で敗絶したとの俗伝があり、享保年間に弘宗禅師といふ山師が霊夢に感じて再興し寺号を太陽寺霊符山と名づけ漢帝勅版の霊符曼陀羅大小二面ありといふが、たいてい相場のきまつたもので、それに類したものは尚《な》ほ諸所に伝へられて人間社会を愚にしてをる。ところが案外な方面で私を驚かしたものがある。今上陛下が東宮にましま.す頃大阪へ行啓の折、大阪府知事から特に台覧に供した「兼葭堂手稿本草解」の著者、木村巽斎《そんさい》翁の祕庫に伝へた閫《こん》外《ぐわい》不出の宝巻、五岳真形図が即ち其れである。これは実に立派なものであつた。斯《か》ういふものは私が持つてをる方が都合が好い場合があるので今、無方斎に保存してをる。

真の正しい霊符といふものは天地自然の数象を神仙が霊写されたもので、宇宙生々変化の姿の約象であつて、それが其れ〴〵の方面に霊応のあることは申す迄もないことだ。軽人の夢想するが如きものでないのです。石城山の如きも大きな一つの霊符であつて、日本国土の形相も亦《ま》た然りである。「天のたすくるところのものは順なり」で神ながらなる玄律霊符に順応して、神と人とが神の経綸を遂行して行かねばならぬのだ。それだから有縁の同志を石城山に結縁せしめることが天行居としては要中の要である。

石城山には遠からざる将来に於て「石城島《しきしま》神社」といふものを造営する予定である。これは恰《あた》かも靖国神社の如く天行神軍士官の帰幽したものを祀るつもりであつたが更らに考へを大きくして天行居同志及び其の家族縁族の誰れでも、当人なり其の血縁者の希望によつてわけへだてなく鎮祭する計劃《けいくわく》に変更した。しかも過去に帰幽した血族をも遺族の希望あらば同様に此の御宮へ祭る考へである。天行居は同志の家庭の旧来の宗教に干渉せず家庭の平和を動揺せしめる危険のあることは絶対に避ける方針でやつて来たが今後も無論その通りなので、同志各自の家庭では其の都合によつて仏式なりバテレン式なりで適当にまつられゝばよいので石城島神社は其れらの事情に関係なく古神道式に此の神仙の祕区に別に鎮祭するので、それも本人なり遺族なりの希望があつた場合にのみ其の手続きをとるので、人の精神生活に対して強制的な圧迫を加へるやうなことは天行居では同志に対しても致さないのである。かくして天行居同志及び其の血族と石城神山とは顕幽ともに一層密接な関係を生ずるに至るのだ。

今日の話は枝から枝へ移つて行つて甚《はなは》だ変な話になつて相済《あひ》まぬが、併《しか》し其れは漫談の性質上やむを得ないことだと諒知して頂きたい。又た今日は矢鱈《やたら》に仙道じみた問題に触れたけれど、天行居本来の主張なり使命なりは従来反覆して明々白々に説尽してをるところであるから天行居同志の信念としての本末をあやまらないやうに気をつけて貰はねばならぬことも申す迄もない話だ。天行居の本領なり主張なり使命なりは「正しき敬神尊皇」の一句に約される。敬神尊皇を説くものは古来上下に多いことだが、敬神といふ対象の神とは何か、いかなるものが正しい神か、哲学的な遊戯でなく畏《かしこ》くも皇典の所伝と合符した神界の実相を確知して、その正しき神に対して格神為本の修行をするのが天行居である。尊皇とは何か、皇室を尊崇しなければならぬ根本的の絶対的の理由が何処《どこ》にあるのか、理論を以てくつがやし得られる理論を本とせず、正しき神ながらの事実に立脚して、一分のすきもなき全生命の必然の要求として、皇室を熱愛熱崇する絶対境の信念が天行居の信念だ。合理的といふ言葉が流行するが、真の徹底した合理的の敬神尊皇が天行居を外にして存在するならば、私は謹《つつし》んで敬聴致したい。さういふ場合には私共は一層の力を得て歓喜し、私共の活動に勇気を加へられることになる。だからさういふものが本当にあるならばどうぞ教へて頂きたいのだ。要するに我等は「正しき敬神尊皇」の中に呼吸し、人に対しても神に対しても、うしろぐらいことのない生活を要求するのだ。正を履《ふ》んで懼《おそ》るゝところ無からんとするものだ。内外一誠幽顕無畏の浩然の気の中に立たんとするものだ。

　近時各方面に神憑《かむがか》りと淫称する輩が押すな押すなの勢ひで簇出《ぞくしゆつ》する。殆《ほと》んど皆、挙げて是れ魔類の仮装せるものと喝破することを躊躇せぬ。我党清潔の士は紫の朱を奪ふに似たるものと結縁することを避けられねばならぬ。そのわけは具体的に聊《いささ》か次号の紙上に陳《の》べるつもりである。霊性の修行が致したいならば正しく天行居の所説を一信して惑ふべからず。先づ普通は音霊《おとたま》法と十言神咒《とことのかじり》とが最も善くて危険がない。道の至簡なるを見て軽んぜられてはならぬ。音霊法は至静に帰して至動に発する道、十言神咒は至動に発して至静に帰する道、内外円通して邪を斥け正気を養ひ進みて神仙の門扉に出入するに至るの古道である。梁書曰《いはく》、陶弘景時愛松風、庭院皆植松、毎聞其響欣然為楽、有時独遊泉石望見者以為仙人、この記事はボンヤリしてるが陶君は実際に音霊法によつて登仙したのだ。又た楠公は心の暗くなつた時には天照大神《あまてらすおほみかみ》の御名を唱へよと言はれたことが古人の著書にも引いてあるが、楠公が発明されたのか師承があるのかは兎《と》も角《かく》として、われらの同志が十言神咒を奉唱する時の心も、楠公の心も、同心同気なんのへだてがあらう。孟子の謂《い》はゆる「至大至剛以て天地の間に塞《ふさ》がる」ものである。邪気妖霊の面出しの出来るわけのものでないのだ。

（昭和五年三月廿八日古道第九十二号所載）

無方斎閑話（中）

欧米の心霊現象のみならず其れに類した東洋に於ける古来の現象や又は妄《みだ》りに神憑《かむかが》りと淫称するものの大部分は悉《ことごと》く妖魅《えうみ》の人に依《よ》りて行ふマガワザに過ぎないといふことは十年来機会ある毎《ごと》に述べ、いろ〳〵の方面から其のわけをも発表して来てをるのであるが、更らに其のわけを少し秩序立て、話してみたいと思ふ。が、斯《か》ういふ問題は甚《はなは》だ取扱ひにくいので吾々の主張に対して何等かの意味に於て反抗せんとする人達は既に魔のけんぞくとなつて居るのであるから容易に承服を致さぬのであつて、何とか彼《かん》とか言ひ抜けを考へ、私が話の基礎とする材料を我田引水的な都合のよいものと見なして「ひとりよがり」といふ様な捨白《ぜりふ》で逃げて了《しま》ふのが常習であるから、少々不便でも何とかして成るべく畑ちがひの材料によつて話したいと考へてをる。

そこで何がよからうか、権威ある記録で畑ちがひのものは……と見廻すと、やはり首楞厳経《しゆりようごんぎやう》が一等いゝやうである。この経に就ては一昨年（昭和三年）の夏も石城山道場で一寸《ちよつと》言及したことがあるけれど、それはホンの一寸したことだけであつたが今日は少々詳しく話してみたいと思ふ。

首楞厳経や円覚経は偽経ではあるまいかとの疑ひを有《も》つ者も昔からあるにはある（宝慶記の如きもの）けれども偽経なりとの確証は何もない。坊主で帝国大学の最初の講座を持つた原坦山は大学でも十数年間印度《インド》哲学の講義をしたが、其の坦山の如きも首楞厳経は大乗中の最勝の部に属することを認めて其の研究には生涯の力を注ぎ、坦山の首楞厳経講義は二十年ばかり前に東京で出版されて居る。（五冊か七冊かで嘗《かつ》て一読したことがあるが只今《ただいま》手許に持ち合せて居らぬ。）唐代に印度の原典から支那訳が出来たものだが殊《こと》に其の文章の勝れて居ることは万人の知るところで古人も楞厳経は文章の鬼神なるものと評したほどで、全く鬼神の訶護《かご》幽讃によつて成つたものであらうと思ふ様な名文である。要するに楞厳経は釈迦の親説したものとして通用する推しも推されもせぬ仏典中の聖経であつて、往古より曹洞宗に於ては特に楞厳会なる一の法式さへも行はれて今日に及んで居るほどの権威あるものである。

この楞厳経の尻の方に五十の魔境が説いてある。それに就て本日話してみたいと思ふのであるが、これも可《か》なり長文なので或る部分を抄出して話をする外はあるまいが……さてどこから話したものか……。

又タ此心ヲ以テ研究澄徹シテ精光乱レザレバ夜中ニ於テ暗室ノ内ニ在《あり》テ種々ノ物ヲ見ルコト白昼ニ異ラズ、而《し》カモ暗室ノ物モ亦《また》滅険セズ、此ヲ心細密証其ノ視《み》ルトコロ洞幽ナリト名ク、暫《しばら》クカクノ如キヲ得レドモ聖証トスベキニ非ズ、聖心ヲ作《な》サヾレバ善境界ト名ク、若《も》シ聖解トナサバ即チ群邪ヲ受ク
何等かの修行をする人が多く経験するところで、別に修行せずとも憑霊《ひようれい》によつて此の境界に出入する者が

昨今でも随分ある。夜中に物をみるに白昼に異ならぬから、たいていの人が「これはありがたい」と思ひ聖証だと自惚《うぬぼ》れる。それがいけないのである。聖心をなさざれば善境界と名づくとあるやうに、奇特な思ひをせず、我れ得たりとの考へをも起さず、一切とりあはずにおけば其れは悪い過程ではなくて一種の善境界だと許すことが出来る。若《も》し聖解となさば即ち群邪を受くとあるやうに、何等かのうぬぼれ根性が出没すると邪気に感合するのだから、おツかないことである。正でも邪でもよい闇夜が白昼同様に見えれば結構だ、さういふことを普及して人生を益することは結構だと思ふのは顕幽交渉の正しい知識がないからである。

これは原則として修行途上に於ける一種の過程であつて永続しないのが普通である。長くとも三年か五年位ゐであらう。短かければ一日か二日のこともある。いろ〳〵の物の音が聴えたり眼に見えたりすることも大体に於て此れと同じ道理のもので、奇特な思ひをせねば悪いことではないが、何等かの聖解を為せば魔縁を生ずるに至るのである。世間の俗霊術や、低級な信仰団体等に属するものが一時的な不純な憑霊《ひようれい》による現象（霊視、霊聴、霊言、及び奇術的現象）をイツパシの霊能のやうに心得てをるのは悲惨なる滑稽である。

暗夜が白昼のやうに見えるといふことは便利は便利だが此れも左《さ》のみ有難いものではないのだ。実は私も二度ほど経験がある、一度はよほど以前のことで僅《わづ》かに四五日位ゐだつたと思ふ、二度目は六七年前で此時は数ケ月続いた。暗夜が白昼のやうに見えるといつても広く白昼のやうに見える人もあるかも知れんが私のは限られたる狭い範囲で、机に対すれば机の上だけ位ゐなものであつた。子供の時から眼が弱く、二十年来は毎日二時間以上読み書きの出来ない私であるが、暗中で読み書きの出来る頃は何時間でも視力が疲れず便利は便利だつた。昨年八月十八日の夜、手箱山の上で日が暮れて鉄鎖にすがつて降りるとき脚下が明るく見えたのは別のわけあることである。愈々《いよいよ》必要に迫られた時には肉眼なんてものは有《あ》つても無くても済むものだらう。

序《つい》でに此の機会に言つておくが、なぜ私が忙しいのか、仕事が捗《はか》どらないのかを考へてみると、毎月平均して十五日間位ゐは何うしても神殿の大前で或る任務に従事せねばならぬやうな都合になつてくる。それは終日ではないが、毎日二三時間のことなのだが、その日は他の仕事は何も手につかない。又た其日の神事奉仕前に人と長時間会談したりすると其日の神事が清々しく運ばないことがあるので一日棒に振らねばならぬことがある。さればと云つて其の神事なるものは私自身の修行ではない、私は天行居のために働くことが修行なのだから自分だけのための修行の時間は持ち合せてをらぬ。

さうすると毎月あと十五日しか働けない計算であるが、そのうち四五日位ゐは何か家庭的な問題か何かの俗用に取られて了《しま》ふので実際に働けるのは――月によつて長短はあるが――平均して毎月十日間位ゐのもので、その十日間も読み書きの出来るのは毎日二時間以内だから毎月二十時間以上は読み書き出来ないことになる。その時間を更らに手紙の往復等に取られると愈々以て恐慌を来たすので、新聞も毎日五分間以上は見ないことにきめてるし、なるべく書きものや印刷物と離れた生活をすることに工夫してをる。私が色々なおしやべりをしたり物を書いたりすることは、そろ〳〵不必要な時代が到来しつゝあるのだらう。

又タ此心ヲ以テ円入虚融四体忽然トシテ草木ト同シク、火焼ケドモ刀斫レドモ曾《かつ》テ覚フ所無シ、又タ則《すなは》チ火光モ焼熱スル能《あた》ハズ、タトヒ其肉ヲ割《さ》ケドモ猶《な》ホ木ヲ削ルガ如シ、此ヲ塵併シテ四大ノ性ヲ排スト名《なづ》ク、一向ニ入ルコト純ナレバ暫《しばら》ク是ノ如キヲ得レドモ聖証ト為スニハ非ズ、聖心ヲ作《な》サヾレバ善境界ト名ク、若《も》シ聖解ト作サバ即チ群邪ヲ受ク

謂《い》はゆる枯木死灰の外道禅の一種の過程だが、これは自分は何も修行せずとも此の手のものが憑依《ひょうい》すると、やはり斯様《かやう》な現象を起すもので甚《はなは》だくだらぬものである。見せもの興行などには可《よ》いかも知れんが、正しい求道者の踏むべき道でない。聖心を作さゞれば善境界と名づくと言つてるが、聖心を作さずとも此れは善境界ではない。内外一誠幽顕無畏の古神道を奉ずる人たちは斯《か》かる魔業に興味を有たれてはならぬ。西洋流の心霊学徒が随喜の涙に暮れた大霊媒がストーヴの中へ頭を突ツ込んだ、炎々たる火の中で髪の毛も焼けなかつた。それを彼等が霊界からの通信で解釈して、動物磁力を以て物体の周囲に霊衣といつた風なものを造り上げて火焔の影響を防止するのだと云つて居る。帳面づらの理窟さへ合へば何も彼《か》も「科学的」解決が出来たやうに考へてるらしいが、欧米方面の霊媒に憑《かか》つて俗人を驚かすに足るやうな一寸《ちよつと》気の利いた芸をやる霊は大抵印度《インド》あたりから渡つて行つてるので、お里の知れないやうに色々とやつてるだけのものである。斯ういふものへ接近すればムスビカタメ（産霊紋理）の関係で追々と魔縁に引かれて魔のけんぞくとなるので、そのことは耶蘇《ヤソ》教の聖書の中にも明記してあることなのだ。

又タ此心ヲ以テ清浄ヲ成就スレバ浄心功極マツテ忽《たちま》チ大地十方ノ山河ヲ見ルニ皆ナ仏国ト成テ七宝ヲ具足シ光明偏満ス、又タ恆河諸仏如来空界ニ偏満シテ楼殿華麗ナルヲ見ル、下地獄ヲ見、上天宮ヲ観《み》ル

二障礙《しやうぐわい》無キコトヲ得タリ、此ヲ欣厭想ヲ凝《こ》ラスコト日深ク想《おもひ》久シクシテ化ヲ成スト名ク、聖証ト為スニハ非ズ、聖心ヲ作サヾレバ善境界ト名ク、若シ聖解ヲ作サバ即チ群邪ヲ受ク

これは天行居の同志中にも往々あることなので毎々八釜《やかま》しく警戒してをる。仏国とある文字を神界と替へ諸仏如来とある文字を神祇諸仙とでもすれば、そのまゝの経験を持つ同志が相当にある。しかし此れは大抵長続きはせぬので暫時のことである。かくべつ奇特な思ひをしなければ先づ善境界として許して差支へないのである。多少でも慢心まがひの影がさすと始末が悪くなるから気をつけて貰《もら》はねばならぬ。

又タ此心ヲ以テ研究深遠ナレバ忽チ中夜ニ於テ遙カニ遠方ノ市井《しせい》街巷ノ親族眷属ヲ見、或ハ其語ヲ聞ク、此ヲ心ヲ迫《せむ》ルニ逼《せま》ルコト極マツテ飛出スルガ故ニ多ク隔見スト名ク、聖証ト為スニ非ズ、聖心ヲ作サヾレバ善境界ト名ク、若シ聖解ヲ作サバ即チ群邪ヲ受ク

これも修行の效によつて得るものと然らずして突然これを得るものもあつて、わが同志の中にも随分ある。聖心を作さゞるやう反省すれば先づ差支へなき現象である。

又タ此心ヲ以テ研究精極スレバ善知識ヲ見ルニ形体変移ス、シバラクノ間ニ端無ク種々遷改ス、之《これ》ヲ邪心魑魅ヲ含受シ或ハ天魔其ノ心腹ニ入リ端無ク法ヲ説テ妙義ニ通達スト名ク、聖証ト為スニ非ズ、聖心ヲ作サヾレバ魔事消歇《せうけつ》ス、若《も》シ聖解ヲ作サバ即チ群邪ヲ受ク

これは聖心を作さずとも悪いので絶対に善境界でないのだ。欧米心霊学徒で憑霊《ひようれい》講演などやつて得々たる連中も此の手の低級なものに過ぎぬ。日本でも斯ういふ境界に触れて一寸《ちよつと》世人を感心させるやうなことを言

ふものが昔から出没するので、油断がならぬのだ。

又タ彼ノ定中ニ諸善男子色陰銷シ受陰明白ニシテ勝相現前スルヲ見テ感激スルコト分ニ過レバ忽《たちま》チ其中ニ於テ無限ノ勇ヲ生ジ其心猛利ニシテ志諸仏ニ斉《ひと》シク三僧祇一時ニ能《よ》ク越タリト謂《おも》フ、此ヲ功用凌率ノ過越セルモノト名《なづ》ク、悟レバ則チ咎無シ、聖証ト為スニハ非ズ、覚了シテ迷ハザレバ久シウシテ自ラ銷《せう》歇《けつ》ス、若《も》シ聖解ト作《な》サバ忽《たちま》チ狂魔有テ其ノ心腑ニ入リ人ヲ見テハ則チ誇ツテ我慢比無シ、其心乃至上仏ヲ見ズ下人ヲ見ズ正受ヲ失フ、当ニ淪墜ニ従フベシ

野狐禅や気合術などに凝《こ》つて妄想が長ずると斯《か》うした病人になるので、神も無いものの様に心得るやうになつて悪道に堕するのである。我が同志の中にも先年此の手の病人が一人飛び出して、書留郵便で続けざまに歌とも詩ともつかぬものを私へ届けられ、唯一無二の大神が我れに顕現した、天行居も我れに随《したが》へといふ様な鼻息の荒さに閉口させられたことがある。これはいかぬと悟れば助かるのだが、なか〳〵難症だ。

又タ彼ノ定中ニ諸善男子色陰銷シ受陰明白ナルヲ見テ自ラ已《すで》ニ足レリト謂《い》フ、忽チ無端ノ大我慢起ルコト有リ、如是乃至慢ト過慢ト或ハ増上慢或ハ卑劣慢一時ニ倶発シテ心中尚《な》ホ十方ノ如来ヲ軽ンズ、イカニ況《いは》ンヤ下位ノ声聞縁覚ヲヤ、此ヲ見勝レテ慧ノ自ラ救フ無シト名ク、悟レバ則チ咎《とが》無シ、聖証ト為スニハ非ズ、若シ聖解ヲ作セバ則チ一分ノ大我慢魔有テ其ノ心腑ニ入ル、塔廟ヲ礼セズ経像ヲ摧毀シ檀越ニ謂テ言フ此ハ是レ金銅或ハ土木、経ハ是レ樹葉或ハ是レ畳華ノミ、肉身ノ真常ナルヲ自ラ恭敬セズ却《かへり》テ土木ヲ崇ブ、実ニ顚倒ト為スト、其レヲ深信スル者ハ其レニ従テ地中ニ毀砕埋棄ス、衆生ヲ疑誤

シテ無間獄ニ入ラシム、正受ヲ失ヒ当《まさ》ニ淪墜ニ従フベシ

この流儀の輩で低級なものが世の中には極めて多い。学魔の陣笠どもの中にも此の手のものが沢山に泳いで居る。天行居の出版物を故意に小便壺へ投げ込んで一ケ月内に子供が三人とも髪の毛の抜けたのもあり、近くは天行居の御守を軽侮して甚《はなは》だしき神罰を蒙《かうむ》つたものも居る。この手の輩の妄想が長じて来ると「伊勢神宮の御神体もつまり金属製の鏡に過ぎない、われら各自の内部には至大至高の神が活在するのだ」と傲語するやうなケダモノにもなるのである。欧米の心霊学に心酔する輩が、一寸《ちよつと》したくだらない縄ぬけなどを見ると、「あゝこれこそ眼前の神わざである、日本の各神社に祭つてある神といふものもつまりこれらの類ひである」と参つて了《しま》ひ、口頭の理窟はともかくとして事実に於て真の神祇に対して厳粛なる敬虔《けいけん》の念を欠ぐやうになつてしまふのだ、かくして知らず識らず自他相《あひ》引いて威勢よく魔道に行列をつくるのである。近ごろ無頼の坊主どもの中にも南泉斬猫の話などを看板にして柳暗花明の巷《ちまた》へ猫退治に出かける勇敢なのが多いさうだが、眼中神もなく仏もなしといふ大悟大徹のつもりであらう。

又タ彼ノ定中ニ諸善男子色陰銷シ受陰明白ナルヲ見テ、精明ノ中ニ於テ精理ヲ円悟シテ大随順ヲ得レバ其心忽チ無量ノ軽安ヲ生ズ、已ニ聖ト成テ大自在ヲ得タリト言フ、此ヲ慧ニ因《よ》テ諸ノ軽清ヲ獲ルト名ク、悟レバ則チ咎無シ、聖証ト為スニハ非ズ、若《も》シ聖解ヲ作セバ則チ一分ノ好軽精ノ魔有テ其ノ心腑ニ入ル、自ラ満足セリト謂テ更ニ進求セズ、此等ハ多ク無聞比丘ト作《なり》テ後生ヲ疑謗セシメ阿鼻獄ニ堕セシメ正受ヲ失テ当ニ淪墜ニ従フベシ

又タ彼ノ定中ニ諸善男子色陰銷シ受陰明白ナルヲ見テ明悟ノ中ニ於テ虚明ノ性ヲ得其中ニ忽然トシテ永滅ニ帰向スレバ因果ヲ撥無シテ一向ニ空ニ入ル、空心現前シテ乃至《ないし》心ニ長断滅ノ解ヲ生ズ、悟レバ則《すなは》チ咎《とが》無シ、聖証ト為スニハ非ズ、若《も》シ聖解ヲ作《な》セバ則チ空魔有テ其ノ心腑ニ入ル、乃《すなは》チ持戒ヲ謗シテ名《なづ》ケテ小乗ト為シ、菩薩ハ空ヲ悟ル何ノ持犯カ有ラントイフ、其人常ニ信心ノ檀越ニ於テ酒ヲ飲ミ肉ヲ噉《くら》ヒ広ク婬穢ヲ行ズ、魔力ニ因《よ》ルガ故ニ其前人ヲ摂シテ疑謗ヲ生ゼザラシム、鬼心久シク入リヌレバ屎尿ヲ食《く》フコト酒肉ト等シ、一種倶《とも》ニ空シ仏ノ律儀ヲ破リ人ヲ誤テ罪ニ入ラシメ正受ヲ失《うしなひ》テ当《まさ》ニ淪墜ニ従フベシ

我が神ながらの道と仏道とでは意見の組織の全く異なる点もあるが、斯様《かやう》なことは大旨に於て決して背馳《はいち》せるものではない。われ〳〵が神事奉仕の場合に潔斎をすることを、小乗的だと攻撃した人もあるさうだが、天を畏《おそ》れざるものは真の人ではない。人間が禽獣《きんじう》と異なる点の根本は、神を畏るゝと畏れざるとにあるのだ。有りふれた道歌などを読みかじつて、わる悟りをして、心から神祇を畏れざる者ほど気の毒なものはない。欧米流の心霊学などに鼻毛を読まれてる連中は、神道の潔斎などは一つの方便に過ぎまい、そんなことをせぬかて神異現象の発生に何の影響もないと考へてをるらしい。野良犬が「人間は胸のやける時になぜ糞《くそ》を喰《く》はぬのだらう」と考へてをるらしいのと、どうやら似てるやうだ。

彼ノ善男子受陰虚妙ニシテ邪慮ニ遭《あ》ハズ円定発明セル三摩提ノ中ニ心ニ円明ヲ愛シテ其ノ精思ヲ鋭クシテ善巧ヲ貪求スレバ、ソノ時ニ天魔其便ヲウカヾヒ得テ精ヲ飛バシテ人ニ附キ口ニ経法ヲ説ク、其人コ

レ其魔ノ著《つ》ケルヲ覚《さと》ラズ自ラ言テ無上涅槃ヲ得タリト謂《い》ヒ、彼ノ巧ヲ求ムル善男子ノ処ニ来テ座ヲ敷テ法ヲ説ク、ソノ形シバラクノ間ニ或ハ比丘ト作《なし》テ彼人ヲシテ見セシメ或ハ帝釈ト為リ或ハ婦女或ハ比丘尼ト為リ、暗室ニ寝《い》ヌルニ身ニ光明有リ、是人愚迷ニシテ惑ウテ菩薩ナリト為シテ其ノ教化ヲ信ズ、其心ヲ揺蕩シテ仏ノ律義ヲ破リ、ヒソカニ貪欲ヲ行フ、口中ニ好ンデ災祥変異ヲ言ヒ或ハ如来某処ニ出世スト言ヒ或ハ劫火ヲ言ヒ或ハ刀兵ヲ説キ人ヲ恐怖セシメテ其ノ家資ヲシテ故無クシテ耗散セシム、此ヲ怪鬼年老テ魔ト成テ是人ヲ悩乱スト名ク、厭足ノ心生ジテ彼人ノ体ヲ去ルトキハ弟子ト師ト倶ニ王難ニ陥ル

正神界の経綸《しぐみ》を盗み聞きせる老魔が人に憑《かか》りて猥《みだ》りに世の立替を説き種々の奇術を行ひ、救世主の出現を宣伝するもの古今同慨で、彼れらは短かくて数年、長ければ数十年乃至百数十年にわたりて随分大勢力を張るものであるが其れら何れも不祥の最後を遂げることは只《た》だ時間の問題である。救世主は大日本天皇なりとの天行居の光宣を基礎として斯《か》かる問題の一切を判断せよ。その他天行居に於て公表せる主張の綱領を能《よ》く吟味して腹に入れて正邪真妄の鑑別に錯誤無きを期し、正しき古神道を奉じて内外一誠幽顕無畏の正信を確立し、いかなる魔類の跳躍にも眼力を奪はるゝこと無きを要せよ。今後ます〳〵予言者じみたものや霊能者めきたるものが蠅の如くに湧《わ》き起るであらうから、ふら〳〵腰の同志の霊魂は必ずしも安全地帯に在《あ》るものとは申されない。昨年春の古道紙上に載つた「天行居の出現が正神界の意志たる理由」の一篇及び其他の関係記録を精研精思して、信ず可《べか》らずとするものは速かに去り、是れこそ神ながらの大真理なりと信ずる者だけ

残られよ。われら豈《あ》に辯《べん》を好むものならんや。

魔類の憑依《ひょうい》といふことに就て厳正なる知識を欠ける欧米心霊学徒（彼等の微細周密なる研究法は讃嘆の外ないのであるが此の憑霊《ひょうれい》の正邪審査といふことに於てのみ不思議といつてよいほど不用意で無関心である）及び彼等に跪拝《きはい》するの徒は、たゞ何でも彼《かん》でも俗世間を驚かすだけの奇妙な現象でさへあれば――その現象が詐術によるものでさへなければ――悉《ことごと》く立派なものとする根本的の病症を有し且《か》つ其の病症を自覚し得ないのであるから、身体が種々に変化して殊妙の姿を呈し暗室に寝かしても光明を放つ先生が又た明日にでも出現したならば、その男の言ふことなら何でも帰命頂礼するであらう。それに類する弊害は既に兆してをるのであつて、彼等は国家のためにも人生のためにも最も有意義な努力と思ひつゝ、恐ろしい不祥事を胚胎しつゝあるのに気がつかぬのだ。その一つを言はうならば、欧米流の心霊学が七八十年にわたりて収穫し得たる根本的の条項の中に、日本が神国中の神国なることも、日本皇室の特殊の事項をも全然認めてをらぬことである。欧米流の心霊学に精神を奪はれてをる日本人は、たとひ口頭に敬神尊皇を言ふとも其れは鼻緒の切れた下駄である。売僧《まいす》の空念仏と同様である。そこで彼等の中には幾分か其点に煩悶《はんもん》を生ずる人もあつて、いろ〳〵と辯明《べんめい》に努め、妥協的な考案の捻出に腐心してをるのであるけれども、彼等の頭脳《あたま》が依然として斯《か》かる問題に就て欧米流に重きをおく間は紫の朱を奪ふが如き仮説の陳列に苦労する外はない。彼等に真に紳士的な冷静と学的良心があり日本民族の血類なりとの自覚ありとすれば、卑怯な真似をせずに断然反省して日本的な神霊主義に改宗し、欧米流の現象や学説を他山の石として参考として従として考慮せねばならぬ。いつともなしにそろり〱尻を動かして座蒲団から足を出すやうな真似をせず、男の子は男の子らしく断乎《だんこ》として認むべきを認め排すべきを排せよ。「石城山の仙人まがひな旧弊人どもに頭を下げてたまるかい」との自負心も結構ではあるが、彼等が吾等の忠告に耳を傾けたからとて彼等の男ぶりにも関係せず彼等の事業にも益にこそなれ決して損にはならぬ。彼等の徒或ひは「心霊現象の如き大問題は世界的なもので国境はないのだ真理に二つはないのだ」といふであらう。いかにも然りである。それと同時に民族性と心霊現象の関係も充分御承知の筈《はず》である。欧米流の心霊学に格別な信仰期待を有する人々のサークルには其れに類同する現象のあらはれることも御承知のことだらう。欧米流の普通の人霊や妖魅《えうみ》（多くは印度《インド》あたりからの渡りもので霊界のかうもり安のてあひだ）に媚《こ》びる癖を去つてハラワタを洗ひ、日本民族の血類たる本心に立帰り、態度を改めて厳粛に、心からの敬虔に、神祇に就て知り得らるゝだけ知り、これを中心基調として万人死後の生活に就ても白紙となつて日本的な正しき心霊事実を研究し、欧米に於ける其れを参考として学問的に日本から世界に呼びかけるほどの勇気があつて欲しい。（天行居の使命は別に存してそんな学的運動を許さないこと世人周知の如し。）斯うした方面に於て日本に於ける重大なる記録等があつても其れが天行居あたりの手にあれば一切見むきもせず心中では驚いてゐてもオクビにも出さぬといふやうな態度が、果して学的良心ある人たちの態度なのか吾々には諒解しかねるのである。「天行居あたりで手をつけてるものはどんな立派なものでも胸糞がわるい」では少し感情的だ。理由も示さず漫然と天行居のことを罵《ののし》る人もあるとの噂さも聞いたが、天行居の攻撃は御勝手であるが立派に堂々と理由を示して紳士的にやつたらどんなものであらう。角力《すまふ》は必ず四つに組むべし、下卑《げび》た技巧的な手は見ツともない。

兎《と》に角《かく》、天行居同志多年の努力により、近来俗霊術の徒までが次第に神道主義のキモノを着たがる傾向になつたことは顕著なる事実であつて此れは良いことだと思ふ。太霊道《たいれいだう》の田中守平氏も従来の方針を改めて一種の神道団体を樹立する計劃《けいくわく》をめぐらし其の組織上の目論見《もくろみ》も殆《ほと》んど出来てゐたさうであるが昨年末突然帰幽して了《しま》つた。従来心霊科学を標榜《へうぼう》してゐた人たちも何時の間にやら心霊といふ文字を神霊と書き改めるやうになつたが、中味が相変らずのものでレッテルだけ変へたのでは致しかたあるまいが名実相関の理によつて中味も追々いくらか変化しつゝあるのであらう。けれども低級なる竜神や天狗ぐらゐなものとのみ交渉しつゝ神霊の文字を振り廻すのは瀆神行為である。

又タ善男子受陰虚妙ニシテ邪慮ニ遭《あ》ハズ円定発明セル三摩地ノ中ニ心ニ知見ヲ愛シテ勤苦研尋シテ宿命ヲ貪求スレバ、ソノ時天魔其便ヲウカヾヒ得テ精ヲ飛バシテ人ニ附キ口ニ経法ヲ説ク、其人殊《こと》ニ魔ニ著《つ》カレタルヲ覚知セズ、亦《ま》タ自ラ無上涅槃ヲ得タリト言フ、彼レ知ヲ求ムル善男子ノ処ニ来テ座ヲ敷テ法ヲ説ク、是人端無《はしな》ク説法ノ処ニ於テ大宝珠ヲ得、其魔或時ハ化シテ畜生ト為リ口ニ其珠及ビ雑珍宝簡策符牘モロ〳〵ノ奇異物ヲ銜《ふく》ンデ先ヅ彼人ニ授ケテ後ニ其体ニ著ク、或ハ聴人ヲ誘テ地中ニ蔵スルニ明月ノ珠有テ其処《そこ》ヲ照躍ス、是ノ諸《もろもろ》ノ聴者未曾有ヲ得タリトシ薬草ヲ食テ嘉饌ヲ餐《く》ハズ、故ニ或時ハ日ニ一麻一麦ヲ餐ヘドモ其形肥充ス魔力ノ持スルガ故ナリ、比丘ヲ誹謗シ衆徒ヲ罵詈シテ譏嫌ヲ避ケズ、口中好ンデ他方ノ宝蔵十方ノ聖賢潜匿《せんとく》ノ処ヲ言フ、其後ニ随フ者ハ往々ニ奇異ノ人アルヲ見ル、此ヲ山林土地城隍川岳ノ鬼神年老テ魔ト成ルト言フ、或ハ婬ヲ宣《のぶ》ルコト有テ仏ノ律儀ヲ破リ、承事ノ者ト潜《ひそ》カニ五欲ヲ行ズ、或ハ精進シテ純《もつぱ》ラ草木ヲ食ヒ定レル行事無クシテ是人ヲ悩乱スルコト有リ、厭足ノ心生ジテ彼人ノ体ヲ去ルトキハ弟子ト師ト倶《とも》ニ王難ニ陥ル、当《まさ》ニ先ヅ覚シテ輪廻ニ入ラザル可《べ》シ、迷惑シテ知ラザレバ無間獄ニ堕ス

反覆して精読して類推してみれば色々と思ひ当るものがあらう。みだりに物品引寄せなどやる霊も皆な此の種の仲間の魔の為すところである。又た兎角《とかく》普通人と異なることをして寒中に格別なうす着をして寒からず格外な少食でも健康肥満する如き、いづれも魔力の持するところで、病気をせぬのも妖魅《えうみ》の感合せるが為めである。木食仙人などいふものも古来たいてい此の手の候補者なのだ。天行居は決してグロテスクな団体ではないのだから同志諸君は充分に自重警戒せられねばならぬ。人生は五十年でも八十年でも一転瞬、悠久の生命を考へて、一時の奇や眼前の利に迷ひ魔縁を生じて千万年邪道に浮沈するやうな愚な真似をせぬやう幽顕無畏の正しき信念を堅持せられねばならぬ。妖魅邪霊に結縁して其のために健康であつたり商売繁昌したりするのは、借銭してぜいたくな生活したり放蕩したりするのと同じことだ、この借銭は高利をつけられて絶対に支払はねばならぬもので天地の玄律をくらますことは不可能である。邪霊でも何でもよいから取敢《とりあ》へず健康で幸福で金儲けが出来たりすれば其れでよいと考へるのは、高利貸からからす金を借りて放蕩するのと同様に人格の破綻者である。此の至平至明な幽顕の道理が、不思議なほど古来世人にわかつてをらぬ。無智な慾ばり階級ばかりでなく内外の有識階級にもわかつて居らぬ。そのために現幽両界を通じて世界が蒙《かうむ》

る損害は莫大なものだ。これが為めに世界は堕落し暗黒となるのである、魔の力が強大となるからである。正神界の経綸《しぐみ》は固《もと》より世界を向上せしめ光明に導くにあるがからす金組のために邪魔されて一進一退の状態にある。そこで正神界では非常手段により神々のいぶりによつて、一大清潔運動が起されんとして居るのである。かういへば大本教《おほもと》などが威張り出すかも知れんが彼等も亦《ま》た魔の仲間で、正神を仮装せるものに過ぎぬこと今更ら改めて言ふまでもなきことだ。

又タ善男子受陰虚妙ニシテ邪慮ニ遭《あ》ハズ円定発明セル三摩地ノ中ニ心ニ神通種々変化ヲ愛シテ化元ヲ研究シテ神力ヲ貪求スレバ、ソノ時天魔其便ヲウカヾヒ得テ精ヲ飛バシテ人ニ附テ口ニ経法ヲ説ク、其人誠ニ魔ノ著《つ》ケルコトヲ覚知セズ、亦《ま》タ自ラ無上涅槃ヲ得タリト言フ、彼ノ通ヲ求ムル善男子ノ処ニ来テ座ヲ敷テ法ヲ説ク、是人或ハ復《ま》タ手ニ火光ヲ執テ所聴四衆ノ頭上ニ分ツニ是ノ諸《もろもろ》ノ聴人項上ノ火光皆ナ長キコト数尺亦《ま》タ熱性無ク曾《かつ》テ焚焼セズ、或ハ水上ニ行クニ平地ヲ履《ふ》ムガ如シ、或ハ空中ニ於テ安座シテ動セズ、缾内ニ入リ或ハ嚢中ニ処シ牖《まど》ヲ越エ垣ヲ透レドモ曾テ障礙無シ、唯《た》ダ刀兵ニ於テ自在ヲ得ズ、自ラ言フ是レ仏ナリト、身ニ白衣ヲ著ケ比丘ノ礼ヲ受ケテ禅律ヲ誹謗シ徒衆ヲ罵詈シ人事ヲ訐露セシメテ譏嫌ヲ避ケズ、口中常ニ神通自在ヲ説ク、或ハ復タ人ヲシテ傍《かたは》ラニ仏ヲ見セ鬼力ヲモツテ人ヲ惑ハスモ真実有ルニ非ズ、行婬ヲ讃歎シ麤行《そぎよう》ヲソシラズ諸ノ猥媟ヲ将テ以テ伝法ト為ス、此ヲ天地大力ノ山精海精風精河精土精一切草木ノ功ヲ積メル精魅或ハ復タ竜魅或ハ寿終仙ノ再ビ活《い》キテ魅ト為リ或ハ仙期終テ年ヲ計ルニ応《まさ》ニ死セントシテ其形ノ化セズシテ他ノ怪ノ附ク所トナリ年老テ魔ト成テ是人ヲ悩乱スト名《なづ》ク、厭足ノ心生ジテ彼人ノ体ヲ去ルトキ弟子ト師ト多ク王難ニ陥ル、汝当《まさ》ニ先ヅ覚シテ輪廻ニ入ラザルベシ、迷惑シテ知ラザレバ無間獄ニ堕ス

欧米の交霊会ではガッピイ夫人が三哩《マイル》の距離ある自宅から空中を運ばれて引寄せられた記録があるが、日本では昔から筋のよくない天狗などが此の手で幾百千回も良家の子女を連れて逃げてをる。神かくしなどと云つてよくやる手だ。（善い意味の神かくしもあるが混雑を避けて今それは言はぬ。）壁を抜けて隣室へ行く先生も十年ばかり前に大阪方面に居たといふことだが昨今どうしてるか知らぬ。縄抜けなども無論かうした魔の為すところで何の変哲もないことなのだ。さういふものへ近づけば次第に魔縁を生ずるだけのことで格別それが人生を益するわけのものでもない。厄介《やくかい》なことには斯《か》ういふ魔が何ういふ人に憑《かか》るかといふと、必ずしも不良性を帯びない人、場合によつては立派な紳士とか淑女とかいふ人たちに著《つ》くのだから始末が悪いので、日本でも古来そのためにどれだけ悩まされたか知れん。社会が一見して不良性を帯びた徒に憑依《ひょうい》するのだつたら世人も幾分か警戒するのだけれど、さうでないので、さういふものを取りまく人々にも相当の人間が居る場合があるので、立派な人間までが鼻毛を読まれて了《しま》ふのである。欧米流の交霊術で最も興味あるものとされて居る種々の物理的現象なるものが、みな此の手の魔の為すところに過ぎないといふことは、右の一節を能《よ》く味読して考へられれば誰れにだつてわからねばならぬ筈《はず》のものだ。

ひろき意味に於ける「神」にも正神と邪神とあるのは人間に正人と邪人とあるやうなものである。仙の中にも邪仙があり竜の中にも邪竜あること亦《ま》た同じわけのものである。だから学道の人は如何《いか》なる場合にも正

邪の区別に聡明であることを要し、怪しげなものに近づかないことを要諦とする。本田親徳《ちかあつ》先生の偉大なる点は其の鎮魂力でもなければ神通力でもなく実に審神《さには》上の厳重なる神ながらの規則を発見して系統づけられた点にあると私は思ふのである。要するに神と称へ得らるゝものにもせよ又た神と称へがたき或る種のものであるにもせよ問題は人間に交渉する其の「もの」が正か邪かといふことにある。これが神霊に関する問題の玄関であり奥殿である。味噌《みそ》は食膳にのぼすべし、糞《くそ》は近づく可《べか》らず、たとひ形式や状態や重量や色彩が同じやうに見えても、其の区別を等閑視する料理人は危険此上なきものである。

天行居では正しき神祇の守護啓導のもとに正しき神法を修行することを眼目として、機会ある毎《ごと》に十年来八釜《やかま》しく申して来た。それを何だか自ら高くし其の門庭を嶮峻《けんしゅん》にして徒《いたづ》らに他を排する用意かの如くに猜視した人もあつたが決して然らず、このこと実に要中の要、眼目中の眼目なのである。産霊紋理《むすびかため》の玄律ほど恐ろしいものはないから一時の奇験や眼前の利慾に眼をくらまして怪しげなものに結縁してはならないのである。天照大御神《あまてらすおほみかみ》の御名を奉唱して至大至剛の正気の中に立つ天行居の同志たらんほどのものは、須《すべか》らく芳潤に嗽《くちすす》ぎ英華を含むの気象なかるべからず。

あせらずとも、急がずとも、正しき神祇の威徳に打ちまかせて疑ふところなければ、道俗ともに莫大なる恩頼啓導を蒙《かうむ》ること古今万億の事実これを証し、幽顕を通じ又た子孫にわたりて真の慶福に浴すること何を以て隠すことを得んや。近くは古道に連載されつゝある。「神判記実」をみよ、更らに近くは我が天行居同志日々夜々の体験をみよ。邪径に入らず正道を履《ふ》むことは何だか迂遠《うゑん》なやうであるが、迂遠に似て実は正しき最短距離をあゆまされつ、あつたことが後になつて気づくのだ。天行居の信条二十七ケ条を克《よ》く味ひながら力行して惑はず、節操を苦守せる同志の脚下が道俗ともに如何《いか》に展開しつ、あるかを刮目してみよ。あせるのが一番わるいのである。

又タ善男子受陰虚妙ニシテ邪慮ニ遭ハズ円定発明セル三摩地ノ中ニ心ニ入滅ヲ愛シテ化性ヲ研究シテ深空ヲ貪求スレバ、ソノ時天魔ソノ便ヲウカヾヒ得テ精ヲ飛バシテ人ニ附キ口ニ経法ヲ説ク、其人終ニ魔ノ著ケルコトヲ覚知セズ、亦《ま》タ言フ自ラ無上涅槃ヲ得タリト、彼ノ空ヲ求ムル善男子ノ処ニ来テ座ヲ敷テ法ヲ説ク、大衆ノ内ニ於テ其形忽《たちま》チ空ニシテ衆見ル所無シ、マタ虚空ヨリ突然トシテ出デ存没自在ナリ、或ハ其身ヲ現ズルニ洞ナルコト琉璃ノ如ク、或ハ手足ヲ垂《たれ》テ栴檀ノ気ヲ作シ、或ハ大小便厚石密ノ如ク、戒律ヲ誹毀シ、出家ヲ軽賤ス、口中常ニ無因無果一タビ死スレバ永滅シテマタ後身及ビ諸《もろもろ》ノ凡聖無シト説キ、空寂ヲ得ト雖《いへど》モヒソカニ貪慾ヲ行ズ、其欲ヲ受クル者モ亦タ空心ヲ得テ因果ヲ撥無ス、此ヲ日月薄蝕ノ精気金玉芝草麟鳳亀鶴千万年ヲ経テ死セズシテ霊ト為《なり》テ国土ニ出生シ年老テ魔ト成《なり》テ是人ヲ悩乱スト名《なづ》ク、厭足ノ心生ジテ彼人ノ体ヲ去ルトキハ弟子ト師ト倶《とも》ニ多クハ王難ニ陥ル、汝当《まさ》ニ先ヅ覚シテ輪廻ニ入ラザルベシ、迷惑シテ知ラザレバ無間獄ニ堕ス

北海道の山の中にも此の手のものに似たものが御座ることは少しく霊界の消息に通じたものの皆な知るところだ。その他形式を幾分か変じて今の世人の歓心をもとめ得るやうな仕組みに言ふことなり為すところなりが巧妙に仕組んであるのが色々あつて斯《か》ういふものの手先きに使はれてる者の卑近なる奇蹟じみた真似に渇

仰して帯紐を解く者も相当にあるであらう。「善人」といふものの多い世の中であるから一応無理のないことでもある。

その他いろ〳〵の神憑《かむがか》りと婬称するものも百中の九十九までが低級なる魔の手先きに嬲《なぶ》られてをるのである。魔力によるが故に如何《いか》にも内容も外形も立派に見える場合もあり世人の信用を得るやうに出来て居るので始末がよくないのだ。さういふものが憑依《ひょうい》するには大抵いくらか他の信用を得やすい状況のもとに相当の人間にかゝるので、普通人以上に智慧能力の卓《すぐ》れた魔のやることだから案外なところへ喰《く》ひ込むものである。天行居の同志だからつて万人が万人永久の同志と思つたら大間違ひの話だ。畏《おそ》れ多いことを申すやうであるが、神武天皇様でさへも魔のために困難せられ天剣の降下によつて漸《やうや》く妖気を払ひ玉ひしことも皇典に明記ある如しである。日本武尊の如き高貴の英傑も大伴建日臣の諫言を斥けられて神劔を宮簀比売命に授けて旅立ち玉ひしため伊吹山にて老魔のために失敗せられたこと亦《ま》た人皆な知るところである。今日オッチヨコチヨイの文化人が嘗《な》められることは寧《むし》ろ当然だといへば其れ迄だが、ともに石城の神山に於て、天日を指さして盟《ちか》つた道友の或る人々を遠からざる将来に於て奪はれねばならぬかと思ふと、夜半数行の血涙を禁ずる能《あた》はずである。

天行居の神様は正神界の系統にある神ではあるが余り高級の大神ではないといふことを気の利いた風に宣伝する人が居るとの話である。魔の手先きに使はれて俗人の慾望にのみ迎合する術を売る輩に、どうして正神界の正しい消息がわからう。そんなものの囈語《げいご》は固《もと》より歯牙にかくるに足らないことであるが、事の序《つい》でに面倒だが一言しておかう。

天行居に於ける神の意志の表現が余りに人間的だといふ意味から、又は其れに類した考察から、それは宇宙的な高貴の大神でないとの見方は、一応世人を肯定せしめやすい意見であるかも知れん。大風に灰を撒《ま》くやうな阿弥陀仏や大日如来のやうな理想神と比較して、つかまへどころが有りすぎると思ふのであらう。わが神典によると最高の宇宙神の列にある高皇産霊神《たかみむすびのかみ》や諾冊二神や天照大御神《あまてらすおほみかみ》様やの消息も余りに人間的で足跡の型が卑近《ひきん》すぎるといふのであらう。幽界の主宰神たる大国主神《おほくにぬしのかみ》のラヴストーリーなども念が入りすぎてるといふのであらう。大国主神のワキ役の如くにもありシテ役の如くにも見える少彦名神《すくなひこなのかみ》の御行蔵も僅《わづ》かに千年か二千年ばかり前に人間から登仙した神仙などと同趣だといふのであらう。さういふところを最高の目標にしてる天行居の神観は、タカの知れたものだといふのであらう。

欧米流の心霊学受売業者等は、人間が肉体を脱すれば幽体とでも名づくべきものがあり其れが浄化向上すると霊体とでもいふやうなものの保有者となり更らに浄化向上すると真体とでもいふやうなものになつて其の個性としての主観や思想等もよほど人間ばなれのしたものになつて行くといふ風に考へたがるやうである。それも大体に於て悪いことではないが、併《しか》し今更ら改めてそんなざつな区分法を仮定せずとも、古来印度《インド》哲学などでは微細を極め、五十二位または五十七位等にわけて又た三十三天の学説もあつて所謂《いはゆる》科学的にも研究が出来てをるのだ。ろくすツぽ研究もせずに欧米流心霊学徒と称する輩が仏教ではどうだの斯《か》うだのと云つて嘲笑的態度をとるのは、みづから其の無知を表白するやうなもので滑稽千万な話だ。

神仙界の神階も大体には十七品になつて居るので上から云へば、九天真王、三天真王、太上真仙、右林官大司命、右林官小司命、紫微《しび》官大理命、紫微官小理命、退妖官司籍令、飛天真人、霊仙、真人、霊人、飛仙、仙全、道真、大霊寿真、小霊寿真となつて居て其れは単なる官位等級の如きものでなく俗に言はば其の生活状態や霊徳にも差等があるのであつて、飛天真人の位まで進み得る玄胎は稀《ま》れなのである。……わが根本神界の立場から霊界を区分した話は昨年の夏ごろ「世界一本と天孫降臨」の中で話しておいたから今は言はぬ。

高貴の大神は変化自在であるといふことがわからぬから、あまりに人間的な神の行蔵に触れたとき惑ひを生じて眼をパチ〳〵させるのである。高級の大神であればあるほど如何《いか》ほど調子を低くも表現が可能であり、人間に接触せられる場合は、いかやうに卑近《ひきん》にも意志表示が可能なので、神変自在である。低いものは高い真似は出来ぬが高いものは低い真似も出来るのだ。「高級の霊になると人間の生活圏にタツチすることを好まぬので人間に接近することは不浄に接近するやうなものだ」といふやうなことを言ひふらす先生もあるさうだが、これ一を知つて二を知らざるものである。声聞縁覚めきたる霊の毛の生えたものは人間界に接することを不浄に接するやうに考へて居るけれど、正神界の大神は、決して然らず、場合によつては丹塗《にぬり》の矢になつたりして。

（昭和五年四月廿八日古道第百九十三号所載）

無方斎閑話（下ノ一）

前回の原稿は途中で急用が出来て其の方に手を取られてる間に編輯《へんしふ》氏から督促されて其のまゝ渡したので、尻きれとんぼのやうであつたが、併《しか》し其れも亦《ま》た風流であらう。

尻きれとんぼでも何でも、とんぼはとんぼであつて蝶でもなく蜂でもない。或る種の人たちには寝ざめのよくないとんぼの夢が襲《おそ》うたらしく、首楞厳経《しゆりようごんぎやう》の五十魔境説に照らされると地獄の釜こさぎになりさうな人が相当にあるらしく思はれるので其儘《まま》にしておいては如何《いか》にも気の毒だ。何とかして特にお釈迦様に相談してお手やはらかに考慮して頂いて、内証で地獄の抜け道でも教へておいて貰《もら》ふわけには参らぬものか、……と見廻すと流石《さすが》に大世帯の仏教のことだ、たいていの道具は揃《そろ》つて居る。例の華厳の破地獄の偈といふ奴が此処《ここ》ではどうも都合がよささうだ。

唐の文明元年洛陽に王氏（明幹）といふ人が病死して幽界の旅程に入り、まだ勝手がわからぬので淋しい野を歩くともなくあるいて行くと何処《どこ》からともなく一人の僧形の者が出て来て（謂《い》はゆる此の王氏の守護神だ）「余は汝に少々因縁あるものぢやが汝は生前の業因によつて地獄へ落ちて来たのだ、業報ぢやから詮方《せんかた》ないのぢや、これから少し往《ゆ》けば愈々《いよいよ》汝の落ちつくべき地獄がある、そこへ行つたならば

若人欲了知。三世一切仏。応観法界性。一切唯心造。

といふ偈を唱へよ、そしたら地獄の苦を免かれることが出来るのぢや」と訓《をし》へた。王氏は進まぬ足を引きずつて行くと、大きな黒い門があつて獄吏から色々の訊問を受け引きずり廻されて大きな火坑のところへ連れ行かれてみると天に冲する炎々たる火柱の中に熱鉄の煮えたぎる釜が王氏の運命を物語つて居た。両人の獄卒が恐ろしい顔をして王氏を捉へて釜の中へ投げ込まうとしたので此の時なりと王氏は一心に右の偈を唱へると、あら不思議や、火も消え釜も消え獄吏も消え王氏みづから其の苦を脱したのみならず他の罪人等も王氏が一心不乱に絶叫した右の偈を聴いて同様に其の苦を脱した。併《しか》しこんな所で愚図々々してゐては又ぞろ何が出てくるか分らぬ何処《どこ》へ逃げたものかと殆《ほと》んど無分別に野原を走つてをると、先刻の僧形のものが出て来たので、王氏は曾《かつ》て経験したことのない真の感謝と信頼とを以て其の足下に跪拝した。然るに其の僧は「汝の露命今少しあり、此れより家に帰つて三宝を恭敬し善根を専らとし此の偈を唱へ又た人にも教へて唱へさせよ、余は六道の導師地蔵菩薩なり」と言つて姿をかくした。王氏は軈《やが》て家に帰ると思ひ、眼を開けば家の中は親族故旧等打集《つど》ひ葬式の準備の最中であつたが、さあ死人が三日目に蘇生したといふので一同驚喜したといふことである。やがて王氏は病気全快後その土地の空観寺の定法といふ僧を訪問して事の始終を語り、それより専《もつぱ》ら右の偈を唱へ善根を修し人にも教へて唱へさせ、年を経て後に安らかに帰幽したといふ

話だ。（右の偈は華厳経の夜摩宮中偈讃品の結勧の文で八十華厳によつたので、東晋訳の六十華厳では、若人欲求知、三世一切仏、応当如是観。心造諸如来となつてをる、どつちも同じ意味で要するに一切唯心造の五字なのだ。）

仏道の店構へから云へば、十界十道山河大地一切の諸法は心の所現で余法は絶無であり心は畢竟《ひつきやう》空を体とするから一切空ならざるの法はない、だから此の偈を念ずれば三悪道ともに消尽せぬといふことなく、心より造るところの諸現象だから心の所造と識得するとき十界ともに消尽するといふことになるのである。人の居る前では大きなことを並べるが、人の居らぬとき静かに反省してみて何うも地獄へ行きさうな気のする連中は王氏が飲み残した余瀝《よれき》で渇を医するのも可《よ》いかも知れぬ。これは天行居の同志諸君に対して申すのでないこと勿論、前月号の続稿だから、どんな人達へ対する言葉か、おのづから分明であるべき筈《はず》だ。十言《とことの》神咒《かじり》を専修し、力行して惑はざる真の同志に対しては、此の破地獄の偈の如きは、毛の抜けた靴ブラシほどの意味をも為さぬものだ。

それは兎《と》も角《かく》として、同志諸君に取りて問題の焦点は、そんなら一切唯心造が真理か真理でないかといふことにあるであらう。これは欧米流の心霊学徒に於ても解決が出来てるやうで実は解決されて居ない問題なのだ。そして此の一大事が一切問題の根本であるのだ。

幾百千の大霊感者、大思想家、大哲学者の研究で築き上げられた世界の宝塔たる仏教を一語に要約した「一切唯心造」が真理に非ずといふことを論断するには一万年来の地上人類の知識は余りにも微力である。幽玄遠大なる有らゆる意味の歴史を背景として屹立《きつりつ》した印度《インド》大哲学といふものは、玉ねぎの皮をむくやうにしてみれば、最後に残るものは只《ただ》これ「一切唯心造」のみであるが、これを否定し得る言葉は人類の声帯からは出せないのである。換言すれば論理を破壊せざる限り「一切唯心造」の真理の前には、人類はイヤでも応でも屈服せざるを得ないのである。

然らば「一切唯心造」を承認するとすれば、人間の死後の生活といふことも客観的存在の価値を失ふことになる。たとへば一例としては右の破地獄の偈に関する物語の如きも其れである。何も彼《か》も心の所現だと悟れば善もなく悪もなく地獄もなく天堂もないといふことになる。欧米流の交霊術による幽界生活の通信なども知らず識らずの間に此の印度《インド》思想の影響を濃厚に受けてをるから、其の体も衣服も器物も家屋も周囲の動植物も山河大地も、何だか不確実な存在のやうになつてるので一盲群盲を引き、それに関係する思慮周密の科学者までが鼻毛をよまれてをるのである。「声はすれども姿は見えぬ、ほんにあなたは……」といふやうな程度の死後の生活ならば、多くの俗人は却《かへつ》て現世に対して一層の執着を感ずるやうになるのは勢ひの自然である。死後の生活の方が一層幸福だ〳〵といふことを幽界生活者が繰返して、その欲望にも事業にも現世人の知らぬ熱も光りもあり意義ある生活をやつてると力説してみたところで、その生活意識が確実な様でアヤフヤな死後の生活に対して、満腹の希望を感ずるのは、気が弱くて借銭の多い人か、頭痛持ちの未亡人位ゐなものであらう。欧米流の交霊術も知らず識らず一切唯心造から支配されて居るからだ。それへ耶蘇《ヤソ》教的な思想が織り込まれて一種の模様を描き出してるのが欧米流交霊術所産の知識である。さうした方面の思想上の眷族《けんぞく》となつてる者の周囲に起る現象も大体に同様の筋を引くもので日本人の霊媒でも支那人の霊媒でも同じことである。月庵禅師は

我心本来これ仏也《なり》、千生万劫曾《かつ》て迷へることなし、迷へることなければ又た悟るべき法もなし、すでに迷悟なければ天真にしてもと生死をはなれたり、生死をはなれたるが故に来るも来るところなく去るも去るところなく住するも住するところなし、三世の心不可得なるが故に一切諸法みな同じく解脱せり、何の無明のつくすべきかある、何の煩悩の断ずべきかある、善悪なきが故に地獄天堂もなし、邪正なきが故に仏界魔界もなし、心念生ずるところ全く不生也、心念滅するところ全く不滅也、この故に一切万法有情非情畢竟《ひつきやう》空寂なり

とやつた。禅の立場から云へば此れでよいのであるが、併《しか》し軽々しく此れをみては月庵の意を得ざること千万里、生兵法は大怪我のもとだが今それは言はぬとして、欧米流の心霊家はこれをどうみる。死後の生活には厳然として種々の階級境界があつて、この月庵の法語は誤りであるといふであらう。そんなことだから日本に於ける欧米流心霊家は、ものがわからないといふのである。欧米に於ける交霊現象による人間死後の生活に就ての知識も此の月庵の法語も、せんじつめれば実は衝突するものでないのだ。

欧米流交霊術によつて得たる人間死後の生活に就ての知識も、要するに「一切唯心造」へキリスト教的のキモノを着せたものに過ぎないのである。（キリスト教徒の大部分は心霊家を敵視してをるけれども。）又た月庵は「一切唯心造」を禅家の流儀に約言したので、地獄も天堂も其の存在は百も承知の上で一喝に打消し

てをるのである。

天行居ではどういふかといふと、人間帰幽後の生活が各階級にわかれ各境界を異にすることを承認することは勿論《もちろん》、いかなる意味に於ても其の生活相の確実味が現界同様であるといふことを多年一貫して力説して来てをるのである。そして其の真理の宣伝に努力して来て居るのである。現界に非ざる一切世界を広い意味に於て仮りに幽界と称呼するならば、幽界の生活相が色々の意味に於て不確実な存在の如くに人間界に映ずるのは、幽界と顕界とを距《へだ》てた霊妙なるレンズの作用によるに外ならぬのである。顕界に於ける人類の五官や認識方法や思考方法が幽界の実相を識得するに極めて不適当な状況にあるからである。併《しか》しそれが又た神の玄律でもあるし人間世界のためにも不利益でないのだ。どうも幽界とか幽冥界とかいふ文字がいけない。何となくウス暗いやうな、あいまいな存在を聯想《れんさう》せしめるやうであるが、いろ〳〵の意味に於て現世界同様の確実味ある生活相である。善くも悪くも左様《さやう》である。高級の境界に上れば上るだけ有形的にも無形的にも作用が一層霊妙であるといふだけのことである。霊妙であるといふことは確実味を欠乏するといふ意味では決してない。さういふところが普通の人間の頭脳《あたま》で考へにくいところなんだ。

そんならば天行居では「一切唯心造」を否定するのかといふと左《さ》うではないので、この辺の消息は「ますみのむすび」といふことが手に入れば合点が出来るのだ。(昨年の古道所載「世界一本と天孫降臨」の一章「ますみのむすび」参照)此れは真の古神道を研究する上に於て極めて重大な眼目である。上古は人みな朴素で六《む》かしい小理窟はない、日本の太古に哲学はないと学者は云ふ、如何《いか》にも尤《もつと》もらしく聞えるが、小理窟はないが神ながらの大哲学はある。この大哲学は単に哲学でなく理と実と伴《ともな》うた宇宙の妙理である。それは真澄《ますみ》の産霊《むすび》であり又たムスビのマスミである。マスミと云ふ言葉とムスビといふ言葉とは同源にして同言なのである。そして此の言霊に伴うたところの太古神法が厳存するのである。この言霊《ことたま》の神祕は先年幽帰神《かむがかり》によつて授かり、それと合符せる太古神法は師伝によつて授かつた。その神法こそ古始太玄の神代以来伝はりて倭姫命《やまとひめのみこと》に及び一縷《いちる》わづかに亡びずして神人沖楠五郎先生を経《へ》て目下わたくしがあづかつて居るもので、一切の太古神法の根本なのである。

マスミのムスビといふ哲理は日本神国の独占的なものでなく古来紅毛人の思想にも出没したもので陳腐といへば極めて陳腐な学説で、今更らそんな店《たな》ざらしの古道具を何だ馬鹿馬鹿しいと軽人が鼻さきで笑つて逃げる代物であるが、古くても新らしくても真理は真理である。物理学の方でも段々進んで来て其の最近の宇宙観は矢張《やは》りマスミのムスビに外ならないのである。一切の現象(ムスビ)なるものは其のまゝにして同根一体(マスミ)のものであることは哲学も科学も此れを認めて居る。殊《こと》に仏道の如きは只《た》だマスミのムスビを昔から縦説横説して居ること人みな知るところの如しだ。「一切の法は因縁生にして畢竟《ひつきやう》空なり」といふことが仏道の入口であつて又た其れが最後の奥座敷である。

それほどに昔から四方八方で知れ切つた真理を今更ら天行居では何故に、びつくりした顔で大事さうにしてをるのか。それは「むすび」がやがて「ますみ」であるといふ意味でなくして、「むすび」が其のまゝ「ますみ」だと直観し、むすび即ますみ、マスミとムスビは同言だといふことを言ふのが、大いに思想の生命を異にするのである。

（1）「一切の法」は

（2）「因縁生」にして

（3）「畢竟《ひつきやう》空」なり

といふやうな思考形式によるものでないのである。……それでも、つまり同じことではないかといふ人には、今この問題は話してもわからない。やさしいやうで、実は甚《はなは》だ幽玄な問題で、「ますみのむすび」といふことが本当に手に入れば其人の神通力も忽《たちま》ち一大局面を打開するに至るのだ。

併《しか》し今は私の言ふ「ますみのむすび」と仏道でいふところの「一切法者因縁生而畢竟空」といふことと同じ意味だと仮定して話を進めてみる。それでは我が真の古神道根本の大哲理も仏道や其他紅毛人の哲学も同じことかと云ふと、なか〱さうでない。此処《ここ》が大切なところである。仏道などはマスミを本体としてムスビを説き、わが天神直示の古神道はムスビを土台としてマスミを説く。タカミムスビ、カミムスビの大道が其れである。これが即ち「日本学の基本」であり幽顕八《や》百《ほ》万《よろず》界を経緯する真理であつて始めて石城山から光宣せらるゝに至つた神人一串の古道である。これあるが故に日本皇室も日本皇室たり日本国家も日本国家たるのであつてマスミの一切空が本でなくムスビの神ながらの秩序が根であるのだ。大は宇宙の星雲の運動の如きものより小は一草一木に至るまで又た近くは吾等の子供の生れることまで一々みな「タカミムスビ」「カミムスビ」の道を同じうし此れに伴ふ太古神法も厳然として伝はり理実円融して神人を経緯するのである。

むすびを本とした「ますみのむすび」、それが宇宙の真理である。その真理を道とする神界に於ては、上下ともに確実なる存在であつて、其の根国底国《ねのくにそこのくに》（地獄）の如きも決して破地獄の偈ぐらゐなもので消滅は致さぬのである。其のまゝにしてマスミではあるが、マスミのまゝのムスビであつて、人間死後の各種各界の生活相の確実味は現世の通りである。現世の吾等の生活相（ムスビ）も其のまゝマスミであつて、吾等が現世の生活相に確実味を感ずる如くに死後の吾等の生活相も同じことである。

昨年の春「ますみのむすび」の一章を発表すると二三の人から抗議的な質問があつたが何れも取るに足らぬ愚問であるから捨ておいた。中にはマスミとムスビとは同言にあらずとの意見もあつた。ビとミと古音通ずることに異議はないのであらうが、マとムとは通じないと言ふ意味であるらしい。古事記にツムガリノタチがあるがツムはツマの転呼でツマガリノタチなること二三学者の説もある通りである。康頼本草に稨豆を阿知牟女《あじまめ》とよむ、古代に牟をマとよむ一例である。何しろこんな質問はウルサイことだ。「マソヒカガミ」といふ語も私が新たに製造したかの如くに難じて来た人もあるが、すこし本を読まれゝばわかることだ。

音義や字義のせんさくは第二第三の問題であるが、思想としてマスミとムスビとは全然別なもので同意に非ずと反駁して来た人もあるが、それだからこそ、改めて「ますみのむすび」を説くのである。ますみとむすびとが同言にして同義であり、しかも正反対の意味に働くところが言霊《ことたま》のサキハフところである。上古には水をヒと称す、真水をモヒとよむ、ヒといひて火と水とを意味し、同言で同義であり、しかも正反対の指称に働くところが言霊のたすくるところである。

「ますみのむすび」の真理ありて我が神ながらの道の大哲学は世界の群峰を抜いて屹立《きつりつ》するので天行居を以て古をなす説である。私は只《ただ》この一事の発見のみを以てしても私が此の世に生れて来たことは意義があつたと確く信じて居るのである。天行居を以て古をなすとは云へ、私の発明ではない。古始太玄の神代より神ながらに啓示された宇宙の真理である。併《しか》し此のマスミのムスビといふ神ながらの妙道は、わかつたやうでもなか〳〵わからないので、容易の看を為す可《べか》らずである。わかつたといふにも程度のあるもので、私の真の同志はわかつた上にもわかつて行くやうに努力して頂かなければならぬ。私どもよりも後に出て来られる偉大なる人物が、此の「ますみのむすび」の大哲学を各方面に暢論せらるゝであらうことを予感してをる。むかしは海の内外を問はずエライ人物が居たが世がくだるに連れて段々駄目になつたと思ふ人が多いが決して然らず、今後あらはれてくる偉人の大きさ高さは過去の歴史が有せざるものであるべき筈《はず》だ。人間の能力の発達には限度なきものである。これを何となく限度あるものの如くに考へてるのが全人類の大きな錯覚である。わが古代に於ては詔勅の文にもしば〳〵見ゆる如く「中今《なかいま》」の覚悟があり、世も人も弥栄《いやさか》に発展するといふ固い信念の健全真正なる哲学があつたが、現代人の意気地なさは驚くの外はない。しかし神々の摂理はいゝくしびなもので、決して種切れとなつたのではない、「砂漠に芽ぐむもの」が追々と面《つら》を出してもよい時節になつて来た。それは無論天行居を離れて世界のためにも日本国のためにも言ふのであるが、天行居としても、私なんざあ現役を退いて奉仕すべき時代が急速に近づきつゝあるものと思ふ。江湖の知不知の同志諸兄の緊褌《きんこん》を切望すること飢者の食を欲する如しである。ふんどしも直ぐに破れる安木綿などは駄目だ。帆木綿か何かのしつかりしたやつをしめて頂きたい。

何しろ同志一統の人々が一所懸命の決心で霊的結合を要する機会に到達した。そこで来る六月一日正午を以て「結霊《むすび》の時」を制定することにした。毎日正午から三分間だけ特に同志一統の者が心を純一にして十言《との》の神咒《かじり》を黙唱することにする。鍬《くは》を取つて田園に立つ者も十露盤《そろばん》を握つて店頭に座する者も炊事場で働く者も官衙《くわんが》で勤務する者も千里一堂に在るが如く心を一つにして天照大御神《あまてらすおおみかみ》様に感応道交することを必行する。この一事を以てしても是非とも幽顕両界の岩戸《いはと》開きを実現するといふ決意を以て此れを修するのである。二人同心その利鉄を断つと古への名賢は権威ある折紙をつけた。刀剣における本阿弥家の折紙でも其の大部分は御布施の多少等による手加減や無識の与太が多いのでアテになるものではないのだが、二人同心其利断金の折紙は幽顕を通じて万世に通用するものだ。まして信を同じうする幾百千の同志が至心に感応するとき、大千世界に吾等を妨ぐる者の存在を許さぬのである。天地の間は感と応とのみである。仏者も心を一所に制すれば事として成らざる無しと云うた。至誠にして動かざる者は未《いま》だ曾《かつ》て之《こ》れ有らざる也《なり》といふことを身を以て実証する大覚悟を以て当つて貰《もら》はねばならぬのである。然らば何の為めに祈念するかといふと

一、皇室の御安泰弥栄のために祈り

二、国力の充実国威の発揚のために祈り

三、幽顕全世界の生類が正義に反省せんが為めに祈り

四、同志相互の清潔なる幸福のために祈る

のである。事情の許す人は正午になると右の四箇条を先づ微音にて読み又は黙誦して後に十言神咒《とことのかじり》を黙唱して頂きたいのである。数ケ月つゞけて後は、右の四ケ条を音誦せず直ちに十言神咒を黙唱しても産霊紋理《むすびかため》の力によつて祈念の目的は立派に達するもので其処《そこ》が心霊の働きの霊妙幽玄を極めるところである。断金の友といふのは借金を断る友人のことではない、易経に金といふは皆な鉄のことで、二人が心を同じうすれば鋭利にして鉄をも断つべしといふのである。が実は鉄どころか金剛石でもモツト堅固なものでも貫かざる無しである。二人よりも十人、十人よりも百人、至心感応の同志の数が多ければ多いだけ其の驚くべき威力を発揮することになるのだ。古代の哲人も多数の人が欲求を専一にすると天地も其れに従ふといふことを明言してをる。

（書経曰、民之所欲天必従之。）荀子も「衆ヲ得レバ天ヲ動カス」と嗟嘆して居る。併《しか》し烏合の衆では駄目だ、何十万何百万の信徒があつても何にもならぬ。真剣の同志であつて而《し》かも其の信を同じうする対象が正しき真理でなければ天地は感応道交せぬ。天行居の信仰は正しき古神道の精粋であり幽顕に惑ひ無き宇宙の真理であり正神界の神祇の特に訶護《かご》せらるゝところである。幸ひに縁あつて天行居を知り之《こ》れに連なる尊敬すべき同志が、時を同じうして真剣に祈念するといふことは、よし其の人員の数に於て未《いま》だ多からずとも誠に是れ天地開闢《かいびやく》以来無前の事と確信して疑はない。

正午から三分間といつても随分むつかしい立場にある人もあらう。さういふ人は一寸《ちよつと》閉目して十言神咒を三回黙誦せらるゝだけでもよろしい。それなら時間は五秒位ゐしか要しないので来客と応酬中であつても出来るし且《か》つ客も気がつかないと思ふ。併し其れはやむを得ぬ場合で、なるべく三分間は実行して貰《もら》はねばならぬ。斯《か》くいふ私は首唱者としての責任上正午のサイレンを聴くや否《いな》や祈念に入り五分間は必ず実行し、毎日この時間に於て全国津々浦々及び海外所縁の地に在る同志諸君と共に一室に会せる心になり毎日諸君と霊魂の感応を為し得ることを、又た別様の意味に於ても愉快として期待して居るのである。

次ぎには時計の問題であるが、これはあまり六《むつ》かしく考へられなくても宜《よろ》しいのである。今日では田舎の田舎でも稍《や》や市街の形をなしてをるところは大抵サイレンか午砲かゞあるから其れから三分間修法して頂けば宜しいので、さういふもののない地方に居らるゝ人も成るべく時計を正確にしておかれゝばよいので、実際には五分や十分前後しても感応の成績には気にするほどの影響はないのである。海外に居らるゝ諸君も内地時間との時差を計算しておかれゝば毎日一定の時刻があるであらう。同じ時刻に同じ心で修法するといふ本当の赤心あるに於ては実際の時間が少々前後して居ても相互に必ず感応することは断じて不安なく、霊の働きの玄妙に就て幾分承知して居らるゝ諸君の固《もと》より御疑ひなきことであらうと思ふ。序《つい》でに一言しておくが、遠方に居らるゝ同志諸君も決して地上の距離を念頭におかれてはならぬ。千里一瞬のものであるから皆な一室に居ると同じことであるから其れをキット覚悟しておいて貰はねば、小さなことのやうで其れが案外の妨げとなり得る場合がある。楞厳経《りようごんぎやう》の中に「十方虚空自他毫端を隔てず三世古今当念を離れず」といふ文句があるが其の呼吸が肝要だ。それでは皆さん、昭和五年六月一日正午を御忘れなきやう。

日本国は神国中の神国で古来正神界の神祇が鎮斎してある国といふことを主張せらるゝが日本の官社の中

にも支那の神を祀つて雨ごひの神社にしてるやうなのがあるではないかといふ葉書を寄せられた人がある。正神界の神祇は日本国土のみに顕現されて外国へ出現せられたことはないといふやうなことを天行居で云つたことはない筈《はず》である。世界は一本であるが人間の身体にも頭も手も足もふぐりもあるやうに国土にも神国としての本末があつて、其の本津国《もとつくに》が日本国だといふことを主張して来て居るので、その意味からして支那「にも」出現せられたことのある神祇を日本国土に祭祀してあつても何等不当なことではない。俗な話で云つてみれば日本に生れた青年が柔道教師として長年間英米独仏で教授して又た日本国へ帰つて来て東京で道場を開いたとしても、彼れ此れいふべき筋合ひのものでもあるまい。ことわけて神界の幽玄な経綸《しぐみ》は我々が柔道教師の進退を批評するやうなわけには参らぬ。これは総論であつて此の葉書の抗議に於ける実際論としては……これは多分大和の官幣大社丹生川上神社のことを云つてるのであらうが、あれは決して支那から来られた――支那から帰られた神ではなくキツスヰの日本はえぬきの神霊である。実は古来専門学者の間にも是非の論があり漢神なりとの説もあるが左《さ》うではない。この神社の祭神については少しく言挙《ことあ》げ仕《つかまつ》りたいこともあるが其れは他日の機会に譲らう。

併《しか》し祈雨のために妙なものを祭つて神社としたのもないことはない。話が例によつて枝に移るが其れに就ては俗に竜の玉と伝称するものに就て少しばかり話をせぬとわかりにくからう。いや竜の玉といふものばかりでなく古来この種のものを珍重する先生には随分愛嬌のある話があるものなのだ。さういふやうなことについて少し話してみるのも「閑話」らしくてよいかも知れん。

実は先月も一つ竜の玉と伝称するものを見せて貰《もら》つた。それは同志の一人〇〇氏の所蔵して居られるもので以前は富岡鉄斎翁が長く持つて居られたもので、鉄斎翁の箱書には祈雨石と題し「尤不易得」「茅窓漫録ニモ見ユ」など書き散らしてある。それは茅窓漫録の上巻に

美作国一宮末社に雨乞祠あり、その神体は鮓答なりといふ、又武州雨降山雨降明神に納むる鮓答は大《おほき》さ瓠子《ひさご》の如く旱魃《かんばつ》の時山上に持行きて雨を乞へば直ちに雨降るといふ

と書いてあるのを鉄斎翁は云はれるのであらうと思ふ。鮓答といふものは多くは獣類の腹中に出来る結石で人間の小便袋へ出来る石の如く一種の病塊で勿論不浄物である。殊《こと》に馬に多いので馬のことを支那では竜とも称した関係から竜の玉と呼び来つたものと見える。本草紀聞（五〇）には、

獣のたまなり、諸獣も腹中にあり、就中《なかんづく》馬に多くあり、鶏卵の如くにして円く重し、破れば層次ありて皮の如し、中に至るまで皆へげて取れる也《なり》、外皮灰色少しく黄色を帯ぶるあり、又赤色を帯ぶるもあり、又黒色を帯ぶるもあり、又皮理麁《そ》なるあり、又密にして光沢あるもあり、又雲頭の如き文あるもあり、大なるは鞠《まり》の如く小なるは木槵子の如し、小なるも多くは正円ならず或は三角或は方、大なるものは皆正円なり、是れは腹中にたゞ一塊あり故に正円也、小なるものは数塊集り生ずるを以て、故に重りめありて形数種あり、大なるを象のたまといひ虎のたまといふ皆誤りなり、総《すべ》て馬の腹中にあり、小なるは馬屎の中に雑り出づ、故に石糞とも云ふ

と書いて居るが大体に要領を得てをる。その形状色彩等は種々雑多だ。小さい石ならば魚類や鳥類にも往々

にしてあるもので獣類に限つたわけではない。「耳袋」や「松屋筆記」などによれば其れに似たものは色々の場合に人体からも生ずるやうで支那の記録でも二三見たがウルサイから此処《ここ》には省く。馬の鮓答と似たものが牛からも出る、「本朝食鑑」には、

此れ亦《ま》た牛の腹中の病塊なり（中略）ともに世人はなはだ之《これ》を愛し錦繍《きんしう》を以て袋と為し、金玉を以て筥《はこ》と為し、希有《けう》の宝と為す、則ち嘲《あざけり》を免れざらんや、是れひとり牛のみにあらず狗馬諸獣皆しかり

とあつて「和漢三才図会」（三七）にもこれと同じやうなことが書いてある。その他桂林漫録や雲根志や色々なものに出て居るが並べ立てゝみたところで何の役にも立つまい。貉《むじな》の腹の中にあつた珠が石上神宮にあるといふ古記録等については他日別個の問題で愚見を述べてみたい。とにかく鮓答をもつて雨を祈る法は大陸から来たものらしく「輟畊録」にも蒙古人が鮓答をもつて雨を禱ることを書いて居る。

ほんとうの竜の玉といふものもないことはないが此れは珍らしいもので筋のよいものならば立派な神品である。また竜の玉でなく（即ち珠玉の類でなく）竜の卵ともいふべき玉があるが、こんなものを考へなくして所蔵して居ると危険な目に会ふことがある。竜の卵に限らず種々の神異的なものを普通人が格別の考へもなく所蔵してるのは吉の如くにして吉ならず却《かへつ》て種々の災害が起るもので鮓答の類などが今日たいてい寺院などに多いわけも恐らくは昔の人が段々と気がついて寺などへ納めたからであらうと思ふ。これは必ずしも下等な怪異なものに限らず立派な神物でも往々にしてさういふことがあるものである。動物の体に生じたものに限らず天然の砿物の如きものでも植物の如きものでも又は人間の工作に成つた書画彫刻石器土器装身

具武器楽器祭器の如きものにも相当のムスビカタメを成就した霊が存在することがあるもので、其れも必ずしも憑霊《ひようれい》に限らず其のもの本来の霊が厳存することがあり、人工の器物でも必ずしも古き歴史あるものでなくても種々の霊が潜んで居るものが稀《ま》れにはあるものである。刀剣の如きでも比較的新らしい時代の作、四百年ばかり前、永正頃の作品の中にさへも刀工や過去の所蔵関係者の憑霊に非ずして純然たる其の刀剣本来の霊が潜んで成長し霊妙な姿をも成就してるのを直接に見て舌を巻いて驚いたことがある。それは日本国土と地鉄の霊の関係等により其の製作のときの刀工の精神のたま〳〵清明なりし場合に其処《そこ》の国魂《くにたま》の神霊が刀工の心霊の縁を仮りて刀剣に感合せられたといふやうな場合、恰《あた》かも人間の母体にうまく妊娠の芽を結んだやうな場合があつたときであつて、何某の作ならば必ず刀剣本来の霊があるとは限らないので、否《い》な刀剣本来の霊を有するものは稀れであつて、恰《あた》かも女子は一生涯に三百六十九個の卵子を生出する神ながらの生理を有しながら其の全生涯の神わざの可能期間中怠りなく勤労したからとて三百六十九人の子供を生むわけには行かぬので、たいていは五人か三人位ゐ、殊勲者でも一ダース位ゐが関の山で、……刀剣本来の霊を結ぶことは其の比例どころでなく、もつと稀れである。……皇典に記録された二三の天劔の如きは此れは又た尊くも神さびたることで、此処に言挙《ことあ》げする範囲の問題ではないのだ。

あなたは昔から独身ですかと問はれて私も石でもなければ木でもないから……といふ様な中年の男の挨拶をよく聞くことがある。併《しか》し石の如きものでさへも憑霊は固《もと》よりのこと憑霊に非ざる本来の霊を有するものもあるのだ。その一例、山城国山崎離宮八幡の社へ、夜々何方ともしらず美童一人来りて神拝す、社司不思議のことにおもひ、或夜神前に通夜せしに、夜半頃はたして来りぬ、社司問ふらく、深更におよび、たゞ一人何方の人にて、いかなる所願ありて社参し玉ふぞと、童子云、我れは人間に非ず、石の精なり、此の神境に数千年住し、謝恩のために神前に参れり、此の事必ず人に語り給ひそ、とて行きかくれぬ、その翌年地震して鳥居たふれ折りたり、新たに建つるに根石になるべきところよき大石をもとむ、漸《やうや》くこの奥にして程よき大石を見出し、石匠数日かゝり割り出しぬ。その石の中空虚にして玲瓏《れいろう》たる白き氷柱の如き一物下がれり、奇異のことかな、是れ全く前年童子と化して社司に詞《ことば》をかはせし石ならんと、彼の一物を当社に納め神宝とす、云々（雲根志）

鉱物にも植物にも憑霊《ひようれい》を待たずして本来の霊を結成すべき素質を有することは本年（昭和五年）二月の古道（第百九十一号）所載クリフオード、エーチ、フアー氏の植物心理学を読まれても見当がつくであらうと思ふ。又た厳格に云へば、憑霊々々といふけれど其の憑霊も、本来の霊あるものに対し、第二には本来の霊を結成し得る素質を有するものに対して始めて憑依《ひようい》し得るのである。然るに万有みな霊の素質を有するから被憑性を有せざる物体は存在しないといふことにもなる。そこには鈍鋭、精疏、曲直、清濁、明暗、強弱、いろいろな交渉で、幾多縦横の差等も生じ、中にはピントの合はない映画のやうなものが出来てくるのであるが、何だか理窟ツぽくてイヤになつちまふからこんな話はあづかりだ。

鮓答の話の序《つい》でに一言しておくが狐の毛玉などを大事さうに持つてる人があるが、極めてよくないことである。牛の毛玉などいふものもあつて此れは牛が朝日に向つたとき、おのづから牛の眉間の旋毛の落ちたものだともいふが、狐の毛玉は大底尻尾《しつぽ》のさきから出るものだ。怪しげな稲荷を信仰するものなどが大切がる代物で中には一見して随分美しいものもあり長年間箱に入れておいたりすると一層美しく変色したり毛のさきに黄金色の微粒を生じたりすることもあるので卑陋《ひろう》な信仰者が有難がるのであらうが、こんなものを神棚の横へ奉安したりするのは大間違ひの骨頂である。そんなものを持つてる人は畑へでも棄《す》てゝ小便でもかけておくが可《よ》い。こんなものにかゝり合つて居ると何れ碌《ろく》なことはないのだ。甚《はなは》だしきに至ると兎の尻ツ尾の毛なんぞを拾つて狐の毛玉だと喜んでる人さへあるが気が利かないにしても程のあつたものである。

どうも或る種の人間はくだらないものを大切にする癖のあるもので、鳴玉などいふものを錦の袋に入れて伝家の重宝だと威張つてる人があるが、唐金《からかね》の一種で製した小さな玉の加工品である。これは掌にでも握つて少し熱を与へれば自然に動き鳴り掌に微妙な震動を与へるが、これを神工鬼作の天然物のやうに心得て宝物扱ひにしてるのを見ると馬鹿々々しくて御挨拶も出来ない。これは昔から緬鈴《めんれい》と云つてるものの一種で不浄物なのである。支那の滇中《てんちゆう》に緬甸《ビルマ》といふところがあつて其辺から出た物で娼婦がこれを用ひて楽みとしたものであるが、そんなものを稀代の宝物のやうに心得て高価に買受け桐の箱へ入れて神棚へ納めたりしてる人の顔をみると、ふき出さずには居れぬ。或る神道教会の要地にある人が其れを譲り受けて神宝にするとかの咄《はなし》を仄聞《そくぶん》したこともあるが、世には奇特なこともあるものである。先日も或る同志が来訪されて伊太《イタ》利《リア》の古代の壺といふものを取出して私に呉《く》れるといふことであつたが折角ながら一見しておことわりした。

その壺は寝室の一隅におかれたもので、ずゐぶん風流な用途の役をつとめあげたものだつたからである。

斯《か》ういふ風な話は至つて不得手であるが併《しか》し咄《はなし》が此処《ここ》まで流れて来た序《つい》でに陰陽石のことも一言しておかう。馬の鮓答なんかを祀つた神社があるやうに陰陽石を神体にした神社も古来相当にあるからだ。性器崇拝の思想は古代に於て世界的のものだといはれて居り其れを基調として原始的宗教の芽ばえを論証しようとする学者も随分あつて此れらに関する文献は今日までのところでも可《か》なり多量に整理されて一科の学問を形成してる程で、我国でも十年ばかり前から一層賑やかになり土俗学なんかに染指する人達の間の会話にはヨニーとかリンガとかいふ言葉が少々念が入りすぎるほど沢山に使用されつゝあるやうである。けれども古代人の斯《か》かる考への中には婬猥《いんわい》な観念を伴はず多くは宇宙の生々の気の具象化したものとして誰れしもが興味と感激とをもつ手近なところを標的としたものである。易にも「夫れ乾なるもの其の静かなるや専《もつぱら》にして其の動くや直、これを以て大いに生ず、夫れ坤なるもの其の静かなるや翕ひ其の動くや闢《ひら》く、これを以て広く生ず」と云つてるやうに、その生々の気を崇拝して農産の豊饒《ほうぜう》を祈つたりする習慣が積み重なつて、別に神秘な威力の感応を有らゆる方面の問題にまで及ぼして考へるやうになつたので、又た一面からは人間の生殖作用の如何《いか》にもくしびなのを目睹《もくと》して、おそれあやしむ心の結びが性器崇拝的な思想を生むに至つた経路もあらうが、併《しか》し要するに同じ理由に出でたものであらう。記録の上からみると印度《インド》あたりの其れは甚《はなは》だ構想が込み入つてあくどいやうだが、日本のは如何《いか》にもあつさりして無邪気なやうに思はれる。

駿州大井川の上に藁品川といふ川あり、当辺に陰陽石といふものを産す、陰石は女陰、陽石は男根の状なり、其の石大小あり、これを拾ふに何れも色黒し、但《ただ》し陰石は内赤く中に核ありて即ち馬蹄石の一種なり、真に女子の陰門に似たり、(雲根志)

安倍川の上流に藁科川といふ枝川あり、その川上より陰陽石流れ下る、其の形大小数多《あまた》あり、土俗は開運石と称し珍重す、又売物にもす、天造の奇品なり、(中略)一説には安倍川より陰石出で大井川より陽石出づと、因《より》て大井川と安倍川とは夫婦川とも云ふと聞く(甲子夜話)

こんな記録は他にも色々あるが、実物も色々のものを見た。その中での逸品は古き昔より官幣大社○○神宮の殿内の一隅に奉安してあつた陰陽石で、明治の初年に故あつて其処《そこ》の社僧前田敬斎といふ老人が頂いて去り、後に敬斎老より堀先生へ贈つた。それを堀先生から私が貰《もら》つたのだが、その陰石の方の出来のよさといふものは恐れ入つたもので余りにも芸術的なので家族にも見せられず書斎の棚の上にあげておいたが紛失して了《しま》つた。石だから鼠が持つて行つたわけでもあるまいが余りにも生気躍動せる作品だつたので鬼神の妬《ねた》みを買つて神かくしに会つたのだらうと考へてをる。残つた陽石の方は又た神かくしに会はぬ間にと思つて某氏へ進呈した。

陰陽石について平田篤胤《あつたね》先生の門人の何とかいふ人の書いたものも見たことがあるが、一切忘れて了《しま》つた。謡曲船弁慶で御名染《おなじみ》の津の国大物《だいもつ》の浦は、すくなくとも千年あまりの昔から大物主神《おほものぬしのかみ》が産土神《うぶすな》であつたから地名も大物と伝はつたのだが七百年ばかり前に平家が三柱の姫神を祭つて以来大物主神は何時ともなく土地の人から忘れられ給ひしを、明治になつて又た古記録等を調べて大物主神を祭つたといふ話を聞いたこと

があるが、「理斎随筆」に

大物浦といへるはをかしき名なりと思ひて居たりし処、石の種類を記したる雲根志といへる書に、摂州大物の浦といふは今の尼が崎なり、大物権現の社あり、この神体は陽石なりと云ふ

と書いて居る。その大物権現の神体が果して陽石であつて其れが大物主神《おほものぬしのかみ》であるならば少し無作法だ。要するに万事おほらかで無邪気で天真らんまんな我等の先祖が、神をまつる場合には随分すばらしい考案もやつたであらうが、いつも云ふやうに神界の規則は至厳ではあるが苛酷でなく、殊《こと》に善き意味に於けるユーモラスな性格の神様の多い日本中心の神界に於ては、それ〴〵に感応もあらせられたことであらうと思はれる。

誤解を防ぐために附言しておくが、日本に於て陰陽石を祀つたのは元来いやしい観念の交渉はなかつたものであつたけれど、世の流れに連れて、極めて其れがくだらない意味、目的のために用ひらるゝやうになつた事実もあることは無論みとめざるを得ぬ。男女の縁むすびの神とか花柳病専門医の代りに祭つたのは未《いま》だ幾らか屁理窟も通用するとしたところで徳川末期ごろの金精明神の繁昌の如きは言語道断な話である。明治五年三月従来遊女屋其他客宿等に祭りある金精明神の儀風俗に害あるを以て自今早々取捨踏潰《ふみつぶ》すべき旨、きつい御布令があつたが其の金精明神なるものは陽物の形体を示した拙劣な芸術品で自然石では要求に応じ切れず加工品が多く其れも石に限らず瀬戸物や木彫や金属製のものなどゴチヤゴチヤして居た。先年或る古い悪友の病気を見舞つてやつたとき彼れは奇癖があつて、こんなものを硝子戸棚の中に沢山に蒐集《しふしふ》して陳列し

て居た。細君は頻《しき》りに恐縮して「子供が大きくならぬ間に早く捨てゝ、おしまひなさいといふのですけれど……御座敷にこんなものを並べ立てられてはお客様のあつたたびに私が困つてしまひます」とこぼしてゐたが、全くどうも此れは細君としてみれば相当に抗議の理由あるものであらう。

金精明神式のものにも狐の霊なんぞが憑依《ひようい》して相当の御利益を与へたであらうことは想像されるが、そんなものがお払ひ箱になつたからとて、彼等は決して失業するものではない。必ず相当の向き〳〵の処へ巣《す》喰《く》ふものである。〇〇稲荷などの処へ採用せられて其処《そこ》の分霊を祭る家などへ押しかけて行つて拝まれるのだからイキモノに餌絶えずである。厄介な話さ。

いかなるものにもピンからキリまであることを常に腹に入れてをらぬと、十把一《じつぱひ》とくゝりに物を考へると大きな間違ひが起るのだ。殊に霊妙なる形而上の問題となつては一層然りである。日本が神国の中の神国といふのは怪しげな人物を祭つた神社や鮓答や陽物や動物霊等を祀つた社が多いからといふわけでないことは今更ら申す迄もないことである。日本国土に於ける神社と名のついてあるものの或る種のものを指摘して日本の神社、神道を嘲《あざ》けらんとするものは昔の支那学者や僧徒、この頃の学魔やバテレンの徒に多いのであるが、知らずに其れをいふのなら呆れた無識であり、知つて且《か》つ言ふのならば人格の破綻者である。近くは天行居のことを彼れ是れ言ひおとさんとする人達も亦《ま》た同様の事情のもとにある人が多い。「天行居の同志もよいかげんなものだ、甲某の信念は不純であり乙某の思想は掃溜《さうりう》だ、あんなものが天行神軍の士官であるのなら天行居同志には統一された信念も主義もないではないか」といふやうな言葉が深夜に私の耳朶《じだ》を掠《かす》めて消えて行く。

少し大袈裟にいふならば、天行居の同志も亦《ま》た八百万《やほよろず》の神々である。同じ穴から突き出されたところてんのやうに同形同質のグニヤグニヤしたものではない。骨もあれば毛も生えて居り皆な各自独立せる人格の所有者であつて、天行居は同志の思想の自由を圧抑せんとするものでもなく冷静なる研究の眼を蔽遮せんとするものでもない。読みたいものが見つかつたら読むが可《よ》い、見たいものがあつたら見るが可い、拝みたいものが出て来たら拝むも可からう。そして帰つてくるものは帰つて来い、迷うて行くものは迷うて行けといふ今日までの天行居の態度だから、同志の中にも色々の姿に見える人々が、色々の方面に居られるわけである。人間死後の問題といふやうなことについても天行居の信念が七分で他の信念が三分の人もあれば五分々々位ゐな人もあり進退不定日々に変動しつゝある人もある。それは時期未到でまことにやむを得ないのである。稀《ま》れには殆《ほと》んど十分の十と云ひたいが、いかに厳格に審査しても九割以上天行居の主張を生命として居られる純真な同志もある。さういふ立派な人で士官になつて居られない方もある。全身が信念のかたまりかと見られる人物が一寸《ちよつと》した試煉でペシヤンコになられるのもあれば、どうも一と皮むけない点があるやうに見えながら如何《いか》なる風濤《ふうたう》が去来しても泰然として一貫の道を辿つてる人もある。ペシヤンコになつた人が又た燃えあがつて光りを放つ人もあれば、ペシヤンコになつたまゝで息を吹き返さない人もある。即ち色々な人があつて結構なのである。「生るゝもまかるもともに皇神のものをめぐます数にこそあれ」といふ本田親徳《ちかあつ》先生の歌は面白い歌で何も彼もが神ながらの恩寵である。落花も亦《ま》た落花の風情あるのみならず花が散らねば実を結ばないのである。人生の最大の悲惨事は死といふことであらう、人間が皆な此の肉体のまゝ死なぬ様に神様は何故に努力せられないのか……。よし〳〵それでは皆な死なせぬぞよといふことになつて五百年ばかり経過したとする、さあ賑やかなことだ、どこの家にも三百歳四百歳といふやうな老人が五六十人宛《づつ》ごろ〳〵して居て耳も碌《ろく》に聞えず腰も立たず「オイ茶を呉《く》れ」「オイ小便だ」と賑《にぎ》やかなことであらう。生も死も神の愛の表現に非ずして何であるか。人は皆な晴天を好み風雨を嫌ふけれど風雨なくんば地上一生物無きこと亦《ま》た勿論。天行居にも風雨がある。なに風雨があり過ぎるといふのか、イヤさうでない、誠に理想的の五風十雨なのだ。「悪を嫌ふを善ぢやと思ふ、嫌ふ心が悪ぢやもの」といふ古人の道歌も時折は役に立つ筈《はず》。

今日のところではやむを得ざる行きがかりの為めに私が天行居の代表者みたいなものになつて居る。併《しか》し其れは事務的に左《さ》うなのであつて私が信念なり識見なり人格なり神通力なりのサムプルではない。相当に自《うぬ》惚《ぼ》れの強い私も其れ位ゐなことは克《よ》く心得て居る。けれども兎《と》に角《かく》人間界の手続上から云つて私が天行居の開闢《かいびやく》者である以上は、せめて信念だけは人後に落ちてはならない。その点だけは神祇に対しても稍《や》や恥かしくないかと思はれるやうな自信が昭和二年五月二十七日以来下ツ腹へ凝結して来た。そこで他に取柄《とりえ》のない私は是の信念だけを以て立つて居るのであるが、さて然らば私と同じやうな信念の同志が今日凡そ何百人位ゐ居られるかといふと、さう沢山は無論ありさうに思へない。私自身の信念の深浅高下は兎も角として私からみれば「癖のある信念」の同志が多数であることは事実である。けれども其れでよいのであつて、幾多の風雨を経《へ》て来て時には随分危険な状態にも崩れか丶つたりして次第に純正な確乎たる信念に向上して進み力行して惑はざる境地に到達するのである。斯《か》く申す私だつて昔からの信念の足どりを仔細《しさい》に見つめて反省すると、まるでモノになつて居なかつたのであるが、其の極端に浅ましいものが、偉大周密なる神祇の訶護《かご》啓導によつて何度か死地に甦《よみがへ》ることを得て、今日稍《や》や自ら許すだけの信念の霊火の中に安住し得るに至つた体験があるから、今日に於て他の同志の危険なる歩行を見るにつけては衷心《ちゆうしん》から同情することが出来、これを軽んずるといふやうな気もちは少しも浮いて来ぬのである。換言すれば私としては、純正な信念の同志に対しても癖のある同志に対しても敬愛の念に甲乙は無いやうに考へられる。果して左《さ》う乎《か》と、静かに色々の場合に於て自分の魂《たまし》ひの働きぶりを公平に審査してみても、やつぱり左うだ。

けれども斯《か》く〳〵の問題に就て無方斎の意見は何うであらうか、是と認めてをるのであらうか否《いな》と斥けて居るのであらうか……といふやうな実際問題が、同志の研究上当然と問題となり来ることがあらう。又た私としては姑《しば》らく是非の意見を述べず関係者の体験の展開を待つてゐる場合もあるので、その為めに第三者の立場にある同志の研究上にも疑義を生じてくることもあり得るだらうと思はれるが、私の腹の底が知りたければ、それは何時でも容易に明瞭に知ることが可能である。如何《いか》にすればよいかといふと、何の変哲もないこと、天行居の出版物を吟味して克《よ》く読まれるが可《よ》い、只《ただ》それだけのことである。同志諸君の研究上の有らゆる疑義に応答する責任ある解答書は同志諸君の座右にある筈《はず》である。それも古いものを捜し廻される必要はない、「古神道祕説」以来のものだけで結構だ。どんな霊的現象に対しても、私が其れに対して如何なる意見を有するかといふことは余りにも明瞭である。その責任ある私の解答書の一言一句を信ぜずして、更らに私の意見を徴せられても重ねて其れに答へるほどの「親切」は無方斎には品切れだ。

多数の同志の世話をする場合その世話人の方針は大体に二つあるであらう。つまり馬追ひと牛追ひの流儀だ。馬追ひは馬の口を取つて自分の思ふ通りに引きずつて行く流儀、牛追ひは牛の行くあとからついて行つて格別な間違ひをさせず結局行く処へ行かせさへすればよいといふ流儀である。私は馬追ひが嫌ひで牛追ひが好きだ。そこで天行居の同志には色々の型の人があつて、思ひ〳〵に牛の如く長汀曲浦の旅をつゞけて居られるので、私も其の後からのそりのそりと煙草《タバコ》を吹かせながらついて行く。春の日ぽか〳〵。

宗主に締りがなくて脱線的開放主義だから同志の中にも勝手な熱を吹くものが多くて困るといふ様な手紙を寄こす人があるが、そんなに私はだらしがないやうに見えるのか知らん。大抵けち〳〵八釜《やかま》しく言つてるので此れ以上むつかしくせよといはれても其れは実際上やれさうに思へぬ。だらしのないところに又た妙味があるつもりで、実は少々慢心が起りかけてる位ゐなところなんだ。もつとも愈々の時機に飛び込めば、その時は其の時だ。長汀曲浦の春の旅をつゞけられる人たちも其の「時」の前日までに右か左か確然と決意覚悟せられるであらうことを信じてをる。決意せられねば其れ迄の話だ、それ以上考慮することは私どもには不必要。

人は人、我れは我れ。人の信念を疑うて自分の信念の浮動を許す理由にするほど卑《いや》しいことはあるまい。たとへば何処《どこ》かに一人の山伏まがひのものが居て、同志の甲乙丙が其の山伏まがひのものの処へ頻繁に出入するにしたところで、甲は天行居の信念は確乎不動絶対的であつて只《た》だ事業上の便宜等の為めに山伏の処へ出入する。それをみた乙丙も山伏の処へ出入するが段々と山伏にかぶれて天行居の信念を第二位におくやうになつたとする。乙丙は「おら達も甲と同じことだよ」と吹聴する。けれども甲は決して乙丙と霊魂の世界を同じうするものでない。只《た》だ乙丙が甲の信念をも疑うて自分の信念の浮動を弁護する材料にするだけのものだ。天行居の同志にも色々あつて、商売繁昌家族安康の恩頼《みたまのふゆ》を蒙《かうむ》つて日々神恩を痛感しつゝ、あるものもあれば、謂《い》はゆる霊学的方面に興味を有する者もあり、自己や血族やの死後の世界に就て始めて至正の確信を得て其れを第一義とする人もあれば、世界の大機と日本の使命及び天行居の使命に就て共鳴覚悟せる人もあり、敬神尊皇といふことが始めて天行居に於て明確に宣言し得られるといふ点を入信の契機として居られる人もある。更らに其れに就ての感じ方の癖の有無や信念上の混合物の多少や決心力の強弱等を加算して分類すれば、天行居の同志も数十種の色わけが出来るであらう。その中で如何《いか》なる信念が正しく強く且《か》つ比較的に癖がないかといふことは我々同志各個自身の問題で、人のそぶりをみる必要はない。中には又た「本部に勤務する人さへ斯《か》く〳〵であるから……」と披露してあるかれる人もあるが、本部に居る人が特に立派な人といふ理由は何処《どこ》にもなく、私を始め皆な修養途上にある人である。また三日見ざれば目を刮して待つべしといふ古人の言葉もある。一年前に何うであつたからとか、半年前に斯《か》うであつたからと云つても光陰は流れ人には進歩も退歩もある。私のひいき目か知らんが、本部に居られる人達の信念も最近に於て著しく修理固成せられ、従前かつて見なかつた程の熱が加はつて来たやうに思ふ。人は人、我れは我れ。我れの信念を樹立するものは我れ自身である。人間の霊魂ほど霊妙なものはない、自分の心の持ちやう一つ、決心一つで如何《いか》なる高大なる神祕の殿堂をも建設することが出来る。誰れの力も借らず、明日とは言はず今すぐに其れが出来る。自分の信念が何かの事情で崩れて、恰《あた》かも千仭《せんじん》の石垣が崩れて脚下に二三の礎石が点在するばかりのやうな荒寥《くわうれう》たる心の人も、気がついて衷心《ちゆうしん》より奮起し、顔を洗つて昔の通りの至純なる忠魂義胆で十言神咒《とことのかじり》を誦すれば即座に千仭の石垣を復旧し、雲表に屹立《きつりつ》して幽顕に畏《おそ》れなき心の王者となり得るが、夏の餅みたいに愚図ついて、くだらぬ理窟に囚《とら》はれて自己の良心をくらまして其日ぐらしの霊界の遍路者になつて了《しま》ふと、遂には正神界との縁も切れるやうなことにもなるのである。各自の霊魂が今夜何処の家に泊るか、吉と凶との二つの家があるが、悔の道を行くものは吉の家へ、吝の道を辿るものは凶の家へと案内されるのだ。吉凶の分る、ところは悔と吝とにある。悔いて改むるものは吉、今上天皇の聖勅中の「日新日進」の道だ。日に〳〵新たにして又た日に新たにし、光明を未来につなぎて中今《なかいま》の今日に居る弥栄《いやさか》の道だ。ずるずると行きがかりに引きずられて改むるに吝かなる者は、厳格に云へば日本的精神が欠けて居るのだ。是れ即ち凶道。

天行居の同志も八百万《やほよろづ》の神であるから、それぞれの持ち前の任務に努力せられつ、あるのである。「あの人は何も為《し》ない」と思はれてる同志で案外にも重大な仕事を運ばせつ、知らぬ顔をしてる人もある。その左右の道友さへも知らぬ間に色々の任務に努力して居られる方もある。だから人の世話を焼いたり色々批評したりする暇があつたら神咒でも唱へられるか道路の草取りでもせられた方が宜《よろ》しいのである。神をみるときには人が見えない、人をみるときには神が見えない、人を相手にせずして直接に神祇に対し、みづから為すべきことを為せばよいのだ。人は人、我れは我れである。人のそぶりを気にすることは不要、内外一誠、幽顕に畏《おそ》れ無きを期すべし。

天行居の出版物の古いものを捜しあるかれる人が随分あるやうだが、つまらぬことである。私だつて「中《なか》今《いま》」の世界の住人で殊《こと》に低能な人間だから年月の進むにつれて言ふことも少しづつ正しくなり普通の言葉で言へば進歩もあるわけだ。神界の啓導等によつて次第に眼力も正しくなるのであるから古い物を読まれるよりも新らしい物を繰返して読んで頂いた方が私と感応せられるには一層便利正確である。そんならば昔の言うたことは嘘かといふと左《さ》うではないが、神示を解する上にも進歩があるので、その事情も千態万様で一律に説明は出来かねるが、一例として言ふならば、オキタマヒコといふ名についての私の考への変遷の如きも其の一つである。神界から「オキタマヒコ」と呼びかけられたことは相当に古いことである。けれども其の時には文字を示されたのでないからオキタマヒコなのかヲキタマヒコなのか分らなかつた。阿行のオと和行のヲとの発音は神様の方では明瞭であつたらうけれど、私の耳は其れを聴きわけるほど敏感でなかつた。どつちか知らんとは思つたが多分ヲキタマヒコであらうと考へて勝手に招霊彦《をきたまひこ》と書いて数年を経過した。ところが後になつて沖楠五郎先生と種々密接な関係あることを知るに及んで、沖霊彦《おきたまひこ》に相違ないと決定して了《しま》つた。然るに近ごろ神界の或る方面に出入し得るに及び書類にも気玉彦と明記してあるのをみて始めて気玉彦《おきたまひこ》なることを知ることが出来たやうな次第である。字書を二三調べてみると息と云ふ字なら無論オキとも訓んであるけれど気といふ字をオキと読んであるのは見つからない。（あれば知らせて下さい。）たゞ古事記の息長《おきなが》帯比売命《たらしひめのみこと》を書紀に気長足姫尊《おきながたらしひめのみこと》に作つて居る。爾雅の釈言、説文、繫伝、礼祭義の注等をみれば息は気にして我が古代ともにオキともイキとも訓めることを知るのみである。こんなわけで昔言つたことと今日言ふこととは異なるやうに聞きとれることもあらうが元来は同じことで、その同じことでも其の見方なり解釈なりが新らしいだけ正確だと云ふことになると思ふ。現在の同志諸君の約二割乃至《ないし》三割の人達は殆《ほと》んど第一期頃からの格神会員で天行居といふ名称のない時代からの同志であるから古い出版物なども所蔵して居られるであらうが、新らしい同志諸君が其の旧時代のものを羨《うらや》ましさうに眺められる必要は少しもない。又た古い同志諸君も古い時代のものを何か仔細《しさい》ありげに見せびらかされるやうなことは感心致しかねるのである。

神人感合には、自感、神感、他感の三感があつて其れには厳然たる区別があり、感合修行の方針にも根本からプランが異なるのであつて、そのことは同志諸君が充分に心得て居られる筈《はず》と思ふのに案外にも無関心で、全くの無方針で感合の修行をやつてる人が多いやうに見受けられる。何と云つても自分の精神を基礎として総てのことが起つてくる問題であるのに、自分の精神が無方針であつて只《た》だ漫然と端座して何ものかに感合せんとするのは乱暴な話でもあり無茶な計劃《けいくわく》でもあり、それで以て立派な結果を得ようとするのは少々虫がよすぎるやうである。そのことに就て一言したいと思ふが長くなつたから次号の紙上で申上げたい。

（昭和五年五月廿八日古道第百九十四号所載）

無方斎閑話（下ノ二）

六月一日から始めた「結霊《むすび》の時」の修行に就ては同志諸君が私共の予想以上に熱心に参加して下さつたので誠に嬉《うれ》しい。どうぞ気長く不撓不屈こんきよく努力を積んで頂きたい。万事この「積む」といふことが宇宙の祕機なので「数を重ねる神祕」といふことは多年くどいほど申上げて居る積りである。一時的に燃えあがるのも悪くはないが其れで一ケ月か二ケ月で「格別な妙味も感ぜぬから」とやめて了《しま》ふやうでは何にもならぬ。こんきよく続けて行く人が私共の心からなる道友である。

しかし「結霊の時」を始めてからマダ日も浅いのに色々の神徳を頂いたり神祕な体験に畏《おそ》れ入つたりして居られる人が早くも続々として書面を寄せられるのをみると、真剣にやつてる人の中にはテンポの早いのもあるのである。が、早いのがよいと云ふわけでもなく格別な神異現象のないのが不熱心な証拠でもなく霊的因縁の浅い人といふわけでもない。さういふことの次第に就ては既に同志諸君が相当の理解を有せられる筈《はず》である。けれども修行の日の浅いのに「この報告はあまりに神祕すぎる」と猜視するのは当を得て居ない。

真剣にやれば直ちに自在に百霊万神に感合し得るのだから機縁あつて其の感合を自覚する人が続出したからとて何の不思議もない。感合してゐても其れと自覚しない人は多く感合し得ないものと考へて居られるが、それは自覚し得ないだけのことで感合し得ないのではないのである。一心に新聞を読んでる時にはテーブルの上の時計がセコンドを刻む音も聴えない。時計の音に注意をむけるとチクタクと鳴つてゐる。注意をむけないとき耳に響かぬのではないが自覚し得ないだけのことなのだ。しかし時計の音は注意を向ければ直ぐ自覚し得られるが、百霊万神に感合のことは注意を向けても自覚し得られない時は矢張《やは》り自覚し得られない。否《いな》な注意を向ければ明瞭なる感合現象も却《かへつ》て消えて了《しま》ふ場合がある。だから時計の音の理窟を其のまゝ持つて来て考へ合せてみてはわからなくなるが、兎《と》に角《かく》神霊に感合してゐてもそれと自覚し得ない場合が多いといふことだけ承知して貰《もら》へばそれでよい。極端にいふと人は四六時中誰れも彼れも宇宙間の有らゆる神霊有らゆる生物に感合して居るとも云へないことはないが、それでは話が取りとめがなくなつて普通の人にはわかりにくいかも知れぬからマアそんなことは言はぬ方が無難であらうか……。神仙道の経典の中には面白い文句が随分散らばつてるもので、玉女隠微には、

人ハ気中ニ存ス、此気則《すなは》チ四大ノ真気ニシテ生霊ノ依《よ》ル所也、天地間万物ノ生霊此ノ気中ニ充満ス、

此故ニ感ヲ以テスレバ万物応ゼザル無シ

と直言して居る。この短かい文句だけでも大きな紙に浄書して壁にはりつけて十日間ばかり睨《にら》みつけて考へてみるがよい。かしこい人の早のみこみは何の役にも立たぬ。真剣に此の玉女隠微の一句を手に入れて了へ

ば山河草木たちまち大光明を発するのだ。文字の上の理窟だけなら一読して誰れにもわかるが其れだけでは道を為《をさ》むるものとは申されないし又た何の道力も得られるものではない。口頭の雄は縁日商人の饒舌と五十歩百歩である。抱朴子は「能《よ》く一を知れば則ち万事畢《をは》る者也」と断言した。くだらない万巻蕪穢《ぶわい》の書を拋《なげう》つて、我徒の男子は先づ此の玉女隠微の一句に参し、徹底して此の世界を一草一木から見直して我れ自身は是れ何物乎《か》と参究してみるがよい。

太古神法なぞと大きなことをいふな、何も彼も名義の差に過ぎぬのぢやと邪解し、座禅をやつてると同様の心持ちで「ムスビの時」に参加し只《た》だ茫然と十言神咒《とことのかじり》を黙誦してる人があるのは御苦労なことである。「ムスビの時」の修法は鎮魂法ともなり神人感合法ともなるのであるが座禅のやうなボンヤリした心もちでは意義をなさぬ。鎮魂も座禅も一しよくたに考へてる人もあるけれど、鎮魂は霊魂を統一して運転自在に活用せんとするものであつて、禅の如く無に観じ無に徹せんとする如きものでないのだ。座禅が悪いといふのではない、禅をやりたい人はやるがよい、鎮魂は即ち鎮魂であつて、座禅は即ち座禅である。出口王仁三郎といふ人が二十年ばかり前に大阪で或る日のこと銭湯に行き、手拭を忘れたのでフンドシを持つて何喰《く》はぬ顔で浴槽の中に鎮座してゐた。ところが他の浴客がそれをみつけて、「それ何や」「これ手拭どす」「あんたどこや」「丹波どす」「なんぼ丹波かて紐のついた手拭があるかい」といふことになり教祖のお筆先にも書いてない手拭の威力によつて他の浴客は皆な飛び出したといふ話を聞いたことがあるが、鎮魂は鎮魂であつて座禅は座禅である。ヒモの有る無し位ゐは注意して頂きたいものである。

「ムスビの時」の神咒《かじり》は黙唱といふことになつて居るけれど音唱の出来る場合は音唱の方が宜《よろ》しいこと申す迄もない。また三分間は短かいから十五分間位ゐに訂正して頂きたい吾々は十五分間位ゐ宛《づつ》修行して居ると の手紙も二三通来たが、それも無論御随意である。毎日のことであり種々の勤務を有する人が多いから成るべく修法上の困難無からしむるために三分間としてあるのであるけれども、事情ゆるす場合は適当に長時間修行せられることは至極結構なことである。本部では正午を中心として前後二十分間宛修行して居るが、やむを得ぬ場合は正午から三分間か五分間だけで済ますこともあるのである。私は宮市の無方斎に於て大抵すくなくとも正午から五分間は特に神前で音誦祈念して居り、来客ある場合等は其の席で三分間黙誦することもある。又た三日に一度か二日に一度位ゐは特に身を清めて正午より神前に座し十分間内外位ゐ神咒奉唱と同時に全国の同行者に対して特殊の神法を厳修して居る。これは今更ら言はずとも純真な心をもつて「ムスビの時」に参加して居られる人たちの感応して居られるところである。

この「結霊《むすび》の時」の修行は天行居同志以外の人でも一人でも多く参加せしめ、日一日と盛んに永久につゞけて行かなければならぬ。世の中が如何《いか》に変化しても此れは是非とも続行すべきことであり、帰幽後も無論相変らず引続いて修行せねばならぬのである。実は、斯《か》ういふことは少々憚《はばか》る点もあるが、畏《おそ》れ多くも神界に於ても我が天行居の「結霊の時」修行を深く感応あそばされて、昭和五年五月三十一日突然地の神界大都たる神集岳の大永宮より発令せられて八百万《やほよろづ》の神祇も毎日同時にお唱へになることになつたので、大神界未曾有の盛事といふべきものかと恐懼して居るのである。われ〳〵が「結霊の時」の修行を始めることを決定した当時に於ては、重大な意義あるものとは思ひながらも斯《か》かる畏《おそ》れ多き大神事となるべきものとは夢にも知らなかつたのである。惶《おそ》れ謹み、且《か》つ発奮力行せざるを得ぬのである。（このことは六月九日に始めて知り、六月十二日と翌十三日と続けて石城山に登り、感激の日を送りつゝも本部の人達へも一語も伝へることが出来ずに居たが六月十八日にこれは公表しても差支へなき旨明らかなる啓示を拝し、茲《ここ》に始めて夜が明けたやうな気もちになつた。）

天行居の「結霊《むすび》の時」修行を深く感応あそばされて神界でも毎日同時にお唱へになることになつたと申したが、或ひは此れは誤解を招きやすい不安を伴ふかも知れぬ。併《しか》し此の問題を一層明確に言はうとすれば、そも〳〵「結霊の時」は誰れが発案したのか、大神界の意志発動によるのか其れとも天行居で私に考へ出したことかといふ問題に溯《さかのぼ》つて具体的に説明せねばならぬが、それは此際私として言明を慎みたいと考へて居る。さういふことは何《いづ》れ何《なに》も彼《か》も神ながらに明瞭となる時節が近いと信じて居る。たゞ改めて言ふ迄もなく天行居で重大問題を決定したり発表したりすることは総《すべ》て正神界の意志によつて之《これ》を行ひ来れることを同志諸君の記憶から紛失されなければ其れでよろしいのである。今は此の程度以上にこの問題に触れたくない。併《しか》し又た別個の場合として現界人間の努力なり決意なりが大神界をも感動せしめ得ることをも否定されてはならぬ。人間が神々に号令する意味ではない、人間の決意なり努力なりが何処《どこ》から来たかを考へてみられゝばわかる人にはわかる問題である。

神人感合には自感、神感、他感の三感があつて其れには厳然たる区別があるのに案外にも同志諸君の中にはソレに無関心でめくら滅法に修行してる人があるやうだから、それについて一言するやうに前回述べておいた。このことは十年前来機会ある毎《ごと》に話してをるつもりなのだが、そんな区別なんぞは面倒だと思つて居られるのであらう。面倒なことの嫌ひなのは私も同様であるが、この区別が充分に腹に入つて居らぬと、神人感合の修行も世間の多くの俗霊術と仲の良いえたいの知れぬものになつて了《しま》ふのである。石城山の道場で他感法の修行をさせぬのは物足りないと考へて居られる人たちに特に此れは反省して頂かねばならぬ点でもある。

従前の天行居の出版物等に大抵のことは詳述してある積りだから此処《ここ》には約言するが、今更ら改めて申すまでもなく、自感法とは自己の霊魂を鎮定統一して、我れより発して神祇に感合するものであり、神感法は神祇より発して我れに感合せらるることを容易明確ならしむるための修法であり、他感法は先づ我れが神祇に感合して其の感合した神霊を降して他者に感合せしめる法である。

自感法……（神）←―（我）
神感法……（神）―→（我）
他感法……（神）←―（我）
　　　　　（神）―→（他人）

世間で神憑《かむがか》りの修行といふやうなことをやつてるのは徳川期以来殆《ほと》んど皆な他感法に属するもので或ひは審神者《さには》と神主《かむぬし》と称し、或ひは前座と中座と称し、或ひは術者と被術者と称し其他種々の名称こそ異なれ大抵皆な他感法に属するものである。ところが其の神主《かむぬし》養成法すなはち神憑《かむがか》りの修行法なるものはどうかといふと、神主となるべき人を端座閉目せしめて審神者《さには》（術者）が気合をかけたり唱へごとをしたり祝詞《のりと》を読んだり石笛を吹いたり一種の印を組んで自分の霊気を発射して神主となるべき人へ注入するやうなことをしたりすることを繰返すので、中には又た御丁寧に断食をさせたり水をかぶらせたりして半きちがひにしたりする勇敢な先生もある。けれども其の原理が全く不明瞭で其の術者被術者の無智に驚くのである。自分が先づ神霊に感合して其の神霊を神主となるべき人へ降すといふ明瞭な原理が少しもわかつて居らぬので、本田親徳《ちかあつ》先生の流れを汲《く》むと称して大家を気取つてゐた人たちにさへ其れがわかつて居なかつたといふ事実を知つたならば世間多くの神憑り志望者は定めて今更らの如く狐につままれたやうな気がするであらう。何故に然る乎《か》といふと、その原因は簡単である。本田先生は一種の信条を守つた人で、どんな篤信な求道者に対しても一定の束修を納めないものには一法も伝授せられなかつた。そして其れは何れも大金であつたから先生が夫人や令嬢を神主として神憑りを行はれる席に列した人は多く、又た門人帖に署名した人は多いけれど、只《ただ》その形式の外観をみて器用な人物が勝手に何も彼も呑《の》み込んだ積りで自分免許の店を出したといふだけなことなのである。本田先生がやられる形式だけを真似しても色んなものが憑依《ひょうい》し、それに気を得て真剣に懸命に修行してると場合によると相当な使神たちさへ憑《かか》られたことがあるといふやうなことから、他感法の修行とはツマリこんなものと断定して了《しま》ひ、自他を愚にして来たので、本田先生は神界で其れを苦笑して居られるのである。本田先生の系統でない諸所のやつてることも亦《ま》た此の自分免許の先生がやつてるのと大体同じことなので形式が幾分それ〴〵の特色があるといふまでのことなのである。他感法の正確な原理と其の祕事とがわからず、無方針不正確出鱈目《でたらめ》な修行が世間で神憑りの修行と認められて居るのである。然るに其の「くらがりや小便で壺さぐりあて」流の修行を頻《しき》りに慕ひ、所謂《いはゆる》他感法の修行を求めるのは第一に既に自己の精神を潰すものである。すべては自己の精神が基本の問題であるのに自己の精神を潰しつゝ、何の神憑りぞやである。本田先生は「霊学は浄心を以て本と為す、今人蒙昧《まうまい》、法を外に求め術を異に尋ぬ」と警策せられた。みだりに神奇卓異な現象を淫求して無方針出鱈目な道場に座し、横合ひからくだらぬものに感合せられて腹がこみあげて来たり身体が震動したり怪しげな言挙《ことあ》げが出来たりすれば、ひそかに得たりとするの輩は、神についての修行よりも先づ人間についての修行が大切で「我れ」といふものは何物乎よく考へ直してみられねばならぬ。怪しげな浮浪霊に感合して多少の俗人を驚かす力を得るよりも、本来その人の思考力を以て正々堂々と君国の為めに、又た自他の生活のためにも働いた方が、どれだけ尊いかわからぬ。子供が竹馬に乗て走るよりも竹馬なしで走る方が正確でもあり安全でもあり能率的でもあるのだ。

他感法の修行は正しき原理を克《よ》く腹に入れて且《か》つ太古神法による祕事を以てしても、往々にして面白からざる結果を生ずることがあるのである。それは何故であるかといふと、中座（神主）になる人の思想、信念、精神状態が至純のやうでも癖のある場合が多く、そのクセが縁となつて前座（審神者、修法指導者）が正確に或る神霊に感合して其の神霊を中座の人に降さんとしても途中で雲霧に遮《さへぎ》られ、やはり横合ひから色々のものが出頭没頭するからである。他感法の修行となると中座（神主）になる人が種々の期待を描き、何物かを求めんとする思慮の影が去来するので其れをトランス状態に入れても所謂《いはゆる》潜在意識となつて働くので、どうも具合ひがよくない。それも一人の修行者につき切りで半年も一年もやれば悪くもないが其れは今日の場合言ふべくして行ひ難いのである。よい加減のものを濫造するのなら他感法に限るけれど其れでは世間にザラにあるものと五十歩百歩で天行居の看板の意義を失ふことになる。そこで苦い経験を積んだ結果と神祇の啓示に基づいて断然石城山の道場では他感法の修行は最初からやらせて居らぬのである。だから世間にザラにあるものを見聞してやはり其の様な修行に何となく興味をもつた人が来られると一時は物足りない不平らしい顔をせられるのである。が、しばらくすると石城山道場の意義と面目が諒解せられ、熱心に天行居の方針で努力せられるやうになる。

同志諸君は格神講の伝書の中の「神人感合法」を一字々々くり返して味読せられよ。さうすれば私の言ふこともわかりやすくなるのである。神道霊学の看板をかけて職業的に其の道場の繁昌を図《はか》るならば色々の意味に於て他感法が好都合なので、幕末から明治以来の其の畑の人たちも生活の都合上等から皆な他感法なるものをやつて来たのであるが其れが為めに斯《か》ういふところへ集まる人々を次第に愚にし且《か》つ堕落せしめたのである。本田先生と雖《いへど》も色々の都合上からやむを得ず方便として他感法本位に帰神状態を門人達へ示されたけれど、先生の拈華微笑の本来の面目を解したものは先づ一人も無かつたと断言して憚《はばか》らぬ。先生も晩年に笑つて門人帖を焼き棄《す》てゝ了《しま》はれた。先生の晩年数年間従学した佐曽利清氏さへも実は一法すら伝授を受けなかつたのである。その他本田先生の神伝霊学を伝承せりと称して店を張つた人たちは悉《ことごと》く羊頭を掲げて狗肉《くにく》を売つたものである。本田先生の講話を傍聴したり他感法修行の席に列したりした人たちも鎮魂法の一部位ゐは景品的に授けられたが、その他に正則の伝法を受けたものは居らぬのだ。さういふ人たちが表面だけの見真似《まね》聞き真似で更らに自己流に神典を調べたり舶来の交霊術書を参考にしたりして店を張つたのは其人の霊学としては敬意を表してよいが、本田翁の正伝なりと偽称するに至つては同情しかねるのである。斯《か》ういふことは成るべく言ふまいと思つたが近来いろ〳〵のことを耳にするので本田先生の厳然たる家法のために附言するのである。天行居は沖先生、堀先生の所伝による太古神法を宗として天下に号令するもので、本田先生の家法のみを守るものではないけれど、霊界に居られる本田先生の思召《おぼしめ》しの筋もあるので此の機会に言及したのだ。現世に於て世人を欺《あざむ》くことは出来るかも知れぬが誰れも皆な死後あることを覚悟するがよい。

石城山の道場でやらせて居ることは最も不安のない危険のない正しい道によつて神人感合の門扉を開かしめようとして居るのである。すなはち自感法を基礎として神感法に出入し得るやう補導の労をとつて居るのである。国史にいちじるき神功皇后の神憑《かむがか》りも決して他感法ではないのだ。霊的偉人武内宿禰《たけのうちすくね》が居るから他感法のやうに思つてる人が多いが決して然らず、やはり自感法を基礎として神感法によられたので、仲哀天皇が御琴を奏せられたのも神主《かむぬし》となられた皇后の帰神状態をたすけられただけのことで、又た武内宿禰が大前に拝跪して神示を拝承したとしても他感法ではないのである。この時の神憑りを他感法の形式の模範のやうに古来説いて居るので、私も昔は何の気もつかずにやはり左《さ》うかと心得て居たのであるが、他感法とは斯《か》くの如き筋のものでない。尚《な》ほ疑ふ者あらば無方斎の東方数丁のところに神功皇后みづから斎主となりたまひて其の時の神々を奉祀せられた地上無雙の神憑《かむがか》りの宮（今は県社佐波神社といふ、昔は金切宮と称す）があるから其処《そこ》へ参拝して神明に垂示を願つてみるがよい。昨今は社務所に人も居らず社司も他の神社に奉仕して居られる人がかけもちなので祭典のある日の外には極めて寂々たる御社である。社殿は先年改築せられたが其の以前の時の方が却《かへつ》て神々しかつたやうに思ふ。私が子供の時にはよく遊びに行つて蜂の巣を焼いたり高麗《こま》犬の耳をもいだり有らゆる悪事を働いた古戦場である。祭神は天照大御神が主神であらせられる。大御神を奉斎した神社も多いが皇后みづから斎主となり玉ひて千七百余年前に祭祀せられた神社であるから格別に尊く感ぜられるのである。大御神の外に須佐之男神、級長津彦神、級長津姫神、倉稲魂神、表筒男神、中筒男神、底筒男神、大国主神、三穂津姫神、事代主神、健御名方神、武甕槌神、経津主神が鎮斎してある。更らに明治四十年に浜宮、八幡宮、日吉神社が併祭せられ、田心姫神、市杵島姫神、湍津姫神、豊玉彦神、水分神、大山咋神、応神天皇、仲哀天皇、神功皇后が御鎮座であらせられる。境内別宮として柿本神社、稲荷神社、生目神社が一神殿に祭つてある。日本書紀景行天皇、神功皇后の条に娑麽の浦と書いてあるのが此《こ》処《こ》のことで後代に佐波の浦といふ。

神人感合といふことは誠に尊い神法であるが、それが正しからざる場合に於ては又た人生に有害で、場合によつては由々《ゆゆ》しき大害を発生することがある。畏《おそ》れ且《か》つ慎むべきは神人感合の法である。畏れ且つ慎むといふやうなことは古風な迷信的で、適法に処置すれば俗世間に於ける他の諸問題と等しく科学的に考慮され計劃《けいくわく》され試験せられ取扱ひ得られるものであるかのやうに欧米流の心霊学を迷信するの徒が識者づらをするのであるが、彼等は真の神人感合が如何《いか》なるものであるかを夢想だも為し得ないのである。所謂神人感合ならば……即ち世間にザラにある神憑りと淫称する下劣な現象ならば欧米流心霊学徒の思考範囲にあるのだが、それは天行居で云ふところの真の神人感合ではないのである。昔から所謂神人感合がザラにあつて其れが為めに却《かへつ》て神をけがす場合が多く、人間を愚にして了《しま》ふので、心あるものは皆な所謂神憑りなるものを排斥して来たのである。幕末から明治の初年にかけての神道学者で一面に於て謂《い》はゆる神憑りの研究者であつた大国隆正翁は遂に業を煮やして、

幽顕分界（唐土にては伏羲《ふくぎ》神農黄帝の間にあたれり）の後は鬼神界と人間界とは相通《あひ》はざるを正理とす（耶蘇《ヤソ》教にも之《これ》に類する説あり）鬼神を有としてこれを畏敬し鬼神と人間と界を異にする理をさとりて相通を非とし相通はざるを是とすること日本の正学也《なり》これによりて一事太占といふものありて相通はざる鬼神の意をとふもの也

と論ずるに至つたのである。神霊界と人間界と相通はずと断じた隆正翁の説は固《もと》より誤謬《ごびう》であるが、世間にザラにある神憑り業者を一棒に打殺して犬に喰《く》はせんとする意気は同感である。この所謂神憑りなるものは無論広き意味に解すべきで、種々の霊夢などいふものも無論同様に取扱ふべきもので、自分の精神状態の技巧的反影であり又た其れを縁として憑る浮浪霊の悪戯《いたづら》である。心の底の種が睡中に芽ばえて花が咲く、その花は自身の意外のことが多く、これは自分の潜在意識にもあるべき筈《はず》のないことだと感心するが、無いやう

であるのは借銭ばかりでないのだ。故に大神の珍子《うづこ》たる人間は、つねに中外の霊的フヰルムの惑ふことなく、わが直霊《なほひ》の徳を明らかにして義を正しうし、己れをむなしうして理非を断ずることを忘れてはならぬ。無人我相、見天地心とも古人は云つた。事霊彦命《ことたまひこのみこと》は、

皇神《すめかみ》の直霊《なほひ》の心賜はりし人と思へばおむかしきかも
大地《おほつち》の底ひのうらに突立《つきたつ》る魂《たま》の柱は直霊なるぞも
人皆の直毘《なほび》の魂は人皆の万世までの珍《うづ》の真宝《みたから》
其身にし直毘の神の坐《ま》すことを知り得て後に人とこそ言はめ

と言はれた。

神感の場合に於てのみ例外はあるが、自感でも他感でも又た神感の多くの場合でも其人の信仰、思想の系統のものより外には感合しないのが原則である。だから正しき神理に通じ正しき神界の消息を知り正しき神祇を信仰するものでなければ如何《いか》に努力しても正神界には感合し得ないのである。故に神人感合の修行には先づ其人の思想から入れ替へて正神界に通ずる準備を第一とするので、正しい思想と信念とが無ければ、電流の切れた電灯同様で、どんなにあせつてスヰツチをひねつてみても駄目なのである。科学的研究の不能な理由の一つも此処《ここ》にあるのである。天行居の道場では正則に自感から神感の基礎をつくる実地の修行をやつてると同時に正神界に通ずる思想と信念とを培養しつゝある。百の俗智識よりも一の正しき信念だ。この信念を篤《あつ》くすること言ひ易く行ひ難し、霊地石城山に親しむことによつて其の難きを易くすることを得るので

ある。これ時節到来して正しき神界の意志によるが故である。

石城山道場開かれて茲《ここ》に満二年、しからば今日まで此の道場に出入した同志の中から如何《いか》なる道力を得たものを出して居る乎。その成績に遺憾の点はない乎《か》。私は其の成績に満足してをることを茲に明言するの光栄を有して居る。道場に出入した悉《ことごと》くの人がとは申しにくいが、其の多くの人は大小深浅とも立派に正神界に通じ得る尊き刻印を其の霊魂に受けて下山せられた。いよ〱必要の生じたときには何時でも正神界の神祇または其の使神が随時随所に降憑し得られる生き宮としての資格を得られた。また日常に於ても幽の感合が出来始めて自分は知らずにも一言一行よろしきを得て導かるゝところへ導かれ、道俗ともに日々夜々辿るべきところを辿られつゝあるのである。また高級ならざる顕の感合現象ある人も次第に妥当なる針路に向はれつゝある。病気直しといふやうなことは別に天行居の道場では言及さへも致して居らぬのであるが、各自に其れ〱発悟するところあつて下山後なか〱の活動して居られる人があるが何れも其の成績は水際立つて立派なのが多い。その方法の如きは実はどうでもよいのである。或る人は病人の枕頭で信条を読み聞かせたり音霊《おとたま》法や十言《とことのかじり》神咒を修して素晴しい神徳を頂かして居られる。又た或ひは手掌を患部に擬したり霊符を用ひたりして周囲の人々を畏服せしめる程な鮮やかな成績を挙げつゝある人もある。要は其人を通じて正しい神祇の恩頼《みたまのふゆ》が発現するにあるので、その途中の技巧的方法は第二第三の問題である。だから従来太《たい》霊道《れいだう》とか其他種々の方法によつてやつて居られた人が石城山道場へ来てから後は、その施術方法は従前通りであつても其の成績が恐懼にたへぬほど進んだといふ人があるのも当然のことである。施術方法は按摩のやうなものは別であるが大体に於て注射器械のやうなものに過ぎない。問題は其の注射器を通過する薬液にあるのである。数年前来新聞の広告をみると指頭とか手のひらとかで病気を直すのが流行《はや》るやうだが、そんなことは何も新発明の珍らしいことでなく支那の神仙道の書などには古来詳述せられ指頭や手掌から霊気の放射する絵図なども入念に挿入されシカモ写本でなく板本で刊行されて居るのだ。要するに施術の方法の如きは第二第三で、各自の欲するがまゝにして其人の至信の精神が縁となつて因縁ある正しき神祇の霊徳が発現せられることが主であるのである。神霊を信じない術者や邪霊と取引きする行者まがひのものがやつても相当の成績を挙げて居るのは無責任な浮浪霊や邪霊が働いてるので、そんなものと結縁する結果は、一時病気は直つても再発するか或ひは病気でない他の問題でマガコトの起る理由等は従来しば〳〵述べたから今日は言はぬ。

正しい信念の動揺せぬ持続、それが総《すべ》ての根本問題である。天行居の「御分霊」や「お守り」を受けて居る人でも左《さ》うである。くしびなる神徳神威のこめられたる「お守り」を取扱ふのに紙入でも取扱ふやうな心ばへで神祇の恩頼《みたまのふゆ》を期待するのは誤りである。もつとも無邪気な子供などが「お守り」をかけてゐて非常な神徳を頂くことも常にあることで、その子供が信仰心が強いからといふわけでもないが、そんな理窟を考へるのが抑《そもそ》も誤りなのである。原則として我れに感応の信ありて始めて神祇の霊徳が顕現するのである。また神界の空気の実際から云へば、一定の日時が経過してから神徳の発現するのが正則である。それは鉄瓶に水を入れて火の上にかけても直ぐには湯気が立たぬやうなものである。軽信で、性急な人が、他の鉄瓶と取り替へてみても同じことで、さういふことはよくないのである。「正しい信念の動揺せぬ持続」といふことを忘れてはならぬ。人によると試煉に会つて、一時は却《かへつ》て凶事に見舞はれることさへも絶無ではないが、それで動揺するやうな信念に、感応するやうな安ツぽい神様は座《ま》しまさぬ。売笑婦のやうな心に感合する霊は売笑婦のやうな霊である。本来天地の大神と同性質の尊貴なる人間が、何を苦しんでそんなえたいの知れぬものに感合する必要があらう。高下の段階もあつて一概には言へぬが多くの天狗や竜神などは人間から敬意を払ふには当らないものである。彼等を拝んで彼等に使はれることを光栄としてるやうなものが古来頗《すこぶ》る多いが女房の腰巻で頰かぶりをするよりも見ツともない話だ。たいていの天狗や竜神は人間に駆使さるべきもので人間を駆使すべきものではないのだ。狐なんぞは余ほど高級なものでない限り此れを駆使するの値打ちすらないもので、人間に神たる大自覚あれば、彼等は出しやばる幕が無くなるので、彼奴《きやつら》等の活動をゆるして居るのは人間世界の恥辱なのだ。天行居の戦線が拡大されるにつれて彼等の集団は無前のパニツクを感じて来て居るので、あらゆる巧妙な手段で妨碍を始め出したが、頑迷《ぐわんめい》にして言ふことを聞かぬ霊は片ツ端から捻《ひね》りつぶして了《しま》ふ考へだ。彼奴等は近く天行居で始めた「結霊《むすび》の時」の神咒《かじり》を特に苦痛とし、次第に妖力を失ひつゝあるのである。

御分霊を奉斎しても一定の日時が経過してから神徳がいやちことなるのが原則であるといふことに就て、或ひは却て誤解を招くかも知れぬが、仏道で云ふところの業力業報のことを考へてみても少しは諒解を助け易いかと思はれる。業《ごふ》といふのは精神の働きのことであつて、その業が積り積つて自然に一種の勢力を発生してくるのを業力といふのである。この業力なるものが原因となつて其れに相応した或るものを結成するのを業報と云ふのだ。業力の功を積み甲を経て一種の神通力を発するのを業通とも云ふので、これは仏道でいふことであるけれど此の世界は要するに業力、業報、業通、業感の世界である。神祇は我が精神作用の反影によつて存在するものでなく、我れ無くとも神祇は神祇で厳在し給ふこと申す迄もないけれども、神祇と我れとの交渉によつて起る現象を期待するには神祇に対する我が業力の或る程度の積層を必要とするのである。（特別の例外はあるが此処《ここ》には通則ともいふべき方面から話して居ること勿論である。）石城山の本部から御分霊を受けて帰つて奉斎して、其の日から直ちに何事かを期待するのは、蓄音機を買つて来て直ぐに一曲やつてみるやうな積りだらうが、さういふわけのものでないのである。これは御分霊や御守りに就ての話ばかりでなく、何物に就ても何事に就ても大体同様の道理なのである。「正しい信念の動揺せぬ持続」は苟《いやし》くも神ながらの道を辿らんとする者の有らゆる場合に於ける第一信条であらねばならぬ。その日〳〵の風次第で勝手な理窟をつけて三百代言式な論理を振り廻す人は、神の道には不向きだ。つまり馬鹿でなければ正しい古神道の修行は出来ぬものと心得て頂けば間違ひはない。「古道」の前身たる「天行新聞」時代には、大活字をもつて「本紙を続けて精読するものは次第次第に少しづつ馬鹿になるものなり」と標榜《へうぼう》したことがあるが、それは今日だつてやはり同じことだ。現に僅《わづ》か十日間の修斎ではあるが、どんな人でも石城山から帰られるときには少し馬鹿になつて、何となくおめでたさうに見受けられるのである。本部に勤務して居られる人達の馬鹿づらも、不出来な見本の一種類であらう。巾着《きんちやく》切りのやうな聡明な人には神ながらの道の辛抱は長続きが六《むつ》かしからうと思はれる。神を信ずるといふことは一面から云ふと「神にまかせる」といふことであるが、胸に打算があつては真にまかせ得られるものでない。打算なき信仰の持続によつて謂《い》はゆる業報を得、業通を発生するに至るのである。

しかし業報も結構であり業通も妙であるが妖魅《えうみ》に感合して成就したのでは一時甚《はなは》だ便利なやうで俗人を驚かすには足るにしても結局自他を害し（帰幽後と通観して）幽顕両界を堕落せしめる罪を負はなければならぬのであるから正邪の区別に就て吾党の学人は必ず潔癖であらねばならぬ。海外の或る種の霊媒が植木鉢へ苹果《リンゴ》の種子を蒔《ま》いて見る〳〵うちに芽が出て成長して花を咲かせ実を結ばせたりなどするのも皆な「魔憑《まがか》り」の芸である。

馬湘ト云フモノアリ、刺史、馬植ガ座上ニ於テ冬日ニ酒杯ノ中ニ土ヲ入レテ、瓜ヲ植ルニ須臾《しゆゆ》ノ間ニ瓜生ジ芽ヲ出シ蔓ヲヒキ華サキ実ヲ生ジ、サラニ熟瓜ス、満座是レヲトリテ食フニ甚ダ美ナリ（東湖随筆、四ノ一）

など伝へられるのも皆な同じ手のものなのである。こんな事例は馬に喰《く》はせるほど沢山ある。

正邪の区別に潔癖であらねばならぬと同時に、正しい神法といふやうなものは、実は神祇の意志によらなければ何うすることも出来るものでないといふことを私は近来ます〳〵痛感するに至つたのである。正しい太古神法の如きは盗法など絶対に出来ないといふことは多年これを述べて来たが、それどころでなく自分だけの考へで伝法しても其れが実は伝法になつて居らぬことを発見して驚きもすれば懼《おそ》れもしたのである。私は曾《かつ》て或る人に太古神法の一部を伝へたが其れは時期尚早と考へてわざと肝心なところを抜かして画竜点睛を欠くやうにして伝へたが、それはそれでよいとして、他の或る人には誠意を以て太古神法の一部分を正しく伝へたつもりであつたのに、それが又た別の方面からして大切なところを間違へて居たことを本年三月になつて始めて気がついたりしたことがある。いかに私の頭が近年ボケて来たからとて其れを間違へる筈《はず》がないと思ふのに、間違へて居る。私は覚えず長嘆せざるを得なかつた。畏《おそ》ろしいものだと身ぶるひするほど恐縮した。えらさうに自惚《うぬぼ》れて居ても私には何をどうする権能も資格もないことがハツキリわかつた。それにしても神聖な伝法を間違へた責任について深く畏るゝところあり、改めて如何《いか》にせば宜《よろ》しからんと神意を伺ひ奉つたところ、それは其方に責任のないことであるから心配するに及ばぬといふやうな意味の寛大な啓示を拝受した。私は茲《ここ》に於て、人は総《すべ》て直接神々と繫《つな》がつて居るので、その間に立つところの人間といふものは神々の意志によつて木石の如くに動きつゝあるに過ぎないといふことを今更らの如くしみ〴〵と考へさせられた。故に正しき神ながらの道を行くものは、その求道心の如きも只《た》だ神に直面し、心事は必ず神に対して恥ぢざらんことを期すればよいのである。それで時節につれて必ず求むるものは授けられるのである。人間の顔色をみる必要は毛頭ないのだ。

「正しい信念の動揺せぬ持続」と共に必要なのは「黙《だま》る力」である。人は道俗ともに常に神々の試煉の中にあるのであるが、釈明したいことも釈明せずに「黙る力」を尊しとするので其れが正神界に於ける修行中の修行である。水を浴びたり断食したりすることは天行居ではやらせないのである。自己の利害を打算に入れず其の周囲のために釈明を必要とする場合は別であるが、それでなければ釈明は神を無視するもので神を信ぜざるものの為すところである。神様は「くるしきわけをひとにしらすな、かみはみてをる」と示して居られる。畏れ多くも此の神示は天照大御神《あまてらすおほみかみ》の御心をうけて大御神の高級使神が示されたところの御言葉である。自己を守らんが為めのみによる釈明は神を無視するもので、すべてを見透して居られる神の大前に於て、拙劣な釈明の必要は毛頭ないのである。更らに神秘に属する問題に就て「黙る力」の必要は申す迄もない。「黙る力」の弱い人は、まことの神徳を蒙《かうむ》る機会が得難いであらう。「宗主が誰れにも言ふなと云うたのだから此れは極秘の問題だがねえ……」とぽつり〳〵やり出されては、たまつたものでないのである。さういふ人は深く反省して改められなくてはいけない。あやまちのない人は地上一人もない、吉凶の岐《わか》るゝところは此れを改むると改めざるとにあるのみだ。

くしびなる神の摂理に於て、多くの場合「弱点」や「打撃」は神の恩寵によるのである。人には必ず何等かの弱点がある。財政的にか、家庭的にか、体質的にか、何か必ず弱点があつて、それを釈明したくても釈明出来ない場合が一層の弱点となるのだが、それこそ神の恩寵なのである。その弱点のために其人は言ひたいことも言ひ得ず他を押しのける心を鎮め有らゆる場合に忍耐することを得て、辛《から》うじて人間としての落第から免かれ、或ひは其の弱点が縁となつて正しい神の道に入ることを得る場合もあるのであつて、その人に其の弱点なかりせば其人は危険極まる立場にあるのである。たとへば健康上の弱点ある人は、そのために摂生に注意するから却《かへつ》て比較的長生するが健康体の人がその反対に意外な突風に見舞はれることもあるやうなもので、更らに或る人が料理屋に行かず家庭が清潔なのも実は其の健康問題で牽制されて居る場合があつたり又た健康ならば政治界にでも飛び出して大怪我をすべき運命でありながら健康上の理由で其れをあきらめてるので難を免かれたりして居るのである。金があればくだらないものを買込んで其のために堕落の機会をつくつたりすべき人が貧乏なために君子人として一生を平和に過ごし得る場合もある。その他多くの場合に其人の弱点が神の恩寵なのである。「その人」とは誰であるか、殆《ほと》んど悉《ことごと》くの人が「その人」である。よそ目にみれば弱点の無さそうに見える人でも弱点の無い人は殆んどない。それが神々の摂理による恩寵なのであるが、その弱点のために神を怨み、ひそかに不平を感じ、其のために「正しい信念の動揺せぬ持続」が往々危機に迫る人がある。あぶなくて見てゐられない。あらゆる意味に於て沢山の弱点をもつてる人は、その豊かなる神寵を感謝しなければならぬ。それは其人の尊い宝である。つねに聖人君子に護衛されて居るのと同じことである。中には「イヤ自分は弱点なくとも又た今回の如き打撃を受けずとも堕落せず又た危険のない人間だ、斯《か》かる宝は不必要だ」といふ人があらう。私は玆《ここ》に断言しておくが、人間は如何《いか》に立派な人でも、その境遇と機会とによつては泥棒もすれば人殺しもするものなのである。その他あらゆる悪事を為し得る可能性を有して居るものであるが、それを為さずに済むことに就ては日夜神々の摂理を感謝しなければならぬのである。

今日地上人類の大部分は日一日と神にそむきつゝある時代なので、自身の弱点や受けた打撃を省みて神の恩寵を感謝せよと云つても、それが耳に入る人は稀《ま》れである。成る程と反省し得る人は其れが直ちに神縁の深い明確なる証拠であるが、多くの人には「それはあきらめ主義の一種の人生観さ」と嘲笑せられるであらう。けれども嘲笑したくても、口が歪《ゆが》んで笑へなくなる時節が愈々《いよいよ》眼前にさし迫つて来たのだ。

古道に掲載された種々の記事に就て色々の質問を寄せられる人があるが、それらのものに就て悉《ことごと》く私が主張上の責任を負ふものでないこと勿論である。私が書いたものや口述したもの、又は天行居の意見として発表したやうなものに就て有らゆる責任を私が負ふこと亦《ま》た無論であるが、それ以外のものはどんな人がお書きになつたものでも其れに対して私は主張上の責任を負ふものでないのである。天行居の機関紙に発表せしめたといふ総括的の責任はあるが、すべての記事に就て主張上の責を負ふべき筋のものでない。道場の内外に於て他の方が講演されたことでも特に私が承認の形式をとつたものでない以上私は責任を負はないのである。人は八百万《やほよろづ》の神であつて皆それ〴〵の意見があるべき筈《はず》で、天行居の同志は大体の信念に一致して居らねばならぬけれど巨細すべての意見が同一であるといふやうなことは期し得られるものでない。又た私の意見と他の同志の意見と異る場合、私の意見が必ず是であつて他の人の意見が必ず非であるとも云へないこと勿論である。私の意見は即ち私の意見であるといふまでのことで其れを如何なる程度まで信認せられるかは各人の御勝手である。古道の編輯《へんしふ》は編輯当務者に一任して私は干渉せず、干渉したくても私の事情がそれを許さないのであるが、大体の方針は機会ある毎《ごと》に申上げて居る。その方針といふのは色々の意味に於て同志諸君の参考となるべきものは如何なるものでも編輯発表せられて差支へないといふ意味のことである。だから「古道に載つて居たから宗主が同意した内容のものであらう」と思はれるのは不当である。古道の内容及び其他の出版物に就ても理想を言へば色々の希望もあらうが、余り窮屈な解釈をせられてはやり切れない。と云ふのは総ての事情が其処《そこ》まで進んで居らぬのであつて天行居もマダ山の芋《いも》が鰻《うなぎ》になつたばかりのところなので、その鰻が谷川から出て深淵に入り竜となつて雷電ひかりとゞろく中を上天する場合の理想を今日に求められるのは無理である。その無理を求められるのは同志として熱誠の余りに出づることで敬意は表し得るけれど、万事に就て其れに対する私の応答が歯切れが悪いのは色々の事情があるからであつて、これは古道及び其他の出版物に対する問題のみならず天行居の有らゆる方面の問題に就て然りである。機運が熟して来さへすれば有らゆる事情から脱然とぬけ出でて総《すべ》ての方面に天行居の本舞台の陣容を整へることが出来るのである。天行居の有様をみれば津々浦々まで自動車の飛ぶ時代にガタ馬車が進行して居るやうであるから、こんな風でやつてるのでは、機運が熟して来た場合にも容易に其れに応ずるだけの準備が出来まいと懸念せられる人があるであらうが其れは杞憂である。機運が熟してくれば何時でも各方面の準備を完成して総動員を行ひ得るので、その一切のことに要する時間は二ケ月半あれば充分であると計算して居るのである。だから機運が熟して来てから本気で天行居へ接近しようといふやうな、蟲のよい打算家が居られても、その時になつて混雑中そんな人に取り合つては居られないのである。

私の意見として主張上の責任を負ふものは主として「霊学筌蹄」「天行林」「古神道祕説」「霊山祕笈」の四冊の中に収められてあるから其れをよく読まれる人は大抵の問題に就て私が如何《いか》なる考へをもつて居るかを知つて居られる筈《はず》である。しかし其れらのものに就て前後矛盾したやうな意味のことが往々にして出没するのを発見せられることもあるであらう。さういふ場合は総てのものを読んだ聯合《れんがふ》観念によつて判断せらるれば私の面目は髣髴《はうふつ》するのである。仏教に会通《ゑつう》といふ言葉があるが、これは彼此扞格せる二つの矛盾せる如き思想の間に契合一致点を見出して衝突を避けしめることをいふのである。同一の基礎に立てる思想でも其の表現の便宜により敍述発展の末よりみれば相容《あひ》れざる如く見える場合があるので其れを調和的に取扱ふことをいふのであるが、私の述べたものを読む人達も、会通的解釈に努力せられるだけの好意はあつて欲しいと思ふのである。アラをさがす方針で読めば我国の皇典でも又た諸宗教の経典でも諸大哲の学説でもアラは見えてくるもので、これを好意的に取扱ふことは品位ある人々の尊敬すべき思慮によるのである。これは日常の御互ひ同志の雑談中の言葉に就ても同じことで、あげ足をとる気で人の話を聞けば、いくらでもあげ足をとることは出来るものであるが、あげ足をとり得て一種の歪《ゆが》んだ痛快を感じてみたところで、却《かへつ》て自分の魂《たましひ》を曇らすだけのことだ。好意的に聞けば同座せる他の人々をも祝福し自分の魂ひも大小ともに光りを増すものだが、わづかの心の置きどころで大きな損徳のわかれめである。晩餐の食卓に於ける夫婦の間の会話などにも思ひあたることが多いであらう。古人も書は言をつくさず言は意をつくさずといつたが人は其の心もちを正確に表示することは困難なもので、その不完全拙劣な表示技巧につけこんで、皮肉な質問をしたり不親切な解釈をしたりする人は、立場を其処《そこ》へ運ぶと人に金を貸して其の弱点につけ入つて債務者の女房へ手をつける心と同じ筋の働きをする心の持主である。そこで禅家などでは、物も考へさせず質問もさせず息の根がとまるほどなぐりつけて了《しま》ふのである。ちと荒療治だが物事に歪《ゆが》んだ解釈をしたがる癖を取り去つて、端的に物事を直視せしめるには涙ある処置であらう。徹底なぐりつけられて是もなく非もなく理窟の置き場を破壊されて手も足も出なくなつて「後の世もこの世も神にまかするや愚かなる身のたのみなるらむ」と来れば、無力のどん底から忽《たちま》ち身を翻《ひるが》へして仁王立ちの金剛力、めつたに寄りつけたものでない。身の毛もよだつばかりだ。

石城山が何故に石城山といふかといふやうな問題についても、古来ありふれた人足《にんそく》学問の畑の人たちによつて色々の俗解が行はれ、中古に周防国へ移封された磐城族に関係あるものとし、或ひは石城神社の祭神も大山祇神にあらずして天津彦根命であらうと無責任な推断をしたりするものも往来するが、今や各方面から事実を証明する機運が胚胎し、石城山の神祕も追々と開封されて行く時節が近づいて来たので、私共も種々の理窟屋さんの相手になつてるほど、まのぬけた時代ではないのである。われ〳〵は忙しい、いろんな話はあと廻しに願ひたいのである。……理窟は不必要と云ひながら天行居には随分理窟が多いではないか、いろ〳〵の出版物は何の為めかと云ふ人があるが、それは或る程度まで理窟を聞かされなければ気が済まぬ人が大部分であるからやむを得ずして幾らかの理窟も竝《なら》べられてあるのである。実を云へば一切の理窟を抛つて至信に神咒でも唱へて居る人が模範的の天行居の同志なのである。けれども多くの人は其処《そこ》まで漕ぎつける途中で理窟を聞かなければ気が済まぬのだから相互に随分と不経済千万な話である。つまり理窟や議論は其れが如何《いか》に立派な筋の立つたものでも又た理窟や議論のために動揺し得るもので、動揺するのは真理に非ずといふのも亦《ま》た是れ一つの理窟に過ぎないのだ。真理であらうとも非真理であらうとも、ともに是れ門より入るものにして家珍に非《あら》ずだ。さうした外来の塵を払ひ除かずして家珍に見参することは不可能である。たとへば深夜眼ざめたとき意外の客あり白刄《はくじん》我が頭上に閃《ひら》めく時、何の真理や非真理が役に立つ乎《か》。或ひは多数の人の如く病床に於て神変が行はれるにもせよ、誰れしも一度は必ず経過せねばならぬ関門だが「真理」とか申すバケモノの所謂《いはゆる》安心立命が出来るものなら至極結構みな其の「真理」を求めに行くも可《か》なりだが、結局理窟は駄目だ、それが真理であらうと非真理であらうと同じく理窟であつて何れも是れ門より入るもので家珍でないのだ。たゞ事物を直視して疑はず神の摂理を信ずるものが家珍の発見者となるのである。理窟を離れさへすれば人の心は直ちに神に通じてをることが分明する。幽顕無畏の安心立命も有らゆる威徳も其処にある。三井や三菱の全財産を傾けても買収出来ない家珍が其処にある。真理糞《くそ》をくらへ。

年々歳々山相似《あひに》たり、歳々年々人同じからず、大地はめぐり、星は移る。世界の岩戸が開ける前の序曲は急テンポで進行しつゝあるのである。天劔出現の前には是非とも須佐之男神《すさのをのかみ》の神劔が出動せねばならぬので、それに就ては現界にも相応の形が現はれねばならぬのだが、世人の気づかぬ間に何も彼も厳かに運ばれつゝあるのである。須佐之男神の羽々斬の神劔が出動して、八頭の大蛇は退治《たいぢ》られ、その尾の尖端から天劔が出現することが神代ながらの約束である。伊勢の暦の官国幣社例祭日表の中に、今年から始めて越前の劔神社が記録せられてある。この御社は一昨年の秋、今上御即位式の佳《よ》き日県社から国幣社に昇格、昨年印刷頒布された伊勢の暦で始めて世に被露《ひろ》められたのであるが、祭神は須佐之男神である。この御社の由緒は太古に於て伊部の臣といふ霊感者が越ノ国伊部郷座ケ岳の頂上に神劔を奉じて須佐之男神の御霊代《みたましろ》として祀り神功皇后十三年に更らに其の子孫が只今《ただいま》の地に奉遷したものであつて、例祭日は十月九日である。

耶蘇《ヤソ》教の一派の連中は近ごろ血相を変へて頻《しき》りにキリスト再臨の日の近づけることを絶叫してをるが、いかなる過程によつて其れが成就すると考へてをるのであらうか。キリストに憑《かか》られて指導せられた神は実は一柱でないのだが、主として彼れを駆使せられたのは五十《い》猛神《たけるのかみ》である。五十猛神は御父須佐之男神《すさのをのかみ》と共に天降られて韓国曽尸茂梨《からくにそしもり》に居られたと古典に伝へられてあるが、このカラクニといふのは今の朝鮮ばかりでなく海外諸国なのである。シナイ山でモーセに現はれた神は勿論須佐之男神であつて其の時にも五十猛神は居られたので、雷電の中に烈しくラッパが鳴りひゞいたとあるが、それは五十猛神の眷族《けんぞく》の為すところである。（異境備忘録の中にニギハヤヒノ神とイタケルノ神とは法螺《ほら》の貝を吹き給ふ御役とあるのも其の一面の消息で深いわけあることである。）聖書には其の地方に於ける色々の古伝が混雑してをるので須佐之男神が宇宙創造の神でないこと勿論であるが、そのひとり児を与へ給ふほどに万民を愛し給うたというやうなことは大体に正しい伝へであるのである。わが神典で五十猛神を有功之神《いさをのかみ》と特記して恩徳の宏大なことを示してをるのは決して樹種を播種せられたからといふやうな理由だけではないのである。（モーセ時代からキリスト時代にわたる悠久数千年に其の地方民に啓示を垂れ給ひしは少彦名神《すくなひこなのかみ》や思金神《おもひかねのかみ》の系統に属する使神の憑依《ひょうい》によるものも多い、思金神をトコヨノ思金神と我が古伝にあるのも海外に活動せられたからで古語トコヨは神仙境と海外の国と両様に意味するのである。この系統の神々は猶太《ユダヤ》地方のみならず印度《インド》や支那方面でも同様に応病施薬的それぞれ其の時のよろしきを得た啓道を遊ばされたのである。）五十猛神は又の御名を大屋《おほや》比古神《ひこのかみ》とも申し、射楯神《いたてのかみ》とも韓国《からくに》伊太氏神《いたてのかみ》とも度津神《わたつのかみ》とも伝へられてあるのである。仁徳天皇の御宇には五十猛神の御分霊が百済国の貴族に憑《かか》られて日本に渡られ、後に瀬戸内海の大三島の大山祇神社へ合祀せられたこともあり、和多志大神《わたしのおほかみ》と称へたが後に世人が混同して大山祇神を和多志大神と称へるやうになり色々の俗説を生むに至つたのである。五十猛神は又た大綾津日神《おほあやつひのかみ》、大禍津日神《おほまがつひのかみ》とも云ひ語義は大屋比古神と同系の発展で、大衆の罪を負はれたから大禍津日神とも申すので、それだから有功之神とも特に称へ奉つてあるのである。大綾津日神は書紀の一書 橘之小門《たちばなのをど》の禊の段に見えた神名ではあるが……まあベラ〳〵口走つて又た大患を負はされてもやりきれないから此れ位ゐのところで今日は許して貰《もら》はう。

キリストと僅《わづ》か五十年か六十年位ゐな時代の差で我国に出現された日本武尊が又た五十猛神の応化神であるといふに至つては、その神変自在に驚くの外はあるまい。尊の御父景行天皇には八十一人の御子があらせられるのであるが、その中でも日本武尊は格別な御方であらせられ（尊の御子が仲哀天皇であらせられること世人周知の通り）御生れになつた時にも景行天皇が異《あや》しみ給ひて碓《うす》に誥《たけ》びたまひて小碓尊《をうすのみこと》と号《なづ》け給うたとあるが、何故に碓に誥び給ひしか、古来学者の論一つとしてモノになつてをらぬ。それにしても殆《ほと》んど時代を同じうして西にキリストが至賤の家に出でて十字架より昇天し、東に小碓尊が至貴の苑にあらはれまして白鳥となつて天《あま》かけり給ふ、ともに三十そこ〳〵の青年、まことに以て神界と人間界とを繫《つな》ぐ宇宙神祕の密封の蔵《かく》さるるところ、崇高なる地上雙美の神々の大芸術である。景行天皇は小碓尊（日本武尊）を讃美したまひて、今朕汝の人となりを察《み》るに、身体長大、容姿端正、力能《よ》く鼎《かなへ》を扛げ、猛きこと雷電の如く、向ふ所前《かたき》無く、攻むる所必ず勝つ、即ち知る形は則ち我子にして実は則ち神人なり云々（日本書紀）

と仰せ給うた。日本武尊の東征に出で立たせますときに伊勢神宮に参拝せられ、倭姫命《やまとひめのみこと》は神啓により天劔（草薙の劔）と神物（大御神の御神体たる神鏡の一片を燧《ひうち》にせられたもの）を御授けになつたといふことは容易ならざることである。斯《か》かる神物を軽々しく神宮より出し給ふわけはないので深き神幽の摂理によるものならんことは愚かなる身にも想察に余りあることである。（この時の神劔と神鏡とは後に御鎮まりになるべきところへ御鎮まりになつた、又た日本武尊の曲玉は先年堀翁から渡されて関係書類と共に私がおあづかりして居る。）

須佐之男神《すさのをのかみ》が八俣の大蛇を斬り給ひし時に得給ひし天劔は後に天葺根命をして天照大御神《あまてらすおほみかみ》に奉られた。大御神は其れを御覧じて、これは我が劔なり吾が岩屋に屛《こも》りし時に近江国伊布伎山に落しゝ劔なりと詔へりと伝へられてある。その時この大地の邪気の結晶ともいふべき大蛇（実は伊布伎山に住める多々美比古命亦《また》の名夷服岳神《いぶきをのかみ》といふ荒ぶる神の化神）が其の尾に竊《かく》しもち、出雲国まで出かけて人をも取り喫《くろ》うて居たのである。然るに世をへだてゝ後に又た日本武尊が伊吹山の魔神の邪気に打たれ給ひて甚《はなは》だしき苦痛をあそばされて上天し給へりといふことを考へてみると、今更らながら産霊紋理《むすびかため》のくしびさを痛感せざるを得ぬ。日本武尊が其の天劔を熱田なる宮簀姫命に授けて伊吹山に向はれたことも神代ながらの筋書の進行であつたであらう。大地の邪気の結晶たる八俣の大蛇は須佐之男神によつて退治られたけれど其の霊は尚《な》ほ地上を遊行して因縁の地たる伊吹山で日本武尊を害し奉つたのである。蜂が人を害して自らも終る如く此れを以て此の邪霊は能力を失つたのである。日本武尊が五十猛神の化身とすれば、此処《ここ》でも須佐之男神は其の御子の苦しみを以て地上万民の苦しみをあがなひ給ひしわけであらうと思はれる。すべては天地のくしびなる結びによることであつて天神（天照大御神）地神（須佐之男神）人神（日本天皇）の関係は線を三角に引いて考へればよくわかることだ。わが皇統は天照大御神と須佐之男神のウケヒの結びに出づるもので、即ち日本天皇は天に於ける神の王の人間世界に於ける表現であらせられると同時に地に於ける神の王の人間世界に於ける表現であらせられるとも申し得られるのである。天照大御神は男装せられ日本武尊は女装せられた。

昭和五年五月三十一日午前十一時五十分、さらに厳密に云へば同日午前十一時四十九分頃を中心として前後五分間位ゐの間に、私は神道天行居斎主寮（現鳳凰寮）裏の空地に立ちて、中天に一大異象を拝したのである。

五月二十七日は本部の例祭なので其前数日潔斎したが、二十八日を一日置いて二十九日から又た潔斎を修してをつた。それは六月一日の「結霊《むすび》の時」始修日を迎へるためでなく五月三十一日午後三時過ぎに神界から啓示を受ける予定があつたので其のために潔斎中であつたのである。（今日から考へ直してみれば六月一日を迎へるためにも潔斎してよかつたのであるが其頃には何も知らなかつたから其の必要を認めなかつたのである。結霊の時の神咒《かじり》修法が重大な意義あるものとは覚悟して居たけれども其れが神界に於ても同様に行ひ給ふといふやうな驚くべき事実は六月九日になつてから始めて分つたことなのだからである。）

私は五月三十一日の正午すこし前、めつたに出たこともない裏の空地（雑木を植ゑた畑）へ出て無心にあるいてゐた。そしてフト頭をあげて空を仰いだとき、私は崇厳極まりなきものの下に立たされて居ることを発見したのである。それは一点の雲なき青い空に初夏の日が輝き、その天日を美しい虹の輪が正円形に取り巻いて居たことである。この日この時分遙かの遠山の上には或ひは幾分の雨気を含んで居るかとも疑はれる雲が棚引いては居たけれど、中天は見わたす限り紺青に澄み透り、まぶしい太陽が此の上もなく透徹した強い輝きをもつて君臨してゐたのである。それだのに太陽を取り巻いて虹の輪があり、その虹が濃厚に七彩あざやかでクッキリと紺青の空に出現して居るのだから其の崇厳美麗な雄大神祕の光景に打たれた私は、覚えず声を発して「オオ……、オオ……」と限りなき感激の世界に我れを忘れたのである。かゝる晴天に中空に輝きわたる太陽を取りまいて七彩鮮明の虹の輪が出現するといふやうなことが学問上あり得ることかどうか私は知らぬ。とにかく私は生れて始めて接した奇異なる光景で、普通に月や太陽が「かさ」をきるといふやうな体裁のものとは全然趣きを異にして居るのである。それが五月末の正午に近い頃なので殆《ほと》んど私の頭上にあらはれて居るのだから、すごいほど澄み切つた青い空に白日が輝き、その光りを物ともせず極めて鮮明な七彩の虹の輪があることが、私には奇怪千万な存在として私の全感覚を総動員したのである。然るに又たフト視線を北天に転じたとき、更らに異《あや》しい神祕な一物の出現してをることを私は発見して戦慄した。それは何であるかといふと、大きな白鳥が青い空に唯《た》だ一羽悠々として浮いてゐることである。鳶《とび》のやうな鳥であるが鳶よりも大きく思はれた、何といふ鳥か私にはわからぬから只《た》だ大きな白鳥としておく外はない。その白鳥が北の空から西の空に向けて斜めに悠々と進んで居るのである。私はモハヤ是れ只事《ただごと》にあらずと感ぜざるを得なかつた。そこで私は直ちに太古神法の或る神伝の術を行ひつゝ、祈念した、『この光景が格別なる天啓と解すべきものならばアノ北天から西天に向けて行きつゝある白鳥を我が頭上に来らしめ給へ』と天神地祇に申上げた。けれども白鳥はあとへ戻らずして西へ〳〵と悠々と進んで行くので、これほど奇異なる大神祕の光景も、かくべつの意味あるわけのものではないのか知らんと考へつゝ、白鳥を見送つてゐると、やがて白鳥は西天から南天に方向を転じて進み出したのである。そして更らに正南の空から東方へ向けて行くのである。そして東南の空から方向を転じて中天に向つて進んで来るので、『オオ、くるぞ』と思ひながら見つめてゐると、来た、来た。とう〳〵私の佇立して居る真上《まうへ》へ来たのである。そして天日の真下《ました》になつて白鳥は動かなくなつて了《しま》つたのである。

白鳥は白日を負ひて輝いて居るのである。その周囲には七彩鮮明な虹の輪があり、その正円形の輪の正中に白日を負ひて輝ける白鳥は動かないのである。紺青に澄み透れる初夏の空の雄大崇厳な背景の中に斯《か》かる存在が私の頭上に出現したのである。私は全身の血液が沸騰し切つて却《かへつ》て氷結して了つたかと思はれた。白鳥が私の頭上で太陽を負ひて動かなかつた時間は二分間位ゐの長さに感じたけれど実際は十秒か二十秒の間であつたらうと思ふ。全身に何の力も無くなつた私はドツカリと畑の中に尻餅をついて了つたのである。白鳥は其れから一直線に某方面に向つて砲弾の如くに進んでスーッと見えなくなつて了つた。

鞅《あ》馬《ま》兎《つ》飛《ひ》烏《を》咩《め》遇《ぐ》瑠《る》拖《た》麻《ま》鵝《が》枳《き》那《な》難《な》怡《い》呂《ろ》能《の》斐《ひ》軻《か》梨《り》帝《て》離《り》諸《そ》符《ふ》時《し》稜《ろ》耆《き》飫《お》褒《ほ》斗《と》理《り》

やがて不思議な虹の輪も消えて了つた。私は甚《はなは》だ恥かしい話であるが、昼食が咽喉《のど》を越さなかつた。『よし、今日の午後三時からの神示こそ大変なものだぞ』と考へざるを得なかつた。そして其れから何度も水をかぶり、神殿に入つて時のくるのを待つた。

五月三十一日午後三時すぎからの神示は重要なものであつたが、当日の中天の異象に就ては何等お示しが無かつた。そして其の翌日すなはち六月一日の午前十一時すぎに、前日の異象に就ての幾分の意味の垂示を拝することを得たけれど、尚《な》ほ此のことに就ては今後に於て一層重大な神詔を拝する機会あるものと確信して居るのである。

（昭和五年七月廿八日古道第百九十六号所載）

汲水疑山動

水を汲《く》みては山の動くかと疑ひ、帆を揚げては岸の行くかと覚ゆ。……これは三体詩か何かの句だ。おもしろい文句である。世の中のことは殆《ほと》んど此の一句に道破されて居る。昨今の暑さはトテモたまらないといふ、毎年のことながら夏は尚且《やはり》あつい。禅家などでは熱時熱殺といふやうな文字を弄して簡易避暑法を講ずるが、文字が少しきびしすぎて感心致しかねる。暑いときに暑くないやうな顔をしようとするから益々《ますます》あつくなつてくる、なま木の枝を裂くやうなものだ。そこで滔々《たうたう》として野狐の属に流れ去る、そも〳〵無理な仕掛けだからだ。理窟抜きに前後無く只《た》だ熱時熱殺とくれば可《よ》いが、そいつは五百年に一人の英霊漢に於て然ることで其他は師家も管長も挙げて九官鳥の化けもの、勝手なことを口走るが、なんのことやら自分にも分つてをらぬのだ。それを分つた顔をして浄財と申すものを掻《か》き集めて本山の改築をする。そのたびに地獄でも拡張工事をする。

× × ×

提婆《だいば》が地獄へ落ちたげな。そこで釈迦の使ひで阿難が見舞ひに行つたら提婆の見幕《けんまく》が恐ろしい、『わしが此の焦熱地獄に居るのは三禅天の夕涼みよりも安楽なのぢやから御心配御無用ぢや』と提婆は笑ひながら阿難に伝言して紅蓮の猛火の中で、ふんぞり返つて鼻唄を謡つて居たといふ話だ。阿難なんてものに提婆の境界がわかるものではない。提婆は或る神仙の化身で、曾《かつ》ては阿私仙人と現はれて釈迦に法華を説き天王如来の記莂《きべつ》ある人なので、釈迦の十大弟子達の遠く及ぶところでないのだ。

×　　×　　×

仙人郝太古は「境殺心則凡、心殺境則仙」と云うた。それでも悪いことはないが、どうも理窟ツぽくて面《おも》白《しろ》くない、殆《ほと》んど熱時熱殺の語と同じ無理があつて、万人の実用に役立たぬは勿論、地獄で鼻唄を謡ふつもりで居ても愈々《いよいよ》の場合鼻唄が地獄になりさうだ。多くの破れ悟りの語句が却《かへつ》て人生を毒し死後の実生活にも役に立たぬことを知らねば、根《ね》の国底《くにそこ》の国《くに》に堕して滅多に浮ぶ瀬はないのだ。悪いことをして地獄へ行くまいと工夫しても其れは駄目で其の工夫が一層地獄行きの帆に風力を加へることになるばかりだ。日本人は日本国の神祇を信仰して日々に悪より遠ざかり刻々に善に遷《うつ》るべし。何を愚図々々して役にも立たぬ理窟を上下して日を暮らすの乎《か》。まだ五年や十年は死なぬ積りで居ても、人間の肉体に神変が突発するのは殆んど予測をゆるさぬものだ。今日を以て明日を期すること勿《なか》れ。猛省せよ。猛省せよ。

×　　×　　×

「病を病とす、これを以て病まず」と古人は言つた。「聖人は病まず、其の病を病とするを以て、これを以て病まず」とも言つた。病を病とするから少しも無理がない、神のまにまにだ。提婆は地獄を地獄としたから地獄が無いのだ。夏は暑い、暑いのを暑いとすれば別に暑い寒いのくらべものもない。手放しの暑さだ、あけツぱなしの暑さだ。

「貧を貧とす、これを以て貧ならず」とも言へるだらう。人は遠き近き産霊紋理《むすびかため》を以て此世に出て来たのだ。富境には富処し貧境には貧処するまでのことだ。貧を以て富にくらべ、貧を以て富と闘はんとするところに貧といふものがある。貧を貧とすれば貧無し。やツこ豆腐で五勺の焼酎、天の川を仰いで大の字、「夕涼みよくぞ男に生れたる」といふ俳句もある。カネモチの馬鹿やあい。

× × ×

二十年ばかり前までの日本婦人は、ちゞれ毛を気にしてクセ直しに骨折つたが、この頃の娘さんは、あたら素直な緑の黒髪にクセをつけるために浮身をやつす。是れ富者の貧者を羨《うらや》むものか、貧者の富者を学ばんとするか、病者にして健者を追はんとするか、健者にして病者を真似んとするか、汲水疑山動、揚帆覚岸行。

× × ×

この十年来の地上の問題は要するに労資問題だとまで約言し得られるかも知れんが、その下剋上の運動に就て私は相当の理解も敬意をも有してをるつもりである。「労働者の自覚」といふやうな言葉は如何《いか》にも神の声かと怪まるゝほどである。けれども無産労力者が貧に安んずる道を失ひ貧を楽む術を忘れたことは、何物を以てしても償ひ得られない大きな「生活」の喪失であると信ずる。無産労力者は貧を嫌ひながら本当の貧に陥りつゝあるのである。数字による制度が如何《いか》に無産労力者のために改善されても、それは病人の熱が高まるに連れて多くの氷塊を与へられるのと同じことだ。氷塊と同時に病苦を獲得しつゝあるのだ。此の辺で一つ、マルクスの馬鹿やあい。

すなほな髪は勿論結構である、くせ毛も物よしと謂《い》ふから其れも妙。「富」も「貧」も「病」も「健」も「すなほな髪」も「くせ毛」も何れも神ながらなる産霊《むすび》紋理《かため》の表現であつて怪むを要しないのだ。これを怪むは水を汲《く》みて山の動くかと怪むものだ。何れも当然なる「むすび」である。その「むすび」は申す迄もなく「ますみのむすび」なのだから「むすび」のまゝにして「ますみ」であつて、手のつけやうのないものだ。夏の暑きが如く冬の寒きが如きもので「暑きを暑しとす、これを以て暑からず」である。

×　　×　　×

「ますみのむすび」に徹すれば、そろ〳〵真の神通の眼が開けてくる。人間の心霊といふものは本来「ますみのむすび」であるが、それを疑ひなく真に見破し得れば尽天尽地あらゆる理窟が木ツ葉微塵に砕けて了《しま》つて、流れ川で尻を洗ふ爽快がある。真言密教の如きに於ても「実の如く自心を知れば久しからずして五神通を得」といふやうなことを云ふ。大日経には「云何菩提、謂如実知自心」と云ふ。実の如く自心を知るとは何《ど》ういふこと乎《か》。自己の心霊とは如何なるものかを天に徹し地に徹して深究せよ。否《い》な自己何ものぞと直下に看よ、一切の理窟と妥協せず、「実の如く」に見破することを要する。「ますみのむすび」の髣髴《はうふつ》を得ただけでも、すさまじき眼力が得られるのだ。

× × ×

『天行居の修行は余りに簡易で浅略なものである、世界を挙げて神通の修行では何といつてもヒマラヤ山下に大成された真言密教に及ぶものはない、毛嫌ひせず公平に研究すれば必ず斯《か》くの如く論結せられねばならぬ、真言密教は教相と事相と経緯して幽玄精密まことに到れり尽せりで古来多数の大神通力者が輩出したのも当然である、我国の神道や支那の仙道などの修行は真言密教のそれにくらべると大学に対する小学のやうなものだ、天行居のそれも筋の良い小学位ゐのものだ』と云ふやうなことを申して来られた人がある。なまかじりに色々のものを研究する人達の言ひさうなことである。面倒だから其の道の権威権田雷斧大僧正の筆録を其のまゝ借用する。

真言宗の教相は教理無尽にして頗《すこぶ》る幽邃《いうすい》なりと雖《いへど》も詮ずる所は阿の一字の功徳を敷演《ふえん》するに外ならず、又た事相は其の観行無量にして甚《はなは》だ深遠なりと雖も帰する所は阿の一字を観行薫修するに止まる、何となれば阿字は本不生不可得を義とす、然るに本来不生不滅にして不可得空なるものは生仏平等の本来の大菩提心なり、本宗の教相は八心三劫十地六無畏等種々差別ありと雖も、唯《た》だ本有菩提心の上に横平等に具足する所の功徳を以て竪次第に為して開示したるものなり、事相の観行は教相に明す所の教理を自身の三業に鏤《ちりば》めて実修する作法なり、然るに教相の所談すでに本有の浄菩提心の功徳を敷演するものなるを以て、之《これ》を実行する事相の観行も亦《ま》た本有浄菩提心を観修するなり、故に事相の観行は無量なりと雖《いへど》も概して之を云へば唯一の阿字観なり

甚だ要領を得た説明であると思ふ。阿字観の功徳は無量無辺であらうが、その阿字観は、天行居の魂布禰の術か音霊《おとたま》法か十言《とこと》神咒《のかじり》か其の中の一つだけで尽して余りあるのだ。簡易なものを低しとし複雑なものを高しとするの迷信を先づ根本から脱却して如実に見よ、阿字観も要するに「ますみのむすび」の観行薫修に外ならぬのである。「ますみのむすび」の観行薫修は十言神咒でも音霊法でも魂布禰の術でも立派に奥の奥まで通徹する。その未《いま》だ通徹し得ざるは其の未だ至誠足らず努力足らざるによるのみだ。沢山な印の結びかたや真言の唱へかたを有難いと思ふ人もあるかも知れんが、古代印度《インド》の多くの神通家が沢山な印を結んだり雑多な真言を唱へたり面倒な手数をかけて霊験をあらはしたとでも考へて居るのであらうか。君子は千里同風だが支那の古聖人は「夫《そ》レ乾、確然トシテ人ニ易ヲ示シ、夫レ坤、隤然トシテ人ニ簡ヲ示ス」とも云つた。「多ケレバ則《すなは》チ惑フ、少ナケレバ則チ得」とも云つた。沖楠五郎先生所伝による太古神法だつて決して複雑な面倒なものではないのだ。複雑なもの奥深さうに見えるものを有難く感ずるのは水を汲《く》みて山の動くかと疑ふのみ。

×　　×　　×

ハツドン（ケンブリツヂ大学民族学担任）の書いたものの中に、

神祇の祕せられた真実の名を知る人が、其の神名を口に発する時は我が身体を随所に出没せしめ或ひは

敵を殺活する能力を得るのみならず種々の奇蹟をも発現すと云つて居るのは古伝雲間の片鱗を窺知し得た物の言ひかたである。宇宙の祕機はまことに簡単平易な方法によつて存在するのだ。彼れは其処《そこ》にユダヤの伝説を引いて居る。――アダムの第一夫人たるリリスがアダムに反抗して逃走するとき、リリスは「シェム、ハムフオーラシユ」と発言した、即ち滅多に口にしてはならないところのエホヴの祕名を唱へて「人形の家」を飛び出した。この言霊《ことたま》は忽《たちま》ち非常な神祕な力をリリスに加へたので、エホヴでさへも此の新らしい女の元祖には手を焼いて甚《はなは》だしく神様の估券《こけん》を引き下げた。リリスを追跡した三人の天使もリリスと妥協する程度以上にはどうすることも出来なかつたと云ふのである。リリスが真言密教の行者でなかつたことは愈々《いよいよ》以てけしからん次第。

× × ×

「魚は淵を脱すべからず、国の利器は以て人に示す可《べか》らず」と古への苦労人が折紙をつけた。これは十六吋《インチ》砲の射程の実際や毒瓦斯《ガス》の新発明品の内容ばかりを意味するわけでもなからう。真の太古神法といふやうなものを神祇が容易に人間に伝へられないわけも少しは合点が参るであらう。ソコハカとなき心霊科学を口走る人たちが、科学的研究の及ばぬものを否認する傾向があるのは自己の知識を一つの殻《から》の中に入れて、それから外を見まいとするのだ。科学的研究の匙《さじ》にかゝらぬものを迷信扱ひにしようとするのは、水を汲みて山の動くかと疑ふもの。

× × ×

この無方斎には鼠が多くて閉口してゐたが今春二三月頃は一層猛威をふるひ出した。天井でも台所の方でも毎晩大騒動をするし昼間でも出かけて来て荒び廻るので、業を煮やして捕鼠器で十匹ばかり退治した。ところが其れからは捕鼠器にかゝらなくなつたのみか、格別な威力を発揮して神殿の神具を嚙《かじ》つたり板戸へ穴をあけたり私の寝室の天井では毎晩ドタンバタンと大きな音を立てゝ安眠の妨碍をして尚《な》ほ足らず私の枕を嚙つて中の小豆を出したり私の寝てゐる蒲団《ふとん》の上を飛んだりする。鼠くらゐなものを眼中におくのは甚《はなは》だ以て武士の名折れではあるが、遂に忍耐が出来ないので深夜起き上つて蒲団の上に座したまま、変則的な方法によつて一時的に猫の玄胎まがひのものを化出して天井に頑張らせることにした。ところがそれで急にバタリと騒動が止まつたわけではないが段々と静かになつて今日に至るも少しも悪戯《いたづら》をせぬやうになつた。どうかすると天井のすみを歩く静かな音がするから居るには居るのだが殆《ほと》んど此の家には鼠が居らぬかと思はれるほどになつた。神殿の供物を下げたまゝにしておいても少しも手をつけないのみか台所の方へも滅多に出動しなくなつた。うちの鼠は此頃何を喰《く》つてるのだらうといぶかしく思はれるほどで、すこしはよそのうちに出稼ぎに行つたのかも知れないが全く感心におとなしくなつて了《しま》つた。屋根裏に化出した変則的の玄胎まがひの猫のために段々と睨《にら》みつけられたものと見える。鼠の立場から云へば水を汲《く》みて山の動くかと疑ひ、うす気味悪くなつたのであらう。第七世紀に出た愛蘭《アイルランド》の詩人センカン、トルペストは詩を作つて鼠を退治たが、鼠が鬼門とするところは夏目金之助先生と成毛商店ばかりではないのだ。

×　　×　　×

この頃しきりに下手な謡曲が流行するやうで、日が暮れると何処《どこ》からともなく、とてもこの世の声とは思はれぬ声が聴えてくるが、その謡曲の文句に仏神水波といふやうな言葉があるやうだ。仏神水波といふ言葉は近松の浄瑠璃の中にも出てくる文句で、神も仏も同じもの、仏は水で神は波のやうなものといふ意味で、つまり本地垂迹説から出て来た中古以来の多くの日本人の神仏といふものに就ての概念なのである。普通のモノシリからみれば此れは如何《いか》にも達観した見方、囚《とら》はれない観念のやうに思ふであらうが、これは実は日本及び日本人をあやまる観念の有力なものの一つである。「ますみのむすび」を邪解すれば味噌《みそ》も糞《くそ》も一つになるが、神ながらの道は「むすび」の道であり「むすび」を本とし「むすび」を尚《とふと》しとするので悪平等観に沈湎《ちんめん》することを儼として︀ゆるさないのだ。宇宙間の或る理体といつたやうなものを名づくるには神と呼ぶも仏と称するも、モノは同じと云ひ得られないことはない、それはそれでよいのである。けれども仏とは何であるかといふと阿弥陀如来や大日如来のやうな理仏もあれば、さうでないものもある。実際問題として千年ばかり前から日本国土に祀られてある不動、地蔵、薬師などいふものの本体は何であるかといふと印度《インド》や支那から渡来した一種の霊物もあれば又た僧侶や僧侶まがひのものの霊が納まり返つてるのもあり又た蛇の不動や狐の薬師や狸の地蔵もある。或る時代には方便として、薬師様の本体が少彦名神《すくなひこなのかみ》の使神であつたり不動様というても実は或る神の眷族《けんぞく》が表現して居られたといふやうなこともないではないが、それは変則的一時の葛藤に過ぎざるもので、神は神であり仏は仏である。太古に於て日本の神祇が支那や印度や其他諸外国の土俗へも交渉せられた事実はあるが、さういふ意味から仏神水波など云ふは論理の精密を欠くのである。英国の人類学者ハートランドは日本の神も要するに一種の「生気」のやうなもので支那語の神といふ観念と共通し安南人の所謂《いはゆる》ティンと称するものであるとし『アイヌ語のカムイと交渉ある日本語のカミなるものも殆《ほと》んど同様に解釈し得らるべしと信ず、日本のカミといふ言葉が含むところの若干の概念を詳論するには及ばず、そは幾百年の文化及び哲学的なる洗煉を経て化粧され来りたる概念なるが故に其の内容の幾分が太古の粗野なる土俗に出るか不明なればなり』と云つて居るが、日本の神祇なるものは決してそんなアヤフヤなものでなく記紀其他信ずべき古記録に正直に無邪気に伝へられて居る通りの明確なる認識が吾等の遠き祖先に存在したので、それが却《かへつ》て千数百年前来次第に曖昧になつて来たのである。併《しか》し此頃の多くの日本の神道学者等の意見は大体に此のハートランド流なのだが、彼等は日本固有の重大神聖な問題に就ても外国の学者が考慮する型によつて、それに指導されて考慮せねばならぬもののやうに悲壮なる覚悟の臍《ほぞ》を固めて居るので、彼等を灌頂壇に引入して五眼を開かしめることは容易なことであるまい。

×　×　×

今年の春であつたか昨年であつたか或る女学校の生徒数名がキリスト教の信仰の上から学校当事者の引率する神社参拝を拒《こば》んで問題を起したが、其の時彼等数名の女学生が出入する其所の教会の若い牧師は頑強《ぐわんきやう》に浅墓《あさはか》なる少女等の尻押しをして学校当局と抗争したといふやうな新聞記事が眼について胸を悪くしたことがあつた。斯《か》ういふ風な問題は世間に知られぬ迄も他に沢山に存在するであらうし又た今後は一層さういふ魔風恋風が吹きすさむであらうと想像し得られる。最近に於ては九州平戸の小学校の女教員が県社亀岡神社の礼拝を拒絶し飽《あ》くまで其の意志をひるがへさぬので当局者は已《や》むを得ずして罷免の上、長崎女子師範在学中の給費四百余円の弁償を命じ、それに対して信教自由といふ名目のもとに平戸バプテスト教会が広く天下に義金を募つて抗争資金にあて、県当局を相手取つて訴訟行為に出たとのことで、それに対して日本の代表的な某新聞は『かうした問題が起つて来ると唯《た》だ何がなし敬神思想の鼓吹とだけでは説明が足らず国法上の根拠を明確に示さねばならなくなり、当局は曖昧な在来の態度を捨てねばならなくなる、あたまごなしに非国民呼《よば》はりでは事件の解決もとより覚束なく、全国神職諸氏は進んで指導概念の明確な表示を当局に迫るべきである』と絶叫して居る。憲法に於て信教の自由が認めてあるのは其れが国家の安寧秩序を紊乱《びんらん》せざる範囲に於ての意味であることは権威ある法学者の力強き説明ある通りであつて、日本国民として公然日本の神社礼拝を拒絶することは勿論国家の安寧秩序を紊乱するものであるが、法律上の議論は専門家に譲るとして、日本国民として公然日本の神社礼拝を拒絶するといふことが何故に安寧秩序の紊乱になるかといふことに就て、全国神職諸氏や多くの神道学者や神道人等は如何《いか》に説明せんと欲するのである乎《か》。その『指導概念の明確な表示』が可能であるならば先づ一つ吾々に見せて頂きたい。反対意見で崩れない其の明確な論拠を一つ聞かして貰《もら》ひたいものだ。さういふ重大問題になつてくると、大言壮語するやうではあるが、この天行居の主張を外にして何者が存在する乎。この天行居の大言壮語を心にくしと思ふものは具体的に条理を立てゝ反駁してみられよ。日本国を救ふ大思想は断じて此の石城神山に宝蔵されて居るのだ。敢《あへ》て疑はんと欲するものは「古神道秘説」と「霊山祕笈」の二巻に参して、彼れを殺すか我れ斃《たふ》るゝかの真剣勝負を致されよ。天行居は君国のために微誠を尽さんとする以外に何等名利の考へも野心も無い、天行居の心事を疑ふものは水を汲《く》みて山の動くかと疑ふものだ。

×　×　×

今年の日本国土は各地とも風水の難に見舞はれた。人間でも国土でも重大な使命の負担に当つては相当の「祓《はらへ》」を受ける場合もあるので天の正命まことにやむを得ずとせねばならぬ。風と水とはハラヒキヨメの用である。風で払ひ水で洗ふ、ハラヒとアラヒが同源であるといふやうな説は学問上賛同出来かねるにもせよ、風と水とが祓ひ清めの用であることを否定する必要はない。理窟に囚《とら》はれて事実の肯定を恐れるには当らぬ。理窟は動くことも消えることもあり得る。事実は只《た》だ事実だ。理窟に囚はれて物を見ようとするのが現代人の病根である。理窟に囚はれて敬神を疑ひ尊皇を疑ひ五倫の道を疑ふ。偉大なる頭脳を有する悪魔が一つの理窟を編み出すと忽《たちま》ち全世界にひろがつて行く、その理窟に囚はれて疑ふ。次ぎには又た別種の手で悪魔が理窟を運ぶと、「新人」の估券《こけん》を維持する必要上また其の新理窟で側面から疑ふ。いづれも水を汲みて山の動くかと疑ふ。そこで其の病患一掃のため祓ひ清めの必要もあらう。地上全人類が鉄火の洗礼を受ける日は愈々《いよいよ》近づく、理窟を以てこれを疑はんとするも、疑ふものの頭上だけが安全地帯でないこと、やがて事実が事実を以て証明する。智者は疑ひ、馬鹿は疑はず、これ天行居に馬鹿が集まる所以《ゆゑん》。

×　×　×

大風の吹くは畏《かしこ》き神慮に出づること多き、古来そのためし少なからず。弘安四年のことは児童も知るところ、又た道行が草薙の神劔を盗みて新羅国に帰らうとした時俄《には》かに大風吹き起りて其の船を吹き戻して遂に神劔を取り戻し給ひしことなど、世人知るところだけでも相当に心ある人を警《いまし》むるに足るものがある。

× × ×

先月の古道紙上に天武天皇様を讃仰した記事のあつたに対して抗議的な質問を寄せた人がある。斯《か》ういふことを軽々しく論議するは我党の忌《い》むところであるが、しかし一言だけ申上げておくが、『天武天皇実簒奪之主也』といふやうな古人の妄言を妄聴して妄動するは遺憾千万なことである。天武天皇の未《いま》だ皇太弟にましませし頃、大友皇子と合戦あり、その時しも度会の斎宮の方から大風突発して大友皇子の御方へ吹きわたり遂に大友皇子の御軍の敗となり天武天皇御位に即《つ》きたまひしことを万葉の人磨が『去鳥《こくとり》の競端《あらそふはし》に度会《わたらひ》の斎宮《いつきのみや》ゆ神風《かむかぜ》に伊吹迷《いぶきまどは》し天雲《あまぐも》を日のめも見せず常闇《とこやみ》におほひ給ひて』などよめるは決して『臣子掩其跡、神其事』といふやうなわけのものでない。当時事代主神《ことしろぬしのかみ》が人に憑《かか》り給ひて天武天皇の御軍の中に立ちまして守護奉らむなど告《の》り給ひしことなど種々の神異のあつたのも、天武天皇が必ず御位に即き給ふべき神ながらの幽契ありしことであらうと思はれる。近視眼的な是非の理窟で斯ういふ神さびたる問題を彼れ此れ言挙《ことあ》げするは大いに慎むべきことである。或る一部の史論家の妄言の如きは水を汲《く》みて山の動くかと疑ふものに過ぎない。

× × ×

大正九年の夏、「天理教本部中村真一路」と云ふ署名で「天理教の疾病観」と題し中外日報紙上数日にわ

たりて天理教のために気を吐き世間の非難を反駁した論文が連載されたことがある。その一節に、

今日の天理教内では「ふしぎなお助け」がなくなつたといふ語をきく、これは既に天理教徒の信仰が懐疑的に傾いて来たからであると思ふ、一面からこれをみれば進歩とも名《なづ》けようが一面白熱的信仰の枯渇《こかつ》とも見ることが出来る（中外日報、六千二百七十号）

と書いてある。いかにも天理教の信者らしく正直な告白であるが、併《しか》し斯《か》かる煩悶《はんもん》は天理教ばかりでなく金光教や大本《おほもと》教などでも同じことなのである。それはさうあるべき筈《はず》のもので、さうならなくてはならぬやうに最初から出来てをるのだ。天行居の種々の霊験の如きは日に〳〵新たにして日に又た新たに、弥栄《いやさか》に向上発展するが、それはさうあるべき筈のもので、さうならなくてはならぬやうに最初から出来てをるのだ。そのわけは「古神道秘説」と「霊山秘笈」の二書を精読すれば誰れにでも諒解が参るのである。他の多くの信仰団体に関係して手を焼いた連中が、ためつすがめつ天行居を疑ふのは、水を汲《く》みて山の動くかと疑ふものである。

×　×　×

真正なるものは永久に滅びないのだ。吾等は何もあせらねばならぬ理由を持ち合さぬ。

×　×　×

天照大御神《あまてらすおほみかみ》様が何故に顕幽両界にわたる此の世界の君王であるかといふことが、わかつたやうでわからないから確然たる記録の上から説明して貰《もら》ひたいとの書面が来た。そのことは従来天行居で竪からも横から

も説き去り説き来つてをるので、今更ら何と説明して可《よ》いか、却《かへつ》て迷惑する次第であるが、神代巻に、

諾冊二尊相議《あひはか》りて云、吾既に大八洲国及山川草木を生めり、いかんぞ天下の君たるべきものを生まざらんやとて即ち日神を生み給ふ

とある一句でも身体を清潔にして静かなところに端坐して百ぺんばかり音誦してみられてはどうであるか。その大八洲国といふのは其の下に山川草木とあるのと考へ合しても地上万国の意味たる勿論。さかのぼりて書紀や古事記に何の権威があるかといふことになれば、それは「古神道秘説」や「霊山秘笈」に問ひ合されゝばわかることだ。

× × ×

天行居の神法修行に就て何等かの疑念のある人に対して、何日間位ゐ修行してみられたかときいてみると、一週間やつてみたが妙がないから実は中止して居りますとか、いづれ本気でやるつもりですがマダやつてみませんとか、たいていきまりきつたことを言はれる。それでは何と申上げようにも申上げやうがないのである。十年前来皆さんの耳にたこが出来るほど云つてるが、要は至信と専修とにあるので、不平不満があれば至信に専修した上での御相談である。鉄砲の玉の速力は随分早いものであるが、それでも筒口を離れたときに標的に当るものではない。着弾距離の遠近によつて幾分の時間を要する。玉が筒口を離れて標的に到達する以前に目標物が動揺すれば命中しない。信念の標的が動揺しつゞけて居るのに、一発や二発で命中しないからと云つて、鉄砲といふものは当らないものときめて了《しま》ふのは少し早い。鉄砲を打てば標的に命中するの

が必然であり当然であるが、それでも命中する迄には相当の修行を要するのである。いかに新式の発達した銃を授けられても其日から誰れでも立派な歩兵になれるものではない。専門家にきくと今日の陸軍制度一年半も相当に無理だとも云ふ。海軍の戦闘は殆《ほと》んど機械力によるのだからと云つて、どんな立派な機械があつても、優秀な武器があつても、それを神妙に運用して百パーセントの能率を発揮する迄には将校も兵士も相当の修行を要するであらう。天行居の神法も手品ではない、種あかしを伝授されて其日から空中に糞《くそ》をひるわけには行かない。たとへば風を起す神法を修するにしても、普通の場合或る家に於て神祇を奉斎せる一室内で修行するとして、さて毎日半時間宛《づつ》修行するとしても三日たつても五日たつても何のこともないとすると、たいていの先生が投げて了《しま》ふ、『私に伝授してくれたのは何か大切なところを抜かしてるのだらう』と考へたり『私はマダ機縁が熟せぬのだ』とあきらめたりする。こんきよく一週間も十日も修行した結果、神前の幣や榊の葉が少し動いたりすると、『なんだ馬鹿々々しい。これは自分の行動による微風か又は雨戸の節穴から吹き込んだすきま風のせゐだらう、こんなことに骨折つて何になる』と投げて了ふ。ところがうすら馬鹿の先生が屈せず撓《たわ》まず修行をつゞけて居ると、榊の葉はざわ〳〵と音を立て、蠟燭の灯が消えるほどの強い風となり、尚《な》ほも修行の日を重ねて居ると、修法を始めて五分か三分かで一室内に風が起り自分の袖もばた〳〵と動くやうになり、更らに日を積みては其の屋敷の内外を吹きまくるやうになり、更らに努力を続けて居ると近郷数里にわたる風を起し得るやうになり、それから先きは必要に応じて面倒な手数を要せず随時立ちどころに風を駆使することが出来るやうになるもので、これは風の一例だが其他何種の神法でも同様である。君国の一大事といふやうな場合、神祇の格別なる恩頼《みたまのふゆ》によつて、相当の信念ある人に対して極めて短時日の修行で或る種の神通力を或る期間を限りて許さるゝことはあるが、それは必要なる期間が過ぎると取り上げられて了ふ。併《しか》し其れにしても平生に於て信念の培養が第一だ。信念の培養といふことが実は重要なる修行である。『動揺せぬ信念の持続』これだ。

× × ×

『動揺せぬ信念の持続』で愚を守つて平凡に真面目にあせらず怠らずやつて行くのが天行居の家風だ。温かければ来り寒ければ去る鴻雁のやうに打算的であつたり詩人のやうに浮気であつたりしては道骨を養ふこと困難である。詩人といふものは月明林下の美人に子を生ませたり三千丈の白髪で首を縊《くく》つたりする術を心得てるからそれで沢山だ。神は余りに何も彼も与へられないやうだ。

× × ×

月明林下の美人が逃げ出すのも大抵ひがみからだ。水を汲《く》みて山の動くかと疑ふところに家庭悲劇が胚胎する。何故に信じ切らぬのであるか、神に見棄てられたかとひがみを起して自ら神を離れて行く。みづから神を離れて行かないものを神は断然見棄《す》てない。神様は『動揺せぬ愛』の持主だ。神の愛の余りに大きい為めに、時には神から見棄てられたかと錯覚する人もある。下士は勢につき、中士は徳につき、上士は根につく。根につくほどの篤い信頼ある人が、神の愛を本当に見出し得る資格ある人だ。

× × ×

大きな使命をもつ天行居は、日本の心臓部ともいふべき東京か大阪に本部がなければ将来困るであらう、石城山は余りに田舎《いなか》過ぎるといふ人がある。天行居は日本国の眼さまし時計のやうなものだから、心臓部から相当の距離のある処に在《あ》る方が吉である。或る家の女中は、夜明けに枕頭の眼さまし時計が鳴ると、夢中でベルを止めたり時計を鳴るまゝ蒲団《ふとん》の中に引きずり込んで抱きしめて寝たりする。だから正確の時間に起きて貰《もら》ふ必要のある日には家人が夜半に女中部屋の眼さまし時計を五六尺遠方へ運んでおくことにして居る。さうして夜明けにベルが鳴り出すと女中部屋では忽《たちま》ちドタンバタンと勇敢な音響が起り、夢中で自分の枕を蒲団の中へ引きずり込んで寝ようとするが、それでも時計が鳴るので、とう〳〵不思議さうに眼をさますのである。

×　×　×

先月の古道紙上に於て、私が現役を退いて働く時期も遠くないといふやうな意味のことを一寸《ちよつと》述べたに対して、各地から色々の問合せがあるには全く閉口した。おまけに幹部連中からは少し言動を慎んで貰《もら》ひたいといふ勧告を受けるし聊《いささ》か当惑した。あの記事が其のやうな問題を起す危険性があるならば――水を汲《く》みてはだが――取消してもよい。こだはつて問題を六《むつ》かしくするには当らぬからアッサリ取消してもよいけれど、併《しか》し私が現役を退いて働く時期が近いといふ意味は、天行居の組織が大いに拡張されて其の活動が愈々《いよいよ》本式になることをも意味し、又た私が一層便宜な立場から微力を尽し得るといふ意味もあつた積りである。いつもながら言葉の足りなかつたことは失態といへば失態だ。兎《と》にも角《かく》にも私が天行居の責任ある地位を離れるといふ考へではない。たとひ又た私の肩書の名称を何と替へてみたところで、天行居といふものの責任から私が遁れられるものではない。この肉体のつゞく限り、否《い》な七生までも八生までも現幽両界を通じて私としては天行居のために永久に全力をつくさねばならぬ運命をもつて居ることは私自身としてわかりすぎるほどわかつて居るのである。此点は充分諒解して腹に入れておいて頂かねば『幹部大動揺来近し』といふやうな宣伝に乗せられる人がないとも限らぬ。天行居における私の関係は、座蒲団《ざぶとん》の上へウンコをしたやうなもので、私としては動くことも立つことも出来ないのである。

× × ×

先達て或る〇〇〇の先生が来て『天行林の中に釈迦の馬鹿やあいといふ句があるがアレは正気で書かれたのか貴殿は釈迦よりえらい御方であるか先づ其れを伺《うかが》ひたい』とのことであつた。私は言下に答へた『私が釈迦よりえらいとかえらくないとか云ふことは相手の釈迦なるものが何者か吟味してからの問題で、それからの御相談だ、釈迦の正説によれば釈迦とは貴下自身のことであり又た今私が尻に敷いて居る座蒲団が釈迦だ、それにまちがひありといふものあらば地獄へ入ること箭《や》の如しだ』すると先生は『貴殿は私を座蒲団と一しよくたにして尻に敷く気か、それで神の道が説けるか、けしからん』と案外に立腹して、そのまゝお釈迦様は帰つて了《しま》つた。

× × ×

理学博士近重物庵先生は御承知の如く長い間の仏教研究者である。その人が先年こんなことを言つて居る。

今日ほど仏教の衰へた時はあるまい、少くとも禅宗から云へば衰微の極である。玆《ここ》に禅宗の大学といふものが出来た、結構の様だが何を教へて居るのであるか、教員は何れも歴史の先生か語学の大家である、釈尊の戸籍調査や飜訳の適否を論らふ、微に入り細を究める、此種の先生は朝に真宗の学校に教鞭を揮ひ夕に禅宗の道場に雷喝を行ず、何によりて古人が真宗と凝り禅学と固まるに至れるか、同じものなるを別れて一致し得ざりしとせば古人は愚である、今の学者は何れも皆古人より勝れるか、否《いな》、畢竟《ひつきやう》教ふる所が一も機微に触れないから何処《どこ》でも好いで通るのである、それでは半面に何処でも好くないと云ふことにならねばならぬ、物心一如、恩怨雙忘は愚かなこと、物我雙々の妙境すら解しかねるのではあるまいか、こんなことで禅宗の大学が立つて行く以上、仏法の衰微を嘆じたとて強《あなが》ち無理ではあるまいではないか

神道を奉ずるものの中にも『どこでもいゝ』流儀の人がある。何も彼もわかつて大悟したつもりだらうが、それは実は何も彼もわかつて居らぬのだ。石城山が地の神界大都の表現地たることが本当に腹に入り、天行居の使命が毫末の疑ひなく承認出来て後、始めて天行居の信念の真味がわかり、まことに感応道交の道も開けるのである。其処《そこ》に到らんと欲して未だ到り得ざるものは特に「むすびの時」を厳重に守り、毎日必ず十《と》言神咒《ことのかじり》を至信に奉行すべし。まごころ正神界に貫徹せば、神の手引きにより他人の力をからず神祕の宝窟に出入し得るに至ること必定。

× × ×

早大教授帆足理一郎さんといふ人が『東西本願寺に就て』と題して意見を述べてゐる雑誌の切抜きを或る人から送つて来られたから左に掲げておく。

マルクス派の社会改造論者達が宗教をば阿片と見るは当らない。けれど尚《なほ》彼等が宗教を阿片視することをやめないのは、宗教と教会とを混同してゐることに基づく。彼等の多くは教会や寺院の弱点を捉へて、宗教を難ずるものだ。けれど、事実上、宗教家の方でも、一般の迷信的な信者の方でも、寺院即宗教と考へてゐるものが少くないやうだ。寺院が寺田を持ち、多くの賽銭を集め、殊《こと》に芸妓屋や料理店などからまで多大の寄附や奉納を仰いで、それを麗々しく本堂の側に広告して謝意を表するばかりか、それを以て更に二業三業の醜類から『善根』を徴発しようとする下劣な心事を見せつけてゐる以上、寺院が貧民の信仰を利用して財を捲《ま》き上げる資本主義の仲間だと見做《みな》されることは無理はない。

加之《しかのみならず》、日本の寺院の中でも浄土真宗は財産を世襲するばかりでなく、僧職までも世襲特権となつてゐる。明治以来、僧侶の妻帯が許されて世襲的傾向は一層広汎な事実となつたが、世襲特権の大関は何と云つても東西の両本願寺だ、単に僧職ばかりでなく、僧侶の聖職には最も不似合なる爵位までも(勿論世襲的に)特権づけられてゐる好適例は両本願寺だ。

偶《たま》には大谷光瑞氏の如き奇才が現はれて、法主の職を擲《なげう》つて、屢々《しばしば》野に下る者もあるが、先頃起つた句仏上人に関する法灯継承問題の如きは実に醜の醜なるものであつた。あれも確かに世襲特権に禍されてゐるのだといふ外ない。

僧職の世襲でない他派の寺院では寺の株（何といふ下品な言葉だ！）が売買されてゐるのもある。が、日本の宗教改革は先づ僧職の世襲を撤廃し、寺の財産（公産）と僧侶自身の私産を截然区別することだ。私はその弊の最も痛烈を極めてゐる本拠とも見るべき両本願寺の上に先づ此鉄槌を下す勇者のあらんことを望む。

×　×　×

東京の或る人からの手紙の中に、先達て心霊科学を口走る連中の席へ出たら某々等が雑談の際しきりに天行居のことを非難し其の序《つい》でに宮地水位先生のことを彼れ此れ話してたが、どうも話の辻褄《つじつま》が合はぬやうな気がするので注意してきいて居ると、宮地堅磐先生と宮地厳夫先生を同一人とまちがへてることがわかつたとのことで、彼等が天行居のことを何等理解せず漫然悪罵してる一証だと附記してあつた。ひまな人達もあるものと見える。水を汲《く》みて自分のつらの歪《ゆが》めるかと疑ふもの乎《か》。

×　×　×

慷慨《かうがい》家のお客様あり、国際オリンピックで日本選手が紅毛人に及ばぬことを残念がり、神様の力で何とかならぬものかとまじめな相談である。君国の一大事といふやうな非常な場合ならば兎《と》も角《かく》であるが、普通の場合正神界ではさういふことに力こぶを入れられるものでなく、正しく実力をふるはしめられるだけのものである。守護はあつても守護といふ程度を越して、さういふことに神様が力こぶを入れられるものではないのだ。が、高貴の神祇は別として、或る種の日本の霊が憤慨すると随分すばらしいことがないとは云へない。

続史籍集覧、義残後覚の中に、京都伏見あたりに全国的な大相撲《すまふ》があつて非常な評判であつたが、或る日美しい比丘尼《びくに》が出て来て飛入り相撲を取り、一流の大相撲を片ツ端から投げ飛ばし、其の大番狂はせの光景に観衆は殆《ほと》んど狂せんばかりにわめき立てた記録があるが、それは葛城山の天狗が二三の大相撲のおごるをにくみて頭を押へんが為に比丘尼に化けて出て来たものであることが附記してある。斯《か》ういふ先生が日本選手に憑依《ひようい》して出て行つたならば有らゆる種目競技で片ツ端から世界記録を破り、審判者の頭脳《あたま》には訳のわからぬ謎を投げかけるであらう。スポーツ好きな天狗か竜神を見つけ出して人見絹枝にでも世話してやる苦労人は居らぬものか。

× × ×

天狗が美女に化けたのは私は見たことがないが、美女といつてもどの程度の美女か、いづれ人見絹枝よりは増しであらうが、荒くれ天狗が兎《と》にも角《かく》にも女に化けるのだから自在なものだ。（この種の天狗は肉体なき天狗で一種の玄胎を有するものだ。）高貴の神祇の御上のことは申すも畏《かしこ》し、相当な階級の正しき使神達や筋の正しい竜神界の女神の姿には接したが、争へないものはその気品であつて、その神霊の筋や程度によつて必ず異るところがあるものである。どこが何《ど》ういふ風に異るかといふと、一寸《ちよつと》説明しにくいが、正神界の使神（女神）の御姿は如何《いか》に美しくても只《た》だ美しいといふだけで、その外の何物でもないが、普通の霊狐などが女神の姿を現はしてゐる場合は、いかに気高く装うてゐても必ず異性に対する感じが人を魅せんとするを覚える。正神界の使神（女神）たちは決して左《さ》うでない。たとへば木花咲耶姫神《このはなさくやひめのかみ》に奉仕して居られる女神たちは美しいといふ点に於て此上もなく美しく感ずるが、異性に対するといふやうな感じが毫厘《がうり》も起らぬのは恐れ入つたものだ。此頃の流行言葉で云へば少しもイットを感じないのである。これは或ひは私だけの感覚かも知れんが、私は明らかにさう思ふのである。月明の夜に斯《か》かる女神のピクニックの群れの中に居ても、別に不都合な感じは毛頭起らない。或る書の中に、

松平陸奥守忠宗の家来、番味孫右衛門といふ者、おのれが宅にて座席に昼寝して居る処へ、天女天降りて、孫右衛門が口を吸ふと見て、そのまゝあたりを見れど人気もなし、さりとては思ひもよらぬ夢をみるものかなと思ひ、人に語らんもいと恥かしくてぞ居けるが、其の後よりして彼の孫右衛門が物をいふたびに、口中異香薫じける程に、側に居ける人々これを不審に思へり、其の身も不思議に思ふ処に、心やすき傍輩の申す様には、足下には怠らず深き嗜みにやいつとても口中香しき事たゞ〳〵匂ひの玉を含めるが如し、是れ奇特千万也といへば、其の時孫右衛門さりし時の有増事を語り、それよりして如此《かくのごとし》といへば、彼の友も奇異の思ひをなしけるとなん、さて孫右衛門美男といふにもあらず、又何のしほらしき事なき男振なるに、いかなる思ひ入れありてか天女は斯かる情をかけつらん、其の源はかりがたし、されば其の香一生身終るまで消えずしてかをりけるとなん、是れ田村隠岐守宗良の家来佐藤助右衛門重友が語る処、云々

といふやうなこともあるが、斯ういふことは格別なる産霊紋理《むすびかため》によるもので『天女だつて随分話せるぞ』といふやうな通則としての資料にはなりかねる。深き遠き幽契による現象なのだから斯ういふことを或る判断

の中に加へることはよくないことだ。天女の中にもモガの最尖端を行くのが居るかのやうに期待して神籠石《かうごいし》のあたりを徘徊してみても、そんなところにキスが天降るものではないのだから、口の臭いのが気になる連中は先づ当分は仁丹でも噛《か》んで我慢することだ。

×　×　×

そこはかとなき心霊科学を口走る人達の中には、幽界（霊界）には空間がないとか時間がないとかの説を立て、その存在の固定性を疑はんとする人々もあるやうだが、それは現界だつて同じことなのである。達観すれば現界に於ける時間空間といふものも昔から八釜《やかま》しい問題となつてをる。古人が『十方虚空自他毫端ヲ隔テズ、三世古今当念ヲ離レズ』と喝破したことを他人の言葉にせず、自分の手に取つてよく審査してみられるが可《よ》い。現界から幽界の生活現象を眺むれば、時間空間に就て種々なる疑問を生ずるが、幽界に入つて幽界の生活を眺むれば、現界人が現界に於て現界の生活を眺むるのと少しも異るところがないのだ。物の見方感じ方に就て現界生活の癖のぬけない間は幽界に入つても多少異様なる感じをもつ場合もあるが、それは水を汲《く》みて山の動くかと疑ふに過ぎない。幽顕不二といふことを徹底して覚悟せぬから、どうしても幽顕の道理を正解することが困難になつてくるのである。幽界生活に時間空間無しと見るなら見てもよいが、それと同時に現界生活にも時間空間無しと看破し得るところの眼力を要するのだ。このことは二千年前に於て東洋の思想家や神通家が縦横無尽に研究して居るところ、金剛経に『世界世界ニ非ズ是レヲ世界ト謂《い》フ』と簡にして要を得た辞句で説明して居る如しだ。理科や工科に関する学問の如きは機械の発明発達に連れて前賢未到の境地を開拓し得るものであるけれど、心霊哲学（心霊科学といつてもいゝ）に就ては文献による確証ある部分のみで云つても上古に印度《インド》方面に輩出した幾多の大神通家や大思想家によつて微を尽し細を究めて立派な学問として体系づけて居るので、斯《か》ういふ方面の問題に就て今日の学者が古代の学者を侮るのは滑稽至極で、今日の心霊科学者は写真機等の機械を利用して心霊現象の一部分を俗説する便宜があるのみで、そのために幾分の『用語』を考へ出して居るに過ぎない。現に七八十年来欧米に於ける心霊現象の如き、これを古人が研究し調査した素晴しい材料に比すれば殆《ほと》んど太陽の前の蛍火の如きもので、低級卑俗まるで問題にならない。幽顕両界に於ける時間空間の問題の如きは、我が神ながらの道に於ては『ますみのむすび』の一大事によつて明々瞭々であつて疑ひの持つて行き場がないのである。世の中には光陰の惜《をし》むべきことを知らぬ人間が、まだ相当に居られることがわかる。

×　　×　　×

古代印度人の労作が心霊問題に就て完全無欠なる真理の宝塔であると極言するのではない。わが神典の玄理と神祇の啓示と世界の実相と照合した探照灯で照らせば現幽両界の統制等について重大な誤謬《ごびう》欠陥あること多年屢説《るせつ》するところの如くである。けれど謂《い》はゆる心霊現象の研究に於て其の資料の豊富と見解の透徹とに見て、その方面から云へば、この七八十年来に於ける欧米心霊学徒の業績にくらべて遙かに卓越して居るといふことを言ふのである。過去半世紀間欧米の心霊科学なるものに染指した多数の尊敬すべき学者の中には世界有数の大きな宝石の一つである印度学に就て相当なポジシヨンを占めて居る人もあるのに、なぜあんな風なんだらうと不思議でたまらない。

天行居では本居平田の学統をうけて、殆んど病的に仏教を排斥するかの如く誤解してる人が今尚《な》ほあるらしいが、天行居ではそんなケチな考へは持ち合せてをらぬ。仏教が日本国に及ぼした千数百年来の功罪は容易に清算し得られないが、日本の文化の上に偉大な貢献のあつたことなどは言はずもがな、治国平天下の上にも害もあつたが益もあつた。その修身斉家安心立命の上に大効のあつたことは又た支那学のそれよりも遙かに大きいものがあつたであらう。それは充分に認めて敬意を表してをる。更らに其の幽冥観や心霊問題に関する方面では、今日でも吾々の参考とするに足る貴重な資料を沢山に提供して居るのである。われ〳〵は只《ただ》その一面の誤謬欠陥を多年指摘して、今後の日本国に存在の価値次第に乏しく害毒やうやくに甚《はなは》だしからんことを警告するのみである。

× × ×

天行居ではキリスト教を徹頭徹尾邪道視して居るかの如く誤解してる人達が今尚ほ相当にあるらしい。天行居でいつも申すやうに本来世界は一本であつて、キリスト教の母体たる或る信仰団体を指導した神霊も日本の神祇の一派であるのみかキリスト出現前後の或る人々に憑依《ひようい》し啓導した神霊もやはり本籍は日本の神々なのである。故に原則として吾々はキリスト教を邪道視するわけも必要もないのである。けれども年月の流れるにつれて正しき神示の伝来にも訛誤《くわご》を生じ、又た遠き昔に其の場合と其の場所とに応じて示された神の言葉を今日の場合と今日の日本国人に当てはめようとするところに大きな誤謬を生じ、その結果として今日のキリスト教を邪道視しなければならない場合も生じて来たのである。キリスト教の経典六十六巻の中には以て我が心を洗ひ以て我が信仰を培《つちか》ふに足る尊い珠玉のやうな文字が沢山に散らばつて居るので、それは支那の古典や印度《インド》の古典と同様である。故に私共は時に随ひて其れらの珠玉を拾ひて自他を清くし正しくする自由を有すると同時に『今日の』キリスト教の邪悪な方面は飽《あ》くまで痛撃するのである。

×　　×　　×

天行居では他の教派神道及び其他の神道団体を排斥することを方針とするかの如く誤解してゐる人も少々あるらしい。大体に於て敬神尊皇修善積徳を主張する団体ならば其れは天行居の精神運動の羽翼のやうなものであるから、それを間接にたすけこそすれ擯斥《ひんせき》する筈《はず》のありやうがないのである。けれども表面に敬神尊皇を称へながら裏面に於て其の密意として、わが皇室を軽侮する傾向ある或る種の思想を注入する団体は此れを邪教として蹴飛ばすのみならず根本問題として邪霊が正神を装うて活動するものに対しては頭から糞《くそ》をひりかけることを辞せぬのである。

×　　×　　×

天行居では欧米流の心霊科学に心酔せるものに対して土台から反感をもつて居るかの如くに誤解してる人が随分あるらしい。今日の多少の教養ある人が直ちに天行居の所説を承認するといふことには多くの困難な前提が存在するが、その前提を乗り超えさせるには欧米流の心霊科学が最も妙であると思ふ場合もあるので、さういふ方面から云つても私共が所謂《いはゆる》心霊科学に何等かの努力をせらるゝ紳士諸君に対して反感をもつ必要も理由もないのである。又た天行居といふものを離れて公平に見ても、心霊科学運動が今日の人類に与ふる善き意味に於ける影響も相当に大きいことを勿論是認して充分に敬意を払つて居ることは『霊山祕笈』の中にも明記してある通りである。けれども今日の欧米流の心霊科学の徒の研究のレベルが概して究めて低級で、又た大きな誤謬もあり其のために我が国家に対して有害な毒素を撒布しつゝあることをも『霊山祕笈』の中に説明してある。思ふに今日の赤色運動に従事せる人々の中にも、その人たちの立場から云へば、まじめに愛国愛人の念に燃えてをるつもりの人もあるであらう。それと同じことだといふのは余りに同情のない物の言ひかたであらうから差控へるが、今日の日本に於ける心霊科学に合掌せる人たちは、君国のためにも大きな有意義な運動と信じ切つて居られるであらうが、しらず〳〵大きな道の踏みちがひがあるのではない乎《か》。そのことは『霊山祕笈』の中に指摘してあるから、一応も二応も此点は冷静に反省して頂かねばならない。

× × ×

天行居の主張は神典の解釈でも何でも恆径を辿らずして万事きちがひじみてると思ふ人があるらしい。鼻かけ猿の群れの中に鼻の形の立派に整うた猿が居ると、あれは不具だと群猿が嘲笑するといふ童話があるが、世の中には左《さ》うしたことが随分あるやうだ。親鸞は仏典の解釈をする上に古人の糟糠《さうかう》をなめず独自の見地から直ちに経文の真意義を探り出すために努力した為め、その筆講に成つたものは全然風変りの仏経論釈となつて了《しま》つた。だから当時この方面の真面目な碩学《けいがく》であつた華厳の鳳潭《ほうたん》の如きは親鸞の著述をキチガヒが書いたものと酷評した。ところが近来原典の研究が進んだ結果、キチガヒの備忘録と学者から擯斥された親鸞の教行信証が正しい解釈であるといふことが判明して来たといふことであるが、まことの言挙《ことあ》げといふものは相当の年代が経《た》つて時節がめぐつて来ないと、一般の学者の承認を得ることが六《むつ》かしい場合もあるだらう。

×　×　×

『やまとをひらきていはとをひらけ』といふ神示について万一の誤解なからんために一言しておきたい。これは決して日本《やまと》神社御造営につゞいて岩戸会が設けられて活動するといふやうな意味ばかりではあるまいと信ずる。言霊《ことたま》の幸はふところで、日本神社、岩戸会といふことも神示の意味に連れて考へても悪いことはないが――それも相当の意味あることであらうけれど――もつと大きな意味のあることであらうと信じてをる。『やまとをひらきて』といふことは、日本神社のことを意味するに相違ないが、併《しか》し他の意味もあるであらうと考へられる。仮りに『やまと』を日本国とすれば或ひは『いはと』とは世界を意味するものであるかも知れない。太古に於て、世界の一大斎場として天神を祭つた遺跡と信ぜられる石城山の神籠石《かうごいし》の四方の所謂《いはゆる》『水門』も或ひは『いはと』を意味するものではあるまいか。あれをひらけば何が出てくるであらう乎《か》。『やまとをひらきていはとをひらけ』といふ神訓に就て更らに別様の考へもあるが、そこらあたりの鳳潭《ほうたん》の神経を尖らしてもつまらぬから当分沈黙を守ることに為《し》よう。兎《と》に角《かく》文字通りの天関打開が岩戸びらきであらねばならぬ。そのうちに又た詳しい神示に接する日が近づいて居るであらうと確信して居る。

×　×　×

八月二十一日の朝、鹿児島の実業家、天行神軍大尉K氏が大阪からの帰途だとて一寸《ちよつと》立ち寄られた。『昭和二年の予言通りやつて来ましたな』とのことに何のことだつたか急に思ひ出せなかつたが、漸《やうや》く記憶から其頃のことをさがし出した。モラトリアムで全国の財界否《い》な全国民の生活が脅《おびや》かされて居た頃にK氏が旅行の途次訪問された時のことであつた。私は『今回のことはマダ一般人の実生活に深刻な関係はないが、三年の後必ず深刻なるパニックが到来するので其時には一部の財界人の恐慌でなく一般国民の深刻なる生活不安が根強く描き出されるであらう』と云つた。マダ私が其頃予想した程度には達してゐないやうだが、さればと云つて明日の日本社会の安寧秩序は誰れが之《これ》を保証し得る勇気をもち合して居る乎《か》。世界の大機といふものは国家対国家の喧嘩ばかりを意味するものでないこと十年通論の如くである。謂《い》はゆる天災も地変も社会的動乱も或る種の流行病も皆な其の『大機』のプロフイルであること今更ら申す迄もない。旧世界の臨終の悩みと新世界の生みの悩みと渦を巻いて其の渦の速力が次第に加はり行きつゝあるのであるから世の中の有らゆる方面の有らゆる問題が灰色の不安に脅かされ行くのは至極当然の次第である。『なあに国家の煩悶時代とか社会の暗黒時代とかいふものは過去の歴史にも随分あつたが、やがて平静澄明な世の中にもなつたではないか、きちがひじみた空想を描くのは其れこそ水を汲《く》みて山の動くかと疑ふものだ』といふものもありさうだが、そんなつもりの人はそんなつもりで居るもよからう。水を汲まなくても山の動く日が、しのび足で近づいてるのを、何の威力を以て其の承認を拒《こば》み抜くことが出来よう。併《しか》し呉《く》れ〴〵も言つておくが、天行居は決して社会に不安の空気を撒布しようとするものではない。それは多年の天行居の言論行動が百パーセントの証明して居る如くである。われわれは「火つけ」の党類でなく「火消し」のまとひ持ちである。

それが為めに従来予言じみたことを公表すること等は能《あた》ふ限り避けて来て居る。天行居を以て何か物騒な団体の如く猜視するものは、天行居の神道をブル本位の神道と僻評するの徒と同じく不当も亦《ま》た甚《はなは》だしい邪推に囚《とら》はれて居るのだ。天行居の神道は正しき神ながらの古道であつて、ブルのためにもプロの為めにも左右されるやうなお手軽なものでなく、又た天行居を物騒な団体とするのは、『物騒な団体』の徒が言ふことで、真に物騒な連中からみれば、その連中に対しては随分物騒な団体であるかも知れない。露骨に云へば、赤色団体のためには天行居は相当に物騒な存在であるべき筈《はず》だが其の意味の外に於ては安全第一の団体だ。

× × ×

同じ日（八月二十一日）の午後、東京の同志S氏（元三菱の幹部に居られた人）が満鮮旅行の帰途来訪せられた。S氏は『今や日本国の有様をみると大都市は固《もと》より全国津々浦々まで火薬を竝《なら》べて乾してあるやうなもので、誰れか一人火をつける奴が出てくると大変なことになるだらう』と言はれた。私は然り然りと答へた。こんな会話だけを断片的に壁の外からでも立ち聴きしたならば、或ひは天行居を物騒な団体とでも疑ふ者がないとも限るまいと思はれるが、真に国家を念とする者で相当の眼識ある人ならば、誰れの考へも此点では一致する筈だと信ずる。

× × ×

八月二十四日に道場から帰寮すると、門前で〇〇氏と出会した。予約なしに来訪された場合には如何《いか》なる御方にも一切お会ひしないことに厳重にきめて居るのだが、さういふ場合だつたのでやむを得ず一寸《ちよつと》会談することにした。○○氏は熱心のあまりに言はれることで其の精神は諒とするのみならず、ひそかに感謝してをるけれど何分にも私といふ者を根本から見そこなつて居られることは遺憾千万だ。氏は私に対して言行を重々しくするやうに頻《しき》りに勧告せられるのだが、要するに神様らしくして簾の中にでも鎮座して居るやうにせよとの意味らしいのである。が、さういふことが天性極めて嫌ひで、ザックバランの田舎の老書生を以て任じて居る私としては其の勧告に応ずることは思ひもよらぬことなのである。私が天行居の宗主とか斎主とかいふ席を汚してをるのは、いつも申すやうに便宜上やむを得ざる一時的の奉仕なので、いかなる方面から云つても私は其の任でなく、更らに露骨に云へば、たとひ幾分か其の資格ありと仮定しても、さういふことが嫌ひなのであつて、実を云へば祭典の時に祭服を着けて僅《わづ》かな時間を謹慎してをることさへも私に取つては傍人が思ふ以上に重荷なので、下司《げす》の生れつきとして全く致し方ないのである。祭典や神事の奉仕中は、私の殆《ほと》んど唯一の芸であり趣味であり道楽であり此れあるが為めに人生も人生らしく感じて居る程の放屁がやれないだけでも苦痛である。目上の人と対談中でも知らず〳〵何時《いつ》のまにか椅子の上に胡座《あぐら》をかいて居ることに気がついて急に脚をおろすことも屢々《しばしば》あるので、夏期中には自宅では神殿に奉仕する時と食事中と来客ある時と「結霊《むすび》の時」の外は昼間はロインクロース一つで野蠻な生活をやつてる私に対して、ヒンをよくして居れと申さるゝのは、惨酷無慈悲な要求である。夏の夕べ風呂からあがつて手ぶらで庭をあるきながらブーブツと豪壮なやつをやるときには、のび〳〵とした爽快を感ずるのである。私は天行神軍の一士官として一死以て国難に殉ぜんことを念とする者で、おみすの中に鎮座して居るやうなことは、てんで私のがらでないのである。氏は更らに私の述べたことや書いたものに就て言議され、冗談が多すぎて森厳荘重を欠くのみならずエロチツクな匂ひが随処に発散するのは不謹慎のそしりを免かれまいと言はれた。私は『近来あたまは御覧の通り大分禿《は》げて参りましたけれど、これでも八十位ゐな婆さんをさがし出すならば若いつばめにもなれますぞ』と言ひ放つた。氏は腕時計をみて直ぐ出て行かれた。汲水疑山動、揚帆覚岸行。

（昭和五年九月廿八日古道第百九十八号所載）

朧夜漫談

春になつた。

汝南の都に夕霞が棚引いてポツリ〳〵と紅い灯が浮き出るころ、この町の長官を勤めて居る費長房は私邸の廊下を往つたり来たりして何か考へて居たが、愈々《いよいよ》決心したらしい面持ちで女中を呼んで何か言ひつけた。

彼れは前年の夏以来の不思議な問題について研究心と好奇心とが錯綜したやうな妙な心持ちをモハヤ押へることが出来ず、今夜は愈々みづから問題の老人を訪問してみる気になつたのである。

と云ふのは前年の夏の或る夜、彼れが私邸の楼上から不図《ふと》不思議なものを見つけたからである。それは其の直ぐ隣家に独身で薬を売る老人が何時どこからともなく此の町へ来て長年住んで居たのであるが、其の老人が夜更けて雨戸をしめてから店にある一つの壺の中にする〳〵と這入《はい》り込んでしまつたのを見つけたのである。その晩はむし暑くて風のないためか横廂の窓をあけたまゝであつたから、費長房は楼上から其れを見つけたのであつた。併《しか》し流石《さすが》に幾分の道骨ある彼れは誰れにも話さずに唯《ただ》ひとり彼の老人は只《ただ》ものでないと考へて居たのである。その老人は多分毎晩その壺の中で寝るのであらう……。

費長房は酒肴を用意して其の老人を訪問すると、この町の長官がやつて来たにも拘《かかは》らず格別驚く容子もなく快よく迎へて只《た》だ二人で対座して酒を飲みながら軽い世間話で夜を更かした。窓外はやはらかなおぼろ月の帷《とばり》の中に李花が浮いて居た。

しばらくしてから老人は笑ひながら例の壺の中に半身を入れて一所に這入《はひ》れといふから費長房は躊躇するところなく這入つてみた……そんなに大きくもない壺に二人も這入れるか知らんと思つたが……壺の中は実に広くて森もあり青い野もあり清らかな小川の流れもあり楼閣もあつた。二人は楼閣の眺めのいゝ室にくつろいで美しい侍女の運び来る御馳走を平らげながら大いに談笑して後、壺から這ひ出した。『今夜のことは誰れにも言ふことはなりませんぞ』と老人は念を押した。

それから数日たつてから老人は長房を訪ねて来た。老人の話の要領は……実は自分は天上の仙人だが或る過失によつて暫時仙界を逐はれ縁あつて此の町に隠れ栖《す》んで居たのであるが今度漸《やうや》くに其の罪も赦されることになつて仙界へ帰ることになつたが一所に連れ立つて行く気はないか……といふのである。そして老人の持つて来た小さな徳利の酒を二人で飲んだが、いくら飲んでも尽きるといふことは無かつた。小倉支部の国谷さんや大阪支部の沢村さんや神戸支部の田中さんあたりが羨《うらや》ましがりさうな徳利なのである。

長房は老人について行きたいのは山々であつたが何分にも急なことなので、あとに残る妻子などが気になつて返辞に困つて居た。老人は其れと知つて一本の青竹をとつて来て長房の身長の寸法に切り、それを後庭の樹の枝にぶらさげた。ところが家人の目には其れが長房と見えたので縊死《いし》したものと思ひ大いに愁嘆して相当の手続きによつて葬式万端を済ましたのである。

長房は老人について深山に入り、いろ〳〵の試煉をうけたのである。或日の如きは数多の猛虎に来襲されたけれど彼れは怖《おそ》れなかつた。或る夜は大石を縄でつりさげた室に寝せられ鼠が出て来て其の縄を嚙み切らうとするのであつたが其の下に寝せられた彼れは心を落ちつけて居ることが出来た。ところが或日の食事のとき老人は何処《どこ》から持つて来たか人糞を沢山に椀に盛つて来て長房にすゝめた。数匹の蟲《むし》も動いてるらしかつた。潔癖な長房は此れには閉口した。どう観念してみても其れを喰《く》ふ気になれなかつた。

『これがたべられないやうでは其方も道の蘊奥《うんあう》を極めることは六《むつ》かしいな、どうだね、半分だけでもたべて見んかね、今日は朝から運動もよかつたんだから……』

と老人はすゝめたが、どうにも此ればかりは彼れも弱つて了《しま》ひ、修道を断念して暇を乞ふことになつた。

老人は一本の竹杖を彼れに与へ、これを持つて行けば短時間に汝南の都へ帰ることが出来るが町へ近づいたら必ず此の竹杖は川へ投げ込めと厳命し、別に一枚の符を書いて与へ、これを持つて居れば地上の鬼神どもを自由に駆使することが出来ると訓《をし》へた。なつかしい汝南の町に近づいて竹杖を川へ投げ入れると其れは竜になつて老人の栖む霊山の方へ飛んで行つた。

帰つてみると僅《わづ》か十日ばかりと思つて居たのに十余年も経過して居た。ちやうど細君は臨月で彼れの家はおめでたづくめであつた。

長房は其後その霊符のおかげで使魂法にも妙を得て数百里を屈指の時間に往復したり又た沢山の難病人を救つたり、又た常に種々の鬼神どもを駆使したが、或るとき変なことから其の霊符を失つた為め悪鬼どもに打ち殺されたといふことである。

思ふに費長房は道骨に欠くるところがあつて出来そこなひの道士である。彼れが終りを善くしなかつたのも大いに首肯さるゝ点があるのである。が、帰幽後は又た従前のムスビカタメによつて師仙の啓導をうけて追々向上したであらうと考へられる。

小さな壺や甕《かめ》に入ることは仙人や天狗の中でも面白味のある方面の連中がよくやることで杉山清定翁のことなど寅吉物語で世人の広く知るところである。さういふことは劣等な邪法門に於ても極めて手際よくやつてのけるので、其の一例として水位先生の手記せられたものの中にも斯《か》ういふことがある。『余が隣家に森本九郎右衛門とて山内家の御柄巻師となりて世を渡れるものありしが此人常に大酒を好み酒のために家財を売却し困難を極め妻は人に雇はれ子は市中に奉公して種々と稼げども盛運に向ふことなく終に九郎右衛門は一合の酒も口に入ること能《あた》はざるやうになり夕になれば余が宅へ毎々来りて酒を乞へるより度々《たびたび》酒を呑《の》ませしより夜々に来るやうになりしが心正直なる者故に後には我父の酒の相手になしたり、此者は奇なる術を知りたる男にて毎夜宴畢《をは》りて後には一芸を仕るとて徳利の中に身を入れ或は盥《たらひ》に水をたゝへて釣を垂れて海魚を釣り上げ或は袂より時ならぬ草木の実を取出し或は懐中より光りを発し種々様々の術を行ひて家内中の者を慰めけるより此方よりも度々酒に事寄せて呼びしことありしが九郎右衛門度々我に種々の法を伝ふべしと云ひしかども魔術なりと思ひて耳にも入れざりしに我父の云へらく彼者も老年なれば命数も近き内には尽きて死すべし死すれば其術も必ず絶えん聞置きても行はずば害あることなし授かり置けと言はるゝに九郎右衛門が来るを待て其法を授からむことを望みしに授け申すべしとて一冊なる宝窟人と題名したる書を持ち参りたるに夫を写して其法を行ひしに一として行はれず依《より》て九郎右衛門に其由を話せば九郎右衛門しばらく考へてありしが横手を拍《うち》て行はれざるは道理なり我れ其事に心付かざりしは何事ぞや是れは彼の狐狗狸鼠鳩狸の法の如く家により又人によりて行はれず又体を隠すも自由自在なれども上より捕手のかゝりたる時は行はれず又行はれぬ御身なれば其写本ありて害になるべしと云ふより九郎右衛門に其写本を渡せしなり、其後九郎右衛門も其子も死去し其妻一人となりて今は（明治廿七年頃）我同村孕と字する所に住みけるが……云々』

斯《か》ういふ風な術を行ふ者が古来諸所に居るもので斯ういふ術に感合して奇験を現ずる魔物は折もあらば人に交渉して人間を愚にせんとするもので、欧米流の交霊術で優秀なる物理的現象など号するものも大抵この手の連中の仕事なのである。昨年の古道紙上に掲載された『無方斎閑話』と対照して精読して顔を洗つて出直して貰《もら》ひたい人が世間には可《か》なり沢山居られるやうである。欧米流の心霊学徒などが国宝のやうに持て囃《はや》す霊媒のやることは吾々からみれば馬鹿臭くもあり気の毒でもあつて真面目に議論する気にもなれないのである。

九郎右衛門が行つた術の内容は私にはわからぬが水位先生が仮りにも其れを試みにやつてみられたといふ

からには、余りに甚《はなは》だしき不潔不浄の邪術でもなかつたであらうと考へるが、世の中には極めて不潔不浄の邪術があつてブラックマジックの中でも最下劣等のもので而《し》かも的確なる奇験があり誰れがやつても直ちに行へるものがあるから厄介である。しかし左《さ》ういふ術を行ふものは晩年は悲惨な終局を告げて帰幽後は魔のけんぞくとなつて永劫の苦しみを受けるのであるから夢にも左様《さやう》なものに食指を動かしてはならぬ。現に其の妖術を能《よ》くした或る老人は大水の出たとき人の知らぬところで溺死して居つた。そして其の屍体のふところから『天草秘書』と題したものを盗み取つた某といふ青年は後に強盗になつてしまつた。彼れは郷里を立ち去るに臨んで、かねて恩になつてゐた親族の某に其の秘書の中の厠隠傘隠の法といふものだけを授けたのであるが、その内容を委《くは》しく話すことはよくないことだから申さぬが……兎《と》に角《かく》不潔極まる妖術で男女の産児の胞衣を縫ひ合したものへ自分の臍《へそ》の緒を入れ〇〇〇〇〇〇〇〇〇〇〇〇〇月経の血を以て〇〇〇〇〇〇〇〇〇〇して古墓地へ持つて行つて〇〇〇〇〇〇〇〇〇〇〇〇〇〇したものを懐中にして居るだけで、別に唱へ言もなく印を結ぶでもなく厠へ入るか傘へ頭を突つ込むかすれば直ぐに体は消えて厠から出て来ても当分は人の眼にはかゝらぬ。又た夜間ならば如何《いか》なる明月の夜でも如何なる強度の灯光の中でも一草一木があれば直ちに体を消し得るので、まことに厄介である。正神界の道術の如きは盗法が利かず、授くる人と授かる人の意志が契合しなければ実効がなく又た後に授けた人が法を取戻す意志になると授かつた人は応験を失ふのが通則であるが、邪法妖術は盗法した場合が却《かへつ》て奇験あらたかだと云ふから徹頭徹尾不義不道極悪極邪に出来て居るのである。

隠形術は神仙界にもあるが正しいものの中にも種々の法があり、隠形霊符の如きも私の知つてるだけでも随分あるが多くは点画法訛伝《くわでん》して実効なく又た施行法の法則に欠くるところあるものが多い。符字にあらざる一種の図案の如き朱墨併写の隠形符で日蝕の時に浄写する符と雲房伝の隠形符とは恐るべきものである。又た或る系統では烏鶏子を飲んで北辰に対して咒文《じゆもん》を唱へて修練する隠形法等がいろ〳〵あるが今日行へず、海神界と正しい高級天狗界に隠形祕印があるが此れも勝手に印だけ組んで直ちに霊験のあるわけのものではない。或る霊草を獲て行ふ法もあるが、その草は凡眼に見えず自分の脚で踏んでもわからないのであるから此れも神仙の訶護《かご》啓導がなくては先づ獲難い。

明治維新前後の頃、大阪の臣商斎藤某が商用で江戸へ行つた序《つい》でに七枚羽の大きな土蔵用の複雑な錠前を拵《こしら》へさせて持ち帰ることにした。一貫目の上もある重量のものなので二人の伴の者が代り〴〵に持ちながら陸路で帰りかけたが箱根を越すとき路程を少し誤つた為め日が暮れても旅宿のあるところまで辿りつくことが出来なかつたが月が冱えて白昼の如き新春の夜で、寒いには寒いけれどさのみ当惑もせずに歩いて居ると何時ともなしに後ろからついてくる男が声をかけて『私は関東に於ける盗賊の頭だが其の荷物の中にある七枚羽の錠は役には立たぬ、重いのに御苦労なことだ』と云ふ。そして又た遙かに諸所の家を指しながら『あれを見られよ、あの金色の気の線の立つた家は盛運の家だ、あんな家に這入つても一物も得られず却《かへつ》て捕へられることにもなる、又た此方の家を見られよ、あの灰色の気の立つた家は衰運の家だよ、あんな家は何れにしても滅亡するのだから這入つても差支へないのだ』などいふのを恐る〳〵見ると、なるほど如何《いか》なるわけか家々から種々の色彩の気が立つてるのが三人の者の眼にも見える。『これは昔からある見気の術といふもので私が見せるつもりだから君達の眼にも見えるのだ、時に皆なまだ支度をして居られぬであらう、あの家へ行つて飯を喰《く》ふから一所に来られよ』と云ふ。ついて行かなければどんな目に逢ふかも知れんと思ひ恐る〳〵三人は其の男について行くと台所の雨戸を蹴破つて『この通りだ、衰運の家だからこんな音を立てゝ賊が這入《はひ》つてもみんな寝てけつかるんだ』と云ひながら茶を湧かして恰《あた》かも勝手を知つた家の如く戸棚から蒲鉾《かまぼこ》など取り出して四人で支度をして其所《そこ》を立ち去つた。その男は西国の方へ行くのだから好い道連れだ退屈せぬでいゝと云ふけれど三人は恐る〳〵やむを得ず同道して遂に大阪に着したが斎藤某の家へ一泊したいと云ふ。恐ろしいからイヤとも云へず一泊させると其の男は悠々と熟睡して其の翌朝主人に向つて百両だけ入用だから一寸《ちよつと》貸してくれ四月末には必ず返済するといふ、箱根で賊飯を喰うたことが恐ろしくて此れも致し方なしと百両貸して立ち去らせた。ところが四月の末になつても五月になつても何の音沙汰もない。『少しは風変りな賊とも思つたが、やはり泥坊は泥坊だ、マンマと百両手際よくやられたわい』とあきらめて居た。やがて土用ぼしの期節になつて貴重品の入れてある土蔵の中のものを取り出すときに土蔵の中にあつた簞笥《たんす》のひきだしの中に紙包みがあつた。金百両と手紙が一通、『御約束通り返金仕候間御査収被下度、四月二十八日、関東盗賊惣領仮名日朝岩三郎、斎藤殿』その土蔵には例の七枚羽の錠が厳然と頑張つて居たのである。

私が子供の時分に私の近所に大谷某と云つて此の日朝某に似た賊が住んで居たことがある。私の父とも懇意なやうであつた。（ちよつと断つておくが私の父は賊の仲間ではない、近所の人たちは誰れも大谷某と懇意であつたといふまでのこと。）彼れは其の近所近郷などで賊を働いたことは一度もない、近くて下関辺、たいてい博多、広島、大阪あたりが取引先きらしかつた。彼れは酒も飲まず放蕩もせず草花などを植ゑて静かな生活をして居たやうに記憶して居る。明治の中葉ごろ出雲にも奇賊が居たが此れは世間に知つてる人が沢山ある。この手の賊は決して人を殺傷せず又た衰運の天命にある家か邪富を積める家かでなければ侵さないやうであるが、しかし讃めた話ではない、泥坊は泥坊にちがひない。こんなものに交渉する霊も亦《ま》た或る種の欧米流の心霊家に交渉したがる霊の又従弟《またいとこ》位ゐに当るもののやうである。あまり罪のない芸で、いたづらずきの天狗まがひのものがやるにしても甚《はなは》だ以て無作法千万な話である。（此処《ここ》まで書いて思ひ出したが日朝岩三郎の見気の術は只《た》だ十六字の咒文《じゆもん》だけである。）

昔の軍学者の中にも見気の術を始め種々の面白い術を心得たものがあるが、多くは印度《インド》臭いものへ支那の流儀を混同した蕪雑《ぶざつ》なものである。岡部美濃守（摂州高槻より泉州岸和田へ移封）が寛永年間に或る軍学者から授けられた秘書類は纏《まと》めて私が所蔵して居るが格別敬意を払ひ兼ねるものである。

明治の中葉ごろ幻々居士中村なにがしといふ人が東京で幻術といふことをやつて居たが其れは有りふれた催眠術で気の利いた芸は出来なかつたやうである。前々太平記に、

勅使曰《いはく》、聖過乎、雖二此山一王土也、普天之下、王土に非ざるなく率土之浜、王臣に非ざるなし、出没共これ王土、争んぞ綸命に順はざると云ふ、壱演答ふる言なくして、持ちたる杖を地に立て其上に草座

を具して坐す、恰《あた》かも鐘木泊鳥の如し、諸人信感をなすに勅使独り大いに嘲笑つて曰く、なんぢ王土を借らずとするも其の杖の立ちたる地是れわづかなりと雖《いへど》も又た王土也《なり》といふや、聖この言葉に屈伏して暫《しば》し目を塞ぎ口に咒を誦し手に印明を結びしかば、不思議や此の僧、草座ともに二丈余の虚空にのぼり莞爾《くわんじ》と笑つて座したりけり、勅使つらつらこれをみるに上に附く所なく下による物なし、奇瑞といふも余りあり

とあるが此処《ここ》までくると大分面白くなつてくるやうだ。ずゐぶん昔から色々の連中が出没した為めに弊害も多く政府はやむを得ずして極刑を以て取締つたもので、続日本紀天平元年には幻術妖術の徒を斬に処する勅令の出たことが明記されてある程である。けれども斯《か》ういふものは決して断絶するものではないので、祕密裡に伝流して今日に及び、其の劣等なものになつてくると全く始末の悪いもので、相当の手続きを経《へ》さへすれば殆《ほと》んど何等の修行習練を要せずして即時に験をあらはすものがあるから実に厄介である。又た古来さういふことに関係した沢山の妖術者の霊が機会ある毎《ごと》に現世人に交渉したがつてるのだから油断のならぬ世の中である。平田翁の『出定笑語』には、

釈迦は神通を得たといふが、これは実は幻術のことだが其の幻術を以て衆人を惑はせたのぢや、然るに其の幻術が御国まで伝はり、近く寛永正保の頃まで専《もつぱ》らこの術を行ひ、馬を呑《の》み、形を隠し、水に便りて竜を出し、平地を海になしたりなんぞ色々の奇怪を致して世の人を惑はしたるものに果心居士、陰屋清三郎などといふものがあつたで御座る、これにいかう人が迷つた故に大猷院殿の御代に此の術を厳

しく御停止なされたによつて今は止んでしまつたでござる、然れどもたまさかはある、既に天明年中の髪切、或は石塔磨きなども是れぢやといふことでござる

とあるが明治、大正、昭和の今日でもあざやかなところをやつてのけるものが居るのだ。果心居士のことは『義残後覚』や『玉箒子』などにも記載してあるが其の時代は妖術の大衆化された時代とも云ふべく『飛鳥川』の中には、

この頃は放下といふ術ありて小童子にいたるまで奇妙なることとのみぞする、たとへば砂の上に種をまけば見るが内にらんまんたる枝上に瓜茄を生じ、或は竹葉を咒して大魚となし、或は手裏に熱火をかくし、又は腹中に白刃をさしこみなどするたぐひ、種々の神通目を驚かすこと多かり、弘法大師今の世にいますならば妙術は却《かへり》て小童子等に劣れるならむ、必ず信用する人あらじ、彼の時代の人はおろかなりけるにや

と書いてある。『元亨釈書』に、

空海の身より火䆶《くわえん》を出し或は水想観に入られしときは其の座禅の室の内そのまゝ池となつて水をたゝへることもあり、これらの神変の外、種々の奇特あれども多くはこれに類せることとなり

とあつて格別めづらしいことでもない。空海は尾張国蜂須賀の連華寺を開基したとき途中ある村の宿りに美しい女房を犯したらしく、後に彼れが其処《そこ》を通るとき其の女房の亭主が問題の子供をだいて彼れに押しつけたとき、飲みかけてゐた茶を赤ん坊へ吹きかけたら直ちに其の赤ちゃんが消えてなくなつたといふやうな意

味のことが尾張名所図絵祕解といふ本に書いてあるが、物的証拠がなくなつては今日の法律でも少し審理が面倒になるかも知れん。豊太閤の時代に市橋庄助、島田清庵といふ医者が幻術に妙を得て居て、秀吉の前で大鉢に水を入れて紙を菱の如く切つて投げこめば忽《たちま》ち魚となつて水中を泳ぎ、懐中より紙よりを出して其の端を口で吹けば縄の大きさとなり其れを御座敷へ投げ出せば大蛇となる。又た五穀を盆に入れて砂を蒔《ま》けば小蟻の如く動き出でて段々成長し花咲き実のり、又た鶏の卵を掌に握つて手を開けば殼を割つて雛となり見るうちに大きくなつて声を発して鳴く、秀吉は興あることに思ひ庭へ富士山を出してみよと所望、そこで暫時障子をさして忽ち開けば庭上に富士山現ず、一座の面々やんややんやと感に入る、それから近江八景とか須磨の浦とか種々の景を化現して見せた。ところが秀吉も興に乗り、術者等も図に乗つて、よせばいゝに飛んでもないことになつてしまつた。と云ふのは秀吉が我れ未だ幽霊といふものを見ず汝等が術でやれるなら出してみよとの註文、両人は夕刻にならばとて退出、やがて日暮れて両人召出され、座中の燭を消させて庭上は折からの月かげ淡く、颪さわぎ雨一と通り降り過ぎて、植込の間より白衣の女くるしげに髪振り乱して出で来る、列座のものも身の毛もよだち、これはいかん、御慰みにもなるものかと見るうちに縁近くより来るを秀吉よく〳〵みれば、これはいかに、まだ木下藤吉と云つた時代の妾で菊といふ女、故あつて後に手打ちにした女だ、両人の術者は此の事を知る筈《はず》はないが如何《いか》なる因縁で此の女を出したのだらうと昔の事情を知る一二の側近の者がひそかに心配したが、果して秀吉は満腹の不快で席を改めて此者どもは必ずバテレンの残党ならん吟味せよとの命令、この市橋島田の両人は天正十六年九月十九日粟田口で磔刑に行はれたこ

とが南蛮寺興廃記に記載してある。又た或る記録に、

元禄年中迄は相州玉縄をば松平備前守殿領せられたり、江戸へ所用ありて足軽左内、備前殿内高室津太夫家来田所又兵衛同伴して江戸へ赴きしに、新町を出でて旅人たばこの火所望せし程に、それより道づれとなりたり、金川町への取つき浅間といふところにて、旅人には喉乾き候はん瓜給べ候へと商人の云ふあり、つれの旅人笑ひながら其の瓜たゞにて三つ呉《く》れよ三人にて喰はんと云ふ、商人申すは売買のもの振舞うてはならぬよし云ふ、尤《もつと》もなりとて一二丁行きすぎ、芝の上に腰うちかけ休むとき、旅人前巾着より瓜種二三粒取り出し砂の中に入れ扇にてあふぎければ見るが内に生ひて花咲き実なりて熟せり、取りてむき旅人食し、二人の者にもむき与へしを七月の日ざかりのこととて喉乾き居たれば怪しみながらもその瓜を左内も喰ひしよし、又た伴ひ行く程に不思議のよし尋ねければ旅人は瓜商人の瓜を此方へ呼びたりといふ、如レ此事もあるにや、其の瓜喰ひし左内物語るゆゑしるし畢《をは》りぬ

とあるが交霊術で物品引寄せなどやるのは此の手の系統の霊が作用することで、正しい道を行かんとするものは斯《か》かる泥坊霊に近づいてはならないのである。『漢事始』に、

前漢書張騫が伝に、梨軒眩人を以て朝に献《たてまつ》る、顔師古が注に云ふ、眩は幻と同じ、即ち今刀をのみ火をふみ瓜をうゑ樹をうゑ人を屠《ほふ》り馬を戮するの術是れ也、もと西域より来る、漢武帝の時、大宛より献る所の眩人より此の事始れり

とあるけれど、かゝる妖術は古来地上いづれの国にもあるのである。『扶桑略記』雄略天皇の十三年、播磨

国人文石小麻呂なるもの怪盗の首領となつて同地方をおびやかしたことがあり、畏《かしこ》くも天皇は春日小野臣大樹をして軍兵一百人を指揮せしめたまひ火を放つて焼打ちにせられたが其時火炎中より白狗があばれ出て大樹臣を逐ふ其の大きさ馬の如し、爰《ここ》に大樹臣神色変ぜず刀を抜いて之《これ》を斬れば即ち化して文石小麻呂となるとある如く未《いま》だ海外と交通らしい交通のなかつた頃にも斯《か》かる術は我国にも存在した。悪霊の本場を必ず印度《インド》へ持つて行くほど狭量でなくてもい丶のだ。大祓《おほはらへ》祝詞《のりと》の中の『毛もの斃しマジモノせる罪』も古い昔からあつたのである。犬や狐を飢ゑしめて土中に埋め、首だけ出させて其の鼻さきへ美食を置き、其の首を斬り落して此れを○○○○○○○○○○○○○○○○○○○○○○○○○○○○○其の頭骨を所持して行ふ邪法の如きは支那から輸入したのであるけれど其れに類同した他の妖術は古い昔から我国にもあつた。いつの世にも正人あり邪人あり正神あり邪神あり其の邪霊が邪人に感合して指導するのだから妖術も古来世界各地にあつたのである。そして其の妖術を行ふ者が死んで了《しま》ふと其の術者に交渉した邪霊が寄るところを失つて地上を浮游する、そいつが都合のよい人へ取引を開始するのだから根絶することは六《むつ》かしいのである。其中にはすばらしい腕のある奴とボンクラとがあるが、すこし喰《く》へない連中は神仏になりすまして一見したところでは殊勝に言行して奇瑞をあらはすから危険千万だ。アタマのい丶奴は古来いろ〳〵のところへ出入して居るから相当に学術あるものもあり博識のものもあつてあまい心霊学徒などは片ツ端からなめられて了ふのである。又た昔の妖術関係者や坊主の霊などで魔界のルンペンとなつてるのが右往左往してることも申すまでもない。

欧米方面だつて同じことでスピリチユアリズムが僅《わづ》かに八九十年の歴史だからと云つても謂《い》はゆる心霊現象なるものは昔からあるので、たとへばリチヤード、ハリス、バーハムの報告書の如きも決して只《ただ》の文芸作品ではないのである。その中には英国フオークストンの町はづれの豪家の主人が伊太利《イタリア》生れの細君と美少年の家僕とのために呪殺されんとして居たのを芝居気たつぷりの仙人の為めに救助された事実の報告書もあるが、アルドロヴアンドオといふ仮名を以て現はれた仙人は危険の迫つた紳士を近所の山中へ誘ひ出して、雄黄と大蒜《にんにく》を溶かした水風呂へ入れて咀《とご》ひ返しの術を行ふところを詳記してあるが雄黄を魔祓ひ等に用ふることは東洋の仙界や天狗界でも同じことで又た日本《やまと》武　尊《たけるのみこと》が悪魔に出会されたとき大蒜を投げつけて祓はれたことは日本書紀に明記されて居るところである。又た上古の羅馬《ローマ》では妖術に関係ある法律のあつたことも人の知るところである。濠洲近海のドゴン族の中には赤鱏《あかえい》の尾を邪法に用ひるが此れは日本でも古来やつて居るところである。又た十九世紀の中ごろベルリンで捕縛された驚くべき妖術者は青年時代に和蘭《オランダ》のライデンに住んで居たころ妖術の祕書を得たことを白状に及んだ。

妖術の祕書？……そんなものがあるかと思ふ人もあらうが、あるとも〳〵相当に系統だつたものが存在するのである。何分にも其の授受が厳祕を極めて居るためと、又た多くは其の中の一二のものを口から耳へ伝へて書きものを残さぬためとで此れを知つてる人は稀有《け》で東京や大阪の第一流の古本屋の老主人だつて明治初年以来其の書名すら見たものはあるまいと思ふ。尤《もつと》も低級な人々の間に其の中の一二の法が授受される場合書冊となることもあり得るので、其のため訛伝《くわでん》だらけや骨抜きとなつたものが断片的に旧家の土蔵の奥などに祕封されて居ることも稀《ま》れにはあるのである。書名を素《す》ツ破《ぱ》抜くだけでも妖魅《えうみ》の親玉株どもから迫害を受けるのだが……『隠定祕書』と題したものは大女蹴乱《おほめのけみだし》の法を説いたもの、『廿二識祕記』と題したものは蛇の体、鳩の体、狐寄式、剣式、弓式、釘式、大魔式、火式、木式、土式（又名水日式）織式、糸式の伝書であり、『天法潜録』はアミウンサンダラリ法であり、『殺運祕録』は遠当法、（同中書は速滅法）、『雷気陰函』は招魔式、雷鬼法、逐魔反法、人形法であり、『真言十二霊言記』は忍術、気法、歌法の伝、『虎巻』に十九通りあり其内の一書を大寒記と云ふ、『天理煎点』は見気術、『飯縄智羅天祕法』は天狗の法、（此の書名に類してくだらないものは種々世間にある）、『鎧鏡三法記』は諸術伝書、『摩利支模形記』は剣法、『三角祕法』は海溢法、『草陰大沸録』は忍術、『転形一行祕術一子伝』は胞胎法、『蓮華坐記』も左《さ》うであり、『居山幻録』は見運法、『台馬落誌』には八十三法あり、『祕用方法』には五十三法を伝へ、『定六骨集』は使霊法、『蔵天泰集』に二十法、『太吼雀問答』に忍術十九法、『岸浪語集』に三島人形法がある。この三島人形の法は世間に深浅二三種の訛伝《くわでん》本が流布《るふ》して居る。『清車血機』は河車法（隠語）『まるあて記』は街道などに浪を起す法、この法を行へば往来を通行する者は婦人でも誰れでも皆な裳裾を高くからげて通るから滑稽で邪法中で稍《や》や愛嬌のあるもの、『霜跡談』は使骨法（これは最も神仙の忌《い》み嫌はるるもの）、其他『陰陽梓之記』『止念誌』『日前祕書』『玄試山冊』『阿難経』『剣鑑』『雷鬼十二体記』（これは別の題名もある）『流望五記』『起卜集』『祕亀服要』『泉髄蓬子』『司幻録』と云ふやうなものがある。また島原騒動記第十一冊攻問巻と題するものなどあるが斯《か》ういふものを普通人が所蔵して居ると不具の子供が生れたり火災に会つたり子孫断絶したりするものである。題名の如きも文字の使ひ方を知らぬ無学な者の寝言のやうである、併《しか》し其の内容は実に恐るべきものである。右の中には咀《と》ひの法もあるが咀ひの法は右の外に狐之体、辻式、水口式、梓式、針式、変怪式、移枯式、後千式、詛手法等があつて外国にも同様な方法が種々あるさうである。この今日の刑法で取締り難き怖るべき邪術を以て咒咀さるゝことを避け除く方法に総転昼夜式と云ふ術があるが其れでも井水詛といふ法などでやられた時は返す法がないと伝へられて居るのである。船祕録、金剛伝罪記、三詛祕章、鶴雌伝などいふ坊間流布の書にも悪いことがあるから斯かる書冊は見つけ次第誰れでも焼き棄《す》てることだ、それは大きな善行である。又た飯縄智羅天祕法の片仮名交り本、山本勘助伝と偽称せる羽陣巻、鬼一法眼虎之巻、前鬼後鬼破鼓伝、祕法真言巻、天理巻、摩利支天隠形祕書、普礼神咒体応編、八剣伝などいふものは子供だましの何の役にも立たぬもので論ずるに足らぬ。

呪咀や悪魔を避け除く術としては古来いろいろのものが伝へられてあるが実際の応験あるものは少ないのである。寿永年間筑前国住人曽根義尚が幽境から授かり帰つたものと伝へる霊符の如きは霊験がある。これは私も深く感動したことがある。

邪法を行ふものは必ず終りをよくしないもので道路に横死するか非常な難病で苦しみ抜いて帰幽するものが多い。また天寿をも縮めるし子孫は断絶するか又は何等かの難があるのみならず本人は死後必ず魔界に入つて魔のけんぞくとなつて苦を受けるのである。もつとも妖術を使つても他人に害悪を及ぼさない程度のものは其の言行如何《いかん》によつて死後も神界から寛大な支配を受ける者も絶無ではないが要するに邪は正に勝たずであるから神道を奉ずるものは正義正道を践《ふ》み正神を崇敬して邪悪不浄に遠ざかり正しき神法によつて修養しなければならないのである。わが天行居の真の同志たらんものは必ず『むすびの時』を固く守り、全国同志の純正分子の人々と霊的に相結《あひ》び相扶《たす》けて天地正大の気を体現し、内外一誠幽顕無畏の地に立つて日々破邪顕正の大獅子吼に精進しなければならぬ。真に是の大信念に居りさへすれば如何《いか》なるクセモノが呪咀しようとも恐るゝことはない、呪咀する奴は天を仰いで唾を吐く如く自ら其の応を受けること必定である。いかなる怪力を有せるクセモノであつても正神を呪咀することは出来ない、その正神と真に感応道交する人を呪咀せんとするは正神を呪咀せんとするものである。天行居の同志たらんほどの者に其の覚悟なくて何とするぞ。天行居に於て奉ずるところの神は『世界最大の威力』である。顕幽両界の暗黒面をゴロツキ廻る邪人邪霊は歯牙にかくるに足らぬ。

方災などいふものも本来あるべきものではなかつたのだが、吉備公が唐から帰朝して牛頭天王を須佐之男《すさのを》神《かみ》に擬し、又た八将神の説などを立てたもんだから浮游の邪霊が其の八将神などになり済まして人間生活に交渉を始めたのである。後に更らに仏徒の手によつて弥益々《いやますます》に種々の説を立て、妖魅《えうみ》の職業を拵《こしら》へてやつたもんだからウルサイことになつて了《しま》つたのである。今日となつてはやむを得ずして其れを祓ふべき方法をも講じなければならぬやうになつたのである。さればと云つて五方神――五行神たちが神さびたる太古の太古より坐《い》ますことは今更ら申す迄もなく俗学の云ふ如く支那の五行説の影響を受けて発生したものではない。又た支那に於ける五行説の起源等に就て多くの学者の説を私は承認しないことは従前の出版物に於てしば

〳〵説明した通りである。謂《い》はゆる五行神は勿論世界的存在の大神であるけれども其の御本魂が今日の我が島帝国に鎮まり給ふことも実に有難いことで、水神は阿波国に、木神は飛騨国に、火神は紀伊国に、土神は大和国に、金神は美濃国と河内国に鎮まり給ひて石城山の神境に行き通ひ給ひつゝあるのである。五行説が支那で詳説されたから五行神は支那輸入の思想に生まれたものと思ふのは当然らしく見えて実は不当の説である。多数の神祇の中には日本よりも支那または他の外国に却《かへつ》て詳しい消息の伝はつてゐる神様も坐《ま》しますので、たとへば言代主神《ことしろぬしのかみ》の如きは支那では暘谷神仙王として伝へ又た景林真人とも谷希子とも太元真人とも紫府先生とも小典とも金天子とも申上げて種々の御消息が伝へられてあるのである。また我が神典に御名の洩《も》れ給へる神たちも沢山に坐して海官竜飛竜徳二神の如き格別なる霊異の神も居られるし又た埴山姫神の分魂たる埴智神《はにちのかみ》の如き広徳の神も坐し、又た古典に系統の訛伝《くわでん》せる神もあつて、たとへば苔虫神《こけむしのかみ》は木花《このはな》咲耶姫神《さくやひめのかみ》の御子として伝へてあるが事実は左《さ》うでなくして磐長姫神《いはながひめのかみ》の幸魂《さきみたま》であつて特に人間の寿命に幸ひ給ふ神なのである。苔虫神と書き伝へてあるけれど苔生神《こけむしのかみ》と書くべきであつて、ひそかに思ふに国歌君が代の原歌も恐らく此れより起るもので其の原歌の作られた上古にはまだ真伝が何処《どこ》かの名門に語り伝へられてあつたのではあるまいかと考へられるが、この国歌に就てのことはまだ定説として発表するわけではない。元来神祇の御本居と御本魂と御分魂の関係は……待てよ、調子に乗つて色々のことを書き出したが、妖術のことを書いたあとで神祇に関することは謹んで遠慮すべきであらう。今夜は此処《ここ》らあたりで筆を擱《お》くべきである。

神祇に関することは何れも古い昔のことであるから種々の訛伝は当然である。僅《わづ》かに百年や二百年前のことでも随分と訛伝がある。たとへば白隠禅師の如きは禅家一流の無一物式で何物にも囚《とら》はれないやうに伝へられて居るけれど、彼れは例の白幽仙人から霊符を授かつて生涯それをひそかに崇祕したものである。一種の呼吸法や観念法を授かつたことは夜船閑話や遠羅天釜に書いて居るけれど霊符のことは先生書いてをらぬ。白幽子といふものは仮設人物でそんなものは居らぬやうに言ふ人さへもあるけれど私は白幽子から授けられて白隠が祕蔵して居た霊符の写しを持つてをるのである。白隠は子供の時に或る仙人から戒められたことを生涯恪守して北方へ向いて小便したりしなかつたほどで元来仙縁ある人物で彼れの弟子の遂翁の如きも或る仙客が仮りに人間に遊戯したもので斯《か》ういふ例は昔も今も実は案外すくなくないのである。白隠は禅坊主としては悟境も怪しく文字ある俗僧に過ぎぬが、人の知らぬ内面生活があつたのである。すべて人には外面と内面とがあつて印刷された著書位ゐをみて其人の真骨頭を知ることは出来ないのである、神祇の道は公明正大であるが其の神法道術には祕すべきものを祕すべき深き霊契が存するのである。すこし調子を低くして一例を云へば禁厭の如きでも広く人が知ればキキメの無くなるものが多い。これにはわけのあることだが、斯《か》ういふことは真面目な求道者の必ず深く考慮すべき点である。保神祕言《かみおろしのひめごと》でも『アメノフシネアメノホブシ……』といふ言葉で始まる長句のものなどは最も古意を得た尊いもので正神の感動し給ふものであるが、古来その法式の正伝を得たものが極めて少ないからよいのである。

玄胎結成実修上の三段階のこと、玄胎に似て非なる使魂法速修のこと、海神界と天狗界との結印法のことなどに就て少し愚意を述べるつもりであつたが、今は夜も更け、急に睡くなつたから其れらのことは又た他日気の向いた時のことにする。

おぼろ月一つ、山河草木悉《ことごと》くのものが春のトランスに入つた今宵、芹の白あへで一合五勺ほど飲んで、卓上の早咲の菜の花を眺めてる間に、すつかり好い気分になつたもんだから書いてはならないことまで書いて了《しま》つた。編輯《へんしふ》部の鴨真楯翁から矢の催足を受けてる折柄だから兎《と》に角《かく》このまゝ送ることにしよう。

一昨年の春、まだ日本《やまと》神社が出来て居ないころ深夜ひとり石城山へ登つたときも今夜のやうな静かな晩だつたと思ふと何となく涙ぐましく急に又た登山したくなるが、今夜はだいぶ疲労したから駄目だ。『神籠るいはきの山のやとり木につきよらしもよあはれ我がきぬ』。

附註。古今集賀歌（詠人不知）『わが君は千代に八千代に礫の巌となりて苔のむすまで』とあるのが今日の国歌『君が代』の原歌であつて其れを三条実美朝臣が『わが君』を『君が代』に作り改められたこと世人の知るところの如くである。

（昭和六年三月十二日古道第二百三号所載）

乍憚口上

天行居は本居平田流の所謂《いはゆる》復古神道を提唱しつゝあるのか其れとも別に指標があるのか要約して簡単に説明して貰《もら》ひたいといふ註文が某氏から来た。この人は未《いま》だ天行居同志にも加はつて居られず天行居のことを知られて日が浅い御方であるから一応御尤《ごもつと》もの質問と思はれるのみならず、同志として既に加入して居られる人でも日の浅い人たちの中には或ひは同様な要求を抱いて居られる御方が多少あるやうであるから此際さういふことに就て一言しておきたい。

天行居の何ものたることを知らんとする人は先づ「天行居憲範」と「憲範抄解」とを虚心坦懐で正直に心読して頂きたいのである。さうすれば天行居の指標するところは明瞭に理解される筈《はず》である。

併《しか》し其れは兎《と》も角《かく》として、吾々が天行居の直接の大先達として尊崇して居る御方は誰れであるかと云ふと、本田親徳《ちかあつ》先生、宮地水位先生、堀天竜斎先生及び沖楠五郎先生である。沖先生の上に「及び」とつけたのは少し考ふるところがあるからである。天行居が地上一系の太古神法を相伝したのは沖先生からであるけれども沖先生から直接に私が承けたわけでなく堀先生が取次がれたのであるから、直ちに天行居の先達と呼ぶことは如何《いかが》であらうと思ふまゝに、少し遠慮の意味を以て「及び」とつけたのである。これらの大先達が現界に普通の肉体をもつて居られる間に私が面晤を得たのは堀先生だけであつて、本田先生と宮地先生は御帰幽後に於て近年親しく直接に御指教くださつただけの関係である。沖先生には是非一度でも御面晤を得たいと念願して居るが何故か今日まで其の機会を得ずに居る。沖先生は私が此世に生れるよりも三ケ月早く地上から姿を消され、本田先生は私が生れて半年後に、水位先生は私が十七才の春に帰幽されたので、現界ではどうする機会もあるべき筈がないのである。

この外《ほか》に明治九年七月七日吉野の仙窟から上天された山中照道先生があるが、照道先生からは相伝の或るものを間接に伝へられて私が預つて居るだけで、別に天行居と直接の関係があるといふわけではない。尤《もつと》も将来どういふ交渉が発見されるか其れはわからないが今日までのところ此れ以上の関係はないやうに思ふのである。（私個人としてのことは別として天行居としての関係のことを述べて居るのである。）

思想上から云へば吾々は本居平田系統の学風を承けて居ること今更ら申す迄もない。本居翁に対しても平田翁に対しても吾々は大先輩として敬意を捧げてをること昔も今も変りはないのである。しかし天行居の直接の先輩と呼ぶことは、言葉が妥当を欠く点があるかも知れんと思ふ迄のことである。同志諸君に対しても機会ある毎《ごと》に本居翁平田翁のものせられしものを精読せられるやう申上げて居るのは今日と雖《いへど》も同じことである。本居翁平田翁の説と吾々の考へと一致しない条項もあるけれど、さればと云つて外におすゝめする良書も発見し得ぬからである。紀記の研究の如きでも近頃の学者の所謂《いはゆる》科学的研究なるものは部分的には稀《ま》れには相当の価値ある発見もあるが大体に於て問題にならないのである。

天行居の直接の大先達に就て此の機会に少し二三の消息を述べよう。

本田先生のことに就ては従来の出版物に就ても相当に紹介しておいたつもりであるから今日は何も申上げないことにするが、同志の或る種の人たちは、近ごろ天行居では本田先生のことは余り重く考へてをらぬかの如く誤解して居られる傾向があるやうであるが決して然らず、神道霊学に於ける根本方針は今日と雖《いへど》も本田先生の遺訓を鉄則としてやつてをるのであるから此点は深く銘記して居て貰《もら》はねばならぬのである。神道霊学に就て本田先生が切々に力説された急所ともいふべきものが何処《どこ》と何処にあるかを仔細《しさい》に検出されて、密々綿々に精思されなければならぬのである。また此際序《つい》でに言つておくが本田先生は只《た》だ神憑《かむがか》りとか鎮魂とかの「術」が達者であつたといふやうな小さな人ではなかつたことで神道学者としても卓出して居られ、明治初年ごろの第一流の国学者や神道学者からは敬遠せられたもので其の事実に就ては色々の消息を聞いて居るが其れを云へば他の御歴々を傷けるやうになるから今日は云はぬ。また志も大きく君国を念とせられたので明治政府初期の偉傑にして又た明治大帝の格別なる御信任のあつた副島蒼海《そへじまさうかい》伯が最もよく本田先生の人物識見を知られ、本田先生の蠣殻町時代の生活費は全部副島さんが支出して居られたほどである。本田先生の霊覚的産物が明治初頭の日本の政策に隠れたる貢献ありしことも色々あるが言はない方が宜《よろ》しからう。蒼海伯が勅命を拝して露国を訪問されるとき其の出発間際に書かれたものは先年○○氏へ進呈した。

水位先生は嘉永五年十一月八日卯上刻に土佐の潮江に生を享《う》けられた。厳父は勿論常磐翁で母堂は熊沢弥平氏の女、先生幼名は政衛、諱は政昭、十一才より神界へ出入せられたが和漢文武の道にも精励刻苦、文字通り蛍雪の功を積まれたのである。十九才にして名を清海と改められ更らに廿一才にして堅磐と改められた。二十二才のとき水位と号せられた。（因《ちな》みに云、この号は、少彦名神《すくなひこなのかみ》が命《なづ》けられたものである、水位といふ文字は三才図会及び或る兵書にも見えてゐるが左《さ》うい ふものに関係があるかどうかは知らない。）また三十才のときから中和とも号せられた。明治三十三年八月に再来《よりき》と改名せられ同三十七年三月二日、五十三才を以て肉体を脱出せられた。（その頃土佐の幡多郡久万井村に宮地堅磐といふ神職が居られたが此れは別人。）

水位先生の大祖は日本武尊《やまとたけるのみこと》の四男建貝児王《たけかひこのみこ》七代（或ひは十一代）の孫宮原友信宿禰の二男宮道《みやぢ》信勝（山城国から白雉年間に土佐国へ転住）であつて、其後天正年間に潮江天満宮へ奉仕されるやうになられてから春風秋雨三百五十年間連綿として続いた神職の家柄であつた。（現在の潮江天満宮社司も宮地姓の人ではあるが血族的にも家系的にも全く無関係の方である。）

水位先生が神界に出入せられたのは十一才のときから三十六七才のころまでであつたと思はれる。（明治二十年または二十一年の十月九日までであつたらうと考へられる。）先生の重大使命たる「異境備忘録」の記録は先生が三十六才のとき（明治二十年）に整理編輯《へんしふ》されたことは先生が他に手記されたものによつて明らかである。

著述等身といふ言葉があるが、先生の著述は其れどころでない、全部纏つて居るならば普通の長持に一ぱい半以上に及ぶであらうと計算せられるのである。明治三十四年に手記されたものの中に「余書籍を改むるに貸し失へる書二百三十余巻ならびに自著一百八十余巻……積年の苦著も殆《ほと》ど半《なかば》は水泡に帰したるに似たり」とあきらめて居られる。その貸し失はれた稿本の中で特に今日私が遺憾に思つてるのは「古語拾遺伝」と題する六十一冊の祕稿である。これは天賦の資料と先生の霊智とによつて大成された宝典であるが、どうしても所在がわからない。明治天皇乙夜の御覧に供し、尋《つい》で宮内省官録の光栄に与りたる鹿持雅澄の大著「万葉集古義」は実は其の師今村庯成の草稤《さうあん》せし万葉註であつて鹿持翁は今村先生死後ひそかに其れに加筆したに過ぎないとか云ふことであり、越後国人山本某の日本治乱誌の稿本に毛が生えて頼山陽の「日本外史」が生れたとか又た或る古人の註せる原稿を盗みて北村季吟の「土佐日記抄」が白昼横行したとか、恐ろしい世の中であるから、水位先生積年の心血を注がれた「古語拾遺伝」が又た何処《どこ》で化粧せられて日本の学界に名著が一つ出現せぬものでもない。

水位先生帰天の後、残りの稿本も故あつて数ケ所に分割されて保存されてある。その中で或る神祕のものは先年某所に於て炎上してしまつた。

先生は等身幾倍の著述もあるが、要するに「異境備忘録」を書いて人間界に残されることが重大使命であつたと私は固く信じてをる。これは宮地厳夫翁（親族ではあるが血統は全く無関係）や其他二三の門人にも写し取ることを許されたことがあるが、先生が特に祕せられたものであることは他の稿本類と異る形式に於て製本して居られるのをみてもわかる。

先生が神界に出入されたのは十一才のときから三十六七才までの間であると言うたが、しかし風角術の如きは晩年まで立派に感通せられた事実がある。其法のことは五雑俎にも

風角の術は漢末に起る、夷吾閣を望んで烏程長の死を知り、李部星を観て益部使の来るを知る、精の至りなり、後来樊英管輅の輩皆此に本《もとづ》く、たゞ至と未至とあるのみ、風削脯を吹て陽由人の橋を献るを知り、赤蛇道を分て許曼太守の辺官と為《な》ることを知り、叚翳薬を封して門生吏と闘て破るゝことを知り、李南室に爨いで暴に風ふく其女預め死期を知るが如き、変化に通じ幽冥に入るものと云ふべく以て加ふること無し矣、魏に至て管輅其極に詣り晋《しん》に至て郭璞其成を集む、五胡の仏図澄崔浩陸法和其称を擅にして盛唐のとき羅公遠僧一行孫思邈其室を闖ふ、五代より以降其術不復伝矣

と書いてをるが其術が伝はらないことはないので、斯《か》ういふことは恰《あた》かも外国の神話にある不死鳥の如く殺されても焼かれても直ぐに蘇生して、ひそかに伝はるべきところへは伝はるから手のつけられるものではない。この風角術と云ふのは天線法とも感線術とも字《なづ》けて風声を聞いて元気を感想し星を観て司命神の密策を伺ふ術である。

先生は多趣味な人で和歌も能《よ》くせられ、刀剣や書画骨董にも相当の眼識があつた。酒も好きで明治三十二年（四十八才）の秋までは毎日三度の食事に必ず酒がなくては済まず一日量一升に達せざる日はなかつたが同年十一月大患を発せられてから後は一日一合内外を用ひられるに過ぎなかつた。又た大いに人間味も豊かな御方で其処《そこ》に私が言ふべからざる親みを感ずるのであるが、その消息を詳しく語ると誤解を招きやすいか

ら云はぬ。

先生は明治三十二年の冬から三十七年の春帰天せられるまでは引きつゞき病床の人であつた。尤《もつと》も気分のよい日には鏡川の堤防を散歩したり令嬢たちを連れて釣魚や摘菜に行つてみられることもあつたが病苦を感ぜられない日は一年間に十日か二十日位ゐのものであつた。大患爆発のときに医者がモルヒネ注射を三百本ばかりやつたので、其後は其の薬毒のための苦悩であるやうに先生は云つて居られるが私は左《さ》うではあるまいと考へてをる。其後の病苦の模様は要するに身体の疼痛であつて、全身諸所に針を刺すやうな又た錐をもみ込むやうな苦痛を感ぜられた。そのために五十才ばかりの看護専門の婦人が雇ひ切りにしてあつて按摩《あんま》をさせられたが、痛みの激しいときには夫人や下婢や書生まで動員して数人で按摩した。また気分が悪くなつて嘔吐を催されることも往々にしてあつた。その苦悩を免かれんためには無論あらゆる人事は尽されたので医薬は固《もと》より灸法も浴法も其他あらゆる方法も試みられたが格別な効はなかつた。しかも不撓不屈神祇を祈られ修法をも怠られなかつたところに先生の不動一貫の節操ある信念の尊さを感ずる。

その病苦の裡《うち》に於ても他から病気平癒の祈禱等を依頼してくると事情ゆるす限り其のために努力せられ多くの奇蹟的霊験を与へられた。また病苦の減退したときは寸暇を惜《をし》んで執筆せられた。責任感の強い先生が引受けた祈禱の結果が気になつて病苦を忍び人に扶《たす》けられながら身を清めて神前に参入して長時間熱禱せられたり、深夜病床より這《は》ひ出して前庭の雪に立つて北天に向つて水火生動の祕文を唱へて遠地の病人の重態を救ふために命乞《ご》ひの祕法を行はれたりすることを日記体に書いてをられるのを拝読すると私などは自分の誠意の至らぬことを省みて慚愧にたへないのである。名工苦心といふことを昔から云ひ、文章でも其の妙味のわからぬ人間だけが文字を軽んずるのであるが、先生の如き偉大なる霊的能力の所有者が其の依頼を受けた祈禱や修法に他人の想像も及ばぬ配意と努力をせられることを思ふと、さのみ徳も力もない神職などが引受けた祈禱にも格別な苦心も努力もせぬのと比較してみて、私は何と云つてこれを評して可《よ》いか言葉を知らないのである。この誰れも知らぬ誠意と、力の限りを尽し切つた努力、これが水位先生の本当の素顔であつた。先生が書かれたものが前月の古道紙上に掲載してあるが其の中の

　然るに或は僅《わづ》かに一句二句神に祈りて其験なければ神は霊験無しと思ふ者あり、是れ雞卵に時を告げむことを望む類にして燥急の痴心なり、嗚呼《ああ》何ぞ思はざるの甚《はなは》だしきや、山を築く猶《な》ほ漸を積まざれば高きをなすこと能《あた》はざるが如く何ぞ一朝にして霊験の有無を論ずべけむや、霊験無きは己が平生行ふところ善ならざるか抑《そも》そも信心の至らざるかと反求自省して猶《な》ほ懇祈すべきなり

とある一節の如きは同志諸君の格別の注意を促さねばならぬところである。世間の多くの、イヤ少数の神職の中には他から祈禱を依頼されても殆《ほと》んど形式的な執奏をして平然たる人があるが、それは其の祈禱なり修法なりの結果に対して確実なる自信がないからではあるまいか。その自信無き人が神殿の大前に出入して執奏の任に当るといふことは恐ろしいことである。例外もあるけれど多くの場合の祈禱修法、たとへば病気に就ての其れを例として云へば其の祈禱修法の結果如何《いかん》は神慮と病人の産霊紋理《むすびかため》との決算によるもので中間の執奏者修法者の「力」の強弱等は問題ではないわけではあるが、併《しか》し執奏者修法者の信念、霊徳、誠意、努

力及び其の場合の祈禱法式なり神法の祕事なりが相当の責任を分つものであること今更ら申す迄もない。「相当の責任」といふ言葉は茫漠として居るが、往々にして其れが其の場合の五十パーセント以上の責任を負はねばならぬことを私は見て居る。神社神殿の大前に奉仕して任に此の事に当るものの責任の重大さをしみ〴〵と考へると、一身一家のことに少しでも精神を奪はれるやうでは職責をつくすこと甚《はなは》だ覚束ないことを知らねばならぬ。元帝垂訓に「人間私語天聞如雷、暗室虧心神目如電」といふ言葉があるが人間が一寸《ちよつと》さゝやく小さな声も天の聴くこと雷の如く、暗室のけがれた心、もや〳〵と影の如く雲の如く浮沈出没する心さへも神の視《み》たまふこと電光よりも明らかだといふことで、これは如何《いか》なる人も日常深く心がくべき要訣ではあるが、殊《こと》に苟《いや》しくも直接に神祇大前の奉仕者としての任にあるものは其の職の高き低きを問はず四六時中つねに神祇から胸中を見透されて愧《は》ぢないやうに致さなければ相ならぬ。神が常に我が心を見つめてをらるゝことを念々忘れざることが神道人としての修養覚悟の根本である。たゞ其れだけのことが果して怠りなくば敢《あへ》て如何なる大事祕事をも以て托するに足る。また此の覚悟ある人は天地の間に懼《おそ》るゝところなき筈《はず》で、所謂《いはゆる》「内外一誠、幽顕無畏」であるから自分の地位とか家庭とか何とか彼とかに不安も恐怖も絶無である筈である。顧みて我が身辺に心を奪はれ、日夜自分に任ぜられた職責に全精神を捧げることが出来ず何彼と物におびえたやうな心の影に追ひ廻されてるやうな気のする人は深夜黙坐、生れてから今日に至るまでのことを静かに考へて、かつて何度か体験した過去の浄潔な決意覚悟に対して恥づることなきか、神様が今死ねと云はれゝば果して従容として今すぐ死に就くことが出来るか、あとに心がかりはないか、自分の信念は表面進んだやうでも実は衰頽してはをらぬか、人をそねみうらむ心はないか、近ごろ調子に乗つて自惚《うぬぼ》れがありはせぬか、自分の存在が却《かへつ》て其の奉仕せる神祇の霊徳を邪魔するやうな傾向は毛頭ないか、自分の心は周囲のすべての人に果して誠意ある同情をもち得るか、自分の言行は果して神道人として恥ぢざるやう日々改められつゝあるか、人に同情したやうな言行も実は人の信念を動揺させるやうに働いたことになつてはをらぬか、自分が我が家族や親族に語つた言葉の中に平生の信念を裏切つたやうなことはなかつたか、……と綿々密々に思ひ去り考へ来つて、正しき勇気を奮つて断然改められなければならぬ。試みに神典をひもとき見よ、あやまちは神祇にもあつた、断然「正しく改める」ことが神ながらの道である。かくして我が心を清く明かに朗らかにせよ、そこに光明世界が現前し、そこに神の偉大なる恩寵が抱擁し、心からなる感謝を以て神に奉仕する心が復活する。大空の空気と貴下の肺臓の中の空気とつゞいてをるが如くに貴下の心は神々の心とつゞいてをるのであるから貴下の心に起伏するところのものは一寸の片影とても神にかくすことは出来ぬ。そのことは多くの人が知つてをることでわかり切つたことであると同時に多くの人が忘れやすいことで甚だわかりにくいことである。そのわかり切つたことが本当にわかり切つて居れば許すに人間の名を以てすることが出来る。その上に何の申上ぐべきことがあらうぞ。

水位先生のやうな神仙の応化身の御方を普通俗世間的な眼で彼れ此れと批評するのは愚なことで、俗世間的な先生の私生活の半面を紹介することは私の不本意であるが、併《しか》し先生を崇敬して居られる多数同志諸君の心もちから云へば、その残甲片鱗どんなことでも聞いて表裏とも精神上の親みを深くしたいと考へられるであらうから少し申上げるが、露骨に云へば先生は家庭的には余り幸福な御方ではなかつたと見ねばならぬ。殊《こと》に先生帰天後の御家庭に於て其の感を深くするのである。先生は最初の夫人との間に長男を得られたが幼少にして没せられ、二度目の夫人との間には子供が出来ず、三度目に迎へられた夫人との間に一男四女を得られ始めて家庭的な気分を呼吸せられたやうである。この三度目に迎へられた夫人亀子刀自は内助の功ある立派な方であつたが昨年帰幽せられた。この外に短期間寵愛せられた婦人も一人あつたけれど子供はなかつた。

然るに亀子刀自との間に得られた一男四女も悉《ことごと》く年少にして此世を去られたことは何とも痛ましきことの限りであるが、数年前先生の分家の分家から養子を迎へられて家系を継がれることになつたから将来は又た此の名家の繁栄を期待してをる。

先生が晩年つゞいて一千有余日病床に呻吟《しんぎん》せられ且《か》つ先祖伝来の地所等も売り飛ばされ御帰天後は続いて令嬢令息夭折《えうせつ》せられ殆《ほと》んど一家断絶に及ばんとしたことに就て怪しく思ふ人があるかも知れんが、それには色々の霊的事情の存することと考へられるのである。先生は神仙界に於て或る掟を誤られし為めに再修行をせられる為め人間界に出現せられた御方であつて俗に云ふならば罪ほろぼしの残額を晩年に整理せられねばならなかつたのも一つの事情であらうし、又た種々の神界の祕事を現界に洩《も》らされた為めの修禊を意味するマガコトもあつたに相違ない。罪は罪、功は功として明らかにせられるのが神界の通則であるから視力の短かい俗人の眼力では不可解なことが色々あるのである。（顕幽不二であつて現界に於てのことばかり見てもわかるものでなく不正義の人が現界を幸福のみで終始したからとて帰幽後の生活ぶりが思ひやられるのである。善悪功罪の報は影の如きもので遠ければ遠いだけ大きくなる。）本田先生の如きも晩年は腫れ病ひと小便つまりの病ひの為めに悩まれ且《か》つ貧乏で旅途の陋巷に窮死せられた。平田翁の如きも一浮一沈はあつたけれど大体に於て困苦窮乏の裡《うち》に大功績を積まれたので、男子も二方あつたが何れも夭逝《えうせつ》されたので門人碧川鉄胤先生を養子にせられた。本居翁も実子春庭先生が盲目であり豆腐屋のむすこ稲垣三四右衛門（後の大平先生）を養子にせられた。誠忠乃木将軍も事実上一家断絶した。菅公や楠公も一面から見れば大悲劇の主人公である。これらの方々は何れも今は権威と栄光と幸福と自在との尊貴なる生活者である。日本武尊《やまとたけるのみこと》やイエスキリストの如きも大苦悩の中に此世を去られたが何れも今は高級の神仙である。学生が試験前になると急に勉強家になつて霜辛雪苦するが其れはその原因結果の法則を知つてをるからのことであるが、人間は此の現界生活の総《すべ》てが一大試験場であることを忘れて眼前の安逸や慾望のために霊性をくらまされやすい。

水位先生は気むつかしい御方でもなく偏屈頑固な御方でもなく、寛容で温和な性質をもつて居られたが、場合によると信ずるところを直言せられることがあつて汗を握らせられるやうな痛快なことが随分あつた。大阪市南新町白髪橋……吉本半兵衛といふ人から手紙で今まで神式であつたのを仏式に改めることにした其れに就て今後交際を謝絶すると云うて来たとき直ぐに返辞を出された手紙の写しを茲《ここ》に掲げておく。

只今《ただいま》貴翰を謹読するに今後交際を断絶するとの御通知に際し不肖よりも予《かね》て当方より希望するところなれども只今迄遠慮罷在《まかりあり》候処今回貴殿より先んじられ候は遺憾此事に候抑《そも》そも日本人民たるものは天神

神道古義

造化の神国に生れて一人も神祇の裔に非ざるはなし而《しか》して神国の水を飲み其粟を食はざるはなし然れば本国祖宗神祇に対し子孫の義務を忘却し他国の仏式を信じ以て我神孫の報本を看《み》ず信仰自由の義を誤解し我生国の恩を失ふ足下の如きは所謂《いはゆる》我神祇の敵とする所の者にして交際は更にも云はず足下を見るさへ穢らはしく依《より》て足下の告を諾し幸に当方よりも交際を断絶する者也

明治卅四年四月二十八日午後三時廿分認

日本神孫　宮　地　再　来

外国仏徒　吉　本　半　兵　衛殿

水位先生の門人は少なくとも三千人内外あつたと思はれる。（私が見た門人帳は第二十八号であつて一冊に百人と仮定しても三十冊あれば三千人である。）併《しか》し重要な祕事を伝へられた人は一人もなく人々の機根に応じて幾分かのことが伝へられたに過ぎないことは先生が晩年に手記されたものによつて明らかである。門人帳も一冊限りであとが見当らぬのは或ひは晩年に焼き棄《す》てられたのではあるまいか。本田先生も門人帳を焼き棄てられたことは先生の晩年に随游した佐曽利翁の云ふところである。そんなものを残しておくのは子孫の為めにもよろしくないと思はれたのであらう。水位先生が書かれたものの中にも「親の智慧学術が子孫に譲ることの出来ぬやうに財運であれ何であれ皆な個人々々と司命神の密策との関係に外ならぬのであるから子孫のために何ものかを残さんと焦慮するのは幽冥の玄律を知らぬ輩である」といふやうなことがあるから或ひは門人帳も大部分焼き棄てられたかも知れんと思はれるのである。（司命神と云つて別に特殊の神があるのではない大司命神といふのは天の大神達や地の神界大都の大神達であり小司命神といふのは各地の産土神《うぶすな》である。尤《もつと》もこれは故あつて大ざツぱに註したのである。）

堀先生及び沖先生のことに就ては何れ少し詳しく書き纏《まと》めて残しておきたいと考へてをるが今日は只《た》だ一言しておくことにとゞめたい。それは少々思ふ仔細《しさい》もあつて時期稍《や》や尚早を感ずるからである。

堀先生を私が始めて知つた頃には格別な御方とは夢にも知らず、滑稽な話ではあるが私は先生を普通の同志扱ひにして居た。その頃は私の健康状態も良好であり比較的ひまでもあつたので先生からの質問に対しては忌憚《きたん》なく説明を書いては返信して居た。ところが先生の質問は段々と機微に触れて来たので私も少々考へさせられた「この老人、なか〳〵やるぞ」と思ふやうになつた。そして愈々《いよいよ》タヾモノでないと感づいたのは大正十五年からであつて、昭和二年になつて謹んで礼をたゞして先生に師事するやうになつた。

先生は謙譲温和の固《かた》まりのやうな人であつて私が師事するやうになつてからも私に対して門人扱ひは致されなかつた。私からの手紙に「堀……先生」と書くと先生から私に宛てた手紙には必ず「……先生閣下」と書かれた。斯《か》ういふことは皮肉の意味でもなく表面の文字の飾りでもなく先生は斯ういふ風な謙遜な態度が誠心誠意から出たのである。先生から私に対して敬語を用ひられることは私としては穴にも入りたい感じがしたけれど先生は改められなかつた。先生と対談するときも先生は必ず私の下座を占められた。いかに図々しい私でも無論辞退したけれど私が上座に行かぬ限り先生は挨拶もせられないので詮方なく先生の仰せのまゝに何処《どこ》へでもあがり込んだ。誠に以てい、気なものであつた。私が何か話しかけると道俗公私とも前以てチヤンと知つて居られて私の有らゆるアラも何も皆な微細なことまで知り抜いて居られた。それだのに如《い》何《か》なるわけか先生と対坐してると少しも窮屈な感じが起らず恐ろしいといふやうな気が微塵も浮かず暖かな春風に包まれてるやうな感触の中に桁をはづしてくつろぐことが出来た。私が訪問するときには必ず珍らしい菓子や曾《かつ》て見たこともない珍奇な果物などを呉《く》れられた。

先生は少年のときから病弱で蒲柳《ほりう》の質であつたので三十七歳から四十歳のときにわたり一千日間の潔斎をもつて大神璽《だいしんじ》の修法に当らるゝことは先生の健康状態からは非常な冒険であつた筈《はず》であるが其の期間だけが不思議にも元気で薬一ぷく飲まずに済んだことを何度か私は聞かされた。先生は其の大事を完成されて大きな檜の箱に奉安して密封されて爾来三十年誰れ一人にも其のことを語られず歌道茶道及び野狐禅に隠れて没蹤跡《しようせき》の生活をせられたので先生の周囲の人々も誰れ一人先生の真骨頭に気づくものはなかつた。大石内蔵助の山科時代の没蹤跡にさへ往々にしてハラハラさせられる点があつたやうであるが、先生の没蹤跡は堂に入つたもので、佯狂《やうきやう》して風流三昧に七十年の生涯を断送せられたのである。地上一系の太古神法に就ても他に一人の門人あるなく門人といふものは私一人で此点が本田先生や水位先生の三千人の門人と対照して一奇とも云へよう。堀先生があづかられた太古神法は所謂《いはゆる》一器の水を一器にうつすが如く昭和二年の秋までに一切を挙げて私に付嘱せられたのである。先生には篤敬誠実なる令嗣《れいし》が居られるけれど先生は太古神法のことに関することだけは一切令嗣にも語られなかつた。木石ならぬ先生であるから恩愛の情は世人と変りはないが大義を明らかにせられること斯《か》くの如きこと、これ私が我れ自らを終生いましむべき第一の要諦である。

私が此世に於て最後に先生のお目にかゝつたのは昭和四年十一月十九日であつた。この日より僅《わづ》かに一週日前に日本《やまと》神社の鎮座祭が執行されたから私の責任も幾分か果されたので伊勢両宮に参拝の途次立ち寄つて先生に報告したのである。先生は非常に安心されて喜ばれた。そして先生は何時になく森厳な態度で端坐閉目して眼を開かれ「これで日本国も大丈夫だわい。」と低い静かな声で申されたが其時には私の身体は木像の如く固くなつたやうな緊張を覚えてまつ毛のさきに一二滴の光るものを感じた。先生は直ぐにいつもの和気暢然たる態度に帰られて茶を入れて私にすすめられた。

雑談の末わたくしが辞し去らうとすると暫《しば》らくと復坐せしめられて、「くだらぬことを一つおたのみしておきたいが……」とて語り出されたことは、自分はモハヤ現世に居る必要はなくなつたから近々内に失礼するかも知れん、就ては自分で将来鎮まるべき小さな御霊代《みたましろ》の箱を造つて保存して居るが近日中これを宮市の方へ送つておくから其の時節が来たら石城山の何処《どこ》でもよいから小祠を建てゝ鎮めて貰《もら》ひたい。宮といふほどのものでなくてよい、石城山でさへあれば何処のすみでもよいから置いて貰ひさへすればよい、……と云ふやうなことであつた。それから私が数日後に山陰道を経由して帰宅したら既に其の御箱や珍らしい菓子や紅橘《べにたちばな》やが届いて居た。然るに其れから七十二日たつて昭和五年二月一日に七十四歳を以て肉体を脱出せられたのである。

日本《やまと》神社は天照大御神《あまてらすおほみかみ》を主祭神として歴代皇孫尊及び天地八百万神《やほよろづのかみ》が奉斎してあるのであるが、石城山は地の神界大都たる神集岳の顕世における斎庭《ゆには》であつて神集岳に来往の幾万の正神は皆な日本神社にも来往され或ひは分霊をとゞめ鎮まり給ふので沖先生や本田先生や水位先生も昭和四年十一月十二日の鎮座祭に列し給ひ其れ〲の幽宮も出来たのであるけれど其のときには堀先生はまだ現界に居られたので堀先生の幽宮はなかつたのである。それで昭和五年九月十二日に別の天竜神社の鎮座祭を執行して先生の英霊を鎮祀したのであるが、その御霊代《みたましろ》は先生が数十年前に自ら修造しておかれたものであつて、先生が昭和四年十一月十二日よりも前に帰幽されたなら不用のものとなつたかも知れんが、何《なに》やら彼《かに》やら考へ合せてみると、くしびなことばかりで呆《あき》れて了《しま》ふのである。

沖先生のことになつてくると私のやうな俗物では其の輪廓をも紹介し得ること困難であつて、恐らく其頃に国勢調査があつたとしても、その網にかゝらない御方であつたとしか考へられない。その神法衣が今日も私の手に残されて消えずにあるのが不思議な位ゐである。沖先生が天行居のことや私のことに就てどういふ意志をもつてをられるかと云ふことは昭和三年の秋に始めて堀先生が沖先生と親しく会談されたとき明瞭になつただけで私自身としては今日まで一度も引見の栄を負はない。（沖先生と堀先生会談の月日等は私が保存してをる堀先生の書翰《しよかん》をしらべれば直ぐにわかるが今その必要もあるまい。）

本田先生、水位先生、堀先生は現界時代に何等の聯絡《れんらく》もなく枝葉の部分的には其の学説も或ひは一致を欠くかとさへも思はるゝ点がないでもないが、その大旨要旨が吻合《ふんがう》格致するは勿論のこと、その祕事神法等にも有無相通ずるところがあつて、水位先生が求めて未《いま》だ得られざりしものを堀先生が握つて居られたり、堀先生未到の境地に本田先生が頑張つて居られたり、本田先生が半分だけ祕蔵して居られたものの他の半分を水位先生がためつすがめつ眺めて居られたりして、それらを綜合して組み合せてみると、整然たる模様が現はれてくるので、固《もと》より更らに高いところの神界からの引き廻しによるものなることが瞭々として掌上に分明なることを痛感せざるを得ぬ。そして其の直接指揮の任に当つて居られるのが畏《おそ》れ多いことを云ふやうではあるが大山祇神《おほやまつみのかみ》と菅公であることも寸分の疑ふ余地がなくなつたのである。一寸《ちよつと》不審に思ふのは大山祇神と菅公と何の関係があるかといふことであるが、菅公が千年前に地上に降られたのが雷神《いかづちのかみ》の応化神であるとすれば大山祇神と雷神との関係は古典の上からでも考慮し得られないこともない。

　本田先生が特に天満宮を崇敬されて居たことは先生の門人等が云ふところによつて明らかであるが水位先生と天満宮の関係も亦《ま》た説明する迄もないことである。然るに又た私としては昭和二年の秋のことを思ひ出さずには居られない。その年の秋、伊勢へ参拝して東京へ行き、帰寓してから間もない頃のことであるが、或る夜の夢……周防の国分寺の境内で水鑑の井戸の横に私が立つて居ると八つか九つ位ゐの水干とも直垂《ひたたれ》ともつかぬ美しい衣服を着た女児が出て来て文筥を私に渡さうとするから私が何か云ひかけるとパツと眼が醒めた。なんでもない夢だと思つて気にもとめずに又た眠ると、又た其の通りの夢をみて私が何か云はうとするとパツと眼が醒めた。それから何《ど》うしても眠れないうちに○○○○○○○○○○○○○○○○○○○○其の朝の郵便で某氏からの手紙が参り簡単に石城山のことが書いてあつた。大いに思ひあたることもあつたので身体を清めて改めて神殿に参入して神示を仰ぎ、いよいよ大変なことになつたぞと驚き、早速に地図を調べて石城山の所在と鉄道の関係などを見て始めて登山したのが実に昭和二年十一月廿二日であつた。行つてみると想像を裏切つて平々凡々な山なので何だこんな山かと思つてるうちに、赫々《かくかく》たる神威に照徹せられ毫厘《がうり》の疑念を許さぬ的確の大天啓に接したのであつた。……霊夢に出現した子供は井戸の近所だつたから水神かも知れん水神ならば多年石城山を守護して来られた大山祇神《おほやまつみのかみ》とも因縁があると考へて居たが其後に思ひ直してみると、これは菅公の使神であらうと思ふ。菅公が西下の御みぎりに周防の佐波の浦（今日の宮市）に立ち寄られたが其頃は周防の国府が此処《ここ》に在り其所《そこ》の長官が土師氏の系統で特に菅公を慰め奉つたので当地の風光も秀麗でもあつたし国庁の客殿に数ケ月滞在せられ、御つれ〴〵のまゝに此の国分寺中庭の井戸に姿をうつし給ひ自画像を描かれたのが今日でも保存してあつて其の因縁で此の井戸を「水鑑の井」と云ひ伝へてをるのである。（この国分寺は佐波神社と天満宮とのまん中辺に所在して私の草庵から東北約六丁ばかり、寺院は嫌ひだから殆《ほと》んど行つたことはなかつたが近来は散歩の序《つい》でに其の井戸までは時々行つてみることもある。）

そのことがあつた時よりも半年前、後に日本《やまと》神社の地下の御霊代《みたましろ》となるべき大神璽《だいしんじ》が天行居へ遷御になるべきものなることを堀先生に啓示されたのは実に菅公であつた。昭和二年五月、先生から其のことを私に通知せられるまでは、さういふ大神祕のものを先生がひそかに保管してをられることは私は知る由もなかつた。その時の先生の手紙も幸ひに紛失せずに今日保存してをるからそんな関係書類等は近く天行居の宝庫が出来次第その方へ移す。菅公の霊が直接に堀先生に告示せられたことは只《ただ》そのとき一回限りで先生七十余年の長生涯を通じて只《た》だ一度限りであつたことも注意すべきことで世間の多くの「愉快なる神憑《かむがか》り」とはわけが違ふのである。又た堀先生は平生特に天満宮を崇敬されたといふわけでもない。先生は日本神社鎮座の日までは伊勢の両宮だけが主たる信仰の標的であつた。

本月——昭和六年五月——は石城山麓の本部神殿が鎮座せられて満三年にあたるのである。その頃を憶ふと何とも云へぬなつかしみが水面に油をこぼしたやうにひろがつてくる。私が神儀を奉じて田布施《たぶせ》駅へ降りると、今村翁がたつた一人海軍将校の礼装を着けて迎へられた。(海軍記念日だつたので呉《くれ》で式が済むとすぐ馳せつけられたから。)その夜の鎮座祭も全員わづかに六名、直会の時も普通の食卓一つを囲んで折詰の紐を解いた。山上には何一つ天行居の建物はなく、登山路も苔なめらかなる羊腸の小径であつた。山麓の本部と云つたところで只今の記念館も出来て居らず、翠雲寮(旧事務所)も工事半ばであつた。その時に申し合したやうに定期自動車も始めて運転し此の部落の電灯も始めて架設された。飲料の用とすべき井戸一本もない此の部落に天行居で掘つた井戸から始めて清冽なる飲料水が噴出して此の山村の人々を驚嘆せしめた。

満三年といふ月日は長いやうで短かく、また短かいやうで長い。石城山道場も角力《すまふ》で云ふならば何うやら朝稽古も済んだやうな風であるから此れからが本当の土俵となるのであらう。私も稟賦乏しき性質で何事につけても至つて能率の低い人間ではあるが正しい神法道術といふことにつけては聊《いささ》か心得て居る点もあるので今後御来山の諸君に対してはそろそろ愚見を申上げてもい丶汐時となつて来たかとも考へてをる。

近ごろ或人から招魂の辞として古来伝へられてをるところのものに就てお問合せがあつたが、大中臣家招魂の祕事として其の伝授に至つては古来誓文また盟料といふ六《むつ》かしい条件があり、白川家及び橘家でも殆《ほと》んど同様の掟のもとに伝授したものであるが、其れよりも正しい古意を得たものがあつて、これは本来帰神の祕詞なのであるが……。さういふやうなことは書きものでは中上げにくい。また我が古典に散見する色々の術の如きものも何れも編輯《へんしふ》当事者が特に意を用ひて骨抜きにして出してあるので其れだけではわかるものでない。たとへば古事記の中にある春山霞壮夫の詛術なども其の裏を行く術があつて一切の鬼魅の憑れる病気を祓ひ除く古法になつて其の密事は昔但馬国出石神社の社家に伝はつて居た祕法であるが悪用されると又た恐ろしい方面に応用されるから其の密事を詳説するは成るべく御免を蒙《かうむ》ることに私も掟を立てゝ居る。神仙道のものだつて同様で万金を投じて祕冊密巻を買ひ集めて生涯の精魂を労して研究してみたところで何一つ実効ある法が得られるものではない。密事は抜いて書かぬのが日本でも支那朝鮮でも太古以来の正しい筋の掟である。実行し得られるやうに書いてあるのは必ず「愉快なる偽作」の書にきまつてをるので祕事は必ず口伝を要するのである。「対面して教へを受けるのは癪《しやく》にさはる、おらの知慧と識見とで読んだだけでやつて見せる、原理に二つがあるものか。」といふやうな鼻が邪魔する間は何一つ本当のことが出来るものではない。（邪法ならば読んだだけでやれるやうに書いたものもあるが其様なものは日本神孫たるものの指を染《そ》むべきでないこと勿論。）

中古以来相当に勢力のあつた唯一神道系統に属するものは私は嫌ひだから一切取らないのであるが、稍《や》や筋のいゝものでは祓ひ行事の祕事等に就て相当のところまで書いたものを散見することが絶無ではない。たとへば康治二年中臣の祭主正四位上行神祇大副大中臣朝臣清親卿の大祓修行式目第三大祓詞授受口伝祕記の如きものがそれで、斯《か》ういふものは今日でも古い社家の筋などにあることもあらう。

識神のことに就て時々質問の書面が到来するけれど例によつて一切返信も致さずに居る。それにも色々あつて必ずしも邪法ばかりではないが……本来から云ふと識神とは十二支に属する霊物をいふので六甲六丁日を以てこれを役使する法があり、六甲霊飛十二事といふことがあつて其の用ひかたで善法とも悪法ともなるのであるが此れは我国古伝の法でなく琳聖太子が当地（現称宮市むかし佐波とも多々良とも云ふ）に上陸して伝へたに始まるので後には吉備公の子孫安倍晴明なども十二神を使つたが前鬼後鬼を使ふ法も実は此れに属するのである。蓬星神法といふものを知れば此の手の法は即席に行はれるんだが……。

神法道術に関することでも、さうでないことでも、支那流のものと思ふものの中に印度《インド》流のものが交つて居たり又た印度流のものだらうと考へられるものの中に日本太古正伝のものが訛伝《くわでん》したりしてをることなどあるから、相当の眼力がなければわかるものではない。天草富岡の吉利支丹《キリシタン》供養碑の上に大きく不思議な文字が彫つてあるが其れはバテレンに関係あるものでなく仏道から出たもので「烏八臼」といふ字を合したものので、むかし経文から此の字が風に飛んで或る死骸の上に落ちたら其の霊が地獄の苦を免かれて安楽世界へ引越したといふやうなアリガターイ伝説のあるものなので、私は其の写真が先達て或るものに掲載されてるのをみて、世の中には昔からいたづらをやる人間も居るものだなと感心した。それから又た卍といふものは仏教の商売道具のやうに多くの世人は考へて居り或ひは武皇后の新製字の如く云ひ伝へてをるけれど支那では北極星の動転に擬して仏教侵入前からあり太玄府の中顕部の訳文にも詳しく出てをることであり実は太古よりの神啓によるもので其れに類するものは我国の太古神法の中にも用ひられたのである。斯《か》ういふことを私が云ふのは世に伝ふる神法道術の中にも色々の筋のものが混入して来て居るのが大部分だから正法と思ひながら知らず識らず邪法に結縁するやうなことを厳戒すべしといふ意味からである。何の由来するところもなく正しき系統ある伝も受けず劣等な憑霊啓示や理窟で組み立てたり編み出したりした法に勿体《もったい》つけて宣伝してるのが今日の世の中の霊術とか神法とか云ふものの大部分であり、そんなものに限つて其れに附帯する原理とか何とか云ふ文句だけは立派なものであるが、さういふものは全然われらの視野の外にあるもので、さういふ愉快極まるものに対しては何の意見も持ち合さぬ。

霊符と云つても世間に俗伝せる多くのものには愉快なる偽符が多く、又た極めて劣等な憑霊《ひようれい》啓示に出でたものや偽仙の創作によるものが賑《にぎ》やかに勢揃《せいぞろ》ひして居り、筋のいゝものは点劃《てんくわく》法に訛伝《くわでん》あつて実効あるものが少ないのであるが、それだからと云つて霊符が悉《ことごと》く駄目だといふのは失当も甚《はなは》だしい。霊符は我国古伝のものでないから其れを施用するものを嘲《あざ》ける学者に井沢長秀、石川丈山の如きが近古より日本に栖《す》んでをるが、霊符の大部分は要するに支那の文字であつて、それを仙伝の霊符書法式に直したものである。井沢長秀といふ文字も石川丈山といふ文字も古事記といふ文字も日本書紀といふ文字も支那製で、ことに丈山などは下手な詩をつくり支那流の揮毫《きがう》をやることが好きな男だのに案外どこかの穴の直径が短かいやうだ。符文の始まりは東方飛天書であつて此れを三皇の霊文とも云ひ其の文字は霊宝五岳真形図の巻端にある結空の文字と同様である。五岳真形図と云つても世間に沢山種々のものが流伝してをるがアレは皆な略式の擬符であつて書籍や鏡などの装飾用のものに過ぎない。本当のものは似てもつかぬもので元来は天皇氏（伊邪那《いざな》岐命《ぎのみこと》）が五天柱を立て給ひしときに空中より其の真形を写されたものであり、近ごろ或る学者が云つてるやうに上古旅行家の山岳鳥瞰図だといふやうなものでなく其の三軸の中の一軸だけが幾分変形されて稀《ま》れに伝はつてをることもある。……霊符のことで思ひ出したが、先達て天行居幹事N氏から聞いた話。広瀬中佐の決死隊が愈々《いよいよ》その任に就くときに其中の或人が例の不転の守（キンカツキンシンの仙界文字）を故郷出発の折に神職にでも書いて貰《もら》つたのか沢山に持つて居たので其れを一同に分配しようとしたが二枚だけ足りなかつたので誰れかゞ其場で二枚だけ写して混ぜ合せて新写のものが誰れに行くかわからぬやうにして分配した。然るに大部分の人は奇蹟的に敵弾雨下の中を潜つて帰つて来たが中佐と某兵曹が光輝ある戦死を遂げられた、ところがあとでしらべてみると中佐と其の兵曹だけに其時新写の符が行つて居たことが判明した。そのとき何処《どこ》か写し誤つたか其れとも神祇訶護《かご》を祈念して書くことを知られなかつたかであらう。これに類した事実談は諸所にあるが迷信といつて笑はれはせんかといふ気づかひから世人に知られる機会が少ないのである。この文字は本来海神界及び高級の正しい天狗界に伝はる（大同小異）五十印の中のキンカツシヨといふ印名とセンシン（キンシンとも云ふ）といふ印名とを組み合したもので、その印の結びかたを知つてる人は今日の地上人では恐らく十人とはあるまいと思ふ。この五十印中の特に霊験畏《おそ》るべき十四印だけに就ては少々或る方面からの話を致さうかとも何度か考へたけれど、まあ〳〵思ひとまる方が安全らしい。真言密教系統や両部まがひのものに多数の印形あることは誰れでも知つてるが其の霊験なきことも亦《また》誰れでも知つてる通りである。

近ごろ或人から、月経は健康な婦人の必然的生理現象であつて枉事《まがごと》でないのだから格別のけがれとするには当るまいといふ抗議が来た。それは理窟はさうであらうけれど斯《か》ういふことは理窟ばかりでは通用せぬ。日本《やまと》武《たける》尊《のみこと》が尾張国ミヤス姫のもとに立ち寄り給ひ酒宴を催されし時、姫の意須比《おすひ》の襴《すそ》に月華の着きたるを見たまひ御歌を姫と共に詠みたまひ遂にミアヒまして其のために神劔を帯び給はずて立ち出でさせられ伊吹山で大枉事が起つたのは固《もと》より幽遠なるみさだめならむも直接の原因は月経のけがれにあつたのである。近来婦人の登山者が多くなつたので婦人専用の休泊所として翠雲寮が出来たことも幾分は斯《か》ういふやうな方面も考慮したからである。然し決して天行居の道場は婦人を敬遠するわけではないから誤解せられてはならぬ。どうも婦人は身体の格好が少し男子とは異る点があるやうに考へられるから幾分の差別的待遇は我慢して頂かねばならぬ。

某氏から天行居は或る政党に好意をもつてるやうだがどういふわけかときいて来られた。これは飛んでもないことで天行居は政党に対しては何等愛憎の念は毛頭ない、政権が犬養さんに行つても若槻さんに行つても私どもは嬉しくも悲しくもない。此頃の政党では甲にもせよ乙にもせよエエことはエエにきまつてるし、ワレエことはワレエにきまつてるのだから。……兎《と》に角《かく》天行居は民政党だの政友会だの、そんなものには何の関係もないことを承知して貰《もら》ひたい。われ〳〵は只《た》だ当分また新聞紙上で男ぶりの好い漫画が見られるだらうと思ふ位ゐなことに過ぎぬ。天関打開といふ少々働き甲斐のある活《い》きた仕事を指標とする天行居の同志が、この頃の区々たる政治者のえげつない闘争に何の感激を持ち得よう。
私が同志諸君に対する腹の底の希望を一言に要約すれば、あらゆる事情を振り捨てゝ石城山に登らるゝ機会を重ねられよといふことになる。それには深いわけがあることである。併《しか》しそれの出来ない人には色々の又た理由も事情もあるであらうことは想察してをるので決してそれが出来難い人が私の言葉を信ぜられない人だとは思はない。万人みな万人の因縁があるのだから私は同志諸君に対して決して無理な要求は致さないつもりである。又それほどまでにせねばならぬ理由も認めない。相逢不下馬、各自走前程。

（昭和六年五月十二日古道第二百五号所載）

籠居雑記

神道古義

私は当分禁足の行に入ることになりました。つまり「あしどめ」であり何処《どこ》へも行かれず如甕窟籠居といふことになつたのであります。当地の産土《うぶすな》神社の太鼓の音の聴えぬところへは一歩も出ないといふことになつたのであります。したがつて当分は石城山へも行けないわけであります。当分といふのは何時までかといふと早くて半年か一年、おそくとも二年四ケ月位ゐのものであらうと存じます。

籠居の意義を厳守する為め、なるべく読み書きごとも面談も避けることに致しました。当分の間でありますから特に同志諸君の御諒解を得たいのであります。

石城山に於ける重要神事等のことや道場におけること等も、決して遺憾なき方法を講ずる考へでありますから、同志諸君は一層の御奮発を以て石城山に結縁の機会を重ねられるやう御都合下さいますやう切望いたします。私が一寸《ちよつと》の間顔を出さぬために幾分でも不景気な感を抱かれるやうでは「天行居は天行居の天行居」といふ原則の覚悟が充分に出来て居られない人といふことになります。一個半個の人間を相手にせず、神祇と霊地とに直面直接せらるゝ不動の道念のもとに私の籠居中は万事一層の御勉強を願ひたいのであります。
私は本部から道俗ともに毎日詳細な日報を送つて貰《もら》つて居りますし、それでなくても山上山下の消息は幾分わかることもありますので、籠居中だからと云つても天行居の有らゆる問題に就て私が当然の責任を避くるものでないことは改めて言ふまでもないことであります。其辺は徹頭徹尾御安心を願ひたいのであります。天行居の事業等も予定通り着々進行を期してをりますから一切御心配には及びません。如甕窟籠居といつても私の心持ちは石城山籠居も同じことであります。

× × ×

今年六月九日には畏《おそ》れ多き天命を拝受いたしましたが、それだけ重大な責任を負荷したことでありまして、その重大責任を私の肉体のある間に遂行し得るか、或ひは此の肉体を脱して後に其の事に当り得るか、それとも私は一時の取次人の如きもので後に来られる人が其の事に当らるゝことになるのか、今日のところ総《すべ》て知り得ざるところであります。

× × ×

天命拝受とはどういふことを意味するのか其の輪廓の一部分だけでも語りたいのは山々でありますが、これは到底洩《も》らすことの出来ないことであります。その幾分でも語れば同志の信念を培《つちか》ふ上にも天行居の発展の上にも極めて大きな力を与へることであるから神罰を蒙《かうむ》る位ゐは覚悟の上で披露して欲しい、古人は身を殺して仁を為すと云つたではないか、天行居のために身命を擲《なげう》つてる筈《はず》の人が其れ位ゐな勇気がなくてどうするかと思ふ人もありませうが、こればかりは何と云はれても洩《も》らすことは出来ませぬ。徒《いたづ》らに身命を惜《をし》むといふやうなわけではありませぬ。一人や二人の身命を惜むの惜まぬのといふやうな小さなことでないのであります。

併《しか》し何も彼も神のまに〳〵でありますから将来は又た将来のことでありまして、或ひは百万年後に或る種の人々だけにでも御披露する機会があるかも知れませんが、今日は此の一大事に就ては此れ以上触れることが出来ませぬ。

×　×　×

近頃の世の中では政治でも宗教でも思想でも総《すべ》て生活といふことが至上のものとして万事これから打算されてる風がありますが、それでは人間も一般動物も異るところはありますまい。生活とか生死とかを超越して尊いものがある筈《はず》で、それは申すまでもなく忠節信義であります。忠節信義は三界を一貫せる人間の至宝であります。これありて人も人たり神も神たりであります。智あり仁あり勇あるも忠節信義に欠くるものあらば人格の破綻でありませう。むかしの人たちは所謂《いはゆる》匹夫匹婦と云はれた人の中にも忠節信義に於て光り輝いて居た人が多かつたのでありますが、世の中も思ひ切つて腐り果てたものであります。男子の一諾といふやうな言葉は昔では三界を超出して天魔鬼神も之《これ》を窺《うかが》ふことを訴さぬ尊厳と権威とのあつたものであります。水位先生の書かれたものの中にも、神祇から他言を禁じられたものは死すとも人に語る勿《なか》れといふことを繰返し〳〵力説して居られますが此れは深きわけあることであります。人に話せぬとか見せぬとか科学的研究を怖れ避けるものは正しいものでないと云ふ人もありますが世の中には科学の「禁足の地」がありまして其の「禁足の地」ありて始めて人も人たり神も神たり得るのであります。畏《おそ》れ多きことを申すやうでありますが三種の神器の構造とか由来とかいふやうなものを科学的に考察しやうとするやうな学魔さへも出現しさうな世の中になつて来たのでありますが、人間が何処《どこ》まで図に乗つても禁足の地には一歩も踏み入ることは出来ないのであります。

× × ×

水位先生が座右の銘の如くに特筆大書されたものに神通在信与不信の七字があります。神通ハ信ト不信トニ在リとは、神通の発と不発と、達と不達と、正と不正と、深と不深とは信と不信とによつて区分されるといふ意味であります。斯《か》ういふことは古来各方面で言ひ古されたことで何等神奇卓異の説でもないやうでありますが、しかも常に新鮮にして至神至霊の妙言であります。味へども〳〵味ひ尽きざる宇宙の神祕でありますす。古人は博者不知、不者不博と伝へましたが、いかに博学で物識りで科学的研究が豊富でも、一信の至霊なるものなくば何も本当のことはわかるものでないので、博キモノハ知ラズと古人が折紙をつけたのでありますす。知ルモノハ博カラズといふのも同じ理由によるのであります。半宵静坐して天行居の出版物を読むにしても、十日間石城山で修行するにしても、その人の信と不信とによつて千峰万峰の景観を異にするのであります。

私も魯鈍ながら過去十年間にわたりて信の一字を縦説横説して来たつもりでありますが、信の一字の尊さは、神通に就ての場合のみでないのでありまして、易には人之所助者信也とあります。然り人の助くるところは信であります。人の助くるところは即ち神祇の助くるところであります。人の助くるところとならず神祇の助くるところとならざる場合は深夜独坐して、我れ信義に於て天地に愧《は》づるところなきや否《いな》やを厳粛に反省すべきであります。いかなる場合にも神は見て居られるのであります。臨危而不変、方是丈夫児。

×　×　×

石城島神社の御鎮座祭が目前に迫つて来ましたので、人間の生死とか霊魂の来往集散とかの問題に就て今更らの如く切実に考へたくなります。「死」といふことは我が神の道では忌《い》み言葉となつて居る程で、生死とか霊魂とかのことは司命神の祕するところで吾等かれこれ言挙《ことあ》げするを憚《はばか》るべきでありまして、小智俗智を労することなく一切を神祇の愛と摂理とに打ちまかすべきでありますが、さて兎角《とかく》また役にも立たぬことを考へてみたくなるものであります。野狐禅の如く不去不来不住とやつてのければ其れまでのものでありさうで実は悟つた積りで天魔の餌食《えじき》となるもの百中の九十九でありますから警戒すべきことであります。生死といふ問題が考慮される根本たる霊魂とは所詮いかなるものであるか、欧米の心霊学者の諸報告では相当にまとまつた説明が出来てをりますけれど左《さ》ういふものを其のまゝ姪信するほど愉快なアタマを持ち合せぬ人々は正しき古伝と神界の実相と先輩の啓導とによつて髣髴《はうふつ》を得るの外はないのであります。我国には古来二魂説、四魂説、一霊四魂説等があり、神仙家の間に三魂七魄の説があり、古来日本朝鮮支那人の間の殆《ほと》んど常識とも云ふべき魂魄説がありますが、要するに開合の変であつて矛盾のやうで皆な会通し格致して居るのであります。本田先生の歌「あめつちの外にもあらじあめつちのうちにもあらじたまのありかは」といふ其のたまの詮議立てでありますから科学的に完全に説明し得られる性質のものではないのであります。たゞ其の集散去来の一方面の法則を色々に字《なづ》けて、甲論乙駁いがみあつて居るのであります。ある瓦斯体《ガス》のやうなものを試験管内に入れて眺めるやうなわけには参らないのであります。

× × ×

とにかく此の機会に師説にもとづいて少しばかり当面の所信を述べませう。——人間の現世に於ける寿命は長短の差別がありまして其の命数を定めて人に賦与し給ふは大司命神の御手代《みてしろ》として小司命神（其の地方の幽政に当り給ふ産土神《うぶすな》で支那に於て城隍廟神と称するもので欧米では或る種のエンゼルと呼んでるものが其れらしいのであります。）の御定めによるもので其れは霊妙な玄律による天之正命でありまして小司命神が気まぐれに出鱈目《でたらめ》に定められるといふわけのものではないのであります。また此世に生を受けて後に其人の言行等によつて伸縮し給ふこともありますが、これは俗智で考へると種々の誤解を生じやすく悪人に長寿者も多く善人に短命の人も多いので古来八釜《やかま》しく論議されて居りますが其れには種々の産霊紋理《むすびかため》による幽律があつて私ども俗人の単純な頭脳《あたま》で手ツ取早く論評するわけには参らないのであります。神祇に祈つて続命の法を行ひ人の寿命を延ばして貰《もら》ふといふことも其者が非命に斃《たふ》れんとする場合と小司命神が故あつて縮め給ふ場合とに於ては目的を達することが出来るのでありますが、本定期の天之正命の期到れるものに対しては絶対に術の施しやうもないのでありまして、吾等が人事をつくして全快延年を神祇に祈るは人間の当然の道であるから至誠をこらして尽すべきだけのことは尽し神祇にも悃禱し医薬の方も遺憾なきを期すべきではありますが結局如何《いかん》とも致しがたいのであります。けれども世間の実際をみると多くの病死者は少なくとも其の半数まで何等かの理由によつて非命に斃《たふ》れつゝあるのでありますから、施すべき術も道もあつて其の術が施されず其の道が開かれずにある場合がありますので真に遺憾なことであります。医聖扁鵲が「我れは死すべきの人を活《い》かすにはあらず活くべきの人をして起たしむるのみ」と言つたのも道理あることで、世の中には活くべきの人にして死するものが多いから医薬の術も祈禱修法も必要なのであります。又た司命神が人の寿命を伸縮し給ふわけは元帝垂訓に「人間私語天聞若雷、暗室虧心神目如電」とあるやうに何も彼も神祇は吾等胸底の一念一想まで昭鑑したまふので其の当然の結果であります。

併《しか》し人の善行悪行が直ちに現世に於て寿命伸縮等にあらはれるとは限らないのでありまして、幽冥神府の御計《はか》らひによつて其の応報の眼前に来ることもあり又た数年数十年後に来ることもあり或ひは其者一代に来らずして子孫の身上にあらはれる場合もあり本人の帰幽後にうくることもあります。いかなる人も大小深浅の差こそあれ複雑なる善悪の因縁を併《あは》せ有して居りますので、甲と云へる善人は比較的短命で貧乏で家庭的にも社会的にも種々の労苦多くして帰幽したと致しましても、それは其者の帰幽後に受くべき罰まで現世に於て悉《ことごと》く受けさせて貰《もら》ひ、帰幽後は殆《ほと》んど無窮に幸福と光栄と自在との生活に入る場合もあり、乙といへる悪人は比較的長寿で万事幸福で此世を終つたと致しましても、それは其者の帰幽後に受くべき僅少の賞まで現世に於て悉《ことごと》く受けつくし帰幽後は長く悪報に出没苦悩する場合もあり、又た現世幸福長寿で帰幽後も光栄幸福のものもあり現世不幸にして帰幽後も相も変らず苦悩の淵に沈むものもありますので、それらのことは幽冥玄府の種々の霊妙なる御計らひによるもので幽政中に於ても祕中の祕事で、親しく神府に出入して其の条理等に幾分通じて居らるゝ先輩も厳祕して洩《も》らしがたき由をしば〳〵申して居られます。

水位先生のやうな御方が御帰天前の数年間 甚《はなは》だしき病苦に悩まれ家政も不如意で僅《わづ》かに五十三歳で終られたといふやうなことも軽人の誤解しやすきことがらのやうでありますが、真の求道者は斯《か》ういふ点に於て特に眼睛新鮮ならんことを要するのであります。また先生の此世の寿の如きも普通の人ならば恐らくは二十三歳または二十四歳であつたでありませうが特に約三十年長生せられたものと私は信じて居ります。このことは故あつて私が確信してをるところでありますが其のわけは他言を憚《はばか》るのであります。

(因《ちな》みに云、先月の古道紙上で水位先生の号のことに就て私の愚見を述べたのは誤りでありましたから取消します。水位といふ号は少彦名神《すくなひこなのかみ》が命《なづ》けられたものでありました、水位といふ文字は三才図会及び或る兵書にも見えますが左《さ》ういふものに関係があるかどうかは存じません。)

× × ×

非命に斃るゝ者の中には司命神の御計らひによつて再生転生するものが多いけれど前生のことは知らないのが普通で、稀《ま》れには異例もあります。定命を終つたものが再生することも少なくないのであります。再生するものの多くは、たとへば七十才の命数を稟《う》けて此世に生れて来て其の命数を終へず四十歳で斃れたものは幽冥小司命神(産土神《うぶすな》)の御計《はか》らひによつて又た再生せしめられ前生定命の残りの三十才になつて病ひを得て死するのが大概の場合の定則であります。

また六才にて死すべき定命で生れたものが生れて直ぐに其の年内に死すれば其の翌年必ず再生し六年の年月を経《へ》て病死することがありまして、又た六才の命数を受けたものが二才で死すれば又た二年位ゐして再生して四才の年月を経て病死するといふ風に天命の数つくるまでは環の如く輪生することがあります、これを車子といふのでありまして、六才以下で死んだ子供に限つて稀《ま》れにあることでありまして左《さ》ういふ場合には此の車子を厭《た》つ神法もあるので、斯《か》ういう風な異例現象は尚《な》ほ他にも色々あるのでありますが何れも幽政上の祕事に属することで、われ〱が彼れ此れ言挙《ことあ》げするのはよろしくないのであります。

又た非命に斃《たふ》れたものを久しく幽界に留め置き給ひて前世定命の残期に加算して更らに長命を授けて再生せしめ給ふこともあり、又た非命に死したもの現世定命の残年ありても再生せしめられず幽界で使役し給ふもあつて何れも司命神の密策によることであります。又た稀《ま》れには鳥獣等に転生せしめられることもあります。

格別なる大悪事をやつたものでない限り人の臨終の苦痛は其の周囲の家族や看護人等が想像するよりも軽少なものであります。このことは故あつて確言しておきます。欧米には欧米流の幽政上の風儀もありますが従来の日本国土における事実より云へば、人死すれば早津船《はやつぶね》といふ迎へ船の来ることもあり御前鳥といふものが導きにくることもあり又た先祖のものなどが迎へに来ることもありますが何れも産土神の御計らひによるもので産土神が親しく迎へに来られることもあるのであります。早津船といふものは現界の普通の帆巻船に似て帆柱なく美麗な船であります。御前鳥といふのは嘴《くちばし》と足と赤く口鬚立ちあがりて眼が殊《こと》に鋭く見えます。又た鳩に似て小さく其の色白く嘴の赤い鳥でヨミヂ鳥と呼ぶものもあります。又た別にフツヂといふ鳥で声のみ普通人の肉耳にも聴えて形の見えないものがあり俗にアノヨスヾメとも夜雀ともいふものがあり神変のあつた夜か払暁にピイ〳〵と鳴くのを聴くことがありますが古来その形をみたものはないやうであります。

×　　×　　×

死後の住所は司命神の定め給ふところで千差万別ではありますが、墓所を常居として居るものが案外にも多いのには吾々としては少し不審に思ふほどであります。種々の幽境や宮社や霊舎などに留るものも実は其《そ》処《こ》が常居ではなくて……どうも説明しにくいが……俗にわかりやすく云へば、墓所を常居として其処から通行して居るものが案外に多いので、墓所にも相当の幽宮のやうなものが出来て居るのであります。しかし墓所を忌《い》み嫌つて他の幽境や宮社を常居として居るものも無論あります。

普通の言ひかたより云へば、墓所は魄霊《はくれい》の住むところであつて、霊魂が或る種の異変を現はすときには必ず墓所に立ち帰つて魄霊と合して形を結ぶことを要するので、斯《か》ういふ場合に現界の人と応対し得る時間は一《ひ》と気頭《けだ》（約十五分間）または気火頭《けほだ》（約十分間）に限られたもので此れは日本国土に於ける幽政上の掟であります。尤《もつと》も司命神の御計らひ等によつて異例現象もあることはあります。

日本では風景のよいところを墓地が占領してるところが多く、将来困つた問題だといふので大谷光瑞さん等は高度の電熱で屍体を燃焼し骨も灰も残らぬやうにすれば墓地の必要もなく地上がサツパリして清潔になるとの説を立てられたこともあるかに記憶して居りますが、幽政上の変革がなければ急にさういふ運びにも参りかねるだらうと存じます。

墓所に於て魄霊と結ぶといふこととは別の意味に於て、死後は誰れでも別に一種の玄胎を形成して其の生活上の感じは吾々が此の肉体を有して居るのと異るところはないのであります。尤《もつと》も其の玄胎にも其人のムスビカタメによる結果として又た関係神祇の恩《みたまのふゆ》頼の程度により其の霊妙なる存在力、活動力に等差があります。

石城島神社には同志諸君の祖先や近親等の霊を合祀するのでありますが、各自の家庭の旧来の風習には何等干渉せず希望者の申込みに応じて合祀するので、その御家庭に於ける祭祀方法とは必ずしも関係するものでないのであります。換言すれば此の神社に合祀された御方が幽界に於て如何《いか》なる影響を受けられるかといふと、それは其の御方の意志と関係神祇の御計らひにより従前鎮まつて居られるところへ依然鎮居せられて時々石城山神境へ通行せられるのもありませうし又た本居を石城山の霊境に移して従来関係の方面へ行きかひ給ふ御方もありませう。とにかく今後幾久しく古神道式の祭祀を享《う》けられることは如何なる御方も同様でありませう。むかし婬女が戯れに袈裟《けさ》を着て踊つた因縁によつて蓮華比丘となつて生れた話もありますやうに、ムスビカタメの霊妙力ほど神秘なものはありませんから此の鎮祀によつて謂《い》はゆる転迷開悟し離苦得楽せられる御方も随分あるでありませう。私一個の考へを此際露骨に云へば此れは極めて深い意義あることで先祖に対しては孝の大なるものであり弟妹子孫等の既に帰幽したものに対しては最大の正しき愛の表現であり、自己のためには現幽不二の安心立命を最後的に決定するものであると思ひます。地の神界大都たる神集岳の現界に於ける斎庭《ゆには》たる此の霊地に大日本昭和六年を以て石城島神社造営のことを神界より許されたといふことは我が国土に於ける幽政上の相当に大きな事件であると信じてをります。また此れによつて同志一般祖先の大多数の為めには空前の大神業たる世界大機のために意義ある活動の道が開かれ、吾々同志の為めには真に顕幽不二の真覚玄悟に立ちて奮闘する上に大きな安心の土台が出来たものと云ふことが出来ませう。

去る十五日（六月）には古道編輯《へんしふ》主任鴨居氏の夫人が心身ともに清く美しき短かき現世の生涯を終られましたが、その何等の不安なき平らけく安らけく楽しげなる臨終の模様を聞いて私は安心いたしましたが、両三年前来天行居関係者の帰幽ぶりの立派なのには聞く毎《ごと》に敬服の至りであります。それにつけても石城島神社鎮祀のことに何等無関係なこととは考へにくいので、数年前来すでに或る霊機が規則正しく動いて居たものと思はれます。

×　×　×

魂魄は火の霊と水の霊との異名ともいふべきもので、道蔵には魂を烏肝、魄を兎髄と称し或ひは日魂月魄とも号し、魂は脳髄にやどり心火にわたり血中に入つて神経に灌《そそ》ぎ、魄は精液にやどり血中に交りて血と共に循環し、血は陽にして霊魂の宮であり精は陰にして霊魄の舎であり、父は陽にして却《かへつ》て陰物の精液を出し母は陰にして却て陽物の血を出し、父の陰物と母の陽物と交つて胎を結ぶのであります。私は斯《か》ういふ問題に就て今日の新らしい発生学、殊《こと》に生殖細胞やホルモンに関して少しく愚見を述べたい希望をもつてをりますけれど其れは甚《はなは》だしく視力を衰弱せしめてをる今日の私にとつては困難なことでありますから他日の機会を待つの外はありませんが、胎児が月満ちて母体を離れ現界における第一声を発して元気を鼻口より引くとき空中より来る至霊の活物《いきもの》がありまして其れが本魂なのであります。生れた赤ん坊が次第に成長するに連れて体中の血と精とに体霊が生じ此れを魂魄と字《なづ》けまして本魂に随うて全身を守護します。人が死ぬれば其の魂魄は本魂に随うて体を離れて幽冥に帰るので、この霊物の体中にあるときを三魂と云ひ其の三魂の中の魄より悪霊を生ずるものを七魄と号します。太古にさかのぼりて云へば魂は神霊産霊神《かみむすびのかみ》より出でて伊邪那《いざな》美神《みのかみ》より後世人に伝へられ、魄は高皇産霊神《たかみむすびのかみ》より出でて伊邪那岐神《いざなぎのかみ》より万人に伝賦されたものとも考へることが出来るのであります。この水火交叉の微妙の関係は日月につらなることでありまして太陽は天照大御《あまてらすおほみ》神《かみ》の女体を以て統御したまひ太陰は須佐之男神《すさのをのかみ》の男体を以てしろしめすことにゆかりがあるのであります。そして此の魂魄に生じた霊を統制するものが本魂で天之御中主神《あめのみなかぬしのかみ》より賜はるところの元気の霊で、これを一霊とも直霊ともいつてをります。この本魂は人間の生れた瞬間に一時に来り帰幽間際に一時に去るものではないので、これは甚《はなは》だ種々の疑念や誤解を生じやすいところでありますけれど、人は生長するにつれて原則として次第に本魂も入り来り増大し、老衰するにつれて次第に体外に放出するもので、体外に放出されたものは肉体の「死」のときに幽中に於て統一固成するもので、古来神道で恩頼といふ文字をミタマノフユとよみ恩頼を蒙《かがふ》らせたまへと神祇に祈請するのは本魂の増大を祈念するのが正義でありますけれど、このごろの学者の解釈は皆な的はづれの空言のやうに思はれます。本魂は天之御中主神の賦し給ふところなれど其の集散去来を直接支配せられるのは其人に密接な関係ある神祇であり、それらの神の神議によるのであります。

人の死したるときは特異の例を除き普通には夢幻の如くに且《か》つ甚《はなは》だ楽天的に存在するので周囲の人々の愁嘆などは殆《ほと》んど意に介せざるものでありまして埋葬のときは柩に乗つて墓所へ行き式が済めば大抵そのとき参列せる有縁者の背に負はれて自宅へ帰り、日の経《た》つにつれて漸《やうや》く夢の醒めたる心地するものであります。その期間は普通三十日でありますが其れを三日位ゐに感ずるのであります。そして後に産土《うぶすな》神の御召によつて（産土神に随従せる神が数百千あつても其のときは只《た》だ一柱の産土神のみが見えて他の諸神が見えぬのが幽政上の掟で、産土神の指揮が済んでから諸神も見えるやうになるのであります。）指揮を受け鎮まるべきところへ鎮まるのであります。

再生するものは其の出産のとき別に天より本魂の来らざるものでありますが、それらのことは人間界に洩《も》らし難き神祕に属するものであります。

普通の憑霊《ひようれい》現象等によつて死者が死後の過程や生活状態を告げるのは大概その消息は事実に遠いので、これは其の現象が不正であるといふ場合に限らず幽政上の掟があつて正しい報告が出来ないのであります。

×　×　×

当分籠居生活に入つて「足どめ、筆どめ」を守るとすれば古道紙上を以て敬愛せる同志諸君にまみゆる機会も当分先づ少ないだらうと思はれるので数年前来申上げたことを再述するやうになるかも知れませんが只今念頭に往来する一二のことに就て簡単に婆心を披瀝《ひれき》しておきませう。（足どめと云つても当地産土神社の暁天の大太鼓の音が聞える地点までは出かけますし筆どめと云つても必要やむを得ざることは今後とも簡単に筆をとるつもりであります。）

×　　×　　×

世界の大機なるものは何時《いつ》来る乎《か》といふことが一部の同志諸君の間では往々にして問題となるらしいのでありますが、世界の大機は何時来るかといふやうなのんきな問題でなく既に世界は露国や支那の帝政崩解の少し前から其の序曲に入つて居るので今は其の序曲を漸《やうや》くにして終らんとし、いよ〳〵本舞台の幕が切つて落されんとする其の前の気味わるき平静であることは多数同志諸君が百も承知の筈《はず》だと私の方では計算してをるのであります。又た天行居は他の予言的信仰団体の如く、世界は斯《か》く〳〵なるだらうからといふことを喜悲して徒《いたづ》らに其の災難から遠ざからんことを希《ねが》ふやうな意味のものでなく「世界は、日本は、人類は、斯くならざる可《べか》らず、斯くなさざる可らず」として神人両界を提げて天祖立国の大計劃《けいくわく》達成に力戦苦闘せんとするものなること今更ら改めて申すまでもないことであります。大日本天皇が全世界に光臨せられて政治も経済も教育も生活様式も宗教的信仰も芸術も根本的に立直されて地上の邪気を一洗し顕幽両界を通じて此の太陽系世界が正しく整理されねばならぬ大時期が既に数十年前来進行中で其の神ながらの天運地行が今後いよいよ本格的機会に入るに就て、これに順応して必至必到の機会に忠魂義胆の奮闘に当らうとするのが天行居同志の正真正味の覚悟であらねばならぬのであります。

神界の実相実感より云へば、現界の十年は神仙界の十日位ゐに当りますが、神界で神議のまに〳〵或る機会を両三日延期されると忽《たちま》ち現界では二三年の延期となつてあらはれて参りますが、それ位ゐのことで信念が動揺するやうでは問題になりませぬ。明治維新頃の日本全土の志士が家を捨て親を捨て妻子を捨て、一死国難に殉じたのは別に神界の経綸《しぐみ》といふやうなことに特殊の信念があつたわけでなく其の時代の世相と国情とによつて奮起したのでありますが、今日の世相と国情とを明治維新前後のそれに比較すれば比較にならぬほど今日が切実深刻で且《か》つ世界的に拡大されてをることは狂人に非ざる限り之《これ》を確認し得られる筈でありまして、それに今や時節到来の為め太古以来正神界経綸の発動なることが分明でありますのに何とか彼とか巧妙な理窟を無理に考へ出して一日の安をぬすまんとするやうでは、真の日本人としてよりも先づ人間の「つら」に恥づべきであります。いづれ遅かれ早かれ……何年後か何十年後かには誰れも彼れもどうせ死ぬるにきまつて居りますが、その時なんのかんばせあつて祖先にまみえ産土《うぶすな》神達にまみえ祖国の大神達にまみえることが出来ますか、人間の「つら」の手前厳粛に考ふべきことであります。

神界の根本経綸だからと云つて必ず昭和何年何月何日からどうなつて何年何月を経《へ》て一切が成就するといふわけのものではありませぬ。それならば捨ておきても左《さ》うなるので人間が努力する必要も何もないので天行居出現の意義もなく更らに徹底的に云へば日本国存在の意義もないわけであります。何と云つても現界地上の主たるものは人間でありまして神界から人間に思慮も手も足も賦与してありますので、人間が神界経綸を感覚し策応努力して地上のことは成就するので、神界気流と人間界気流とのムスビによつて総《すべ》てのものが具現するのであります。人間の尊厳と人間の威力が世間では余りに過小に見積られてをります。「天行居は天下至変の中心なり」といふ我等のスローガンを同志諸君は充分に覚悟されねばなりませぬ。

天行居のことを知つてる人は日本人中でも極めて少数であるから、まづ相当の時機までは余り深入りせず色々の意味に於て賢明な立場に居つて、ねずみ色の信念を保持して行くのが一番安全だといふやうな考へを有《も》つてる人もあります。これは一応御尤《ごもつと》もなことで私としては斯《か》ういふ人々に対して今急にモツト切実な精神的覚悟を要求するものでなく、それは必ず追々と時期の進展につれて酒となるべき酵母でありますから(実は私自身の過去の体験もありますので自己にのみ寛大であるわけに参りません)静かに斯かる人々の真剣の決意の時期を待つてるのでありますが、しかし天行居のことを知つた人は其れだけな霊的因縁あつて然るので、神界から特に早き覚醒と精神的準備とを要求されてをるので、天行居のことを知らぬ多数日本人と比較して或る種の怠慢が百パーセント当然であると申上げることは少し躊躇いたすのであります。一例をもつて云へば天行居のことを知らぬ多数の人々は生後半年か一年の赤ん坊であつてムスビカタメにより天行居のことを詳しく知つてをる人は七八歳の子供のやうなものでありまして、赤ん坊が座敷や親の膝へ小便して差支へないからと云つて七つにも八つにもなつた人が其の真似をせられることは同情いたしかねますから、まあ急ぐこともありませんが追々に少し御行儀をよくして頂きたいものと念願してをります。

× × ×

大地の神霊界は今日まで三大変革が行はれたのであります。その第一は天孫降臨のとき顕幽分治となり、それまでの幽顕雑居が原則として中止されたことで此れは世界的に行はれたのでありますが海外の古伝に明らかなる証跡なきは遺憾なことであります。その第二は神武天皇降誕のとき神人分治となり、それまでの神人雑居が原則として中止されたことで、これは海外諸国に於ては其れよりも遙かの昔に漸次的に行はれましたが東海の神仙島たる此の神祇の宗国は夢のとばりの如き中に最後まで残されたのであります。その第三は明治天皇の初御代にあたり（明治五年）行はれたる霊界の大変革で其の内容は極祕に附せられてをりますが愈々《いよいよ》最後の天関打開といふ大神業は以上三回の神変を合したやうなもので其の要点は日本天皇が全世界に光臨したまひ総《すべ》ての仮設仮定が消滅して正に帰し幽顕ともに「ふるひにかけてよをきよめ」られることであります。そこで大いに荒魂《あらみたま》を伊振り起さねばならぬ時期に直面して来たのであります。本田親徳《ちかあつ》先生の歌、

荒たまを伊振り起して道のために神の子人は相艶《たふ》るべし
天皇《おほきみ》の御上思ひて荒たまを突立る人は貴きろかも
よきことにいや進むべし荒魂のいや進むべし吾とものの子等
道の為め剣の中に荒魂の立つべきことを夢な忘れそ

× × ×

天行居主張の要点は先年来くり返して申しますように

(1)神様を敬ひ

(2)天子様を尊び
(3)心を清くして
(4)善を行ふこと

に外ならぬのでありまして、何等ことさらに特説力唱するまでもないことのやうでありますけれど、それを特説力唱大いにつとめねばならぬわけは「古神道秘説」「霊山秘笈」を虚心坦懐で冷静に読めば誰れにもわかることで、将来はいざ知らず今日までのところ天行居の主張する如き「信念」「事実」を主張するところは地上どこにも絶無たることを改めて此処《ここ》に確言いたしておきます。たゞ敬神尊皇といつてみたところで、敬神の目標たる神とは如何《いか》なるものか、神界と現界との関係、神界と日本国との関係、神界と日本皇室との関係を天行居の如く正しく事実によりて説示してをるところが何処にありますか、尊皇の目標たる天子様が天における神の王の人間世界における表現なる事実を力説してをるところが天行居以外どこにありますか。天行居が言を天下に立つる要所大所に就ては今一度「古神道秘説」「霊山秘笈」等を精読せられねばならぬ少数の人々がマダ落伍せられずに同志の席に列なつてをられます。要するに天行居で主張するところは善乎《か》悪乎《か》、悪と思ふものは去られたく善と思はるゝ人は更らに一歩を近づけて頂きたいと思ひます。天行居の主張と同様の主張をして居る団体があると思ふ人は其所《そこ》へ精神生活の戸籍を移されるもよろしく、又た天行居の外に之《こ》れ無しと信ぜられる人達は専《もつぱ》ら天行居の信念事業に共感協力して頂きたいと思ひます。以上の簡単明瞭なる理路について改めて一部の同志諸君の猛省を促します。これは今私が籠居生活に入るに就て申上げなければならぬ責任が私にあると考へまして特に私のハラワタを投げ出して申上げるのであります。

× × ×

十年前来わたくしの述べましたことには色々の問題に就て矛盾のやうに見えるところが沢山にあります。そのことは既に天行居の出版物を精読せられつゝある同志の大部分の人々が知りぬいてをらるゝことであります。知りぬいて居て尚《な》ほ且《か》つ誠意を以て大部分の同志諸君が共感協力せられつゝあるわけは、天行居主張事業の要所大所に対して良心の共調が儼存《げんぞん》するからであります。何が故に多年わたくしの述べたところに色々の問題に就て矛盾に見えるところがあるかと申しますと、昨年も古道紙上に於て仏教の会通といふ言葉を引いて言及しておいたやうにも記憶いたしますが、要するに山の芋《いも》が鰻《うなぎ》になるにつれての自然的展開が然らしむるので、また山に登る者の例などを以て何度も申してをる通りで、又た昔述べたものに就て私が何《ど》ういふ態度で居るかと云ふことは昨年重版の「天行林」「霊学筌蹄」の巻頭に一言を附しておいた通りであります。誰れに限らず活《い》きた人間の見地は年月の進むにつれて進歩し向上し発達せねばならないこと今更ら云ふまでもないことでありませう、況《いは》んや神界経綸の進展につれて私どもの眼界がひろげられて行けば以前に見る能《あた》はざりしものを見ることも当然のことで、それが年月につれて正直に記録されて、たとひ矛盾のやうに見えるところでも少しの技巧が加へられず有るがまゝに出版されてをりますので、斯《か》ういふところを老子は大直若屈と云つてをります。誰れの句だつたか「磯までは海女も笠きる時雨かな」といふのもチト理窟ツぽいけれど面白いやうであります。

×　　×　　×

本田親徳《ちかあつ》先生から紀記の祕解を時々拝聴して居た某氏が感奮のあまり自ら世話人となつて大いに奔走して京都に於ける当時の国学者や神道家を一堂に集めて先生の講演を願ふことにしたことがあります。ところが本田先生は坦々と長講一席やつてのけられたが其れは平生持論の祕義等に少しも触れず本居平田の学説を搗《つ》きまぜたやうなもので其の席に列なつた人たちの百も承知して居ることに過ぎなかつたので、サア困つたのは世話人の某氏で、講演が済むと早速《さつそく》控室へ飛んで来て「先生今日の御講演は一体どうしたのですか」と昂奮して難詰すると、先生は静かに茶をのみながら済ましたもので「今日集まつてる連中にはあれでヨカヨカ」とのこと。斯《か》ういふことは先輩の著書や遺稿を拝読しても往々にしてあることでありまして「なぜこんなことを書いて居らるゝのだらう」と思ふことがあり、矛盾があるやうにも思ふことがありますが、それは其の執筆のときの気分なり、または其れを読ませる目標の人々のがらなりによつて、自然とさうなる場合もあるのであります。古人が「大直ハ屈スル若《ごと》シ」と喝破したのは名言でありまして、たとへば少しの矛盾もうそも存在してはならない国家の法律の如きにさへも矛盾やうそに似たものがあり、屈するが如くに見えて却《かへつ》て大直が保てる場合もあるのでありまして、何年間行くへ不明となつたものは死亡したものと認めるといふやうな法律の明文がありますが、事実は死んで居らぬこともあります。斯ういふことを法律学では擬制といふ術語で説明してをるのでありますが、さういふ擬制によつて大直が保てるのであります。斯ういふことを私が今申しますのは将来機会を得て先輩の遺稿の一部分でも古道紙上等へ紹介する場合に於ける皆様の態度を懸念するからでありまして、「どうしてこんなことを書いて居らるゝのだらう、神界に通じて居らるゝ人ならモツト何とか……」と思はるゝ点があつたり、或ひは従前紹介してをるものと矛盾して居るかに見える点があつたりして、却て先輩の徳を傷つけるやうなことがあつては後輩としての私どもとして甚《はなは》だ遺憾と致しますので、その辺の思案に人知れぬ苦労をすることもあるのであります。

× × ×

本居宣長先生は殆《ほと》んど毎日のやうに観音経を読んで居られました。……斯ういふことを申上げると一部の同志諸君は眼を丸くして驚かれるかもわかりませんが、世の中といふものは単純には行かないものでありまして、当時は仏教全盛の世相で、看経礼仏せざるときは本居先生も親族の者などから或る種の不便を与へられる立場に居られたので、口さきで観音経をよみつゝ頭の中では古事記伝の続稿の研究をして居られたやうであります。斯ういふことは昔噺《ばなし》でなく今日も其れに似た立場に在る同志諸君も多数に居らるゝことと想像してをります。バテレンでは「子を父にそむかせ妻を夫にそむかせんために」などいふ峻《けは》しい言葉があるやうでありますが、天行居では同志各位の家庭の平和や伝統を尊重してをりまして家庭の信仰様式等も成るべく急激の変革を避け「出る月は待つべし散る花は追ふべからず」で万事無理せず寛容と忍耐とを以て時節の自然的展開に順応せらるゝやう常に申上げてをりますので、本居先生の心境などに対しても格別の善意の理解をもつてをるのであります。石城島神社に祖霊を古神道式に合祀するに就ても其の各自の家庭に於ける祭祀方法は依然仏式であれラマ教式であれ天行居では少しも干渉いたさないのであります。

× × ×

先達て或人からの手紙に、高工卒業の青年が病気になつたので医薬は申すまでもなく有らゆる手段をつくし御大師様や稲荷様にも願かけしてみたが効なく殆んど絶望の時期に及んで始めて天行居の出版物を手にし、大いに驚いて家族全員潔斎して産土《うぶすな》神社へ礼禱をしたけれど不結果に終つて遺憾であるとの意味が書いてありました。それは恐らく天之正命でやむを得ないことであつたらうと思ひますが、又た殆《ほと》んど絶望の域に及んでから神様にお願ひしても恩頼《みたまのふゆ》を蒙《かうむ》ること絶無とは申されないが困難の場合が多からうと存じます。

水位先生が書かれたものの中に、

天命に非ずして病を受けたる時に禁厭薬術を施して全快するもあり、また幽冥の咎《とがめ》に因《より》て命を縮め給ふは其罪科の軽重に因て生死の別あり、また罪科なきも小事なる時に施さゞれば大患至りて後は祈禱禁厭薬石百方尽すと雖《いへど》も人力の仲媒を以て之《これ》を救ふに術なきに至るべくして、活《い》くべきも殺すことあり、故に軽少なるときに施すが肝要なり

とありまして甚《はなは》だ平凡の理窟のやうでありますが、さすが豊富なる実地の体験ある達人の達言と思ひます。病気に限らず何事にまれ未《いま》だ大ならざるに慎む、つまり「小ヲ慎ム」ことが、甚だ知りやすく甚だ行ひがたき宇宙の祕機でありませう。

× × ×

私が少年時代の知人から先達て突然手紙が参りましたが其の要旨は、日本国に於て神祇は敬すべきもので

宗教的に信仰すべきものに非ずと思ふが如何《いかが》といふ意味でありました。つまり日本国に於ける神祇は皇祖皇宗の英霊や国家の功臣等を鎮祀したものであるから報本反始の礼を以て敬すべきものであるが、宗教的信仰の対象とすべきものでなく、さうした方面は仏教なり耶蘇《ヤソ》教なりの畑であるといふ意味であります。斯《か》ういふ考へは如何《いか》にも正々堂々たる日本人的通念らしく見え、実際今日の有識階級の大部分の人を支配して居るやうに見受けられますが、これ神界の実相を知らず神界と現界との関係を知らざる重大なる迷妄であります。拙稿ではありますが「古神道秘説」と「霊山秘笈」とを静かに精読して頂けばおわかりになることと思ひますが、この迷妄を警醒することだけでも天行居に負はされた大きな使命で「正をふみて懼《おそ》れず、千万人といへども我れ行かむ」底の正大の気を以て同志諸君が機会ある毎《ごと》に奮闘されなければならない要件であると信じます。小乗的に自分だけの修養や法悦は神の道に於てゆるされないことで、そんな卑怯な利己的な態度は断然いけませぬ。自分の修養は第二として、自分がモノになつて居らうが居るまいが、「我れ」を無視して先づ他を度するやう努力せねば仏教徒にも笑はれますぞ。自分のことは顕幽ともに神さまにまかせておけばよいのであります。

× × ×

先達て匿名《とくめい》の某氏から鎮魂の十種神宝の名を唱へて水を湧《わ》かせる法があるさうだが其の輪廓だけでも古道紙上で説明して貰《もら》ひたいとの意味のお手紙が参りました。十種神宝の名を唱へて水を呼ぶ術があるかどうか私は初耳で一切承知いたしませぬからお答へは出来ませぬ。いつたい十種神宝とは何であるかを知つてる学者が今日どこかに居られるでありませうか。古典古語の新研究とか科学的研究とかいふことが盛んに行はれ其の種の著書も馬に喰《く》はせるほどあるやうでありますが、斯《か》ういふことになつてくると要するに皆な草木言《ものい》ふものであります。正しく云へば神皇産霊大神《かみむすびのおほかみ》が饒速日命《にぎはやひのみこと》に授けたまへる神術の秘辞中には、おきつ鏡、へつ鏡、村雲劔、ふゆる玉、たま返し玉、ちだる玉、みちあかし玉、うくる玉、みあかし玉、いてる玉、まかる返し玉、蛇のひれ、蜂のひれ、風振ひれ、風きるひれ、浪きるひれ、浪ふるひれ、……とありますが、単なる想像から其れらの神物を神器神具護符の類だらうと説明したのでは説明にはなりますまい。これは秘事に属することで申上げられませぬが此の鏡は金属製のものでなく石決明を〇〇〇〇〇〇〇〇したものであり風振比礼、風切比礼、浪振比礼、浪切比礼は木材と布とを以て或る神法により作製するもので蛇の比礼と蜂の比礼とは極秘のものであります。古来十種神宝の図といふやうなものが世間に色々あつて其れを大切に秘蔵してをるものもありますが其れらのものは千年ばかり昔から僧徒の偽制するところであつて問題になりませぬ。（しかし其の図案が面白いので或る種の仙界で其れを図案的に採用された実例はありますが何等深い意義のあるわけではないのです。）河内国に壺井村といふところがありまして八幡太郎義家誕生の地でありますが、義家奥州出陣のとき長い旱魃《かんばつ》で兵士殆《ほと》んど渇死せんとする時、天照大御神《あまてらすおほみかみ》を祈り弓の末を以て地を突き清水を出して救ひまして、そのとき其の水を少し壺に納めて凱陣の後に此の地に井戸を掘り此の壺を井戸に鎮めたので壺井村といふのでありますが、これは水綱引《みづなびき》の神法といふ皇国古伝の正法で決して幻術ではありませぬ。水位先生は弓一張を以て此の神法を行はれましたが十種神宝に関係はありませぬ。又た水を呼び火を呼ぶ神法で沖先生の伝で堀先生が行はれた神法は弓を用ふるのではありませんが、まあこんなことは石城山へ一万年ばかり御滞在になればわかる時節もありませう。

× × ×

先月病気をやつた為めか何だか近ごろ身心とも組織が一変し、気分が子供らしくなつたと共に酒が殆んど飲めなくなりました。もつとも普通の盃に二三ばいは極めて美味に頂けますが其れ以上どうしても飲む気になりません。この程度ならば一升あれば一ケ月位ゐありますから酒の値上げが行はれても先づ安心でありま す。気分が子供らしくなるに連れて童謡などが面白く私の心をそゝるやうになりました。この勢ひでは幼稚園の先生にでもなれさうであります。今日も雑木雑草の茂るがまゝにしてある裏の畑で二三人の女の児が歌を謡つて居ります。

〽積木の城を守るのは
　鉛の兵隊十二人
　赤いシヤツポに青い服
　鉄砲かついで立てゐる
〽立てはゐれど攻めてくる
　ひとりの兵士の影もなく
　のどかな春のお縁側

積木の城に花が散る

子供の唄、子供の声、平和で、朗らかで、明るくて、悠々たる無邪気なメロデイが、ふうわりと私の魂《たま》ひを包んで、夢の国へ運んで行きます。(昭和六年六月二十六日)

(昭和六年七月十二日古道第二百七号所載)

日乃御綱

先年刊行された『霊山祕笈』を増補して重版されることになり、書名も『神界の経綸と天行居の出現』と改題されることになつた。私は昨年（昭和六年）の夏から三年籠居の蟄伏《ちつぷく》中であり、一切の面談を謝絶し門外一歩も出ず又た読み書きごとも成るべく避けて清慎自ら守ることをつとめ、終日惕若《てきじやく》として邦家の前途枉事無からんことを祈念することを殆《ほと》んど唯一の日課として居るのであるけれども、此の機会に於て思ひついたことどもを左に断片的に書き綴りて、巻末に追加したいのである。病間毎日すこしづつ書くつもりであるから記述不統一となり或ひは重複するところもあらうが御判読をねがひたい。

×　　×　　×

先づ記録しておきたいことは手箱山上十三社の御祭神の神名に就てである。これは先年書いたものを発表したけれど少し実は相違して居るのである。今それを訂正するといふ意味ではないが、別に此処《ここ》に書いておくことにする。斯《か》ういへば私の心持ちを不可解だと考へられる人もあらうが其れはどうでもよろしい。先年発表したものは普通の所伝であつて、其筋にも其の通りに登録してあるものであるから万事なるべく異説を立つることを好まぬ私どもとして、普通所伝のまゝに従つておいたのである。けれども実は一二相違して居るので、それを私が此処《ここ》に書き残しておかねば永久に此の事実が世の中から消えて了《しま》ふだらうことを思ひ、先年来何度も考へてみたけれど遂に決心して此処に記載しておく気になつたのである。

手箱山は昔からの格別なる霊山で一大神仙境で開化天皇の御手箱の中に化生し給へる姫神に就ても申したいこともあるけれども、それを改めて開かれたのは水位先生（宮地堅磐先生）の令尊宮地常磐翁であつて、それは丁度《ちやうど》わが石城山が太古からの格別なる霊地で一大神仙境であつたのを天行居で改めて開いたのと同じやうな意味のものである。常磐翁が特に大山祇神の命を拝せられて登山せられ、取敢《とりあへ》ず仮神儀として御矛を頂上に立て給ひしは万延元年の六月十五日であるが、その後ち文久三年に其の矛を抜き、改めて十三社を鎮祀せられたのである。その十三社といふのは山頂の鉄鎖をよぢのぼつて、向つて左りより廻り、第一が八王子社、第二が木花開耶姫神社、第三が天照皇大神宮、第四が豊受皇大神宮、第五が天満宮、第六が大名持神少彦名神事代主神社、第七が猿田彦神社、第八が大綿積神社、第九が大山祇神社で此の神山の御本社で一番の奥に在《あ》る。それから帰路右に廻つて第十が常磐堅磐神社（鎮魂八神の社と称されてあるが此のことは此れ以上いふ必要がない。）第十一が岩長姫神大市姫神社、第十二が加具土神社、第十三が大山咋神社である。

因《ちな》みに常磐翁は文政二己卯年十一月十五日辰刻生れで明治二十三年一月十五日七十二歳を以て帰天せられた。

神社の祭神は其の主客本末が誤り伝へられてあるものが極めて多い。幸ひに伊勢両宮や出雲大社や熱田神宮等の主祭神が明白正確一点の疑惑なく伝へられてあることは国家の大幸であるばかりか地上全人類の真の光明であるが、其の他の神社では恐らく五割以上或ひは七八割内外誤伝があるやうである。これはやむを得ないことであるが、まことに遺憾の次第である。たとへば水位先生が先祖代々奉仕された土佐の潮江《うしほえ》の天満宮の如きも然りである。この天満宮は菅公の御子右少辨高視《たかみ》朝臣が此の地に貶せられ御住居の折、菅公が太宰府に於て薨去し給ひ家人渡会春彦が御遺物を捧持して此の地をたづね、高視公が其の遺物を以て菅公を祭祀されたのが此の神社の起源となつて居る。いかにも其れに相違はないけれども、それが此の神社の創立であるといふことは妥当でない。元来この神社は其れより以前からの存在（慶長年間山内氏の入国で現在のところより一丁ばかり東方から奉遷されたもの）であつて、上古より八大竜王が祭祀してあつた神社なのである。その神社へ高視公が菅公の御遺物を併《あは》せ祀られたのである。この八大竜王を此の神社に鎮祀した年代は不明であるが恐らく千五百年以上の昔のことであるらしい。（仏説による八大竜王ではない。）この八大竜王として祭祀した神霊は実は太古より土佐国吾川郡奥の○○に鎮まられる高貴の竜神であるらしいけれども此のことに就ては未《いま》だ明言いたしかねる事情もある。とにかく斯《か》ういふ次第の神社であるけれど、いつの世からか此の神社の祭神は菅公であるといふことだけが今日に伝はり、本来の御祭神の神名は社伝にも消え無論其筋の書類にも登録されて居らず、今日では誰《だれ》一人として其れを知つて居るものがないといふ有様であるが、斯《か》うしたことが全国各地の神社に於ても随分あるのである。先づ全国津々浦々にまで鎮座されてある八幡宮の祭神は果して一般に伝へられてある通りの神たちであらうか。これは就ては医学博士某といふものが先年甚《はなは》だ奇怪な著述を公けにしたといふことも仄聞《そくぶん》したが、そんな不謹慎不都合な言挙《ことあ》げは問題外であるが、此の機会に私どもの考へを少し述べておきたい。

× × ×

実は私の愚妻の母系先祖立神《たつがみ》氏が明治初年まで数百年間代々奉仕した神社が八幡宮なので（後一条天皇万寿二年創建、その盛んなころは附属神護寺に三十六坊あり田舎の神社としては宏壮なものであつたが後に衰へた）種々の関係からして八幡宮の祭神に就ては私も特に多年考慮させられて来たのである。

全国津々浦々に鎮座されてある八幡宮の中には地方の英雄を祀《まつ》つて八幡宮と称号したものもあらうが本筋の系統から云へば宇佐神宮が御本社で祭神誉田別尊、比売神、大帯姫命の三座となつて居る。（官国幣社八幡宮にも祭神名同一でないのもあるが、）宇佐八幡宮も実は昔の大隅の正八幡宮（今の鹿児島神宮）の御分社であるといふ人もあるけれど宇佐を八幡宮の本社とみる方が妥当であらう。その御主神は果してどなたであらうか。古来随分種々の意見が行はれて居るやうであるが、応神天皇（誉田別尊）とするのが普通であるけれど或ひは彦火々出見尊《ひこほほでみのみこと》ならんとも考証し或ひは鵜草葺不合尊《うがやふきあへずのみこと》ならんとも云ひ、又は神武天皇の第三皇子であらうとか、宇佐国造の祖先だとか色々の意見があつて相応に何《いづ》れも聞くべき理由があるやうでもある。栗田先生は託宣集に引いた阿蘇縁起、住吉縁起、大隅宮縁起、香椎宮縁起等を参照して八幡大神を彦火々出見尊とし比咩大神を豊玉姫命《とよたまひめのみこと》として居られる。三代実録貞観十二年の条に天皇が石清水八幡宮へ奉られた告文《かうぶん》には『我朝ノ顕祖ト御座シテ云々』とあり、宇佐八幡宮へ奉られた告文には『我朝ノ大祖ト御座シテ云々』とある。大祖とか顕祖とか尊称されるところから云へば応神天皇を称し奉るとしては妥当と思へぬので彦《ひこ》火々出見尊《ほほでみのみこと》とか或ひは神武天皇とかの説が有力視されてくるわけである。伴信友翁の如きは宇佐八幡宮は西の第一殿を応神天皇、中央の第二殿を田心姫命、湍津姫命、市杵島姫命、第三殿を神功皇后と考証して居られる。中央の第二殿を三女神なりとの説は内務省の神名牒などでは否定的に疑つてあるが、何しろ遠き昔の昔からの大社でありながら、書紀にも古事記にも宇佐宮のことが少しも書いてなく、突如として続日本紀に見えるのが始めであつて、文書の上から考証することは全く困難な大問題である。豊前志宇佐郡の条には、敷田年治翁が宇佐宮雑徴の中に『中殿に八幡大菩薩宇佐宮、西殿には比売神社、東殿は大帯姫廟神社なり、今鎮座の次第を乱し、中を比売神社、西を八幡大神と誤称せり』とあるを反駁し、竜田神社の例を引きて右を第一とせる古例もありとし、社伝の如く西を第一として八幡大神、中を第二として比咩大神、東を第三として息長足比売命と主張してあつて、社殿の順位に就ても随分考へさせらるるところがないでもない。

×　×　×

私の考へはどうであるかといふと——これは天行居の定説として発表するのでないこと勿論であるが——宗像三女神と宇佐神宮とは密接な関係があらうと思ふ。紀一書にある三女神降下の地たる葦原中国之宇佐《あしはらのなかつくにの》島が地理的には何処《どこ》であつても私の信念は動かない。それでは我朝の大祖とか顕祖とか尊称し給へる神は其の三女神を指し奉るかといふとさうではない。私は宇佐八幡宮本来の主祭神は畏けれども天照大御神《あまてらすおほみかみ》であらせられるとの信念を多年抱いて居るのである。私の想像を露骨に云へば、神武天皇御東征の途次このところに滞在せられ、三女神の深き御幽契のあつた其のところ、恐らくは三女神を祭つた神社があつたであらうと考へられるが其処《そこ》へ神武天皇が天照大御神を鎮祀せられて肇国の大業を祈念し給ひ、そこから東方へ向ひ給ふ途次また太古以来の斎場たる石城山に成らせ給ひて天神を鎮祀祈祭し給へるものと確信してをる。宇佐宮には後に応神天皇、神功皇后を併《あは》せ祀《まつ》られたものであらうと考へられる。神武天皇が天祖を鎮祀し給ふ場合かならずや天上将来の神器を御霊代《みたましろ》として祭られたのであらうことも考へられる。

×　×　×

八幡太郎義家は戦場に於て弓を以て水を祈り求めて験を得たが、そのとき石清水八幡宮を遙かに拝して祈念したと伝へられる。然るに弓を以て水を呼ぶ神法は天照大神を祈念すべき古伝がある。石清水八幡宮は宇佐宮の御分社であるが、その御主祭神が天照大御神であらせられるならば、さもあらんと思はれるのである。

×　×　×

日本国臣民にして古来重大な責任を負うた人も随分あるが、神護景雲年間勅命を奉じて宇佐神宮に向つた和気清麿公の其の時の立場ぐらゐ重大なものはなかつたであらう。眼を閉ぢて其の当時の事情を想起すると筆舌の及ぶところでないのである。この皇国空前絶後の重大時機にあたり、畏《かしこ》くも天皇の御夢に入らせ給ひ、また万世不易の神教を清麿に垂れたまひし大神は、いかなる大神であらせ給ふであらうか。

私は一昨年（昭和五年）十一月二十日、県社佐波神社（主祭神は天照大御神《あまてらすおほみかみ》にして神功皇后御みづから斎主として鎮祀したまふ）に参拝の途上、思ひがけなき人（天行居の同志に非ず）より突然宇佐神託の画幅（岡吉胤翁筆）を貰《もら》つた。それから五日後の二十五日には前月来の予定通り伊勢神宮に参拝し、その帰途二十七日の朝は京都の護王神社の大前に清麿公の神霊を拝し、その翌年（昭和六年）一月上旬には阿蘇山方面へ向ふ途中先づ第一に宇佐神宮に参拝いたし、無量の感慨に打たれた。

古史に著《いちぢ》るしき神功皇后に憑《かか》らせ給ひし大神たちと宇佐神宮の祭神と無関係なものと考へることは、私には出来ないことであるが、そのことに就ては又た何れ愚見を述べる機会もあらうと思ふ。

× × ×

或る種の学者は神祇を自然神と人文神とに区別して考へる。つまり上古の貴人の如きを人文神として上古土俗の信仰の対象となつた霊界的存在を自然神と見て、それで神々の系譜等も整理され得るものと考へて居るらしいが神祇とは何であるか其の実相が根本からわかつて居らず神と人との関係がわかつて居らぬのであるから如何《いか》に所謂《いはゆる》科学的研究に努力されたところで次第に真実から遠ざかる結果となるだけのものである。たとへば大山祇神《おほやまつみのかみ》とは如何なる神であるか、或る種の学者は上古に於て主として山岳部落に勢力を有した貴族だと考へたり、漠然と山岳の怪異を主宰する霊物だと考へたりする。大山祇神が如何なる御風貌の御方で如何なる御服飾の大神であるかといふやうなことは無論わかつて居らぬ。（神祇の御姿を霊眼で見たといふやうな場合のものはアテにならぬ、その霊眼が如何なる程度まで正確であるか、或ひは如何なる霊物が神を擬装して感応したか保証し得られない。）肉眼を以て現実に神祇を拝し得たものであつて、しかも斯《か》かる事実に関聯《くわんれん》した周囲の諸事実と合致した証拠の現存する場合に於て、吾々は始めてこれを信ずるのであるが、斯ういふことは極めて稀《ま》れに許され得ることである。さうした稀有の事実によつてわれ〳〵の認識は成立して居るので、種々の学者の御苦労せられる神祇研究といふやうなことに敬意を表しかねることを諒解して貰《もら》はねばならぬ。因《ちな》みに云ふ、或るところに大山祇神の御像として、鉢巻をせられて弓を持たれ荒菰の上に坐し給へる御姿図があるが、恐れながら真実の御姿とは似てもつかぬものである。

豊受姫神《とようけひめのかみ》は須佐之男神《すさのをのかみ》の神霊の仁慈の方面の御分魂であらせられると吾々は云ふのであるが、それならば和久産巣日神《わくむすびのかみ》の御子といふ伝へは嘘かといふと嘘ではない。斯ういふことは普通人に理解され得るやう言ひ現はすのに此世の言葉を以てすることは困難であるが、強《し》ひて俗解して其の髣髴《はうふつ》を語るとするならば、和久産巣日神が豊受姫神を化生し給ふときに須佐之男神の御分魂が来格合体せられたとでも申さうか、どうも外に吾々の心もちをしつくりと表現する方法を発見し得ないのである。

私が今こんなことを筆先きに述べるのは不謹慎のやうであるけれども、一例を挙げて他の多くの場合の消息を考慮されるときの参考に便しておきたいと思ふからである。尚《な》ほ序《つい》でに言つておくが、紀記編輯《へんしふ》当時すでに古伝の消滅したものや種々の訛伝《くわでん》も混交して居るといふことを腹に入れて置いて頂きたいことで、紀記に記載されて居らぬことは一切信じ得ないといふことは頑冥《ぐわんめい》なことである。実在せる事実は文書を超越して実在せる事実である。

人から出た神（人が死んでから神になつた）でなく、神から出た人である。人から出た神と見えるのは、神が人から神に帰つたのであつて神が本である。これが学道の眼目であらねばならぬ。これを諾《うけ》がはざるものは如何《いか》に人格清高の神道学者、神道主義者といへども其の言ふところ自然と道にそむき往々にして正に似て邪となるのである。

×　×　×

神話の世界的研究といふやうなことは一つの学問として悪いことではあるまい。けれども私ども多年云つてるやうに、神界の実消息が世界各地に訛伝《くわでん》したといふことを認めず、逆に種々の神話が反影して日本の古伝も結晶したと見ることは甚《はなは》だしき誤りである。斯《か》ういふ方面の学徒の方針から推論して行けば人皇時代に下つても或ひは応神天皇と神武天皇を同一存在の分伝と考へたり、又た『初国知らす』崇神天皇と神武天皇の関係を疑つたりする。それどころか畏《かしこ》きことなれど天照大御神《あまてらすおほみかみ》の神話は女巫が太陽の祭祀を司《つかさど》り、単に宗教的君長たりしのみならず政治的君長たりし時代に成立したものだなどと辯《べん》じ立てる。今更ら申す迄もなく天照大御神は大千世界の祖神を代表し給ひて太陽神界を知ろしめすと同時に地の神界大府たる神集岳を知ろしめし給ひ、同時に又た伊勢の大宮に鎮まり給ふ大神であらせられ、我が皇室の活《い》ける大祖であらせられ、明治七年十二月二十六日（旧暦十一月十八日）○○○を現界に下賜あそばされたこともある至霊至貴の活ける大神であらせられるのである。いろ〳〵の学者の言挙《ことあ》げや、種々の教祖神道の『お筆先き』など云ふものは、たゞ草木の言《ものい》ふものでなくて何であらう。われらは只《た》だ厳然たる事実を直視するのみである。いかなる名論卓説でも、いかなる怪奇の現象でも、『事実』を知る者の信念の前には、何の興味をも提供し得ないのである。

× × ×

時日が経過すると何事でも訛伝しやすい種々の事情が発生するから、私は此の機会に於て天行居の祭神に就て改めて記録しておくことの徒労に非《あら》ざるべきを信ずる。

天行居三十九柱神といふことを今日でもいふ人があるやうであるが、それは石城山開闢《かいびやく》以前の天行居すなはち所謂《いはゆる》『山の芋《いも》時代』の天行居のことであつて、今日の天行居の祭神は憲範第五条にも明記してある通り古事記及び日本書紀に伝へられたる総《すべ》ての正しき神祇及び歴代皇孫命を奉斎してある。紀記に洩《も》れたる神名の大神達も無論奉斎してあるが、特に紀記に伝へられたる正しき神祇と憲範に書かれたのは怪しげな種々の所謂《いはゆる》カミサマを祀らないといふ精神を明らかにした意味に外ならぬ。さういふ意味から云ふと憲範の中に「殊《こと》ニ……ノ神ヲ奉斎」するといふやうに附記したのは今日から考へると蛇足の嫌ひがあるが、憲範制定当時の事情に於てどんな神々が祭祀してあるか神名の一部分でも知りたいといふ同志が随分あつたので、あゝいふことになつて居るのである。同じやうな事情からして日本《やまと》神社鎮座祭の時も特に数十柱の御神名をよみ上げて『…………ヲ始メ奉リ天地八百万《やほよろづ》ノ神タチ云々』としたのであるが、宇内神界の大府たる神集岳の現界における斎庭《ゆには》たる石城山の中心御殿たる日本神社には正神界八百万神が鎮まられることは今更ら申す迄もなく、又その神霊代《みたましろ》（堀先生一千日の潔斎を以て奉仕されたもの）が左《さ》うなつてをるのである。然らば何故に別に五十《い》猛《たける》神社を建造したりするかと思ふ人があるかも知れんが、それにはそれだけなわけがあることである。今後とても神界の御都合と宗主の考へとによつて別に神殿が造営されるやうな場合もあるだらうと思はれる。山麓の本部神殿は天照大御神《あまてらすおほみかみ》と豊受姫神《とようけひめのかみ》とが主祭神で、やはり八百万神《やほよろづのかみ》が御来格あらせられるやうになつてをる。（その天照大御神及び豊受姫神の御霊代が如何《いか》なる神さびたる伝来のものであるかは天行居の出版物をよく読まれた方々が御承知の筈《はず》である。）申しおくれたが日本《やまと》神社は天照大御神が主祭神であらせられることは今更ら言ふまでもない。天行居では『現界に於ては日本天皇一本、神界に於ては天照大御神一本』といふことが信念の原則的大眼目で、極めて明々白々一点一歩の彳亍《てきちよく》を許さないのである。日本の所謂《いはゆる》心霊科学の代表者を以て任じて居る某文学士は其の機関雑誌に於て、天照大御神も一種のエンゼルだといふ意味のことを公表したが、草木言《ものい》ふものである。天行居の『古道』に連載された神判記実の筆者皇大神宮主典山口起業氏が明治初年に上木した小冊子に於て、

天照皇大神は高天原《たかまのはら》に神留《かむづま》り坐して、天地四方神人事物を主宰し、照臨の神徳至らざる無きの義なり。皇大神《すべおほかみ》は統大神《すべおほかみ》の義なり。宇宙を統《す》べて万神の徳を合せ玉ふの意なり。この大神の神徳を仰ぎ敬恭粛拝するに必ずこの大御名《おほみな》を称《とな》ふべし。若《も》しあやまちて諸々の悪念を萠さば此の大御名を称ふべし、若し諸々の善念を発せば、此の大御名を称ふべし。若し諸々の幸福を得ば此の大御名を称ふべし。若し諸々の災厄を蒙《かうむ》るときは此の大御名を称ふべし。能《よ》く此くの如く心に誠に此の大御名を称ふるときは、悪念は

忽《たちま》ち消して善意に移り、善念は愈々《いよいよ》張りて行ひを遂げ、幸福は益々《ますます》大にして子孫に伝へ、災厄は変改して福祥となり、終身服膺《ふくよう》して此くの如くなれば命終の後必ず高天原に帰して無量の福祉を受け、其徳九族に延《ひ》きて共に娯楽を蒙ること更に疑ひなきところなり、神典を拝読するの実理真要此義に達するを以て第一の深奥とす。

と述べて居られるのは神界の実相に合符せる活《い》ける大事実である。山口の大人は如何《いか》にして斯《か》くもめでたく明らかに言ひつくし給ひけむ、そのとき大人の筆端に正神界の然るべき神が憑依《ひょうい》してしるされたものとしか思はれぬ。此の小冊子は私は今年の夏始めて手にしたのであるが、読んで此の一節に至り、立つて手を清めて来て又た繰返し拝読した。天行居で多年唱道して居るところ其のまゝを六十年前に於て書いて居らるゝのであつて、此の一節は一言一句悉《ことごと》く吾々の信念そのまゝである。私の書いたものは読まれずとも、此の山口大人の短章一節は壁に題して毎日心読して頂きたいと思ふほどである。これは理窟でなく、神界の実相そのまゝの活ける事実だからである。この光輝ある人類の喜びを、どうにかして一人でも多くの地上の人々に言ひ聞かせたいものである。

古語拾遺に於て斎部広成が慨然として「天照大神は惟《こ》れ祖惟れ宗、尊きこと二無く、自余の諸神は乃《すなは》ち子乃ち臣」と喝破せるは道理ある古伝を述べたもので、天照大御神の生れませる以前の神徳洪大の諸々の祖神の神徳は天照大御神を通じて顕幽両界に光徹して居るのである。俗な言葉を以て云へば天照大御神の顧問格、後見格に伊邪那岐大神《いざなぎのおほかみ》が控へて居られ、又た極めて重大な問題に就ては大御神より天津真北《あまつまきた》の高天原《たかまのはら》（紫《し》微宮《びきゆう》）へ伺《うかが》はれたり奏上されたりすることはあるにしても、われわれ人間世界から大神界を仰ぎまつるとき、天照大御神が総《すべ》ての中心であらせられるのである。

× × ×

宇内神界の中府たる神集岳及びこれに亜《つ》ぐべき神界大都たる万霊神岳なるものは我が古典に洩《も》れて居る重大無雙の存在であるが、其の開闢《かいびやく》とでもいふことは凡そ何千年前または何万年前に行はれたことであらうか。何のよりどころもなき武断の論ではあるが私の俗念の直感から云へば、あまり古いことでなく天孫降臨前後の頃ではあるまいかと思ふ。こんな考へは将来訂正せねばならぬ日がくるかも知れんが今日の私としてはどうも其処《そこ》らあたりの年代であらうやうに思はれてならぬ。神集岳や万霊神岳の国土や其処に集散せらるゝ神たちの存在は其れよりも遠く太古に溯《さかのぼ》らねばならぬであらうが、神集岳として又た万霊神岳としての組織統制の成立の年代を私は言ふのである。

神集岳の地図を拝観すると、その中に種々の宮殿や神府のある外に、別に特に大国主神《おほくにぬしのかみ》を祀《まつ》った神社があつたり天満宮があつたりするので、或ひは奇異の思ひをする人があるかも知れんが、神集岳にせよ万霊神岳にせよ其の中の建造物が始めから一定不動のものではなく、現界同様に（稍《や》や趣きの異る点はあつても）後世に又た新たに創建されたりすることもあるわけで、天満宮の如きは神集岳に住居する俗人（？）の信仰事情等によつて建てられたものであらう。神集岳といつても一つの山岳のやうなものでなく大きな国土で、長塩大人の測定では九州の約二倍位ゐの面積だらうと云はれるが、先づ其れ位ゐか、或ひはモット大きいやうにも思はれる程であつて、神祇の宮殿や其処に奉仕する役人のやうなものの楼宅の外に普通の俗人（？）の住居する地域もあつて其の俗人（？）の数も何百万を以て算し、現界とは趣きを異にすれど皆な或る種の活計事業に従事して居るのであるから、天満宮のやうなものが造営された事情等も相応に推想し得られることで、天満宮があるから神集岳は僅《わづ》か千年位ゐ前に出来たものだらうといふやうなつまらぬ考へを起すには当たらないことである。

神集岳の主神は申す迄もなく天照大御神《あまてらすおほみかみ》で伊邪那岐神《いざなぎのかみ》が顧問格に控へて居らるゝやうであるが、併《しか》し神集岳に於ける天照大御神、伊邪那岐神の宮殿は行宮《あんぐう》のやうな性質のもので、其の根本的の宮殿は太陽神界にあるやうである。神集岳にある根本的の宮殿の主たる神は少彦名神《すくなひこなのかみ》である。神集岳及び万霊神岳を統制的なものにして組織された主神が少彦名神であらせられるやうである。私の想像にまかせて愚見を述べるならば、須佐之男神、五十猛《いたける》神、八意思兼神《やごころおもひかねのかみ》の系統の神々、又た大国主神、少彦名神の系統の神々は現界的に海外諸国の開発経営に当られたと同時に、大国主神は幽界の整理統制に努力せられ、少彦名神は神仙界の開拓組織に努力せられたやうに考へられる。（以上の神々が我が日本国土の開拓経営に努力せられたことも勿論である。）斯《か》ういへば神界と神仙界は同か異か、神界と幽界とを区別していふ場合その定義如何《いかん》といふやうな問題も起るかも知れんが、私が此処《ここ》にいふ場合に於ての意味は、大国主神が整理統制につとめられた幽界といふのは地に属する現界生類の死後の生活社会を全般的に概言するのであり少彦名神が開拓組織につとめられた神仙界といふのは神集岳、万霊神岳を中心として、地上随所にある大小幾多の所謂《いはゆる》神仙界であり、神界と神仙界とは区別無しと断言して差支へないと思ふのである。神仙界の仙といふ字が人々に種々の誤解を惹《ひ》き起させやすいが、それならば神仙界を神祇界と言ひ改めても可《よ》い。支那や日本には昔から仙人といふものがあり、普通の人間よりは生活状態が神妙自在であるが神様よりは下等なものだといふやうな考へがあり、(此の考へは或る程度まで正当であるが)神仙界といへば神界より下等の或る霊界だと思つてる人が、吾々の尊敬せる先輩の中にもあるが、神界にも高下大小幾多の段階境界あり神仙界といふも亦《ま》た然りであつて、要するに同一のものなのである。人間から肉身のまゝで仙人になり其の成績の上等なのは其のまゝ上天したりして神様らしいといふやうなことを考へる人があるが、人間そのものが本来神であつて神変不思議の存在なのである。私どもが常に『神から出た人』といふことを強調することを忘れられてはならぬ。それならば『おらは神様か』といふと人は人であり神は神である。人にも霊妙な神徳哲理を解し又は高級の文芸美術音楽を味ふ人もあれば殆《ほと》んど動物の毛の抜けたやうな人もある如く神といつても神にも高下清濁の差等があつて、『神も人も同じだ』といふのは野狐の悪悟りで、そんなことは従来何度も反覆して説明したから玆《ここ》にはくど〳〵しく申さぬ。

　スクナヒコナといふ御名義は、大名持《おほなもち》に対する義で、漢字の意義通り小または少を意味するやうに昔から説く人が多いが、果してさうであらうか、天神の指の間から洩《も》れ落ち給ひしとか羅摩《かがみ》の舟に乗り鷦鷯《ささぎ》の羽衣を着て海上から出現し給ひしとか伝へられるのみならず照道大寿真の言葉として河野久氏が書き残したものの中にも大に対する小の意味があるやうなことが見えるから私は直ちに其の解釈を否定するものではないが、小または少の意味をスクナシといふ言葉は比較的後世に派生したものではあるまいか。スクナヒコナといふ本来の意義から云へば、スクナ（スクネ）は直根《すぐね》であつて後世の宿禰《すくね》と同じものであつて、直系貴神といふ意味なのである。少彦名神は祖神中の祖神たる宇麻志阿斯訶備比古遅大神《うましあしかびひこぢのおほかみ》の御別名であるとの説を称へる人もあり、水位先生も左《さ》うであるらしいやうにもいつてをられるが、（植物から人類が化生したといふサモア神話のやうなものを引き合ひにして葦芽《あしかび》ヒコヂノ神を説くのは只《た》だ愉快な人たちの仕事で、実は葦芽を斬《き》つてみれば或る太古神伝の祕機の一つを窺《うかが》ふことも出来るが、そんなことは詳しく述べられぬ。）それは兎《と》も角《かく》として北極紫微《しび》宮《きゆう》直系の大神であることだけは間違ひない。記には神産巣日神《かみむすびのかみ》の御子となつてをり紀の一書には高皇産霊神《たかみむすびのかみ》の御子と伝へられて居るが、事実はどれが本当であるか天の岩戸が明けるまでは吾々にはわからないであらう。或る筋の正しい物の中に大司命天皇太帝代命東海少童君破軍符といふものがあるから少彦名神は伊邪那岐大神《いざなぎのおほかみ》の代命神であらせられるには相違あるまい。旧事紀饒速日命《にぎはやひのみこと》供奉三十二将の中に少彦根命といふのがあるが直系貴神の名義であるから其れに似寄つた名を称へたものもいろ〳〵あつたであらうけれど、神集岳の肇造者たる大神の少彦名神は固《もと》より一柱で、時には老翁の如く時には少年の如くに御姿を示し給ひ、神異無比とも申すべき大神であつて、或ひは大国主神《おほくにぬしのかみ》と兄弟の盟約をして国土経営また医療禁厭等のことにも従はれたといふが本来御一柱の神の自在なる神変であるのである。少彦名神を東海少童君と称することも道理あることで、海中の神仙界をも統制して居らるゝので、海宮との御関係等を考へると益々《ますます》くしびなことも思ひ合されるが、軽々しく言挙《ことあ》げすることはよくないであらう。わが皇典に少彦名神が海中から出現せられた伝へのあるのも或る実伝から出たことである。

× × ×

北極紫微宮《しびきゆう》が実は北辰星でなくして、今日の天文学的には何等考慮の及ばない存在の一大国土であるが如く、神集岳や万霊神岳の国土も何万年前にか何十万年前にか地上に存在した国土が地学的異変のために消滅した其の国土の幽体ともいふべきものによつて形成されて居るものではあるまいか。そして其れが今日の現日本国土の或る上空に存在して居るのである。

英国人チヤーチ、ワード氏の多年の研究によると、世界文明発祥の国土は今の太平洋中にあつた（南アフリカ洲位ゐの大きさ）一大国土であつて、それが約一万三千年前に噴火と地震との為めに六千余万の住民と共に海底に陥没して了《しま》つたものだと云ふ。それは「舞《む》」といふ光輝ある文化を有した国土で、印度《インド》や埃及《エジプト》方面の文明なるものも皆な此の「舞」の国から派生したものだといふのである。斯《か》ういふ研究が如何《いか》なる程度まで学問的価値あるものか其れは私のあづかり知るところでないけれど、一も二もなく否定し去るわけには参るまいと思ふ。

わが紀記の創世記の如きものは、此の『舞』の国の存在を表面認めて伝へて居らぬこと勿論であるが、この英国の篤学者の研究が学界から承認される日が来ても、何の不都合も感ずるものではないのである。先年来いつも申すことであるが、わが神典の古伝は昔時の日本人に必要にして又た認識し得られる範囲に於て伝へられてあるので、そのことをよく腹に入れて物事をみねばならぬ。私一個の考へから云へば此の『舞』といふ国の存在学説が将来一層権威を生じて来た方が、われ〳〵の信念を裏書するには却《かへつ》て有益であらうとさへ思ひ、殊《こと》に其の『舞《む》』といふ国号の名義には多大の興味をもつものであるが、これ以上のことを書くと叱られるから此の問題はこの程度にしておく。

×　　×　　×

わが中古に応化出現された一大神人日本《やまと》武　尊《たけるのみこと》の御幼名は何故に小《を》碓　命《うすのみこと》と申上げるのであらう。世界の神祕は此のウスに籠《こも》つて居るのではあるまいか。建内宿禰は幼帝の身代りに『この御酒をかみけむ人は其鼓ウスに立てゝかみけれかも』と謌《うた》ひ、応神朝吉野の国栖《くず》も横臼に大御酒をかみ入れて献上したと伝へられる。ウスの語はウサと同義だと信ずるが其れに就ての考へは未《いま》だ発表いたしかねる。古来わが民間の俗信では厩《うまや》の火事のときは農家では真ツ先に臼を除《の》ける。それでなければ馬は厩から出ずに焼死すると伝へられて居る。耶蘇《ヤソ》は何故に馬槽《うまぶね》に生れたのであらうか。世界至るところに伝流して居る洪水神話に於てうつろ舟と臼とは同一に取扱はれて居ることとは少しく比較神話学を覗《のぞ》いた人が誰れでも知つて居るところで、台湾アミ族の話、今昔物語本朝の部巻十六土佐国妹兄行往不知島の話、ノアの方舟《はこぶね》の話、印度支那の山地バナルの伝説、バビロニアでは王サルゴンが父なくして生れ、母なる巫女《みこ》が葦の舟の中に入れて川に流し、ギリシヤではアルゴス王が娘と其の生んだ子を箱に入れて海中に棄《す》てる。印度では或る王女が子供を蠟を塗つて柳の籃に入れて川に流し、呂氏春秋巻十四では伊尹《いゐん》の話があり、洪水と臼とが聯想《れんさう》され、臼から水が出ると大水が起ると予言され、その大水後妊婦の化したうつろの桑の木の中から主人公の伊尹が生れたことになつてをる。こんな古伝説は世界の至るところに多少の色彩を変へつゝ存在する神さびたる物語りで、よりどころの怪しい子供を水の神判に委《ゆだ》ねる古風俗の世界的に反映したものとするフレーザーの見解のやうに簡単に取扱ひ去るわけには参らない。易では断レ木《きを》為レ杵《きりてきねとなし》、掘レ地為レ臼《ちをほりてうすとなす》、臼杵之利《きうしよのり》、万民以済《ばんみんもつてわたす》と微言して孔子（？）の筆端に賊機を蔵し、黄帝内伝には、帝既斬二蚩尤一因剏二臼杵一《ていすでにしゆうをきりよつてきうしよをはじむ》、と云ふ、事は相似たりである。結毦録《けつじろく》、中の四には『宝永六年己丑の秋より冬に至るまで五畿内及び近江、越前の人家の石臼、一夜の内に目を切り、新なる如し』と異事を伝へて居るが、そんなことはどうでもよいとして、ウスは世界の神祕の渦の中心であることだけは将来地上人類に明白に認識される時節が来るであらう。そして其頃には『舞』の国のことも、神集岳のことも、昭和二年十一月二十二日の山上の天啓のことも、次第に明らかとなるであらう。

× × ×

土俗学などいふものから卑俗な見方をするならば臼と杵との関係から性的な種々の古風俗が考へられ、結婚式と餅搗に関する古来各地の習俗や、安産の呪術との関係や色々のことが問題となり得るわけで、やがては信濃の善光寺の本尊が臼の台座の上に据ゑてあることまで考へ及ぼすのも一応尤《もつと》もな次第であるが其等は何れも影響の論であつて、臼の神祕から派生転訛《てんくわ》し去つたことで、とるに足らないことである。ウス（臼、碓）はウツ（珍、鬱）と同語源であつて鬱の平声《ひやうしやう》は雲であつて、雲は王分切また于分切であつて音は云に夶《したが》ひ、説文山川の気を言ひ、雨に从《したが》ひ、云は雲の回転の形を象り、云の言は氤氳であつて運の言またこれより出たのであることは長井江衍氏の『嗛雅』にも云ふところであるが、長井氏が太古神法に知るところなく、せつかくの鬼才を以て此処《ここ》まで研究が届きながら、それから先きの神秘に全く盲目であることは惜《をし》いことでもあるが当然のことで、人間の寄りつけるところでない。序《つい》でに言つておくが私は長井氏の学説には大反対の点多きも此の一節は是認して居るといふ迄のことである。

木を断りて杵となし、地を掘りて臼となす、臼杵の利万民以て済《わた》す、蓋《けだ》しこれを小過に取れりと繋伝に云ふ。小過は ䷽ は飛鳥の象であり夏至の卦である。一昨年（昭和五年）夏至前二旬、中天に白鳥の異象を拝したことは既に江湖同志周知のことであり、それより約二年四ケ月にして本年八月、秩父武甲山に日本武尊《やまとたけるのみこと》の神劔が鎮まり、白鳥神劔神社の鎮座となつたのであるが、小過は既済（天関打開）の直前なること又た易書を手にすれば三尺の童子も知るところで、時期は愈々《いよいよ》切迫して来たのである。小過のウラは中孚 ䷼ で利渉大川、乗木舟虚也といふのはウツロ舟でありノアの方舟であり臼であること勿論である。中孚の九二、鳴鶴在陰、其子和之、これ先月『壬申陰符』なるものを書いたわけで、言に忌《い》むところあつて含糊を免かれざるはやむを得ない次第である。既済九三、高宗伐鬼方、三年克之、日本武尊が九州及び東北の鬼方を伐たれたることをのみ言うたのではない。また昨年来の満洲の風雲のみを記莂《きべつ》したものでなく、事は今後に繋《つなが》るのである。易に高宗といふのは殷王武丁の廟号で、武丁の三十二年鬼方を伐ち荆に次す三十四年王師鬼方に克《か》つとある汲冢紀年の記事と応ずるのであらうが、それは皆な仮託の囈語《げいご》である。大地今昔を掌上にみる神仙は東西種々の人々に憑つて祕機を断片的に洩らして居るので、日本では又た全日本人が襁褓のときから炉辺で聞きあかされて居る桃太郎の話も其の一つである。舟であり女陰であり臼であるところの桃に乗つて水上を流れてくる霊異の子は三年にして鬼方を伐ち、万民以て済《わた》すに至るべきであるが、それには犬も猿も雉も供にせねばならぬが、この諸君少々上品であつて団子を見せなければならぬので聊《いささ》か骨が折れるが、その辺に又た興味もあらうといふものである。

われ〳〵は昨年に於て明年中（即ち今年）に岩戸開きの柱立てだけは出来ることを予言公表した。そして其の通りに満洲国が生れて来た。しかし問題は愈々《いよいよ》今後に存するのであつて、爺《ぢい》さん媼《ばあ》さんは此頃団子をこしらへて居る最中である。

×　×　×

天行居では二年四ケ月といふことを云ひ、又た其の三倍の七年で人天万事の応あることをよく申すが、年月にも大小平閏があるやうに多少の前後はあるので、大体のところを云ふので、具体的に云へば二年四ケ月と云つても二年二三ケ月または二年五六ケ月で応ずることもあるのである。実を云へば七十二日の十二周を大数的に二年四ケ月と云つてるので、七十二日といふのは神名木車《かなぎぐるま》の中央宮所属たる五、六八、二三、三二、七七、一四、五九、五〇を除いた七十二宮にいふので、これ神僊《しんせん》七十二界に応じ七十二神の司《つかさど》るところである。小さく云へば道俗ともに七十二日後（即ち七十三日目）または其の半径三十六日後（即ち三十七日目）または七十二の倍たる百四十四日後（即ち百四十五日目）に応ずるので、これは諸君が仔細《しさい》に吟味さるれば自知されるので、それは予期精神の作用だと思ふ人あらば、日記を詳しくつけて居られるならば過去数年に溯《さかのぼ》つて研究してみられゝばわかるのである。昨年（昭和六年）の第一回山上修法に於て暗雲襲来の予防につとめた結果その七十二日後に如何《いか》なることがあつたか、又た今年春の赤間関海底神劔清祓の三十六日前に於て天行居が何を授かつたか、何れもあらかじめ計画して拵《こしら》へたことでなく突発的のことであるが、そんなことを一々詮議立てれば際限のないことで、これは日に応ずるのみならず遠くは月にも応じ年にも応ずるのである。

神名木車の図は大正十二年刊行の『天行林』に於て始めて発表したものであるが、アレに書いてあるやうな程度のものと思はゞ飛んでもない間違ひで祕機に関することを公刊物などに書くわけがないのである。又た今春以来私は新たに其の運行法の一部を発見した。(其頃これを易に配当したことだけは私の俗念の産物で、つまらないことであつた。易を配当するならモツト合理的な方法があつた。)

神名木車に関することも実は或る神祇の啓導によつたものなることが近頃になつて漸《やうや》くハツキリとわかつた。何も彼も神祇の啓導や先輩の遺産継承だけれど『これだけはおらの発明』だと自負して居たこともケシ飛ばされて了《しま》つた。何も彼も段々と引き去られて清算書の帳尻をみると、ゼロになつてるのは、放蕩息子が大陽気大浮《う》かれで騒ぎ抜いた揚句、帳場から持つて来た勘定書を見て青くなつたやうな図ではあるが、しかし此れでさツぱりしたやうな気がする。人間といふものも考へてみると無邪気なものである。

× × ×

日に於ては三十六日、四十一日、七十二日又は九十九日(百日目)或ひは其の倍数に応じ、又た八十一日に奇験があり、月に於ては三十六ケ月、七十二ケ月に応じ、年に於ては十八年、三十六年、四十一年、六十年（還暦）、七十二年、八十一年、或ひは其の倍数に応じて人天の運行を見るは伊邪那岐神《いざなぎのかみ》が空中から大地の生成をみて立てられた惟神《かむながら》の法則に出づるもので、なんだか一寸《ちよつと》考へると支那流の幼稚な俗説に似て居るやうだけれど決して然らずである。併《しか》し何等か神界摂理の活機によつて多少の前後はある。人間が母胎に宿つてから二百八十日を経《へ》て出産するといふのが惟神の法則であるけれど（実は二百八十八日）それでも時に多少の前後があるやうなものである。

日本《やまと》神社鎮座より二年四ケ月にして日本武尊《やまとたけるのみこと》の神劔が天行居に移られた。そして今年の夏、同志諸君の努力及び地方有志の後援によつて秩父武甲山上に神劔が鎮まられたが、このことは実は今年より七十二年前の万延元年に宮地常磐翁が手箱山上に神鉾《みほこ》を樹てられた時、すなはち神人両界にわたる天関打開運動の正神界の正式活動開始に応ずるものである。尚《な》ほ此のことに就ては大いに天下を警醒したいこともあるが未《いま》だ其の言挙《ことあ》げの自由を有する時期に到達してをらぬ。万延元年の正神界活動開始前後より神界経綸の一端を洩《も》れ聞いた種々の老魅どもが神名を名乗つて各方面に出頭没頭し始めたことは日本国内ばかりのことでないのである。序《つい》でに云ふが、本年八月十八日夜帝都大修祓神事より三十六ケ月前の昭和四年八月十八日夜は私が手箱山に居り、本年八月二十一日白鳥神劔神社鎮座祭より三十六ケ月前の其日は私が始めて大三島の大山祇神社へ参拝した日に当たるが、いづれも事後に思ひ合して驚いた次第である。二十一日に定められたのは日曜を選んで奉仕者の都合を考へられたので十八日のことは日程の都合上自然的にさうなつたのであらう。

因《ちな》みに一寸此処《ここ》で云つておくが、唯一神道に属する連中の仕事らしいが昔から数の生成と神道説を習合した祕伝の巻物があつて、随分凝《こ》つたものであるが、取るに足らぬものである。その伝流も奈良朝以前に淵源して居るやうに見せてあるやうだけれど恐らくは徳川初期か古くとも足利末期以来のもので、こんなものは曾《かつ》て二種見たことがあるが好事家の趣味をそゝる位ゐのもので何の権威もあるものでない。その解説には何々の神曰《いは》くとか何とか書いてあるけれど大成経式のもので、或ひは多少の霊覚ある学僧の手になつたものではないかとも怪まれるが、兎《と》に角《かく》こんなものに引ツかゝつてはならぬ。

×　　×　　×

万延元年に正神界を代表して大山祇神《おほやまつみのかみ》が命を宮地常磐翁に下し給ひ先づ手箱山上に神鉾を樹てしめられたことは、極めて重大な意義あることであるが、常磐翁は霊夢に感じたとか或ひは霊媒めきたものの託宣によられたといふやうなことではない。そんなことで動くやうな常磐翁ではないのであるが、このことも此れ以上まだ述べるわけに行かぬ。

万延元年を中心とする其の前後三十六年間といふものは神界に於ても現界に於ても何とも申しやうのない厲機であつた。その大部分は孝明天皇の御治世であるが、光輝ある明治の大時代を開いたところの神気は実に其の時代に胚胎したもので、私は其の時代の容易ならざる艱難《かんなん》を思ふと同時に、偉大なる孝明天皇の乾徳を仰ぎまつる毎《ごと》に無量の感慨に打たれるものである。孝明天皇は艱難を極めた国家の厲機に立ちたまひ、殊《こと》に対外関係に宸襟《しんきん》を悩ませたまひ、食を絶ち御身を以て国難に当らむことを神祇に祈らせ給うたが畏《おそ》れ多き此の事を今日の日本人は忘れてはならぬ。そして今日の時代は七十二年前の其の時代の事情を其のまゝ世界的に拡大したもので、その至重至大な厲機中の厲機に今日の日本が立つてをるのである。

今年十月九日の石城山上に於ける国土修祓の大神事は現幽両界に極めて大きな感応を有するもので、明治五年の神界改革の還暦にあたると同時に万延元年より七十二年に当るのであるが、明治維新より七十二年後の日本は如何《いか》なる状況のもとに立たせられるであらうか。更らに明治五年の神界改革から七十二年後にあたる頃の世界は如何なる色彩を帯ぶるであらうか。

神界と現界とが合せ鏡のやうなもので、相《あひ》応ずることは神道人たる吾々が云ふだけでなく昔から各方面の霊感者が知るところで、たとへば仏道でも律蔵の中に、毘耶離《バイシャリー》城諸栗呫毘《リッチャビー》と摩竭陀《マカダ》国未生怨《ミシャウヱン》王との戦争のとき、目蓮尊者が人の問に答へてドッチが勝つかを予言したことが正反対の結果となつた、そこで目蓮ほどの霊感者も非難攻撃に包囲された、そのときに苦労人の釈迦が出て来て、

凡そ人、戦闘を催すとき、神祇まづ空中に闘ふ、此の国の神祇戦ひ勝つときは此の国の人勝つことを得、敵国の神祇戦ひ勝つときは敵国勝利を得て此国必ず敗北す、目連記する時に当りて広厳城の神祇戦勝ち、王舎城の神祇敗北す、後河岸に至りて王舎城の神祇勝利を得て広厳城の神祇敗北す、目連は其の初めを記して後の敗北を記せず、目連に咎《とがめ》無し、但《ただ》し霊感力不足なり

と云つたと書いてある。そのころ神通第一と云はれた目連よりも釈迦の方が少々正確であつたらしい。

× × ×

本部の宝庫の工事も愈々《いよいよ》竣成したさうであるから、充分にコンクリートの湿気が放散し尽すを待つて、私

が謹んで保管して来た神物御物も大部分奉還して奉安し得るわけで、さうなれば私も愈々安心であるが、その神物が如何《いか》なるものであるかといふやうなことは到底申上げることは出来ぬ。たゞ其の御物の方の中の一つに就て此の機会に謹述することを許して頂けば、孝明天皇の御草履の御事に就て申上げたい。

つゝしみて拝し奉るに、その形状等普通日常御用ひのものでなく、多分御即位大嘗祭の当夜御潔斎あそばされ天神地祇御親祭の御みぎりの御料なるべしと確信するが、これは後に天皇御不例の折、御撫物として当時の御室の宮様（仁和寺《にんなじ》、小松宮）へ御下げ渡し遊ばされたもので、それを又た後に小松宮様へ仕へて居た宮崎玉緒氏を経て《へ》堀先生の令尊堀大和大椽豊久大人へ下賜されたもので、昭和三年の一月に堀先生から私が拝戴したものである。孝明天皇の御即位弘化四年から昭和三年が八十一年後に相当することも一奇である。

（小松宮彰仁親王殿下は御四歳の御幼少弘化五年仁和御室を嗣《つ》ぎ給ひ、御年二十三、慶応三年十二月九日勅命を奉じて御復飾、東征西伐以て維新の大業を翼賛し給ふ、明治二十三年陸軍大将に進ませられ、同二十八年参謀総長に補せられ給ひ、同三十一年元帥の称号を賜はる。宮崎玉緒氏の書かれた短篇は寿書外篇第一巻にも収めたと記憶するが桜花の絵が上手で明治天皇へ桜花百種を写して献上されたこともあると承《うけたまは》つてをる。私が堀先生から貰《もら》つた玉緒氏の短冊の中にも桜花を描いたのが一枚ある。石城山の本部へ納めた天珍女命の額は明治初年頃有名な置絵の大家が製作した置絵であるが、その下絵は玉緒氏の筆になつたものであると、堀先生から聞かされた。）

斯《か》ういふ御物は必ずしも天行居に於て永久に保蔵し奉らねばならぬといふやうなわけはない筈《はず》で、将来然るべき筋から御話しがあれば奉納すべきところへ奉納すべきであらうと考へられる。

× × ×

宮地常磐翁の手箱山開きのことを書いたから其れに関聯《くわんれん》した小話を一つ述べる。——常磐翁が神命を受けて愈々《いよいよ》登山の決心をせられた頃、或日見ず知らずの子供がやつて来て、山上の鎖は斯《か》く〳〵の鉄工所へ註文して来たといふ。それから何日か経《た》つて登山のとき、その子供もやつて来たが、一行のものが山上に辿り着いて、これから愈々鎗を立てたやうな最頂上の懸崖を攀《よ》ぢ登つて鉄の鎖をかけねばならぬといふ段になつて全く途方に暮れて了《しま》つた。山に慣れた剛の者でも側面の岩角を猿の如く伝うて辛《から》うじて登り得るところの峻嶮《しゆんけん》で、殊《こと》に正面は百数十尺の斬《き》り立てたやうな岩面であるから身一つでも人間業では容易のことでない。そのとき突如として例の子供が五六十貫といふ鉄の鎖の一端を持つて、隼の如く電光石火の勢ひで正面から其の岩壁を駈け登つて了つたので、一同のものは唖然とし、さすが腹の据つた常磐翁も此の時ばかりは胆をつぶされたさうである。そして其の鉄鎖の寸法も長からず短からずピタリと合つて居た。この子供は実は神界から来た異童ではなく其の山麓の或る農家の子供なのだが、一時的の神憑《かむがか》りであつて、其後は何の奇も妙もなき平凡な子供であつた。この話は水位先生の従妹に当られる浜田満寿子刀自が先年私の草廬を訪ねて下さつたとき親しく刀自から聞いた話の一つである。（満寿子刀自のことは異境備忘録の中にも書いてあつたと思ふ。）

石城山開きについても何千貫といふ日本《やまと》神社の手水鉢石が数十名の人夫を驚かして適当の場所へ辷《すべ》り寄つ

たやうな話が色々あつて同志諸君の耳目に新たなるところであるが、愈々《いよいよ》の場合になればどうにかなるものである。

われ〳〵の謂《い》ふところの古神道霊学なるものは決して科学を笑ふものでもなく軽んずるものでもない。われ〳〵は科学を重んじ科学を愛し科学の及ばざるところを霊学を以て補助し又は霊学を以て科学を指導し霊学を以て科学に生命を与へむとするものである。科学万能を夢むるものは勢ひ神祇を無視するに至る。神祇より出でたる人間が神祇を無視することが邪道の根本である。そして神祇と人間との関係について正確な認識を与ふるものが天行居である。

×　×　×

どこかの天満宮に奉仕する人が菅公出家説を発表したといふ話を聞いた。このごろは何でも科学的研究とかいふことが流行《はや》つて、その結果が世の中に有害無益であつても一応の道理あるやう見えることは発表して自分の見識を慢することが学徒的天分であるかのやうに思はれて来た。古へは、たとひ理があつても治に益無きことを言はず、能があつても事に益無きことは為さぬといふのが学者的態度であつた。（文子曰《ぶんしいはく》、有理而無益於治者君子弗言《りありともちにえきなきはくんしいはず》、有能而無益於事者君子弗為《のうありともことにえきなきはくんしなさず》。）それだのに此のごろは治に益無きのみならず其の理も実は立たぬ団子理窟を竝《なら》べて得々たる先生の多いのには驚く。まつたく草木言《ものい》ふ世の中になつて来た。

菅公が仏教に興味をもち給ひ、当時の仏道の大家と親交あり、灌頂まで受けられたであらうことは今更研究する迄もなく古来明々白々の誰れも知る事実である。今日に伝はつて居る菅公筆の写経をみても又た公の作詩を読んでもわかることで今更ら言挙《ことあ》げするほどの問題でも何でもない。菅公が如何《いか》なる神の応化身であつても人間界に在つて肉体を有せられる間は決して純粋の神ではない。父母の血肉を受け先祖の遺伝や生後環境の関係を脱出することが出来ず又た自身に何々の神祇の応化身たることを現世生存中は自覚し能《あた》はぬのが幽政の原則である以上、その精神生活も当然『人間的』であるべきであり、人間的である以上其の時代々々の空気を呼吸するのは余りにも分明なことである。菅公時代のインテリで仏道を修せざるものは居らぬと云つても殆《ほと》んど過言ではなかつたであらう。今日の教養ある人々が大なり小なり自然科学を修せざるものなく知らず識らず自然科学の信仰者ならざるものなき有様と似たもので、それが所謂《いはゆる》時代思潮なのである。ひとり菅公と云はず楠公でも南洲翁でも乃木将軍でも仏道の修行は相応にやつてをられる。併《しか》し其れは一種の精神鍛錬法または決心法または妄想排除法としてやられたもので、武道の修行のやうな意味のものである。敬神尊皇が根本信仰であつたことは関係文献の上からも蹤跡《しょうせき》の上からも立証さるゝところである。菅公の敬神事蹟は今更ら申すまでもなく、楠公も事ある毎《ごと》に天照大御神《あまてらすおほみかみ》の神名を唱へられたと伝へられる。仏道に参学して性根まで奪はれ、敬神尊皇の根本信仰を忘却せる幾多の連中と同日の談でないのである。南洲翁の如きも参禅には相当に骨を折られたやうであつたが固《もと》より厳粛なる敬神家であられた。翁に従侍した少年が翁から『天照大御神』と書いて貰《もら》つたとき、筆序《つい》でに先生の署名を願つたところ、翁は笑つて『天照大御神と御同座が出来るやうになればヨカけんど』と云はれたさうで、その少年は今は老翁となつて其の書幅も大切に保存して居られるといふことを一昨年鹿児島の実業家小杉恒右衛門氏から私は聞いたが、その一事を以てしても如何《いか》に南洲翁が神祇を畏《おそ》れ敬はれたかゞわかるので、そこらあたりにザラにある如何《いかが》はしい敬神屋とは段が違ふのである。

堀天竜斎先生と親交のあつた鳥尾得庵子爵の如きも居士禅の巨匠であつたこと世人周知のことである。鳥尾将軍の書かれたものの中にこんなことがある。

> 或人問て曰《いは》く、仏説は無神論に非ずや、吾これに対へて曰く、仏は無我無人と説く、我も無く人も無ければ則ち神も無く仏も無し、是れ万法唯心の所談なり、此の万法唯心の妙理に悟入すれば神人不二の本際を究む、神人不二の本際を究むるものは能《よ》く有無を知る、能く有無を知るものは又能く非有非無を知る、雲門云《いはく》、拄杖子化して竜と為り乾坤《けんこん》を呑却《どんきやく》し了る、山河大地甚《なん》の処にか得来ると、此の一句に参徹して始めて此事を商量すべし、

これは少し噛《かじ》つた連中でないとわかりかねるところで、又た此頃の怪しげな印可証明を受けた野狐の種族では理窟だけわかつて居ても本当の味は夢にも知れぬところで、これは吾々が多年提唱するところの『ますみのむすび』といふことが本当に手に入れば一点の疑着するところなきに至るのだが、問題が多岐にわたるから此処《ここ》では云はぬ。鳥尾子爵の実際の行跡がどうであつたかを私は堀先生に手紙で聞き合せたことがあるが其の返翰《へんかん》（大正十五年十一月十四日付）が今こゝにあるから其の中に認めてある堀先生の回答の大意を紹介する。

鳥尾子は或る動機で洪川和尚に面会されてから禅機の妙を知られ、武人には面白きものなりとして段々

奥に進まれ峨山や其他の方面にも参せられて生死透脱の大事を究明されたが、元来申す迄もなく天皇を現人神なりとして心の底から崇敬せられ、天照大御神《あまてらすおほみかみ》は最も畏敬せられ、其他の神々に対しても尊崇いたされた、ある年の夏、小生と二人で賀茂御祖神社へ参詣したとき子爵は大前の砂上に下坐して頭を地につけて拝せられたことも有之《これあり》、以上にて子爵の篤《あつ》き敬神の事情は知らるべし、日々神前に向ひ拍手して大祓詞《おほはらへのことば》を唱へるといふやうなことは致されなかつた為め御家族の方々も只《た》だ仏法信者と思つて居られたのである。神職の人々に話の合ふ人無かりし為め仏道方面の諸家と往来せられ、世間でも只だ鳥尾子は大々的仏法信者と思ひとりたるにて、又た子爵の著述等も仏道論大部分を占め居る為め尚更《なほさ》ら其の様に世間から見られたのである。

此の堀先生の手紙でも考へさせられる通り、古来達人傑士の心境といふものは親でも兄弟でも女房でも子でも知らぬことが多いものである。

とにもかくにも神界現在の事実に於て菅公も楠公も仏仙界に居られずして神仙界に居られる。聖徳太子も始めは仏仙界に居られたが後に支那の或る種の仙界へ移られた。たゞ是れ厳然たる事実である。事実を外にして千言万語を美しく飾り立てゝもそれは要するに只だ千言万語である。『厳然たる事実』には何の関することもなき閑人の葛藤である。

× × ×

神界と現界とが合せ鏡のやうなものであることはいつも云ふことであるが、神界も我国の朝野も中古以来和光同塵時代ともいふべき長い期間があり、万延元年の神界の或る活動開始より夜明けが近づき、明治五年の神界改革の前後より顕幽ともに万事本末の次第が是正されるやうになつたことを総《すべ》ての考慮の基礎と致さねば正しい判断が困難になるのである。その軌道の屈伸を手ツ取早く知るには、伊勢神宮と仏道の関係等を考へてみるのも一つの方法であらう。

伊勢神宮の神儀は畏けれども天上より地上に降られて代々の皇孫尊と同床に鎮まらせ給ひ、崇神朝に皇女豊鍬入姫命をして大和笠縫に斎《いつ》き参らせ給ひ、垂仁朝笠縫より伊勢の五十鈴《いすず》川上に奉遷して皇女倭姫命《やまとひめのみこと》をして祀《まつ》らせ給ふ。その間の事情を或ひは巫女《みこ》の政治干渉を遠ざくる為めとか或ひは財産上の考慮に出づる為めとか種々の学徒の言挙《ことあ》げは何れも草木にして言《ものい》ふもので、たゞ是れ大神界の予定計劃《けいくわく》の遂行であり、其の場合々々の事情は只だ神慮のまに〳〵である。それから数百年の間は神霧たちこめたる神さびたることどもであつたが、やがて仏教渡来前後からして畏《おそ》れながら皇室の式微を来し御威光も妖雲《えううん》に遮《さへぎ》られ給ふかと思はるゝこと多く、甚《はなは》だしきに至つては道鏡の大不逞事件から下つては承久ごろの無道時代となり、天《あま》津日嗣《つひつぎ》天皇を絶海の孤島に遷御を仰ぐといふやうな、何とも申しやうのない暗黒時代が続いた。同時に僧徒は全国の名社大社へ勢力を張り、事実上日本全国の神宮神社にして僧徒の勢力の及ばざるところなき有様となり、伊勢神宮でさへも亦《ま》た同様であつたのである。

大神宮は斎宮内親王、祭主大中臣氏、内宮禰宜荒木田氏、外宮禰宜度会氏が神事を掌《つかさど》つて来たのであるが、中古に於て斎宮内親王は絶えたので祭主と両宮禰宜とが専《もつぱ》ら神事を掌つて来た。そして其の職に居るもので仏教信者の案外に多かつたことも事実である。そのために五十鈴《いすず》川上の神域にも寺院や尼寺が幾百棟となく出来たのであるが、神怒にやありけむ、寛文十年山田の大火で寺が百八十九、尼寺が二十一灰燼《くわいじん》に帰し、そのときの山田の奉行に桑山下野守といふ豪傑が居て其地に再建を許さず他の地方へ移転せしめたことがある。

奈良朝時代の仏教隆盛期には此の神域を汚すこと殆《ほと》んど其の極に達し天平神護二年に勅使を伊勢に遣《つか》はし大神宮寺に丈六の仏像を造立せしめられたが、時の太政大臣たりし僧道鏡の勢ひの現はれであることは申す迄もない。平安朝以後に於ては益々《ますます》盛んに諸寺院が此の神地に建立されたのである。

奈良朝時代に行基菩薩が大神宮に参籠して、天照大神《あまてらすおほみかみ》の本地は毘盧遮那仏なることを霊感したと伝へられるが、仏魔のためにそんなものを見せられたのである。平安朝時代以来天照大神の本地説が、次第に流行したが、その首唱が多くの場合僧徒でなくして祭主等の霊感によるものだといふのは、いかに其の職にありたるものの無智無識にして邪道に堕して居たかを証明するものである。祭主大中臣永頼が三日間内宮に参籠して祈請したら夢中に御殿が開かれて金色の観世音菩薩が現はれたので安心したといふやうなことが記録にある。その他これに類した記録は沢山あつて普《あま》ねく史家の知るところの如くである。祭主や禰宜が発頭人になつて寺を建てたり仏道的霊感によつて行動したりした史実は今日厳然と残つてをる事実である。倭姫《やまとひめの》命《みこと》によつて伝統された太古神法が、中古以来このところより姿をかくして絶えざること縷の如くに白雲深きところに伝へられて紀州の大神人沖楠五郎先生に及びたることなど考へ合すと、言ひ知れぬ感慨に打たれざるを得ぬ。

併《しか》しながら物事には必ず利弊の伴ふものであつて、大神宮に対する仏徒の功績も充分みとめねばならぬ。二十年毎《ごと》に行はるべき正遷宮も財政の都合等で中絶して居たのを慨して僧尼が奮起して百数十年後に遷宮祭を執行せしめたといふやうな史実も色々と残つて居る。祭主や禰宜が無能であつた為め洪水で流れた橋を架けることさへも出来なかつたのを仏徒が努力して架けたといふやうなことも何度もある。風日宮《かざひのみや》の神橋の擬宝珠の銘に明応七年観阿弥といふ僧の発願によつて架設したことが今日までも残つて居るが、永正のころには増泉といふ法師が勧進して架設したこともある。明治三十八年に明治天皇が伊勢へ行幸あそばされた御みぎり、明治初年に廃毀《はいき》された尼寺慶光院の第一世、第三世、第四世の尼僧へ御贈位になつたが、それは此等の尼僧が四百年前に大神宮の御造営に偉大な努力をしたことを思召されたことであらうと拝察する。

大神宮の和光同塵時代も明治初年の神界改革のころより次第に復古是正せられ、今日では殆《ほと》んど何の汚れをも残さず清められたことは地上人類の一員として感激にたへざるところである。遷宮祭の如きも去る昭和四年のそれは神事次第等も能《あた》ふ限り古義に復せられて神々しく執行され、その諸設備から儀式の荘厳盛大なること恐らく五十鈴《いすず》川上御鎮座以来空前のことであつたらうと思ふ。この年の同じ秋に日本《やまと》神社鎮座祭が石城山上に於て執行されたことも吾々としては余りにも其のくしびなる御引き廻しに驚き畏《おそ》るゝのみである。

和光同塵の暗黒時代が何時までもつゞくものではない。かしこけれども明治天皇は明治三年正月三日、左の大教宣布の詔を煥発し給うた。

朕恭《うやうや》シク惟《おもん》ミルニ、天神天祖極ヲ立テ統ヲ垂レタマヒ、列聖相承シテ之《これ》ヲ継ギ之ヲ述ベタマヒ、祭政一致億兆同心、治教上ニ明カニ風俗下ニ美ナリ、而シテ中世以降、時ニ汚隆アリ道ニ顕晦アリ、治教ノ洽カラザルヤ久シ、今ヤ天運循環百度維新、宜シク治教ヲ明カニシ以テ惟神ノ大道ヲ宣明スベキナリ、

云々

聖慮かしこしともかしこし。口頭に尊皇愛国を説く人は多いが、どうか此の明治天皇の大みことのりを念々忘却せずに居て貰《もら》ひたいものである。

× × ×

伴林六郎は本願寺派の僧であつたが、大いに悟るところありて還俗して国学に心を潜むるに至つた。そのときの作『本是れ神州清潔の民、誤つて仏奴と為つて同塵を説く、如今仏を棄《す》つ仏咎《とが》むる休《なか》れ、本是れ神州清潔の民』といふ詩は世人に知られて居る。文久三年中山侍従、吉村寅太郎等の大和十津川の義挙に際しては五十の老齢を以て斑鳩《いかるが》の里から十七里を一夜に馳せて参加し、事敗れて周防の国に奔り来つて、石城山附近から防府、山口、萩あたりにかくれて居た。今日尚《な》ほ日本人の大多数を占むる仏教徒諸君、伴林六郎光平のみが日本人ではあるまい。『本是れ神州清潔の民』なんと思はるゝ乎《か》。

× × ×

今日の日本人で伊勢神宮の地上無二の尊き神宮なることを知らざるものはないが、昔から必ずしも左《さ》うではなかつたのである。斯《か》ういふと奇怪なことを云ふと思はれるかも知れんけれど、和光同塵の時代に於ては

大義明らかならざることもあつたので、三種の神器の一たる神劔の鎮まらせらる丶熱田神宮の如きも亦《ま》た案外に重く認められなかつた時代もあるのである。それだから平城天皇の大同年間に勅を奉じて斎部広成が古語拾遺を撰し、時の権勢を恐れず所信を奏上した中にも此のことを痛論したのである。神祇官班幣に於ても諸社の後に伊勢神宮を叙《つい》でられた不当を慨《なげ》いたのである。又た熱田神宮も久しく奉幣のことを闕如《けつじよ》して尋常の神社の如くであつたのを憤《いきどほ》つたのである。けれども広成の現世存在中には其の忠誠も認められなかつたが、追々に時代を経て、御神階も従四位下より次第に進階ありて遂に正一位にならせ給ひ、また明治維新の後は官幣大社となつて伊勢神宮に次ぎて熱田神宮と唱へらる丶こととなり、伊勢神宮は明治の聖代となりてよりは比類なき天下崇敬の神府に復古したまひ、広成も神界に於て大満足であらうと思はれる。人間の言葉といふものは其の当時に喝采せられて直ちに用ひられるものと、又た其のときには格別の反響なくとも年月を経てから大いに意義を生じ来るものとあるのである。

×　×　×

数霊《かずたま》の神応といふことに就て尚《な》ほ二三思ひついたことを書き加へておきたい。先づ神名木車《かなぎぐるま》の図（第二巻巻末添附）によつて通俗的な運行法の一法だけを申上げると、前章にも記した通り、五、六八、二三、三二、七七、一四、五九、五〇の八星座は中央神界に属するもので削除して、あとの七十二星座を年月日が運行するのである。（考運閲暦の如きは右の八星座を加へて八十星座を周行することになつて居るが此処《ここ》には述べる必要がない。）此の七十二星座には実は其れ〴〵の祕せられた星座名があり其の徳性があり其れを司宰される神もあるがそれは申上げられない。又た其の年と月との運行の起点を発見する方法は人によつて異るので此れも書けないが、日の運行は万人共通のものであり又た万世不易のものであるから申上げるが、明年（昭和八年）の一月一日は三十一星座に当り、それが永遠に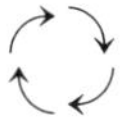斯《か》う廻るのである。だから今年（昭和七年）の十月九日は四十八星座であり十一月十二日の日本《やまと》神社例祭日は六十五星座に当る。この順で過去は何十年前でも逆算して行けば何年何月何日が何星座であつたかゞわかる。将来のことは昭和八年一月一日が三十一星座で一月二日が七十六星座、一月三日が十三星座といふ風に永久無限に順次計算さるれば宜《よろ》しい。

　私には何等御相談がなく決定された武甲山神事の日時に就ても数日前来始めて思ひ合せて驚ひたことであるが本年八月二十一日に鎮座祭が行はれたのが満三年前すなはち昭和四年八月二十一日私が始めて大三島の大山祇神社参拝当日なので、畏《おそ》れ入つてをる次第であるが、神璽《しんじ》が鎮祀されたのは其の前夜すなはち本年八月二十日の午後八時頃から十一時頃迄であつたさうで其の翌日二十一日に祭典が執り行はれたのである。然るに神璽鎮祀の本年八月二十日は神名木《かなぎ》車《ぐるま》で十八星座である。ところが八月二十日から七十二日前が六月九日の天命拝受記念日であるのみならず、七十二年前万延元年六月十五日宮地常磐先生が神命によつて手箱山上に神矛を樹てられた日が六十四星座で其の対応の十八星座に当るから恐懼の至りである。（神名木車図参照）神命によつて七十二年前に常磐翁が執行された大神事と本年八月二十日夜武甲山頂で執行された大神事と必然的な幽契あることが分明する。七十二年前に手箱山上に神矛を樹てられた大神事は正神界の経綸進展上くしびな関係をもつもので、宮地家代々奉仕された潮江天満宮《うしほえてんまんぐう》が災上した昭和三年（石城山開きの年）

十月十六日が六十四星座であり又た我国が大機に入る一大修祓たる大正十二年九月一日関東大震災の日が六十四星座であり私の生れた明治二十一年十月九日も六十四星座である、年盤の上から云へば水位先生帰天の明治三十七年も六十四星座である。（私の生れた二十一年が七十星座で水位先生は其の七十星座の対応たる十二星座（嘉永五年）の年に生れられたので五十三歳で帰天されたから六十四星座に当る。）水位先生は四十八歳から帰天まで五年間は殆《ほと》んど病床生活であつたけれど其の以前は元気で酒も毎日朝昼晩三度々々召しあがり一日量一升以上であつたが明治二十一年の夏に不思議な大病をせられた。先生自筆の『家牃』には『明治二十一年七月二十日病発シ、殆ド天ニ帰セントス、無食二十日冷水一滴モ亦咽《またのど》ヲ下ラズ、九月二日ニ至リテ病漸《やうや》ク治ニ属ス』とある。絶食の病人でも水位ゐは飲むものであるが、二十日間も水一滴飲まずにどうして生きて居られたかと疑はれるばかりである。この大病は水位先生の霊的生活の分界点であつたやうで、其の以前と其の以後とでは書かれたものも其の態度も殆んど別人かと怪まれるほどである。どういふ風にちがふかといふと其の以前は神祕的であり『異境備忘録』も其の直前に九分通りまでの編輯《へんしふ》を終られたものであるが、その大患以後は神界へ出入もせられず普通の神道人と異らなかつた。実は先生の私生活に於ける御生格も此れより殆んど一変せられたさうで其の委《くは》しいことは其の前後親しく先生の家庭に出入して居られた先生の従妹に当られる浜田満寿子刀自より聞いたが人に語るべきことでない。併《しか》し万一の誤解を予防する為めに一言しておくが水位先生は帰天せられる日まで終始一貫正義の人であるは勿論のこと敬神尊皇一点張りで、その点に於ては生涯前後毫厘《がうり》の変動もないのである。

水位先生が不思議な大病を発せられた明治二十一年七月二十日から八十一日後の十月九日に私は生れた。（堀先生は昭和四年十一月十二日、日本《やまと》神社鎮座祭から八十一日後昭和五年二月一日に帰天せられた。）幽顕一貫の上から云へば本年（昭和七年）は水位先生八十一歳であるが。先生の誕生日十二月十八日（嘉永五年十一月八日は太陽暦十二月十八日）は干支癸丑に当り、其日から四十一日前の今年十一月七日に潮江天満宮《うしほえてんまんぐう》の遷座祭が行はれる。私の生れた明治二十一年十月九日の干支も癸丑であり、本年七月二十日武甲山神事の日の干支も癸丑である。日本武尊《やまとたけるのみこと》の御上天は景行天皇四十三年で癸丑の年である。水位先生の生れ日は二十二星座であるが堀先生の生れ年も二十二星座であり、私の年盤から云へば日本神社御鎮座の昭和四年が二十二星座であり、昭和五年六月九日くしびな神啓に接した日が二十二星座であり昭和三年十一月十日御大典が二十二星座に行はれて居る。私の私生活から云へば生涯の大記念日である大正十一年七月二十一日が又た二十二星座である。水位先生の誕生日十二月十八日から星座の対応たる三十六日前が十一月十二日で日本神社例祭日であり其れから又た三十六日前が県社石城神社例祭日たる十月七日である。斯《か》ういふことも今年十月七日午後から始めて気がついて自分ながら舌を巻いて驚いた次第である。伊勢神宮所摂神社たる蚊野神社、鴨神社、狭田国生神社、田乃家神社、園相神社、多岐原神社、湯田神社、奈良波良神社、大水神社、津長大水神社、大土御祖神社、国津御祖神社、坂手国生神社、粟皇子神社、久具都比売神社、江神社、神前神社、朽羅神社、川原神社、棒原《すきはら》神社の祭日が何れも十一月十二日なることを迂遠ながら私は今年始めて知つたが、此の諸神社の大部分が大山祇神《おほやまつみのかみ》に密接な関係あることも考へさせられる。宮地家では何百年前来毎年十一月十二日の夜から十三日の暁へかけて重大な神事を行はれた。これは祖霊祭といふやうなわけのものでなく極めて神祕の伝へによつたもので或ひは其の大祖日本武尊御上天の日ではないかとも考へられるが、此の大神事は水位先生の御帰天を以て断絶した。そのことを知つてるものは浜田満寿子刀自だけで私は昨年(昭和六年)十月十八日に刀自から始めて此のことを承《うけたまは》り、その十一月十二日は日本神社の例祭日なので私は何とも云へぬ感慨に打たれた。

常磐先生が手箱山上に御矛を樹てられた万延元年は水位先生九歳であり、堀先生が一千日の潔斎で太古神法の大神璽《だいしんじ》を完成された明治二十九年には私は九歳であつた。常磐先生の万延元年は満四十一歳であり、日本神社鎮座の昭和四年は私の満四十一歳である。堀先生は満三十九歳で大神璽を完成され其れを私が受け継いで組み立てた昭和二年は私の満三十九歳であつた。本田親徳《ちかあつ》先生帰天四十一年目に日本神社鎮座祭が行はれ、本田先生の生れられてから満八十一年に当る年に水位先生が帰天せられた。水位先生の不思議な大患は満三十六歳の年であり、堀先生が大神璽に着手された明治二十六年は堀先生満三十六歳であり私の満三十六歳(大正十三年甲子)は『霊学筌蹄』の中にある『夢感』の復本顕道に入る年であつた。常磐先生は七十二歳で帰天せられ、堀先生の満七十二歳には日本神社鎮座祭が行はれた。日本武尊《やまとたけるのみこと》の御系譜正しき後裔たる宮地常磐先生が正神界の大命を拝して万延元年に手箱山に神矛を樹てられ宮地家とは現界に於て何の関係もない堀天竜斎先生が日本武尊御佩用の勾玉《まがたま》を天行居に伝へられ、万延元年から七十二年後の今年武甲山上に日本武尊の神劔を鎮祀して帝都の空の守りの大神事が行はれた。能褒野神社は日本武尊と尊の第四王子建貝児王（水位先生宮地家の大祖）と弟橘姫命《をとたちばなひめのみこと》が祭祀してあるが其の御鎮座は明治二十八年十月九日であつた。水位先生の帰天三月二日は十月九日の神界記念日から七十二の倍数たる百四十四日後即ち同星座の日である。（明治三十七年は閏年で一日だけ延びるけれど平年に於てはである。）神界記念日の十月九日のウラ四月九日に本田先生は帰天せられ、県社石城神社の例祭日のウラの四月七日に荒井大人は帰天せられた。万延元年から三十六年後の明治二十九年に堀先生は大神璽《だいしんじ》を完成せられ、それから三十六年後の本年満洲国も創建され武甲神劔鎮祀も行はれた。同志諸君が熟知せられる或る記念日昭和二年五月二十七日は十星座に当り、同年十月十八日重大使命を帯びて伊勢の皇大神宮参拝の日も只今《ただいま》繰つてみると同じ星座である。十星座の対応は七十二星座であるが、昭和四年十一月十二日の日本神社鎮座祭が其の星座である。日本神社鎮座祭の日時は昭和四年五月に私が神示を仰いで発表したもので其辺のことは当時の古道紙上に記載してある。昭和二年七月一日大神璽組立を行つた日が九星座であるが、同年十一月二十二日私が始めて石城山に登つて天啓に接した日が又た其の星座なることを只今発見して恐懼してをる。尚ほ重祕な問題で数霊の応のくしびなことがあるけれど申上げられない。私事些事《さじ》の応は際限がない。或ひは本年四月九日発病の三十六日後五月十五日に帝都に重大事件が起つたとか、石城神社例祭日十月七日から七十二日前に同じ星座の日に子供が生れたが昭和五年十月十八日五十《い》猛《たける》神社鎮座祭も同星座であるとかいふやうなことは数へ立てるにも当るまい。何だか私を中心に広告めいたことを書いたやうに当り不愉快であるが、それは私は私のことをよく知つて居るからで、諸君は諸君の立場から研究せられるならば必ず道俗公私とも奇応に驚かれることが沢山にあることを信じてをる。念のために注意しておくが、既往に逆算せられる場合、四年に一度の閏年のあること及び明治三十三年は本来なら閏年に当たる年だけれど平年三百六十五日になることを注意されたい。それでないと合はなくなる。因《ちな》みに云ふ、天行居夜話其七の記事中にある石城山麓の本部神殿の神璽と関係ある近畿地方の某神社例祭日も十月九日であり佐波神社神幸祭も毎年十月九日である。又た私は昭和二年八月四日（旧暦七月七日）の正午大雨中或る重祕の神璽を堀先生から拝戴したが其れに関係ある倭姫宮の御鎮座大正十二年十一月五日と同一の二十四星座であつた。

日本神社御鎮座より二年四ケ月に当る本年三月に岩戸開きの柱立てが出来て満洲国が創立し、日本武《やまとたけるの》尊《みこと》の神劔が天行居へわたられたと云ふ厳然たる大事実だけでも多年吾等が唱道して来た天行居は天下至変の中心なりと云ふことにどんな関係があるかを特に深く考へて頂きたい。今春四月二十九日天長節の佳辰を以て壇浦海底神劔清祓の儀が執行されたのは、寿永四年神劔海底遷座の日が三月二十四日と国史に明記されて居るので、陰暦三月二十四日が今年はくしびにも四月二十九日の天長節当日なので、其日を選定したのである。尚ほ稍《や》や祕事を洩《も》らすやうであるが壇浦海底神劔清祓の神事が始めて行はれた七十三星座は実は水神の司宰される星座なので、私が昭和二年七月一日に大神璽の組立神事を執行したのも同年十一月二十二日に始めて石城山に登つて天啓に接したのも此の七十三星座の対応宮たる九星座の日なのである。壇の浦の海宮へ入らせ給ひし安徳帝は八十一代の天皇で十一月十二日の御生誕と承《うけたまは》ることも何事のおはしますらんと畏《かしこ》まる、次第である。安徳帝の御入水を否定し其後の御蹤跡《しやうせき》を伝ふる文書種々あれど皆な従ひ難く、帝は男装あらせ給ひしかども実は女帝にてましませりとのことだけは或ひはどうかとも思はれる。

本年三月二十日の前夜雷鳴轟々《ごうごう》として眠られず其れより三日間にわたつて、私は始めて此の神名木車《かなぎぐるま》の運行法の一部を発見し、本年十月七日の午後から又た其れに続いて種々のことを発見した。私は従来この今回始めて発表した神名木車の運行法を知らなかつたのであるから此の運行表によつて行動したことは従前に於ては無論あり得ないことである。（今後は或ひは此れを参考にすることがあるかも知れぬ。）疑ふ人があつて『以前から知つて居て芝居を仕組んでゐるのだ』と思はれるならば、以上抄記した事実をよく吟味して研究して頂きたい。又た諸君自身の立場から過去の歴史を逆算して考へられたならば道俗公私とも其の奇応に驚かるゝ筈《はず》である。常磐先生が手箱山に神矛を樹てられた星座の日に生れたり、水位先生神変の日から八十一日後に生れたり、同じ星座の日に関東大震災を起したり潮江天満宮《うしほえてんまんぐう》を炎上させたりすることが私の芝居で出来ることかどうか、其他のことも此れと同じことで其れは仔細《しさい》に研究吟味して頂けばわかることであらうと思ふ。私が以上に列記したことの中には所謂《いはゆる》偶然の数もあるであらう。しかし其の大部分は幽契神機によるものとしか私には考へ得られないのである。神法道術の如きも堀天竜斎先生所伝のものと水位先生所伝のものとを組み合せると竜の水を得たるが如くである。

満洲国の肇造に関して一小話を附け加へておく。今年夏七月、第三女が生れ、十日ばかり前に古鈴を一つ貰《もら》つた。この鈴に詰《たけ》びて第三女は鈴世と命名したのであるが、この鈴は昔私が潮見槐軒翁の令室から貰つたもので、それを大正十五年（？）頃に荒井道雄大人へ進呈したのであるが、それを又た私が貰ふことになつて居たからである。ところが本年八月十五日、日満国交議定書の号外を手にして『満洲国大同元年』といふ活字へ私の視線が行つたとき、例の古鈴に大同元年の銘のあることを思ひ出して微笑したのである。我国の大同元年の銘ある古鈴と此の新聞号外とを見くらべて一種の面白味を感ぜずには居られなかつた。尤《もつと》も実は此の古鈴の銘は少々怪しいもので、其の銘は『大同元年春鋳之』となつて居り書体も古風朴素で鈴も古いものには相違ないが、大同元年は五月十八日の改元である。それだのに大同元年春は少々うけとりかねる。或ひは其頃何等かの事情によつて三月十七日桓武天皇崩御の直後に次ぎの年号が御発布前に民間に洩《も》れて居たか其れとも刀剣などによくある後銘の類であるか、それとも全くの偽作で後世好事家の技巧に出たものかは知らんが、とにもかくにも大同元年の銘のあるのが面白い。鈴はどうでも満洲国は偽造国家ではない。大正十四年の一月四日私は大患を勃発した。其のことは当時の古道の前身たる天行新聞に書いてある。其日も昨年九月十八日満洲事変勃発の日も七十八星座である。鈴のことで思ひ出したが今年七月二十七日に生れた女児に関して数霊《かずたま》の応を今一つだけ附け加へる。私は日本《やまと》神社の大祭のときの外には愚妻を連れて登山したことは一度もなかつたのであるが、昨年四月十六日登山のとき『大祭のときは混雑するから一度静かなときに山上各社に参拝したいから連れて行つて呉《く》れ』と申出たので同日連行して登拝したが、同月二十三日から病床に臥し、又た同年六月九日天命拝受からは籠居門外不出の声明となつたので、今日までのところでは、この日すなはち昨年四月十六日が私の登山の最後の日となつたのであるが、その日が六十五星座で今年七月二十七日第三女出生の十七星座に対応して居る。そして其後家族のものが登山したのは今春四月十日の石城島神社最初の例祭日で其日が又た六十五星座である。(石城島神社例祭は毎年四月第二日曜日と定めてある。)そして其の次ぎに家族のものが登山するのは来《きた》る十一月十二日の日本神社例祭日であらうが其日が又た今年は六十五星座である。又た昭和五年九月十二日天竜神社鎮座祭日が六十五星座で同年五十猛《いたける》神社鎮座祭日が其の対応宮たる十七星座であつた。又た畏《おそ》れながら今上陛下の御降誕日が六十五星座である。斯《か》ういふことは私は皆な此の『日乃御綱』の藁《かう》を起して以来始めて思ひ浮んだことである。こんな私事些事《さじ》を交へて貴重な公刊物に書くのは不謹慎のやうであるけれど、諸君が諸君の立場から諸君を中心として研究される場合、いかに道俗公私大小種々の事件に此の神名木車《かなぎぐるま》の運行が応現するかといふことを考へられる上の資料の一つにもなれかしとの婆心から、病苦を忍んで毎日惕若として少しづつ筆を進めてをるのである。『もゝたらず八十《やそ》のくまぢにひきむすぶ日《ひ》の御綱《みつな》こそくすしかりけれ』孔子は『君ニ三畏アリ、天命ヲ畏レ、大人ヲ畏レ、聖人ノ言ヲ畏ル』と言うた。孔子といふ人は聖人と称されて伝へられて居り、その遺蹤の上から考へて少なくとも頭脳澄明な大智の人で、大思想家であり大哲学者であつたことだけは否《いな》まれぬ。この頃の日本の有名な宗教家とか哲学者とか科学者とかいふ人たちよりも馬鹿であつたとは思はれぬ。その人が天命を畏れた。又た豊臣秀吉ほどの英傑も其の家訓の第一に天命を畏れよと喝破した。日本人中の日本人たる大楠公も非理法権天といつて最も天命を畏れられた。それだのに此頃の少しばかり学問をした者が天命を畏れないのは、孔子様や豊太閤や大楠公よりもどこかえらいところがあるからであらう。孔子の時代は科学が無かつたからだといふ人もあらう。其の時代の暦法が希臘《ギリシャ》のメトン又はカリポスの暦法に比して劣らざる科学的のものであつたことさへも御存じない人々と議論しても始まらない。我国にも太古より天上将来の『日読みの法』があつたので、推古朝に支那暦渡来以来のものと思ふ愉快な人々と話をしてもつまらない。少なくとも三四千年以上を経《へ》た古い玉の中には、今日の科学で精錬された鋭利な加工器を以てしても加工の困難な堅硬な質のものもあるが、小型の細い管玉の穴なども立派に出来て居る。玉といつても硬度に大差があり今日でも秩父石の如き軟弱な石なら曲玉一個の加工費二三十銭で出来るが五十《い》鈴《すず》川の石の如きは一円位ゐ取られる。古伝の勾玉や管玉の中にはサフアイヤだのスピネルだのアレキサンドライトだのといふ今日の硬質のものよりも硬度の高いものがある。科学とは一体どういふものをいふのであらう。

×　×　×

夜明けの鐘は鳴る。すべての『時』は近づいて来た。天行居同志の中には『先づ自己の修養』といふことを言はれる人もあるやうに聞くが、そんな時代ではあるまい。『ますみのむすびのますかがみ』たる各人の心身は徹底して考へれば修養といふキモノを何枚も重ね着させずとも風は引かぬ筈《はず》である。また神の道に於て慢心は固《もと》より禁物だが遠慮といふことも程々にせぬと却《かへつ》て邪道に堕ちぬと限るまい『天の与ふるものを取らざれば反《かへ》つて其の咎《とがめ》を受け、時至りて行はざれば反つて其の殃《わざはひ》を受く』（史記、越世家十）とも云ふではないか。自己の周囲や自己の家庭の周囲にどんな計画を立てたところで、それを監視される神様が最後の堪忍袋《かんにんぶくろ》の緒を切られると、人力ではどうすることも出来ぬ舞台面が予告無しに現はれてくるのである。縁あつて神界の経綸《しぐみ》の一端を知つた人は、遠き昔からの産霊紋理《むすびかため》によることで、すでに神界経綸の消息の一端を仄知《そくち》しながら、為すべきことを為さぬならば、成るやうにしか成らぬであらう。しかし神様は慈愛が徳性であつて、その堪忍袋の緒は随分丈夫に出来て居るやうであるが、時代が時代であり、場合が場合であるから、君国のためには、いつどんなことが起らぬとも限るまい。『未《いま》だ至らずして予言すれば、固《もと》より常に虚と為す、其の已《すで》に至るに及んでは、又た及ぶ所無し』（後漢書、申屠剛伝）と古人も云つてをる。

× × ×

多年提唱しつゝあるところの『ますみのむすび』といふことが、どうもわかりにくいやうに思はれてならぬ。今頃そんな閑言語を弄《らう》する時期でもないから、くど〳〵しくは云はぬけれど、ひまがある人は従前書いたものを改めて読んで貰《もら》ひたいとも考へる。仏説の焼直しかと疑ふ人もあれど決して然らずで、『ますみのむすび』の思想は日本にも支那にも仏教渡来前からある天上将来の哲理（？）なのである。それは文献史実の上からも立派に証明できることだが面倒だから今日は申上げぬ。人は『ますみのむすびのますかがみ』であるから本来清明なるものであることを確信して、各自その与へられたる使命に就て何の臆するところなく遠慮するところなく堂々と努力すべきである。浜名祖光氏の契丹《キッタン》古文書の研究によると契丹に於ても鏡をカガミ又は其の類似音で言うたらしく、カガミは日神身《かがみ》の意であるとのことであるが、契丹語は日本語と同一源のものださうであるから、わが古伝の鏡の意義は一層明瞭となつてくるわけである。本来清明のもので、実はどうすることもいらぬので、一切が真澄《ますみ》の結霊《むすび》の神遊びなのである。たゞ野狐禅の如く無相執着の外道となつてはならぬので、神の道は徹底『むすびの道』なること多年力説の通りである。『馬主微能夢周眉乃《ますみのむすびの》

歌美婀蘇鼻《かみあそび》　杍有酒妻古都望怡楽農《どうすることもいらぬ》』ことを心得て、くよ〱すべからず。人は所詮『卍十日神身《ますかがみ》』なのである。ヒトといふ語が実は其れなのである。みづから甘《あま》なつて卑屈の感を抱《いだ》く可《べか》らずである。しかし無反省無努力の口実にせられてはならぬ。そんなことも多年くどいほど申上げたつもりである。

×　　×　　×

心身本来清明なものでドウスルコトモイラヌものであることは六《むつ》かしく説けば際限のないことで印度《インド》哲学流にも又た儒の明明徳流にも説き得られる。尚書の序に伏羲《ふくぎ》神農黄帝の書を三墳と謂《い》ひ、その言ふところは大道であり、少昊顓頊高辛唐虞の書を五典と謂ひ、その言ふところは常道であるといふやうなことが書いてあるが、その三墳でも訳述するなら面白からう。けれども私は幽遠な玄理を俗談平語を以て卑近に話すことを家風としてをるもので、面倒なことは嫌ひである。とにかく達磨《ダルマ》が広東《カントン》に上陸したのは皇紀千百八十七年、また其れより四百八十年ばかり前に摩騰竺法蘭が始めて仏教を支那へ運搬したといふが、それよりもズット昔の昔から明明徳の思想は支那にも日本にもあつたのである。『ますみのむすび』の神理は古神仙が太古に於て天上から地上に将来したもので、その本家が印度だの支那だの日本だのバビロンだの、さては『舞《む》』の国だの、或ひは某教授の研究のやうに印度アフリカ間の海底に埋没した古代文明国だのと詮議だてするには当らないことである。まづ手近かなところで酔ツぱらひの先生をみられよ。先年の元日私が本部の祭典に奉仕して帰途、三田尻駅でフロックコートの紳士が泥酔してズボンの間から皮の手袋のやうなものを出して居り其れを見つけた紋服着用の細君らしい婦人が狼狽して機敏に押し込んで居るのを瞥見《べつけん》したことがあつて、いかにも正月らしい朗らかな気分になつたことを記憶して居るが、その先生も中等学校の教諭か何からしかつたが、酔ひが醒めれば別人の如く不風流な人間であるに違ひない。彼れが酔へるときも酔はざるときも其の心身は結霊《むすび》の影なので、本来の真澄《ますみ》（卍十日神身《ますかがみ》）には何の変動もないのである。手術によつて甲状腺を除去された人は白痴《はくち》になつて了《しま》ふが、羊の甲状腺をエキスにした丸薬をのませると以前の普通人となり、又た其の丸薬を禁止すると白痴になつて了ふ。そこで唯物主義者は何《なん》とか彼《かん》とかつまらぬ定義を竝《なら》べ、変態心理学者も色々都合の好《よ》いことを言ふが、『ますかがみむすびのかげをやどせどもむすびのかげもますみなりけり』なのである。

真澄の産霊の卍十日神身、ドウスルコトモイラヌものならば、詮ずるところ動物も人間も同じものかといふと、『ますみのむすび』なることを知ることが動物には出来ない、人間には出来る。この知るといふことが大切な契機で明暗のわかる、ところである。マスミノムスビの神理を知るものは（実は浅深高低の差もあるが）その知見のムスビの徳によつて帰幽後も迷路に引き入れられることがないのである。この神理を知る道が霊知《ひじり》の道である。

× × ×

書けば書くほど問題は次ぎから次ぎへと生じてくるので、尚《な》ほ申上げたいことは沢山あるが、予定の紙数を超過したから長談義は此の辺でやめるが、私どもの信念の綱要を玆《ここ》に又た改めて述べておく。

（一）人は神に本づく。

（二）大千世界八百万《やほよろづ》の神界ありと雖《いへど》も神界の大根本は北極紫微宮《しびきゅう》（天津真北《あまつまきた》の高天原《たかまのはら》）にして日宮神界これに亜《つ》ぎ、この地の世界に属する諸々の神界の大府は神集岳にして万霊神岳これに亜ぎ、人間世界の中府は大日本皇室にして日本天皇は天に於ける神の王の人間世界における表現者たり

（三）地の世界に属する万霊の進退集散は神集岳紫籍府司命神の摂理に属す、而《しか》して其の統制の下に幾多霊界支配機関あり、大司命七十二神の支配下に小司命八千七百神これを分掌せらる

（四）神集岳の現界における斎庭《ゆには》として神定められたるもの日本国石城山なり

以上の活事実を知ること道の大本にして斯の道に順へば吉であり背けば凶である。天律の道徳たる忠孝の二字も斯の道によりて真の活《い》きた意義と生命とを光発するものなり。斯の道の大本に合致せざる教説は如何《いか》に幽玄微妙を極むるとも所謂《いはゆる》日下の孤灯であつて草木言《ものい》ふものである。長い間の和光同塵の神策が終り、夜の明けることを気づかざる人々に対して、諸君は万難を排してこれを知らしめねばならぬ義務を負ふものである。

× × ×

この小篇『日乃御綱《ひのみつな》』（尻久米縄の別名、七五三縄の古語）を引きのばし継ぎ足して、諸君は地上至らぬ隈《くま》なく『清めの使者』として又た天吏として働いて頂かねばならぬ。私は昨年（昭和六年）十一月、宗主及び斎主の冠を挂《か》け、負薪《ふしん》の厄を以て蟄居《ちつきょ》してをるけれど、私とても蔭ながら為すべきことがあるので、決して楽隠居的な考へで遊んで居るわけではない。天行居の大神業を進めて行くには表面に立つ人々が必要であ

ると同時に裏面で働く人々もあるべき筈《はず》であり、現に従来とても浅深の差こそあれ蔭ながら御尽力くださる方々も各方面に居らるゝので、ひそかに吾々も敬意を払つてをる次第である。それは今日まで天行居同志といふ肩書のない人々のことをいふのである、また同志諸君の中に於ても、有力な人々や有為な人々が、起居なかく慎重であるが、それは何れも御尤《ごもつと》もな事情のあることで、充分理解して居るけれども、しかし或る種の御歴々は、そろく心仕度をせられてもよい潮時かと考へる。ずらりと洞ケ峠《ほらがたうげ》へ陣取つて天文を観《み》て居らるゝ御歴々の御一考を煩はす次第である。――昭和七年十月、木犀の花香る頃、無方斎の北軒に於て、友清磐山しるす――

「日乃御綱」の後にしるす

あらゆる方面から考へて神武天皇の応化降臨あらせ給ひしものと拝し奉る明治天皇は嘉永五年九月二十二日（太陽暦十一月三日）にあれませること地上草木の類《たぐひ》まで知るところであるが、日本国土の運気は神名《かな》木車《ぎぐるま》に於て明治元年が六星座であり明治五年の神界大改革が七十三星座であり大正元年が八十一星座で昭和元年が二十五星座に当る。昭和七年の今年は七星座である。すなはち明治天皇は八十一星座で上天あらせ給ひ、又た今年は嘉永五年から八十一年目に当り岩戸開きの柱立てが出来て満洲国も肇造せられたが、嘉永五年九月二十二日（太陽暦十一月三日）は神名木車に於て十六星座である。其の対応の六十六星座に当る本年三月九日満洲国溥儀《ふぎ》元首就任式、又た昭和五年五月三十一日の中天異象の日も六十六星座である。明治天皇御降誕日の十六星座に就ては十六菊花のことも思ひ合され、吾等の如き明治時代に生れて菊花の頃の天長節に無限の美はしい神々しい感情をもつものには畏《おそ》れながら言ひ知れぬ御なつかしさを感ぜずには居られないのであるが、菊花御紋章について近ごろ色々の議論を聞くやうであるから茲《ここ》に一言しておきたくなつた。

その議論といふのは三四千年前のバビロン方面の出土品の中に菊花紋章の多いことや日像鏡と想像される図構と日神シヤマシユとの関係を研究して我が皇室が其の地方に淵源するやうに説き立てることなので、斯《か》ういふ問題に就ては数年前来弁駁《べんばく》もしておいたが、茲《ここ》には只《た》だ菊花御紋章のことに就て一言したい。松本文三郎博士あたりがバビロン方面や印度《インド》方面の十六葉菊花紋は菊花紋でなくして、人類思想の自然になれるものとし、円を四分して更らにこれを二分して八となし此れを重ねて十六として装飾とした結果菊花の形状に似て居るのであると論断して居られるのは妥当な見解であるかも知れんと思はれる。しかし、わが皇室の菊花御紋章は始めより皇室御紋章として定まれるに非ずして、古来和漢に延年草として長寿薬にも用ひられ又た百草の王として言ひ伝へられた縁喜のよい菊花が廷臣たちの衣服輿車の文様に用ひられて居たのを後鳥羽上皇が用ひ給ひ、其後歴代その先蹤《せんしょう》を追はせ給ひし御例より遂に皇室の御紋章と定まるに至つたものであることは正確なる古記録の証明するところである。すなはち我が十六菊花の皇室御紋章は円を四分して倍加された図案と起源を異にし、百草の王たる菊花を用ひ給ひしものであり、それも六七百年来のことであり、三四千年前のバビロン方面の聖所の文様とは全く無関係のものである。菊花は東洋に於て故あつて古来神仙の愛するところのもので其の花の整正にして放射状を呈せるより太陽に擬して日精とも称したのである。私が今この書きものをして居る草廬から僅《わづ》か六七丁東方に大樋堤《おほひつつみ》（俗称オホミドテ）といふがあり其の辺一帯には正しき十六瓣白菊の原生種が今尚《な》ほ秋ごとに咲き匂《にほ》ふので、昨年か一昨年かも理学博士某氏が調査に参られ、県庁の方でも力瘤《こぶ》を入れて天然記念物指定の手続き中だとか新聞紙は報道して居た。当地の某中等学校

に既に二十余年間も続いて国語漢文を担任せられる篤学の老人が居られるが、その老人が

　みしるしの菊ぞ花さく朝なさな
　　大樋《おほひ》つゝみに田子立てる見ゆ

と詠《えい》じたのも此の十六瓣自生菊花のことである。当地（宮市《みやいち》）は私が子供の時には佐波郡佐波村の中に宮市といふ町があつたので昔は此の附近一帯の平原を佐波郷と称して居たので、更らに古くは佐婆（娑婆、沙麼、沙磨とも書く）といつて日本書紀景行天皇の条に始めて見える日本水軍の発祥地である。後世次第に海面が埋立てられて駄目になつたが上古は本土と九州との交通の要津であり、景行天皇が熊襲征討の策源地であつたことは紀に明記されてある通りで、景行帝の皇子日本武尊《やまとたけるのみこと》の熊襲征討にも当地を策源地とせられたであらうことは想像に難《かた》くない。仲哀天皇の熊襲征討にも当地の水軍を糾合せられたので、筑前国崗県主《をかのあがたぬし》の祖熊鰐が九尋船に乗つて娑婆浦に参り迎へたことも日本紀明記の通りで、更らに古くは神武天皇の御東征にも宗像三女神奉斎の地たる崗《をか》の水軍を娑婆浦の水軍に合せしめられて御進発になり、石城山の太古以来の斎場で天神を祭つて大神事を執行し給ひ、大和の大業完成後には鳥見山《とみやま》に天神を祭つて報賽《かへりまをし》の神事を行ひ給へること畏きことの限りであると拝せられる。今日の熊襲は某々大国であるが、天下至変の中心たる天行居が此の佐波浦に発祥して石城山に出現したのは天の時の到れることを示すものに非ずして何であらう。天関打開の暁には鳥見山でなくして今度は日本国本土第一の高山であり又た富山《とみやま》であるところの神さび立てる富士山に世界の大斎場が出来るであらう。そして世界各国の代表者は毎年富士山の大斎場に参拝するであらう。

石城山は古来大山祇神《おほやまつみのかみ》が守護し来られ富士山は古来大山祇神の御子木花開耶《このはなさくや》姫神《ひめのかみ》が守護し来られた。石城山は神功が終れば只《た》だ神集岳の現界に於ける斎庭《ゆには》として永遠に世界万民から特殊の信仰の中府として遙拝せられるであらう。因《ちな》みに云ふ、古記録には景行天皇は後宮八人《こうぐうはちにん》、凡生二男女一八十人《およそだんぢよをうみますことはちじふにん》、皆散二諸国一《みなしよこくにさんず》とあるが御子八十人といふことは何か数霊《かずたま》上くしびの応を示し給ふものではあるまいか、とにかく景行天皇の御血統に出でたものは今日の日本全国には多いことであらう。後世淡海《あふみの》御船《みふね》が勅を奉じて景行の謚号《しがう》を撰し奉つたのは多分詩経の高山仰止、景行行止から取つたのであらうが、景行とは大道のことで極めて意義あることと思はれる。又た景といふ字は日光を義とするから天の通義であり景行とは天行なりとも云へないことはあるまい。（昭和七年十月十七日、磐山陳人しるす）

自　題　草　盧　壁

朝拝百神悟祕奇。午修十咒護皇基。
夕覘風角捫仙籙。夜御夢魂従所之。

眼をとぢて神のこゝろをおもひつゝ
　やましきことのなきぞうれしき
なにごとも神にまかせてさかしらの
　思ひなき身となりにけるかな

「日乃御綱」の後にしるす

国土修祓

天行神軍に於ては本年（昭和七年）十月九日の夜、戦時修法場（石城山上太古以来の大斎庭《ゆには》）に於て国土大修祓の神事を執行した。神軍士官は全国より馳《は》せ参じ其の熱誠の光景は本年十一月発行天行居機関紙『古道』第二百二十三号紙上に詳報されてある通りである。このことたる実に重大神事であつて天関打開のために緊密なる契機を有するもので、其の大体の意義は本年七月発行『古道』の巻頭に公表しておいたが、なか〳〵其れどころではないのである。又た、

壬申秋十月天行神軍第三

回山上修法日有感賦此

草茅凝気拝宸宮。欲闢天関佐聖功。

秋入楓林紅似錦。石城山下義旗風。

こんな拙《つたな》い詩で表現のできるやうなことでもないのである。又た私はこれに関聯《くわんれん》して本年九月の『古道』

紙上に一文を寄せ、

壬申陰符

昨暁雷雨気温俄下感奮有作

古暦七月六日　幽居生

壬申七月欲レ生レ氷《ひようを》。天下殷殷待二日《の》升一《るを》。
其《れ》雨其《れ》風来底急《るなんぞきふなる》。石城《せきじやう》神族気稜稜。

欲生氷は必ずしも非常の冷気にのみ云はず。生を欲して氷すともよむべし。氷の言は馮たり。馮は『乗る』也。『馬疾行』也。馮とは馮夷なり。河伯たり。水神たり。天行居宗主いま白馬へ向ふ。殷殷は雷声とのみ思ふ可《べか》らず。殷《あん》とは『赤黒』他。『玄色』也。天下常暗たる也。殷々は史記蘇秦伝に輷々殷々《くわうくわういんいん》若有三軍之衆《さんぐんのしうあるがごとし》とあり。盛なる形容にて日の升《のぼ》るにも言ふ。天下殷々は又た天下憂色ある也。詩経邶風《はいふう》『憂心殷々』。転結二句言辞禁《い》むところありて今これを発せず。古人云、易を為《をさ》むるものは詩を為し難しと。只《た》だ言霊《ことたま》の幸ふところを云ふ也。易の名に惑《まど》ふ可らず。言霊密用の神祕は日本支那の古代にのみ存するに非ず。天上地下古今を通じて新鮮なる達人の日用也。言に宗あり。事に君あり。俗士誤るところの牽強附会の言と異り。神さびたりとも神さびたり。其雨其風来底急《それあめそれかぜきたるなんぞきふなる》。徒《いたづ》らに人を愒《おど》さんと欲するに非《あら》ず。天行神軍幹部すでに密々各方面に備へつゝありて事を未然に救《すく》はんと期しつゝあり　――後略――

と述べておいた。ところが現界に於ても其の感応の表兆がなければ相成らぬので惕若《てきじやく》として夢も安からず過ごして居るうち、果然十一月十四日を以て国土大修祓成就の神験を示された。山上修法の十月九日から三十六日後の十一月十四日に於て必然の神応が具現した。（何故に三十六日後に応ずるかは『日乃御綱』を精読せられよ。）昭和七年十一月十四日、この日、かしこけれども天に於ける神の王の地の世界に於ける表現者にあらせられる天皇陛下には大阪城東練兵場に於ける大観兵式に大風雨中御愛馬白雪に召し給ひて行幸あらせられた。恐懼感激の至りである。翌十五日の大阪の新聞紙は次ぎの如く謹記し奉《たてま》つた。

　四万二千の将兵、場の四囲を埋める八万の拝観者達は感激に胸をふるはす、このうちにも雨脚はいよ〳〵繁《しげ》く兵士達の肌にまで雨は滲《し》み、加ふるに風速は九メートルにも達して陪観者達の帽は飛び傘は折れるすさまじい情景であつた、かゝるうちに午前九時号砲一発雨空高く炸裂して大本営発御を報じ陪観者は悉《ことごと》く雨傘をたゝみ帽子を脱いで御着を御待ち申上げるうち同九時九分各部隊ごとに湧《わ》き起る劉喨《りうりやう》たる君が代の喇叭《ラツパ》の音とともに野外自動車鹵簿《ろぼ》は粛々と式場に入らせられ、陛下には玉座前にて自動車より御降車、御愛馬『白雪』に召させられた、おゝ仰《あふ》げば畏《かしこ》し、この豪雨疾風の中に陛下には御頭巾さへ召させられず、真東の風雨をまともに受けさせ給ひ、御帽子を伝ふ雨滴は忽《たちま》ち竜顔をしとゞに濡らしまゐらすも何らおいとひの御様子なく厳として馬上御豊かにうたせ給ふ、云々

又た次ぎの如き記事もあつた。

　十四日朝城東練兵場に集つた将兵四万のうちあの豪雨と疾風の中に　大元帥陛下を迎へ奉ることが出来

ると思つてゐたものが果して幾人あつたであらうか、大ていのものは御代理の宮様を御差遣になること
と拝察してゐた折柄、午前八時『分列式を御取止めになり御閲兵のみ行はせらる』旨統監部より発表が
あり、直に諸兵参謀が練兵場を駆《か》けまはつてこの旨を伝へたが、風雨に妨げられ徹底せぬ部隊も少くな
かつた、午前九時九分　陛下着御あらせらるゝや先づ南側の諸隊から君が代の喇叭が響き渡つたが、陛
下の着御を予期せぬ喇叭手は何が何やら判らず後になつて『お前が吹くから俺も吹いた』と恐懼する者
もかなり多かつた、夜徹《どほ》し雨を気遣つてゐた御先導役の諸兵参謀友近大尉は大任を果すや、陛下の還御
あらせられるとともに馬上のまゝ男泣きに泣き出した。これを見た陸軍省兵務課長塚田大佐は驚いて『お
い友近どうした、何か失態でもしたか』と尋ねると友近大尉は拳《こぶし》で涙を払つて『嬉しくつて嬉しくつて』
と答へたので塚田大佐も『さうか〳〵』と眼をしばたゝいてゐた。御閲兵中　陛下通御の間は拝観席の
人達はいづれも傘をすぼめ帽を取つて　陛下を拝し奉つたが、アーチの附近にゐた統監部自動車の運転
手君たち十数名は拝観席のうしろから錦旗の近づくのを拝し、矢庭《やには》に外套をぬぎすて雨の中に立ちすく
んだ、これを見た附近の陪観将校連は電気に打たれたやうにいづれも外套をぬぎすて、軍民相《あひ》一致する
美はしい赤子の誠を如実に示した

大正十年に公刊した『霊学筌蹄』の中に発表した神示の復本顕道に入る年（大正十三年甲子年）の前年帝都
は大震火の修祓を受けたが其れより満九年にして、いよ〳〵天関打開に入る為めに国土清掃のため大風雨の
修祓は厳然たる神界の経綸《しぐみ》通りに具現したが、地上万民に代り給ひて此の大風雨中に　天皇陛下が御頭巾も

召し給はず行幸あらせ給ひしことは何と申しても恐懼感激、申す可《べ》き言葉がない。此日東海道方面は殊《こと》に猛烈であつたらしく新聞号外は『十二年来の颱風《たいふう》、関東一帯を襲ふ』と報じ、十六日の大阪朝日新聞は五段抜きの大ミダシで『時はづれ颱風、東日本を蹂躙《じうりん》し去る』と報じ駿遠豆相地方は各地風速三十米《メートル》を超えて颶風化したところ多く、わが国初めての颱風による列車進行阻害記録を作り、東京市内は午後八時頃から夜半にかけて全市暗黒となり、浸水四万戸に達し、神奈川静岡両県下の如きは被害最も大にして全半壊家屋千八百、又た多数の死傷者を出した。本年八月以来此の被害を最小限度にと祈りつめて来たが其の甲斐なく案外に大きな災害を受け、駆逐艦『雷』までが擱坐したことは遺憾千万である。けれども吾等が最も警戒した風雨外の風雨の襲来を防ぎ得たことは、ひとへに　天皇陛下の大稜威《みいづ》の光輝のためと神祇の御訶護《かご》のためとで、それを思へば此の程度の被害はやむを得ないことであらう。

すべてのものは天行居の予定表通りに行進する。天下至変の中心たる天行居の号令を疑ふ者には愈々《いよいよ》目に物見せて呉《く》れる時機が近づきつゝある。これで明年（昭和八年）の或る重大な霊的施設が枉事《まがごと》無く完成しさへすれば、もう占《し》めたものだ。聯盟《れんめい》の空気がどう動かうと、又た世界が一時変態的小康時代に入らうとも我等の確信は必ず実現する。

（昭和七年十一月十六日記）

ちよろづのことのひとつもたがはざる

かみのみわざぞゆゝしかりける

国土修祓

石門漫録

神道古義

明治十九年四月二十七日。電車や自動車のなかつた其頃の大阪の春雨に烟《けむ》る町は静かであつた。道頓堀には何とかいふ千両役者が当り芸を出して居た。花街に近い墨絵のやうな橋の上はだらりの帯の舞妓が右往左往して居た。

宿屋の番傘をさして悠々とてくツて居た無々道人川合清丸翁（実は其頃は三十九歳かと思はれるから翁と呼ぶのは変だが）は静かな雨の中を西区紀伊国橋の西北詰、粕谷治助といふ家の裏の離れ座敷に初めて至道寿人を訪問した。五十一歳の至道寿人は四十歳ばかりに見えた。顔色桜色にして眼のふちだけ桃色を帯び眉目清秀、血色の美はしきことは東京を立つとき山岡鉄舟居士から聞いた通りであつた。

× × ×

清丸翁は元来神道の家に生れ相当和漢の学にも通じ憂国至誠の吉士であるけれども其頃少々野狐禅にかぶれて居られた点がないでもなかつた。持ち前の気性と其の立場から開口一番仙人なるものをボロクソに言ひおとし議論を吹きかけられた。至道寿人は一年後には現世を去つて尸解仙《しかいせん》となるべきを予感して居られた際でもあり、静かに清丸翁の論議を聴い居られたが、其の論旨は兎《と》も角《かく》として烈々たる愛国憂世の至情と恬澹《てんたん》無慾の精神を見て取り大いに感動せられ、快よく清丸翁の要求を容れられることになつた。清丸翁の要求とは所謂《いはゆる》仙家秘訣無病長生法の伝授である。その翌日から七日間に其の授受を終へられた。

×　　×　　×

此処《ここ》に少々注意すべきことがある。後に清丸翁の書かれたものをみると、其の時の伝法は世間普通人に知らせてよい一種の養生法に限られたもので仙道の秘事には一切触れなかつたやうに見せてあるが、事実は然らずして或る種の秘事も授けられたのみならず照道大寿真の遺品も授けられたのである。其の仙法の秘事は後に清丸翁から堀天竜斎先生に相伝せられ、照道大寿真の遺品は清丸翁から後年某大人に授けられた。そして其の何れもが別々の道程を経て天行居へ伝へられるに至つたのである。

道の畏《おそ》るべきを知る者は神真の秘事等を濫《みだ》りに書きものなどにするわけがないのである。このことをよく腹に入れておかぬと物ごとを軽々しく判断し去つて了《しま》ふのである。

或る年の夏六月七日から両三日間、水位先生は川丹先生に伴はれて日本国及び支那の名山を巡見せられたが、周防国では先づ石城山に降《おり》られ、次いで久米山へ寄られたのに何故か石城山へ降られたことを備忘録には書き落して居られる。斯《か》ういふところも大いに軽人の惑ふところであらう。（久米山へは大正十二年か十三年に私は一度登つたきりである。山上には降松《くだまつ》神社があり、村の青年団の手で稍《や》や公園化されつゝあつたやうに記憶するが近頃どうなつて居るか一切知らぬ。）

×　×　×

堀天竜斎先生と川合清丸翁との関係については大正十五年ごろ私が竜先生に問合せた手紙の返信が三四通ある。初対面は明治二十年頃とも二十一年頃とも書いて居られるが兎《と》に角《かく》明治二十年又は二十一年頃から大正六年に七十歳で清丸翁が帰天せられるまで約三十年の間親交をつゞけられたもので、毎年又は一両年に一回位ゐ清丸翁は竜先生のところへ遊びに来られ十日間乃至《ないし》十五日間位ゐ滞在せられたさうである。尤《もつと》も此の三十年間中清丸翁が病気のために竜先生を訪問せられなかつたことが三四年つゞいたこともあつたらしい。又た清丸翁の晩年にはどうであつたかと思はれる点もあるが其れは承《うけたま》はる機会を逸した。

それほど長い間親交をつゞけられたのに何故に竜先生は清丸翁に対して太古神法の話を致されなかったのか少々不思議と思はれるほどであるが、これは竜先生の或る深慮によることであらうし又た一つには清丸翁が九歳の年長者であつたので後事を托するには別に其人ありと考へられた為めであつたらう。併《しか》し何かの機会に天人一系ともいふべき皇国古伝の純正なる太古神法といふものがあるといふ位ゐなことは話されたに違ひないと思はれるし、或る時代には其の為めに竜先生が潔斎中で一切の俗交を断絶して居られたことなども清丸翁の承知せられぬ筈《はず》はないが、恬淡《てんたん》な性格の清丸翁は左《さ》ういふことは強《し》ひて聴かうともせられなかつたものと考へられる。尤も伊勢神宮の心の御柱について、又は丹波元伊勢出土の神器については二人で研究せられたこともある由を後年竜先生から直接承はつたこともある。

清丸翁が年長者であり又た照道大寿真所伝の仙法祕事の一つ二つを伝へられたからと云つても師弟関係ではなく全く同等の友人関係であつた。清丸翁が竜先生の為めに書いて贈られた額が只今《ただいま》無方斎にあるが、それには『為堀竜屋君、川合清丸書』とある。近ごろの人は友人や又は部下の者を呼ぶに君《くん》といふけれど、元来『君《くん》』といふ敬称は充分に尊敬を籠《こ》めた場合に使つたもので、東海少童君、清浄利仙君といつたやうな用例を以て知るべきである。清丸翁が其頃やつてをられた大道叢誌の合本の広告文にも社長鳥尾小弥太君題字、子爵三浦梧楼君題字、伯爵東久世通禧君題字、伯爵冷泉為紀君題字、伯爵大原重朝君題字といふ風に充分に尊敬の意を表した敬称に君と書いてをられるので清丸翁が其頃君といふ字をどういふ意味で用ひられたかがわかる。無々道人題とか山陰道士書とか洒脱《しゃだつ》にも書かれず謹厳に川合清丸書と署名されたのも誠意を籠められて題贈されたものであることがわかる。

× × ×

私が十四五歳の子供の頃、身体が弱かつた為めに或る先生が一冊子を貸して下さつて、『これを読んでみよ。』と云はれた。これこそ実に川合清丸翁の『僊家祕訣無病長生法』であつた。私は振仮名をたよりにして熱心に読んでみた。照道大寿真とか至道寿人とか云ふやうな名は其のとき始めて知つた。併《しか》し其れから何十年かの後に照道大寿真や至道寿人や川合清丸翁と間接ながら或る関係をもつ立場にならうとは夢にも知らなかつた。人間の運命ほどくしびなものはない。今朝塩漬の木天蓼《またたび》を噛《かじ》りながら茶を飲みつゝ、朧《おぼ》ろげなる記憶を辿つて少年の日を懐《おも》ひ多少の感慨無きを得ぬ。

人間の運命ほどくしびなものはない。世の中の多くの人は運命を云々する人を迷信者と嘲《あざ》けるが、私は運命論者であり又た運命の信仰者である。しかし私は釘づけにせられた不自由なる運命論者ではない。運命を信ずると同時に運命を創作せんとする運命論者である。厳然たる運命の天律の存在を知つて之《こ》れに順ふと同時に其の運命を真に意義あらしめるために努力せんとし、或る程度まで其の運命を改造し吉化せんとするものである。『運』といふ文字が元来釘づけにされた意味を有せず活《い》きて動きつゝあることを意味して居るのである。卑俗な言葉を以て換言すれば、よい運命も心がけの如何《いかん》と努力如何では腐つて了《しま》ひ、わるい運命も心がけ次第努力次第で或る程度まで改造し得られるのみならず、非常なる大決心と大努力とによれば司命神の密策を感動し得て新たに天運を創作し得ることも不可能に非《あら》ずと信ずるものである。世人は性急にして毎《つね》に鶏卵に時を告げんことを求め、善を修して直ちに福を見る能《あた》はざれば疑ひ、悪を行ひて直ちに妖災に会はざれば天何かあらんと見くびるのである。因果関係を余りに短距離に打算して、菓子屋の隣りで歯医者を開業して繁昌しなければ天律を疑ひ神界の摂理をあなどるのである。善人が病気したり貧乏したり徳行の士が災害に包囲されたりするのをみて神真界と人間界との交渉を疑ふのである。顕幽一貫の神策を掌上にみれば善因善果悪因悪果の天の法律は微細なる一毫の狂ひもないので、そこに『運命』といふものが形成されるのである。運命を嘲けるものは天を嘲けるものである。

晋の文公が出猟して大蛇に道を阻《はば》まれ、大いに深省して退いて徳を修め善政を行ひたるに其の大蛇は天帝の罰を蒙《かうむ》つて死んで了《しま》つたといふことがある。臣下の者が『禍福すでに前に在《あ》り、転ずべからず、何ぞ遂に之《これ》を駆らざる。』と奏上したとき文公は『禍福未《いま》だ発せず、猶《な》ほ化すべきなり。』と云つて車駕を還したのである。文公はよく古人の訓《をし》へを守り天を畏《おそ》れて天の道を得て居た人であらう。

天竜斎先生が帰天半歳前、すなはち昭和四年の夏に、『沢之鶴』といふ酒の広告の団扇の裏へ『なせばなりなさねばならずなることをならずといふはなさぬなりけり』といふ道歌を書かれた。これは誰れも知つて居る歌であるが、手紙より外のものとしては此れが竜先生の現世の絶筆であつた。竜先生は決して釘づけにされた運命論者ではなかつた。天命を信じ、天命に応じ、天命に順ひ、天命を行ひ更らに天命を創造打出せんとせられたのである。岩間山に住んで居られた山人界の臣頭杉山清定先生も『出来ると思へば何でも出来る。これが万事の祕訣ぢや。』といふことを常に弟子達へ申し聞かされた。天行居の同志諸君も各自に其の天縁と使命とを自覚されると同時に引ツ込み思案に過ぎると天縁を腐らかして了ひ天賦の使命が時効にかゝらぬとも限らぬ。天行居に対するは鏡に対するが如く、吾れより一歩近づけば彼れも一歩近づき、吾れ一歩遠ざかれば彼れ亦《ま》た一歩遠ざかるに至るのであるから、よく其辺を考慮せられねば『本部からか又は宗主から何か言うて来なければ出かけて行つたり色々なことを提案したりすることは致しにくい。』といふやうな遠慮があり過ぎることは感心いたしかねる。本部から又は宗主から誘《さそ》ひかけるといふやうなことは出来ることであるまい。天行居は去るものは追はず来るものは拒《こば》まずである。その他のことも神のまに〳〵である。天行居の所謂《いはゆる》最高幹部には何等閥的考へも無く何の申合せもないことを明言しておく。

× × ×

水位先生が川丹先生に連れられて石城山や久米山（石城山から四五里西方、下松《くだまつ》駅より山麓まで一里ばかり、石城山より低い位ゐな山で緩勾配の道で下駄ばきで登山は容易。）へ来られたときには祝島《いはひじま》へも立寄られたやうである。（近来は川丹先生も水位先生もしばしば石城山上へ立寄られる。）

石城山上の勾玉原から望めば千坊山脈を越して淡き黛色を見せて居るのが祝島である。（昔は斎《いみ》の島とも云つた。）上之関から海上五里、毎日郵便船が便乗させてくれる。

今から十年ばかり前、大阪朝日か大阪毎日かに瀬戸内海の仙人島として此の祝島が書かれたことがある。それは此の島に長寿者が多かつたからであるが、近年は漁業関係などで島の人々が出ても行き余所《よそ》の人も来るといふやうなわけからか目立つて長寿島といふほどでなくなつたといふ話である。

山頂は行者ケ森といつて役《えん》の行者の遺跡があるといふ伝説であるが、それは話の筋が違ふだらうと思はれる。尤《もつと》も中古以来両部まがひのものが住んで仏道的な道場もあつたのであらうことは否定はせぬ。

全島殆《ほと》んど桜の老木で花時は壮観を呈したものであるが、島人が薪に濫伐する為めに余ほど少なくなつた。それでも見るに足るものがあるので先年は何とかいふ東都有名の画家が来て激賞したといふことである。近ごろは村の申合せで保勝会のやうなものが出来、無茶苦茶に伐《き》り倒すことは禁じたらしい。

この島に『こツこう』といふものがある。不老長寿の効があるとかいふことである。獼猴《びこう》桃と云つて支那の何処《どこ》かにもあるさうで先年一寸《ちよつと》書きものを調べたこともあるが只今《ただいま》それをさがし出すことは面倒だ。七八年前だつたか神宮皇学館の大川真澄翁が珍しく大病で入院せられた頃どこで聞かれたものか此れを送つてくれとのことで少々送つたことがあるやうに記憶する。天竜斎先生へも御目にかけたことがあるが『米俵に似た形が面白い。』といつて喜ばれた。紀州にも陸中の山中にも北海道のどこかにもあるとかいふ話も誰からか聞いたやうに思ふ。

この島に大きな蓬《よもぎ》があつて其れが杖になるのである。今上が東宮に坐せし頃本県へ行啓の御みぎり、県からか青年団からか此の蓬でステッキを二本作製して石城山の東部の村落に居る白蛇二疋とともにたてまつりしことありしかと仄《ほの》かに記憶する。生物学に深き御興味をもたせ給ふ殿下は当時『シロ』といふ名まで下賜されたといふことを新聞紙上で拝見したことがあるが今その白蛇は尚《な》ほ宮中の御研究所に飼育してあるかどうかは承知いたさぬ。この島の蓬の杖は天竜斎先生へも差上げたことがある。(その杖をもたれた写真が昭和四年か五年かの古道紙上に掲載してある。)しかし近ごろは蓬も年々小さくなつて杖にし得るやうな大なるものは稀《ま》れになつたさうである。

× × ×

この島の出身で河野蓬洲翁といふ老人がある。この老人は長い間支那に遊んで書道の研究をした人である。其の祖先は例の伊予の河野通有の一族に出て居る。無方斎の玄関に掲げてある『桃花源』の額は此の老人が自から書き自から彫つたものである。

四五年前この蓬洲翁が突然やつて来て、祝島の山上近きところにて桑の古木が倒れたが実にみごとな材で大きなものである、引取つてはどうかとのことであつた。それで机や火鉢など造れば面白からうと思つたが、其頃少々都合があつて買取り得なかつたのは残念千万であつた。

石城山の西北数里を距《へだ》てゝ八代村（古称社《やしろ》村乎《か》）といふ高原地帯の一寒村がある。この村は鶴の渡来地として有名で毎年その時期になると数百羽の鶴が白頭山の方からやつてくるので、其の時期には鶴見客のために臨時に宿屋も出来れば自動車も通ふといふ勢ひである。其他石城山附近にはこんな仙境じみたところが今尚《な》ほいろ〳〵名残をとゞめて唯物的文化に血眼になつてる現代人に冷やかな微笑を投げかけて居る。

×　×　×

気がついたから一寸《ちよつと》申しておくが、敬神家の中には色々の人があつて、諸神社の御守り札を幾十或ひは百以上も一つの袋に入れて大きな拳《こぶし》大の守袋をかけて居る人を見受ける。わるいこともあるまいが夏服でも着られたときには随分不便であらうと思はれる。其の人が特に感ぜらるゝ或る二三体なり七八体なりを袋に納めて拝帯せられ、其他は小さな唐櫃《からびつ》か小宮にでも入れて神殿なり神棚なりに奉安しておかれてはどうであらうと思はれる。大きな御守袋をかけて居れば大きな御神徳を蒙《かうむ》られるとも限るまい。

それについて御参考のために申上げるが、水位先生の親族に浜田巌彦氏といふ人が居られた。（高知県で郡長などを勤められたことがある。）この浜田氏が或時土佐の沿海を旅行中に海が荒れて船が難破し氏は九死に一生を得て不思議に命拾ひをせられたことがある。ところが其のとき自宅の神殿に奉安してあつた桃板の庚申守が錦の袋と共にびしよぬれ、、、、になつて居たので驚いてよく調べてみられると其の水は塩分を含み海の匂ひがして居り全く海水であることがわかつた。（其の桃板の守りは水位先生が修法されたものである。世の中に桃板の庚申守の方法は流伝して居るが水位先生の法は少々異るところがある。）

この話は右の浜田氏の夫人満寿子刀自から私が直接に聞いた話である。世の中には此れに類した話は随分あるやうである。

× × ×

庚申といふことについて水位先生は次ぎのやうなことを云つて居られる。

庚申の祭祀は赤県州《もろこし》の祭祀にして人の体中に三戸とも三魂とも云へる魂魄の部類なる悪念妄想ありて庚申の夜眠る人あるときは右の悪念なる妄想天曹の生籙死籙を司《つかさど》り給ふ大司命小司命の真神に感通す、於此司命の神其人の罪咎を死籍の籙に着して其人の罪の大小によりては年の数を奪ひ月の数を奪ひ日の数を奪ひ玉ふよし雲笈道蔵等の書籍に多く出で玄学家には必ず庚申夜司命神を祭るなり、然るに此の庚申祭は神農の世に起りて周の世に盛んに老子時代に至りて益々《ますます》行はれて老子大いに此の庚申に心を用ひ感応編を作れり、偖《さて》又我国にては庚申の夜に猿田彦神《さるたひこのかみ》を祭りけれど実は右に云へる司命祭にぞありける、……偖また庚申神の司命なるに猿田彦神を祭るは不当なれど猿田彦神とのみ唱へて祭るときは又た猿田彦神の幸ひ給ふこともありて村田正名の回国記なる天正元年十一月七日の条によれば、戸隠山の小き社に臥したりしに五更の頃に及びて老翁の忽《たちま》ちに現はれて、あは猿田彦と名は云ひて四方の国々を廻り鬼神を慰め悪魔を逐ひ十一月七日の夜には必ず此処《ここ》に息へりと宣《のたま》ひけるに、正名敬礼して御神に向ひ、世に庚申の夜に猿田彦神様とて祭り候は御神にて候やと尋ねければ、御神のたまひけるは、庚申の夜は上古に西国にて太一天王としのたまひける天津神《あまつかみ》を祭りて寿命長久を願ひける夜なるが是れには深き故あることなり、又た右の夜には天津神国津神《くにつかみ》の天上に会し玉ひて諸民の寿命の伸縮を議し玉ふなれば伊《い》弉諾神《ざなぎのかみ》を斎ひ奉ることは更にて又た大国主神《おほくにぬしのかみ》とて敬ひ奉る時はまた此神の御恵を垂れ玉ふべし、又た猿田彦神《さるたひこのかみ》とし祭るときは余も幸福を下し守るべし、また皆人の信仰によりては何神と差別なく敬ひ奉るときは庚申夜に至らば其の祭る家に下り玉ふもあり（下略）云々とあるを思ふべし、……

村田正名が拝した神人が果して猿田彦大神であつたかどうかは確言いたしかねるが其の申されたところは道理あることと思ふ。併《しか》し如何《いか》に庚申祭を精出して執行しても根本問題は其人の修善積徳如何《いかん》と信心如何とによることで、神様を拝みさへすれば幸福が得られると思ふことは大間違ひの骨頂で、如何《いか》なる場合にも善因善果悪因悪果は幽顕一貫の神律天則である。神律天則が即ち道である。古人が『神も道に勝たず』といつたのは此のことである。

× × ×

原史時代から先史時代にさかのぼつて考古学的に又た土俗学的に研究するとき、どうも我国が神仙の祕区だとか神の宗国だとかいふことが肯定できなくなると思ふ人があるかも知れん。これは一応尤《もつと》も千万なことである。それは多くの出土品等の中に或る一二のものを除くの外は神仙の遺品ともみるべきものが殆《ほと》んど無いからといふことに理由する。しかし其れは神真界と現俗界との出入によつて物質に神祕なる化学的変化が行はれる為めと、又た何等かの理由により特に神真の思召しによるものの外は所謂《いはゆる》神かくしになるが為めとであることを理解すれば腑に落ちない筈《はず》はあるまい。

河野久氏は照道大寿真が明治九年七月七日に吉野の仙窟より上天せらるゝところを近距離のところにて拝観を許され、その直後に大寿真の御遺品等を拝領せんものと其の窟に入りたるに一品も無かつたのである。(其の以前に大寿真より頂戴せる品が二三あつたのは別として。)大寿真が平素着用されたる越後晒《ざら》しの紋服や貞宗の刀や熊の毛皮の腰巾着や焚香の具等は其時どうなつたであらう。更らに上天の時の御服飾たる峨然たる金冠、白き指貫《さしぬき》の黄金地《こがねぢ》に赤萠黄まじりの紋織錦の装束、総金《きん》作りの光明燦然たる太刀等は突然どこから出て来たのであらう。そのわけのわからない人々へは如何《いか》に神真の実在を話したところで真に腹入りせしむることは困難であらう。上天せらるゝ十五分か二十分間前には其の窟中に於て泰然と坐されたる平素の通りの御服装の大寿真の前に河野氏は侍坐して居られたのである。

支那の神仙思想が日本に輸入されたのは奈良朝時代または其の直前であつて、我国の上古とは無交渉であつて我国が神国といふ意味と神仙思想とを習合したのは中世以後の有難屋の妄想の産物だと思つてゐるのが此頃の普通の学者の常識である。河野氏も或ひはそんなものかとも考へられたと見えて其のことを照道先生へ質問されたとき、大寿真は大いに笑ひ玉ひて『支那の仙道の根本は我国の古神仙たる少彦名神《すくなひこなのかみ》や大名持《おほなもちの》神《かみ》たちが彼地に渡りてのこされたる遺跡である。』と明確に申された。照道先生とは目前別系統のやうに思はれた水位先生も又た同様のことを何度も機会ある毎《ごと》に力説して居られる。照道先生も水位先生も肉身を以て神仙界に出入された御方で、あやしげな所謂神憑《かむがか》りまがひのもので神界の消息を口走るものの所伝とは全然わけが違ふのである。

支那の神仙思想は戦国時代以来のものであつて、混乱した社会相に対する厭世思想から高踏的独善主義となり、それから更らに空想的な理想世界に発展したものであるやうに普通の学者は眺めてをる。しかし其れは所謂神仙思想であつて、中古以来の偽仙の蹤跡《しょうせき》に過ぎないので、太古に於ける真の神仙道が殆《ほと》んど地上から姿をかくして後に周代以後の学問が起り、更らに種々の思想が湧《わ》いたり拵《こし》らへられたりしたのであることを忘れてはならぬ。（『国家起源論の根本誤謬』参照。）

私は神仙界即神祇界といふことを多年唱道して来たが、これは一般神道家のみならず天行居の同志中にも不服の人があるらしく思はれる。川合清丸翁の如きも神と仙とを区別して論ぜられた時代もあつたが、それは俗社会を避けて入山し不老長寿の修行をしてゐるやうなものを仙といふ意味ならば其れが直ちに高貴の大神と同等であるとは申されぬこと改めて言挙《ことあ》げする迄もないことである。けれども神にも高下大小の段階ある如く仙も亦《ま》た然りである。大神仙としての伊弉諾神《いざなぎのかみ》や少彦名神《すくなひこなのかみ》は『神』としての伊弉諾神や小彦名神とは異るといふ議論が成立たない限り神祇即神仙である。仙といふ文字が妥当でないならば真といふ字に改めて神真と称してもよろしい。唐詩『将軍の楼閣に神仙を画く』といふのも神と仙とを別々に見たのではない。根本的に考へ直して、神とは何か、人とは何か、仙とは何か、それを本質的に考へてみられるがよろしい。いつも云ふことだが『人』といふものの大神秘性が腹入りせぬと、どうも話が縺《もつ》れやすくなる。地上神界の中府たる神集岳は所謂《いはゆる》神仙界の大府であつて、真の神界よりは下等な存在だと思つてる人があるらしいが、そんなら真の地の神界の中府は何処《どこ》にあつてどういふ形状であるか承《うけたま》はりたいものである。畏《おそ》れながら伊弉諾神や天照大御神《あまてらすおほみかみ》の宮殿があり、少彦名神や大名持神《おほなもちのかみ》の常居の宮殿があり、神武天皇が左察判鑑として大坐《おほま》しまし、菅公や其他の神々が居られる神集岳や万霊神岳を外にして、地の神界の中府が何処に存在するか。

幽真界は八通りに大別され、それが縦にも横にも幾百千万に別れて居るから神集岳や万霊神岳の外に地に属した神界無しといふのではない。地上随所の上空のみならず山河湖海神社仙宮等の所在につれて種々大小幾多の神真界はある。又た遠く日月や諸星辰に属する神界や魔界も存在する。けれども此の大地球の生類統制に属する限り、其の神界中府は神集岳であるといふのである。

× × ×

同じく神仙界へ出入した人の所伝でも、どうも甲者の所伝と乙者の所伝とに吻合《ふんがう》しがたきやうに見ゆる点があり、それが神仙界認識の上に妨げになるといふ人がある。これは深き幽律によつて然るべきことであり、又た其の出入者の霊的感応力によつて所見所聞の気線が変化するからである。

水位先生の『異境備忘録』には余り重要ならざる事項が混記してあるため、全篇を軽々しく読了し去る人があるけれど、実は其の中の二三のものは地上人類生活創始以来無前の重大記録である。古今東西多くの幽真界交通者には無識無学の人や甚《はなは》だしく独断的傾向の人が多く、たまに立派な紳士があつても其の感応交通の幽界が低級な或るクラスに限られて居る人が多いが、水位先生は学識あり冷静な批判力反省力ある紳士であるのみならず明確な実証ある謫仙《たくせん》であつて、最高級の神界より低級の種々の霊界にも交通せられた。そして時には神真界の或る物品を現界に将来せられたこともあり（私は其れを拝観した）又た現界の紙墨を携帯して神界へ行かれて見聞を図写せられたり、神仙の御染筆を願はれて現界へ持ち帰られたりした。（原則として現界へ長くとゞめるべき書もの等は現界の紙墨を用ひなければならぬわけあることで、神界の紙類等へ書かれたものは現界へ置くと炎上したりして神界へ取返されることになる場合が多いものである。）

水位先生が晩年（数年間）病牀に懊悩《あうなう》された理由は他にもあるが一つには『異境備忘録』等によつて神界の祕事を入間界へ告知せらるゝ便宜を計《はか》られたが為めで、受くべき責めは受けられて、帰天後は高貴の神真の寵愛を蒙《かうむ》られ栄任せられたのである。この辺の事情については神界の規則と摂理とについて特別の考慮を為し得る人でなければ腹入りの六《むつ》かしい点があらう。（先生の書かれたものの中には別に『幽境七十八区記』といふ祕録もある。）

要するに諸君は心身を清め、深夜独坐、明窓浄几のもとに静かに『異境備忘録』を拝読し心読して人類最高の知識を求められるがよろしい。これを公刊物にしたことは私として一生の大罪であつた。

×　×　×

神界の祕言咒言といふやうなものも大体に於て三つの様式がある。一つは所謂《いはゆる》我国の古言雅言に類したもの、一つは梵音か支那音かと思はれるやうなもの、一つは右の二者を混雑したやうなもの又は普通の文章体の如く其の意義の何人にも稍《や》や諒解し得らるゝもの、以上の三系統に大別し得られるやうである。所謂我国の古言雅言に類するものでなければ正神界のものに非ずと思ふやうな人は神界の実消息に暗いのである。普通の学問の上から云つても、我国の古言雅言なるものが何うして成立したものであるか、卑近なところでは支那の古言と我国の古言と如何《いか》なる関係があるかといふやうなことなども相当に研究されて居ることであつて、決して我国の古言が世界特絶のものではないのである。又た神界の祕言咒言が欧米人に示さるゝ場合は如何なる体系によるであらうか、同義異音の場合もあるべきは当然のことである。私が今こんなことを云ふのは決して祕言咒言に関してのみ云はんが為めに云ふのではない、一を以て十を判断せらるゝ考察方法の一つとして御参考のために婆言するのである。

× × ×

世の中に昔も今も謫仙《たくせん》といふものは随分あるけれど其れを自覚して居る人は極めて稀《ま》れである。水位先生の如く明確に其れを自覚せられ且《か》つ肉身を以て現界時代に神界へ出入された人は古来稀有《けう》中の稀有のことであつて、これ深き御神慮によることで破格の立場を許されられたものと思はれる。だから水位先生の神真の祕事に関する知識は何れも親しく実聞実見せられたもの又は高貴の神祇や師仙から相伝を受けられたものなので、人間界流布《るふ》の書籍等から抄出されたものではない。(一二三それもないではないが。)然るに近ごろ同志中には石城山へ来ることもやめて、大金を投じて仙書を蒐集《しうしふ》し刻意苦心して読んで居られる人もあるさうだが、御苦労千万なことである。水位先生は人間界流布の仙書の研究にも随分努力せられたことは既に一部の人々の知る通りであるが、道書三千七十二部を読み破りて後、今日に至りて仙書を熟考するに三千七十二部の中に真と認むるもの十一部のみ他は皆偽仙の妄誕のみ、然るところ真伝十一部の中にも亦《ま》た妄誕混合せり、云々

と手記して居られる。一と口に三千部と云へば何でもないが一日一部を読みても十年の歳月を要する。先生が三千七十二部を読破されたことも失礼なことを申すやうであるけれど只《た》だ先生の道楽としての努力に過ぎなかつたのである。世の中に何が御苦労千万だといつても古来汗牛充棟もたゞならざる偽仙の書を読むほど御苦労千万な馬鹿げたことはあるまい。

やたらに山や野を掘つてみたところで何十年たつても金も銀も出てくるものでない。金を掘らんとするならば金の鉱脈を掘らなければならぬ。

×　×　×

『天行居の十年前来の種々相を見つめて居ると案外と思はれることがないでもない、たとへば山陰道場や四国道場の閉鎖当時の事情と云ひ其他これに類したことが其後も絶無とは云へないやうだが。』と質問して来た人がある。

私は私の認識を必ず正確なりと公言し得るものではない。換言すれば私の認識の誤れることも多いであらう。けれども或る手続きを経《へ》て認識を決定した場合に限り、幽顕遠近断じて誤ること無しと信じてをる。但《た》だ神祇の摂理によつて特に或る時期まで殊更《ことさ》らに知らしめられざる事項は其の時期到るまで尋常茶飯事と雖《いへど》も之《こ》れを知ることは出来ぬ。碗の中の料理のバイキンまで見えては何も食ふ気になれず、一里先きの便

所の臭気まで感じてはたまつたものでない。十里外の工場の騒音まで聴えてはやりきれず、或る程度まで見えず感ぜず聴えざればこそありがたいのである。

× × ×

鼠が騒いで困るから五六疋《ぴき》つゞけざまに捕つたら其頃から家族の者が病気になつたが何かわけがあるのではあるまいかと訊《たづ》ねて来られた人がある。例によつて一切返信いたさずに置いたが、少々思ふところもあるので玆《ここ》に一言する。

原則として神祇は人間生活の正しき幸福を保護せらるゝものである。人間生活に有害なる存在を除滅することは神慮にかなふのである。仁慈といふことを妄念して害虫を退治することすら怖るゝ人があるが是れ人天の権威を傷け却《かへつ》て妖魅《えうみ》の跳躍に便するのである。動物愛護といふことの如きは人間性の美しき発露であるけれども田畑を荒す野鼠や猪を退治したり五穀野菜を害するものや蚤蚊其他毒虫毒蛇の類を退治したりすることは善でこそあれ寸悪あるにあらざること今更ら申す迄もないことである。上古の日本人は明朗快活気象雄大にして正を履《ふ》みて怖れず人間生活の必要のためには為すべきを為して微塵も躊躇することなかりしに、こましやくれたる外国の種々の思想入り来りてより筋の立たぬ仁慈や不合理なる慈悲の念に左右せらるゝものの多きに至りしは慨《なげ》かはしきことである。吾党の人々は能《よ》く理非を辨《べん》じ、人間生活を基本とする仁愛の美徳を涵養実行すると同時に其の前路を妨ぐるものは片ツ端から左右に斬《きつ》て捨てゝ平然たる正大なる上古日本人の本心に立帰らなければならぬ。左伝宣公四年に『仁なれども武ならざれば能《よ》く達すること無し。』とあるのは古風である。

×　×　×

水位先生の令厳宮地常磐先生が書かれた家訓の一軸がある。ぼろ〳〵に破れ且《か》つよごれて手のつけやうもない状態であつたが、洗つて手入れをして表装したら垢も抜けて破れ目も見えず立派なものになつたので先年〇〇家へ送り届けた。其の家訓といふのは次ぎの通りである。

人の道たるや執本を第一とす身の本は神なり故に常によく神に敬事し大空幽境ありて黒色の玉殿沢光を放ちたるに神等の坐して幽政を掌《つかさど》り給ふ事を畏《かしこ》み奉りて生ながらに幽冥の宮舎を拝み奉る心掛をすべし

神に敬事するは空飾空拝にあらず身力を尽して鴻恩を謝し神随の誠の道を弥益々《いやますます》に拡め神の人を愛撫し給ふ万一を扶《たす》け奉らむ心掛を肝要とすべし

神恩君恩を忘れて身を恣《ほしひまま》にし神と君とを軽蔑侮凌するものは神敵朝敵国賊にして不忠不孝の極り也《なり》

神仙の悪《にく》み家も身も滅亡せざることなしと知るべし

読書博識を慢するの為に非ず神随《かむながら》の大道を明らめ拡むる羽翼とすべし

古今内外の事情を知らざれば頑愚《ぐわんぐ》にして身を立ること難《かた》し故に研究練磨してます〳〵神国の神民たる義務をつくし道に功を立つべし

神に敬事するの門は親族を協和するに在《あ》り各身を省みて過《あやまち》を改むれば和せざることなし家内親戚和せ

ずして神に敬礼すとも神の受納したまはぬことゝしるべし
身を立つる礎は堪忍の二字に在り一時の忿怒《ふんぬ》に損失すべからず貪欲を堪忍して節義を思はゞ高きを望まずして自から高きに登り得るものと知るべし
右七条家に主たる者宜《よろ》しく得心して常に家族に示諭すべし余や年来風症に罹《かか》りて筆を執ること難し故に左手を以て概略を記し家の規矩《きく》に備ふと云爾

明治十三年六月二日

宮　地　常　磐　印印

御署名の下に二印があつて、上の印には玄心の二字があり、下の印には上事於君下交於友内外一誠終能長久敬父如天敬母如地汝之子孫亦復如是の三十二字がある。これは人に示される目的でなく只《た》だ御遺族のために執筆されたものであるから些《いささか》の文飾無きは勿論まことに平易の語句ではあるが先生が全精神をこらして書きのこされたものであることは何度も繰返して拝読して居ると漸《やうや》くにして次第にわかつてくる。淡として水の如き言葉ではあるが受用不尽の妙味ある金言である。宮地水位先生の血脈は事実上今日では断絶して居るけれど多くの江湖同志諸君が此の家訓の精神を体得せらるゝならば先生も常磐先生も却《かへつ》て御満足であらうと信ずる。

しかし此際少々附言して愚意を申上げておきたい。大空幽境ありて黒色の玉殿沢光を放ち云々とあることに或ひは奇異の念を生ぜらるゝ人があるかも知れんが、黒色の外観と云つても決して陰気な感じのするものではなく、黒色の塗料や石材等も実は麗はしい奥床しい光沢を放つて何とも云へぬ神々しいものである。天上神界の山岳には紅瑪瑙《べにめなう》や種々の色彩の水晶や硬玉や其他の宝石が沢山にあつて其の加工せられた調度品も美観を尽し、殊《こと》に其の硬玉（Jade）―青瑯玕《らうかん》―の如きは其の質すぐれたもので勾玉《まがたま》等にも加工せられ、其の勾玉は国土降臨の諸神によりて地上に将来せられたものが稀《ま》れに土中から発掘されたこともある。御殿の内部は種々の珍奇の木材や宝石金属等にて美麗に出来て居り、黒色ではないのである。

勾玉については本年五月印刷刊行せる『天劔祕帖』の中にも少し書いておいたやうに思ふが、硬玉は我国に産せざるものであるから考古学者等は支那から原料が輸入されたものと仮定して居るが、勾玉には深き神祕のわけあることで其の起原も決して動物の爪牙に由《よ》りたるに非ずして太古神法と密接の関係があるのである。畏《おそ》れながら三種の神器は何れも至貴至重のもので何れを重しとも申すことは出来ぬが、皇統の紹伝はミスマルノ勾玉が其の印信なること神典を正読すればわかるのみならず神界の実相も左《さ》うである。世界各国の出土品には劔鏡其他類型のものが多いけれど勾玉だけは日本国土が断然唯一と云はざるも殆《ほと》んど唯一に近きもので、これは天上の制にならひて神人相承《あひう》け比較的後世の人間界にまで其の制が伝へられた為めである。ことの序《つい》でに思ひついたまゝを述べておく。（本年五月刊行の『天劔祕帖』は僅《わづ》かに五十部を印刷し内務省に二部を納め、二三の人々にお目にかけ、残部は密封して保存してあるのである。）

×　　×　　×

天上神界と一と口に云つても大空中の神界も種々あるのみならず無数の星辰界にも殆んど神界または魔界

または其の中間のやうな界が存在する。それも必ずしも一星辰界に一神界とは限らず大概複数的に存在する。早い話が吾々人間に親しみの深い月球の如きでも神界もあれば地獄のやうな界もある。望遠鏡的の観察では月球の如きは生物の生活に適せざるところのやうであるけれど、其の神界には百花咲きみだれ蒼々たる山岳も清らかな流れも静かな森も野もあり宮殿楼閣も想像の外に美しいのである。火星の如きも地球の大気の五十分の一しか持つてをらぬけれど其れは何の関係もない。又た反対に金星の如きは地球より幾倍か豊富な大気の持主で気候は一時も安定せず激変を繰返してをるけれど其れも其の神界には何の関係もないことだ。幾億年の昔の地球だつて同様の意味のもので、現界的には雲霧風雷大雨の荒れ狂ふ中に猛獣毒蛇の類が活動してゐただけだつたけれど神祇の生活には無関係であつた。しかし神祇と雖《いへど》も現界に交渉せられる場合は地上大気の関係等もあるので其れ相応の姿や行動を致されたと申すまでのことである。

天上のみならず地上にも水底にも種々の神界や霊界のあることは此れ又た多年くり返して話してる通りである。

× × ×

川合清丸翁のことを一寸《ちよつと》書いたが、川合先生の神道観と私どもの神道観とは必ずしも一致するものではない。川合先生は元来神道家の血を承《う》けられた御方であるけれど、中途から故ありて神儒仏三道一致を標榜《へうばう》せられて活動せられたことは余りにも世人の記憶に新たなるところであらう。しかし晩年は又どうしても神道一本で行かなければならぬといふことをひそかに痛感せられたやうであるけれども、色々の事情で充分に抱負を述べられる機会を得られなかつた。又た其の神道に関する諸学説も吾々とは一致しがたいところがいろいろあるやうである。けれども川合先生の志の存するところは即ち吾々の志の存するところで決して相違したものではない。此の意味に於て川合先生は私ども天行居同志の尊敬すべき大先輩である。又た堀先生と親交のあつた関係は一層私どもに何とも云へぬなつかしみを覚えしめる。又た冷静に明治年代の我国の思想界と川合先生の努力との関係を観察してみると、ちやうど今日の我国の思想界と天行居同志の努力との関係に酷似して居る。照道大寿真の或る遺品が川合先生から其大人の手を経《へ》て近く天行居へ納められるといふことも雲堂先生から聞いたが面白い因縁である。

×　×　×

数年前来俄《には》かに我が国風にめざめる運動が勃興し其の勢ひとして各方面から我国の上古史が新たに研究されるやうになつたことは結構なことであるが、俗説邪説が新研究とか科学的研究とかの面をかぶつて盛んに跳躍するのは馬鹿げたことである。

其の中で最もふざけたものは所謂《いはゆる》歴史科学を奉ずる連中が唯物弁証法とかいふものによる研究だ。一般的に従来の考古学の説を否定するといふ看板であるが彼等が立論の材料とするところは大部分従来の考古学者の努力を失敬してゐるのだから好《い》い気なものである。そして要するに日本国の神代なるものも蒙昧野蛮時代で、共産主義的で無政府主義的であつたといふ結論に導くやうに不徹底な論理を並べ立てるので、彼等が如《い》何《か》なる恐るべき意図に支配されつつあるかは指示するに及ばぬであらう。

稍《や》や妥当な学問的考慮に終始しつゝありと認められ、一般インテリから支持されつゝ、ある方面の学説にしてみたところで、土台から天孫降臨の事実を信ぜぬ連中のことであるから所詮は一種の社会進化論的な考察以外には全くの盲目である。たとへば原始農業問題の如きにしてからが其れで、縄文式文化時代に既に農業存《そん》せりとか、いや日本の農耕起源は弥生式文化時代即ち金石併用時代または青銅器時代に在《あ》りとかいふ位ゐなことで、蒙古、西比利亜《シベリア》の新石器時代と親類つゞきとみられる縄文式文化と北支、南満、朝鮮に流れる弥生式文化との二つの層に就て男と女の区別でもあるかの如く考へて無理な考証の整理に光陰を費したり、原日本人たるツングース族が満蒙系の弥生式土器を残した国津神《くにつかみ》で、（或ひは天孫族も同族と見たり）又た印《イン》度《ド》支那族を主流とする南方系が代表的農耕民族で遙かに遅れて渡来し銅鐸を残した連中なりとして此の印度支那族とツングース族とを鶴亀の如く並べて考へようとしたりすることは、『学者』の楽みとしては結構なことであるが、そんな研究が将来いかに精密なる発達を遂げたところで、日本国民の主流の出自を知ることは絶対不可能である。稲の原産地が印度支那方面にあつて其れが上古に於て黒潮に乗つて渡来した南方民族によつて我国へもたらされたであらうといふやうな学説には私共は反対せぬ。又た我国の神代期原史社会に於ては米は未《いま》だ一般的の食料でなく尊貴なもので、粟や稗が常食であつたといふやうなことにも異存はない。天上における天照大御神《あまてらすおほみかみ》と稲との関係に就ての古伝とゴッチヤにして考へて、天孫は南方海上より渡来されたといふやうな人たちは死後神界の実消息を知るに及んで、愕然《がくぜん》として驚くであらう。いつも云ふことではあるが日本国民が混血民族であることを私どもは認めないわけではない。北方からも南方からも悠久な時代にわたつて幾十百回にもやつて来たのである。けれど突きつめて云へば其等の祖先も皆な地上に於て下等動物から進化したのでなく皆な天上から左遷的に地上へ下された謫仙《たくせん》的な高等生類で、それが地上の生活物資不便極まる時代であつた為め野蛮的な生活を営まねばならなかつたのである。然るに左遷的な意味でなく、地上経営または文化開発の使命を帯びて天降られた方々も地上各方面に幾回となくあつた。さうして最後に天上神界を公的に代表して地上統治のために天降られたのが天孫を中心とする大部隊の神々で、それが此の国土先住の野蛮的民族や国津神《くにつかみ》たちと次第に混血して今日に及んだもので、全国民の大部分は殆《ほと》んど天孫御一行の霊を以て清祓せられ、『天孫民族』と称し得られるやうになつたので、天孫御一行の降臨は比較的新しい時代に於て行はれたのである。さうした神秘的な大事件が比較的新しい時代に行はれたとは承服いたしかねるといふ人があるが、なぜ時代が古ければ信じられ、時代が新しければ信じられないのであるか。キリストに関係した種々の神秘的大事件等も僅《わづ》かに二千年前のことではないか、バビロン、印度《インド》、埃及《エジプト》あたりの五六千年もしくは其れ以上の文化と歴史的事実とに考へて、何となく信じられないといふのは、一種の理智的迷妄である。山中照道先生が堂々と昇天されたり、水位先生が神界へ肉身のまゝ出入りされたりしたのは何れも僅かに数十年前のことではないか。否《いな》、まだ〳〵人の知らぬ斯《か》うした事件は実は沢山にあるのだ。

古来日本米ほどの良質の米はどこにもない。日本人ほど米を常食にする民族も他にない。近ごろ外国米も改良されて殆んど内地米同様のものが出来るやうになつたが其れは近頃に於けることである。米と天意だけのことを考へても少しは物の道理がわかりさうなものである。神劔に関係ある鉄にしたところが其の通りで、諸外国が過程した石器時代——青銅器時代——鉄器時代のコースを我国では正常的に辿らず、石器から一躍鉄器へ行つたことは多くの学者も之《これ》を認めてをるところで、そのことなども少し『天劔祕帖』の中へ書いておいた。

高天原《たかまのはら》の原地は或ひは新羅、任那《みまな》の地域であらうとか、種々の習俗等の関係から南方の某所であつたらうとかの意見も、神界実消息の一部分を実知する吾々からみれば、馬鹿々々しくて問題にならぬ。

×　×　×

近年の考古学的発見は、種々の宿題を解決するには何の效験もなく、ます〳〵事態を複雑ならしめ、昨日に於ける定説らしいものは今日に於て覆《くつがへ》されるといふ有様である。たとへばインダス河流域の古文明が発掘されてより五千年以上も古い華やかな文化の歴々たる証跡がメソポタミアのスメル文明に皮肉な微笑をあびせかけて居る。そこで仮説の創作が使命であるところの学者たちはスメル人がインダス流域より渡来して原住民を征服しスメル諸都市を建設したのであらうなぞとも考へて居る。とにかく住居の構造、印章の彫刻、土器の優秀さ等からみれば五千年前に於けるインダス文明の方がバビロニアの其れよりも進んで居ることは否定出来ぬ。ニニギノ尊を中心とする天孫降臨に先立つて、印度北部の平地から支那大陸へかけて活動された神人の啓導の消息が幾分でも明らかにされない限り、種々の仮説が生滅起没するのは当然であるべきである。それらのことに就ての愚見の一端は『神界の系統と地上文化の淵源』の中に述べる。

×　×　×

言霊《ことたま》の幸ふ国の日本語についても八釜《やかま》しい研究が各方面の陣地に放列が布《し》かれて激しい闘争が繰返されてゐる。日本語と朝鮮語との関係に就ては新井白石あたりが彼れ此れ言ひ出したのを始めとして、アストン、白鳥、金沢博士あたりの研究が相当に注意を惹《ひ》いて居るが、さまで権威ある証明が成立されてゐない。日本語をウラル、アルタイ語に帰属するものとする旧式の学説も、抑《そもそ》もアルタイ語なるものの成立にすら疑問符をつけられ出した今日では甚《はなは》だ影のうすいものと申さねばなるまい。南方諸語系との関係だつて一部の人々が云ふやうに手ツ取り早く片づけ得られるものではない。

×　×　×

或る方面の人たちは、支那の古典の中に盛られたことを其のまゝ歴史的事実と信じて日本歴史の有らゆる起源を此の方面に持つて行かうとして居らるゝが、実際は神話的伝説に或る工作が加へられて整理されたもので、禹の洪水の話だつて世界共通の或る説話と同系のものであることは小川琢治博士なども云つて居らるゝ通りである。大概の古伝は儒家の手によつて或る意図により改竄《かいざん》されたり抹消されたりしたもので、我国の古史に伝へられた神々との関係も殆《ほと》んど其の消息が窺《うかが》ひ得られないまでになつてをる。馬鹿にされて儒家の工作を煩はさずに残された先秦時代の文献たる山海経や穆天子伝の中に却《かへつ》て古伝の面影がちらついてゐるので、今から二十数年前佐々木照山氏が穆天子伝の研究を半歳余にわたつて読売新聞に連載したものなど学問的に価値の乏しかつたものであるにもせよ其の思ひつきは妙であつた。近頃欧洲諸国の支那学者等が支那古伝の再建築に骨折つてるさうであるが、神界の実消息を無視しての研究では、どうせ巧妙なる仮説の芸術品が出来るだけのものであらう。

×　×　×

支那の古伝で重要な役目をつとめて居る竜に関する諸伝説についても、紅毛人の学者は西方伝来説や印度《インド》伝来説を主張して居る。又た其の本体を蛇とする考へや蜥蜴《とかげ》の長大なものであつたらうといふやうな考へが真面目に取扱はれてをるが、つがもねえ話である。

×　×　×

ニニギノ尊の高千穂降臨とニギハヤヒノ尊の大和降臨とを同一説話の派生と考へたり、山田之曽富騰《やまたのそほと》（久延毘古《へびこ》）は朝鮮の道路の標木神すなはち八岐《やまた》の蘇塗《そほる》ではないかと疑つたり、道臣命は実は男性ではなくて女巫であらうと考証したりするやうなことは、人の女房と自分の女房と何処《どこ》か似たところがあれば同じものではないかと思ふほど風流な研究態度で吾々の如き武骨者の視野外の問題であるが、イザナギ、イザナミ二神が柱の周囲をめぐられた伝へを、南方支那の原住民の間に春の季節祭として行はれる形式や印度のムンダ族が結婚式の折に樹木を植ゑた壇を男は右から女は左からめぐる習俗に関係があるものと推断するやうなことは如何《いか》に研究とは云へ不謹慎極まることで、これは太古神法に関する極めて重祕の神伝が意匠的に我が皇典に伝へられて居るものである。我国の天地開闢《かいびやく》に関する伝へが南方系の所謂《いはゆる》創造型神話の影響したものと強弁するのも因果関係を顚倒した考へ方である。ヒコホホデミノ命が海中に鉤《かぎ》を求めに行かれる話がインドネシア諸島に行はれて居るとか、天岩戸《あまのいはと》神話は冬から春にかけての季節祭『笑ひの祭儀』の名残に勿体《もつたい》をつけたものと口走つたりする勢ひで行くと、或ひは将来天孫と木花咲耶姫命《このはなさくやひめのみこと》磐長姫命《いはながひめのみこと》の間に行はれた伝へは、支那の古代に行はれたソロレートの片影だといふやうな説を唱へる人が出てこぬとも限るまい。（ソロレートといふのは家族に数人の姉妹があつた場合その全部が長女に結婚した者の妻となる制度）すなはち大山祇家にはソロレートの習慣があり天孫家では其れを嫌忌されたといふやうな学説を行ふものが出てこぬとも請合へぬが、近ごろの科学的研究なるものは神界の実消息と神祕の事情に盲目で蟹が其の甲羅に似せて穴を掘るやうな卑俗なもので、知らず識らず世の中に毒ガスを撒布《さんぷ》しつゝあるのである。人心の悪化するのも尤《もつと》も千万である。考古学、比較言語学、人種学、神話学、古代社会学、民族学といふやうなものが其れ〴〵の角度から古代史の研究に重要な役割を持つことに対しては吾々も敬意を払ふものであるけれど、其の研究の根幹は如実に神界の実相を知り、顕幽両界の関係を知ることであらねばならぬ。高貴の神界の消息の問題は姑《しば》らくおき、普通の人霊の死後の生活状態と吾々との関係に就てだけでも多少の知識を有することが古代学に志す各方面の学徒の必要なる準備であるに拘《かかは》らず、そんな非科学的なことは厳正なる学問上許されないことだと思つてるらしいが、仮りに欧米に於ける八十年来の所謂《いはゆる》心霊科学の研究業績の大概だけでも冷静に一瞥《いちべつ》してみられてはどうであるか。ろくすツぽ研究もせずに変態心理だ、迷妄だ、手品だと見向きもせず、いつまで枝葉の泡沫的学説の起滅にカードを整理して日を暮らして居らるゝのか。所謂心霊科学の研究には天文学者、物理学者、医学者、心理学者、法律家、文芸家其他各方面の知名の学者が多年の厳密な研究を遂げ来つてをるのである。一と口に『精神作用だ』など言ひ消す人々は、電気に関する知識を抹殺して今日の工業や戦術を議論する人々と何の区別があらう。
　欧米流の心霊科学に就て大概の理解が出来て後、更らにそんな研究方法では及びもつかぬ高級の神祇界の消息に就て考慮の焦点を集中すべきである。これが現代の人類に課せられた第一の正しい学問である。正則審神《さには》学の中興者とも云ふべき本田親徳《ちかあつ》先生が、明治の初年に於て学問を三大別し霊知学《ひじりがく》（神祇及び諸霊に関する学問）事知学《ことしりがく》（法制経済歴史文学の類）物知学《ものしりがく》（博物学等の類）として霊知学を根本として力説されたことは今日からみても不当ではない。

× × ×

　我国の古言を一家の見を以て体系づけ、その立場から紀記を研究して居らるゝ人もあるが、其の断定は如《い》何《か》にも合理的に見えつゝ、甚《はなは》だ事実に相違して居る。天孫降臨も南方渡来説で、大隅の南部を古代のワダツミノ国とし、薩摩の南部を吾田国とし、その吾田国の南海岸から天孫御一行は上陸されたものとして地図まで挿入して説明して居らるゝが、天孫降臨については昭和六年の春『国家起源論の根本誤謬』と題して『古道』紙上に主張した通りの考へが私共の信念である。斯《か》ういふ方面の人たちは天孫降臨と大国主命《おほくにぬしのみこと》の国譲りの話は本来無関係で、後世或る政治的意図によつて結びつけて編輯《へんしふ》されたものと見て居る。南九州へ天孫が降臨されるのに出雲の政権には関係なく、現に其後も長年月の間出雲方面の政権や祭祀等は天孫御統治の方面とは別に独立して存在し、神武天皇以後に於て始めて出雲政権は大和政府に帰属するに至つたものであるといふのである。これは今日に残されたるドキユーメントに関する限り正当な判断であるといはねばならぬ。けれどもいつも申す通り神界の実消息を無視して神代の古伝を彼れ此れ言挙《ことあ》げするほど乱暴な話はないのである。大国主神《おほくにぬしのかみ》の国譲りに関する古伝と天孫降臨とに関する古伝との関係は我国の古典に記述するところ多少の訛伝《くわでん》こそあれ大体その通りなのであつて、主として幽的史実なのである。我国における神代の記録は、口伝によつて編輯されたもので――或種の文書もありたらんも――幽界的史実と現界的史実とが経緯されてをるのであつて、それを総《すべ》て現界的史実とみるか然らざれば或る意味に於ける『説話』または広き意味に於ける単なる神話としてみるか、といふ風な態度でいくら研究したつて土台から目鼻のつくものではないのである。大国主といふのは山陰方面に居住した豪族の首長の代名詞で何十代もあつたので大国主と名乗つた英雄は何百人あつたか知れんといふやうな考への学者が多いやうだが、てんで神界の実消息がわからないのだから真面目に話が出来ない。今から二千数百年前に現界から神界に入られた或る大神仙（特に名は祕す）が日々の如く修される神法の中に九柱の神に感合の祕辞といふのがあるが、その九柱の神といふのは我が古典に明記された誰れも知る代表的の大神で、その大部分は宇宙根本造化の神々であるが（多くの学者は造化的大神は後世人のさかしらに製造したもので人格的存在の実神に非ずと妄言するけれど）其の神たちの中の一柱は大国主神である。私があまり具体的に詳説し得ないのは神祕をあばく咎《とが》めを受くることにはモウこり〳〵して居るからで、あやふやなことをいふのではない。崇神朝にヒカトベ（丹波の女王）の小児によつて託宣された神歌の如きも出雲振根誅戮後それに関聯《くわんれん》した事件のやうに古典には編み込まれて居るが、これは豊受姫神《とようけひめのかみ》のミタマシロに関する啓示が色々の事件に混雑して伝へられて古典編輯当事者を悩ませた揚句あんなことになつたので、斯《か》ういふ例は紀記にも風土記にも極めて多い。（此のことに就ては大正十五年八月十四日の神示によつて昭和二年一月の『古道』紙上『天行居夜話、其六』にも少し書いておいたつもりである。）とにかく如何《いか》なる学者が如何なる方面から研究するにもせよ、神典を読むには先づ神典を読むべき正確なる視力を吟味することが必要で、幽界的史実と現界的史実との実在と其の混雑交渉とに就て妥正なる認識につとめざる限り、一切遊戯である。

神武東征に就ての研究も吾々とは大いに考へ方を異にして居る。さういふことに就ても少々『天劔祕帖』の中に書いておいた。走水《はしりみづ》の遺跡などのこともさうで、海上暴風雨等の場合或る人が一身を犠牲にして一行の無難を祈るといふやうなことは仏教渡来後のことで、日本武尊《やまとたけるのみこと》時代の日本にそんな思想の痕跡は絶無で（神武東征の折の紀州沖のことなどは別の意味）あるから此れは後世の何かの話が反映して伝へられたものであつて、オトタチバナ姫入水に関する消息を其のまゝ史実として取扱ふことは百パーセント滑稽であるといふのであるが、これなども一応は尤《もつと》もな研究であるけれど、疑へば際限がない。元来軍旅に女性を伴はれるといふことが正当に考へられず若《も》し其れを伴はれるとすれば其れは上古の風習としてオトタチバナ姫は女巫であつたらうと考へる人もあるやうだが、軍旅に意義ある霊感的女性であつたとすれば尚更《なほさ》ら或る神異的動機から入水せられたことはあり得ることである。更らに又た俗な考へではあるが、先達ての満洲事変の折にも大阪師団の或る青年士官夫人が良人の出征の際に自殺して励ましたことが新聞紙上に伝へられたが斯かる思想は木村長門の恋女房以来始まつたことではなく、日本婦人の壮烈なる徳性の一方面で、古来から我が神州相伝のものであり、そんな空気の中にオトタチバナ姫入水の事件があつたと考へても、その美はしく壮烈なる遺風は我が民族に強力な感激を永久に与へるものであることは申す迄もない。或種の勝手なる仮想から片ツ端から古伝にケチをつけることを所謂《いはゆる》科学的研究の手際のやうに考へてる此頃の学風は誠に以て慨嘆の至りである。

更らに由々《ゆゆ》しきは熱田神宮祭祀の神劔は三種の神器の一たる叢雲神劔に非ずといふ説が、ひそかに近頃或筋に於ても有力に考へられ始めたといふことである。斯《か》ういふ説を唱へる学者は、『熱田神宮に奉斎してあるクサナギノ劔は伊勢神宮の貴重品の一たる宝劔ではあつたらうが神器ではないから倭姫命《やまとひめのみこと》も之《これ》を日本《やまと》武尊《たけるのみこと》に授けまゐらせたのであらう。仮に此皇子が天皇の御代理として重大任務に就かせらるゝに当り神器を帯同せられたことがあり得たとしても皇子の薨去《こうきよ》後直ちに大神宮に回収せられた筈《はず》で、之を閑却し、後日に其の遺留地熱田に祭祀したとは考へられぬ。――然らば天叢雲劔は尚《な》ほ依然として伊勢神宮に奉安せられて居る筈であるのに我々国民が之を耳にせざる理由は如何《いかん》と訝《いぶか》るものもあらうが、其の説明は容易である。中世以降熱田にある草薙劔を天璽《てんじ》なりとする説が一般に盲信せられたので、真物は却《かへつ》て閑却せられたのみならず天孫が高天原《たかまのはら》から帯同せられたものとすれば久しい歳月の間には其の材質が何であらうとも原形を留めぬまでに腐蝕した筈《はず》であるから自から烏有に帰したこともあり得る。云々』と主張するのである。又た文学博士〇〇〇〇氏は渡会氏延喜の本系帳や外宮禰宜補任次第等によつて、度会氏の遠祖大若子命が、垂仁天皇の御代、越国の荒振る兇賊阿彦を平定せん為め皇命によりシルシノツルギ（標劔）を賜つて出向し功を奏して復命し後ち外宮に於て其の標劔神を祀つて草奈伎《くさなぎ》神社と称し、摂社の第一に置いたことがあつて、所謂《いはゆる》草薙劔なるものも或る特定の一種に限らなかつたことを思はしめる云々と公表し、暗に熱田神宮の神儀の尊厳を消極的に解釈せしめむとせらるゝやに疑はるゝ口吻を洩《も》らして居られる。このことに就ても本年五月廿七日発行せる『天劔祕帖』に一寸《ちよつと》論及しておいた。(『天劔祕帖』は主として石上神宮に関することに就て書いたのであるが。)

天璽《てんじ》たる叢雲劔を如何《いか》なるわけで倭姫命が皇子へ授けまゐらせられしか、斯かる重祕無比のものを何故に日本武尊がミヤズ姫のもとに置いておかれたか、又た其後に於て何故に伊勢神宮へ還御の運びに至らなかつたかといふことに就ては吾々如き草間の窮措大が彼れ此れ詮議めきたる言挙《ことあ》げは畏《おそ》れ多いことであり、又そんなことを猥《みだ》りに公刊物などに書くべき筋のものでもないから差控へるが、天孫降臨時代より地上にある天璽が烏有に帰した筈《はず》と云へば畏れながら伊勢に斎《いつ》き奉る天鏡の儀にも考へ及ぶわけになるが、われ〳〵は只《た》だ『そんなことは御心配に及びますまい。』と一言しておけばよい。又た仮りに此派の学者たちの考へるやうに、紀記の紀年法に五六百年のかけ値があるものとし、神武紀元は実際約二千年前とし、天孫降臨は二千数百年前として現実的に考へるとしても、其頃からの鉄劔(我国の上古に銅劔もあれど鉄劔が主で銅劔の次ぎに鉄劔が出来たといふ学説の誤謬《ごびう》は『天劔祕帖』の中でも論じて置いた。)や白銅鏡の如きが今日影も姿もないとは考古学者も認めないところである。又た鉄材や銅材の什器《じふき》でも幽神界に存在する間は何千年経過しても変化しないもので、それが或る手続を経《へ》て純然たる現界的存在となれば普通の物理学的法則を受けて鏞化もすれば風化もすること地上普通の物品と異るところなきが普通である。（異例も絶無ではないが。）それで悠久の時代から存する天上将来の金属質材の宝器なども地上に於ける現状は大概神武時代の御物の如くに拝せられるのが普通で、もちろん相応の風化鏞化はあるが既に烏有に帰したなど云ふことはない。これは只《た》だ想像や仮説でなく、少々わけあつて確信するのである。又た天璽《てんじ》たる叢雲劔が伊勢神宮に奉安してあるならば何故に其れに関する神事や記録が今日に残らないのであるか。何等積極的の証拠もないのに苟《いやし》くも我が国体に関する重大事件を彼れ此れ言ひ汚さんとするやうなことは、いかに学問自由の世の中とは云へ甚《はなは》だ慨嘆すべきである。熱田神宮の式年祭を明年秋にひかへて居る今日一層斯《か》ういふことが気になつてならぬ。儼然《げんぜん》たる三種天璽の存在について国民があやふやな考へをもつやうになつては大変なことになる。神界の実相を知らぬ迄も知らうと心がけず只だ学術といふものにのみ没頭すると知らず識らず学魔といふものになつて大ヒガコトをするやうになるのは内外古今同様である。新井白石は将軍を『日本国王』と書いた。物徂徠は日本国を『夷狄』と卑称した。伊藤仁斎（であつたか）は将軍を皇位に即かしめんことを紀州侯へ進言したと伝へられる。今日の我国の学界の各方面には此等の腐儒を横文字で色あげしたやうなものがソコハカとなく存在して、日に夜に毒ガスを放散しつゝある。

×　×　×

昨年の秋だつたと思ふ、東京の〇〇氏から法学博士高窪喜八郎氏が古事記の研究をせられた小冊子を送り越された。此処《ここ》だけでも一見せよとてわざ〳〵数ケ所に符箋《ふせん》がつけてあつたので近来眼の養生のため木板物の大きな字のものでなければ殆《ほと》んど見ないことにして居る私も其処《そこ》を散見し遂に全巻を読了するに至つた。これは小冊子ながらも近来の各方面の学者の古代史研究とは全く態度を異にし、神霊の実在と現幽両界の関係を基礎として敬神尊皇の必然性を力説されたもので旱天《かんてん》に雨を得たやうな爽涼な快感を覚えた。けれども其の古事記の解義は遺憾ながら逐条殆んど吾々の所知とは合致しないものである。元来この小冊子は或る婦人の霊媒の言挙《ことあ》げするところによつて編脩されたもので如何《いか》にも尤《もつと》もらしく聞えるところ奇想天外より来ると云つた風なところなど異彩とりどりであるけれども、それは要するに一つの芸術品たるに過ぎないものである。斯《か》ういふ風なものは明治以来でも公刊されざるもので色々種々あり、私の見たもので二三種あるが、直言すれば何れも駄目である。高窪博士は御自身にも或る種の霊感体験者であるのみならず其の著書を通じてみるに海外の心霊研究に関する書も数十種のものを読破してをられ又た東京方面にて種々の霊感者風のものとも往来して居らるゝやにも見え、決して憑霊《ひようれい》的所言であれば何も彼も盲信するといふやうな甘ツたるい人でなく、又た学校で講義せらるればかりの世間ばなれのした学究でもなく弁護士として世の中の複雑な葛藤にも普通人以上に冷静綿密なる批判力を有せらるる人であるが、さて斯ういふ問題となつてくると、どうもまだ好人物であることがわかる。古史典の考察といつた風な問題のみならず最新の科学、たとへば天文学とか地質学とか医学とかいつたやうな方面に対しても一寸《ちよつと》普通人では思ひ及ばぬことでシカモ専門学者でもあたまを傾けるやうな説を無学な霊媒が堂々と系統づけて最新の学語を使用して解説したりするもので、大概の人たちは参つて了《しま》ふものであるが、それが決して高貴の神でもなく、又た統制ある正神界の使神たちでもないので、審神者《さには》としての修行は実は容易のことでないのである。（サニハは沙庭といふ意味で元来神《かむ》憑《がか》り修行の斎場の名であるが審神者をもサニハとして通用するやうになつた。）併《しか》し高窪博士の志の存するところと其の態度とに対しては吾々は謹んで敬意を表するものである。われ〳〵は人のすることを斥けて吾々のすることだけを唯一無二の正しいものとするわけではない。又た此れは余談であるが高窪博士が我国の片仮名は漢字の偏から取つたり略字省劃《しやうくわく》等から出来たといふ通説を排して神代文字から段々改良されて出来たものと主張せられるのは感心いたしかねる。高窪博士のやうなことを言うた人は徳川時代にもあつたやうに記憶するが、われ〳〵は片仮名は漢字から生れたものと思ふ。そんなことは日本国が神国中の神国であるといふ理由を少しも傷けるものではない。その他の文化文物も大部分海外から輸入したものである。海外淵源の文化文物も根本は天上将来のものであること多年言ふところの如くである。

× × ×

古事記の性質、日本紀の性質、及び其れを研究する資料ともなるべき拾遺や旧事紀や風土記や其他二三の貴重なる古文献の学的価値については最近二十年間縦横に研究されて世人周知のことであるから今それらのことについて一言することは避ける。古語拾遺の割註が後人の記入にかゝるものとするやうな説は成る程とも思はれるが、古事記が実は偽書であつて平安朝初期の述作であらうといふやうな研究は固《もと》より承服できぬ。いつも云ふ通り同じく勅撰の国史としても記紀は其の性質を異にし、又た記紀ともに僅《わづ》かに千二百年前の編脩なので、神代の古伝を逸するところすくなからず又た訛伝《くわでん》や脩飾や色々のものも混和して居て記紀にあるところを一字一句信用出来ぬと同時に記紀に無いことを必ず否定し得られざるものであるけれど、比較的神界の実相と合符せるところ多きを以て地上無比の尊重すべき古典として、皇典とも神典とも崇めて頂礼すべき理由は万古動かせないのである。それにつけても今から二十余年前、周防国吉敷郡秋穂二島村戒定院といふ真言宗の山寺の住職平原隆法といふ仁が祕蔵して居た『古事記釈』十巻を貸して貰《もら》つたとき何故に要所だけでも写しておかなかつたか残念でたまらない。北畠親房の元々集に引いて居る此の『古事記釈』は中央の学徒が血眼《ちまなこ》で捜してるけれど一紙だに発見し得ざるもので、今では戒定院にも見当らず全く所在不明となつて了《しま》つた。

×　×　×

上代の社会組織は同一血族に属する人々の氏族的集団か又は特殊業務に従事する人々より成る部族集団を単位とし個人的生活といふものが絶対に許されなかつたから個人的祭祀といふものはあり得ずといふやうな意見に対しても私どもは抗議をもつて居る。一氏族一部族の共同祭祀と同時に個人的な祭祀も太古以来存在したのである。人智が進み所有欲が発達して共産的社会制度を厭《いと》ふ気運が勃興するに伴ひ信仰も亦《ま》た社会的見地から漸次個人的見地に移つたといふやうな学説も海外諸国の古代法制等を研究した人々の先入主となつた知識が邪魔して一つのイリユージヨンに馬鹿にされて居るのである。我国の上古社会は必ずしも共産的でなかつた。個人の所有も認められ個人的な信仰祭祀もあつた。併《しか》し近頃の国家社会主義学説の一面の健全な方面が上古に実行されて居たらしいことも認め得られる。琉球や東北の山村に共産的遺風が存して居ることも事実であらう。古文献の上からでも左《さ》うした風習の一面を考察し得られる点もある。併《しか》し其れは個人的生活や個人的信仰が併存した事実を打消す理由にはならぬ。個人的信仰の存在を実証する一つの有力なる材料は太古神法の内容検討によつて明確に発見し得られる。

×　×　×

伏見稲荷神社の淵源は蕃別の一氏族の私祭神であつたのを弘法大師が東寺の守護神として奉斎してから有名になり、京の祇園社は本来日吉神社の一末社で、感神院と称して牛頭天王などを祭つて居たものを八坂神社と改称しスサノヲノ尊を祭神として此れも官幣社となつた。斯《か》ういふ風の例は中古以来他にも沢山にあるが、これをどういう風にみるべきであるかといふやうなことを考へてる人もあるらしいが、苟《いやし》くも勅命によつて祭神や祭祀法が正しく改まつて官幣社となつてる神社は今更ら申すまでもなく正神界の統制内にある尊貴の神社である。くだらぬ学究の所説に惑はれないやうに希望する。平野や大三島の神達をウスツペラな研究から只《た》だ外来神として排斥せんとし、或ひは今日官幣にあづかつて居る神社をも内容をしらべて宗教的神社と民族的神社とに区別する必要があるなぞと唱道する学者もあるが、いかなる民族的神社も宗教的神社にあらざる無しである。又それが正しいことである。畏《おそ》れながら伊勢神宮に対し奉りて一営利会社が事業の御守護を祈願したからとて其の会社事業が正しいものである限り少しも不都合は無い。御神徳は広大無辺である。

×　×　×

併《しか》し如何《いか》に高貴の大神の名を列《なら》べ立て、祭つて居ても、事実上キツネやタヌキや僧侶山伏等の霊が活動して霊異を示して居るところの神社や教会神道の類ひが、人間社会を冒瀆するものであることは今更ら申す迄もなきことで、それらに就ては吾等が多年排斥非難しつゝあるところである。公然キツネの霊などが活動しつゝあることを自他ともに承知しつつも、それを神として尊崇するものは死後必ず其の因縁に引かれてろくなことはないこと多年力説し来れるところであるが、世の中は斯《か》ういふ方面の問題には案外にも無知無識であつて、取敢《とりあへ》ず何か目前に奇験があれば其れを神祇として拝むことを少しも怪まないのは呆れ果てたことである。又た左《さ》ういふところのカミサマでも仁義道徳を説いたり潔癖であつたりする場合が多いが、それをみて直ちに其れを立派な神霊であればこそと妄信する者があるが、沙汰《さた》の限りである。妖霊邪鬼の徒でも正神を装ふことに全精根をつくして居るもので、それに乗ぜられる人間が相変らず多いのは慨すべきことである。神道△△教の幹部などでも左ういふ弊害は百も二百も承知しながら財政上の都合や教勢維持のために其の旧態を改めず、監督官庁も少しも注意しないのは白日下の奇怪事である。近来政府も敬神思想の普及に努力するやうであるが、一面に於て斯かる邪鬼妖霊の跳躍することを根本的に叩《たた》きつぶす勇断無き限り、利弊は相伴うて出現し、却《かへつ》て識者をして神道なるものを嫌忌せしめる風を助長するかも知れぬ。神異事実の活動を厭《いと》ふのではない。その正邪の審査を厳かにせよと云ふのである。

× × ×

正神界の神祇が奇験をあらはし給ふものならば今年の如く西日本は五十年来の大旱魃《だいかんばつ》で蒼生は弱り切つて

居るのに何故に霊徳をくだし給はぬのであるか、昔支那で或人が、雨乞《ごひ》して雨の降るのはどういふものかと問うたら或るモノシリが、それは雨乞せずして雨の降るのと同じことぢやと答へた、やはり左《さ》ういふもので要するに雨乞なんてものは所謂《いはゆる》迷信であらうと考へる人があるかも知れん。雨乞して雨の降るのは天之正命である。雨乞して雨の降らざることあるも亦《ま》た天之正命である。人間としては人事を尽すべきであり、大砲の射撃も可、雨乞の祭典神事等も可なりである。天の摂理は遠大であつて、視野短小なる私どもの理窟だけで彼れ此れ言へるものでない。雨乞の神事修法等もいろ〳〵あるが、それが必ず応ありとは云へぬ。そのわけは種々あるが大正十四年四月増補再版『幽冥界研究資料』第二八九、二九〇頁日向国諸県郡速水神社に関する記事等も参考せられたい。雨乞に限らず其他の神事修法等の応験に就てもこれらのことから類推して種々の場合のあることを考へられたい。そして節操ある不動の信念ある人に非《あら》ざれば、いかなる神法道術を語るも無駄である。十数年来同じことばかり繰返して言つてるのに、同志中にも未《いま》だに真に腹入りのせぬ人があるのは私の説明に欠陥があるのか残念千万である。

×　×　×

わが国の神典を普通の理論的研究の態度で考へることは根本から誤りである。実は千二百年前記紀編脩当時すでに当局学者の間に其の弊があつた為めに余りに奇怪に見えた伝へは殆《ほと》んど削られ、ことさらに話の辻《つじ》褄《つま》を合せるやうに努力した為め大いに古意を損したが、それでも古伝の大概は甚《はなは》だしく傷けられずに伝へられて地上文献の至宝となつたのであるが、それを更らに又た欧米に行はれる古代史研究の方法等を以て勝手にときほぐして行つては古義の模様は消えて行くばかりである。閑談を一つ。

明治十年頃宮地水位先生が堀秀成翁と阿波国で面会せられたとき小松島で神道の講演会を開かれたことがある。そのとき水位先生はまだ三十歳足らずの青年、堀翁は六十歳位ゐであつたが其の二人が講師であつた。（堀秀成翁は下総国古河の人、富樫広蔭の門人で制度の学を修め特に音韻言語の学に長じ著書百有余部あり、伊勢神宮の学館にも教鞭をとられしことあり。）うす暗いランプに照らされた会場で、盛んに神界に出入して居られた時代の青年神道家水位先生と雄弁自在の堀翁との登場は面白い対照であつた。その時に堀翁は議論と実際とは大いに異るといふことを講演されたのであるが、水位先生は大いに感服せられて其の要旨を直ちに筆記されようとした。年少でこそあれ既に其頃多数の門人もあつた水位先生として同じ講師として壇に立たれながら他の講師の説を筆記しようとせられたといふことは水位先生の謙虚無我な美はしい性格がよくあらはれて居るやうである。然るに堀翁は其れをみて、それはやめたまへ、私が昨年八月二十八日永井従五位殿の邸に於て今日の話と同じことを講演し其時の考録が此処《ここ》にあるから進呈するとのことで数葉の冊子を水位先生が貰《もら》ひ受けられた。その要点を次ぎに抄出する。

凡そ議論を先にする者は実際に後《おく》る、議論を主とする者は打聞きては高尚に似たるも猶《なほ》死物たるを免れず、実際を主とする者は高尚なるところはなくとも活物なり、然れば議論と実際とは死活の違ひある如し、然れども其の議論よく実際に施すによろしきあり、又た議論上にては宜《よろ》しきに似て実際に施す能《あた》はざるあり、英人は実際を先とし仏人は議論を先とすと云ふ、今や日本にも学者論といふものありて実用に甚《はなは》だ迂遠なる論あり、たとへば信玄謙信両将の如きは甲越両流兵学の模範となると雖《いへど》も確《よ》く格を守りて実効に於ては織田豊臣両公の下に相列ることだに難し、此の両公の如きは其の戦法を取て兵家の範則と為すこと無しと雖も機に応ずるの妙に至りては他に比すべきもの無し、然れば武田上杉の戦法は死物に近く織田豊臣二公の戦法は最も活物と云ふべし、議論の理に適《かな》へるも実際の用に適ひ難き此類なるべし、猶《なほ》云はゞ世に行はるゝ西洋画といふものの甚《はなは》だ真に適へる如きも見るまゝに活機を生ずるの味はあらず、東洋の文人画の如きものは打見ては異体にして怪物を描ける如きものながら見るまゝに活機を生じ筆力の顕はれて自然の真味を呈露するの域に至るものなり、彼の西洋画は議論に比すべく、東洋画は実用に比すべし、すべて議論に走るものは遂に偏僻《へんぺき》に落る失《しつ》なきこと能《あた》はず、宋の孫甫に或人名硯を贈る、其値千金と云、孫甫云、此硯何を以て千金の値ありや、或人答、此硯は墨を磨んとして息を以て呵すれば水流るゝなりと、孫甫云、硯一日に一担の水を尽すとも水の価何か有らんと云へり、これ然るべき言には聞えたれど然云ふときは文房具を感玩する雅味と云ふものなく風情といふものも失せて只《た》だ偏僻なるものとのみなれるをや、茲《ここ》に取降したることながら一の物語あり、元禄の頃市川海老蔵沢村宗十郎といふ名だたる俳優あり、或時大仏供養といふ狂言を為さんとて海老蔵は悪七兵衛景清の役、宗十郎は畠山重忠の役と定まる、然るに其狂言の稽古の間悪七兵衛景清は衆徒の姿となり長刀を掻《か》い込みて重忠の幕の前を通りて花道まで至るところを重忠声をかけて景清待てといふところを宗十郎重忠になりて景清待てと声をかくるに其気合真を得ずとて海老蔵の意に適はず、それにては景清の驚きて振り向く調子が出ずとて数日同じところを稽古すれども折合はずして遂に初日となる、楽屋の人々も甚だ心配したれどもやむことを得ずしてそこの幕となる、然るに景清は花道を過ぎて小幕の前に近づけども重忠は声をかけず、間合度を過ぎたれば俳優の仲間は更にも云はず見物も不審に思ひ居たり、景清今は為方《しかた》なく小幕の内に入りたるところを思ひがけず景清待てと声をかけられて実に驚き小幕より半身をあらはして重忠の方を睨《にら》みたるが、設けたる狂言にはあらずて実事となりたれば見物の人々も其の気合に感じて其狂言大いに当りて盛んなりしと云ふ、彼重忠の宗十郎、景清の海老蔵互ひに言ひ合せて業を合せたらんには其度はよく節に適ひてあるべけれど此実事には遠くして死物なるを其度を放したるところより却《かへり》て実に至りて活物とはなれるなり、議論のよく条理に合へるも却て死物になること多きは此等の事にて思ひ知るべし、議論と実際とを死活に比して如《かくのごとく》此並べたるは他ならず、議論書といふものと我が神典とを合せ言はんが為めなり、然るは議論書といふものは打見ては宜《よろ》しく道理にも適ひたるやうなるを神典と云ふものは甚だ幼なく道理にも適はぬ事も雑《まじ》るやうに見ゆるものなり、然れども議論書は其の書ける人の見識を規とし、つとめて道理に適ふやう書けるを、神典は神代より伝はり来りし故事を在《あ》りのまゝに、人智を以て慮るときは道理に適はぬやうに一応思はるゝ事をも記者の意を放れて伝はりたる事実のまゝに記したるものなれば人智を以てみるときは甚だ不審《いぶか》しく見ゆる事のあるが、やがて凡人の心もて記せるものならざる明証なりかし、其の幼なく見ゆるところ却て活物たる所以なるぞかし、又た道理に適《かな》はぬ如く覚ゆるも小なる人智を以て然思はるゝ迄にて深幽なる神理を究めて見むには今日顕明の上に於て道理に適はざる如く見ゆるものは顕明に相反したる幽冥中の道理に適へるものなるぞ、明かに顕幽の分を辨《わきま》へ然して其の大活眼を聞きてこそ我神典は見るべきものなれ、然れども此等のことは簡単につくし難きことなれば席を重ねて述ぶべし。

×　×　×

心霊科学を奉ずる人たちは、人間の肉体の内に超物質的エーテル体を有し、そのエーテル体は詳しく云へば幽体、霊体、本体の三つに大別し得られるといふが其れは何れも幽体の変化で此れを幽体と呼び霊体と称するも差支なく、死後は生前の功徳相応に又た過去世累計の決算相応の体を得るもので此れを玄胎といふこと従来屢説《るせつ》の通りである。又た人間の置かるゝ環境も四大別し得られ物質界、幽界、霊界、神界が其れであるといふが、これも一つの見方で必ずしも排斥しないが、これも心霊感度の差による仮定に過ぎぬ。総括的に幽界とも霊界とも称呼して差支なく、下等な霊界を除いて云ふ場合は神界とも幽真界とも神幽界とも云うて不都合はない。尤《もっと》も縦にも横にも立体的にも幾百千の差等あることは此れも多年屢説の通りである。

各自の霊魂が霊界居住者の分霊であるといふことも云ひ得られないこともないが無理な云ひ方である。それも段階的に奥には奥があつて高級の自然霊が人類の遠祖であるといふやうなことは欧米流の霊界通信を綜合した考へで、人類の進化過程は大体胎児の十ケ月間進化過程と同様だといふやうなことは旧式の進化論と妥協した低級霊の云ふ出鱈目《でたらめ》である。浅野和三郎氏の如き我国に於ける此の方面の代表的な人がこの仮説を以て臨めば天孫降臨の神事の如きも初めて立派に合理化すると云つて居られるのは、此の欧米流の心霊科学なるものが如何《いか》に高級神界の消息を知る能力に絶望的であるかを暴露したもので其他のことも推して知るべしである。

人間の祖先と猿の祖先が同一でないといふ所謂《いはゆる》差別的進化論なるものは此派の仲間としては左《さ》ういふより外に見解の施しやうのないことである。神といふものを大体に於て四大別しての考へ方は先づ吾々の考へと差違《さしちが》はないやうであるが、仏教の諸菩薩や基督《キリスト》教の天使等と同等のものとして天照大御神《あまてらすおほみかみ》をも見奉らんとし、第二義の神なりとするは甚《はなは》だしき邪見である。彼等の所謂無限絶対独一的実在の第一義の神すなはち日本で云ふ天之御中主神《あめのみなかぬしのかみ》と天照大御神との関係は第一義の神と第二義の神との関係ではない。固《もと》より同神異名ではなく別個の神であるけれど、宇宙意識の最高表現としてあれませる人格的存在の大神で、天照大御神は大千世界至高の大神である。神界機関統制上の便宜のため、かつては人間世界に極めて親近して降臨あらせられたこともあり、現に地の神界中府たる神集岳の大永宮に大坐《おほま》しては宇宙根本神界主宰の代命神の如くに拝せられるけれど実質的に其の御神徳は天之御中主神と高下大小の差無く、地の世界顕幽一切生類より仰ぐとき宇宙至高の大神であらせられるのであつて、キリスト教の天使などいふものと同階級の神霊ではないのである。天照大御神の御神徳の中にも愛の方面や義の方面がある。愛や義があるなら絶対とは云はれないと申されるけれど開合変化の道理のわからぬ旧式の哲学にこだはつて居る人たちの頭脳《あたま》は如何《いか》にも不自由に出来て居るやうである。ちかごろ欧米諸国に於ける心霊現象に於ても次第に太陽神並びに太陽神界の認識が八《や》釜《かま》しく云はれだしたさうであるが、モウそろ〳〵時節が時節であるから正神界消息の髣髴《はうふつ》位ゐは斯《か》ういふ方所謂《いはゆる》各面からも多少認めて貰《もら》はねば、石城山の微力な団体だけでイキリ立つて居ても事は容易であるまい。私どもはその人の守護霊の問題等も此派の人たちの云ふところと吾々の知るところとは一致してをらぬが、私どもはそんな問題で議論するやうな気楽な立場にも居らず又た不必要のことで人の気に入らぬことは言ひたくない。とにかく多くの事業には大概利害相伴《あひ》ふもので、我国に於ける所謂心霊科学を奉ぜられる人たちの努力にも誤つた点があるにもせよ神霊の実在を此頃のインテリに知らせる基礎工作として意義ある努力であるから、さういう方面の人たちに対しても充分な理解と敬意とを表すべきであらう。天行居の人たちは、よそから悪罵を浴《あび》せかけられても一々それに相手になつて応答せねばならぬほど几帳面でなくても宜《よろ》しい。此の方面の人たちにもせよ又た他の神道学者の方面にもせよ他の神道団体にもせよ天行居を嘲笑しながら年々次第に目立たぬやうに少しづつ変説改論して天行居の主張に或る程度まで接近せられつゝ、ある事実に就ては、私どもは各方面の諸先生の雅量に対して尊敬して居るものである。

× × ×

先達て或人が来訪されて罪の無い世間咄《ばなし》の末に支那の紅卍教の話が出て、霊媒が砂へ文字を書く方法等について語られたが、実は此れは何も新しい発見ではないので、随分昔から色々とやつて来た低級な交霊方式の一種なのである。諸書に散見する乩といふのが其れである。盤に砂を盛り、上に丁字形に似た架を置き、錐《きり》を其の両端にかけ、左右両人これを扶《たす》け持つに神降れば則《すなは》ちこれに憑《かか》つて沙《すな》に画きて人に吉凶を示すといふので俗に扶乩《フーチ》ともいふとある。コツクリさんとかプランセツトとかいふものと同様のもので、その形式を少し神々しく見せかけるやうに紅卍教あたりで工夫してるだけのもので、正しい神法道術を志とするものの接近すべきものではない。趙吉士の『寄園寄所寄』だの伯虎の『唐伯虎紀事』だのには乩に憑つて種々の霊が活動し、其の作詩なども何れも面白いけれど、斯《か》ういふものに帰命するやうになるとろくなことはないのである。趙吉士が康熙癸酉の秋、二三子とともに符を焚くに乩輒《すなは》ち動いて自から煙霞隠者と署す、日夜を積みて著すところの詩文甚《はなは》だ富む、隠者、胡子鹿亭に嘱して代つて壁に書せしむるに字々清新、絶えて烟火の気無し、その姓名を詢《と》ふに言はんとしてまた止むこと再三、胡子虔《つつし》みて求む、復《ま》た茗柯の二字を書す、知《しら》んぬ茗渓凌忠愍公なりしことを……など書いた引を附して煙霞隠者の詩を集めたものなどあるが、さういふものが果してどういふ霊の為すところであるかは今此処《ここ》には言はぬ。支那の昔のことを云ふのではない、近来の色々の憑霊《ひようれい》現象に戒むるところあらんが為めに一言したのである。

× × ×

道俗ともに正人吉士は奇福を求むべきものではない。求めずして獲るところのものは天之正命である。升菴集か何かに『奇福あるもの必ず奇禍あり』と云つたのは多少此処に言ふところとは意味は異るにもせよ大概の道理あることである。『天行林』の巻末にも『深山宝あり宝を意《おも》はざるもの此れを得』といふやうなことも書いたやうに思ふ。みだりに奇福を求めたり、又た或る便宜によつて神仙祕するところのものを正当の手続無くして手に入れて人に言ひふらしたりする輩は早晩ろくなことはないのである。天縁無くして似て非なる手続によつて獲たものを天縁と自惚《うぬぼ》れるやうなことほど危険なことはない。又いつもいふことだが『黙る力』の無いものは吾党の人でない。

犬といふものは万人たいていこれを好くが私も犬は子供の時から好きである。先月も土佐の或人から土佐犬の子を送つてやらうかといふ手紙が来て大いに歓迎したかつたが女児どもが反対するので残念ながらおことわりしたやうな次第だつた。犬といふものは、鼠の如く梁上君子の智慧を気取らんともせず、猫の如く座敷の上でちりめん座蒲団《ざぶとん》に鎮坐せんとする欲望も無く、愚と貧とを守つて黙々として生涯を断送する。そこに犬の馬鹿げたところと尊いところとがある。

×　×　×

今この書きものをしてる時、裏の方で女中同志で水のかけ合ひをして騒いでる声が聞える。家がせまいので近所近辺の騒音は何《なに》も彼《か》も聞えてくる。始めにどつちが水をかけたのかどつちが悪いのか其れを言ひ争ひつゝ、尚《な》ほも水をかけ合つて居る。どちらか一回だけ負けて居れば其れで其の喧嘩は永久に解消するのだが、両方で『最後に水をかける』勝利を得るためにか際限なく其れを言ひ争ひつゝ騒いで居る。

世の中のことは大概これだ。一つだけ負けてをれば済むことを負ける勇気無きためにいつまでも修羅を燃やして居る。自分の影法師と角力《すまふ》を取つてるやうなもので、そのために日に夜に『天国』を『地獄』にして居る。実に僅《わづ》かなことだが只《ただ》此の『一つだけ負ける勇気』があれば、殆《ほと》んど天下無敵だ。

×　×　×

天行居では『何も彼も神ながら』といふが此のことは深思して充分に手に入れんと、その真味を味ふことは出来まい。これは堀天竜斎先生から聴いた話であるが、先生が人間生活のつれ〴〵のまゝに一時禅に遊んで居られた頃のこと。先生は峩山和尚と親交があつたから峩山の師匠の滴水の室にも出入せられた。（滴水和尚が喜寿の時に書いたものを先生から送り越されたこともある。）その滴水の棒喝を受けた人に或る裁判官が居て或時滴水老漢に質問した。『宮内省が此の林丘寺の御手当金を廃止したらどうなさるか。』林丘寺は寺格がよいので毎年若干の金が貰《もら》はれたので其の金が和尚の生活費にもなつて居た。和尚は『其時は托鉢《たくはつ》をするさ。』とのこと。その裁判官の学人は重ねて『托鉢をすることもならぬと宮内省から命令があつたらどうなさる。』『その時は死ぬまでのことぢやがな。』滴水和尚はナゼそんなことを聞くのか不審さうに其の裁判官の顔を眺めて居たといふことである。『何も彼も神ながら』も此処《ここ》まで来なければ嘘だらう。

此頃の管長さんやお師家さんは口頭では実にえらいもんだが、果して此の滴水老漢ほどの真の覚悟が出来て居るかどうか、新聞紙上あたりで拝察するところでは少々どうかと思はれる。吾々古神道を奉ずるものは大悟大徹なんてものを追ひ廻す必要はない。日常卑近のことで足実地を踏み『何も彼も神ながら』を修証すべきである。何も彼も神ながらといふことについて誤解があつてはならぬが、そのことは今春刊行した『一心伝』の第四十九章に書いておいた。

× × ×

『一心伝』第三十九章は少々語句が過激ではないかと注意してくれた人がある。なるほど左《さ》う聞いてみると少し言葉が荒ツぽいやうである。次ぎの如く訂正してはどうであらう。

抜けがけの功名的のことは慢心の産物にて神の嫌ひ給ふものなり。天行居の統制を尊重し、各自の余力を最も効果的に行使せらるゝ為めに、常に本部の統制に関して考慮ありたし。

×　×　×

敬神尊皇は天行居のみによつて唱へらるゝものではないといふことを何の意味か近ごろ力強く云ふ人があることを耳にした。其人は仏教の信者である。固《もと》より然りで吾々天行居同志は敬神尊皇は全国民それ〲の立場から言行しつゝあるものなることを認めて居るし、天行居のみによつて敬神尊皇が唱へられるといふやうなキチガヒじみたことは未《いま》だ曾《かつ》て一度も云つたことはない。併《しか》し今更らそんなことを言はれてみると、吾々も一言したくなる。これは『一つだけ負ける勇気』に囚《とら》はれないでよからう。

仏教では四恩を説く、その一つは国王の恩である。弘法大師は、

たとひ父母がわれ〲を産んでくれても、もし国王がなかつたならば、国は乱れ強者は弱者を脅かし、貴賤互に劫奪して身の安全を保つことは出来ぬ。また財産を保持することも出来ぬ。実に国民の居住を安全にし、経済を安定し、天下を平和にし、この世を栄えしめ、後世の子孫をしてこれを讃頌歓喜せしめるものは偏《ひとへ》に国王である。

と説いて居る。これは真言宗に限らず仏教各宗の通説で、われ〲も一応至極同感である。けれども吾々古道を奉ずるものの考へは少しちがふ。われ〲の確信するところによれば日本国民の尊皇心は『恩を受けるから其れに報ぜねばならぬ』といふやうな取引的な打算的な動機によるものではない。皇恩の洪大無辺なる

ことは筆舌を以て尽し得られるものでなく、それは地上生類が太陽の恵沢を受けて居るのと同じことで、あまりに洪大であつて言議することの出来ぬものである。けれども日本国民の尊皇心は皇恩の認識といふやうなことは超越して、取引的でなく打算的でなく、絶対的なのである。奉公人が主人の恩愛を受けたから特に忠勤を励むといふやうなこととは全然わけがちがふ。これは重大なことであるから少くとも天行居同志諸君だけでも克《よ》く腹に入れておいて頂かねばならぬ。

トルストイは創造者としての神を排斥したが、なんぼう排斥しても創造者は創造者である。その創造者の権威と栄光を代表して人体を以て地上人間社会に臨み給へるもの即ち是れ日本天皇である。何を以て之《こ》れを証明し得る乎《か》、天行居発行『古神道秘説』と本書は其の質問に応答せん為めに書かれたものである。

× × ×

天行居によつて明らかにせられつゝある神界の実相を目標とする大信仰の下に、世界の諸宗教は各々地方的民族的に存在の意義があるものと思ふ。われ〳〵は諸々の宗教に対して反感をもつやうなケチな考へは毛頭無い。けれども正しい神界の実相が次第に明瞭になるにつれて、諸宗教は多少毛色が変つてくるか、或ひは自然的に解消するものもあるかも知れぬ。

× × ×

神界の実相といふことを天行居で常に云ふが、それは古人が道楽半分に書いたものを馬鹿正直に盲信してるのではないかといふ人がある。たとへば海上または海中の神仙境を支那で伝へたのは蜃気楼であるといふのである。山東省の海辺に現はれる蜃気楼が仙境として詩にも絵にもなつた事実はあるが、海上また海中にも神仙境の実在するは別個の問題で活事実である。其他天行居の出版物をよく読み、更らにナマナカな学問識見を一《ひ》と先づ棚に上げて虚心で石城山道場へ来て正当の手続を経《へ》て拝観し得られるものを拝観し、聞き得ることも聞き得てから判断せられても遅くはあるまい。物事は何でも一面の理窟だけで其れに関係した活事実を抹消し去るわけには行かぬ。たとへば神無月といふ言葉についての学者の考への如きもそれだ。其の月には全国の神々が出雲へ集まられるので、出雲では神有月といひ其他の地方では神無月といふと申し伝へられて居るが、カンナヅキ（カムナツキ）は実はカミナヘ月（神嘗月）の義で、この月に新穀を神に供へるので此の称呼が起つたのである。けれど折も折かな丁度《ちやうど》その頃に地上各方面各神境から代表神が出雲の幽宮へ参集せらるゝ事実があつて、しかも此れは随分古くから行はれて居る。普通の歴史眼より云へば、神武天皇の御代でも決して今日の日本国土がヤマトノ国ではなかつた。その政権の行はれて居たのは神武朝以後数百年の所謂《いはゆる》欠史時代も近畿の一部に限られて居たのである。けれども幽神界の方ではハツキリ年代は分らないが余程古くから此の地上各神界の代表神が毎年此の時節に出雲の幽宮に参集されて種々の会議をせられた儼然《げんぜん》たる事実がある。だからカンナヅキに就ての俗説とみられて居る伝説の如きも偶然の符合とでもいふか兎《と》に角《かく》俗説として否定するわけに行かない事実が今日も尚《な》ほ行はれて居るのである。カンナヅキに就ての如上の伝説が世に行はれて来たのは左《さ》のみ古いことではないが、神界の事実が自然と何時とはなしに世人の頭脳《あたま》に無意識的に映じて斯《か》かる伝説を生じたものとみるべきであらう。斯ういふやうなわけであるから、たゞ一面の理窟だけで、みだりに古伝を斥けるやうな科学的研究なるものは随分危険を伴ふものである。

×　×　×

石城山上各所から出た百数十個の祭器、ヒラカ、ヒラツキ、タカツキ等に就ても其の形が甚《はなは》だ小形で高さ一二寸巾《はば》も一二寸以内のものでオモチヤのやうなもので、太古の偉大な人達の取扱つた祭器としては少々受取りにくいといふ人がある。神武紀、椎根津彦と弟猾とが仙道で所謂身外に身を生ずる術を以て敵の重囲をくゞりぬけ天香山の土を取《とつ》て来て其の土で多数の祭器を造らしめられて天神地祇を祭らしめられたことが少々伝へられて居るが、両人で取て来た土は少量のものである。それで天平瓮《あめのひらか》八十枚及び厳瓮《いつべ》等を造つて机の上に並べるので其のヒラカ等が極めて小形のものであることは申す迄もない。八十枚《やそき》は只《た》だ多数の意味であり十枚を八つ合した八十枚の意ではないけれど兎《と》に角《かく》百に近き多数である。(其の数のことは太古神法に関することで公刊物などには書けぬ。)されば と云つて上古の祭器が皆な斯かる小形のものといふのではなく、普通の献饌等に用ひらるゝものは現に神宮等にて用ひらるゝ位ゐの大きさのものであつたけれども、特殊の神事に於て一つの机に多数の祭器を安置することを要する場合には此の小形のものが用ひられたのである。(石城山の古代斎場説に就ては先年雲堂先生も意見を発表せられ、又た今年春の『古道』紙上に小幡翁が書かれたもので大概説明せられて居ると思ふ。)

×　×　×

石城山に対する認識を更らに新たにせられねばならぬ時期が又た同志諸君を見舞はんとして居る。

埃及《エジプト》のピラミツドの如き須佐之男神《すさのをのかみ》や思兼神《おもひかねのかみ》の系統の神々の啓示によつて築造した石城山遙拝所の遺跡は支那にも印度《インド》にも南洋にも西部アジアにも米大陸にも将来学術的に発見せられるであらう。石城山上の日本《やまと》神社正殿の直下より発掘した大磐石は少々思ふところあつて登山者結縁のために只今《ただいま》では拝殿前に手水鉢にしてあるが、実は太古の或る神事の最神聖所に用ひられたもので或る時期が来ると又た厳粛に禁忌《タブー》せねばならぬやうなことになるかも知れん。

神界の実消息がわからぬと色々のヒガコトが人間世界を馬鹿にする。高窪博士の古事記研究で諾冊二神が全身に長毛の生えた御方であるとか、須神がヒノ川上で獲られた宝剱がギリシア渡来の石劔であるとか、天孫降臨は四国から九州へであるとか、さま〴〵な風流な説があるのは、かつて博士の頭脳《あたま》を通過した種々の文献から発生したガスのやうなものが霊媒の婦人に交渉する霊に反映してコンデンスされ芸術化されたものである。併《しか》し其の中には多少霊界の消息の片鱗を伝聞したかと思はる丶ところもないではない。たとへば神界の中府は島根県の上空にあるといふことの如き、石城山上の大神界が山口、広島、島根各県の一部及び日本海の上空にまたがつて居ることを云ふものの如くにも聞える。

× × ×

天行居で潔斎《ものいみ》のことを八釜《やかま》しく云ふのは仏教渡来以後の思想を訛伝《くわでん》したものではないかといふ人がある。途方もないことで、潔斎と太古神法とは不離の関係あり、最も明確に規定さる丶やうになつたのは倭姫《やまとひめの》命《みこと》以来のことである。伊勢神宮の斎宮に就ては大いに述べたい意見もあり、畏《おそ》れながら斎宮制の復興をも祈願して居るのであるが、その野宮千日の大潔斎の如きは古義を伝へたものである。其他神宮祭式等には太古神法に関連したことが色々名残を今日に存して居るが、それを一々指示することは遠慮する。ちかごろではどうなつて居るか知らんが明治初年頃神宮に行はれて居た斎戒規則の如き頗《すこぶ》る要を得たものである。その第一条には、

凡《おほよそ》斎戒ハ私第ニ於テ居室飲食衣服等之《これ》ヲ平常ノ所用ト異ニシ猥《みだり》ニ他出及雑人ノ面会ヲ禁ジ誠心潔清ヲ要ス

とあるが、猥《みだ》りに門を出でず又た猥りに雑人と会談せぬといふことの如きは太古以来深旨あることで、重大な神事に当る人としては当然のことなのである。形式に関することでなく神界気線との感格等の点から実際に必須のことで、仏道の影響を受けたものではない。

又た近頃同志にあらざる方面の人で、ひそかに天行居の太古神法について彼れ此れ云つて居られる人があるさうであるが、太古神法の至極のものが紙や木や土や金属で造つた何かであるかのやうに取沙汰《とりざた》されて居るのは滑稽である。太古神法至極の大事はそんなものではなく祕言の類でもない。

×　　×　　×

石城山の神籠石《かうごいし》築造が埃及《エジプト》のピラミツドなどよりも古いといふのではない。石城山は太古以来大神事の斎場であつたが、或る時期に其処《そこ》へ神籠石が築造されたであらうといふことは吾々は何度も云つた通りである。極言すれば石城山が太古以来の大斎場であつたといふことは必ずしも神籠石と関係のないことであるから此

の点は誤解のないやうに願ひたい。このことは石城山開きの折から機会ある毎《ごと》に論説した通りである。しかし今日一部の研究者によつて仮定されて居るやうに比較的新しい時代に築造されたものとも私としては考へて居らぬ。一部の研究者の所憑とする文献の如きは積極的の証拠にはならぬ。私一個人としては石城山の神籠石が九州あたりのそれと年代の上に如何《いか》なる関係があるかといふことも考へぬではないが、少くとも神武以前のものと認めてをる。或ひは案外にも甚《はなは》だしき数字を以て遠ざかるほど古い時代のものであるかも知れんとも考へらるゝ事情がないでもない。

×　　×　　×

奇蹟を間断なく示されなければ信仰の維持が出来ない人々ほど気の毒なものはない。三千四百余年前、シンの曠野《かうや》を出でて後イスラエル人はレビデムといふところに達したが飲料水が得られないので神の摂理を疑つた。彼等は直接の指導者たるモーセに怒罵をあびせた。彼等は飲食物が豊富に供給された時などには其の直前の不信仰と不平不満とを深く恥ぢたが、忽《たちま》ちにして又た忘れ、再び信仰を試される場合には失敗して了《しま》ふといふ風で、こんなことが何度となく繰返された。彼等をエヂプトから救ひ出したモーセの心事を疑ひ、大衆を窮地に陥れて自分ひとり富裕の身にならうと企《たくら》んで居るのだらうと非難し、石をもつてモーセを撃ち殺さうとさへした。併《しか》しながら慓悍《へうかん》なる蛮族アマレクの大軍に包囲されたとき、モーセが『神の杖』を手にして大軍を潰走《くわいそう》せしめたときには、いかな信念の動揺しやすいイスラエル人も一人として感激の声をあげざるものは無かつたであらう。

水位先生は『神通は信と不信とに在《あ》り』と大書された。これは神通の達と不達と正と不正と霊と不霊とは信と不信とに在りといふ意味である。このことに就ては曾《かつ》ても書いたことがあるけれど重複を厭《いと》はず此処《ここ》に又た書くのは近来いろ〳〵考へさせられることがあるからである。『信』といふものほど世の中に不思議な力をもつものはない。心霊の科学的研究といふやうな態度では或る程度以上の神祇が感応を拒《こば》まれる理由を深思して貰《もら》ひたいのである。又た信力といつても何等かの機会に突発的な白熱的信力によつて神異をみることもあるが、それは実は寧《むし》ろ異例であつて、正神界の神祇に感応せんとするものは節操ある不動の信念を持続することが第一にして唯一なる祕義である。正神界を覗《のぞ》いてみることの出来るレンズは正しき信力のみである。シンの曠野を出でてシナイ山に向ふイスラエル人の大群のやうに、奇蹟の間断無き出現によらなければ信仰の維持が出来ないやうでは、なさけないことだ。

× × ×

くどいやうであるが神異的史実を頭から否定して古代史の研究をすることは絶対に無茶な話である。大概の此頃の学者は天照大御神《あまてらすおほみかみ》の居られた高天原《たかまのはら》は南洋方面またはアジア大陸の東南部であるといふ風に考へて総《すべ》ての問題を組立てようとして居る。（所謂《いはゆる》北方説を唱へる人たちも同様な意味に於て妄想である。）須佐《すさ》之男尊《のをのみこと》の天上往来も政治的戦闘的意味ありしものとするが、（そして彼等は須佐之男尊を出雲国の英雄とするが）須佐之男尊が大艦隊を指揮して南洋方面に行つたり来たりせられたと考へるより外に逃げみちがなくない一面に於て古代交通文化の極めて幼稚なりしことを云ふ。これではぐあひが悪いと考へる連中は暴風神話などの脚色された説話であらうと苦しい結論を求めたがる。ドイツの有名な犯罪学者が教室で突然に起つたピストル喧嘩について其の教室の学生全部に報告書を書かしてみたら、誤謬《ごびう》の最も少いので廿六パーセント、多いのは間違ひが八十パーセントを含んで居たといふ。目前の事件を記述させられても此れ位ゐ相違するのであるから如何《いか》に神典だの国史だの勅撰の書だのと云つたところで悠久な古代の消息を整理して書き伝へたので、それに其頃の政府の或る政治的意図もあつて筆を執《と》つたらしい点もあるので史実を伝へたものとして学問的にあまり価値のないものだといふ人もあらうが、神界の実相に照合して我国の神典が大旨要綱に於て殆《ほと》んど符合して居る活事実は、奇蹟といひたいほどであつて、神明の幽助ありたればこそだ。高貴の大神になると其の神徳の広大霊妙につれて分形変化自在であるので、その御蹤《ごしよう》跡《せき》の片鱗を各方面より集めて考へると統一がなく概念を得がたく其処《そこ》に色々の俗智による疑問が生ずるのである。神話学とか民族学とか言語学とかいふものも要するに人間が俗智によつて一つの型を拵《こし》らへ、その型によつて判断して行かうとするのだから無理が出来る。日本の武士道では必ず堂々と名乗りをあげてから斬《き》り込むものと相場をきめて居るが、伊賀の仇討では又右衛門は辻の茶屋から躍り出して抜打に物をも言はず馬上の甚左衛門を斬つて捨てた。これに類することは古来の兵法者に極めて多い。武士道の精神は微塵も崩れぬが、武士道の『型』に囚《とら》はれて動きの取れぬやうな馬鹿者は昔の日本人には少なかつた。

× × ×

茶をのむとき碗に一ぱいこぼれるほどついで貰《もら》つてはウマイものではない。水をのむとき碗に半分足らず上品についで貰つてもウマイものではない。茶を急いでのんではウマイものでない。水を愚図々々してのんでもウマイものでない。万物万事自から天の道がある。この道が古道である。天道である。神道である。皇道である。天行居の所説を部分的に彼れ此れ抄出して矛盾して居るやうにいふ人は、茶と水との区別もわからない人たちである。

× × ×

天竜斎先生は太古以来神人一系の神祕を固く守つて其他に一切私意をはさまれず、恰《あた》かも宝珠を抱いて竜の深淵に蟄栖《ちつせい》するが如くであつた。水位先生は一面に於ては神界に出入し神祕を畏《おそ》れられたが又た一面に於ては飽《あ》くまで学究的で其の天分と師受とに満足せられず戛々乎《か》として独造孤詣、先人未踏の地を拓《ひら》かんとせらるゝ風があつた。それだから水位先生の多くの著書には非常に立派な意見があると同時に考へ誤られたこともあるであらう。これは人間的な努力としては致し方なきことで本居先生や平田先生だつて同じことである。けれども其れは水位先生の人間的努力の方面のことであつて『異境備忘録』の如きは只《た》だ如実に実見実聞のまゝを記録されて一片の私意をはさまれたものでない。又た人間的努力の多数の著述類とは別に神仙直授の祕事のみを謹書されたものもあるが其れは故あつて玄台の祕府に密封されて了《しま》つた。私が其れを獲たのは天授である。水位先生の道友であり親族であつた宮地厳夫翁にさへ語られなかつたことどもである。

× × ×

水位先生のことで思ひついたが、先達てのこと午睡中に面河渓の勝を探つてから手箱山に登つたときには例の山上の鉄鎖に万延元年庚申九月の銘があつたのが記憶に残つたやうに思ふ。この鎖をかけられたのは万延元年の六月であること『日乃御綱《ひのみつな》』に書いた通り断じて間違ひのない記録によつたのであるが、いかなるわけであらうか合点が行かぬ。或ひは又た其年の秋になつて何かの事情で改造されたのであらうか。まさかそんなこともあるまいが……。

× × ×

本田親徳《ちかあつ》先生が所謂《いはゆる》『治国の大本、祭祀の蘊奥《うんあう》』と力説された太古神法の秘事は堀天竜斎先生が紹統者であつた。本田先生は以霊対霊神人感合の原理と法則とを探究成就されたが、此の神人感合の太古神法に関する高天原《たかまのはら》以来一系ともいふべき大秘事を古伝のまゝ承《う》け伝へられた人は天竜斎先生であつた。これは世間に披露するには及ばぬことであるが、天行居同志たる人々だけは心得ておくべきであらう。

× × ×

地上人類みな神種にして其の霊智は神に出るものである。禅の如きも不生不死心霊独立を証し修養境界を鍛煉する道具として使ふには面白く即ち以て大丈夫の学なりといふも妨げ無かるべけむも、其の悟境に囚《とら》はれ禅に縛せられて正因正果の天律を昧却し、格神為本の大義を忘れて神祇を易《あなど》るに至て直ちに是れ魔道と化す。最も注意すべきことである。要は天狗にならぬことである。

× × ×

栂尾《とがのお》の谷の昼尚《な》ほ暗き老杉の上で二人の野天狗が対談して居た、『どうだい、貴公は明慧上人の顔をみたことがあるかい。』『見たことはねえな、いつでも光り輝いてこつちの眼が眩《くら》んで了《しま》はあね。』『おらあ一度見たぜ、数日前のことだが上人が途中で左手の珠数を落しかけたとき右手で受け取つたから珠数は地上に落ちなかつた。そのときに一寸《ちよつと》見たぜ。』この咄《はなし》は作話か何か知らんが面白い話である。明慧上人は四六時中いつも謙虚な境地に居られたので高慢世界の居住者たる天狗の眼でみることは不可能であつた。珠数を落さずに受取られたとき思はず一寸得意の気が鼻頭に浮んだ其の瞬間に天狗めが拝顔したといふのである。われ〳〵古道を奉ずる者の大いに戒慎すべきことであらう。老子七十三章には『敢《かん》ニ勇ナレバ殺サル、不敢《ふかん》ニ勇ナレバ活《い》ク、此ノ両者、或ハ利シ或ハ害ス、天ノ悪《にく》ム所、イヅレカ其ノ故ヲ知ラン、是レヲ以テ聖人猶《な》ホ之《これ》ヲ難《かた》ンズ』とある。天明年間に上木した長門国被褐道人の註には、『不測の天意、聖人猶ほ以て知り難しと為す、故に寵に居て危を思ひ、惟《た》だ畏《おそ》れざることなし、これ其の不敢に勇にして天の永命を祈る所以なり』とあつて甚《はなは》だ人間に霊験があることを書いて居る。照道大寿真も切々として河野久氏に訓戒し『いかなる天縁ある者もモウこれで自分も一人前だと云ふやうな慢心を生ずれば正神界と絶縁して取返しがつかなくなるぞ』と云はれた。易経には謙の卦で六動みな吉を説き、六十四卦中たゞ此の謙の卦のみに六動みな吉を許した。キリスト教では『傲慢は最高の天使をして悪魔におとし、謙遜は堕落せる肉と血を天使の位に昇《のぼ》らしむ……傲慢を以て単に不都合なる性質となし、又た謙遜を以て単に高徳としてはならぬ、そは一は死にして一は生命であり、又た一は地獄にして他は天国であるからである、諸君の心中に傲慢存在せば之《こ》れ即ち堕落せる天使を宿すことであり、又た諸君の心中に謙遜存在せば之れ即ち神の羔《こひつじ》を宿すことである。諸君が若《も》し傲慢の活動が如何《いか》に諸君の霊魂を毒するかを見れば、この毒蛇を殺さん為めにはたとひ片手片目を失ふと雖《いへど》も厭《いと》はないであらう……。』と絶叫して居るが、いかにも尤《もつと》も千万である。

私は玆《ここ》に一昨年の春帰天せられた天行居顧問荒井道雄大人のことを思はざるを得ぬ。荒井氏は如何《いか》にも謙虚で其れが日常生活の上にも現れ、極めて倹素な生活をして居られた。日々黙々として只《た》だ過失なからんことを畏《おそ》れられるかのやうに見受けた。よほど煙草《タバコ》が好きであつたが、バットを丁寧《ていねい》に二つに切つて、それを時折大事に吸はれた。酒も少量を用ひられた。石城山麓は山村のことであり諸物資が安価だからであるが、毎月一二回本部の諸君を招いてお得意の天ぷらなど拵《こしら》へて食卓を共にしたりせられても酒、煙草一切をこめて一ケ月の生活費が三十五円あれば充分だといふことをいつも私に話して居られた。旅行せられても必ず何時も二等に乗られるわけではなかつた、長距離でも三等で我慢せられることが少くなかつた。大人は痼疾《こしつ》の神経痛もあるので私は感心せず『汽車は二等にせられてはどうですか』と何度も云つたが、たゞ穏かな微笑をして『さうですね』といつて居られた。天行居に対しては物質的にも精神的にも多大の努力をせられたが、それを鼻にかけられるやうなことは微塵もなかつた。同志の中には荒井大人を無為無能の人だとみて居た人もあるらしいが、静かに黙々として山麓に起臥して居られるだけで、沈着な物柔らかな敬神修徳の感化を来山者に与へられた。修斎者が茶話会など催して居る席へ大人がやつて来られると駘蕩《たいとう》たる春風に包まれるやうな気がしたらしかつた。天行居の同志は荒井大人の遺徳を忘れてはなるまい。

堀天竜斎先生の謙虚ぶりと来たら、此れは又た格別なもので、『殆《ほと》んど聖《せい》だな』と私は幾回か畏れ入つたことがある。先生の大きさと深さが私には測量できなかつた。大徳といふのがあんな御方のことであらうか。

さて省みて自分自身のことになつてみると、何とも申訳のない次第で、通身白汗だ。僕のことだけは当分ナイシヨにしておいて貰《もら》ひたい。言ふものは知らず、知るものは言はずといふが、多分僕のことであらう。

×　×　×

謙虚といへば、私は何時でも大楠公を聯想《れんさう》する。楠公の忠誠や武略を崇拝する人は多いが、何故に公の輝かしい謙虚な姿が認められないのであらうか。謙虚の徳を大成された大人格者として近くは東郷元帥があるが、時折斯《か》うした人を天が人間界に降すのは『人間の見本』といふものをみせられる意味なのであらう。乃木将軍那須野時代に二銭で酢を買はれたことまで明細に記帳せられ、東郷元帥は晩年でも針仕事までせられたさうであるが、それも御性格の自然的な発露であらう。

×　×　×

大正十三年春同志諸君へ公布した印刷物の神示の中に『しりつとゆい行きたかひまへつとゆ伊行きたかふ、このまかものをうちきためねばならぬ云々』といふことがあつた。これが米露を意味するものであらうことは想像に難くなかつた。けれども其頃の露国は革命直後で其の兵力戦力は問題にならず如何《いか》に為政者が此の方面に努力したところで警察の代用になる位ゐのもので国際的には何等の意義をも有するものでないと見られて居た。（其頃の新聞雑誌を参照せよ。）吾々も何故にこんな神示があるのか只《た》だ思想的の意味で警戒せよといふ意味ではあるまいかと疑つて居た。然るにどうだ、其後十年間に赤露の兵力量と内容とは数十倍、否《い》な文字通り数百倍の躍進を遂げ、其の放列を極東へ向けて来た。

ひとり赤露の問題のみではない。今後十年間が有らゆる意味に於て世界のドタンバであらう。天行神軍は昭和六年以来石城山上の戦時修法場で既に数回の大神事を執行し、又た白頭山天池を始め各方面に必要なる霊的施設を行つたが、我が神軍の態勢は無論まだ平時態勢である。神界の命令一下して其れが一夜の間に戦時態勢に改まる日は、あまり遠い将来ではないかも知れん。

しかし吾々の所謂《いはゆる》『霊的国防』の意味は広汎なものである。某所のレーニン飛行団の行動に不便な気象変動を起す方法に就て考へたり、愈々《いよいよ》の正念場に某国艦隊の砲術長の頭脳《あたま》に錯覚を突発させる神術に就て工夫したり、敵の爆撃機が国土を見舞ふとき其の損害を可及的少くする修法について研究したりするばかりではない。もつと根本的な、もつと広い意味に於ける霊的国防について寤寐考へつゞけて来て居るつもりだ。国内的にも赤色バチルスの霊的消毒作業など重要な役目がある筈《はず》である。

×　×　×

世界の大難局は一日でも早く来るだけ地上人類の犠牲は比較的少くて済み、遅くなればなるほど惨状は大きくなる。吾等は事を好む者でなく平和の熱愛者である。若《も》しも万に一つでも来るべきものが来らずに済むならば其れが為めに吾等は天上天下の嘲罵の的となつても大満足である。けれども其の来るべきものの来ることだけは天にも地にも免かれることの出来ぬ天の数である。故に天関打開『促進』を祈願して地上生類の犠牲を少しでも軽減せんとすることが吾々の悲痛なる大願である。

× × ×

冷静に世界の歴史をしらべて回顧すれば愈々世界のドタンバと考へられたことは何度もあつたが、併《しか》しどうにか済んで来たから、目前の大機など云つても何とかなるだらうと考へてる善人が沢山あるが、我が日本国だけでも行き詰つて此のまゝでは抜き差しならぬ問題は沢山にある。人口問題の如きも其の一つだが此れは三十年前来あまりに論議されて少し時効にかゝつたかのやうに見られるので世人の注意を惹《ひ》かなくなつた。けれども事実は時効にかゝつたどころか年々痛切な問題となりつゝあるのだ。上田貞次郎氏の研究によれば十五歳から五十九歳までの内地生産人口が今後二十年間で一千万人増加する。これは生れた子供の生長によるので産児調節運動などの追ひつけぬ点である。大正九年に於て働く人の数が三千万、昭和五年には三千五百万、此の間に五百万人増加だけでも職業不足に悩んでをるが、これが又た一千万人増加したらどうなると思ふ。しかも此れは必然にやつてくる問題なのだ。

× × ×

日本国は敵の空襲に対して地理的に恵まれて居ると自惚《うぬぼ》れてる者も大分あるらしいが爆撃機の航続力は日に月に進みつゝあることを忘れてはならぬ。又た実戦となれば万事公算を無視した超常識的事件が必然的に出現する。机上のイデオロギーと実際の場合とはわけが違ふ。

× × ×

ユダヤ問題について十年前一冊子を刊行したことがあるが、近ごろは日本の言論界にもユダヤ資本の流入を耳にする。ユダヤ聖典タルムードには『非ユダヤ人の黄金はユダヤ人の行使すべきものなり』といふやうな意味のことがあるが、黄金は一切を意味して居るのである。フリーメーソン最高幹部の一人は曾《かつ》てパリに開設された其の事務所に於て『フリーメーソンは世界を紛乱に陥れ最後の目的は世界共和国の建設である』と声言したが、爾来《じらい》三十年の世界の活歴史は何を語りつゝあるか。見方によつては今や我が日本国は世界フリーメーソン国家の中に唯《ただ》ひとり毅然として彼等と対峙して立つて居る。マルキシズムの本当の歴史は少くとも二千年来のものである位ゐのことは考へて貰《もら》つてもよからう。

併《しか》し此の問題は甚《はなは》だ複雑な問題で、見方によつては正反対にみらるゝ現象やトリック的工作やが織込まれて極めてデリケートな難中の難問題である。とにも角《かく》にも此の世界最大ともいふべき謎が解ける日は近づきつゝあるが、その清算書を見せられるまでが厄介千万だ。かくの如き総《すべ》ての難問題が殆《ほと》んど日本国を目標にして愈々《いよいよ》ドタンバに押しつめて来た。

× × ×

時局の進展につれ今後全国の同志諸君を昂奮させるやうな事件が内外に頻発するであらうが、まだ〳〵昂奮してはならぬ。飽《あ》くまで土面灰頭で腑《ふぬ》抜けかと思はれるほど沈着でなくてはならぬ。しかし沈着でなく本物の腑抜けになつては問題にならぬ。

× × ×

天行居は原則として信仰団体であり神道団体である。従つて其の為すべきことも守るべきことも自ら範囲がある。善事ならば何を為してもよいけれども実際問題として其れは却《かへつ》て天行居の使命に伴ふ能力を削る結果になることもないとは云へぬ。たとへば世の中に善事を目的とする事業団体は何百何千とあるけれど其の団体に誰れでも悉《ことごと》く加入するわけに行かず悉くの団体へ寄附金をするわけにも行かぬのと同じことだ。各々其の立場と因縁の遠近があつて個人でも団体でもホドを守らねばならぬ。ホドを忘れて見栄を張ることは感心いたしかねる。天行居は霊的には極めて強大な団体であり其の根拠は無類の正確なものであるが、皮肉なる天の摂理か其れとも深遠なる御神慮によるためか現界的形態は極めて小さく殊《こと》に其の財的能力は甚《はなは》だ微弱だ。吾々は其の事実を正視してホドを守らなければならぬ。財的能力を恵まれる時節が来たら、それは又た其の時のことで其れまでは決して無理をしてはならぬ。全国同志諸君は能《よ》く其辺のところを考へて色々の事業の註文を本部に提出されることは今しばらくの間我慢せられてはどうであるか。本部の方々も無い袖は振れず、強ひて無理をさせるやうなことがあつてはならぬ。大機直面だといつても天行居では軍艦や大砲を造るわけでもなく愈々の場合には二三ケ月あれば相当の準備は出来るし、其時になれば又た其の便宜も得られるものである。今しばらくの間却て消極的に堅実に陣営を固めた方がよろしからうと思はれる。それはやがて真に積極的に躍進せんとする準備を意味するものである。くだいて云へば全国同志諸君の負担が余り重くなることはよろしくあるまい。大機直面、泥坊をみて縄を綯《な》ふやうなことでどうするかと思ふ人もあらうが心配は要らぬ。今後の大戦は始まつたかと思ふと直ぐに済むといふ専門家の説もあるが、私は左《さ》うは考へぬ。いよ〳〵見極めがついてからでも必ず準備は出来る。

天行居でやりたいことは色々あらうが、大体において次ぎに表示する如きことも一つの考へ方であらう。

天行居事業

A、必ず為すべきこと

C、速かに為したきこと

D、可然時期に為したきこと

B、成るべく為したきこと

E、成るべく速かに為したきこと

F、可然時期に為したきこと

天行居ではCの事業だけでも現状を以てしては容易であるまい。他の事項にまで手は着けられまい。併《しか》しCの事業が完成しなければ他の事業に絶対着手せぬといふのも窮屈な考へだ。実際問題としては天行居の経営上の都合や統制上の都合もあり便宜のあるに応じて多少変通臨機の工夫も必要であらう。要するに地方の同志諸君が考へて居られるほど本部の方々は気楽であるまい。私は今日では隠居のやうなものであり、石城山本部を訪問せざること既に三年半に及んで居るので本部の内情にも迂遠であるから斯《か》ういふ問題について語ることは資格が少々怪しいけれども、『天行居は天行居の天行居なり』といふ天行居組織上の原理に基き、四海と春風に坐《ざ》し天下と明月を分つといふ心境から、全国同志諸君の御参考までに一言したのである。

四百年前、茶道の聖者ともいふべき珠光は『わら家に名馬をつなぎたるがよし』と言つた。吾等古道を奉ずる者は、斯《か》ういふ風韻ある含蓄が多少必要ではあるまいか。松下村塾のやうな『わら家』からも多数の名馬が出た。珠光が云つた意味はそんなことではないけれど、とにかく如何《いか》に非常時だと云つてもブリキ罐のやうな活動ばかりに必死とならず、古渡りの茶器のやうな底光りのする渋いところも少々存在の意味がありはせんか。足柄山の簫だの箙《えびら》の梅だのいふものも、日本人の襟度であり風懐であらうと私は考へる。とにもかくにも全国の同志諸君は此際退一歩の工夫はないものか。すこし冷静に考へて、腰の据《すは》りを落ちつかせてはどうか。中には百八十度転向して考へ直してみられる必要ある人もあるかも知れない。

× × ×

石城山開闢《かいびやく》以来の天行居の大精神『天行居は天行居の天行居なり』といふ組織上の根本原則が真に腹入りして居る人が少いやうに思はれてならぬ。『石城山はおらの山だ』といふ覚悟が同志各自になければならぬが、果して真に其の覚悟ある人が何割あるであらうか。同志に新旧の区別なく、今日加入する人も明日加入せらるゝ人も同様である。正神界の意志を体現した天行居出現の第一理由として他の神道団体等と全然異るところの此の組織上の原理は万古不易のものである。これは決して経営上の便宜から考へ出したのでもなく時代おくれのデモクラシイにかぶれたわけでもない。経営上の便宜からいふならば信仰団体としては此の正反対に行つた方が都合がよいこと誰れにでもわかる筈《はず》だ。

私が天行居の創立者であり又た第一期の宗主であつたといふやうなところから、記憶力のよすぎる一部少数の同志の中には未《いま》だに何だか私といふものが天行居の奥の院のやうなところに潜伏してるローマ法王のやうなものででもあるが如く考へて居られる人があるらしい。それが為めに私としては却《かへつ》て色々の迷惑を蒙《かうむ》つてることを近ごろ発見したが、それは我慢するとしても天行居の根本組織原理について、一応白紙になつて見直される必要はないかと思ふ。

他の諸々の教祖神道の如き団体と異り、天行居の特色とする重大なる一点は、教祖とか教主とかいふ尊崇的中心人物の存在を認めざることで此事は石城山開闢《かいびやく》以来一貫して力説して来たところである。即ち全国同志は均等の機会を以て直ちに神祇を中心として結合し『天行居は天行居の天行居なり』といふ憲範第二条の原則を万古不磨の鉄則として立ち、此の大精神に基きて神道天行居憲範は制定公布されたものである。天行居同志は此の原則を正確に認識して本部中心の統制を自発的に覚悟尊重して活動せらるべきものである。『天行居は天行居の天行居なり』といふ自覚が本当に腹に入て居れば、当然必然本部中心の統制を尊重せらるべき筈《はず》で、それが出来ないやうな人は、天行居の制度や組織を如何《いか》に変改したところで心から本部中心の統制を尊重せらるゝものではない。換言すれば天行居の統制は神祇一本の統制であつて神祇と全国同志との間に勿体《もつたい》をつけた人間の介在を許さぬ。これが他の教祖神道等の団体等と組織の原理を根本から異にして居る点で、正神界の意図を体して天行居が出現した理由の重大な一つである。このことは私が石城山開闢当初より宗主の地位を退くまで『古道』紙上に於ても道場の席上に於ても機会ある毎《ごと》に終始一貫して力説して来たところであり、又た自ら実行して来たところである、昭和三年夏以来『古道』紙上に公表した意見だけでも今一度検討せられてはどうであるか。憲範の制定も要するに此の神慮を体して之《これ》を法文的に編み出したまでのものである。

×　×　×

いろ〳〵のことを御問合せになる人があるが例によつて返信料が封入してあつても私は大概返信せぬ。将来の戦争の時期と其の経過及び結果等についても正神界では決して明白に予言せられるものではない。斯《か》かる予言を云々するといふことは真に神界の経綸《しぐみ》を知らず神示の何たるを知らず正神を装ふ邪霊に愚弄されて居ることを告白するやうなものである。（部分的には多少の例外がないわけでもないが。）

×　×　×

先日或る人から天行居の神名木車《かなぎぐるま》の図について彼れ此れお問合せがあつたが序《つい》でに此処《ここ》で一言しておく。神名木車の図は大正十二年発行『天行林』に於て発表されたものであり、其後に色々の方面で此れを焼直したやうなものが新聞雑誌などにも出たさうであるが、それは吾々の介意せざるところである。

×　×　×

この山さへ越せば自分の責任は軽くなると思うて、年々やつて来たが、一つ越せば又た向うに山があり、山から山へとつゞき、しかも段々と山が大きくなつてくるやうな気がしてならぬ。

×　×　×

天行居のことは人間の理窟通りには参りかねることが多い。一小俗事と思ふやうなことでも案外なことがある。海老蔵の景清が小幕から顔を出す式のものなんだらう。

×　×　×

天行居内外の現象等が直ちに活《い》きた一巻の絵巻物である。しかも偉大なる天神の構想の反影たる玄台の祕冊であつて、これを読まんとしても其人々々の天縁程度、道力程度、信力程度に理解の範囲が限定されて居る。しかも如何《いか》なる人と雖《いへど》も其の最後の一頁に読み到るまでは真相が判然せぬやうに仕組まれた不思議の祕典である。

×　×　×

春風秋雨六十年の天機、近くは七年前来の重祕の宿題たりし石門《いはと》神社は、百パーセントくしび極まる産霊《むすび》紋理《かため》によつて俄《には》かに御造営の計画となり、本年八月起工予定を又た繰上げて六月から着手、めでたく竣工した。社殿の周囲へ二間物の吉野杉を植込むことだけを明年春に延期した。私としても一千日間のあらゆる危難を突破して此処《ここ》まで来たことは格別なる御神助によることと感激して居る。来る十月一日二日洗清等奉仕、十月六日夜厳祕太古神法による幽斎鎮祀神事、十月九日朝奉幣。

奉斎神名を畏《おそ》れながら謹記し奉る。

主　座

天《あま》照《てらす》大《おほ》御《み》神《かみ》

布《ふ》都《つの》大《おほ》神《かみ》

副座

高《たか》皇《み》産《むす》霊《びの》神《かみ》

少《すくな》彦《ひこ》名《なの》神《かみ》

大《おほ》穴《な》牟《む》遅《ぢの》神《かみ》

大《おほ》山《やま》祇《つみの》神《かみ》

大《おほ》綿《わた》積《つみの》神《かみ》

豊《とよ》受《うけ》姫《ひめの》神《かみ》

事《こと》代《しろ》主《ぬしの》神《かみ》

高《たか》龗《おかみの》神《かみ》

闇《くら》龗《おかみの》神《かみ》

雷《いかづちの》神《かみ》

苔《こけ》生《むしの》神《かみ》

八《や》意《ごころ》思《おもひ》兼《かねの》神《かみ》

天《あめの》太《ふと》玉《たまの》神《かみ》

石《いし》凝《こり》姥《どめの》神《かみ》

神道古義

長《なが》白《しら》羽《はの》神《かみ》
天《あめの》日《ひ》鷲《わしの》神《かみ》
津《つ》咋《くひ》見《みの》神《かみ》
天《あめの》羽《は》槌《づち》雄《をの》神《かみ》
天《あめの》棚《たな》機《ばた》姫《ひめの》神《かみ》
櫛《くし》明《あかる》玉《たまの》神《かみ》
手《て》置《おき》帆《ほ》負《むひの》神《かみ》
彦《ひこ》狭《さ》知《しりの》神《かみ》
天《あめの》間《ま》一《ひと》箇《つの》神《かみ》
天《あめの》鈿《うづ》女《めの》神《かみ》
天《あめの》手《た》力《ぢから》男《をの》神《かみ》
天《あめ》地《つち》八《や》百《ほ》万《よろづの》神《かみ》

× × ×

石門神社鎮座祭のしるしとして此の小冊子『石門漫録《せきもんまんろく》』を一部の同志諸君に示すつもりで筆を執つた。(昭和九年九月秋、石門神社工事完成後三日、無方斎の南軒に於てしるす。)

友清歓真選集

第三巻

定価：本体一〇、〇〇〇円＋税

平成二十四年三月十五日　初版第一刷発行

著者　友清歓真

発行所　八幡書店

〒108-0071　東京都港区白金台三丁目十八番一号
八百吉ビル４Ｆ

振替　〇〇一八〇―一―四七二七六三

電話　〇三（三四四二）八一二九

印刷／平文社

製本・製函／難波製本

ISBN978-4-89350-623-8 C0014 ¥10000E